Max Diestel

Des Hauses Hüter – Eine Biografie

Martin Ost

Der Autor

Martin Ost, Jahrgang 1952, war Pfarrer und Dekan in Franken; er lebt im Ruhestand mit seiner Frau seit 2015 in Berlin. Er hat sich der Paulusgemeinde Lichterfelde angeschlossen und ist durch ein Interview des Theologinnenkonvents mit Gudrun Diestel über ihr Leben auf ihren Vater, den Pfarrer der Paulusgemeinde und Superintendenten von Kölln-Land I, Max Diestel, gestoßen. Im Zusammenhang mit seinem Versuch, eine Ehrentafel des Landes Berlin für Max Diestel im Tietzenweg zu erreichen, entdeckte er das Fehlen einer Biografie Diestels. Die Ehrentafel wurde durch die zuständige Kommission abgelehnt. Vielleicht ist dieses Buch ein Ersatz.

Max Diestel

Des Hauses Hüter – Eine Biografie

Martin Ost

Steinmann

„Es gab keine große Protestbewegung,
sondern nur vereinzelte und mutige
Stimmen bewußten Zeugnisses
in einer Situation, die völlig anders war,
als man erwartet oder gar erstrebt hatte.
Doch es war das Zeugnis dieser Männer,
das die Kirche vor dem gänzlichen
Abfall bewahrt hat.“

John S. Conway

1. Auflage

Covergestaltung: Gabriel Steinmann
Coverfoto: „Max Diestel“, Archiv Paulusgemeinde, Berlin
Herstellung: BoD – Books on Demand GmbH, Norderstedt
Printed in Germany
ISBN 978-3-927043-85-5

www.steinmannverlag.de

Gudrun Diestel
in der Hoffnung,
dass sie in diesem Buch
ihren Vater findet

Inhalt

Augenblicke 1933-1945

Vorwort: Ein bekannter Unbekannter

Max Diestels Mut, Haltung und Geschick im Umgang mit den Behörden des Dritten Reiches wird in vielen Büchern zum Kirchenkampf in Berlin gewürdigt. Er hat auch in Biografien Dietrich Bonhoeffers einen Platz, wenn auch nur Ferdinand Schlingensiepen ihn „Entdecker Bonhoeffers“[1] nennt. Dass Diestel aber Weichen in seinem Leben gestellt hat, bezeugt Bonhoeffer selbst.
Umso auffälliger ist es, dass es keine Biografie Max Diestels gibt.[2] Eine Seite in „Wikipedia“ wurde im März 2020 erstellt, angeregt durch die Vorbereitungen zu diesem Buch. Ein groß angelegtes Forschungsprojekt blieb im Ansatz stecken.[3] Die Ernennung zum Generalsuperintendenten nach dem Krieg war wohl auch Anerkennung seiner Lebensleistung, wiegt aber die fehlende Biografie nicht auf. Ihr Fehlen hat Gründe:

- Max Diestel ist schon 1949 verstorben, als das Ringen um die Deutung deutscher Geschichte, die Rolle der Bekennenden Kirche und des Widerstandes kaum begonnen hatte.
- Diestel verstand es, sich „unsichtbar“ zu machen. Das entsprach seinem Wesen, ohne solche Zurückhaltung hätte er aber auch seine schwierige Position, einerseits Superintendent der APU[4], andererseits im Bruderrat von Pfarrernotbund und Bekennender Kirche und als Oppositioneller bekannt,[5] kaum bis zum Ende des Dritten Reiches halten und sein Kirchenkreis nicht Zentrum der Opposition bleiben können. Wo nötig, zögerte er nicht, sich zu Wort zu melden, vermied es aber, in der ersten Reihe zu stehen.

So muss ich Schreiben des Superintendenten und verstreute Erwähnungen zusammenfügen. Kritische Themen aber wurden oft nicht schriftlich gefasst. Solche

[1] „Man sagt nicht zu viel, wenn man ihn den Entdecker Bonhoeffers nennt“, Schlingensiepen S. 52.
[2] Das Buch „Bekenntnisgebundenes Wort …“ von Elke Heinsen, dem ich wesentliche Einsichten verdanke, behandelt eben nur zwei – allerdings wichtige – Jahre im Leben von Diestel. Das Projekt wurde seinerzeit nicht zu Ende geführt.
[3] Das Buch von Elke Heinsen sollte der Auftakt sein, s. Heinsen S. 9.
[4] Das Wort „Reichskirche“ wird als Begriff der nationalsozialistischen Ideologie hier vermieden; Diestel fühlte sich dem Rest der „früheren“ Kirche verpflichtet, daher „APU“.
[5] Schuppan, in: ders., Bekenntnis S. 239.

Zurückhaltung war für alle Beteiligten oft geradezu lebensrettend, erschwert aber das Malen des ganzen Bildes. Für mündlich Besprochenes sind wir auf das Gedächtnis Beteiligter und darauf angewiesen, dass sie oder andere Erzähltes später in Schriftform brachten.
Diestels Motive oder Einschätzung der Lage kann man zum Teil aus privaten Briefen an Familienmitglieder oder von diesen an ihn erfahren.[6] Auch hier bleiben aber Lücken – zu vielen Entwicklungen auch der BK haben wir keine Belege für Diestels Haltung. So bleiben es „Augenblicke", die wir auf sein Leben werfen können, die freilich einen Umriss des Gesamtbildes geben.
Es ging Diestel – wie großen Teilen der Bekennenden Kirche – um seine Kirche und die Unabhängigkeit ihrer Verkündigung, politischer Widerstand war seine Sache nicht. Aber auch der Versuch, Kirche und Evangelium rein zu bewahren, wurde von den Behörden als politische Auflehnung verfolgt.
In unseren Tagen, in denen Menschen „klare Kante" und „Eindeutigkeit" fordern, scheint ein Mann der Bekennenden Kirche im Dienst der Kirche der altpreußischen Union, die gelenkt war von Anhängern der Reichskirchenidee, zwielichtig. Es genügt nicht, sein Handeln zu schildern – es muss in die Zeit gestellt werden.
Schließlich muss eine Biografie dem Menschen nachspüren, über Frau, Familie und Persönliches berichten. All das aber tritt – typisch für diese Generation – hinter das Amt zurück. Diestel hat sich erst gegen Ende seines Lebens an die Schilderung seiner Kindheit, der Vorfahren usw. gemacht, kam nicht mehr dazu oder wollte nicht von Erfahrungen in England oder den Pfarrstellen im Gebiet Hohenzollern berichten, ebenso wenig über seine Aktivität im Kirchenkreis Kölln-Land I, den er über 20 Jahre lang leitete.

Dieses Buch will Diestel würdigen als einen Mann, der sein Amt verteidigte – zweimal konnte er seine Suspendierung aufheben bzw. verhindern –, aber sein Ziel, Kirche vor dem Zugriff des totalitären Staates zu bewahren, nie um das Amt zu behalten, verraten hat.

---

[6] Ich habe Gudrun Diestel, München, zu danken für die Vielzahl von Briefen ihres Vaters, die sie mir überlassen hat. Die meisten von ihnen sind rein privat – die ihrer Mutter geben Einblick in den Alltag eines Pfarrhauses dieser Jahre, aber auch in den Alltag zwischen Bomben, Festen und den Problemen der Beschaffung von Lebensmitteln.

Immer ging es ihm um das Evangelium. Dafür hat er mehr gewagt als manch andere.

Zu danken habe ich

- *OKRin i.R. Gudrun Diestel* (München), mit der ich manche Gespräche geführt habe, die mir Briefe ihres Vaters zugänglich machte, mich unterstützte und so immer wieder ermutigte;
- *Karl-Heinrich Lütcke*, ehemaliger Propst der EKBO und Vorsitzender des Vereins für Berlin-Brandenburgische Kirchengeschichte, der mir Literatur zur Verfügung stellte, mich beraten hat, und auch die Mühe, den Entwurf zu lesen, auf sich nahm:
- *Karl-Josef Sickler*, der mir die von ihm erstellte Pfarrchronik Dettingen zur Verfügung stellte;
- *Dr. Barbara Gsell*, die mich mit der Chronik und anderen Informationen über die Kirchengemeinde Sigmaringen versorgte;
- schließlich *meiner Frau*, die diese Arbeit – unverdrossen über meinen manchmal sehr eigenen Stil – mehrfach gelesen, Fehler korrigiert und mir zu Einsichten verholfen hat;
- für Druckkostenzuschüsse der Evangelischen Kirche Berlin-Brandenburg-schlesische Oberlausitz, der Evangelischen Landeskirche in Württemberg, der Evangelisch-Lutherischen Kirche in Bayern, dem Pfarrer- und Pfarrerinnenverein der Evang.-Luth. Kirche in Bayern sowie der EKD, Hannover.

Diestels Leben regt zum Nachdenken über Mut zu und Unabhängigkeit im Reden und Handeln an – nötig in diesen vielfach unübersichtlichen Zeiten – und erinnert an die Bedeutung der biblischen Botschaft jenseits kirchlicher Bestandswahrung. Max Diestel freilich, vermute ich, würde als Person lieber im Hintergrund bleiben oder alles mit dem ihm eigenen Humor kommentieren – dass aber die Botschaft weitergetragen wird, wäre ihm wichtig.

Berlin, im Januar 2022 *Martin Ost*

Stationen

I. Tübingen

Aus einer anderen Welt

Max Diestel stammt aus dem 19. Jahrhundert – äußerlich zeigt es der eindrucksvolle Bart. Mehr als die Hälfte seines Lebens lebte er im Deutschen Kaiserreich. Seine Kindheitserinnerungen beschreiben eine vergangene Welt: Tübingen – liebevoll mit seinem ländlichen und akademischen, kaum von Industrie geprägten Leben.[7] Er schreibt darüber, als die Zeit lange hinweggegangen war.

Familie und Herkunft

Geboren wurde Carl Julius Max Diestel am 7. November 1872 als jüngster Sohn des Theologieprofessors Ludwig von Diestel[8] und seiner Frau Emmy, geb. Delius, die 1862 geheiratet hatten.

Max war das fünfte von sechs Kindern (drei Söhne, drei Töchter) – auch das prägt. Diestel beschreibt es in seiner ironischen Art: „Ältere Schwestern haben ja meist einen stürmischen Drang, ihre jüngeren Brüder zu einem gesitteten Leben zu erziehen, wofür sich die herangewachsenen Brüder später entschädigen, indem sie ihre jüngeren Schwestern davon abhalten, ihr Selbstbewusstsein allzu sehr zu entwickeln."[9] Sein später oft gerühmtes Verhandlungsgeschick wird auch mit dieser Rolle des kleinen Bruders mit vier älteren Geschwistern zu tun haben, vermutlich auch sein Blick auf die Rolle der Frau in der Gesellschaft damit, dass er mit drei Schwestern aufwuchs und die Probleme einer jung Verwitweten an seiner Mutter erlebte.

Der Vater stammte aus Königsberg, die Mutter aus einer vermögenden Familie in Versmold/Westfalen. Früh schon musste sie in der Familie die Rolle ihrer (kranken) Mutter übernehmen: „Sie hatte den Bildungsgang der Brüder teilen müssen; nun ging es von den lateinischen Schulbüchern hinein ins weitere und

[7] Max Diestel, „Aus meiner Kindheit", o.D., verm. 1949, Manuskript.

[8] Wie viele seiner Kollegen an der Universität wurde Ludwig Diestel vom württembergischen König in den persönlichen, nicht erblichen Adelsstand versetzt.

[9] Max Diestel, Aus meiner Kindheit.

größere geistige Leben, wie es ihr in Bonn eine damals weitberühmte Töchterschule vermitteln sollte."[10]

Seine Kindheit schildert Diestel mit Humor und Anhänglichkeit: „... mein Kindermädchen ... ging mit mir spazieren und zeigte mir einmal ... in der Wörthstrasse ein lärmendes Ungetüm. Es war eine Dampfmaschine, die in einem Schuppen aufgestellt war, der zu einer kleinen Essigfabrik gehörte. ... Ich glaube, es war das einzige Zeichen von Industrie, das in der kleinen Universitätsstadt damals vorhanden war. Sonst gab es nur die ‚Herre', nämlich die Studenten. In der öffentlichen Schätzung kamen nach ihnen gleich die Professoren, dann gab es noch den Oberamtmann (Landrat), den Stadtschultheiss, später Oberbürgermeister, das Gericht und die Polizei, ein Bataillon Infanterie mit Offizieren und Unteroffizieren und vor allen Dingen mit einer Militärkapelle und schließlich die Handwerker, Weingärtner und ‚Leute'."[11]

Wie anders die Zeit war, zeigt auch diese Notiz: „Wenn wir jemandem begegneten, den sie [meine Schwestern] kannten, so kniffen sie mich in die Hand, an der sie mich festhielten, zum Zeichen, dass ich einen Diener machen sollte, und da natürlich so ziemlich jedermann ihnen auf der Strasse bekannt war, durfte ich mich unablässig in Verbeugungen üben."[12]

Der Vater war Professor für Altes Testament. Er veröffentlichte zahlreiche exegetische und religionsgeschichtliche Arbeiten, machte sich aber besonders durch seine „Geschichte des Alten Testaments in der christlichen Kirche" (Jena 1869) einen Namen. Es will nicht nur eine Darstellung der Forschungsgeschichte sein, sondern „eine umfassende Darstellung der Art und Weise, wie das Alte Testament innerhalb der christlichen Kirche, von Beginn an bis auf die Gegenwart, wissenschaftlich behandelt, theologisch aufgefaßt und praktisch verwertet worden ist" (Vorrede, S. III).[13]

---

[10] Diestel, Max, Beerdigungsansprache für Emmy Diestel.

[11] Max Diestel, Kindheit, S. 1.

[12] A.a.O., S. 2.

[13] Nach: Kautzsch, Emil, „Diestel, Ludwig", in: Allgemeine Deutsche Biographie 47 (1903), S. 685-687 [Online-Version]; URL: https://www.deutsche-biographie.de/pnd116110775.html#adbcontent – Zum 100. Geburtstag Ludwig v. Diestels hat sich Martin Hengel in Tübingen für eine Neuauflage des Buches eingesetzt, das vermutlich bei Vandenhoeck erschienen ist (mdl. Mitteilung von Gudrun Diestel).

Damit scheint eine Richtung in Max Diestels Leben vorgezeichnet – allerdings starb der Vater schon 1879[14], so dass eine unmittelbare Beeinflussung ausgeschlossen ist. Diestel schreibt: „[Karl] Weizsäcker [Kanzler der Universität], mein Pate, sagte mir später einmal: ‚Ihr Vater war einer der gelehrtesten Männer, die ich gekannt habe.'"[15] So ein Satz über den Vater ist auch Verpflichtung für den Sohn. Ein bürgerlicher Haushalt, in dem „die Musik zu Hause ist."[16] „Für den gereiften, durch eine schwierige Jugend und eine mit eisernem Fleiß gestaltete Studienzeit hindurchgegangenen Manne, der ganz in seiner Wissenschaft lebte, war sie die denkbar glücklichste Ergänzung", sagt Diestel über seine Mutter.[17] Über die Verhältnisse nach dem Tod des Vaters schreibt er: „Meine erste Jugendzeit verlief heiter und ungetrübt, bis durch den Tod meines Vaters, der uns am 15. Mai 1879 nach kurzer Krankheit entrissen wurde, eine Wandlung eintrat, von der ich freilich als kleiner Junge persönlich nicht so stark betroffen wurde. Das Leben gestaltete sich jedoch von nun an für unsere Familie wesentlich anders als vorher, und schwere Sorgen blieben meiner Mutter nicht erspart."[18] Der zurückhaltende Stil ist dem Adressaten des Lebenslaufs (dem Konsistorium der Rheinprovinz der APU) geschuldet, entspricht aber wohl auch Diestels Art. Emotionaler redet er in der Ansprache zur Beerdigung seiner Mutter: „Wohl wäre unser Jugendleben anders verlaufen, wenn der Vater länger gelebt hätte, aber was das Leid in der Seele der Mutter schuf und was sie uns aus diesem leidgeprüften Überwindergemüt heraus gab und wurde, das hätte er uns nie ersetzen können."[19] Hier zeigt sich die besondere Beziehung Diestels zu seiner Mutter, die ihm seine jüng-

[14] Auch Ludwig v. Diestels Vater war früh verstorben, so dass er mit seinen Geschwistern im Haus eines Onkels aufwuchs; sein Cousin war Bernhard Weiss, der Max Diestel auf Middlesbrough hingewiesen und Max und Else 1906 getraut hat.

[15] Aus meiner Kindheit, S. 5.

[16] Diestel, Max, Die Vorfahren.

[17] Diestel, Beerdigung von Emmy Diestel, vgl. Anm. 19.

[18] Personalakte Diestel, Lebenslauf 1894 – In der Beerdigungsansprache für die Mutter erzählt Diestel: „Allein in Tübingen kam auch die schwere Prüfung ihres Lebens über sie, nach 17 Jahren ihrer Ehe wurde ihr der Gatte … durch den Tod genommen und die 35jährige Frau stand mit 6 unmündigen Kindern vor einer Tatsache, die sie bis in die Grundfesten ihres Wesens erschütterte. … In einem wohlhabenden Haus aufgewachsen, gewiss nie von irdischen Gütern überschüttet, aber auch wirklichem Mangel fremd, stand sie plötzlich vor der Aufgabe, mit einem Drittel der bisherigen Einkünfte und ohne den Rat eines bewährten Helfers allzeit zur Seite, mit Haushalt und Erziehung der Kinder neue Wege zu suchen."

[19] Max Diestel, Predigt zur Beerdigung Emmy Diestel am 9.10.1923 in Stuttgart.

ste Schwester Meta bescheinigt.[20] „Um vier Uhr nachmittags gingen wir mit Mutter zu Vaters Grab. Ich sehe noch, wie mein jüngster Bruder die Mutter besonders zärtlich am Arm führte. Er war auch sonst stets ritterlich und hatte sich die kleinen Schritte so angewöhnt, daß man gut mit ihm Schritt halten konnte. … Ich glaube, dieser Bruder hat ihr nie Kummer gemacht. Seine Frau hat sich einmal bei meiner Mutter bedankt, daß sie ihren Sohn so gut erzogen hatte. Dessen war sich meine Mutter gar nicht bewußt: Es waren Selbstverständlichkeiten, welche aus der Achtung vor der Mutter entsprangen.“[21]

Diestels Erinnerungen malen die Welt einer schwäbischen Kleinstadt, in der Max glücklich war. Umso mehr ist sein Wechsel in den Dienst der Kirche der Altpreußischen Union (APU) ein Aufbruch.

Von beiden Eltern war ihm das Preußische in die Wiege gelegt. Man achtete auf das Hochdeutsche, er konnte seine Sprachfärbung in Württemberg nie verleugnen. Meiner (süddeutschen) Erfahrung nach werden hochdeutsch (oder norddeutsch) Sprechende im süddeutschen Umfeld als ungemütlich, förmlich und etwas distanziert wahrgenommen – alles nicht dazu angetan, selbstverständlicher Teil einer Gemeinschaft zu sein.

Ob er sich „durchbeißen“ musste, wissen wir nicht – sicher aber musste er früher als andere lernen, auf eigenen Beinen zu stehen und für seine Anliegen selbst einzutreten. Das, scheint mir, war eine Schule für viele Stationen seines Lebens.

Die Mutter, die von der Rente eines früh verstorbenen Professors nicht leben und ihre sechs Kinder nicht unterhalten kann, verdient durch die Aufnahme von Gästen, Studenten und Pensionären im Haus hinzu, pflegt zugleich einen bürgerlichen Lebensstil. Sie wollte von Zuwendungen ihrer Familie nicht abhängig sein; für den Ferienaufenthalt in Versmold alle zwei Jahre musste sie zusätzlich Geld verdienen.[22] Die Familie blieb auch nach dem Tod des Vaters dem universitären Milieu verbunden; die Tochter Meta erzählt von ihrer Freundschaft mit der Tochter des Nachfolgers von Ludwig von Diestel, Emil Kautzsch.

1918 war auch für Diestel ein Einschnitt, aber er war bereits 46 Jahre alt, stand im Beruf, hatte Frau und Kinder – so betraf ihn der Umbruch anders als andere,

---

[20] Wobei Diestel selbst der kleinen Schwester eine solche besondere Beziehung nachsagt: Die Mutter, die gar nicht genug denken konnte, „als ihr Kleinod [Meta] in Amerika weilte und sie aus der Ferne den Zug nach dem Westen mitmachte“ – Diestel, Max, Beerdigungsansprache für Emmy Diestel, geb. Delius.

[21] Meta Diestel, S. 72.

[22] Meta Diestel, S. 8 und 12.

deren berufliche und private Zukunft mit dem Kaiserreich zerbrach. Max Diestel konnte sich auf die neue Zeit einstellen; fremd – oft nur mit Humor zu ertragen – war sie ihm, wo es um die Stellung von Kirche und ihrer Verkündigung ging. Doch Sehnsucht nach alten Zeiten fand ich in keiner seiner Äußerungen.

Studium: Theologie gehört zur Familie

„Von Jugend auf sahen meine Angehörigen in mir den künftigen Theologen, und es war meiner Mutter größter Wunsch, daß ich in die Fußtapfen meines Vaters treten möchte … Deshalb hatte ich mich schon früh an den Gedanken gewöhnt und war fest entschlossen, Theologie zu studieren." Zugleich betont Diestel, den Entschluss zum Theologiestudium selbst gefasst zu haben, beeinflusst von Religions- und Konfirmandenunterricht: „Die Wahl des Berufes stellte mir meine Mutter völlig frei, also äußere Gründe waren es nicht, die meinen Entschluß beeinflußten. Ich erkannte den Beruf des Geistlichen als den für das persönliche Leben bedeutungsvollsten und alle Lebensbeziehungen umfassenden, und deshalb möchte ich ihn. Daß ich damit den Wünschen meiner Mutter entgegenkam, war nur ein Accidens."[23] Das Konsistorium war wohl auch damals skeptisch, wenn Kandidaten diesen Berufsweg nur aus Familientradition einschlugen – Diestel weiß das zu berücksichtigen. Er verweist auf Erfahrungen in kirchlicher Arbeit an der Stiftskirche. Ein eher humoriger Blick auf solche, damals von der Kirchenleitung geforderte, Erfahrung der Studierenden, findet sich in seinen Kindheitserinnerungen: „Ottilie Wildermuth war eine Frau von schwäbischer Art und Frömmigkeit, die sich keineswegs zu gering dünkte, weil sie literarische Erfolge erzielt hatte, dass sie nicht jeden Donnerstag um 2 Uhr in die Sakristei der Stiftskirche ging, wo immer ein junger Kandidat eine Bibelstunde hielt, zu der meistens nur ein paar alte Frauchen kamen. Ich glaube, sie tat dies zur Aufmunterung der jungen Theologen und weniger zu ihrer eigenen Erbauung (aber sie schätzte fromme Sitte)."[24]

Zugleich sind christliches Elternhaus und ein Theologe in der Familie natürlich auch Argumente für die Aufnahme in den Dienst. So zeigt die Passage im Lebenslauf Diestels Formulierungsgeschick, beides, Tradition wie eigene Motivation, zur Sprache zu bringen. Die Gabe geschickter Formulierung würde sich für ihn noch als sehr nützlich erweisen.

[23] Lebenslauf 12.3.1894, aus: Personalakte Diestel.

[24] Diestel, Aus meiner Kindheit, S. 3.

Der Lebenslauf zählt die Studienorte Tübingen, Berlin, Halle-Wittenberg und Bonn (je ein Semester) und eine Vielzahl theologischer Lehrer auf, ohne deren Einfluss im Einzelnen zu beschreiben.[25] *Karl Philipp Bernhard Weiss* liegt an der genauen Ergründung der Textbasis des NT,[26] *Christian Friedrich August Dillmann* war ein Kenner orientalischer Sprachen. *Karl Martin August Kähler* galt als bekannter Theologe, der auch zu den Lehrern Karl Barths gehört. Berühmt war auch *Johann Heinrich Christoph Willibald Beyschlag*, von dem man lesen kann: „Im Sinne der Vermittlungstheologie versuchte er hier zwischen den kritischen Positionen, etwa der Zweiquellentheorie, und einem unkritischen Biblizismus auszugleichen."[27] *Eugen Sachsse* war ein praktischer Theologe, sein Sohn später Sprecher der BK am Mittelrhein und der Mosel, ein Enkel befasste sich mit der Bildsprache der Fotografien der NS-Zeit. Interessant ist die Notiz zu *Edmund von Pfleiderer*: Er war nach dem Zeugnis der Frauenrechtlerin Helene Lange der einzige Mann, der die gebildeten Frauen, die im Pfarrhaus lebten oder zu Besuch waren, ernsthaft in seine philosophischen Gespräche einbezog.[28]

Insgesamt fällt auf: [29]

- Nicht wenige unter Diestels theologischen Lehrern haben biographische Beziehungen nach Tübingen. Vielleicht ist er Empfehlungen „der Tübinger" gefolgt, oder „Tübingen" war ihm Empfehlung.
- Viele seiner Lehrer neigen der „liberalen" Theologie zu, vertreten die wissenschaftlich-kritische Sicht der Bibel, viele von ihnen verbinden diese aber mit

---

25 Die Einträge seines Studienbuches finden sich im Anhang.

26 Weiss war ein Vetter des Vaters von Max Diestel, die Vettern wuchsen zusammen auf.

27 Beyschlag war auch Gründer des „Evangelischen Bund[es] zur Wahrung der deutsch-protestantischen Interessen". Dr. Walter Fleischmann-Bisten (Generalsekretär des Evangelischen Bundes (EB) von 1984 bis 2015) verdanke ich den Hinweis, dass Diestel Mitglied im EB war. „28 Jahre hat er in führenden Bundesstellungen in Wilmersdorf und Lichterfelde gewirkt" (aus: Rundschreiben des Landesverbandes des EB in der Ev. Kirche Berlin-Brandenburg Nr.1/49 v. 1.1.1949, Text im Anhang). Diestels Aufsatz „Evangelisch und katholisch" (hier ab S. 77) gibt dessen damalige Position zur Kath. Kirche wieder. Allerdings hat Diestel später jede Nähe zu den DC oder der Ideologie der Nazis vermieden, was seine Unabhängigkeit im Denken zeigt. Da Diestel ab 1909 in Wilmersdorf war, dürfte es sich eher um 38 Jahre gehandelt haben.

28 Wikipedia „Edmund von Pfleiderer" (17.6.2020).

29 Es handelt sich um von jeder Universität ausgestellte Schreiben mit Immatrikulationsdatum, Thema der Veranstaltung mit dem Namen des Unterrichtenden sowie einer Art Leumundszeugnis; bei Diestel „sind uns keine Beanstandungen bekannt geworden." Personalakte Diestel.

einer konservativen Auslegung und werden deswegen als „Vermittlungstheologen" bezeichnet. Wenn man Diestel später einen „persönlichen" Predigtstil mit dem Appell an die HörerInnen nachsagt, so mag das nach Pietismus klingen, er nähert sich aber dieser Frömmigkeit von der wissenschaftlichen Seite. „Vermittlungstheologe" war er auch in anderem Sinn: Wo immer möglich, versuchte er einen Interessenausgleich, gehörte nicht zum radikalen Flügel der BK, aber auch nie zu den „Neutralen"; das Evangelium und die Gestalt evangelischer Kirche markierten die Grenzen seiner Kompromissbereitschaft.

- Schließlich fällt sein Interesse für jenseits der Theologie liegende Themen auf: von Geologie über die „Geschichte der italienischen Kunst des 15. und 16. Jahrhunderts". Auch Fragen nach Gestalt und Wesen der Gesellschaft beschäftigten ihn – später z.B. in seiner Eheschrift, wo er die Ehe in gesamtgesellschaftliche Entwicklungen einordnete. Dazu passen Vorlesungen wie „Geschichte der sozialen Revolutionen der neueren Zeit" oder „Geschichte des europäischen Kolonialwesens".

Interesse an wissenschaftlicher Theologie und ein Blick für gesellschaftliche Verhältnisse zeichnen also den Studenten Max Diestel aus. Die wissenschaftlich-theologische Ausbildung ist ihm so wichtig, dass er nach 1918 die universitäre Ausbildung von Theologen als Anliegen festhält; als Superintendent in Berlin leitete er eine Theologische Arbeitsgemeinschaft, zu der er z.B. Max Planck einlud.

Ein preußischer Schwabe

Dass Diestel verschiedentlich als „Schwabe" bezeichnet wird,[30] hätte er kaum als angemessen angesehen. Obwohl in Tübingen geboren und in Stuttgart gestorben, verstand er sich doch nicht als Schwabe. Im Lebenslauf zum Ersten Theologischen Examen beschreibt er diese Fremdheit: „Trotz meines zwanzigjährigen Aufenthalts in meiner Geburtsstadt war es mir … nicht gelungen, mich als ganzer Württemberger zu fühlen, da ich stets als Preuße angesehen wurde, wozu meine

---

[30] Z.B. bei Bethge S. 123, der meint, Diestel habe sich „angelegentlich für den Jungen halbschwäbischer Abkunft" (Bonhoeffer) interessiert. Ob Bonhoeffer sich damit verstanden gefühlt hätte? Immerhin wird Max Diestel in der „Liste von Persönlichkeiten der Stadt Tübingen" genannt.

Aussprache, eine Folge der norddeutschen Erziehung in meinem elterlichen Hause, wohl auch einiges beitrug."[31]
So wollte er lieber in Gemeinden der Evangelischen Kirche der altpreußischen Union (APU) arbeiten. Ihn als „Berliner" (oder „Preußen") zu bezeichnen, wäre seinem Selbstverständnis angemessener. Es geht nicht nur um die „Aussprache", sondern auch um eine Art, zu reden, zu denken, zu argumentieren. In seiner Frömmigkeit allerdings – wie Predigten und Briefe zeigen – übernahm er, so scheint mir, einiges von der pietistischen Frömmigkeit in ihrer den Menschen zugewandten Spielart. Sie war ein Halt gerade in den schwierigen Jahren nach 1933. Dass man in Berlin gelegentlich seinen „süddeutschen Humor" hervorhob, zeigt, wie er zwischen den Welten stand – vielleicht auch ein Grund dafür, dass er sich nicht vereinnahmen ließ und ein Gefühl für Diskriminierung hatte?
Am 21.4.1894 stellt Diestel den Antrag auf Übernahme in die Rheinprovinz und damit in die Evangelische Kirche der altpreußischen Union (APU), wobei er die Station „Bonn" im Lebenslauf des Vaters erwähnt. Solches Geschick beim Einflechten scheinbarer Nebenbemerkungen in den Fluss langer Schreiben hat er später oft bewiesen, zum Ärger seiner Verhandlungspartner, die sich in eine von Diestel gewollte Richtung gelenkt fühlen konnten, ohne es an seinem Schreiben wirklich festmachen zu können.

Examen: Zwei Predigten

Examenspredigten fehlen oft Lebenserfahrung und das Gegenüber einer konkreten Gemeinde. Theologie mit der Sprache und Lebenswelt der Gemeinde zu verbinden, fällt schwer. Zwar wurde von Theologiestudierenden damals kirchliche Betätigung erwartet; Diestel legte solche Nachweise mehrfach vor – womit Kenntnis von Amt und Gemeinde gesichert werden sollte. Die Wirklichkeit des Lebens und Amtes ist aber immer noch eine andere. Das preußische Vikariat war

---

[31] Diestel, Lebenslauf 1894, Personalakte Diestel – „Auch der Geist der Kritik, der durchs Ländle geht, ist wohl getroffen und der Einfluß des Stiftes gut gekennzeichnet. Deshalb bin ich auch nicht in Württemberg geblieben: entweder muß man da von vorneherein alles nach der Etikette machen oder man ist + bleibt ein outsider, dem keine Chancen blühen. Bei uns in Preußen ist's doch in manchen Punkten freier, obwohl wir in den Augen des richtigen Aufsatzes (?) Wilde oder Halbwilde (aber nicht zugleich ‚besondere Menschen') sind." Max an Else Diestel, geb. Fues, 10.12.1905, als Kommentar zu einem Zeitungsartikel.

vermutlich auch damals eher (Nach-)Studium als Begegnung mit der Praxis[32], so dass eine Examenspredigt eher Lehre darlegen, als Leben und Fragen von Menschen aufnehmen konnte.
Obwohl zwischen den Examenspredigten Diestels und seiner schwierigsten Zeit fast 40 Jahre liegen, zeigen diese Predigten Wesentliches von seinem Denken; sein Leben bestimmende Themen sind schon in diesen Predigten vorgezeichnet.

1. Entzweiung um Jesu willen

Der Predigttext ist eine Herausforderung: „Ich bin nicht gekommen, den Frieden zu bringen, sondern das Schwert!“, sagt Jesus (Lukas 12, 49-53). Dass diese Worte unser Jesusbild in Frage stellen, ist auch Max Diestels Einstieg.
Er schildert Jesu Weg als Kampf – gegen Sünde, Lieblosigkeit und Heuchelei, der zum Streit „mit seinen geliebten Volksgenossen“ führte. Jesus wie seine Gegner werden als Juden gezeichnet. (Später wird auch Diestel der Vorwurf gemacht, die „Volksgenossen“ zu entzweien und Streit zu säen.) Jesu Kampf ist Folge seiner Predigt, er selbst aber Teil seines Volkes. Jesus ist nicht der „erste Christ“, auf unserer Seite gegen „die Juden“. Da ist kein „Wir“ der Christen der „Welt“ gegenübergestellt, gegen die „wir“ als Jesu Nachfolger an dessen Seite ankämpfen. Diestels Beispiele machen uns zu Kombattanten.
Man findet keinen antijüdischer Ton, der dem Denken seiner Zeit entsprochen hätte, in der andere die Verblendung „der Juden“ kritisiert und ihre Feindseligkeit gegen Jesus betont hätten. Ein Erbe des Vaters?
Die Zwietracht, die Verwandtschaft und andere Beziehungen spaltet, ist berechtigt, heilsam und tröstlich – so die Gliederung seiner Predigt.
Diestel findet solche Zwietracht zwischen Kirchen und religiösen Gemeinschaften – der Kampf kostete Menschenleben. Verständlich, findet Diestel, wenn Menschen schon um ihr Recht streiten – wie sollten sie nicht um das „teuerste Gut“, den Glauben, ringen? Schon hier aber betont er, dass diesem Streit abgeholfen werden müsse – vielleicht ein Hinweis, was ihn zum „Weltbund“ brachte. Auch

---

[32] „Bonhoeffer und seine Freunde hielten von preußischen Predigerseminaren nichts. Man musste während des Vikariats ein halbes Jahr lang in einem Internat leben. Anstatt dass die Kandidaten dort auf die Aufgaben eines Pfarrers vorbereitet worden wären, die im Studium nicht ausreichend behandelt wurden, ging es vielerorts um eine Art Nachstudium auf niedrigerem Niveau.“ Schlingensiepen, S. 74 – Es ist anzunehmen, dass das Predigerseminar zu Diestels Zeiten kaum praxisnäher war.

im Familienkreis gibt es Zwist um unterschiedliche Bekenntnisse, der den Zusammenhalt der Familie sprengen kann.
Aber unser Glaube ist auch von innen bedroht, wenn „Schriften des Unglaubens um weltlicher Ziele willen das heiligste Hindernis der Religionen aus dem Weg räumen möchten." Diestel mag an die Sozialisten gedacht haben – gerungen hat er später mit Gegnern der Religion auf der anderen Seite des politischen Spektrums.
Lebensnah schildert Diestel den Streit in Familien: „So mancher guter Keim, der in eines Kindes Herz gelegt ist, wird zu Hause erstickt durch die höhnischen Reden eines religionslosen Vaters" – man spürt den Widerstand der Arbeiterschaft gegen einen Glauben, der Gehorsam empfiehlt und drückende Verhältnisse nicht angehen will, und sieht schon damals das Problem, Männer anzusprechen. Gesellschaftliche Konflikte sieht Diestel nicht (oder spricht sie nicht an), Konflikt bleibt in Individuen verankert, Streit wird Zeichen, dass es um Glauben geht.
„Christuskraft auf der einen Seite und Vergängliches, Weltliches auf der anderen" – diese Dualität bestimmt und begrenzt seine Sicht der Wirklichkeit. Wahrscheinlich trägt er mehr Pietismus in sich, als er selbst sah, wenn er diese Kämpfe und deren Schmerzen mit dem Leiden Christi vergleicht, den Verlust an Liebe, den wir erleiden mit der „Liebesthat Gottes, der seinen eingeborenen Sohn dahingab". „Jesus hat die Zwietracht gestiftet", ist seine kühne Folgerung … „Und zu unserem Heile dient sie".
Die Zwietracht ein Prüfstein des Glaubens: Können wir uns lossagen von „allen noch so teuren Beziehungen, die uns mit der Welt verknüpfen?" Darin sieht Diestel den Kern des Bekennens – nicht leicht, aber heilsam. „Im Kampf hat sich zu allen Zeiten der Glaube am besten bewährt." Es geht um eine „Entscheidung", die wir ohne Rücksicht „auf solche, die uns lieb und wert sind", treffen müssen. „Vorwärts und durch! heißt die Losung" (die ein wenig nach Wilhelm II. klingt) – schlimmer als alles ist Gleichgültigkeit.[33]
Manches klingt fremd – wie sollte es anders sein. Aber in der Predigt steckt Mut zum Widerspruch, der vor falscher Anpassung schützt. Entzweiung um des Glaubens willen als quasi naturnotwendig sehen – so fremd es heute klingt, es könnte Max Diestel geholfen haben, die Kämpfe um die Kirche durchzustehen.

[33] Ob er bei der ersten Predigt Bonhoeffers, die von „Entscheidung" redet und die er mit ihm besprochen hat, an seine eigene Predigt gedacht hat?

Zwietracht und Ringen auch mit uns selbst, so endet die Predigt, sind der „Weg zum ewigen Ziel." Wo wir Zwietracht spüren, dürfen wir gewiss sein, dass wir auf dem richtigen Weg sind, und wo uns der Kampf zu schwer vorkommt, soll der Blick auf den „Mann in Gethsemane, der auch um seine Pflicht rang", ermutigen und trösten. Also: „Zuversichtlich das Auge richten auf das Kreuz von Golgatha – ein ewig Denkmal der Zwietracht Jesu und dennoch Hort des Friedens." Die Schlussbemerkung der Prüfenden war nicht zu entziffern, die Note „ziemlich gut".[34]

2. Suchen, Finden und Erwerben (Matthäus 13,45-50)

Die Zusammenstellung der Perikope ist ungewöhnlich; heute werden die Verse vorher (Schatz im Acker) mit dem Gleichnis von der kostbaren Perle kombiniert. In der hier vorgeschlagenen Zusammenstellung stecken zwei Aspekte: das (zufällige) Finden des Kostbaren und das Aussortieren des Minderwertigen.
Der Prediger beginnt, überraschend, mit Bildern aus dem Gleichnis vom Sämann (Matthäus 13,1-8, Markus 4,1-9, Lukas 8,4-8). Es gibt Christen, die begeistert, aber nicht verwurzelt im Glauben sind, und andere, die in eine lebendige „Lebensgemeinschaft mit dem Herrn" getreten sind. Diese Gemeinschaft muss man suchen und finden – um das Gesucht- und Gefunden-Werden geht es.
Viele Dinge können uns vom Suchen und Finden ablenken, wir freuen uns an etwas und merken nicht, dass wir statt einer Perle nur eine „Tauperle" gefunden haben – ein Wort, das den Korrektor ratlos machte:[35] Der äußere Schein täuscht und blendet uns – aber wir wissen, wo wir suchen müssen: in der Schrift.
Nur lenken uns die Dinge des Lebens ab, wir haben keine Zeit – so kommt es nicht zum „Suchen". Mancher auch kann den Wert der Perle nicht ermessen. Diestel denkt an Menschen, die regelmäßig in die Kirche gehen und dennoch nicht „finden". Diese Unterscheidung wird ihn in der Auseinandersetzung mit den Deutschen Christen beschäftigen. Die kostbare Perle findet nur, wer auf anderes verzichtet, und nur der Mensch kann ins Himmelreich kommen, der dazu bereit und in der Lage ist.

---

[34] Um diese Benotung einschätzen zu können, müsste man sie mit der anderer Kandidaten jener Tage vergleichen.

[35] „Tauperle" – Glanz wie die echte Perle, aber zerfließend und nicht beständig. Es scheint, dass der Begriff im Englischen eine gewisse Tradition hat – vielleicht ein Hinweis, wie gut Diestel in dieser Sprache auch schon vor seinem England-Aufenthalt bewandert war. Es zeigt wohl auch seine Liebe zu Natur und Landschaft.

Am Ziel aber ist erst, wer das Gefundene auch „erworben" hat. „Es wird uns viele harte innere und äußere Kämpfe kosten, bis wir uns hindurchgerungen haben zur festen Überzeugung und zu freudigem Willen: Nur bei Dir, Herr, finde ich Leben und Genüge, dein eigen will ich sein, mit allem, was ich bin und habe!" „Wirf dich ganz an deines Heilandes Brust, da wirst du recht erfüllt werden mit allerlei Gottesfülle."

Diestel verbindet pietistische Bekehrungsfrömmigkeit mit lutherischer Theologie vom Gerettet-Werden aus der Aktivität und Freundlichkeit Gottes: Ehe Menschen suchen und finden, hat „der Heiland" ein Opfer gebracht. Menschen müssen gesucht und gefunden werden, um erworben zu sein. Diese Überleitung führt in das zweite Gleichnis und nimmt einen Blickwechsel vor, der dem anderen Skopus des Gleichnisses entspricht.[36]

Menschen werden gesucht in Taufe, Religionsunterricht und Kinderlehre sowie in Konfirmandenunterricht und Gottesdiensten. Auch für uns wird der Tisch des Herrn gedeckt. Sind wir gefunden? Wir nennen uns evangelisch – sind wir es auch? „Geben wir uns ganz dem Heiland hin, dann wird uns Leben und Tod fröhlich und leicht sein", schreibt Diestel. – Wie ihm solche kühnen Sätze später geklungen haben?

Ein „ziemlich gut" hat er für die Predigt bekommen, auch vom Superintendenten Umbertz, der anmerkte: „Eine etwas dürftige, aber im ganzen richtig angelegte Predigt."

In seiner Gedenkrede für Diestel wird Dibelius sagen, dass er nicht der große Kanzelredner gewesen ist, die Gemeinde aber seine Herzlichkeit und Frömmigkeit spürte und schätzte.[37]

Das Erste Examen absolvierte er im September 1894, das Zweite am 1.5.1896, beide in Koblenz, beide mit der Gesamtnote „ziemlich gut". Dazwischen absolviert er den Militärdienst als „Einjährig-Freiwilliger".[38] Im Predigerseminar in

---

[36] Vielleicht erklärt dieser Blickwechsel auch die ungewöhnliche Zusammenstellung zweier Gleichnisse in einem Predigttext.

[37] Die freundliche Wesensart machte es sicher manchem seiner Gegner in der Gemeinde schwer, Diestel als Feind anzusehen, und hat so seinem Bleiben im Amt gedient.

[38] Nachdem er sich später einmal als „alter Soldat" bezeichnen wird, soll hier notiert werden, dass er den Dienst vom Oktober 1894 bis September 1895 in Tübingen absolvierte („3. Bataillon Infanterie-Regiment Kaiser Friedrich, König von Preußen (7. Württ.) Nr. 125" und mit dem Dienstgrad eines Unteroffiziers entlassen wurde. Ansonsten hat er militärische Erfahrungen als

Soest war er von „Ostern 1896 bis Ostern 1897" und wird – unter Zeitdruck, weil seine Entsendung nach England schon beschlossen war – am 8.8.1897 in Mühlheim/Rheinland von Superintendent Zurhellen ordiniert.[39]

II. Middlesbrough

1. Aufbruch

Die erste Stelle: Seemannspastor im Tee's District und Pfarrer in der deutschen Gemeinde von Middlesbrough (England).[40] Wieder ein Aufbruch: Er vertauscht die vertraute Umgebung mit England, das dynastisch mit Deutschen Herrscherhäusern verbunden, zugleich der Politik des Deutschen Reiches zunehmend kritisch gegenübersteht: Kolonien, Handelswege, Aufbau der Marine und die Beziehungen nach Russland und Frankreich sind Streitpunkte. Für einen Anfänger ist das eine Herausforderung.

Hinzu kommt, dass in Auslandsgemeinden manche ihr Deutschtum an Dingen festmachen, die in der Heimat überwunden sind. Einfühlsamkeit und Hinhören sind gefragt. Diestel hat sich diese Stelle oder jedenfalls die Entsendung nach England gewünscht. Seine Mutter schreibt ihm:[41]

> „War das mal eine Überraschung! Ich konnte doch gar nicht begreifen, woher du so mit einmal nach Berlin kommst! Dass irgendwas in Werke sein muss, das dachte ich mir schon – Louise Bethman vermutet aber, du solltest Hofprediger werden. – Bist Du denn nun froh, mein Junge, daß sich deine

---

Lazarettseelsorger und evangelischer Geistlicher in der Unteroffiziersschule Sigmaringen (1914-1919), vgl. Personalakte.

[39] Die Personalakte nennt als Ordinationstext 1. Thess. 2,4.

[40] Noch 1928/29 war die Auslandspfarrstelle in Barcelona mit der Aufgabe der Seemannsbetreuung verbunden. (Schlingensiepen S.60).

[41] Emmy Diestel an Max (PS in Soest) aus Versmold, 16.6.1897. Aufmerksam gemacht auf die Stelle hatte ihn sein Onkel, Oberkonsistorialrat Bernhard Weiß. Es sei aber kein „Nepotismus" im Spiel gewesen, schreibt Diestel später an seine Verlobte (29.1.1906).

Wünsche erfüllen? Gott segne Dich und schenke Dir Kraft und Freudigkeit für das neue Amt."

Sie erkundigt sich nach seiner Ordination, den Gegebenheiten vor Ort – der Umbruch wird in der Aufregung der Mutter spürbar:

> „Trotz der besten Brille kann ich auf unserer Karte Middelborough[42] nicht entdecken – wie gelangt man dahin? u. ist es ein sehr kleiner Ort? Schreibe mir doch mal, welcher Art deine Pflichten sein werden, ob du auf die anliegenden Schiffe musst zur Seelsorge oder ob dort Deutsche wohnen, die du zur Gemeinde zu sammeln hast? Wie bist du gestellt, ist es möglich, davon zu leben? Und im August meinst Du fort zu müssen? Du kommst doch noch mal hierher? Manches wird noch nöthig sein für dich, besonders auch Unterzeug. Ich bitte dich, mir beizeiten deine Wünsche zu sagen … Einen neuen Anzug muß Gehring auch … noch bauen, darum überleg dir alles. Wie wird's denn aber mit deinem Englisch, schaffst Du dir auf der Reise noch drauf? … Mein alter Junge, auf wie lang hast Du dich verpflichten müssen? Wirst du in Soest fertig, ehe du gehst? Was sagt der Chef? Lauter Fragen, verzeih, ich möchte alles wissen. Gott mit Dir!"

2. Die Stadt

Middlesbrough, im Nordosten Englands, die Industrialisierung war in vollem Gange, war eine Domäne der Labour-Party. Diestels Schwester Meta erzählt von Kontakten zur einheimischen bürgerlichen Mittelschicht. Noch heute findet man dort eine deutsche Gemeinde, verbunden mit anderen deutschen Gemeinden Nordostenglands und Schottlands bis Inverness.

> „Middlesbrough … ca. 140.000 Einwohner(n), 380 km entfernt von London, Mittelpunkt des Teesside District, … Ursprung der Stadt war ein Kloster, das seit 686 bis zur Auflösung … durch Heinrich VIII. 1537 von acht Benediktinermönchen bewohnt wurde.
> 1801 war es noch eine Ansiedlung mit ca. 25 Einwohnern. Dann wurde der Ort von Quäkern erworben, die … an der Mündung des Tees in die Nordsee

---

[42] In den Briefen finden sich unterschiedliche Schreibweisen des Namens, z.B. auch „Middlesborough". Außer in Zitaten verwende ich den Namen in der heutigen Schreibweise.

einen Umschlagpatz für Kohle aus dem Norden Englands sahen. 1850 entdeckte man Eisenerzvorräte … Damit begann die Zeit der Eisenindustrie …, wodurch sich die Stadt den Beinamen ‚Ironopolis' zuzog. An der Gründung der Industrie war neben John Vaughan der Mecklenburger Henry William Ferdinand Bolckow beteiligt, der später auch Bürgermeister wurde. Später kam noch ein Salzbergwerk hinzu, Schiffswerften u. dgl".[43]

3. Anfänge der deutschen evangelische Gemeinde[44]

Entstanden ist die deutsche Gemeinde aus der Seemannsmission. 1871 konnten deutsche Handelsschiffe wegen der Blockade durch französische Kriegsschiffe im deutsch-französischen Krieg aus englischen Häfen nicht auslaufen. Friedrich Harms, Pastor der deutschen Gemeinde in Sunderland, „nutzte die Gelegenheit", für Seeleute Gottesdienste in Middlesbrough zu halten, denen sich deutsche Arbeiter anschlossen. 1880 wurde die Arbeit von Carl Maass (Church of England), seinem Bruder Ludwig und einem „Herrn Seefeld" weitergeführt. Sie besuchten Schiffe im Hafen und luden die Besatzungen, Deutsche wie Engländer, zum Gottesdienst ein, der zunächst in einer Hütte im Hafen, später, damit man die deutschen Industriearbeiter besser ansprechen konnte, in North Ormesby stattfand. Zu diesen Gottesdiensten kamen etwa 40 Menschen, etwa 10 Familien gehörten zum festen Stamm der Gemeinde.[45] Friedrich Harms vermittelte einen Pfarrer, später einen Diakon, der die Gemeinde weiter aufbaute.

Aus dieser Zeit stammt die Kirchenordnung. Die Gemeinde nennt sich „Deutsche evangelisch-unierte" Gemeinde, die sich auf die „Heilige Schrift, die Confessio Augustana, den lutherischen und den Heidelberger Katechismus" gründet. Sie gehörte zu keiner Kirche, weder in Deutschland noch in England. Harms stellte 1883 den Antrag, die Gemeinden Sunderland und Middlesbrough „in den Verband der preußischen Landeskirche" aufzunehmen. Inzwischen hatte die Gemeinde 75 Kommunikanten und 30 Sonntagsschulkinder. Etwa 7.000 deutsche

---

[43] Wikipedia „middlesbrough", April 2021.

[44] Die folgenden Angaben sind „Brückendienst an Tyne und Tees" entnommen, der Festschrift zum 100-jährigen Jahrestag der Einweihung der Deutschen Kirche in Middlesbrough.

[45] Heute gibt die evangelische deutsche Gemeinde Newcastle-Middlesbrough eine Mitgliederzahl von 52 an (45 in Newcastle, 7 in Middlesbrough), dazu 20 Kinder (lt. Gemeindebrief Februar-April 2020); der Gottesdienst findet viermal im Jahr in der Seemannsmission statt.

Seeleute kamen jährlich nach Hartlepool und Middlesbrough. 1885 wird der Antrag auf Aufnahme in die APU überraschend zurückgezogen, die Gemeinde in Middlesbrough löst sich auf.
Offenbar wollten nicht alle im Gemeindekirchenrat die Selbstständigkeit der Gemeinde aufgeben, beigetragen hat aber auch der Konflikt um J. Sammert. Ihn hatte man als Pfarrer angestellt, und er bewirkte zunächst einen Aufschwung: Die Gottesdienste würden von ca. 100 Personen besucht,[46] von denen ein großer Teil „bei den Hochöfen und in anderen Fabriken" arbeite. Dann aber gab es Konflikte, weil sich einerseits herausstellte, dass Sammert nicht Pastor, sondern Missionar oder Diakon war, zum anderen wurden Einwände gegen seinen Lebenswandel erhoben und schließlich „Unklarheiten" in der Gemeindekasse festgestellt. 1891 trennte sich eine Mehrheit von ihm; fast die Hälfte der Gemeinde aber blieb auf seiner Seite und besuchte auch Jahre später seine Bibelstunden. Sammert konnte sich bis zum Ersten Weltkrieg mit einer kleinen Gemeinschaft halten.

4. Ein zweiter Anfang: Max Diestel

1897 wird eine neue Gemeinde gebildet.[47] Nach dem Zerwürfnis die Menschen wieder zu gewinnen, erwies sich aber als schwer. Die Verbliebenen trafen sich, zusammen mit Seeleuten, im Gebäude der Seemannsmission. Auf Vermittlung von Harms schickte der Evangelische Oberkirchenrat Max Diestel nach Middlesbrough, der seinen Dienst am 19.9.1897 antrat.
Eine herausfordernde Aufgabe für einen Berufsanfänger. Vermutlich gehen seine späteren internationalen Kontakte und seine Mitgliedschaft im „Weltbund für Freundschaftsarbeit der Kirchen"[48] auf Erfahrungen in England zurück. Hier lernte er die in Deutschland „kleinen" Kirchen kennen und hatte schon Kontakte, z.B. zu Quäkern.
Wo er Englisch gelernt hat, wissen wir nicht, in seinem Personalfragebogen, den er nach 1945 ausgefüllt hat, beantwortet er die Frage: „In welcher anderen Sprache vermag der Geistliche zu predigen?", jedenfalls mit „Englisch". Sein Abiturzeugnis weist neben den alten Sprachen samt Hebräisch nur „Französisch" aus.

---

[46] Brückendienst S. 10ff.
[47] Dieses Jahr gilt in den Unterlagen der APU als Gründungsjahr der Gemeinde.
[48] Zumal in Diestels Zeit erste Überlegungen zu dessen Vorgängerorganisation, die Deutsch-englische Freundschaftsarbeit, angestellt wurden.

In den Lebenserinnerungen seiner Schwester Meta findet sich der Hinweis, dass ihre Mutter mit ihren Pensionsgästen Englisch sprechen und englische Literatur lesen konnte.[49]

Eine frühe Affinität der Familie zu England findet sich in der Erinnerung des 77-jährigen Diestel: Er bewundert sich im Spiegel – angezogen mit einem Kilt im „Stewart Tartan“ – und erzählt: „Wir [älteren Geschwister durften] am kleinen Tisch … sitzen und erlebten mit Staunen, dass man einen brennenden Pudding essen konnte“, auch anlässlich der Taufe seiner Schwester Meta gab es ‚Plumpudding‘.“[50] Seine Tochter Gudrun[51] vermutet, dass er die Sprache in England lernte oder seine Kenntnisse dort vervollkommnete. Seiner Verlobten und später der Tochter schrieb er gelegentlich englische Briefe und kommentierte kritisch die englischen Sprachkenntnisse Gudruns. Englisch war eine der Sprachen im „Weltbund“. In seiner Eheschrift zitiert er englische Autoren.

„In der Bibliothek des Erimus Club“ (in Middlesbrough) schlug er ein Buch auf und fand auf dessen erster Seite den Namen „Diestel“: „Eine chiliastische Versammlung (Christ is coming! beginnt der Text) in Königsberg wird geschildert und der Redner ist Dr. Diestel, Onkel Fritz.“[52] Eine Randnotiz des Lebens …

5. Gemeindearbeit

Bis 1903 beklagt Diestel in seinen Jahresberichten, dass es nicht gelungen sei, die bei dem Streit Verlorenen für die Gemeinde neu zu gewinnen. „Der Durchschnittsbesuch der Gottesdienste blieb in den ersten Jahren ziemlich konstant“[53]: 1898 23 Personen, 1901 29 Personen, höchstens etwa 40 Personen.

1898 wurde eine Sonntagsschule eingerichtet, die Deutschunterricht (Schreiben, Lesen, Singen) und Katechismusunterricht gab. Ein kirchlicher Gesangverein entstand, der gottesdienstliche Gesänge und Volkslieder pflegte. Kirchliche Amtshandlungen – abgesehen von einigen Beerdigungen – gab es erst 1900: eine Trauung und eine Taufe.

1898 bot ein Gönner der Gemeinde eine Spende von 100 Pfund für ein eigenes Gotteshaus an, wenn die Gemeinde innerhalb von drei Jahren 1.000 Pfund selbst

---

[49] Meta Diestel, S. 36.

[50] Max Diestel, Aus meiner Kindheit, 1949.

[51] Mail an den Vf. am 24.3.2020.

[52] Diestel, Max, Die Vorfahren – Diesem Onkel verdankt er, dass er in Berlin immer wieder bei Amtshandlungen von Alt-Apostolischen in Anspruch genommen worden ist.

[53] Brückendienst S. 13.

aufbrächte. Ein neu gegründetes Baukomitee brachte 290 Pfund auf und sandte Diestel zu einer Kollektenreise nach Deutschland. Innerhalb von ca. acht Wochen (Februar -März 1900) sammelte er 500 Pfund. Spenden von Gönnern und Firmen sowie Kollekten brachten weiteres Geld, so dass man 1900 ein Grundstück erwerben und im November desselben Jahres den Grundstein zur Kirche legen konnte. Am 2.7.1902 wurde sie durch Oberkirchenrat Wevers aus Berlin ihrer Bestimmung übergeben. Er übergab eine Altarbibel mit Widmung der Kaiserin und 1000 Mark vom Berliner Komitee der Seemannsmission. Diestel predigte über Psalm 118. Die Beteiligung an den Gottesdiensten stieg auf bis zu 57 Personen.

Diestel strebte eine rechtliche Verfassung der Gemeinde an, weil es leichter sei, für die Gemeinde als für die Seemannsmission zu sammeln und die Gemeinde ein Vertretungsorgan brauche. Seine Gemeindestatuten schrieben die Verbindung von Seemannsmission und Gemeinde fest und wurden in einer Gemeindeversammlung im April 1903 angenommen. Am 25. November 1903 genehmigte der Kaiser den Anschluss der Gemeinde an die APU. Im Sommer schon war eine „Marriage License" ausgestellt worden, so dass nun ein „geordnetes" Gemeindeleben stattfinden konnte. „Alles dies war in der Amtszeit von Pastor Diestel erreicht worden. Als er fortging, herrschten in Middlesbrough geordnete Verhältnisse."[54] Die Gemeinde war fast schuldenfrei und hatte 90 eingetragene Mitglieder; beim Abschiedsgottesdienst am Erntedankfest am 4. Oktober 1904 kamen 116 Gemeindemitglieder.[55]

Meta Diestel berichtet in ihren Erinnerungen von den privaten Beziehungen ihres Bruders; einige dieser Menschen besuchte er auf seiner Hochzeitsreise 1906. Meta kam anlässlich der Weltausstellung in Glasgow zu Max nach England und wurde mit ihm eingeladen. Ihr Gesang begeisterte, so dass sie bis zum Krieg auch in England konzertieren konnte. Ihre Englischkenntnisse fand sie entwicklungsbedürftig.[56] Sie sah Edinburgh und das schottische Hochland, wo ein „Pfarrerfreund" die Führung gestaltete.

---

[54] Brückendienst S. 16.

[55] Das Kirchengebäude wurde 1956 verkauft; heute gehört die Gemeinde zur Kirche in Nordostengland und Schottland; das Pfarreigebiet reicht bis Inverness. Die Seemannsmission ist mit Diakonenstellen ausgestattet.

[56] Meta Diestel, S. 33f. Sie war als „königlich-württembergische Kammersängerin" mehrfach zu Konzertreisen in England. Die Kontakte knüpfte sie bei ihren Besuchen von Max in England.

Obwohl also gut eingebunden, suchte Diestel um eine Stelle in Deutschland nach. Sicher auch als Leistungsnachweis schildert er seine Zeit in England:

> „Nachdem es nun glücklich gelungen ist, die einst ziemlich verfahrenen deutsch-kirchlichen Verhältnisse am Orte in die rechte Bahn zu bringen, ein seiner Vollendung entgegengehendes Kirchengebäude und Seemannshaus zu errichten und die endgültige Konstituierung der an die preußische Landeskirche d.ü.Pr. anzuschließenden deutsch-evangelischen Gemeinde in die Wege zu leiten, ist es mein … berechtigtes Verlangen, mich nach fast fünfjähriger köstlicher, aber auch sehr schwieriger Arbeit unter unseren Landsleuten in der Fremde nach der Heimat zurückzukehren. Die Einweihung der Kirche wird … gegen Pfingsten stattfinden können und dann wäre der günstigste Augenblick für die Einführung eines Nachfolgers für mich gekommen. …. Wenn irgend möglich, so ist es … mein lebhafter Wunsch, wieder nach dem Rheinland zurückkehren und dort thätig sein zu dürfen. … Sollte sich im Rheinland selbst im kommenden Halbjahr keine Pfarrstelle erledigen, für welche das hochwürdige Konsistorium mich eventuell als geeignet ansähe, so beehre ich mich ganz ergebenst darauf hinzuweisen, daß ich als geborener Tübinger Land und Leute in Hohenzollern aus eigener Anschauung genau kenne und während meiner Kandidatenzeit einen dortigen Pfarrer (Superintendent Theobald, s.Z. in Haigerloch) gelegentlich vertreten habe. Ganz gehorsamst Max Diestel, Pfarrer“[57]

Diestel bittet, bei einer vom Konsistorium zu besetzenden Stellen berücksichtigt werden, weil eine persönliche Vorstellung in einer Gemeinde schwer sei: Die Reise würde von seiner Gemeinde weder finanziert noch genehmigt. Wie nebenbei sein Hinweis auf „Hohenzollern“ – typisch für viele seiner Schreiben: Er formuliert Wünsche, vermeidet aber den Eindruck, als wolle er seinen Willen aufzwingen. Vielleicht ein Charakterzug, vielleicht die Fähigkeit eines fünften Kindes, Wünsche anzumelden, ohne den Widerstand der anderen zu provozieren. Nach 1933 hat die nach Führerprinzip handelnde Kirchenleitung solche Bemerkungen als Versuch der Einflussnahme deutlich missbilligt.

[57] Brief an die Kirchenleitung der Rheinprovinz vom 21.1.1902, Personalakte Diestel.

6. Abschied

Die Kirchenleitung ließ ihn warten. Im April schreibt er:

> „Der Aufgabe der Gemeindebildung standen … große Schwierigkeiten entgegen, weil eine Art Gemeinde unter der Leitung eines Lehrers[58] schon seit 1882 bestand und dieser Mann, welcher bisher sich als deutscher Pfarrer aufgespielt hatte und als solcher von den Engländern unterstützt wurde, noch ehe ich eingetroffen war, meine Wirksamkeit zu vereiteln suchte. Daß unter diesen Verhältnissen die Gemeindebildung nur mit großer Vorsicht und Geduld durchgeführt werden konnte … liegt auf der Hand. Obwohl schon im September 1897 sich eine kleine Gemeinde Ansässiger um mich geschart hatte, machten Umstände … es notwendig, daß mit einer Organisation der Gemeinde nach deutschem Vorbild … so lange gewartet wurde, bis eine Kirche erbaut war. Nachdem mit vieler Mühe die Mittel dazu gesammelt waren, hat Herr Oberkonsistorialrat Lic. Wevers aus Berlin dieselbe … im Juli vorigen Jahres eingeweiht. Die Gemeinde ist nun soweit erstarkt, daß sie mit finanzieller Unterstützung der Seemannsmission den Anforderungen …, welche beim Anschluß von Auslandsgemeinden an die Landeskirche gestellt werden, genügen kann. … Der Antrag … wird in den nächsten Tagen erfolgen.“[59] Er erinnert an sein Abschiedsgesuch.

Im September muss er an die Bitte erinnern, „… da meine hiesige Amtszeit abgelaufen ist und mein Nachfolger in kürzester Frist eingeführt werden wird.“[60] Man verweist ihn an die im Amtsblatt ausgeschriebenen Stellen.[61] Im Dezember hat das Warten ein Ende: Er wird auf die Pfarrstelle Dettingen[62] ernannt und am 13.12.1903 von Superintendent Theobald dort eingeführt.

III. Dettingen

Dettingen[63] liegt in Hohenzollern – Diestels „zarter Hinweis“ war gehört worden –, einer Provinz der APU[64]; für Diestel vielleicht ein Kompromiss zwischen dem

---

58 In der Festschrift bezeichnet ihn die Gemeinde als „Diakon“, hier S. 29.
59 Schreiben vom 20.4.1903, Personalakte Diestel.
60 Schreiben vom 29.9.1903, Personalakte Diestel.
61 Antwort vom 2.10.1903.
62 Zum 7.12.1903.
63 Dettingen ist heute ein Stadtteil der Stadt Horb.
64 Siehe dazu weiter unten!

Wunsch, kein Schwabe und doch seiner Heimat nahe zu sein. Zu seiner Zeit war der kirchliche Aufbau der Provinz Hohenzollern abgeschlossen, so dass es Pfarrstelle, Kirche und Pfarrhaus in Dettingen gab.

1. Hohenzollern

„Hohenzollern" ist nicht das einzige versprengte Gebiet der Kirche der altpreußischen Union, aber das südlichste mit einer sehr eigenen Geschichte. „Im Gefolge der Revolution von 1848/49 traten die beiden Fürsten von Hohenzollern-Sigmaringen und Hohenzollern-Hechingen ihre Fürstentümer 1850 an den König von Preußen ab. Die Fürstentümer wurden zu einem Regierungsbezirk „Hohenzollernsche Lande", kurz „Hohenzollern", zusammengefasst."[65]
Der preußische König wollte die Erbschaft ausschlagen.[66] „Sein Historiker Rudolf von Stillfried-Rattonitz machte … klar, dass im Ablehnungsfalle sich die schwäbischen Fürsten ‚dem 400-jährigen württembergischen … Erbfeinde unvermeidlich in die Arme werfen [müssten]', eine Schmach, die der König nicht dulden könne."[67] Vermutlich ein Grund für die Reserviertheit des preußischen Monarchen war, dass das Gebiet – trotz früher Kontakte zur Reformation – katholisch war. Zeitweise evangelische Gebiete kehrten nach dem Schmalkaldischen Krieg zum alten Glauben zurück.
Mitte des 19. Jahrhunderts gab es, mit starker Fluktuation, nur ca. 1% Evangelische in Hohenzollern. Für die (evangelische) Ehefrau des Erbprinzen, Josephine von Baden, wurde ein Hofprediger bestellt, der evangelische Gottesdienste in Sigmaringen feiern durfte; die übrigen Evangelischen mussten dafür in die umliegenden württembergischen Gebiete ausweichen.
1852 wurde die Rheinprovinz für dieses Gebiet kirchlich zuständig und berief 1853 den ersten Prediger zur Betreuung der evangelischen Einwohner des Landes. Dienstsitz war Sigmaringen.[68]

---

65 Wkgo, Volker Trugenberger Art. „Hohenzollern" (= württembergische Kirchengeschichte online).
66 Ich vermute, die APU war ebenso wenig auf einen solchen Zugewinn aus.
67 Eberhard Gönner: Die Revolution 1848/49 in den hohenzollerischen Fürstentümern und deren Anschluß an Preußen. Hechingen 1952, Seite 181; zitiert nach Otto H. Becker: Fortwirken einer Tradition … Seite 193. Bis ins 20. Jahrhundert sehen es Bewohner des Gebietes als Gewinn an, sich weder der badischen noch der württembergischen Landeskirche anschließen zu müssen.
68 Trugenberger a.a.O.

2. Evangelisch in Dettingen

Diestels lebenslange Reserve gegen die römische Kirche hat wohl auch mit Erfahrungen in Hohenzollern zu tun, die Einstellung der dortigen Katholiken der evangelischen Kirche gegenüber auch damit, wie Evangelische in dieses Gebiet kamen.

„Damals wohnte im Dorf [Dettingen] ein reicher Bauer namens Josef Kronenbitter. … [er] ließ … zwei Ausländer, evangelische Nagelschmiedsgesellen aus Renfrizhausen, bei sich übernachten. Diese hatten eine Bibel … und schenkten diese dem Kronenbitter. Dieser las begierig in der Bibel … und in den Arbeitspausen soll er seinem Gesinde daraus vorgelesen haben. … Bald fand er auch bei anderen Gemeindemitgliedern Anklang. So trafen sich damals Dettinger Bürger …, um aus der Bibel zu lesen. ‚D'Stond' war entstanden."[69] Staat wie Kirche fürchteten Aufruhr und verfolgten „d'Stond" „wegen kirchen- und staatsfeindlichem Versammeln, die heilige Schrift ablesen, und nach ihren Gedanken auslegen".[70] Besonders das „Auslegen" nach „eigenen Gedanken" schien gefährlich; manche Angezeigte betonten, „sie hätten einzig aus dem Neuen Testament … vorgelesen. … Es habe weder eine Auslegung noch eine Disputation stattgefunden …"[71] Selbständiges Bibelauslegen schien weltlicher wie kirchlicher Obrigkeit bedrohlich: Galt die Autorität der Kirche in der Schriftauslegung nicht mehr, würden Menschen auch andere Autoritäten in Frage stellen. So schreibt ein katholischer Pfarrer ca. 1844: „Am letzten Sonntag nach Pfingsten predigte ich vom jüngsten Gericht. Bei einer kleinen Pause knackte ein Weib unter mir (der Kanzel) eine welsche Nuss auf, dass es ganz krachte und es alle Leute hören mussten. Das wäre zum Lachen, wenn es nicht zum Weinen wäre. Woher diese Respektlosigkeit vor Gott und der Kirche? Es sind Früchte des … hier eingerissenen Pietismus. Die Leute lesen sich fast blind in der Bibel, damit sie ja nichts von der heiligen Messe sehen müssen."[72]

Nach der Regierungsübernahme durch die Berliner Hohenzollern sah es für die Einheimischen so aus, als ob die neue Herrschaft gezielt Evangelische ins Land

---

[69] Sickler, Chronik S. 1.

[70] A.a.O. S. 2.

[71] Sickler S. 2.

[72] Sickler S. 3.

holte und z.B. als Bahnbeamte anstellte.[73] 1863 traten dann die ersten Katholiken zur Evangelischen Kirche über, weitere nach dem Unfehlbarkeitsdogma 1870: „Da die Fehlbaren nicht mit den Unfehlbaren an einem Seil ziehen können."[74] 1867 schrieb Pfarrer Neidhardt, dass „Dettingen zum großen Teil aus Konvertiten bestehe, … nach den Freiheitskriegen sei ein frischer evangelischer Luftzug durch die Christenheit gegangen."[75] Als auf dem neuen Friedhof in Dettingen als erste (ausgerechnet!) eine der Übergetretenen beerdigt wurde, löste die Predigt des evangelischen Pfarrers aus Haigerloch einen Gerichtsprozess aus, weil er gegen Rosenkränze, Wallfahrten, Messopfer geredet habe. 1867 erhielt dieser Pfarrer die Erlaubnis, „milde" Beiträge „behufs Gründung eines evangelischen Kirchen- und Pfarrhauses zu Dettingen" zu sammeln.[76] 1876 wurde die Kirche eingeweiht, 1886 war Dettingen evangelisches Pfarrvikariat, seit 1890 eine selbständige Pfarrei.

3. Diestel in Dettingen

Diestel war in Dettingen also in einem Zentrum der Evangelischen – das wollte gelebt werden, der Pfarrer sollte die Gemeinde versorgen, aber auch „Flagge zeigen".

Dettingen war eine verstreute Gemeinde – Diestel berichtet in einem Brief von einem Besuch in Empfingen oder, mit dem Lehrer zusammen, in Dettlingen (2 ½ Stunden einfach).[77] Besucherinnen und Besucher im Pfarrhaus hatten einen ähnlich langen Anmarsch hinter sich und bleiben entsprechend lang: Die „Frau aus Empfingen" von ½ 3 bis ½ 5 Uhr, danach kommt der „Steueraufseher", „ein guter Kerl, nur etwas duodez in seinen putzigen Fähigkeiten (von ½ 8 bis 11 Uhr!)"[78], was den eben Bücher einräumenden Diestel sehr stört. Das Pfarrhaus – in dem 1906 anlässlich Diestels Hochzeit die Zimmer tapeziert und neu eingerichtet wurden – war recht neu, und „alle sind ziemlich angetan von der Lage".[79]

---

[73] „Der katholische Geistliche meldete …, dass die Anzahl der Evangelischen im Dorf aus dem Grund weiter wachse, weil von der preußischen Regierung auf der ganzen Bahnstrecke … nur evangelische Bahnbedienstete eingesetzt würden." Sickler S. 9.

[74] Sickler S. 8.

[75] Sickler S. 5.

[76] Sickler S. 4.

[77] Max an Else Fues, 11.4.1906 und 29.2.1906.

[78] Max an Else: „Seine Hausbesuche sind keine Stippvisiten" (27.3.1906).

[79] „… auch ‚mein Oberkontrolleur'" (der Steueraufseher), Diestel 27.3.1906.

Seine Briefe zeigen Diestels Liebe für die Landschaft, in die er, trotz seines Heuschnupfens, wandert: Er sieht die Bauern, riecht die frisch gepflügte Scholle und schaut weit übers Land – auch in seinen „Gemeindebriefen" später liest man solche Schilderungen und noch seiner Tochter Gudrun, die zu Gast auf einem Bauernhof bei Heidenheim/Brenz ist, legt er die Schönheit der Landschaft ans Herz. So pflegt er auch den Pfarrgarten, freut sich an blühenden Obstbäumen und rechnet sich – wenn kein Frost kommt – ein „köstliches Obstjahr" aus, beauftragt einen Gärtner, Beerensträucher und Rosen – Diestel nennt die Sorten – anzupflanzen.[80] Er ist so „verliebt" in diesen Garten, dass er nicht bemerkt, dass der Lehrer auch gern etwas von der Ernte bekommen hätte.[81]

Diestel ergab sich aber nicht der Idylle. Er sah, wie die Bauern sich plagen mussten, und war informiert über Löhne und Arbeitsbedingungen in örtlichen Betrieben, so dass seine Konfirmanden ihn um Vermittlung von Lehrstellen baten.[82] Diese Rolle für einen Pfarrer war im Dorf nicht ungewöhnlich, gehörte er doch – anders als man selbst – zur „besseren" Gesellschaft; das Interesse Diestels für diese Themen zeigt, dass er weiß, worauf es für Menschen eben auch ankommt. Für „seine" Gemeindemitglieder zu sorgen, sah er als Aufgabe an; dass es ihm schwerfällt, die richtigen Worte für Menschen zu finden, die kärglicher leben als er selbst es je erlebt hat, lässt ihn an seiner Gabe, zu predigen, zweifeln. Er möchte raten und helfen – ein entsprechender, etwas „väterlicher" Ton findet sich auch

---

[80] Max an Else, 6.4.1906.

[81] „Lehrer Krieg … besuchte uns, als ich in Dettingen selber Lehrer war, und wir gingen zusammen nach Neckarhausen zur Bahn. Da fing Herr Johannes Krieg mit einer seltsamen Beichte an. Er fragte mich, ob ich mich noch an zwei Tatzen (Schläge auf die Hand) wegen den Palmsbirnen erinnern könne. Ich sagte, dass ich mich noch sehr gut erinnere. Darauf sagte er: ‚Sieh mal Wilhelm, du weißt doch, wie das war, dass ich nicht das mindeste Recht hatte, mir im Kirchengarten ein Beerlein zu pflücken, auch keine Birne und keinen Apfel oder eine Kirsche. Das wurmte mich, und ich dachte, die Schulkinder sollen die Finger auch davon lassen, darum die zwei Tatzen.' Ich muss heute noch den Kopf schütteln, wenn ich an den guten Pfarrer Diestel denke, der nicht gemerkt hat, was den armen Lehrer gewurmt hat, und wenn ich an den Lehrer Krieg denke, der mir deswegen und auch dem Ernst Steeb je zwei Tatzen verpasste, weil er sie dem Pfarrer, dem sie eigentlich zugedacht waren, doch nicht geben konnte, sintemal sie am Sonntagabend noch zusammen in der Bibelstunde waren. Heißt es doch schon im alten Testament: ‚Du sollst dem Ochsen, der die Tenne tritt, das Maul nicht verbieten.' Das gilt sowohl für den Lehrer als für den Pfarrer." Karl-Josef Sickler, Mail an Vf.

[82] Max Diestel an Else Fues, 11.4.06.

in den Briefen an seine Verlobte (die sich dagegen aber so vehement wehrt, dass er versichern muss, keineswegs von der Überlegenheit des Mannes auszugehen). Allein zuständig für verstreut wohnende Evangelische in einem traditionell katholischen Gebiet: eine Erfahrung von Fremdheit und Schule der Selbstbehauptung. Er erfuhr die Uneinigkeit der Konfessionen[83] und konnte einen Sinn für das Anliegen des später gegründeten „Freundschaftsbundes" der Kirchen gewinnen (an dem sich die römische Kirche nie beteiligte). Diestel hört auch die antievangelischen Geschichten, die manche in Anwesenheit Evangelischer gern erzählten, etwa von Luther, der, als er nach Ulm kam, so arm gewesen sei, dass er sich nicht einmal eine Wurst habe leisten können. Im Alltag wusste man den Evangelischen das Leben schwer zu machen – Streitigkeiten um Friedhof, Glockenläuten bei Beerdigungen und manches andere waren nicht nur in Hohenzollern so verbreitet, dass sie es in die Verhandlungen um die Weimarer Verfassung schafften.[84]
Dass ökumenisches Miteinander schwer war, kann nicht verwundern. Die Politik Preußens galt als antikatholisch, die Evangelischen in Hohenzollern als deren Repräsentanten. Die mussten zusammenhalten und waren mit „der Herrschaft" verbunden – die Kirchengemeinde Dettingen stellt auf ihrer Internetseite noch heute heraus, dass sie die Gottesdienstordnung der Union verwendet. Möglicherweise ähnelten sich Diestels Stellen in England und in Hohenzollern als Gemeinden im fremden Umfeld mit wenigen Mitgliedern, denen man sich umso intensiver widmen konnte.
Die wachsende Zahl Evangelischer störte die Traditionen der „Altgläubigen". So gab es Ärger um ein Schützenfest: Der Festzug nach dem Gottesdienst wurde mit Böllerschüssen eingeleitet. Am traditionellen Platz zum Abschießen der Böller stand aber inzwischen die evangelische Kirche. Als der Polizeidiener, wie früher, am gewohnten Platz die Böller abschoss, wurde ein Jugendlicher aus der Kirche geschickt,[85] um die Störung des Gottesdienstes zu unterbinden. Der arme Polizeidiener, der Anweisungen befolgt hatte, wird als „nicht der Klügste" hingestellt, das Verfahren gegen ihn eingestellt.
Ein katholischer Pfarrer schrieb: „Der Riss der Glaubensspaltung und damit der Streit, geht mitten durch die Familien."[86] Er würde sein Leben geben, wenn die

---

[83] In dem Artikel „Evangelisch und katholisch" konnte er später solche Erfahrungen verwerten.
[84] Man darf nicht verschweigen, dass in evangelischen Gegenden den katholischen Gemeinden ähnliche Hürden in den Weg gestellt wurden.
[85] Prediger war nicht Diestel, sondern Pfarrer Lamparter, Sickler S. 10.
[86] A.a.O. S. 10.

Christen im Dorf wieder vereint wären, schrieb ein Geschäftsmann seinem (katholischen) Pfarrer. Diestel musste Flagge zeigen, erlebte manche Zurücksetzung und musste geschickt agieren, um den Unfrieden nicht zu steigern.

4. Ein Kapitel für sich

In seiner Dettinger Zeit heiratete Diestel.[87] „Hohenzollern evangelisch" brauchte Kontakte zu Nachbargebieten; Diestel fuhr zur Pfarrkonferenz nach Freudenstadt und lernte dabei Else Fues im Hotel „Palmenwald", einem christlichen Haus, kennen, wo sie in Ausbildung war. Ihre Stuttgarter Familie war der Meinung, dass die junge Frau dort „Nützliches" lernen konnte. Sie musste später einen großen Haushalt und ein wenig praktisches Pfarrhaus betreuen.[88] Else Fues war zwölf Jahre jünger als Max, am Kriegsende 1945 kam sie ums Leben und wurde auf dem Dorffriedhof der Pauluskirche Lichterfelde begraben.
In Dettingen gab es „Kaethe", die Diestel den Haushalt führte, offenbar von der „Alb" stammend und bäuerlich-handfest, z.B. im Umgang mit Dreck verursachenden Handwerkern. Auch seine Schwester Lene scheint ihn gelegentlich versorgt zu haben; Tübingen war ja nicht weit entfernt. Käthe hielt von den Fähigkeiten der jungen Pfarrfrau eher wenig (sicher nicht ungewöhnlich): Als sie einmal, weil Käthe nicht daheim war, kochen musste, meinte Käthe hinterher: „Also Frau Pfarrer, i moin, ihr Mann isch net recht satt wora."[89]
Anrührend sind die Briefe Diestels an seine Verlobte und – vorher – an das „sehr geehrte gnädige Fräulein". Sie lassen die Sehnsucht des 34-jährigen Mannes nach Gemeinschaft spüren. Gelegentlich zeigen sie Diestels Art, Dinge (allzu) gründlich zu erörtern und seine Gesprächspartner leiten zu wollen, hier durch Lektüreempfehlungen: Welches Buch zuerst und welches dann und wie lange dieses oder jenes. Das „gnädige Fräulein" fühlt sich gedrängt und macht ihrem Ärger in Bemerkungen zur Rolle „der Männer" Luft, die „Egoisten" seien, sich bedienen lassen und die Richtung vorgeben wollten. Ihren Ärger kann man nur aus der Antwort Diestels rekonstruieren, in der er seine Sicht der Rolle von Mann und Frau darstellt.[90] Dass sie sich bedienen lassen, sei ein Erziehungsfehler, dem durch die

[87] Am 18.4.1906.
[88] Wer die Briefe von Else Diestel an Gudrun liest, erfährt manches über die Mühen von Haushalt und Wäschepflege in dieser Zeit – auch darüber, wie schwer es war, zuverlässige „Hilfen" zu bekommen.
[89] So nach einem Gespräch mit Gudrun Diestel, München, am 10.3.2020.
[90] Brief Max an Else Fues, 4.11.1905.

Rolle des Mannes in der Öffentlichkeit Vorschub geleistet werde. Später wird seine Frau schreiben, dass er ihr beim Fensterputzen, Ein- und Ausräumen von Kleidern hilft. Vielleicht dachte Diestel ohnehin anders[91], oder sie hat für Klärung nach ihren Vorstellungen gesorgt. Die junge Frau war gut gebildet, korrespondierte mit ihrem Mann auch in englischer Sprache und war später in dessen Arbeit einbezogen, Ansprechpartnerin für Menschen aus der Gemeinde, die den „Herrn Pfarrer" nicht belästigen wollten oder von seiner Frau mehr Verständnis erwarteten.

Ein Familienbild zeigt eine zierliche Person, die beim flüchtigen Hinsehen auch als weitere Tochter hätte durchgehen können[92]; unklar ist, warum die Kinder erst ab 1914 geboren werden: Eberhard 6.4.1914 (in Berlin-Wilmersdorf); Else 3.7.1915, Hilde 18.12.1916, Renate 11.2.1921 (alle in Sigmaringen) und Gudrun 6.1.1929 (in Berlin-Lichterfelde).[93]

Alle Kinder konnten Schul- und Berufsausbildungen machen – gelegentliche Auseinandersetzungen Diestels mit seiner Kirchenleitung um die Kinderzuschläge zeigen, dass auch einem Superintendenten deren Finanzierung nicht leichtgefallen ist. Eberhard ist, als Diestel jenen Personalbogen ausfüllt[94], „Rechtsreferendar" am Landgericht in Kassel, Else „Pfarrgehilfin" in Berlin[95], Hilde „Dr. med.", die ihr zweites Pflichtjahr in Berlin-Lichterfelde absolviert, Renate „Heilpraktikerin" im Robert-Bosch-Krankenhaus in Stuttgart und nur Gudrun, die die theologische Tradition dieser Familie fortsetzen wird und – so ist mein Eindruck – von den Gedanken ihres Vaters in den schwierigen Jahren den deutlichsten Eindruck bekommen hat, weil ihr Vater sie in ganz besonderer Weise einbezog – noch „Abiturientin, zu Hause, ohne Einkommen."[96]

---

[91] Im Haushalt einer Witwe mit sechs Kindern mussten sicher alle mit anpacken.

[92] Bild in Schlingensiepen, S. 53.

[93] Aus Briefen Diestels an die jüngste Tochter Gudrun erfahren wir, dass Else Diestel 1942 mindestens ein halbes Jahr mit einer Entzündung im Knie geschlagen war; bei vielen seiner Reisen ist Diestel wohl von einer seiner Töchter begleitet worden, von seiner Frau nur ausnahmsweise.

[94] ELAB 105/399, Personalakte Diestel, vermutlich 1946 oder 1947, jedenfalls nach dem Krieg ausgefüllt.

[95] Ein Beruf mit einem heute missverständlichen Namen, der geschaffen wurde, um die Pfarrer in den übergroßen Gemeinden zu entlasten und mehr ist als eine Art niederer Hilfsdienst, evtl. ähnlich den „Gemeindehelferinnen", die der damalige Mütterdienst in Stein ausbildete. Else führte den Haushalt für ihren Vater und arbeitete in der Frauenhilfe der Gemeinde mit.

[96] Gudrun Diestel sagt von sich, dass sie immer Theologie studieren wollte. Sie schaut sich zunächst bei der Gemeindehelferin-Ausbildung in Stein um, geht dann aber nach Tübingen und

Das Private aber tritt hinter das Berufliche, die Frau hinter den Mann, die Familie hinter den Beruf zurück. Erwartet wurden Vollzeitdienst des Mannes und eine Frau, die ihm den Rücken freihielt. Der „Stand“ als Pfarrfrau war je nach Gegend und Herkunft ein sozialer Aufstieg und bot Tätigkeitsfelder – ehrenamtlich, ohne soziale Absicherung. Bei Else Fues sahen das wohl nicht alle so – die offenbar etwas spitzen Bemerkungen einiger Verwandter bei der Verlobung der beiden könnten ein Hinweis sein, dass einige Max nicht unbedingt für eine gute Partie hielten.[97] „Pfarrfrau-Sein“ war ein Beruf, der zur Gemeindearbeit gehörte; das erklärt die Kämpfe um die Rolle der Pfarrfrauen, die in ländlichen Gebieten noch in den 1980er Jahren geführt wurden. Da wurde bei Vorstellung eines Bewerbers auch nach der Ehefrau gefragt, die Teile der Gemeindearbeit (weiter)führen sollte.[98] In den Jahren in Berlin nach 1933 mussten Pfarrfamilien für Worte und Taten des Mannes haften; im Krieg übernahmen Pfarrfrauen Dienste des abwesenden Ehemannes.

IV. Berlin-Wilmersdorf

1. Stadt und Vorstadt

Dettingen in Hohenzollern wie Berlin-Wilmersdorf gehören zur APU – so finden wir Diestel von März 1909 bis 1914 als vierten Pfarrer in Wilmersdorf. Man zog aus der ländlichen Gegend in die boomende Stadt nahe Berlin, aus einer Gegend, in der „Kirche“ (wenn auch die katholische) ihren festen Platz hat, in die schon damals säkularste Großstadt in Deutschland.

---

beginnt dort, wie ihr Vater, Theologie zu studieren, danach in Göttingen, Examen in Tübingen. Nach einer Station in Stein, bei den Anglikanern in England und bei den Quäkern war sie bis 1974 beim Mütterdienst in Stein angestellt. In Bayern gab es damals die Frauenordination noch nicht, so dass ihre Entwicklungsmöglichkeiten höchst begrenzt waren. Anmerken muss man freilich, dass sie auch anderswo erfahren hatte, wie wenig sich auch Männer in anderen Kirchen Frauen in diesem Beruf vorstellen konnten. Schließlich ging sie ins Kirchenamt der EKD und war dort die erste Oberkirchenrätin. Sie lebt heute in München. (Interview des Theologinnenkonvents Bayern, 31.8.2018).

97 „Ein Mann, der in eine Familie eindringt und ein herziges von allen geliebtes Mädel ohne viel Federlesens für sich annektiert (wir beide sehen freilich die Sache anders an) – ist doch naturgemäß nicht ohne ein gewisses Mißtrauen zu betrachten: He may not be worthy of her. Also acceptieren wir ruhig die Sachlage, aus der nur eine große Liebe zu Dir spricht, und klagen wir niemand an – klagen überhaupt nicht.“ Diestel an Else, Brief vom 20.12.05, nach ihrer Verlobung.

98 Vom Partner einer Pfarrerin erwartete man Derartiges nicht.

„Deutsch Wilmersdorf" – wie die seit 1906 zur Stadt gewordene Gemeinde zuerst hieß, seit 1912 „Berlin-Wilmersdorf", rühmte sich, nahe an, aber nicht Teil von Berlin zu sein. Man legte Wert auf den Zusatz „Berlin"-Wilmersdorf, um sich von Orten gleichen Namens in der Provinz zu unterscheiden.[99] Verkehrstechnisch waren Berlin und Wilmersdorf fest verbunden, den Dorfcharakter hatte Wilmersdorf verloren mit 139.468 Einwohnern (1920).
Die Nähe Berlins als Hauptstadt, der Boom der Stadt mit Licht- und Schattenseiten bestimmt das Leben. Wie seine Stuttgarter Frau sich wohl gefühlt hat?
Die Gemeinde hatte mit 13% den höchsten jüdischen Bevölkerungsanteil im damaligen Berlin, in ihrer Mehrheit definierten sich Juden wie Christen aber als nichtreligiös.[100] Viele Persönlichkeiten des kulturellen Lebens lebten in Berlin-Wilmersdorf, das direkt an den Kurfürstendamm grenzt.
Der Ort zählt zu den wohlhabenden südwestlichen Stadtteilen Berlins, ca. 60-70% der Einwohner waren Beamte, Selbstständige und Rentner. Er profitiert von der Zuwanderung eher wohlhabender Stände, was die Vereinigung mit Berlin nicht eben förderte, fürchtete man doch, die ärmeren Stadtteile mitfinanzieren zu müssen.[101]

2. Kirchenneubau – eine Erinnerung

Eine Erinnerung an Diestels Zeit findet sich bei der Einweihung der Kirche am Hohenzollernplatz 1933: „Besonderen Widerhall fand das Grußwort von Superintendent Diestel, der mit süddeutschem Humor aus seinen Wilmersdorfer Erinnerungen erzählte. Als er 1909 aus seinem Pfarrdorf in einem abgelegenen Schwarzwaldtal nach Wilmersdorf berufen worden sei, habe er den Wunsch

---

[99] Die Vereinigung zu „Groß-Berlin" konnte erst 1920 vollzogen werden; entsprechende Pläne wurden im Kaiserreich nicht gefördert. Man begnügte sich mit einer Art Zweckverband, dessen Aufgaben und Rechte eher rudimentär und den Problemen eines wachsenden Großraumes nicht angemessen waren.

[100] In Berlin war der jüdische Bevölkerungsanteil bei 4,3%, „in Wilmersdorf besonders stark konzentriert". „Die meisten … fühlten sich als Deutsche jüdischer Konfession, für die das Religiöse oft keine große Rolle mehr spielte, nicht wenige … waren Atheisten" (Brandt S. 13). Man kann sagen: Sie waren genauso religiös wie ein guter Teil der christlichen Berlinerinnen und Berliner.

[101] In Gailus' Buch über die Kreuzkirche finden sich Listen mit Namen und Beruf der Mitglieder des GKR und der Gemeindevertretung, die gehobenes Bürgertum, Beamte und Handwerker ausweisen.

ausgesprochen, dass für den Gemeindebezirk, den er zu übernehmen habe, recht bald eine Kirche gebaut werden möchte. Die Erfüllung dieses Wunsches habe genau 25 Jahre auf sich warten lassen. Jetzt endlich stünde die Kirche da, deren Bau man schon damals plante. Diese kleine Erinnerung war der anschauliche Beweis dafür, wie notwendig Wilmersdorf für seinen Nordbezirk einen Sammelpunkt kirchlichen Lebens brauchte."[102]
Diestel wird „süddeutscher Humor" bescheinigt (was immer das sein mag), freundlich gemeint und doch – wieder gehört er dazu und auch wieder nicht. Wichtiger als der „süddeutsche Humor" scheint mir diese Bemerkung Diestels zum Kirchenbau: „Der damalige Superintendent Diestel … bezeichnete den Baukomplex bei seiner Einweihung im März 1933 als ‚Kunstwerk für alle Zeiten.'"[103] Das spricht für seinen eigenständigen Kunstgeschmack und seinen Mut, dazu zu stehen. Schon während des Baues gab es kritische Stimmen gegen diesen expressionistischen Bau, der dem Architekturideal der Nationalsozialisten in keiner Weise entsprach.
Klar ist, dass man dem jungen Diestel einen Sprengel ohne Kirche übertragen hatte. „Der Nordbezirk (jetzt Kirchengemeinde am Hohenzollernplatz) hielt seine Gottesdienste anfangs in der Aula des Joachimsthalschen Gymnasiums in der Bundesallee, dann in der Aula der Cecilienschule am Nikolsburger Platz. Dieser Zustand musste um der Ausdehnung der Gemeinden willen möglichst rasch beendet werden, da die Seelenzahl allmählich auf 30.000 angestiegen war."[104] Das wirkte sich sicher auf das Selbstbewusstsein dieses Gemeindeteils aus – mancher fühlte sich am „Katzentisch". Allerdings war die alte Kirche Wilmersdorfs eben erst durch den Neubau der Auenkirche ersetzt worden (1895-97), ein weiterer Kirchenbau wäre auch für die wohlhabende Gemeinde schwer finanzierbar gewesen. Martin Germer, Pfarrer an der Kaiser-Wilhelm-Gedächtniskirche, verdanke ich den Hinweis, dass sich Diestel seinerzeit leidenschaftlich für einen Kirchenneubau im Wilmersdorfer Norden eingesetzt habe, auch angesichts der

---

[102] Die Weihe der „Kirche Am Hohenzollernplatz" fand am 19. März 1933 statt, „Tausende nahmen teil. – Die Symbolik des Bauwerkes" (Nachrichtenblatt der Ev. Kirchengemeinde Berlin-Wilmersdorf, April 1933).
[103] deacademic.com/dic.nsf/dewiki/2450671/502511#Fertigstellung_1933_und_Nutzung_bis_1945.
[104] So Bernhard Teicke, in: „Geschichte der Pfarrer ‚Kirchengemeinde Am Hohenzollernplatz'" s. hohenzollernplatz.kw01.net/file/502413. Die 30.000 waren ca. 1929 erreicht.

Aktivitäten der katholischen Kirche in dieser Hinsicht.[105] Im Beitrag einer Berliner Zeitung 1931 steht: „Am Hohenzollerndamm sollte bereits 1909 eine Kirche erstehen. Sie ist jetzt endlich im Bau."[106]
Ein Echo dieser Jahre findet sich in Diestels Eheschrift (1920, s.u.), in der er von einem Pfarrer eines „Seelsorgebezirkes von 14.500 Seelen in Berlin W" erzählt, der mehr (meist aussichtlose) Sühneversuche an zerstrittenen Eheleuten als Trauungen hatte. So bürgerlich Wilmersdorf war, hatte Diestel doch auch mit den Problemen der rasant wachsenden Stadt zu tun.
Die Sprengelgröße zeigt die Entwicklung der Stadt und ein damals schon überholtes Selbstverständnis von Kirche, die erwartet, dass die Menschen zu ihr kommen. In den 1920er Jahren werden neue Kirchen und vor allem die vielen neuen Gemeindehäuser Zeichen eines Umdenkens, später die Versäumnisse der Kirche ein ständiges Argument der Deutschen Christen gegen sie.
Auffallend ist, wie wach und nüchtern Diestel gesellschaftliche Verhältnisse wahrnimmt. Dass er selbst bürgerliche und eher konservative Werte hochhielt, kann man vermuten[107], die Eheschrift zeigt aber, dass gesellschaftliche Verhältnisse für ihn nicht unantastbar waren, wenn sie Menschen bedrückten. Vergangenen Verhältnissen nachzutrauern oder sie wiederbeleben zu wollen, war seine Sache nicht. Mit (manchmal bitterem) Humor konstatiert er, wie es ist, und versucht, daraus Neues zu machen. Auch das bewahrte ihn davor, in den Nationalsozialisten die Restauratoren alter Verhältnisse zu begrüßen.
1914, am Ende seiner Zeit in Berlin-Wilmersdorf, wird das erste Kind, der (einzige) Sohn Eberhard, geboren.

V. Sigmaringen

1914 kehrt Max Diestel nach Hohenzollern zurück: Er wird Pfarrer in Sigmaringen und Superintendent der Provinz Hohenzollern. Von 1914 bis 1918 versah er

---

[105] Gespräch mit dem Vf. am 21.7.2020.
[106] Hans Aubert schildert viele Bauprojekte, mit denen die Kirche auf die Entwicklung der Großstadt reagierte. Darunter finden sich Kirchen, vor allem aber Gemeindehäuser, deren Wichtigkeit sich in den Jahren nach 1933 immer wieder erweisen sollte.
[107] So Helmut Gollwitzer in einem Brief an Gudrun Diestel; auch die Auswahl an Büchern, die er seiner Verlobten empfiehlt, oder die Diskussion mit Gudrun über „Nathan der Weise" zeigen seine bürgerliche Bildung.

auch die Stelle des Lazarettpfarrers; Unterricht in der Unteroffiziersvorschule gehörte ohnehin zu seinen Dienstpflichten.[108]
„Der hohenzollerische Kirchenkreis ... unterstand zwar der Dienstaufsicht des Konsistoriums der Rheinprovinz, gehörte selbst aber keiner Provinz an. [Er] ... war somit den preußischen Provinzialkirchen gleichgestellt. Für die evangelische Kirche in Hohenzollern wurde damit 1898 eine ähnliche Sonderstellung innerhalb der Kirche ... geschaffen wie für den Regierungsbezirk der Hohenzollernschen Lande innerhalb der preußischen Verwaltungsstruktur."[109] So hat auch der Superintendent dieses Kirchenkreises eine eigene Stellung: Als Superintendent war er Vertreter der – heute so genannten – „Mittleren Ebene", zugleich Kirchenleitung für das Gebiet, das keine Kirchenprovinz und keiner Kirchenprovinz angeschlossen war und um das Synodalrecht erst hatte kämpfen müssen.

1. Dienstliches in Friedenszeiten

Die Dienstpflichten eines Sigmaringer Pfarrers listete Superintendent Theobald auf: „Sonntagsgottesdienst in Sigmaringen, am Karfreitag zweimal; in Ostrach und Wald monatlich einmal; in Straßberg monatlich zweimal; dort auch Religionsunterricht. In der Passionszeit wöchentlich einmal Abendgottesdienst in Sigmaringen. Bibelstunden nach Bedarf. Sonntags nach dem Gottesdienst Kindergottesdienst, soweit zeitlich möglich. Abendmahl: Gründonnerstag bei eigenem Gottesdienst; Karfreitag, 1. Ostertag, Pfingsttag, einmal in der Trinitatiszeit, Silvester im Anschluss an den Gottesdienst; sonst nach Bedarf, z.B. zum Gedächtnis Verstorbener. Katechumenen- und Konfirmandenunterricht; u.U. bei geringer Zahl zusammengelegt. Seelsorge: einmal wöchentlich Besuch im Landeskrankenhaus, Beerdigungen (Vereinbarung mit dem katholischen Pfarrer über Läuten!)[110].

---

[108] Sollte er sich mit seiner Selbstbezeichnung als „alter Soldat" im Schreiben für den Kriegsdienstverweigerer Hermann Stöhr darauf beziehen, wäre diese Bezeichnung dort deutlich ironisch gemeint.

[109] Wkgo, Volker Trugenberger Art. „Hohenzollern".

[110] Der evangelische Pfarrer hatte die Erlaubnis des katholischen Pfarrers einzuholen, wenn er bei einer Beerdigung die Glocke läuten lassen wollte. Die Begründung war, dass die Friedhöfe, auf denen die Evangelischen beerdigt werden durften, Eigentum der katholischen Kirchengemeinden waren, so dass der katholische Pfarrer das Hausrecht hatte. (Gall) – Noch in den Verhandlungen um die Weimarer Verfassung werden Streitigkeiten um das Hausrecht auf Friedhöfen, Rederecht für Freikirchenangehörige oder das Läuten von Glocken als Grund für eine Neuregelung der Bestimmungen über Kirche und Staat angeführt. Möglicherweise führte diese

Fürsorge für die kirchlichen Vereine, Führung der Kirchenbücher, Ortsschulinspektion, Überwachung des evangelischen Religionsunterrichts. Seelsorge für die Militärgemeinde (Unteroffiziervorschule)."[111]

Diestels Nachfolger, Hans Seeliger, fasst zusammen: „Dem Superintendenten des selbständigen Kirchenkreises Hohenzollern lag in erster Linie die Verwaltungsarbeit für den Kirchenkreis und der Verkehr mit den Behörden ob. … Aber darüber konnte und sollte die eigene Gemeinde nicht leiden."[112] Das Amt des Superintendenten musste Diestel sein Berufsleben lang mit der Gemeindearbeit vereinbaren, in Sigmaringen war er aber zudem der einzige (evangelische) Pfarrer. Diestel musste evangelische Kirche im Gegenüber zu einer zahlenmäßig übermächtigen römischen Kirche vertreten – jetzt am Sitz der Fürsten. Volkssitten, Feste und Jahreslauf waren (auch, wenn dies Einheimischen oft nicht bewusst ist) geprägt von der – in diesem Fall katholischen – Kirche. Verhältnisse, in denen evangelische Pfarrer beim katholischen Kollegen die Erlaubnis für Amtshandlungen oder das Läuten der Glocken einholen mussten, prägen – auch noch Jahre später. Diestel musste Position beziehen, aber auf eine der Mehrheit vermittelbare Art. Er scheute aber schon damals auch den Konflikt nicht, wie die Auseinandersetzung um den Religionsunterricht zeigt. Im Fürstenhaus als Statthalter des „Summus Episcopus" vor Ort, fand er Halt[113] – 1918 war für die evangelische Kirche entsprechend einschneidend.

Diestel kam „als letzter Königlicher Superintendent nach Sigmaringen, 42 Jahre alt, also in höherem Lebensalter als seine Vorgänger."[114] Er „… kam von Berlin, kannte aber von Dettingen aus … die Diaspora, vor allem auch in ihren Schul-

---

Erfahrung Diestels neben seinen englischen Erlebnissen dazu, dass er ein offeneres Verhältnis zu den in Deutschland als „Sekten" bezeichneten Freikirchen hatte.

[111] Dienstplan des Superintendenten Theobald, 1911 vom Königlichen Konsistorium in Koblenz angefordert, Gall, 150 Jahre, S. 25, nach Julius Theobald: Geschichte der evangelischen Gemeinden in den Hohenzollerischen Landen. Festschrift zur Feier des fünfzigjährigen Bestehens evangelischer Kirchengemeinden in Hohenzollern (1861-1911). Sigmaringen 1911, zitiert nach Wagner S. 36, da kein Exemplar von Theobalds Festschrift mehr vorhanden ist.

[112] Seeliger S. 9.

[113] Formal war natürlich die Kirchenleitung der Rheinprovinz und der Deutsche Kaiser zuständig, vor Ort werden die örtlichen Fürsten als solche wahrgenommen.

[114] Wagner S. 37.

nöten“, schreibt sein Nachfolger, [115] und benennt ein Dauerproblem: die Frage nach Beschulung evangelischer Kinder und den Religionsunterricht.

2. Dienstliches in Kriegszeiten

Diestels Wirken wurde anfangs vom Ersten Weltkrieg bestimmt; dessen Folgen überschatteten auch seine weiteren Jahre in Sigmaringen.
Ab 1914 wurden in der Kirche „Kriegsbetstunden“ gehalten. Nach anfänglich starkem Besuch erlahmte mit Fortschreiten des Krieges und nachlassender Begeisterung das Interesse daran,[116] 1917 wurden sie eingestellt. Diestel nutzte das Reformationsjubiläum 1917, die Betstunden in Vorträge über Reformationsgeschichte umzugestalten.[117] Er betreute das Lazarett, unterrichtete in der Unteroffiziersvorschule und musste als Gemeindepfarrer die Familien gefallener Soldaten besuchen. War der eine ein Ort von patriotischer Begeisterung und Durchhaltewillen, waren im Lazarett und beim Überbringen von Todesnachrichten andere Töne gefragt – Diestel erlebte den Krieg von beiden Seiten. 1917 wurden die Prospektpfeifen der Orgel und zwei Glocken zu Kriegszwecken eingeschmolzen. „Zu Beginn des Winters macht sich die Kohlennot immer mehr bemerkbar. Die Kirche durfte nur noch an ausnehmend kalten Tagen geheizt werden. Und selbst im kleinen Sigmaringen beginnt der Hunger. 1918 muß für die Schwesternstation Land beschafft werden, um Gemüse und Beerenobst zu ziehen, damit die Schwester für ihren schweren Dienst etwas mehr zu essen hatte und Saft einkochen konnte für Kranke und Verwundete.“[118]
31 Gemeindeglieder fielen in den Kämpfen des Ersten Weltkriegs.[119] Erst acht Jahre nach Kriegsende hatte die Gemeinde Geld, um eine Gedenktafel für die Gefallenen an der Außenwand der Kirche anzubringen. Wegen der Inflation zwi-

[115] Seeliger, Denkschrift S. 5. Er zählt auf: Ev. Höhere Mädchenschule in Sigmaringen, ev. Privatschulen in Dettingen, Gammertingen, Haid, Straßberg und Bietenhausen, dazu noch einige „Stationen“ für evangelischen Religionsunterricht. Als im Dritten Reich die Zuschüsse – außer für die Anstaltsschule Bietenhausen – eingestellt wurden, war dies das Ende der Privatschulen. Später wurde auch die Schule in Sigmaringen aufgelöst.
[116] Wagner S. 37, Gall S. 25.
[117] Wagner S. 37.
[118] Wagner S. 37f.
[119] Gall, 150 Jahre S. 25.

schen 1918 und 1923 und der folgenden Notjahre konnten die Gehälter sowie die laufenden Kosten der Kirchengemeinde kaum aufgebracht werden.[120]

Zäsur 1918

Das Ende von Weltkrieg und Monarchie war ein Umbruch, für nicht Wenige ein Zusammenbruch: Wo Vaterlandsbegeisterung das Selbstverständnis bestimmt hatte, stand mit dem Untergang dieses Vaterlands der innere Halt von Menschen in Frage. Wo Lebensunterhalt, Berufs- und Karriereerwartungen mit dem Kaiserreich zusammenhingen, brachte dessen Ende das Ende von Stellung, Einkommen und Lebensplanung. Aus der nationalen wird eine persönliche Niederlage, besonders für Militärs, Beamte und das Bürgertum. So wenig wie die Begeisterung für den Krieg war dieses Gefühl eines persönlichen Zusammenbruches bei allen Schichten verbreitet – wohl aber die Not der Versehrten und der Menschen, die ihren täglichen Unterhalt kaum bestreiten konnten und der Orientierungslosen, deren Ordnung zerbrochen war. In der nationalen verbergen sich persönliche Niederlagen. Lange verdeckte innergesellschaftliche Differenzen brechen auf und verhindern jeden Versuch, gemeinsam einen neuen Staat aufzubauen.

Die bürgerliche Gesellschaft hatte verloren, was ihren Stolz und Stellung ausgemacht hatte. Den Arbeitern und ihren Familien ging es in der neuen Republik aus vielen Gründen nicht besser. So führte eine breite Ablehnung der neuen Verhältnisse über die Grenzen sozialer Milieus hinweg bei den Konservativen zur Verklärung des Vergangenen, auf der linken Seite des politischen Spektrums zum Kampf für ein anderes politisches System. Dass der Staat so wenige Freunde hatte und so viele, aus unterschiedlichen Gründen, gegen ihn waren, bereitete den Nazis den Boden, die – gemeinsam mit den Kommunisten – diesem Staat jede Legitimation bestritten.

Evangelische Kirche im Umbruch

Für die evangelische Kirche endete mit dem Kaiserreich das Landesherrliche Kirchenregiment. Der Vorsitzende des ersten Kirchentages[121], Moeller, beklagte in seiner Eröffnungsansprache 1919, dass „die Herrlichkeit des deutschen Kaiserreichs, der Traum unserer Väter, der Stolz jedes Deutschen" dahin sei. Mit ihr

---

120 Gall, 150 Jahre S. 25.

121 Bei diesen „Kirchentagen" handelte es sich um Treffen der Landeskirchen als Vertretung der Evangelischen Landeskirchen in Deutschland.

geschieden sei „der hohe Träger der deutschen Macht, der Herrscher und das Herrscherhaus, das wir als Bannerträger deutscher Größe so innig liebten und verehrten."[122]

Die Landeskirchen brauchten eine neue Verfassung und mussten sich über die Leitung von Kirche und die Gestaltung der Mitbestimmung „aller Getauften" Gedanken machen.[123] Die gleiche Aufgabe stellte sich für den staatlichen Bereich. Schließlich mussten Kirche und Staat ihr künftiges Verhältnis regeln. Eine starke politische Strömung strebte die Trennung von Kirche und Staat an, was die evangelische Kirche als Verlust ihrer Rolle fürchtete. Ohne monarchischen „Summepiscopus" kam sich evangelische Kirche – vor allem im Gegenüber zur übernational organisierten katholischen Kirche – schutzlos vor.[124] Die selbstverständliche Einheit von Deutsch- und Evangelisch-Sein[125] war zerbrochen.

Auch, weil die katholische Kirche und die ihr nahestehenden Politiker und Parteien ebenso um ihren Einfluss fürchteten, erreichten ihnen nahestehende Parteien, dass die Weimarer Verfassung eine nur „hinkende" Trennung von Kirche und Staat beschrieb.

Schon die Idee eines säkularen und pluralen Staates aber, bei dem unterschiedliche Meinungen und politische Ideen vertreten werden konnten und sich die Richtung durch Mehrheitsentscheidungen entschied, war für den konservativen Teil der Gesellschaft kaum nachvollziehbar. Nicht Wenige verstanden dieses Staatswesen als geradezu „heidnisch" bzw. atheistisch. Für die evangelische Kirche war

---

122 Verhandlungen des Deutschen Evangelischen Kirchentages, 1919, S. 57, hier zitiert nach Droege, S. 74.

123 In Bayern geschah dies immerhin in einer bemerkenswert demokratischen Form: Es wurde zur Diskussion aufgerufen und die Vorschläge wurden im Amtsblatt veröffentlicht. „Nichtsdestotrotz wurde der Übergang in eine selbständige Landeskirche in einer Art und Weise vollzogen, die formal wegweisend war. Um eine Kirchenverfassung zu erarbeiten, wurden im Dezember 1919 20 Leitsätze veröffentlicht: ‚*Es ist jedem Kirchengliede Gelegenheit gegeben, sich zu den veröffentlichten Richtlinien zu äußern.*' Das wurde dann auch so gemacht – im Amtsblatt (alle 14 Tage) und im Korrespondenzblatt (erschien jede Woche!) wurde diskutiert, was das Zeug hielt." Tenberg, S. 206

124 Vergleichbares erlebte die katholische Kirche in der Säkularisation zu Beginn des 19. Jahrhunderts, als sie ihrer weltlichen Macht beraubt wurde und man ihre bisher (erz)bischöflichen Territorien in neue oder bestehende Staatswesen eingegliederte.

125 In Wahrheit erwies sich ihr bisheriges Selbstverständnis als lange schon leer. Die Einheit war lange schon in Auflösung und hatte die Arbeiterschaft und die nicht bürgerlichen Schichten nie erreicht.

zudem die Deutsche Zentrumspartei Zeichen der Übermacht der römischen Kirche – alles nicht dazu angetan, dem neuen Staat Vertrauen entgegenzubringen. Hinzu kam ein Friedensvertrag, den viele als ungerecht empfanden – die Auseinandersetzung darüber wurde bis Anfang der 1930er Jahre auch in Versammlungen des „Weltbundes" (s.u.) geführt und setzte den deutschen Delegierten schwer zu. Noch Bonhoeffer erlebte dies Anfang der 30er Jahre als mühsam.[126] Allgemein stand man vor der Frage, wie Kirche Menschen beeinflussen könne, nach christlichen Maßstäben zu leben. Diese Frage ist eigentlich so alt wie Kirche; solange sich der Staat „christlich" definierte, konnte man eine Übereinstimmung von Gesetzen und biblischen Geboten annehmen. In der Weimarer Republik war das erstmals anders.

Julius Kaftan sprach auf dem Stuttgarter Kirchentag[127] 1921 zur Aufgabe der evangelischen Kirche. Ausgangspunkt ist die Beschreibung der Weimarer Republik als „religionsloser Staat", der zum äußersten Widerspruch all derer herausfordere, die sich zum christlichen Gottesglauben bekannten. Der Kirche als Volkskirche komme die Aufgabe zu, Kristallisationspunkt der geistig sittlichen Kultur zu werden, bis die Zeiten sich wieder änderten und die alte Wechselbeziehung zum christlichen Staat wieder hergestellt sei.[128] Deutlich spürt man, wie sich Teile des Protestantismus in der Weimarer Republik als einer Übergangszeit einrichten – der „christliche Staat" blieb Ziel ihres Denkens.

Ernst Troeltsch schreibt: „So sind es auch heute und heute erst recht die konservativen, revolutionsfeindlichen, antidemokratischen Elemente der Gesellschaft, die in den kirchlichen Neubildungen meistenteils die Führung haben. (…) Die Konservativen haben im Staat die Herrschaft verloren, in der Kirche wollen sie

---

126 Noch 2020 sah der russische Präsident Putin im Versailler Vertrag einen der wesentlichen Gründe für den Zweiten Weltkrieg und dehnte so die Kriegsschuld auch auf die an diesem Vertrag beteiligten Siegermächte aus.

127 Im September 1919 tagte in Dresden erstmals der Deutsche Evangelische Kirchentag. Dieser und der nächste Kirchentag im September 1921 bereiteten einen Kirchenbund vor; Himmelfahrt 1922 wurde in Wittenberg der Deutsche Evangelische Kirchenbund als Zusammenschluss der 28 nach wie vor selbständigen Landeskirchen gegründet. Das Parlament bzw. die Synode dieses Kirchenbundes war der Deutsche Evangelische Kirchentag, der 1924 in Bethel, 1927 in Königsberg und 1930 in Nürnberg tagte.

128 Kaftan, in: Verhandlungen des 2. Deutschen Evangelischen Kirchentages 1921, S. 131 und 137, zitiert nach Droege, S. 75.

sie haben. Das Ideal ist, die Kirche zu einer Art geistiger Gegenrevolution zu machen.“ [129]

Ohne das Fremdeln mit der Gegenwart und die selige Erinnerung an die Vergangenheit hätten es die Nationalsozialisten schwerer gehabt, das Bürgertum und Teile der evangelischen Kirche für sich zu gewinnen. Weltwirtschaftskrise, Inflation und Arbeitslosigkeit trugen dazu bei, dass die Weimarer Republik ihre Chance nicht nutzen konnte. Das (empfundene) Unrecht des Versailler Friedens legte den Grund für die Stimmung „Wir gegen den Rest der Welt“ und bereitete dem völkischen Denken den Boden.

Aufbruch in Hohenzollern

Der Kirchenkreis Hohenzollern bekam den Umbruch unmittelbar zu spüren. Mit dem Kaiser dankten dessen örtliche Vertreter, die Fürsten von Sigmaringen, ab. Das bedeutete für die von Geldnöten geplagte Gemeinde den Wegfall fürstlicher Dotationen, für den Kirchenkreis fiel die Verankerung der evangelischen Minderheitskirche in der Person des Fürsten weg. „Und dann kam das bittere Ende; es wurde für die evangelische Kirche besonders bedeutungsvoll durch die von den einen lange erhoffte, von den anderen angstvoll gefürchtete Trennung von Kirche und Staat.“[130]

Auch Diestel erlebte nach 1918 bange Zeiten, die er 1929 in der Konfirmationspredigt für Eberhard so beschrieb:

> „Wir Eltern schauen zurück auf die Lebensgeschichte unserer Kinder; ihre Zeit ist abgelaufen zugleich mit einer der düstersten und traurigsten, schmerzlichsten und größten Zeiten, die unser Vaterland durchgemacht hat seit langen Jahrhunderten. Alle Not und alle Angst, alles Bangen und Zittern, alles Große und Herrliche und alles Furchtbare der letzten 14-15 Jahre fällt hinein in die Lebensgeschichte dieser, unserer Kinder. So daß wir nichts

[129] Die Kundgebungen des Dresdener Kirchentages in Schriften zur Politik und Kulturphilosophie (1918-1923), 2002, S. 259 und 261f.

[130] Wagner S. 38.

anderes in dieser Stunde denken können als dies: In wieviel Not hat nicht der gnädige Gott über dir Flügel gebreitet!"[131]

Und doch hält sich Max Diestel weder mit Anklagen, Klagen oder nostalgischen Erinnerungen auf noch wartet er auf Weisung, sondern versucht, die Dinge selbst zu regeln.[132] Er „berief auf den II. Advent, den 8. Dezember 1918, eine Versammlung ein, in der die Gemeinde zu folgenden Forderungen Stellung nehmen sollte:

1. Schaffung gesetzlicher Grundlagen für eine staatsfreie evangelische Volkskirche unter Mitwirkung der kirchlichen Vertretungen.
2. Sicherung der religiös-sittlichen Bildung unserer Jugend durch schulplanmäßigen Religionsunterricht.
3. Sicherung der Vorbildung der Geistlichen durch Beibehaltung der theologischen Fakultäten an den Universitäten.
4. Beibehalten des bisherigen Besteuerungsrechtes."

Diestel stößt also ein synodales Verfahren an.[133] Auch eine „staatsfreie" Kirche kann er sich ohne Synode nicht vorstellen – man ahnt seinen späteren Widerstand gegen die Versuche nach 1933, das „Führerprinzip" in der evangelischen Kirche durchzusetzen.[134]
Beklagte evangelische Kirche nach 1918 den Verlust der Anbindung an den Staat, wird der Kampf um die Freiheit der Kirche vom Staat die Jahre nach 1933 bestimmen. Nüchtern wagt Diestel, eine „staatsfreie" evangelischen Kirche zu

---

131 Predigt am 10.3.1929 zur Konfirmation auch von Eberhard Diestel. Gudrun Diestel erinnert sich an die bange Frage ihrer Mutter, wovon die Familie künftig leben solle. Gespräch m. Vf., Februar 2021.
132 Diestel befasste sich immer wieder mit Fragen kirchlicher Organisation. 1933 schrieb er zum Thema einer zweiten Generalsuperintendentur, stellt nüchtern das Pro und Contra dar und zeigt Verständnis für finanzielle wie kybernetische Fragen. S. Archivbericht 18, Februar 2013, S. 133-143, mitgeteilt von Dr. Karl-Heinrich Lütcke.
133 Wagner, S. 38.
134 Dieser Widerstand nach 1933 ist nicht Aufsässigkeit gegen die handelnden Personen (wie es diese gesehen haben), sondern erwächst aus der Überzeugung, dass nur die synodale Verfassung dem Wesen evangelischer Kirche entspricht.

denken, während z.B. Otto Dibelius die Anknüpfung an Tradition in rechtlicher, struktureller und theologischer Hinsicht ohne Alternative scheint.[135]
Auch Diestels „neue“ Kirche soll und muss Jugend ansprechen, wofür Schule und Religionsunterricht ohne Alternative scheinen. Dass dazu Vereinbarungen mit dem künftigen Staat nötig sein würden, erlebte Diestel in seinem Kirchenkreis, ebenso, wie konfliktträchtig solche Verhandlungen sein konnten.
Dem Theologen Diestel liegt an der akademischen Ausbildung der Pfarrer. Er will die theologischen Fakultäten erhalten wissen – Theologie soll in der Auseinandersetzung mit anderen Fächern gelernt und Theologen als Akademiker geachtet werden.
Nüchtern, geschult an den finanziellen Nöten in Sigmaringen, wohl auch an den Sorgen seiner Frau um die Versorgung der Familie, vergisst er die Frage der „Besteuerung“ nicht.
Ob und welche Antworten der Gemeinde Diestel auf seine „Fragen“ bekommen hat, wissen wir nicht; auch nicht, wie er mit den Antworten hätte umgehen wollen. Dass eine Regelung nur für seinen Kirchenkreis kaum möglich sein würde, sah er sicher, verstand sich nur als „Vor-Denker“.
Ordnung schuf das „Staatsgesetz betreffend die Kirchenverfassungen der evangelischen Landeskirchen“ vom 8. April 1924.[136] Die Kirche bekam Freiheiten, „mußte diese aber mit dem Verzicht auf die großen Stiftungen der Fürsten erkaufen.“[137] Als Kirche der Altpreußischen Union gelang es dem Sigmaringer Kirchenkreis aber, sich nach Abschaffung der Monarchie weder der Badischen noch der Württembergischen Kirche anschließen zu müssen.[138] Diestels Mut, den Umbruch zu gestalten, unterscheidet ihn von allen, die nur der Vergangenheit nachtrauerten. Bleiben muss die Botschaft, nicht die Gestalt der Kirche.

---

[135] Dibelius ist an der Neugestaltung von Evangelischer Kirche nach 1918 beteiligt und nutzt diese Erfahrungen bei dem Neubeginn 1945, den er selbst mitgestaltete.
[136] Wagner S. 38.
[137] Wagner S. 38.
[138] So Herrmann Ruff, Die Evangelische Kirchengemeinde Sigmaringen in Hohenzollern, Sigmaringen 1994^3, S. 28 (zitiert nach Gall S. 25) – Diese nachbarschaftliche „Freundlichkeit“ bestimmt noch den Anschluss des Gebietes an die Ev. Landeskirche Württembergs und zeigt sich wohl auch in der Notiz auf der Internetseite der Gemeinde Dettingen/Horb, man habe noch heute die Agende der APU.

3. Nachkriegszeit in Sigmaringen

Nach dem Ersten Weltkrieg musste man auch in Sigmaringen Kriegsschäden beheben. Die Nöte der Gemeinde in Friedenszeiten wurden durch Inflation und die Weltwirtschaftskrise verschlimmert.

Mit neuen Glocken begann 1920 der Wiederaufbau: Sie machten Evangelische Kirche „hörbar", waren 1922 fertig, aber mit 100.000 Mark teurer als gedacht. So beschloss man ein Darlehen, das „mit 8% zu verzinsen und mit 1,5% zu tilgen ist"[139]. In fünf Jahren waren die Glocken durch Sammlung in der Gemeinde finanziert – in (der geplanten Tilgungszeit von) 24 Jahren waren sie wieder vom Turm geholt …

Die Schwesternstation wollte Diestel erhalten „auch im Hinblick auf die katholische Liebestätigkeit",[140] finanziell war das zunehmend schwierig. „Um Geld in die Hand zu bekommen"[141], wurde 1923 der Verkauf des Pfarrhauses erwogen.

„Die finanzielle Not nach dem 1. Weltkrieg ist groß. Der Kirchensteuersatz steigt 1929 auf über 30 % der Staatssteuern – der höchste im gesamten Bereich der Evang. Kirche der altpreußischen Union. 1927 wird die Höhere Töchterschule aufgegeben, da sie keine Staatszuschüsse mehr erhält, und 1929 auch die Gemeindeschwesternstation, die nicht mehr finanziert werden kann."[142] Diestel hatte versucht, diese evangelischen „Leuchttürme" zu halten.

Um den evangelischen Religionsunterricht in Sigmaringen gab es Streit mit Gymnasialdirektor Hester – der Gemeindekirchenrat lehnte Verhandlungen mit ihm unter Ausschluss Diestels ab.[143] Am Ende stellte man einen Lehrer für den evangelischen Religionsunterricht an.

Diestel gründete „auf Anregung von Zugführer Frank"[144] einen Diasporatag an Peter und Paul (29.6.), in der katholischen Gegend ein Feiertag, evangelisch nicht

---

139 Wagner S. 40.

140 Wagner S. 38f.

141 Wagner S. 39.

142 Internetseite der Ev. Kirchengemeinde Sigmaringen, evang-sig.de/wer-wir-sind/unsere-geschichte

143 Wagner S. 40 – Diestel ging es bei der „Lage der Religionsstunden" nicht um eine „Bagatelle", wie Wagner meint. Es war eine Frage nach der Stellung der (evangelischen) Kirche in Staat bzw. Schule. Dass der Gemeindekirchenrat Verhandlungen unter Umgehung Diestels ablehnte, zeigt dessen Stellung in der Gemeinde. Die Gabe, Gremien „mitzunehmen", wird Diestel in Lichterfelde noch sehr zugute kommen.

144 Seeliger S. 6.

„belegt", aber auch für die Evangelischen arbeitsfrei. Man wollte „Flagge" zeigen. „Jährlich … kamen die Männer und Frauen der Diaspora aus Hohenzollern, aus Württemberg und Baden nach Sigmaringen, wo früher in der fürstlichen Reithalle, später in der städtischen Festhalle, Kirchenführer aus der Gesamtkirche über Fragen der Gegenwart sprachen und die zerstreuten Evangelischen stärkten in der Gemeinschaft des Glaubens." Seeliger berichtet von seinen Vorträgen, z.B. über „Ehe und freie Liebe".[145] Möglich also, dass Diestels Artikel über „Evangelisch und katholisch" zunächst ein Vortrag in diesem Rahmen war.[146] Im Dritten Reich wurden die Diasporatage eingestellt.
Während der Dienstzeit von Superintendent Max Diestel war laut Zählung 1927 die Zahl der Evangelischen in Sigmaringen auf 1100 Personen angewachsen (im Kirchenbezirk auf 3.411 Personen).[147]

4. Privates

Drei von Diestels fünf Kindern sind in Sigmaringen geboren, zwei in der Zeit des Ersten Weltkrieges.[148] Man mag sich ausmalen, was das für seine Frau bedeutete. Hinzu kamen bauliche Gegebenheiten: Das Pfarrhaus, eingeweiht 1862, mit der Kirche durch einen Säulengang verbunden, hatte eine Wasserleitung, erhielt aber erst 1916 – „13 Jahre nach der Kirche" elektrische Beleuchtung. „Allerdings wurden die Stromkabel aus Gründen der Sparsamkeit nur im ersten Stock und im Dachgeschoss verlegt. Das Erdgeschoss und der Keller hingegen mussten weiterhin mit Gaslampen beleuchtet werden."[149] Der Gemeindekirchenrat meinte, „im Keller und im Erdgeschoß sei die Gasbeleuchtung noch gut genug ..."[150] Da das Erdgeschoss früher auch der evangelischen Schule gedient hatte, kann man annehmen, dass dort Amts- und Gemeinderäume untergebracht waren.
1925 wurde gar der Verkauf des Pfarrhauses angedacht: Weil „… das Pfarrhaus so ungesund war (im Schatten der Kirche und aus Kalkstein gebaut), sollte es, wie der Vorgänger [Diestel] berichtete, aufgegeben werden." Da der Kauf eines anderen Hauses aber trotz der Zuschüsse aus Berlin für die Gemeinde unbezahlbar

---

145 Seeliger S. 6 – Das Thema lag offenbar in der Luft …

146 Die Eheschrift eignet sich m.E. nicht als Vortrag, eine Vorform dieser Überlegungen könnte Diestel freilich ebenso in diesem Rahmen gehalten haben.

147 Gall S. 25 nach Wagner S. 41.

148 Else (3.7.1915), Hilde (18.12.1916), dann Renate (11.2.1921).

149 Gall, 150 Jahre, S. 14f. unter Verweis auf Wagner, 1862-1962.

150 Wagner S. 39.

war, wurde das Pfarrhaus „in jahrelanger Arbeit so hergerichtet, daß es wohnlich wurde.“[151] Nur durch die – eigentlich nicht vorgesehene – Hilfe der Kirchenleitung aus Berlin konnte es renoviert werden.[152] 1926 wurde ein Telefon eingebaut. Diestel hatte also weder „Wohnlichkeit“ noch Telefon.
Das gesellschaftliche Leben ging in neuem Rahmen weiter. Der Kaiser war in Holland, die örtlichen Adeligen hielten, so gut sie konnten, weiter Hof und die Stellung, die sie rechtlich nicht mehr hatten.
In den Unterlagen Diestels findet sich eine Einladung:

> „Auf höchsten Befehl ihrer Königlichen Hoheiten
> Des Fürsten und der Fürstin von Hohenzollern
> Beehrt sich der unterzeichnete Hofmarschall
> Herrn Superintendent Diestel
> Zur Tafel am Montag, den 13.2.1922,
> 8 Uhr abends einzuladen
> Anzug: Frack
> v. Wangenheim
> Aufgang: Aufzug U.A.w.g.“

Wie sehr Max Diestel und seine Familie in das gesellschaftliche Leben in Sigmaringen eingebunden waren und diese Station seines Berufslebens Teil persönlicher Erinnerung war, zeigt ein Ausschnitt aus einem späteren Brief an seine Tochter Gudrun:

> „Hoffentlich wird die Schule in Blaubeuren bald aufgetan und du bekommst dort eine gute Unterkunft. Blaubeuren selbst ist ja wunderschön und wird dir sicher wohlgefallen. Auch kannst Du vielleicht von dort häufiger gelegentlich nach Sigmaringen kommen und mit alten Bekannten alte Freundschaften der Eltern erneuern. Grüsse besonders dann Renates Patin, Frau von Wartenberg und ihre Tochter Marlieschen Freifrau von Enzberg, ebenso Schwester Alice Wiegandt in der Prenzhöferstrasse, die Euer Ölbild von mir in Verwahrung hat. Sie lebt dort mit ihrer Schwester Magda, einer frü-

151 Seeliger S. 9
152 Gall, 150 Jahre, S. 15

heren Lehrerin, beide sind wertvolle Menschen. Auch andere wirst Du treffen, die sich unser erinnern."[153]

5. „Nachrufe"

Wagner schreibt: „1925 wurde Diestel Superintendent in Berlin-Lichterfelde, später Generalsuperintendent. Nach dem Zusammenbruch 1945 mußte er sehr Schweres, auch körperliche Mißhandlung, in Berlin erleben, an deren Folgen er fast erblindete. Ich lernte den körperlich völlig gebrochenen Mann in Sigmaringen bei einem Besuch kurz vor seinem Tode kennen."[154]
Ein spätes Echo dieser Jahre sind die Worte von Bischof Otto Dibelius beim Gedenkgottesdienst 1949. Im Bericht des Generalsuperintendenten in Koblenz über dessen Visitation in Sigmaringen: „„... war mit grossen und anerkennenden Worten davon gesprochen, wie in diesem Kirchenkreise Hohenzollern unter Max Diestels Leitung das kirchliche Leben blühte, aber auch das Aeussere in Ordnung war, sodass hier Leitung nach dem Herzen Gottes war. Und es war in diesem Bericht hinzugefügt, dass bei dieser Wirksamkeit des Superintendenten die Hilfe seiner anmutigen Frau zu spüren war."[155]

Blick in die Zeit: Zwei Schriften

Zwei Schriften Diestels aus jenen Jahren geben einen Blick auf damalige Stimmungen und Themen.

Eine Schrift über die Ehe

1. Der Verlag

„Das moderne Ehe-Ideal und das Christentum" erschien 1920 im Verlag des Ev. Volksbundes/Ev. Preßverband innerhalb einer Reihe von „Untersuchungen über Glaubens- und Lebensfragen für die Gebildeten aller Stände."[156] Paul Fischer schrieb da z.B. über „Jesus und die Friedensfrage" oder Friedrich Gogarten über „Rudolf Steiners Geisteswissenschaft und Christentum".

---

153 Max Diestel an Gudrun, 24.10.1945.
154 Wagner, S. 40f.
155 Otto Dibelius, Predigt im Gedenkgottesdienst am 25.11.1949 – Das „anmutig" als Adjektiv für die Pfarrfrau kommentiere ich lieber nicht, es gleicht dem Blumenstrauß für „die bezaubernde Gattin".
156 Heft 5, Verlag des Ev. Volksbundes/Stuttgart GmbH (Ev. Preßverband), 1920.

Der 1919 gegründete Evangelische Volksbund wollte „die Mitarbeit der evangelischen Gemeindemitglieder" fördern und „... die Einflussnahme auf politische und gesellschaftliche Entwicklungen" erleichtern. „Zu den Themen ... gehörten ... die neu zu schaffende Kirchenverfassung, der Umgang mit aus der Kriegsgefangenschaft heimgekehrten Gemeindemitgliedern und ... der Erhalt des Religionsunterrichtes und der Konfessionsschule.
Die Arbeitsschwerpunkte ... lagen ... in ... Vorträgen und Diskussionen ... sowie ... Veröffentlichungen. Der 1911 gegründete Evangelische Preßverband ging ... nach der Gründung des Volksbunds in diesem auf. Über Pressepfarrer und Presseabteilung entwickelte der Volksbund ... publizistische Aktivität. ... Des Weiteren wurde ein Institut für Hausschwestern ins Leben gerufen, um Familien in Krankheitsfällen und Notsituationen unterstützen zu können. Ein weiteres Anliegen war eine Verbesserung der moralischen Zustände nach Kriegsende durch die Beobachtung von Presse, Theater und Kino.
... 1933 wendete sich das Blatt gegen den auf Integration und Ausgleich zwischen gegensätzlichen theologischen und politischen Ansichten bemühten Ev. Volksbund mit „der Gründung der Glaubensbewegung deutsche Christen (GDC) in Württemberg 1933 ... Angriffe richteten sich besonders gegen den religiösen Sozialisten August Springer ... sowie gegen den demokratisch verfassten Volksbund als Institution. ... Unter Druck von außen und von vom völkischen Denken beeinflussten Personen in den eigenen Reihen wurde der Evangelische Volksbund ... aufgelöst und durch den freiwilligen Gemeindedienst ersetzt."[157]
Der evangelische Volksbund wollte also in die Gesellschaft wirken. Meta, Max Diestels jüngste Schwester, wirkte bei der Gründung des Volksbundes mit: Ihr sei (vor den ersten freien Wahlen in Württemberg) klar geworden, dass „ein Zusammenschluß der evangelischen Frauen ... geboten war". Man erfuhr von der Initiative, den Evangelischen Volksbund zu gründen, und so „kam es in Württemberg zu der schönen Zusammenarbeit von Mann und Frau für die christlichen und kulturellen Aufgaben des Staates." Geführt „in kameradschaftlicher Zusammenarbeit von Männern und Frauen, arbeiteten wir in großer Selbständigkeit und machten dabei die beglückende Erfahrung, wie wertvoll ein Zusammenwirken von Mann und Frau im freien Spiel der Kräfte für die Gemeinden und für das

---

[157] Berit Lütjen, Württembergische Kirchengeschichte online, K33 Evangelischer Volksbund.

öffentliche Leben sein kann. Das Dritte Reich brachte in dieser Hinsicht leider wieder einen großen Rückschlag."[158]

2. „Das moderne Ehe-Ideal und das Christentum"

Für den Umbruch der Ehe macht Diestel in der 32seitigen Schrift den Ersten Weltkrieg und seine Folgen, den Frauenüberschuss und „die allgemeine Verwirrung der Begriffe" verantwortlich. Eine „Gesundung" der Familie werde die der Gesellschaft bewirken. Wirksam aber werden nur Ideen, die Bedürfnisse aufnehmen und Antworten auf wirkliche Fragen geben – das „moderne Ehe-Ideal" muss „ein Kind seiner Zeit und ihrer Nöte sein."[159]

Was ist der „moderne Mensch"?

Diestel beschreibt ihn – erstaunlich aktuell – als Wesen voller Ambivalenzen: Individualismus („ein starker Zug zum Persönlichen"), verbunden mit „einer charakterlosen Anpassung an die Masseninstinkte", ein „mächtiges Wahrhaftigkeitsstreben" neben „einer unbegreiflichen Selbsttäuschung über die Grenzen des menschlichen Erkennens und menschlicher Möglichkeit". Die „Sehnsucht nach Freiheit" paart sich mit „Unterordnung unter natürliche Triebe". Der moderne Mensch sei „merkwürdig" optimistisch „gegenüber der menschlichen Natur" und tief pessimistisch gegen hergebrachte Ordnungen und Sitten. „Ungeheure Willensanspannungen" und „ungehemmte Gefühligkeit und weichliche Empfindelei" stehen nebeneinander.

Dass „harmonische Naturen" selten sind, führt Diestel auf das „hochgespannte Arbeitsleben", die Großstadt, die Zeit und auf eine Aus- bzw. Schulbildung zurück, in der man sich der Durcharbeitung von „Haupt- und Lebensfragen" nicht mehr ausreichend widme.

„Auch bei dem modernen Eheideal haben wir es mit einer Erscheinung zu tun, die disharmonische Personen" voraussetzt.[160] Dieses Ideal will das bisherige Ehesystem ersetzen. Diestel referiert Ellen Key, eine Schwedin, deren Gedanken mit

[158] Meta Diestel, S. 62.

[159] Diestel, Ehe S. 4.

[160] Es ist fast peinlich, wie ähnlich die Beschreibung des „modernen Menschen" Analysen unserer Zeit ist. Umso deutlicher ist die Rückentwicklung im Dritten Reich und eine erneute Veränderung danach. Diestel, Ehe S. 4f.

nationalsozialistischen Frauenbildern kompatibel waren[161], ebenso wie solche des „linken Flügels der Mutterschutzbewegung", will aber auch die „eines Teils der sozialistischen und kommunistischen Jugend" heranziehen. Er beruft sich auf Schopenhauer und Nietzsche, die den Gebildeten bekannt waren, aber auch auf August Bebel und „die gesamte Frauenbewegung".

Diestel sieht die Ehe im ständigen Wandel, beeinflusst von gesellschaftlichen Gegebenheiten. Die Monogamie z.B. stehe in Verbindung mit der Entwicklung des Privatrechts: Es macht die Ehe zu einer persönlichen Entscheidung aus Zuneigung.

Freilich würden die neuen Ideale selten von Menschen aufgestellt, die unter dem bisherigen litten. Marx wie Lasalle „waren keine Proletarier", Nietzsche und Key nicht verheiratet.

Ist die Ehe wirklich im Himmel geschlossen? Sind die Versprechen auf dem Standesamt oder in der Kirche mehr als leere Worte?[162] Diestel konstatiert nüchtern: „Was angeblich Gott zusammengefügt hatte", ist in Wahrheit oft Ergebnis schlauer „Berechnung auf sinnlichen Genuß, materiellen Gewinn, gesellschaftliche Erhöhung", vielleicht „gemildert durch harmlose Zuneigung, aber auch oft verschärft durch brutale Machtinstinkte." Er wagt, ganz unromantisch, zu fragen, wie oft wirklich Liebe Grundlage der Ehe war: „Die Kaufehe, die Kinderehe, die politische Ehe, die Geschäftsehe waren Tatsachen!"[163]

Von einer Ausschließlichkeit in „geschlechtlichen Beziehungen", also sexueller Treue, könne nicht die Rede sein. „Wir alle leben, wenigstens eine Zeit lang, meist aber immer in Polygamie", zitiert Diestel Schopenhauer. Und Ellis[164] sagt:

---

161 1896 erschien ihre Schrift *Mißbrauchte Frauenkraft*. In dieser, 1898 auch ins Deutsche übersetzten Abhandlung, äußerte sie die Auffassung, der natürliche Platz einer Frau sei das Haus und ihre einzige Berufung diejenige zur Mutterschaft. Bei entschiedenen Frauenrechtlerinnen stieß sie deswegen vorwiegend auf Ablehnung (wikipedia Ellen Key) – Diestel, S. 5.

162 S. 7.

163 A.a.O.

164 Henry Havelock Ellis (* 2. Februar 1859 in Croydon; † 8. Juli 1939 in Hintlesham, Suffolk), britischer Sexualforscher, Sozialreformer. Um 1890 widmete er sich sexologischen Fragestellungen. Seine „Studies in the Psychology of Sex", 1896 bis 1928, sieben Bände, gelten als sein wichtigstes Werk. Das gerichtliche Verbot des ersten Bandes als „obszön" machte Ellis international bekannt. Er beteiligte sich aktiv an der Bewegung zur Sexualreform, war einer der entschiedensten Verfechter allgemeiner Sexualerziehung und vertrat die Auffassung, dass Schamhaftigkeit bzw. Anstand („modesty") und Nacktheit sich nicht ausschließen, sondern viele Kulturen, in

„Nirgends in der Welt gibt es so viel polygamistische Verhältnisse, wie in der christlichen Welt.“[165] Diestel zitiert Meredith[166] und rechnet mit Männern ab, die Treue erwarten und nicht leben, von Müttern stillschweigend geduldet, die von ihren Männern gelernt hatten, daß ‚man da nichts machen könne‘“.[167] 90-99 Prozent der Männer „aus den gebildeten Schichten“ (die Adressaten dieser Schrift!) hätten mit der Prostitution Bekanntschaft gemacht, so Diestel. Den weniger gebildeten Schichten gesteht er zu, dass Lebensumstände, Arbeits- und Wohnverhältnisse ihren Beitrag dazu leisten. Der frühere Lazarettseelsorger erinnert daran, dass in den ersten sechs Kriegsmonaten 30.000 deutsche Soldaten wegen Geschlechtskrankheiten in Behandlung waren.

Nüchtern stellt er fest, wie „durch Prüderie verdummt oder ahnungslos“ Frauen in die Ehe gehen. Sie werden Opfer des Vorlebens ihrer Männer wie Mittel zum Zweck der Männer und Opfer der „Brutalität gegen das weibliche Geschlecht“, so dass die Ehe „ein übertünchtes Grab verborgener Qualen (E. Key)“[168] werden konnte.

Die Rolle der Frau habe sich durch Arbeitsteilung, Industrialisierung und wirtschaftliche Unabhängigkeit so verändert, dass ihre Versorgung als Ehegrund zunehmend obsolet sei. Das Eherecht gebe Frauen aber kaum Chancen, aus Beziehungen herauszukommen, die ihre Entfaltung verhindern: „So waren Tausende von Frauen in Ehenot, weil sie nicht den Mut fanden, das Recht für sich in Anspruch zu nehmen, noch das Recht fanden, das ihnen wirklich half.“[169] Im Februar 1914 musste „der Pfarrer eines Seelsorgebezirks von 14.500 Seelen in Berlin W mehr Sühneversuche … bearbeiten, die fast sämtlich aussichtslos erschienen, als Trauungen … vollziehen“, wirft Diestel einen Blick auf die trübe Wirklichkeit[170]: Männer suchen außerehelich Befriedigung, Frauen sind in der Ehe gefangen.

---

denen öffentliche Nacktheit nicht tabuisiert ist, dennoch einen ausgeprägten Sinn für Scham/ Anstand haben – (nach Wikipedia, Art. Ellis).

165 Diestel, S. 8.

166 George Meredith (* 12. Februar 1828 in Portsmouth; † 18. Mai 1909 in Flint Cottage nahe Dorking), englischer Schriftsteller und Lyriker – Diestel führt sein Frauenbild u.a. auf den „großen Frauenroman“ „Diana of the Crossways“ von Meredith zurück (Brief an Else 7.12.1905).

167 S. 8.

168 S. 9.

169 S. 10.

170 … und erzählt wahrscheinlich Diestels eigene Erfahrungen in Berlin-Wilmersdorf (s.o.). In seiner Personalakte findet sich ein Schreiben an das Konsistorium, in dem er um Auskunft nach

Auch Kinder können eine Ehe nicht „heiligen“: „Kinder, die nur Seufzer bei ihrem Erscheinen entlocken“, sind nicht „Folge einer sinnlichen Zuneigung“, werden nicht „durch geistiges Zusammenklingen geadelt“, die – vielleicht in wirklicher Liebe – erzeugten Kinder außerhalb der Ehe werden „mit einem Stempel gesellschaftlicher Unzulänglichkeit“ versehen. „Was konnte solch ein armes Wurm für seine Existenz – die sich manchmal viel blühender entwickelte als das offizielle Produkt einer Philisterehe, das aber in unzähligen Fällen in den Händen gewissenloser oder unachtsamer Pflegerinnen verdarb?“ „Kam es denn für die Zukunft darauf an, in welchen rechtlichen Beziehungen die Eltern standen, und nicht vielmehr darauf, ob die Kinder gesund an Leib und Seele, lebensfroh und lebensstark zur Welt kamen und sich in ihr behaupteten.“[171]

Diestels Fazit ist deutlich: „Das alte System hatte sich als unzulänglich erwiesen.“ „Das moderne Eheideal hat ... seine Wurzeln im Bewußtsein der Abhängigkeit der Frau, die zum Selbstbewußtsein ihrer Person und ihres Geschlechts erwacht, neben den Mann als gleichberechtigte Genossin treten will. Es ist nicht nur eine Frauenfrage, aber in erster Linie, und eine Frauenbewegung, wie sie bisher die Geschichte nicht gesehen, empfing von der Ehenot der Frau einen ihrer kräftigsten Impulse.“[172]

Diestel sieht Zusammenhänge zwischen ökonomischer und moralischer Entwicklung: „Der weitgehenden Befreiung des Erwerbstriebes, des Machttriebes, des Erkenntnistriebes, des Genußtriebes von politischen, sozialen, konventionellen Beschränkungen der Vergangenheit lief das Streben nach ‚Emanzipation des Fleisches‘ parallel. Vergegenwärtigt man sich, mit welchem Hochgefühl in der Mitte des vorigen Jahrhunderts[173] von dem freien Wettbewerb ... in der Wirtschaft, von der freien Wissenschaft ... von der Freiheit der politischen und religiösen Überzeugung gesprochen wurde, so wird auch verständlich, daß die Erlösung von der Gebundenheit der Geschlechterliebe nicht als eine Gefahr, sondern

seinem Zeugnisverweigerungsrecht in einem Scheidungsfall fragt, der gerichtlich ausgetragen wird (27.6.1912).

[171] Seite 11f.

[172] S. 12f.

[173] Gemeint ist das 19. Jahrhundert.

als ein Ziel, aufs innigste zu wünschen, erscheinen mußte."[174] Freiheiten, die ein Goethe in Anspruch genommen habe, wollen alle Menschen haben.[175]
Wie immer man sich die Gestaltung der Ehe vorstellt – gemeinsam ist: „Die Liebe muss frei werden." „Wie der patriarchalische Staat nach und nach zerfiel, wie die patriarchalische Wirtschaft sich überlebte, so ist die patriarchalische Familie mit monarchischer Spitze und von oben her regiert ohne Befragen der Untertanen (worunter nicht nur Kinder, sondern auch die Gattin zu rechnen wäre) unmöglich geworden."[176]

Das neue Eheideal
Grundlage des neuen Eheideals ist die „Geschlechterliebe", die sinnlich bestimmt ist. Anzustreben sei, so die Vertreter dieses Ideals, die volle Freiheit von Mann und Frau, d.h.

- Keine Bindungen durch Gesetz und Sitte
- Menschen, die einander lieben, sind Mann und Frau, auch ohne Ehe
- Die Einehe ist eine überlebte Kulturstufe
- Mit der Liebe hört die Ehe auf, freie Liebe und freie Scheidung
- Wenn man aus Krankheit oder andere Rücksicht auf einen Partner die Ehe weiterführt, hat man das Recht auf eine Nebenbeziehung
- Der Staat hat nicht dreinzureden, weil er aber Interesse an Kindern und deren Bildung hat, soll er für diese sorgen.

Diestel nimmt die Vertreter dieses Ideals gegen Verdächtigungen in Schutz: „Ehesurrogate" (Probeehe, Zeitehe) unterscheiden sich wenig von Prostitution und hätten mit dem Ideal nichts zu tun.
Das neue Ideal löst ein altes ab, in dem mehr soziale, rechtliche, wirtschaftliche, kulturelle Entwicklungen ihren Niederschlag fanden als das Christentum; weil unsere Kultur christlich durchfärbt ist, wendet sich das neue Ideal aber auch gegen die christliche Auffassung der Ehe.

---

174 S. 14
175 Goethe und die Frauen – ein verdrängtes Thema: Ich denke, man sieht, wie eine ernüchterte Generation, die den Zusammenbruch der bürgerlichen Ordnung erlebte, auch die Heroen der Bildungsbürger nüchtern anschaut.
176 S. 15

Das christliche Ideal[177]

Jesus habe kein Eheideal aufgestellt, sagt Diestel, aber „seine Erhebung des Menschen zum Kinde Gottes" schließt eine Gleichwertung von Mann und Frau ein, nicht nur im religiösen Bereich. Die – im Judentum vom Mann aus mögliche – Scheidung wird verurteilt, das Einswerden der Ehegatten unter Gottes Gebot gestellt. Der Geschlechtstrieb ist als Gabe Gottes heilig (wie schon im Alten Testament). Die Ehe ist Einehe, Treuehe, Gesinnungsehe. Jesus fordert Reinheit der Ehe, geht aber mit Fehlern ohne Verurteilung der Menschen um. Er ist gegen hochmütiges Richten, redet mütterlich (!) und wertet das Kind auf. Paulus nennt Kinder heilig, auch die aus halbheidnischen Ehen – den Leib einen Tempel Gottes. Das Eheleben wird im Neuen Testament in Verantwortung vor Gott und im Dienst am Nächsten gesehen.

Die Kirche übernahm die Einehe und die Ablehnung des außerehelichen Geschlechtsverkehrs, „Gebräuche und Rechtssitten mannigfacher Art bei der Eheschließung und der Eheführung tauchte sie ein in den Geist des Evangeliums." So unterschied sich die christliche von heidnischen Ehen weniger durch die Form als den Geist, in dem sie eingegangen und geführt wurde.[178]

Das christliche Ideal sei in der Kirchengeschichte „nicht immer rein zum Ausdruck gekommen". Die Ehelosigkeit wurde überbetont, auch Luther brachte keine Klarheit, und der Puritanismus führte zu bösen Reaktionen. „Wir haben aus der Kirchengeschichte zu lernen, daß wir stets … auch unsere Eheformen darauf zu prüfen haben, ob sie im Sinne des Evangeliums christlich sind, d.h. wirklich taugliche Gefäße für Christi Geist zu sein vermögen."[179]

Die Mischung christlicher mit bürgerlicher Moral und weltlichem Geist darf den Blick nicht trüben für Unchristliches, das oft beigemengt ist. Wir sollen nicht den Zeitgeist vertreten, sondern ein Eheideal nach dem „ewigen Evangelium".

Kritik des modernen Eheideals

- Wo es sich um wirkliche Liebe handelt, wissen sich Mann und Frau in einer höheren Sphäre als der des geltenden Eherechts oder des gesellschaftlichen Brauches.[180]

---

[177] Ab Seite 17.
[178] S. 18.
[179] S. 18.
[180] S. 19.

- Alle Akte der formalen Bestätigung scheinen dann eher lächerlich, ja überflüssig; Standesamt und Kirche können nichts auferlegen, was wir nicht schon selbstverständlich übernommen haben.

Die Eheschließung ist nichts anderes „als der Ausdruck der rechten Liebesgesinnung und der gemeinsamen Lebensrichtung vor der Kirchengemeinde“. Wir sollten uns aber, meint Diestel, vor der Lebenslüge bewahren, dass wir ohne „die Stützen eines festen Knochengerüsts … unser Gehirn, Herz und Nervensystem gesund und lebendig erhalten könnten.“[181] „Der Christ erkennt dankbar an, daß hier eine sein Inneres beherrschende Bewegung durch die Verfestigung zu einer bewußten Handlung gesichert, dem Gedächtnis eingeprägt wird.“[182]
Die Form der Eheschließung könne immer verbessert werden, ohne Form geht es aber auch bei der freien Liebe nicht; so wenig die Form den Inhalt ersetzen kann.[183] Welche „Exzentrizitäten“ kämen heraus, wenn jedes Paar seine eigene Form suchen wollte.[184] Die kirchliche Trauung „formt das Ereignis zur Tat und die Tat zu einem Ring in dem Lebensbaum der Menschheit, dessen Wurzeln in göttlichem Grunde ruhen.“[185]
Der Christ erkennt an, dass der Staat eine rechtliche Verbindung von Menschen verlangen kann, obwohl die Ehe mehr als das ist. Beim Eherecht geht es um den Schutz der Frau, deren Interesse sorgfältige Ausgestaltung erfordert. In einer glücklichen Ehe muss man sich darum nicht kümmern, wenn es aber schlecht geht, brauche man sie.

Ist das moderne Eheideal ein Ideal? [186]
Das neue Ideal passt sich an die Natur der Menschen an, „als ob hier unüberwindliche Mächte tätig wären.“ Christen vermissen Glauben an die Beherrschung der Natur wie den an die Überwindung sittlicher, sozialer und wirtschaftlicher Notstände. Menschen lassen sich vom Strom treiben und hoffen, dass der sich dann schon ein Bett suchen werde. Der „an sich weder gute noch böse Trieb“ der

[181] S. 19.
[182] S. 20.
[183] S. 20.
[184] Manche KollegInnen könnten heute dazu manches berichten!
[185] S. 20.
[186] S. 22.

Sexualität muss vom sittlichen Charakter beherrscht werden, aus dem Inneren des Menschen kommen; äußere Sitten, Gebräuche und Gesetze können das nicht ersetzen.[187]

Christentum sei skeptisch gegen die sittlichen Fähigkeiten des Menschen und vertraut nicht auf eine Naturmacht. „Die Sexualität wird erst zur Kulturmacht, wenn sie der Mensch ... bezähmt, bewacht, regiert." Der Christ lässt sich bestimmen von „dem Glauben an den heiligen Willen, der aus dem Chaos einen Kosmos im Natur- und Geistesleben ... schaffen will und kann."[188]

Die Gleichstellung der Frau kann mit Freiheit allein nicht erreicht werden, weil sie dem Mann körperlich unterlegen ist. Wer das Patriarchat beseitigen will, darf nicht die Sexualität zur Hauptfrage machen. „Die Liebe als sittliche Macht muß nicht allein als gleichwertig, sondern als überwertig neben der Liebe als sinnlicher Macht verstanden werden. Nur dann werden sich auf die körperliche Ueberlegenheit des Mannes nicht Ansprüche gründen lassen, die für das körperliche wie seelische Leben der Frau verhängnisvoll werden können; nur dann wird die Andersartigkeit nicht zu Zeiten als Minderwertigkeit gedeutet werden. ... Gerade wer auf eine wirkliche Gleichstellung (Jedem das Seine!) beider Geschlechter ausgeht, muß mit allem Nachdruck die sittlichen Faktoren – Ritterlichkeit, Rücksicht, Geduld, Selbstverleugnung und Gewissensbejahung – in den Vordergrund seiner geforderten Motive stellen ..."[189]

Die „Ehenot"

An der „Ehenot" sind nicht Recht und Sitte schuld. Deren Abschaffung wird sie nicht beheben. Der Mensch ist die Ursache. Wirtschaftliche, rechtliche und soziale Missstände machen Einehe wie Dauerehe oft unmöglich, deswegen muss man die Missstände überwinden, statt Einehe und Dauerehe zu beseitigen.

„Die Ehe ist nicht eine Vereinigung von Persönlichkeiten, sondern eine Erziehung zur Persönlichkeit, wie die Teilnahme an anderen Gemeinschaften auch."[190] Es geht nicht nur um Erlebnis, sondern um Verantwortungsgefühl für den Partner. „Am Dienst für den anderen wächst der Mensch, nicht am Genuß."

[187] S. 23.

[188] Alle S. 23.

[189] S. 24 – Erinnert an Meta Diestels Bemerkung, dass ihren Bruder die „Ritterlichkeit" auszeichnete (Meta Diestel, S. 72).

[190] S. 25.

„Die Ehe hört ... nicht dort auf, wo die sinnliche Liebe aufhört, sondern wo die sittliche geschwunden ist.“ Wo Liebe aufhört, ist das Band der Ehe gelöst, „da soll ... keine äußere Rücksicht mehr den Schein der Ehe aufrechterhalten. ... eine Gemeinschaft, die in sich nichtig und eine stete Versuchung zur Sünde ist, ist nicht gottgewollt und gottgesegnet.“[191] Zur Trennung gehören ernsthafte Gewissensprüfung, Eheberatung und ein Ehegericht, das „durchaus der ‚Scheidung‘ den Makel des Verbrechens nimmt.“[192] Das Erfordernis der „Ehebundlösung“ müsse ausführlich geprüft werden. Die Kirche solle der Ehepflege mehr Aufmerksamkeit widmen. Mancher Keim des Zerfalls könnte im Gespräch mit einem Seelsorger „abgetötet“ werden.

Kinder können ein Band sein, das auseinanderstrebende, aber gewissenhafte Eltern verbindet und zusammenführt. Aber es bringt keinen Segen, wenn die Kinder spüren, wie die Eltern in gegenseitiger Kälte und Quälerei miteinander umgehen. „Dann lieber Trennung auf Zeit und wenn kein Zusammenkommen mehr möglich, Scheidung.“ „Aber sie sollen nicht gleich auseinanderlaufen, wenn sie sich einmal auf die Nerven gehen, oder gar zum Rechtsanwalt stürzen.“ Dann soll einer/eine zu einem Freund, aufs Land, in die Stille und zu Menschen, die ein aufrichtiges Wort zu sprechen wissen. Da kann man dann manches als Kleinigkeit erkennen, das sich nur durch dauernde Nähe aufgeblasen hat.[193] „... darum ist es gut, wenn Eheleute sich nicht nur Ferien vom Ich, sondern auch vom Du gelegentlich gönnen, um nach vier Wochen der Trennung beglückt zu erkennen, was sie doch aneinander haben. Gerade in dieser Oekonomie der Liebe könne sich die rechte Treue bewähren, die ganz gewiß kein leerer Wahn ist.“[194]

Es ist nicht wahr, dass die in freier Liebe geborenen Kinder Muster an Gesundheit, Geist, Kraft und Schönheit seien. Bei unehelichen Kindern ist die Gefahr der Minderwertigkeit größer, nicht nur, weil sie von ihrer Umwelt anders angesehen werden, „sondern weil ihre Entstehungsgeschichte mit der Ungezügeltheit des Triebes schon eine Gefahrenquelle in sich birgt.“ Die Sünde verurteilen, nicht den Sünder: So haben kirchliche Heime uneheliche Mütter und ihre Kinder aufgenommen, lange vor der humanitären Mutterschutzbewegung.

---

191 S. 26.
192 A.a.O.
193 S. 27.
194 A.a.O.

Christentum ist Dienst. Deswegen gehört zur christlichen Ehe die Arbeit am gemeinsamen Gut (Kinder, Angehörige usw.), vor allem in Berufen, in denen Mann und Frau zusammenarbeiten.[195] Die Differenzierung der Arbeit könnte auch eine Gefahr für Ehen werden. Ehe ist auch Arbeitsgemeinschaft[196] an den beiden Herkunftsfamilien, an Volk und Vaterland, an überpersönliches Glauben, Lieben und Hoffen. Auch ohne Kind hat eine Ehe Sinn, ebenso wie nach dem Kind.

Die Loslösung des Geschlechtslebens vom Gesamtleben, seine „Verhimmelung“, sei auch für die Erhaltung der Fortpflanzung eine Gefahr geworden: Diestel konstatiert einen Rückgang der Geburten und führt ihn auf eine Verselbstständigung der Sexualität zurück.[197] Der Geburtenrückgang zeigt aber auch Mißstände im Wohnungs-, Besoldungswesen, Hygiene, Arbeitsnot, aber die Geburtenbeschränkung ging nicht von den niederen Schichten aus (wo die Not am größten war), sondern von den oberen, vom Materialismus durchseuchten, Schichten. Die wollten ihre Kinder materiell absichern, hatten kein Vertrauen auf Gott, „wenn auch nach außen hin eine geflissentliche Gläubigkeit zur Schau getragen wurde und die Taufe ein mit Rührung und Feierlichkeit begangenes Fest des Hauses blieb.“[198] Man spottet über Kinderreiche und ihren „Trieb“ und schwieg über Frauen, die durch geburtenbeschränkende Maßnahmen geschädigt worden sind und innerlich wie äußerlich ruiniert sind, und über Kinder, die lebensuntüchtig waren, weil sie allein oder nur zu zweit aufwuchsen. Die kinderreichen Mütter wollen alle ihre Kinder haben und keines missen.

„Wir suchen aber die Herrschaft über die Natur in der Gebundenheit an die Liebe, ‚die beweget Sonne und Sterne‘ und die Mensch geworden ist in dem, der aller Diener ward, in Jesus Christus.“[199]

---

195 Indem Diestel „dienen“ als gemeinsame Aufgabe für Mann und Frau fordert, verändert er Rollenbilder: In einem Brief an seine Verlobte beklagt er, dass sich Männer zu sehr an das Bedientwerden gewöhnt hätten, wenn er die Ursache dafür auch in der Erziehung und der Stellung der Männer „an der vordersten Kampflinie“ sieht (Max an Else Diestel, 4.11.1905).

196 S. 28.

197 Stuttgart: 1872-1875 44,9 Promille, 1911 noch 25 Promille; eine Vorstadt von Berlin (Wilmersdorf?) vermehrte sich zwischen 1909 und 1914 um 40.000 Einwohner, die Zahl der Geburten blieb gleich.

198 S. 29.

199 S. 31.

3. Beurteilung

Diestels Schrift setzt bei der Wirklichkeit von Ehe ein, nicht bei ihrer biblischen Begründung und berücksichtigt gesellschaftliche, ökonomische und andere Lebensbedingungen. Sie behauptet die bürgerliche Moral nicht als christlich, stellt aber auch nicht christliche Ideale der Wirklichkeit gegenüber, sondern nimmt wahr und ernst, wie soziale Gegebenheiten die Entwicklung und die Umsetzung von Moral fördern oder behindern.

Aus heutiger Sicht wird man anmerken, dass eine einheitliche – christliche oder andere – Moral und ein entsprechendes Verständnis von Partnerschaft kaum erreicht werden kann. Vermutlich ist manches von Diestel Beobachtete Zeichen einer sich in diese Vielfalt entwickelnde Gesellschaft. Deutlich sieht er aber, wie eine Gruppe bei der anderen Verfall kritisiert und Forderungen aufstellt, von denen sie sich selbst nicht betroffen sieht.

Auch Diestel erhofft, typisch für „Kirche" mancherorts bis heute, von der „Gesundung" der Familie die Gesundung der Gesellschaft. Aber er weiß, dass nur Ideen wirksam sind, die Bedürfnisse aufnehmen und Antworten auf wirklich gestellte Fragen geben. Ob der Umbruch seine Ursache im Weltkrieg hat oder ob nicht der Krieg Veränderungen, die sich lange anbahnten, sichtbar machte, mag man fragen.[200] Vom nötigen Wandel der Rollen von Mann und Frau schreibt er schon 1905 in einem Brief an seine künftige Frau.[201] Sie machte ihm allerdings auch „Dampf", als sie in seinem Brief männlichen „Egoismus" fand, womit sie männliche Vorherrschaft und den Wunsch, im Mittelpunkt zu stehen, meinte.

Erstaunlich und im württembergischen Umfeld mit seinen pietistischen Traditionen auffallend ist, dass Diestel nicht einsetzt mit unveränderlichen biblischen „Wahrheiten", sondern gesellschaftlichen, politischen und ökonomischen Gegebenheiten Bedeutung bis in die Definition von Ehe hinein einräumt.

Mit seiner Idee, die Ehe zur Privatsache zu machen und Schutz wie Entfaltung von Frauen auch in der Ehe zu befördern, ist Diestel seiner Zeit voraus. Das zeigt, welchen Rückschritt die nationalsozialistische Familienpolitik und ihr Frauen- wie Männerbild bedeutete. Die verklärende Sicht von Ehe und Familie in der Vergangenheit, die diesen Rückschritt bewirkte (im Unterschied zu Diestels nüchterner

---

200 Wie mancher Kranke alles, was er negativ erlebt, in Verbindung mit seiner Krankheit sieht, könnte Diestels Generation den Weltkrieg als Grundursache von allem wahrgenommen und missverstanden haben.

201 Brief an Else, 7.12.1905.

Einschätzung), wirkt wie eine Decke, unter der sich alltägliche Gewalt wie patriarchale Machtausübung und Zurücksetzung von Frauen verbergen konnten.[202] Dass Diestel die Ehe aus Sicht der Frauen betrachtet und deren Veränderung von den Frauen erwartet, hat wohl auch mit familiären Hintergründen zu tun. Seine jüngere Schwester Meta baute die Frauenarbeit in Württemberg mit auf und wirkte in der Frauenarbeit Bayerns mit; seine ältere Schwester Else, verh. Wilmanns, war Bezirksvorsitzende der Evangelischen Frauenhilfe des Kreises Teltow und übernahm als Hausmutter das Müttererholungsheim Schöneiche bei Berlin.[203] Möglicherweise spielt auch die Erinnerung an die Lage seiner früh verwitweten Mutter eine Rolle.[204] Insgesamt also ist die Schrift in ihrer Sprache zeitgebundener als in ihren Gedanken.

„Evangelisch und katholisch"

1. Der Verlag

Der Esslinger Vikar Christoph Ulrich Hahn „erlaubt sich," 1830 „...die Errichtung einer Gesellschaft zur Ausbreitung kleiner religiöser Schriften in Vorschlag zu bringen". Dies wird die zentrale Aufgabe der Gesellschaft, die bald auch das Wochenblatt „Altes und Neues aus dem Reiche Gottes" herausgibt, eine Leihbibliothek betreibt und Spenden an Bedürftige weitergibt.

1833 sind 39.000 Traktate verteilt, zwanzig Jahre später über zwei Millionen. 1835 übersiedelt die Gesellschaft nach Stuttgart. Für die Schriftenverteilung wird 1846 ein „Kolporteur" angestellt, der über Land reist. Auf Anregung von Johann Hinrich Wichern, der 1849 in Stuttgart zu Gast ist, richtet die Evangelische Gesellschaft einen Besuchsdienst bei den Armen ein. „Stadtmissionare" kümmern sich um Strafgefangene und Industriearbeiterinnen und -arbeiter führen seelsorgerliche Gespräche und leisten praktische Unterstützung.

1874 gründet die Gesellschaft eine Buchhandlung samt Verlag. 1880 stehen elf Kolporteure, drei Stadtmissionare, ein Sekretär, ein Geschäftsführer und Kassierer und drei Büroangestellte in Diensten der „eva". 1905 erscheint das „Evangelische Gemeindeblatt für Stuttgart", heute das „Evangelische Gemeindeblatt für

202 Das könnte uns Hinweis sein, „wertkonservatives" Christentum kritisch zu betrachten.

203 Meta Diestel, S. 92.

204 Darauf bezieht er sich in seinem Brief von 1905: die „tapfere kleine Frau", die „mit 6 kleinen Kindern den Kampf ums Dasein allein aufnehmen mußte."

Württemberg". Der Verlag benennt sich 1919 um in „Quell Verlag".[205] Diestels Aufsatz erscheint 1925 neben anderen in der Schrift „Du und deine Kirche" als „Handreichung für das evangelische Kirchenvolk."

2. „Evangelisch und katholisch"

Das Heft ist eine Kampfschrift, keine konfessionskundliche Darstellung. Heute befremdet die enge Verbindung von „Deutsch-Sein" und „lutherisch-Sein." Antifranzösische wie antirömische Töne verbinden sich: Die Römische Kirche habe „die zweite Spaltung Deutschlands" (nach der des Frankenreiches) verursacht, denn „es war ein schweres Verhängnis, daß der Papst verkannte, daß in Luther die deutsche Seele um ihre Freiheit von Menschensatzungen rang und sich allein an Gott binden lassen wollte, wenn es sich um Glauben und Gewissen handelte."[206] „Gott hat es zugelassen, daß seitdem ein Teil unseres Volkes an der kirchlichen Verbindung mit Rom festhält. Ein anderer Teil, der evangelische, erhält die wesentlichen Antriebe in seiner Frömmigkeit aus einer dem römischen Wesen innerlich fremden Welt."[207]

Diestel setzt sich für den evangelischen Glauben ein, indem er diesen von der katholischen Kirche absetzt. Deutlich ist sein Gefühl der Unterlegenheit, wohl auch aus Erfahrungen in Hohenzollern gewachsen,[208] wo man katholisch war, römische Kirche den Alltag bestimmt[209] – entsprechend umfassend ist ihr Anspruch. Die katholische Kirche der 1920er Jahre aber spürt auch, wie bedroht ihre Stellung ist.[210] Evangelische Kirche gilt der katholischen zudem nicht als Kirche, eine Kränkung,[211] die bis heute ökumenische Gesinnung behindert und dazu führt, „evangelisches Profil" hervorzukehren.

---

205 So die Internetseite der eva, eva-stuttgart.de/geschichte.

206 S. 37.

207 S. 37.

208 Sollte es sich ursprünglich um einen Vortrag gehandelt haben, nimmt er wohl Gefühle seiner Zuhörer*innen auf. Ich vermute, dass in solchen Gedanken auch die Erlebnisse der Großstadt stecken, in der Kirche sich schwer behaupten kann, katholische Kirche in ihrer festen Verfasstheit aber oft einen stabileren Eindruck macht.

209 Im Nachhinein spürt man, wie manche Machtbekundung das Empfinden des Machtverlustes verdecken soll.

210 Ich wage die Vermutung, dass das Unfehlbarkeitsdogma (1870) eher mit dem Kampf gegen abnehmenden Einflusses als mit unverminderter Stärke des Papsttums zu tun hatte.

211 Und man darf nicht vergessen, dass diese Nichtwahrnehmung keine Frage des Anstandes gewesen ist, sondern in der Ekklesiologie der kath. Kirche bis zum II. Vaticanum verankert war.

Der Schlussabschnitt befasst sich mit den Mischehen – vielleicht das Hauptanliegen, „die jungen Menschen“ davor zu warnen, sich auf dergleichen einzulassen: „Noch keinen sah ich fröhlich enden“, sagt ein „alter erfahrener Diasporapfarrer“[212]. Einerseits, weil sich der evangelische Teil der Zumutung erwehren müsse, die Kindererziehung aus der Hand zu geben und als Evangelische/r nie wahr- und ernstgenommen wird. Zum anderen meint Diestel, dass die Einheit des Glaubens bei Schwierigkeiten einer Beziehung zu deren Bewältigung unerlässlich sei. „Gerade in den schwersten Stunden, wo Eheleute das tiefste Einssein, das im Glauben und im Gebet, nötig haben, muß der eine oder andere Teil bekennen: hier kann ich nicht mit dir gehen.“[213]

Diestel ist zu konzedieren, dass die Selbstverständlichkeit von Mischehen und der „ökumenischen“ Trauung heute auch damit zu tun hat, dass man konfessionelle Unterschiede kaum wahrnimmt. Auch ist Religion eher selten Grundlage von Ehe und täglichem Leben, so dass sich die Konfessionsmischung kaum je als Streitpunkt von Eheleuten herausstellen dürfte. Man mag fragen, ob es zu Diestels Zeiten in vielen Ehen nicht schon ähnlich war. Möglicherweise leistete gerade die Beanspruchung von Religion und Konfession für nationales Selbstverständnis ihren Beitrag dazu, dass Menschen sich zunehmend eine persönliche Religion zurechtlegten und Religion als Privatsache verstanden, um sie dem staatlichen Zugriff zu entziehen.

In Hohenzollern wurden die meisten Mischehen als evangelische Ehen geschlossen, weil sich die katholische Kirche dem entsprechenden Ansinnen verweigerte, gleichzeitig aber Druck zur katholischen Kindererziehung auch auf den evangelischen Partner ausübte: Er/Sie solle den katholischen Teil „in keiner Weise bei der Ausübung seiner religiösen Pflichten“ behindern – was am Ende dann doch dazu führt, „den evangelischen (Ehepartner) möglichst zu sich herüberzuziehen.“ Diesen Bedingungen könne man als Evangelischer – so Diestel – auch „um des lieben Friedens willen“ nicht zustimmen, „denn der Friede, der auf diese Vergewaltigung des evangelischen Gewissens folgt, ist meist ein fauler Friede.“[214] Die katholische Kirche droht mit dem Ausschluss von der Kommunion und erkennt eine evangelisch getraute Ehe nicht an – so dass sich die Partner dann doch für die katholische Trauung entscheiden. Solche „Zuchtmittel“ hat die evangelische

[212] S: 46 – Diestel redet wohl von sich selbst.
[213] A.a.O.
[214] S. 47.

Kirche nicht: „Verlust des Wahlrechts wird nicht immer so hoch bewertet" – was immerhin heißt, dass es dieses Zuchtmittel damals gab.
Auf böse Erfahrungen deutet auch seine Bemerkung hin, dass man manchmal evangelische Trauung zugesteht und – wenn kein Aufschub mehr möglich ist – doch auf katholischer Trauung besteht. Das Nachgeben der evangelischen Seite wird ihr als Charakterschwäche ausgelegt. „Darum eine Bitte an alle evangelischen jungen Leute: Fragt Euch selbst vor dem Eingehen einer Mischehe, ob ihr auf die tiefste, in Schicksalsstunden einzige, Gemeinschaft mit eurem Gatten verzichten könnt – die im Glauben und Gebet!"[215]

Weitere Gründe für die Ablehnung der katholischen Kirche:

- „In Rom gilt der Rechtorganismus der Kirche mehr als das freudige Vertrauen des einzelnen auf seinen Gott und der kirchliche Gehorsam mehr als die christliche Liebe."[216]
- Wir können im Papst nicht den Stellvertreter Christi sehen.
- Die katholische Frömmigkeit ist „zu sehr von Menschensatzung und unterchristlichen Elementen durchtränkt".
- Hinter allem steht Abneigung gegen die „übernationale" Kirche. Eine Annäherung zwischen den Konfessionen, wie sie im 1. Weltkrieg zu beobachten gewesen sei, habe sich als Traum erwiesen, „zerstoben" „in den Gewittern der Nachkriegszeit."[217]

Das letztere Argument zeigt, wie hinderlich die nationale Verankerung des Luthertums für die ökumenische Bewegung war. Eher politisch klingt auch dieses Argument: „Die politische Vertretung des katholischen Volksteils schloß mit ihren bisher ärgsten politischen Feinden einen taktischen Frieden und sicherte sich einen maßgeblichen Einfluß auf die Staatsgeschäfte und die Besetzung der höchsten politischen Ämter."[218] Hier verwischen sich die Epochen, wenn „Klostergründung auf Klostergründung" mit 6.800 Niederlassungen als „monastischer Frühling" bezeichnet und daraus Einfluss und das „Vorrücken in geschlossene

---

[215] S. 48.
[216] S. 37.
[217] S. 39.
[218] S. 39 – Immerhin kommt es auch in unseren Tagen vor, dass abgezählt wird, wie viele politische Ämter von Angehörigen der einen oder anderen Seite besetzt sind!

evangelische Gebiete" beklagt werden.[219] Kind seiner Zeit ist Diestel, wenn er die einsetzende „ungeheure Geschäftigkeit in Katholikentagen, Volksmissionen, Jugendorganisationen, in literarischer, künstlerischer, liturgischer Arbeitsleistung" beklagt: „Während unser Volk unter der Last des Steuerdrucks, unter der Brutalität der Feinde in der Auswirkung des Versailler Diktats, unter der Verarmung infolge des Papiergeldschwindels, unter dem Elend der Parteizerrissenheit seufzte, blühte der Weizen der katholischen Kirche."[220] In den „Friede(n) des Klosterbezirks" flüchtet sich manche „müde und zerrissene Seele", um sich an den Felsen Petri zu klammern. Immerhin – es ist nach Diestel eine Täuschung, wenn man annehme, dass Evangelische massenhaft in die katholische Kirche überlaufen.

„Die Evangelischen gehen ihren eigenen Weg nicht aus Eigenbrödelei oder Streitsucht oder gar, weil es ein für den alten Menschen in ihnen bequemerer Weg wäre (ein schwerer Irrtum!), sondern allein um des Evangeliums willen, das ihnen von Gott unveräußerlich ins Herz geprägt ist."[221] Bismarck, Frhr. von Stein, Paul Gerhard mit seinen Liedern, Goethe werden als Zeugen angeführt: „Nur der verdient sich Freiheit, wie das Leben, der täglich sie erobern muß!"[222] Das Pflichtbewußtsein Immanuel Kants ist ebenso ein Argument wie die „flammende Vaterlandsliebe" Johann Gottlieb Fichtes.

Diestel sieht durchaus Probleme der eigenen Kirche und mahnt, das Erbe der Reformation lebendig zu erhalten: „Dazu ist not, daß die Gewissen erwachen. Es ist unser Schicksal, daß wir nicht bloß gegen Gottlosigkeit und Gottesfeindschaft, die vom Osten drohen, auch nicht bloß gegen innere Nöte, Sekten und Schwärmerei zu kämpfen haben."[223]

Diestel bescheinigt dem einzelnen katholischen Mitchristen durchaus Frömmigkeit: „Wir würden an dem Aufblühen der katholischen Kirche eine ungetrübte Freude haben können, wenn eine wirkliche religiöse Vertiefung damit gegeben wäre und die einheitliche Abwehr eines glaubenslosen Materialismus und eines glaubensfeindlichen Nihilismus dadurch gewährleistet würde. Allein beides ist zweifelhaft."[224] Im Grund wolle die katholische Kirche aber die Spaltung durch

---

219 S. 40.

220 S. 40 – Auch hier wieder zeigt sich seine Aversion gegen eine übernationale Kirche.

221 S. 38.

222 S. 38.

223 S. 39.

224 S. 41 – Hier schon vermeidet Diestel gruppenbezogene Urteile über Menschen.

Rückgewinnung der Evangelischen überwinden. „Dass dieser Vorstoß zu einer Zeit erfolgt, in der die evangelischen Kirchen in Deutschland fast alle ihre inneren Angelegenheiten und ihr Verhältnis zum Staat neu ordnen müssen, ist sicher kein zufälliges zeitliches Zusammentreffen."[225] Man spürt, wie schwach Diestel seine Kirche erscheint, was ihn die Gegenseite übermächtig einschätzen lässt, deren Machtbekundungen wohl eher Symptome empfundener Schwäche waren.

Aus heutiger Sicht fällt auf, dass beide Kirchen mit sich selbst und der Sicherung oder Wiedergewinnung von Macht beschäftigt waren und das eigentlich gemeinsame Anliegen aus dem Blick verloren: Was hilft gegen „Nihilismus und Atheismus", wie könnte Kirche sich neu in einem veränderten Staat positionieren, Einfluss auf Menschen gewinnen oder behalten?

Diestel bilanziert: Man kann nicht erwarten, dass die katholische Kirche ihre Einstellung aufgibt, die Evangelischen zurückholen zu wollen. „Für sie ist Glaubenseinheit und Einheitskirche dasselbe, während wir Evangelischen uns gerade an der Mannigfaltigkeit der Ausprägung christlichen Geistes in den verschiedenen Ländern freuen und in der Verschiedenheit der kirchlichen Gebräuche und Rechtsordnungen kein Hindernis zu gemeinsamer Arbeit ... erblicken. Will die katholische Kirche hierin die Enge einer Sekte zeigen – wohlan, sie mag es vor einem höheren Richter verantworten."[226]

Die katholische Kirche „kann" „Propaganda". „Langjährige Übung, eine glückliche Hand in der Prägung von Schlagworten, volkstümliche Beredsamkeit zahlreicher, besonders geschulter Redner, eine der Sozialdemokratie fein abgelauschte Kenntnis der Massenbehandlung und Massenbewegung, ein lebhafter Spürsinn für die schwachen Seiten des Menschenherzens ... kommen ihr dabei zustatten."[227] Diestel berichtet von der Spannung, die Katholikentage zwischen den Konfessionen erzeugen und der Siegesgewissheit der römischen Kirche bei Massenveranstaltungen – „Selig sind die Friedfertigen!", zitiert er – man spürt einen gewissen Neid.

Aber „viele Millionen Deutsche haben ... im römischen Katholizismus ihre christliche Heimat. Das wäre nicht so, wenn in ihm nicht auch eine wahre Fröm-

---

225 A.a.O.

226 S. 41 – Diestel verarbeitet hier sicher auch seine Erfahrungen im und mit dem „Weltbund" (siehe das folgende Kapitel); vermutlich war auch damals die allgemeine Bereitschaft evangelischer Christen zu solcher Mannigfaltigkeit eher begrenzt.

227 S. 42.

migkeit möglich wäre."[228] Diestel wendet sich gegen „Taktlosigkeiten in Religionssachen" – man solle auch in all dem, was einem Evangelischen nur Äußerlichkeit und fremd sei, „auf billigen Spott … verzichten", wenn diese Dinge und Gewohnheiten „mit einem Schimmer von ernsthafter Weihe umkleidet" sind. Auch von Prozessionen soll man sich nicht provozieren lassen, sondern „still seines Weges … gehen."[229]

Die geistige Auseinandersetzung aber muss weitergehen. „Es wird erst eine ehrliche Auseinandersetzung geben, wenn von beiden Seiten mit dem Kennenlernen Ernst gemacht wird."[230] Die katholische Seite verhindere es, indem sie ihre Leute abhält, evangelische Gottesdienste zu besuchen. „Unsere Professoren" führen ihre Studenten in Klöster und Kirchen, „damit sie einen lebendigen Eindruck vom Katholizismus bekommen. Wir gönnten jedem evangelischen Theologen eine Freikarte nach Rom, damit er dort den Katholizismus … studieren könnte: wir sind gewiß, er würde nur um so protestantischer zurückkommen."[231] Freilich warnt Diestel vor Veranstaltungen von Jesuiten für Nichtkatholiken, in denen über den Katholizismus informiert werde, weil man da „den Katholizismus in einer Aufmachung kennen lerne(n), die nicht das wahre Wesen dieser Religionsform erkennen läßt." Im Kreis „liebenswürdiger Mönche" könne man vergessen, dass es einen Papst gibt, der Anspruch auf Unfehlbarkeit in Glaubenssachen erhebt.[232] Auch die Pracht der Zeremonien und Gottesdienste könne Menschen verleiten. „Und wenn man sich wieder seiner evangelischen Kirche zuwendet, die gewiß auch viele Runzeln und Flecken aufweist, so wird man sich ihrer mütterlichen Einfachheit und Schlichtheit umso mehr freuen …"[233] Wieder stellt er die konfessionelle Auseinandersetzung in die Gegenwart: „Was uns bewegt, ist dies: Kann ein so gedemütigtes, zerfahrenes, gedrücktes und zerrissenes Volk auch noch einen Kulturkampf, dieses Mal mit Front gegen die evangelische Kirche, ertragen? Müssen nicht alle Gutgesinnten zusammenstehen, um dies zu verhindern? ... Wächst nicht die innere Entfremdung zwischen Protestanten und Katholiken infolge der Zentralisierung aller kirchlichen Gewalt in Rom, wo man weder für das Deutschtum noch für den

---

[228] S. 42.
[229] S. 43.
[230] S. 43.
[231] S. 43.
[232] S. 44.
[233] S. 44.

Protestantismus auch nur einen Schimmer von Verständnis hat, mehr und mehr?"[234] Er zählt auf, was und wer die Lehre der katholischen Kirche bestimmt: „Lauter fremde Namen, fremde Auffassungen, im Wesen undeutsch."[235]
Wir sollten gut evangelisch sein, denn: „Kein Katholik läßt sich durch einen schwachmütigen, charakterlosen oder flaumweichen Protestanten imponieren; aber jeder echte Katholik hat Achtung vor Bekenntnistreue, vor freudigem Gottvertrauen, Wahrhaftigkeit im Wort und Ehrlichkeit in der Tat."[236] So geht es darum, das allgemeine Priestertum zu leben, das gemeinsame Gebet zu pflegen, Bibel zu lesen und den Glauben in lebendiger Liebestätigkeit fruchtbar werden zu lassen.

3. Bewertung

Diestels Artikel ist Teil einer Propagandaschrift, dem Selbstverständnis der eva entsprechend. Paul Scheurlen schildert den Wert der (evangelischen) Kirche („Was hast Du an deiner Kirche?") als dörfliches Idyll. Mit der Lage in den Städten schon seiner Zeit hat das nichts zu tun und nimmt an keiner Stelle z.B. die Lebensumstände von Arbeitern wahr. Sie kommen bestenfalls als Objekt der diakonischen Arbeit in den Blick, nicht als Anfrage an Gestalt und Wesen der Kirche. Ein Blick, der Sehnsucht nach alten Zeiten wecken und so die Treue zur Kirche stärken will.
„Was bist Du deiner Kirche schuldig?", fragt Prälat D. Schoell. Er sieht evangelische Kirche in die Enge getrieben: Angefeindet von „kirchenfeindlichen Kräften", bedroht von der Katholischen Kirche. „Heute ... ist die Stärkung des kirchlichen Bewußtseins besonders nötig. Ist doch die evangelische Kirche von allen Seiten bedroht, vom Ansturm des siegesbewußt sich gebärdenden römischen Katholizismus, von der Feindseligkeit werbeeifriger Sekten, von der Macht des Unglaubens und den starken Einflüssen einer rein diesseitigen Kultur." „Schutz und Trutz", ein Zusammenschluss aller Evangelischen sei nötig. „Nichts liegt uns ferner, als der Kirche aus dem Grund das Wort zu reden, damit Macht und äußere Stellung der Kirche und ihrer Diener behauptet werde. Es ... geht um das Evan-

---

[234] S. 44f.
[235] A.a.O. – Wenn hier auch der gregorianische Choral genannt wird, wird auch der Streit um Gottesdienstordnungen besser verständlich, der nicht mit der bloßen Unterscheidung einer gewissen „Nüchternheit" im Gegensatz zu mehr „Farbigkeit" angemessen wahrgenommen ist.
[236] S. 45.

gelium selber. Wer will, dass das Evangelium im reformatorischen Sinn uns, unseren Kindern und unserem ganzen evangelischen Volk erhalten bleibe, der hat die heilige Pflicht, sich um die Kirche zu kümmern und dafür einzutreten, daß sie auch durch sein Mittun innerlich lebendig und stark sei. Die Kirchenfrage ist zu einer großen Lebensfrage geworden. Wer sehen will, sieht das jetzt schon; wer es noch nicht sieht, dem werden die Augen schon noch aufgehen, hoffentlich nicht erst, wenn es zu spät ist."[237]

Ohne Verankerung im landesherrlichen Kirchenregiment fühlt sich evangelische Kirche schwach – im Vergleich zur großen katholischen Kirche; ungeübt aber auch im Umgang mit der „Konkurrenz" kleinerer Gemeinschaften.[238]

Auch das erklärt die Anfälligkeit Evangelischer Kirche für die Nationalsozialisten: Der verklärte Blick in die Vergangenheit macht bitter gegen die Wendung der Dinge nach 1918 und anfällig für eine Staatsidee, die Volksgemeinschaft herzustellen und die Schmach der Niederlage zu beseitigen versprach. Die Fremdheit der neuen Welt macht eine Ideologie attraktiv, die alte Ordnungen wieder herstellt. Das bedeutet nicht zwingend Freundschaft zu den späteren „Deutschen Christen" (DC), aber sich in diese Richtung zu orientieren, ist naheliegend. Nicht alle wandten sich, als die dem Kern der Bibel widersprechende Religion der DC sich zeigte, ab[239] – die positiv wahrgenommenen Ziele des Staates ließen die heidnische Religiosität der DC als unwichtig erscheinen. Dazu leistete sicher auch die als Trennung von Staat und Kirche ausgelegte Zwei-Reiche-Lehre ihren Beitrag, die man so auslegte, dass man den Staat sein Ding machen lassen und als Kirche eigenen Grundsätzen folgen solle.[240] In der Verbindung von (evangelischer) Kon-

---

[237] S. 22f.

[238] Die kleinen Gemeinschaften, Freikirchen usw. wurden auch deswegen als „Sekten" bezeichnet, weil man so den Anspruch der Evangelischen Kirche, die „ursprüngliche" und „eigentliche" Kirche zu sein, aufrechterhalten wollte.

[239] Die Kundgebung der DC im Sportpalast 1934 kostete sie Sympathien; nicht wenige konnte der NS-Staat durch die anschließenden Beschwichtigungen, es handele sich um die Meinung nur dieses Redners, aber wieder beruhigen. Die Religionsfeindschaft Hitlers wurde nicht wahrgenommen; seine Eingriffe eher als Hilfe zur Restauration der evangelischen Kirchen wahrgenommen denn als Versuch, sie zu zerstören.

[240] Ein Beispiel dieser Haltung: Wilhelm Niemöller erklärt die Bedenken vieler Pfarrer 1935, ob sie das „Wort an die Gemeinden" der Bekennenden Kirche verlesen sollten, so: „Die Pfarrer standen vor einer Entscheidung, wie sie seit Jahrhunderten von den evangelischen Geistlichen Deutschlands nicht gefordert worden war. Auf der einen Seite die Weisung der Synode [Dahlem, 1935]. Auf der anderen Seite die Forderung des Staates. Der Geistliche ist Diener seiner

fession und Nation ist Diestel Kind seiner Zeit. Ich vermute aber, dass die ländliche Färbung evangelischer Frömmigkeit bei Paul Scheurlen ihm als früherem Stadtpfarrer eher fern lag. Wahrscheinlich gehört auch solch „ländliches“ Denken zu dem, was ihm an Württemberg fremd war, so sehr er sich auch an Natur und Landschaft – trotz Heuschnupfen[241] – erfreute.
In Diestels Überlegungen finden sich aber auch Ansätze für das ökumenische Gespräch: Nur, wer die eigene Konfession kennt und liebt, will andere kennenlernen, würdigen und in diesem Geist mit ihnen sprechen. Zugutehalten muss man Max Diestel auch, dass er unterscheidet zwischen der katholischen Kirche als Organisation und dem katholischen Christenmenschen. Er vermeidet schon hier „gruppenbezogene“ Urteile. In jedem Fall gilt: Weder die evangelische noch die katholische Kirche unserer Zeit sind mit den Konfessionen seiner Zeit vergleichbar.
Gudrun Diestel sagt: „Er war ja sehr ökumenisch eingestellt mit Ausnahme der Katholischen Kirche. Er hat die Freikirchen eingebunden in die Ökumene und das, was in Deutschland eine kleine Kirche war, war ja weltweit eine große Kirche, z.B. die Methodisten. – Ich glaube, er hat sich im Lauf seines Lebens gewandelt.“ [242]
Beides wird sich erweisen.
Die Position Max Diestels zur Ökumene zwischen unterschiedlichen Kirchen zeigt sich in seinem Einsatz beim „Weltbund für Freundschaftsarbeit der Kirchen“[243].

Weltbund für Freundschaftsarbeit der Kirchen

1. Entstehung und Ziel

„Am Rande der Zweiten Haager Friedenskonferenz 1907 verabredeten Eduard de Neufville …, ein in der französisch-reformierten Gemeinde engagierter Frankfurter Bankier, und Joseph Allen Baker …, ein den Quäkern angehörender liberaler Unterhausabgeordneter in England, dass die Kirchen ihrer beider Länder

---

Kirche. Aber er ist auch Bürger seines Staates und steht als Christ und als Geistlicher zu diesem Staat in einem Verhältnis der Treue. Wem soll er gehorchen?“ Niemöller, Preußensynode S. 36.

241 Diestel an Else, 14.3.1906.

242 Am 1.4. 2020 (telefonisch).

243 … an dem sich die Katholische Kirche nicht beteiligte.

einen Beitrag zum Frieden leisten sollten."[244] Bei dieser Friedenskonferenz suchte man Möglichkeiten, internationale Konflikte durch juristische Vermittlung (Schiedsverfahren) zu lösen.[245] Die Kirchen hatten eine wichtige gesellschaftliche Stellung und waren mit staatlichen Strukturen verbunden.[246] So kam „in den Wandelgängen" die Idee auf, die Kirchen in den Austausch zwischen Persönlichkeiten verschiedener Staaten einzubeziehen.

Mit einem „Aufruf für den Frieden" – um des Konsenses willen sehr allgemein formuliert – wandte man sich an die Öffentlichkeit: „…wir möchten unserem gemeinsamen Verlangen nach beständigen Bemühungen seitens unserer jeweiligen Regierungen Ausdruck verleihen, den internationalen Frieden zu sichern und dem Geist eines so herzlichen und freundschaftlichen Verhältnisses Stand zu verschaffen, dass es das stetig zunehmende Wachstum riesiger Bewaffnungen unnötig machen möge, das zurzeit einen so großen Teil der menschlichen und materiellen Ressourcen der Nationen bindet."[247] Das konkrete Handeln für den Frieden wird den Politikern aufgetragen.[248]

Kirchenführer aus Großbritannien, den Vereinigten Staaten, Schweiz, Österreich-Ungarn, Deutschland und den Niederlanden unterschrieben den Aufruf. Auch durch ihn wuchs das Interesse der Kirchen an der Friedensfrage; man wollte das moralische Gewicht der Kirchen einbringen, um die Politiker „zur Vernunft zu bringen."[249] An erster Stelle standen England und Deutschland, die zwar dynastische Beziehungen aufwiesen, aber um die (Vor-) Macht stritten.

So wurde 1910 die „Britisch-Deutsche Freundschaft" gegründet. Eine deutsche Delegation besuchte England, eine englische Deutschland. Der Hofprediger Ernst von Dryander, Mitglied der deutschen Delegation, vermittelte ein Treffen mit dem Deutschen Kaiser, der später in den turbulenten Tagen der Gründung des Weltbundes 1914 dafür sorgte, dass die Teilnehmer der Konferenz unbe-

---

244 Wikipedia „Weltbund für Freundschaftsarbeit der Kirchen".

245 Dam, S. 11.

246 Die Idee entstand lange vor dem Ersten Weltkrieg. Der Weltbund wurde am Abend dieses Krieges gegründet, als die politischen, gesellschaftlichen und religiösen Verhältnisse den Gegebenheiten einer Zeit entsprachen, die am Beginn der Arbeit des Weltbundes nach dem Krieg gerade vergangen waren.

247 „Appeal from the Churches for Peace", zitiert nach Dam S. 19.

248 Auch das empfand der Erzbischof von Canterbury, Davidson, als unerlaubte Einmischung in politische Fragen, weswegen er seine Unterschrift verweigerte.

249 Dam S. 20.

helligt von der Mobilisierung heimreisen konnten. Die deutsche Delegation traf George V., der einen Teil seiner Ansprache auf Deutsch hielt.

Nachdem amerikanische Kirchen Interesse zeigten und auch aus anderen Ländern Vorstöße erfolgten, kam es am Abend vor Beginn des 1. Weltkrieges 1914 zur Gründung des Weltbundes. Die eigentliche Gründungskonferenz kam wegen der Mobilisierung nicht zustande; man begnügte sich mit einer Gründung am Abend vor Konferenzbeginn, der bis Kriegsende 1918 keine Treffen mehr folgten. Als Ziel formulierte man: „Durch die Freundschaft der Kirchen müssen Gefühle von Misstrauen und Hass sowie Antipathie zwischen den Völkern und Nationen überwunden werden."[250]

„Der Weltbund für Freundschaftsarbeit der Kirchen", englisch zunächst „World Alliance of Churches for Promoting International Friendship", ab 1920 „World Alliance for International Friendship Through the Churches"[251], bemühte sich um einen Beitrag der Kirchen zur Bewahrung des Friedens.

Die Umbenennung zeigt, dass der „Weltbund" keine ökumenische Vereinigung im heutigen Sinn war. Es ging nicht um zwischenkirchliche und -konfessionelle Verständigung, sondern um die Bemühungen von Kirchen und Konfessionen um Frieden zwischen und in den Ländern Europas. Man verstand sich als kirchliches Gegenüber zum Völkerbund, wollte in politische Zusammenhänge eingreifen und Staaten zu einem neuen Handeln bringen. Mit dem Völkerbund muss man den Weltbund leider auch im Scheitern vergleichen. Das lag äußerlich daran, dass man in der Gestaltung großer Konferenzen und der Organisation und Moderation von kontroversen Gesprächen noch unerfahren war. Vor allem aber erwies sich als hinderlich, dass man wie der Völkerbund in nationalen Einheiten organisiert war. Die nationale Sicht auf Konflikte zu überwinden, gelang oft nicht[252], vielmehr holte man sich die nationalen Gegensätze in die Diskussionen.

So belastete bis Ende der 1920er Jahre der Streit um die Kriegsschuldfrage und den Versailler Friedensvertrag das Miteinander zwischen Deutschen, Engländern und Franzosen. Die deutschen Teilnehmer verweigerten eine Entschuldigung für

---

[250] Dam, S. 11.

[251] Hintergrund der Änderung war das vermutete Missverständnis einer „World Alliance of Churches". Man wollte zeigen, dass unterschiedliche Kirchen ein gemeinsames Ziel, nämlich Streitschlichtung der Staaten ohne Krieg, verfolgten.

[252] Vor Hochmut sollten wir uns hüten; auch die UNO hat an vielen Stellen nicht erreichen können, wofür sie einmal gegründet war – nämlich die friedliche Beilegung von Konflikten –, und oft genug sind es wirtschaftliche wie nationale Egoismen, an denen sie scheitert.

den Einmarsch in Belgien und die Anerkennung der alleinigen Kriegsschuld Deutschlands. Mühsam konnte man durch persönliche Erklärungen erreichen, dass keine der Parteien den Weltbund verließ. Auch diese aber wurden in Deutschland als Zugeständnis gewertet und brachten dem Weltbund negative Reaktionen ein.
Der Weltbund konnte oft nur Deklarationen verabschieden, die Gegensätze ausschließlich sprachlich überbrückten und die niemand als Aufforderung zum Handeln verstehen musste.
Das Gespräch zwischen Kirchen und Konfessionen war nicht Ziel, aber Nebeneffekt: Indem man die christliche Grundlage europäischer Staaten zu deren Verständigung nutzen und Minderheiten innerhalb der Staaten Rechte sichern wollte, lernten Vertreter von Konfessionen und Kirchen einander besser verstehen. Auf Tagungen des „Weltbundes" konnte selbst die Feindschaft zwischen Deutschen und Franzosen durch gemeinsame Lektüre der Bibel so weit überwunden werden, dass Gespräche möglich wurden.[253] Anfang der dreißiger Jahre konnte man auch über Ursachen des Weltkrieges so reden, dass die Gegner einander zuhörten. Christentum und nationales Selbstverständnis blieben dennoch eng verbunden, hinzu kam, dass in allen ein Land betreffenden Fragen zunächst dessen nationale Abteilung eine Stellungnahme abgeben sollte, wodurch die Behandlung unliebsamer Themen nahezu beliebig verzögert werden konnte.
Der Weltbund gehört zur Vorgeschichte des „Ökumenischen Rates der Kirchen" (ÖRK). Hinzu kommen „Faith and Order" sowie die Weltkonferenz für Praktisches Christentum „Life and Work". Während „Faith and Order" die Verständigung der Kirchen über Fragen der Glaubenslehre und Kirchenverfassung anstrebte, war Ziel des von Nathan Söderblom gegründeten „Praktischen Christentums" eine Verständigung über christliches Handeln, das die Gesellschaft verändern und die Unterschiede zwischen Ländern überbrücken sollte. „Life and

[253] „Gegen Mitternacht war das Gespräch [zwischen Franzosen und Deutschen] an einem toten Punkt angelangt. Hierauf holte einer der deutschen Delegierten eine Bibel hervor. Er las das erste Kapitel des ersten Johannesbriefs über Versöhnung und Liebe unter den Brüdern. Darauf wollte er das Treffen mit einem Gebet schließen; durch die Schriftlesung schien aber unerwartet eine Basis für gegenseitiges Verständnis gefunden zu sein. Krieg konnte kein Mittel sein, um Konflikte beizulegen, auch Rache war keine Lösung! Ihre Hände fanden zueinander, und sie bekannten: ‚*Wir verdammen den Krieg, wir verdammen den Gedanken an Rache.*' Hiermit war die Formel gefunden, mit der der Weltbund wieder zu einer Einheit werden konnte." Siegmund-Schultze nach Dam S. 130

Work“ erwuchs aus einer Deklaration des „Weltbundes“. 1938 schlossen sich „Life and Work“ und „Faith and Order“ in Utrecht zusammen, was 1948 – zusammen mit der Weltmissionskonferenz – in Amsterdam zur Gründung des ÖRK führte. Der Weltbund konnte sich zu einer Beteiligung nicht entschließen. Es ist tragisch, dass der Weltbund zu spät kam, um das Taumeln der Mächte in den Ersten Weltkrieg aufzuhalten, und seine Idee danach im Grund veraltet war. Die „neue“ Staatsidee, wie sie z.B. die Weimarer Verfassung formulierte, dachte Staat ohne religiöse Bindung; das Christliche war eine unter vielen weltanschaulichen Orientierungen, aber nicht mehr Grundlage von Gesetzen und Verfassung und verlor damit die Stellung, die es erlaubt hätte, als Kirche(n) auf staatliches Handeln Einfluss zu nehmen. Die Bedeutung der Kirchen und ihre Verwobenheit in staatliche Strukturen nahm im Lauf des 20. Jahrhunderts ständig ab. Die Verfassungen vollzogen dabei nur Veränderungen der Gesellschaft nach, in der Kirche keine dominante mehr Rolle spielte.

2. Aktivitäten

Am erfolgreichsten war der Weltbund mit regionalen Vermittlungsbemühungen. Durch die nach dem Ersten Weltkrieg gezogenen Grenzen gerieten in vielen Ländern Europas Nationalitäten, Religionsgemeinschaften und Kirchen in die Minderheit und wurden oft als Hindernis für nationale Politik betrachtet und als Repräsentanten ehemaliger Gegner an der Entfaltung gehindert. Das gilt für Rumänien, Polen oder die baltischen Staaten wie den Balkan, aber auch für Inseln zwischen Finnland und Schweden, deren Zugehörigkeit zu Finnland festgeschrieben wurde, allerdings mit dem Zusatz, dass die schwedische Sprache dort weiterhin gesprochen werden durfte.[254]

Um solche Probleme friedlich zu lösen, formulierte der Weltbund Minderheitenrechte. Sie wurden Grundlage staatlicher Ordnung nach dem Zweiten Weltkrieg, von völkisch Denkenden damals aber oft abgelehnt.

Zu den Leistungen des Freundschaftsbundes gehört weiter, dass er

- den Blick auf religiöse Minderheiten, die kleinen Kirchen und religiösen Gemeinschaften lenkte[255] und zu deren Gespräch untereinander und mit den „Großkirchen“ beitrug; und

[254] Vgl. dazu Dam, S. 155ff.

[255] „Klein“ waren nicht wenige von ihnen nur aus deutscher oder europäischer Perspektive!

- das Bewusstsein dafür schärfte, dass auch die Kirchen mit ihrer Verkündigung an politischen Stimmungen und Entscheidungen Anteil hatten. Für das deutsche Luthertum bedeutete das einen kritischen Blick auf die „Zwei-Reiche-Lehre".[256]

Bis Ende der 1920er Jahre wuchs der Weltbund auf 34 nationale Abteilungen. In vielem bezog der Weltbund andere Positionen als die Mächtigen in Deutschland nach 1933, weshalb sie ihn ablehnten. In den 1930er Jahren arbeiteten Weltbund und „Life and Work" zusammen und gaben Stellungnahmen zu Entwicklungen in Deutschland ab. Weil Max Diestel sich nicht zum Werkzeug der deutschen Regierung oder Kirche machen ließ und auch auf kritische Beschlüsse keinen Einfluss nehmen wollte[257], wurde es ihm immer schwerer gemacht, zu den Tagungen zu fahren.

Der Weltbund war eine Privatinitiative, nicht Aktion der Kirchen und nicht in deren Strukturen verankert. Beschlüsse oder Stellungnahmen waren Meinungsäußerungen, zu denen sich weder Kirche noch Staat verhalten mussten. Das war einerseits eine Schwäche, zugleich wäre die Arbeit des Weltbundes durch eine institutionell-kirchliche Verankerung schon früher zum Erliegen gekommen, da sich die Regierungen jede Einmischung verbaten und viele Kirchen sich der nationalen Politik verpflichtet fühlten.

3. Das Ende des Weltbundes

Die Idee des Weltbundes, auf christlicher Grundlage Völker zu einen, entsprach immer weniger dem säkularen Selbstverständnis der Staaten und der Realität kirchlich-christlichen Einflusses.[258] Durch die Trennung vom Staat erlebten sich

---

[256] Ich vermute, dass solche Erfahrungen ein Grund war, dass Max Diestel nicht in einer deutsch-nationalen Stimmung gefangen war, wie sie seiner Generation nahe lag. Er nahm Einfluss (oder versuchte es) auf staatliche Entscheidungen und blieb so auch Bonhoeffer verbunden, von dessen Grundhaltung ihn viel hätte trennen können.

[257] Vermutlich teilte er in den meisten Fällen die Haltung des Weltbundes, musste das in seinen Berichten an die Kirchenleitung nur verschweigen oder die Beschlüsse klein reden.

[258] Nicht alle Lutheraner hatten einen Blick dafür, dass die Verbindung von Thron und Altar die christliche Verkündigung auch verändert hatte: Sie verband sich mit dem politisch Gewollten, mit bürgerlicher Moral und Gewohnheit und gehörte für eine zunehmende Zahl von Menschen zu jener Herrschaft, die die Katastrophe des Krieges verursacht und zum Elend der Arbeiterschaft beigetragen hatte. Diestel hat in seiner Ehe-Schrift bemerkenswert deutlich gezeigt,

umgekehrt schon in den 1930er Jahren die Kirchen als handelnde Subjekte, die sich einander annäherten, wofür der Ökumenische Rat der Kirchen (ÖRK) die angemessenere Form war. Eine Weiterentwicklung in Richtung einer Konferenz der Religionen wurde vom Weltbund abgelehnt. So war sein Ende nach dem Zweiten Weltkrieg unvermeidlich.
Auf der Haben-Seite des Weltbundes steht, dass er Gespräche zwischen Menschen unterschiedlicher Kirchen und Nationen in Gang brachte und auf diese Weise eine Art „Gegenöffentlichkeit“ zur propagandistischen Verzerrung des Bildes „der anderen“ schuf. Seine Vertreter konnten schon früh – entgegen der Propaganda der Rechten in Deutschland – Nachdenklichkeit in Sachen „Versailler Vertrag“ und Kriegsschuldfrage anregen. Leider war der Weimarer Republik ein zu kurzes Leben beschieden. Die Neubewertungen konnten sich nicht durchsetzen – hätten es wahrscheinlich gegen Propaganda und Vorurteile auch schwer gehabt, Glauben zu finden.

4. Der Weltbund im Leben Max Diestels

Wie wichtig der Weltbund für Max Diestel war, zeigt sich an seiner beharrlichen Teilnahme an dessen Tagungen. Er pflegte Beziehungen zu anderen Konfessionen und – in Deutschland – „kleinen“ Kirchen und hatte Kontakte ins Ausland, die er einzusetzen verstand. Schließlich gab ihm der Weltbund eine Außensicht, die ihn in seiner Ablehnung des Deutschland nach 1933 bestärkte. Der „Weltbund“ half ihm so auch durch die schweren Dienstjahre.
So wichtig der Weltbund war, so wenig wissen wir über den Ursprung von Diestels Beziehung zu ihm. Man mag an seine englischen Jahre und Beziehungen denken, die ihn mit Gründern der „Britisch-Deutschen Freundschaft“ verbanden. Vermutlich waren solche Gedanken schon in Diestels Zeit in England lebendig. Genaues wissen wir nicht. In der Teilnehmerliste der internationalen Konferenzen des Weltbundes taucht sein Name als „Gast“ erstmals 1928 auf,[259] bei den folgenden Tagungen ist er unter den Delegierten aus Deutschland zu finden.

---

wie viel am „christlichen“ Eheverständnis eher Konvention war. Diese Gabe der Unterscheidung und des nüchternen Hinsehens hat ihn davor bewahrt, den Strukturen einer vergangenen Zeit nachzutrauern und in deren Wiederherstellung den Weg in die Zukunft zu sehen.

[259] Dam S. 420f. versieht die Richtigkeit dieser Listen mit Fragezeichen: Manchmal sei nicht klar, ob es sich um die Namen der Eingeladenen oder der Teilnehmenden handelte und ob wirklich alle Namen genannt sind. Vermutlich reicht Diestels Bekanntschaft mit dem Weltbund länger zurück.

Gäste in Prag 1928 sind auch Dr. Herrmann Stöhr, in dessen Prozess Diestel eine Rolle spielen wird, und Prälat Dr. Friedrich Schoell, dessen Schriften in Reihen veröffentlicht wurden, für die Diestel 1925 zum Thema „Ehe" und „Evangelisch und katholisch" geschrieben hatte. Da die deutsche Delegation nicht groß war, muss man annehmen, dass die drei einander wahrgenommen haben; ob man von einer früheren Bekanntschaft Diestels mit Schoell oder Stöhr ausgehen kann, ob Schoell der Anfang seiner Beziehung zum Weltbund war, wissen wir nicht. Übrigens war auch Otto Dibelius Mitglied im Weltbund, vermutlich vermittelt durch Max Diestel.[260]

Die groß angelegte „Weltkonferenz für Frieden und Freundschaft" in Prag befasste sich mit Abrüstung, Ächtung des Krieges gemäß dem eben unterzeichneten Kellogg-Briand-Pakt und der Schaffung eines internationalen Schiedsgerichtssystems auf Basis des Völkerbundes. In einer Resolution wurde gefordert, „dass die Völker fortan ihre brüderliche Solidarität und ihre Verpflichtung zu zielbewußter Zusammenarbeit bejahen und so auf die völlige Ungebundenheit durch Verpflichtungen verzichten."[261] Die Stellungnahme zur Kriegsdienstverweigerung wird in der Äußerung Max Diestels zum „Fall Stöhr" eine Rolle spielen. Man appellierte an die Kirchen, gegenüber ihren Regierungen zu erklären, dass sie keinen Krieg unterstützen würden, vor dessen Ausbruch nicht alle Möglichkeiten friedlicher Konfliktlösung ausgeschöpft worden seien. Diese Erklärung wurde von einigen Kirchen übernommen – der Weltbund war auf einem Höhepunkt seines Einflusses angekommen. Allerdings war es für andere Mitglieder des Weltbundes selbstverständlich, dass Kriege theologisch gerechtfertigt und geradezu als naturgegeben im Nebeneinander der Nationen angesehen wurden.

5. Die Deutsche Abteilung des Weltbundes

1929 wurde der Berliner Generalsuperintendent Georg Burghart zum Präsidenten des deutschen Zweiges gewählt, was die Position des Weltbundes bei den Landeskirchen hätte verbessern können. Diestel war zweiter Vorsitzender, wobei ihm der Vorsitzende die Geschäfte offenbar von Anfang an überließ,[262] sicher auch

---

260 Dibelius und Diestel waren entfernt verwandt: Dibelius' Frau war die Tochter einer Cousine von Diestel mütterlicherseits. Beide duzten sich, und Diestels Kinder sprachen von „Onkel Otto".

261 Zitiert nach „Internationale kirchliche Zeitschrift" 19 (1929), S. 57.

262 In den 1930er Jahren unterschrieb Diestel „stellv.(geschäftsführender) Vorsitzender".

aus Gründen seiner Arbeitsbelastung, es zeigt aber auch grundsätzliches Misstrauen oder Desinteresse von Kirchen(-leitungen) an der Arbeit: Sie war ihnen einerseits zu politisch, andererseits missfiel nicht wenigen die enge Zusammenarbeit von Kirchen unterschiedlicher Konfessionen. Im Fall Burghart könnte hinzukommen, dass er dem Internationalismus kritisch gegenüberstand. Wie sehr der nationalprotestantische Flügel die Arbeit des Weltbundes ablehnte, zeigte sich 1931, als die Theologen Emanuel Hirsch und Paul Althaus einen scharfen Angriff gegen die deutsche Sektion richteten. Von Burghart wird berichtet: „Der Geistige (sic) Oberkirchenrat G. Burghart ... teilte mit, dass die Kirchenleitung in einem Kanzelwort am Ostersonntag nachdrücklich ihr Vertrauen in den neuen Staat erkläre ..., in der Freude über den Aufbruch der tiefsten Kräfte unserer Nation zu vaterländischem Bewusstsein, echter Volksgemeinschaft und religiöser Erneuerung.‘“[263]

Vermutlich war ihm die Arbeit im Weltbund seit der „Machtergreifung“ eher unangenehm. „Burghart war als Vorsitzender in konservatives Fahrwasser geraten“, zitiert Dam.[264] „Diestel verrichtete als Sekretär seine Tätigkeiten still, vor allem durch intensive Briefwechsel von seiner Wohnung aus ... Schon 1931 [konnte] keine Verwaltungskraft mehr bezahlt werden. 1934 erklärte Diestel, dass es unter den derzeitigen Bedingungen besser sei, als deutsche Abteilung zu schweigen, auch wenn es im Ausland als Zustimmung gedeutet werden könne.“[265]

Diestel ist als Teilnehmer der folgenden Weltkongresse verzeichnet, in Chamby 1935 wird ein „Dr. Fullkrug“[266] als „Stellvertreter“ genannt – was klingt, als sei Diestel in die Position eines Vorsitzenden „gerutscht“.[267] Erst nach dem Krieg aber wird er als „Vorsitzender“ bezeichnet.

Eine lebenslange Freundschaft verband Diestel mit Friedrich Siegmund-Schultze. 1911 gründete dieser mit seiner Frau die „Soziale Arbeitsgemeinschaft Berlin-Ost“ (kurz: SAG), ein Nachbarschaftshilfe- und Siedlungsprojekt in einem der ärmsten Viertel Berlins am Schlesischen Bahnhof.

---

263 Dam S. 276 – es muss wohl „Geistlicher Oberkirchenrat“ heißen.

264 Grotefeld nach Dam 285.

265 Protokoll Arbeitsausschuss dt. Weltbund 23.3.1934, zitiert nach Dam S. 286.

266 Vermutlich muss es „Füllkrug“ heißen, dann könnte Dr. Gerhard Füllkrug gemeint sein (1870-1948): Geschäftsführender Sekretär im Central-Ausschuss für Innere Mission und betraut mit der Leitung des „Komitees für Seemannsmission“ sowie der Übernahme der Redaktion der Zeitschrift „Die Innere Mission“. www.deutsche-biographie.de/sfz17920.html.

267 Dam S. 423.

Auf der Weltkirchenkonferenz in Konstanz 1914 Schriftführer und Mitbegründer des Weltbundes, übernahm er 1925 die Professur für Jugendkunde und Jugendwohlfahrt an der Universität Berlin, die später um die Fächer Sozialpädagogik und Sozialethik erweitert wurde. Im Frühjahr 1933 wurde das Büro der SAG geschlossen, Siegmund-Schultze musste Deutschland verlassen und lebte bis 1945 als Sekretär des Weltbundes in der Schweiz. Er war einer der wichtigsten Kontakte Diestels in der Zeit des Dritten Reiches.
Als die deutsche Abteilung durch die Inflation alle Rücklagen verlor, nahm Diestel im Oktober 1931 das Büro in sein Pfarrhaus.[268] Er „... sah sich gezwungen, das Sekretariat des Bundes aufzulösen und in sein Superintendenturbüro hineinzunehmen; an Reisen war kaum noch zu denken. Vor allem aber setzte nun die gezielte nationalistische Verfemung der ökumenischen ‚Internationalisten', vornehmlich der Weltbundfreunde, ein. Drei Jahre später mußte der deutsche Zweig des Weltbundes seine Selbstauflösung einleiten. ... Es war keine geringe Einbuße, daß die treibende und inhaltlich so verbindliche Kraft des Weltbundes schließlich überhaupt zum Erliegen kam. Das prophetische Werk des Versöhnungsrufes trat zurück", urteilt Bethge.[269] Er schätzt den Weltbund hoch, urteilt aber vielleicht zu sehr aus dem Blickwinkel des Bonhoeffer-Biographen.
Nach 1933 wurde die deutsche Abteilung zu einer „Einmannveranstaltung", der briefliche Austausch mit Siegmund-Schultze war für Diestel neben den Tagungen des Weltbundes der einzige Austausch mit ähnlich Denkenden. 1939 war die Deutsche Abteilung „nicht mehr als ein Briefkopf", aber dem System nicht hinderlich. Sie bestand bis 1948 fort, offiziell aufgelöst wurde sie 1951.[270]
Max Diestel fuhr auch nach 1934 zu Weltbundtagungen[271] und schrieb mit Weltbund-Briefkopf. In Diestels Personalakte finden sich viele Abmeldungen zu Veranstaltungen des Weltbundes. Als diese Reisen absehbar nicht mehr genehmigt wurden, terminierte er die Abmeldung so, dass er bereits unterwegs war, wenn diese die Zuständigen erreichte.[272] Man mag das listig finden – dem korrekten Diestel fiel es wohl nicht leicht, so zu handeln. Dass er es dennoch tat, zeigt, wie wichtig ihm diese Arbeit war.

---

268 Es handelt sich um das Pfarrhaus, nicht die „Wohnung" Diestels, wie Dam schreibt..

269 Bethge S. 236f.

270 Dam S. 286.

271 Dam, Anwesenheitslisten S. 417ff.

272 Dieses Verfahren ist für Diestel typisch: Eine Reise ohne Abmeldung hätte Handhabe gegen ihn gegeben. Die vermied er durch ordentliche, aber verspätete Abmeldung.

Die Antwortschreiben zeigen zunehmende Verärgerung der Vorgesetzten. Von Disziplinarmaßnahmen könne nur abgesehen werden, so Jäger 1937, wenn er um seine – vom Lebensalter her ohnehin anstehende – Pensionierung nachsuchen würde.[273] Auch für die Ruhestandsversetzung 1940 war eine Reise zu einer Weltbundtagung der Anlass, letztlich aber deren Resolutionen, die die deutsche Regierung – nicht ohne Grund – als gegen ihre Politik gerichtet ansah.

6. Weltbund nach 1933 und das Deutsche Reich

Nach 1933 musste sich der Weltbund immer wieder mit Deutschland befassen. Zunächst stellte sich die Frage, wer für Deutschland reden solle: die Reichskirche oder die Bekennende Kirche? Offiziell hatte sich Deutschland aus dem Weltbund ebenso verabschiedet wie aus dem Völkerbund – dennoch sollte sich der Auslandsbischof Theodor Heckel weiter um Veranstaltungen des Weltbundes kümmern. Kritische Stellungnahmen des Weltbundes zur deutschen Politik waren aber nur möglich, wenn er nicht anwesend war.

Bald ging es um die Behandlung von Juden in Nazi-Deutschland, wozu nach den Statuten erst die Deutsche Abteilung Stellung nehmen musste. Burghart telegrafierte nach Amerika, als Berichte aus Deutschland dort für Unruhe und Nachfragen gesorgt hatten: „Warne dringend übertriebenen und erdichteten Berichten über Terror in Deutschland Glauben zu schenken.“[274] Dickinson schreibt: „Eine selbstsüchtige und gedankenlose Art von Nationalismus hat von der ganzen Welt Besitz ergriffen. Patriotismus, im wahren Sinne des Wortes verstanden und zutage gelegt, ist eine edle Regung des menschlichen Geistes; gegenwärtig dient er aber dazu, Hass und Rivalität zu säen.“ Burghart sieht das anders: „Mit ungeahnter Wucht vollzieht sich in unserem Volke ein Geschehen, das, aus nationaler Kraft geboren, das Gesicht Deutschlands in wenigen Jahren völlig verändern wird.“[275] Ammundsen verlangte eine Erklärung des Weltbundes zur Lage in Deutschland, denn „es scheint dort wirklich eine Besessenheit der bösen Geister des Nationalismus und des Antisemitismus zu herrschen.“[276] Generalsekretär Henriod führte

---

[273] Schreiben von Eckart 1937.

[274] Telegramm Burgharts nach Amerika, Dam S. 282.

[275] Beide Zitate nach Dam S. 285.

[276] Dam S. 282f.

Gespräche mit Leitenden des DEKA[277] (Kapler, Simons, O. Dibelius), wahrscheinlich auch mit Siegmund-Schultze und Bonhoeffer, und besuchte am 19.4. eine Vorstandssitzung der Deutschen Abteilung des Weltbundes.[278] Er schrieb in seinem Bericht von einer nationalen Revolution ohne Blutvergießen, die Deutschland vor einer drohenden kommunistischen Machtübernahme gerettet habe. Zu den Maßnahmen gegen die Juden schreibt er: „Viele Christen in Deutschland wären durch die schweren Rechtsbrüche, wie sie diese Maßnahmen gegen die Juden illustrieren, betroffen und bedrückt."[279] Es folgt die Kapitulation des „Weltbundes" in dieser Situation: „Es zeige sich …, dass es für den Weltbund … unter den gegenwärtigen Umständen nahezu unmöglich sei zu arbeiten. Die Begriffe ‚international', ‚Pazifismus', ‚Antimilitarismus' und Organisationen, die sich ihrer bedienen, werden als Feinde des neuen Regimes behandelt oder sind zumindest völlig in Verruf gebracht." [280] Man müsse das Schweigen der deutschen Abteilung akzeptieren und in der Korrespondenz mit Deutschland besondere Rücksicht üben. Der Weltbund könne nicht Stellung nehmen, solange die betroffene Abteilung dies nicht getan habe.[281] Gegen Nachfragen aus den Niederlanden wehrte sich Burghart: Es gebe für die Verdächtigungen keinerlei Beweise.

Bei der gemeinsamen Tagung von Weltbund und Rat für Praktisches Christentum im August 1934 in Fanø (Dänemark) nahm man für die Bekennende Kirche gegen die Reichskirche Partei. Dazu trug Dietrich Bonhoeffer bei, seit 1931 einer der drei Jugendsekretäre des Weltbundes, der in Fanø seine berühmte Rede über Kirche und Völkerwelt hielt.

Im August 1935 war bei der Tagung im schweizerischen Chamby die Hilfe für die in Deutschland verfolgten nicht-arischen Christen ein Hauptthema.

Nachdem 1938 die Gründung des Ökumenischen Rates der Kirchen beschlossen war, fand in Larvik (Norwegen) die letzte größere Tagung des Weltbundes statt, die für Max Diestel erhebliche Folgen haben sollte.

---

277 Der Deutsche Evangelische Kirchenausschuss (DEKA) war ein Beschluss- und Exekutivorgan zunächst (ab 1903) der *Deutschen Evangelischen Kirchenkonferenz*, ab 1922 dann des *Deutschen Evangelischen Kirchenbundes*.

278 Die Namen der Gesprächspartner sind von Henriod nicht genannt – vielleicht, um sie zu schützen. So wissen wir auch nicht, inwieweit Diestel einbezogen war.

279 A.a.O.

280 Henriod nach Dam S. 283.

281 So legte es die Satzung des Weltbundes fest – eine der wirksamsten „Bremsen" gegen mehr Einfluss des Weltbundes.

Mit Beginn des Zweiten Weltkriegs 1939 kam die Arbeit weitgehend zum Erliegen. Versuche der Wiederbelebung nach 1945 blieben erfolglos. Kurz vor der Gründungsversammlung des ÖRK 1948 wurde der Weltbund formell aufgelöst. Seine Anliegen wurden teilweise im Weltbund für (internationale) Freundschaft der Religionen (World Alliance for International Friendship through Religion), teilweise in der von ÖRK und Internationalem Missionsrat getragenen Kommission der Kirchen für internationale Angelegenheiten fortgeführt.
Die Themen der Weltbundtagungen, insbesondere in den dreißiger Jahren, stehen gegen die in Deutschland herrschende Ideologie und waren für Diestel[282] Rückenstärkung, brachten ihn zugleich in ein zunehmend kritisches Verhältnis zu seiner Kirchenleitung.
Das gilt insbesondere für die Tagung in Larvik 1938, deren Resolutionen die deutsche Regierung als Einmischung empfand. Diestel wurde vorgeworfen, diese Erklärungen nicht verhindert zu haben.[283] 1937 wurden disziplinarische Schritte angedroht, er 1940 in den Ruhestand versetzt, wofür der Weltbund Grund oder Vorwand lieferte. Dass er dennoch im Dienst blieb, hatte andere Gründe.

7. Max Diestel zum „Weltbund“

Einen Beitrag für die „Pommersche Tagespost“ nutzt Max Diestel als Werbung für den Weltbund; er zeigt zugleich Diestels eigene Sicht auf diese Vereinigung.
In der Werbung für den Weltbund schreibt er gegen nationale und konfessionelle (Selbst-)Beschränkung und für die Pflege übernationaler Beziehungen.[284] So entwirft Diestel ein Gegenprogramm zur völkischen Weltanschauung; die Kirchen mit ihren weltweiten Beziehungen sind Gegenbilder einer nationalistischen Weltsicht.
Es kann verwirrend sein, in die weite Welt zu schauen, schreibt Diestel,[285] aber es zeigt sich, „daß eine Fülle von Problemen, vor die sich eine einzelne Landeskirche

---

282 Nicht immer sind die Listen als Anwesenheitslisten deutlich erkennbar. Nachdem aber für viele Tagungen des Weltbundes die Abmeldungen Diestels in seiner Personalakte vorzufinden sind, kann man annehmen, dass er auch in dieser Zeit noch teilnahm.
283 Siehe unten!
284 Die weltweite und die Deutsche Evangelische Kirche, in: Pommersche Tagespost, Stettin, Nr. 113, 17.5.1934; alle folgenden Zitate stammen aus diesem Artikel, Hervorhebungen i. O.
285 Die Sorge vor solcher Verwirrung fördert die Selbstbeschränkung auf das Nationale, führt aber nicht weiter – das erleben wir im Moment.

oder Konfessionskirche oder Arbeitsgruppe oder Organisation gestellt sah, gar nicht ausschließlich von ihrem Boden und ihrem Blickfeld ausgelöst werden konnte, sondern daß hier körperhaft die eine christliche Kirche … in Erscheinung treten und handeln mußte." Der Weltbund für Freundschaftsarbeit der Kirchen – „eigentlich wollte er Freundschaft unter den Nationen durch die Kirchen schaffen" – … hat den Krieg überlebt und „nach dem ‚Frieden' eine Fülle von mühsamer und unermüdlicher Arbeit getan", die im Ausland freilich „fast besser bekannt sei als bei uns."

Der Politik, die Kirche und Glauben hinderlich oder unnötig findet, hält er vor: „Er [der Weltbund] hat in dieser seiner Tätigkeit oft mehr Erfolg gehabt als die Politiker selbst – ein Beweis, daß auf dem Boden christlicher Verantwortung füreinander der Appell an Wahrheit und Gerechtigkeit sich als starke Potenz ausweisen kann – stärker als nationale Egoismen und eingewurzelte Voreingenommenheiten." In der Zeit von Nathan Soederblom [Vorsitzender des Weltbundes] zeigte das „große Kirchenkonzil" von Stockholm der Welt, dass es „eine weltweite Kirche [gab], Ost und West, Orthodoxe, Anglikanische, Altkatholische Christenheit vereint mit all den verzweigten Kirchenbildungen des Protestantismus. Nur die römisch-katholische Kirche stand abseits."[286] Allerdings bescherten weniger die großen Tagungen dem Weltbund Erfolge, sondern seine „Religionskonferenzen, in denen praktische Ausgleichsarbeit in Klärung nachbarschaftlicher Schwierigkeiten und Zwistigkeiten geleistet wurde."[287] Subtext sind Ansprüche des Deutschen Reiches auf Gebiete in anderen Ländern, die – vorgeblich zum Schutz deutscher Minderheiten – angemeldet wurden. Diestel zeigt, dass die Vielfalt von Menschen und Kirchen keineswegs die eine Nation bedrohen muss, weil Glaube sich inkulturiert. Kritisch fragt er, ob die „bunte Menge von Kirchen" imstande sei, „diesem Glauben einen bestimmten Ausdruck zu geben, so daß auch die neuen ‚Missionskirchen' in Asien und Afrika aus diesem Glaubensgehalt heraus eine volkstümliche Gestalt gewinnen konnten, nicht eine eu-

[286] Das ist ein Schmerz, wenn nicht Ärger, der Diestels Haltung zur römisch-katholischen Kirche lebenslang bestimmte.

[287] Hier deckt sich seine Einschätzung in bemerkenswerter Weise mit der von Dam, der in den Versuchen des Weltbundes, den durch die Neuaufteilung Europas neu entstandenen Minderheiten in den Staaten eine rechtliche Stellung und Geltung zu verschaffen, die wesentlichste Leistung des Weltbundes sieht.

ropäische oder amerikanische, sondern eine, die ihrer rassischen und bodenbedingten Eigenart gerecht wurde?" Wem das nach DC und ihrem „deutschen" Glauben klingt, darf nicht übersehen, dass es Diestel, anders als der DC, um Bewahrung der Botschaft geht. Er schlägt die DC eher mit ihren eigenen Argumenten, indem er eine inkulturierte, „völkische" Kirche bei Wahrung der Vielfalt entfaltet.
Diestel erzählt von der „ungemein regen Anteilnahme des kirchlichen Auslands an den Vorgängen in der Deutschen Evangelischen Kirche": „Mit angespanntester Aufmerksamkeit werden alle Einzelheiten auf dem Kräftefeld und seine Spannungen verfolgt und auf die Frage hin geprüft: Wie wirkt sich das alles aus auf das Verhältnis der Kirchen zu der Deutschen Evangelischen Kirche...?" „Man glaubt, daß das, was in Deutschland geschieht, Schule machen kann. So ist es zum Beispiel äußerst interessant, die Auseinandersetzung im kirchlichen Nord-Amerika, aber ebenso in Indien zu beobachten über die Frage des Zusammenschlusses der Kirchen innerhalb von staatlichen Machtsphären, der Aeußeren Mission innerhalb des Rassenproblems, der Innern Mission innerhalb der neuen wirtschaftlichen Lebensgestaltung, der kirchlichen Lehre aus der Tatsache einer aus der Zeitgeschichte geborenen Notlage heraus." Deutschland als Mutterland der Reformation habe eine besondere Bedeutung für die „nichtpäpstlichen Kirchenfamilien." Der Gegensatz zwischen „der farbigen und der weißen Rasse" werde „zu einer immer größeren Sorge". „Die Uebertragung der europäisch-amerikanischen Zivilisation auf die farbigen Rassen und ihre Kulturgebiete hat nicht nur alle die wirtschaftlichen nud (sic) sozialen Nöte, unter denen der europäisch-amerikanische Kulturkreis litt und leidet, auf weite... Gebiete verpflanzt, sondern hat eben auch die farbigen Rassen zum Wettbewerb mit der Mutter dieser neuen Zivilisation aufgerufen." „Es ist die Frage, ob die Ausdehnung der christlichen Kirche, die im letzten Jahrhundert vielfach Hand in Hand mit der Ausbreitung der europäisch-amerikanischen Zivilisation ging, in den kommenden Jahrzehnten ohne diese ‚Stützen' fortschreitet." „Denn wo die christlichen Kirchen ... rein ihrem Grundzwecke dienen, die frohe Botschaft von Jesus Christus zu verkündigen und eigenständige Gemeinden und Kirchen aufzubauen, ... da wird auch eine dauernde Brücke für die Verständigung zwischen Völkern und Rassen ... vorhanden sein."

Mit der Idee einer Völkerverständigung durch die christliche Botschaft formuliert Diestel Ziel und Hoffnung des Weltbundes. Nationale und ideologische Unterschiede erwiesen sich als mächtiger.[288] Deutschland wird gefragt und kann etwas beitragen: Richtet sich dieser Gedanke gegen die Propaganda, spielt Diestel auch „über die Bande" und schreibt weniger den Leserinnen und Lesern der „Pommerschen Tagespost" als den Machthabern und ihren Repräsentanten einiges ins Stammbuch. Das war seine Taktik in vielen Auseinandersetzungen. Deutschland ist nicht missachtet in der Welt und eigenständig handelnde Kirchen sind nicht gegen das Interesse des Staates gerichtet. Deutlich wird Diestels (welt-)weiter Blick:

> „Es kann uns auch nicht gleichgültig sein, was in den Ländern außerhalb des Deutschen Reiches in kirchlichen Dingen geschieht. ... Die geistigen Beziehungen über trennende Räume hinweg gehören in den Bereich der lebendigen Dynamik hinein, in dem auch das Leben der Kirchen und Volkstümer eingeschlossen ist. Diese Verbindungen sind schicksalsbestimmend."
> „Die Verheißung: ‚Die Pforten der Hölle sollen sie nicht überwältigen' ist nur der einen heiligen christlichen Kirche gegeben, und einer Einzelkirche nur dann, wenn sie mit der Gesamtkirche in einem Geist vereint ist."[289]

Er schließt:

> „Wir Deutschen sind heute gezwungen, ein weites Blickfeld zu suchen, obwohl wir auf uns selbst von einer mißtrauischen, verhetzten und verstimmten Zeit zurückgeworfen werden. Wir werden nicht bloß in Ländern, Reichen und Kontinente (sic), sondern im gesamten Erdkreis und nicht nur für die nächsten vier Jahre und Jahrhunderte, sondern in Ewigkeitsbegriffen kirchlich denken müssen. Das wird uns helfen, jeden nächsten Schritt sorgsam zu überlegen."

Wer Ohren hatte, konnte hören ...

Für Diestel ist der Blick über Grenzen wesentlich für Leben und Denken der Gemeinde – es geht nicht (nur) um Kirchendiplomatie oder den Versuch, auf ge-

---

[288] In unseren Tagen erweisen sich die ethischen Differenzen zwischen und innerhalb der Konfessionen ebenso als Spaltpilze für die Einheit der Christen wie seinerzeit nationale Unterschiede.

[289] Auch von diesem Grund-Satz aus muss man Diestels Ärger über die römisch-katholische Kirche verstehen.

sellschaftliche oder (welt-)politische Entwicklungen und Entscheidungen Einfluss zu nehmen: Der Weltbund ist auch für die Kirche(n) unersetzlich.
Das lässt der – wahrscheinlich letzte gedruckte – Text aus seiner Feder ahnen, eine Besprechung des Buches „Texte zur ökumenischen Bewegung" in der Theologischen Literaturzeitung.[290] Die ökumenischen Konferenzen hätten „Wegzeichen" hinterlassen:

> „Diese Wegzeichen erscheinen an den Kreuzungen bedeutender geopolitischer, kultureller und sozialer Gefahrenpunkte in der Umgestaltung, die unsere Welt in den letzten 50 Jahren über sich ergehen lassen mußte. Daß die Texte nicht genau in der zeitlichen Linie der Weltkirchenkonferenzen entnommen sind, soll nur andeuten, daß in der ökumenischen Bewegung die Ereignisse nicht rein nach menschlichem Ermessen sich aneinanderreihen; es sind andere Faktoren am Werke gewesen, die das kollektive Handeln der Kirchen ebenso bedingt haben wie ihre aus der Ewigkeit stammenden letztlichen Zielsetzungen."[291]

Es geht um eine geistliche Herausforderung, deren Ziele von Gott gegeben sind und die alle Christen angehen, weswegen er „dies Büchlein auch allen" empfiehlt, „die als Seelsorger und Prediger mit dem geistlichen Leben der Gemeinde verantwortlich zu tun haben."[292]

Diestels Bilanz ist dennoch ernüchternd:

> „Das Echo, das in den einzelnen Ländern und Kirchen die Verlautbarungen der einzelnen Konferenzen gefunden haben, war verschieden. Je näher Völker und Kirchen, Länder und Kontinente an den geopolitischen Gefahrenpunkten lagen oder gar sich in unmittelbarer Nähe der Welterschütterungszentren fühlten, desto ernster nahmen sie diese Verlautbarungen, die im Grunde von apokalyptischem Geist erfüllt sind. Aber wie der Alltagsmensch von den letzten Dingen nur ungern hört, so sind auch die Zeugnisse der großen Konferenzen vielfach verrauscht, wenn der Sturm vorüber war. Die ernste und bedeutsame Arbeit, die hinter diesen Konferen-

[290] Theol.LitZeitung 1949 Nr. 5, Sp.295f. – Das Buch wurde herausgegeben von Dr. Kurt Böhme, s. Literaturverzeichnis.
[291] Diestel, Theol.LitZeitung 1949 Nr. 5, Sp. 295.
[292] A.a.O. Sp. 296.

zen steckt, sowohl in ihrer Vorbereitung wie in ihrer Ausführung, wartet noch auf ihre breite Wirkung in den Gemeinden. Es genügt nicht, wenn eine Auswahl von Teilnehmern an der einen oder anderen Weltkonferenz von den erhaltenen Erfahrungen, seien sie freudiger oder schmerzlicher Art, hier und dort berichtet in Wort und Schrift."[293]

Mir scheint, dass wir bis heute im Blick auf die Ökumene wenig über Berichte „einer Auswahl der Teilnehmenden" hinausgekommen sind, die erfüllt sind von Erfahrungen, es aber selten schaffen, den Funken überspringen zu lassen. Auch heute bleiben eher die politischen Wirkungen jener Konferenzen und Verlautbarungen zu politischen Fragen in Erinnerung, gelegentlich auch die Unfähigkeit, zu einem gemeinsamen „Wort" zu finden. Wenig nur geht in die Praxis von Kirchen und Gemeinden ein.[294]

Diestel ging es aber noch um anderes: „Die Erweiterung und Vertiefung des geistlichen Lebens in der Christenheit, die Umschaltung des privaten Gebetslebens in die ökumenische Weite wird nur erfolgen können, wenn eine lebendige Berührung des ganzen matten und siechen Kirchenkörpers durch die heilende Hand des Herrn erfolgt ist."[295] Er nimmt die auf den privaten und/oder nationalen Raum begrenzten lutherischer Kirchen in den Blick und steht dem bloßen „Wiederaufbau" protestantischer Kirche in Deutschland nach dem Krieg skeptisch gegenüber. Die Erneuerung des Christenmenschen ist unerlässlich: Diestel denkt wie ein frommer Pietist, der die Veränderung von Welt und Kirche vom einzelnen Menschen aus erwartet; die Macht von Strukturen bleibt ungesehen. Im Gegensatz dazu werden heute manchmal die Auswirkungen von Strukturveränderungen überschätzt.

Diestel schöpfte aus der Begegnung mit Menschen aus unterschiedlichen Weltgegenden Kraft, den völkischen Parolen und nationalen Stimmungen im eigenen Land zu widerstehen.

---

293 A.a.O. Sp. 295f.

294 All das zeigt auch, dass sich manche hochgespannten Erwartungen an den ÖRK nicht erfüllt haben und er manche Probleme des „Weltbundes" ebenso hatte. – Übrigens scheitert die Weitergabe der Ergebnisse internationaler Versammlungen auch an der Provinzialität vieler Gemeinden, die ihre Probleme wichtiger finden, und an einem mancherorts nach wie vor vorhandenen Gefühl, dass die Reformation ein „deutsches Produkt" sei und im Grund nur deutsche oder europäische Theologie Wichtiges zu sagen habe.

295 A.a.O. Sp. 296.

Erstaunlich finde ich Diestels klaren Blick für die Probleme, die entstehen, wenn man das Evangelium mit westlichen Werten verbindet und eine Inkulturation der Botschaft verhindert.

Stören könnten man sich heute an dem immer wieder auftauchenden Begriff „Rasse“, der aber zu Diestels Zeiten zum Standardrepertoire der Wissenschaft gehörte.[296] Er redet in der Sprache seiner Zeit und ermöglicht den Leserinnen und Lesern der Zeitung einen eigenen Blick auf das Thema, wenn er ihn in einem kirchlichen Zusammenhang unter internationalem Blickwinkel aufnimmt: So ist Aufnahme wie Kritik des gängigen Rassedenkens zu finden.

„Daß über diese Konferenzen noch sehr viel mehr zu sagen wäre, als in ihren Verlautbarungen hörbar wird, und in ihnen sich mehr vollzog, als die Teilnehmer schwarz auf weiß nach Hause nahmen, braucht kaum erwähnt zu werden.“[297]

Seine Aufgabe erfüllen, ohne Grundsätze zu verraten, das Evangelium Menschen nahebringen, ohne seinen Inhalt aufzugeben – das war Max Diestels Lebensaufgabe. Immer wieder finden sich Schreiben mit dem Briefkopf „Weltbund“, möglicherweise fühlte sich der Superintendent freier, wenn er in anderer Rolle schreiben konnte.

Bemerkenswert finde ich, dass seine Frau ihn reisen ließ, obwohl sie in den 1930er Jahren weder wusste, ob man ihm erlauben würde, wieder heimzukommen, noch klar war, welche Folgen die Unbotmäßigkeit ihres Mannes haben könnte.[298]

---

[296] Was m.E. auch ein Grund dafür ist, dass die Rassenhetze der Nazis auf derartigen Widerhall stieß.

[297] Diestel, Theol.LitZeitung 1949, Nr. 5, Sp. 296.

[298] Immerhin nahm sie an der Konferenz in Chamby 1935 als Gast teil, Dam S. 423.

Abbildungen

Stolperstein für Friedrich Justus Perels, juristischer Berater des Pfarrernotbundes und der Bekennenden Kirche, nach 1936 Justiziar und Rechtsberater der BK der Altpreußischen Union. Seit 1940 in Kontakt mit Widerstandskreisen wurde er 1944 nach dem gescheiterten Attentat auf Hitler verhaftet, von Roland Freisler am Tag vor dessen Tod verurteilt und in der Nacht vom 22./23.4.1945 von einem Sonderkommando des Reichssicherheitshauptamtes ermordet.

Die Pauluskirche Lichterfelde, auf einer Verkehrsinsel des Hindenburgdammes

Tietzenweg 130, Sitz der Superintendentur Kölln-Land I zwischen 1925 und 1948 und Pfarrhaus Max Diestels, heute Teil des Oberlin-Seminars

Max und Else Diestel im Wintergarten des Hauses Tietzenweg

Else und Max Diestel, 1905/06 Verlobungs- oder Hochzeitsbild

Pfarrer der Paulusgemeinde, Dezember 1930, bei der Einweihung des Pauluszentrums, v.l.n.r.: Generalsuperintendent Haendler, Pfarrer Muhs, Max Diestel, Pfarrer Dr. Antonowitz, Pfarrer Lic. Grüneisen, Geheimrat Gievius (Kirchmeister), Pfarrer Peter Petersen, Pfarrer Lic. Koch, Pfarrer i.R. Siebert

Gudrun Diestel mit ihren Eltern,
Konfirmation 1943

Max Diestel, Abbildung in der Wochendzeitung „die Kirche“ zu seinem 75. Geburtstag 1947

Titelbild der Lebenserinnerungen von Meta Diestel, Max' jüngere Schwester, kgl. Württembergische Kammersängerin und in der Frauenarbeit der württembergischen und der bayerischen Landeskirche tätig

Fenster in der Pauluskirche Lichterfelde, Erinnerungen an Zerstörung und Wiedereinweihung der Pauluskirche 1944 bzw. 1954

Vor der Dorfkirche: Herr Cram, Else Dibelius, geb. Diestel, Pfarrer Gern, Max Diestel, Superintendent Tecklenburg, Dr. Hilde Diestel, 1947. Max Diestels Bart kann kaum die Verwundung verstecken, die er beim Schuss eines Soldaten im Pfarrhaus 1945 erlitten hat, bei dem seine Frau und ein Gast des Hauses ums Leben kamen.

Grab von Else und Max Diestel auf dem Dorffriedhof Paulus-Lichterfelde

Berlin-Lichterfelde

1. Lichterfelde

1925 zog Max Diestel wieder nach Berlin, um Pfarrer an der Pauluskirche Lichterfelde und Superintendent des Kirchenkreises Kölln-Land I zu werden. Wie es seiner Frau mit diesem Ortswechsel ging? Für ihn war die Stelle Anerkennung. Aus heutiger Sicht entscheiden die Jahre 1933-45 über Diestels Bild – alles vorher Geleistete konnte im Dunkel verschwinden. Es waren die schwierigsten Jahre seines Lebens, voller Auseinandersetzungen um den richtigen Weg und Suche nach einer kirchlichen Heimat. Auch in Hohenzollern hätte er Auseinandersetzungen gehabt[299], hätte der Zugriff des totalen Staates ihn erreicht, vermutlich aber hätte sich Diestel in der eher ländlichen Gegend mit übersichtlichen Gemeinden fern der Reichshauptstadt manche Schwierigkeiten erspart.
Nun war das Pfarrhaus am Tietzenweg 130 (damals noch Dahlemer Straße 87, „Eingang Wüllenweberweg“) Lebensmittelpunkt der Familie; wie Haus und Bewohner später durch die Bombenangriffe kommen, immer wieder Thema seiner Briefe. Mehr Komfort als das Pfarrhaus in Sigmaringen hatte es, eine Aufgabe war das Haus mit seinen Erkern und Türmchen ebenso – Else Diestels Briefe beschreiben sie.

2. Der Kirchenkreis Kölln-Land I

Ob dieser Kirchenkreis der größte[300] oder zweitgrößte der APU war, scheint wenig bedeutsam, es spricht für die gute Beurteilung Diestels, dass er – aus einem Kirchenkreis mit ca. 3.411 Evangelischen kommend[301] – mit diesem großen und „mit Abstand wohlhabendste[n]“[302] Kirchenkreis Berlins betraut wurde. Erst 1925, also vor oder zu Diestels Dienstantritt, wurde Lichterfelde als Sitz der

---

299 Über diese Jahre schreibt die Chronistin der Gemeinde in Sigmaringen: „Superintendent Hans Seeliger war Max Diestels Nachfolger und lavierte im Dritten Reich zwischen Zugeständnissen an und äußerst verhaltener Opposition gegen die Deutschen Christen.“ Gall, Mail an Vf. 22.11.1920.

300 Dibelius an Diestel, Schreiben vom 15.4.1948: „Sie haben diesen größten und bedeutendsten Kirchenkreis der gesamten altpreussischen Kirche mit Weitblick … geführt.“ – Bei der Frage nach der „Bedeutung“ des Kirchenkreises spielt sicher auch seine Rolle im Dritten Reich eine Rolle.

301 Gall, 1927 waren im Kirchenbezirk Sigmaringen 3411 Evangelische ansässig.

302 Gailus, Kreuzkirche S. 42.

Superintendentur gewählt (vorher Teltow) und ein Neuzuschnitt der Kirchenkreise in Teltow und Steglitz vorgenommen.
Der Kirchenkreis entspricht in Zuschnitt wie Namen den Verhältnissen vor der Gründung von Groß-Berlin, als alle seine Gemeinden noch nicht Teil von Berlin, also „Land“, waren. Nach 1920 umfasste er die südwestlichen Teile Groß-Berlins und einige Landkreise außerhalb.[303] „Die Zahl der … Gemeinden stieg zum Jahr 1924 auf 18 Pfarrsprengel mit ca. 36 Gemeinden und 332.000 Mitgliedern. Dies ist vor allem dem Wachstum Berlins geschuldet, was zur Ausgliederung von Filialgemeinden führte.“[304]
„Die Bevölkerungsverschiebung stellte an die Kirchengemeinden sehr starke Ansprüche. Ueberall wurden … die Gemeindeorganisationen ausgebaut, um das kirchliche Leben zu fördern, das mehr als in anderen Zeitläufen gerade jetzt in den Tagen des Parteikampfes, der ungeheuren Wirtschaftskonkurrenz, des Klassenhasses und der allgemeinen Not dazu berufen ist, Mittel- und Sammelpunkt der Gemeinde zu sein. Ja, das kirchliche Leben ist mehr als je gerade jetzt der Hüter und Wahrer der alle Parteien, alle Klassen vereinigenden, sie alle gleichermaßen angehenden geistigen und seelischen Momente.“[305] „Die Anstellung von Pfarrern hielt leider nicht überall Schritt mit der Bevölkerungsbewegung. So sind beispielsweise seelsorgerische Haus- und Krankenbesuche nur in ganz geringem Umfang möglich, wenn … ein Pfarrer 8, 10, 12 und 14.000 Seelen zu betreuen hat. Dabei wie überhaupt bei der kirchlichen Arbeit in der Jetztzeit muß vorausge-

---

303 Der Kirchenkreis wurde durch Teilung von Kölln Land 1886 gegründet und am 1.4.1948 aufgelöst und aufgeteilt in Wilmersdorf, Steglitz, Zehlendorf, Teltow (Heinsen S. 17). Er umfasste die Pfarreien Dahlem (3/11.000), Nikolassee (1/5.000), Paulus-Zehlendorf (6/50.000), Friedenau (3/3.300), Lichterfelde (10/53.000 mit Petrus, Paulus, Johannes), Steglitz (12/120.000 mit Markus, Matthäus, Lukas), Grunewald (2/8.000), Schmargendorf 2/24.212), Wilmersdorf (13/168.000 mit Auen, Hochmeister, Am Hohenzollernplatz, Linden), Blankenfelde (1/12.698 mit Glasow, Jühnsdorf, Rangsdorf, Mahlow), Diedersdorf (1/750), Gröben (1/748 mit Groß-Beuthen), Großbeeren (1/3.050 mit Kleinbeeren und Heinersdorf), Siethen (-/376), Stahnsdorf (1/16.300 mit Klein Machnow, Ruhlsdorf, Sputendorf), Teltow (1/10.000), Ev. Diakonissenhaus Teltow – Zahlen: Pfarrstelle/ Gemeindeglieder, Stenzel, in: Schuppan, Verfälschung … S. 334.

304 Kirchenkreis Kölln-Land I, nach wikipedia 25.6.1921.

305 Hans Aubert im Zeitungsartikel vom 19.7.1931 – Er bedankt sich im Vorwort „für die freundliche Unterstützung bei der Zusammenstellung des Materials“ bei Max Diestel; man darf annehmen, dass dieser so auch Wünsche für bessere Ausstattung bei seiner Kirchenleitung angemeldet hat.

setzt werden, daß die Pfarrer Unterstützung erhalten durch geschulte Pfarrgehilfinnen, Jugend- und andere freiwillige Helfer. Ebenso nötig ist die Einstellung von Jugendpfarrern ..., die Einrichtung von Wohlfahrtsämtern und die Mitwirkung kirchlicher Vereine, um die der Kirche heute zufallenden Aufgaben bewältigen zu können."[306]

Berlins rasantes Wachstum begann schon vor 1920. Das Konzept kirchlicher Arbeit aber blieb lange im 19. Jahrhundert stecken, wohl auch, weil man sich nahe am Kaiser und damit nahe den bestimmenden Mächten der Gesellschaft wusste. „Kirche" dachte in „Komm-Strukturen," erwartete, dass die Menschen zur Kirche kommen.[307] Nach dem Ende des Kaiserreiches und der Gründung von Groß-Berlin wird deutlich, dass „Kirche" auf die Menschen zugehen muss. Dafür braucht sie Räume und Angebote. Ein Kirchenbauprogramm begann schon im 19. Jahrhundert,[308] der Bau von Gemeindehäusern folgte im 20. Jahrhundert. In den Auseinandersetzungen des Kirchenkampfes sollten sich diese Räume als Alternative zu einer evtl. von den DC beanspruchten Kirche erweisen. Zugleich spielt sich kirchliche Arbeit nicht mehr nur im Kirchenraum ab.

Man ahnt, welche Aufgaben – zugleich welche Gestaltungsmöglichkeiten – sich für einen Superintendenten dahinter verbergen. Sie kamen Diestels wachem Blick für gesellschaftliche Veränderungen entgegen, die in seinen Beobachtungen zur Rolle von Frauen und deren Bedeutung für Ehe und Familie erkennbar sind. So setzte sich Diestel für einen „Kreissiedlungspfarrer" in Teltow ein, da die örtlichen Pfarreien die durch die Siedlungen zusätzlich Zuziehenden kirchlich nicht versorgen könnten.[309]

Aubert berichtet auch über Arbeitsfelder, die heute als „Diakonie" bezeichnet werden. Sie ist nicht mehr – wie im 19. Jahrhundert – Anliegen selbständiger Vereine, sondern als Aufgabe von Kirche erkannt, jedenfalls in Berlin: „Zur kirch-

---

306 Aubert a.a.O.

307 Die DC kritisierte ständig, die Kirche habe die Männer und die Jugend verloren. Den DC nahe standen eher jüngere Pfarrer, die eine veraltete Kirche kritisierten. In dieser Analyse waren sie mit vielen Bekenntnispfarrern nicht uneinig; die Differenz entstand an der vorgeschlagenen Therapie: Die DC wollten eine Annäherung von Kirche an die völkischen Ideen der Nationalsozialisten, so dass man am Ende weniger Menschen für die Kirche als Kirche für die Nationalsozialisten gewinnen würde.

308 Kaiserin Auguste Victoria ließ in Berlin ca. 70 Kirchen bauen.

309 Siehe kirche-Teltow.ekbo.de, Geschichte, Anstellung eines „Kreispfarrers für Siedlungen"; ob dies die einzige derartige Pfarrstelle war (so „KK Kölln-Land I", wikipedia), habe ich nicht untersucht.

lichen Arbeit gehören heute auch die Arbeitslosenfürsorge, Einrichtung und Unterhaltung von Mittelstandsküchen, Erholungsfürsorge, Einrichtung von Mütterschulen, Eheberatungsstellen, Gefährdetenfürsorge, Jugendfürsorge und soziale Gerichtshilfe."[310] Diestels Gemeindebriefe nach dem Krieg erwähnen die (schnell wieder aufgebaute) Suppenküche, die durch Freiwillige (damals) mühsam am Laufen gehalten wird.

In einem heute kaum vorstellbaren Maß waren die Gemeinden, die ihre Zeit und den Weimarer Staat oft als „entchristlicht" wahrnahmen, Teil der Gesellschaft.[311] Das erklärt auch, warum die Nationalsozialisten Kirche nicht ignorien konnten, wenn sie die Volksgemeinschaft unter Leitung von Partei und Führer formen wollten. „Hier und dort fehlt es auch nicht an einem Spielplatz, so am Paulusgemeindehaus in Lichterfelde." Ein notwendiger Ergänzungsraum zur Kirche sei der Gemeindesaal, häufig mit einer Kinoeinrichtung und einer Bühne ausgestattet.[312] Die Auslastung sei so groß, dass sie schon wieder zu klein zu werden drohen, was ihren Sinn zeige, der von manchen bezweifelt werde. Aubert berichtet über Kirchenbauten und deren Ausstattung, die Erweiterung und Ergänzung der alten Dorfkirchen sind: Man spürt Gesellschaft im Umbruch und staunt, was evangelische Kirche nach dem Ersten Weltkrieg alles unternahm. „Am Schluß unserer Betrachtungen können wir also feststellen: Das kirchliche Leben im Westen Berlins ist ein sehr reges. Die kirchlichen Körperschaften haben die gerade in dieser schweren Zeit der Kirche zufallenden Aufgaben rechtzeitig erkannt und

---

310 Aubert a.a.O., der damit auch den Bau von Gemeinderäumen und -häusern begründet sieht. Er zählt auf: Wilmersdorf, Lichterfelde, Zehlendorf, Nikolassee, Dahlem, Steglitz, Grunewald; in Schmargendorf „Räume unter der Kreuzkirche" … „Die Gemeindehäuser enthalten Räume für Sitzungen, das kirchliche Gemeindeamt, Unterrichtsräume für Konfirmanden, Diakonissenstationen für Hauskrankenpflege, Ausgabestellen für Volksspeisungen, manchmal auch für die Altersversorgung. Vor allen Dingen bedarf die Jugend bei der drohenden Auflösung der Familie einer Heimstätte: So sind in den Gemeindehäusern Räume für Kinderheime, Kinderhorte, für Schulkinder und die schulentlassene Jugend mit ihren Vereinen, für Bibelkreise usw. zur Verfügung gestellt worden."

311 Sie waren nach 1918 nur nicht mehr „oben" beim Summus Episcopus angebunden und nahmen – teilweise zum ersten Mal – die Stimmung in der Gesellschaft wirklich wahr.

312 Aubert, a.a.O. – Bis heute kann man am Hindenburgdamm, etwas verblasst, die Werbung für das Kino „Gloriapalast" sehen, das im Pauluszentrum eingebaut war; Ältere der Gemeinde erinnern sich an Stunden, die sie da zubrachten. Nach dem Zweiten Weltkrieg, die Pauluskirche war zerstört, wurde der Kinosaal auch für Konfirmationen verwendet; heute ist er der größte Gemeinderaum.

sind bemüht, … die soziale Not unserer Tage lindern zu helfen."[313] Dabei meint „kirchliches Leben" die Aktivitäten der Kirche. Wie deren Ansehen und die Nachfrage vor allem in den östlichen Teilen Berlins mit seinen Arbeitervierteln war, ist eine andere Frage.

3. Steglitz-Lichterfelde

Steglitz-Lichterfelde und Zehlendorf waren klassisch bürgerliche Gebiete, Lichterfelde war schon im 19. Jahrhundert von Militär geprägt, was sich bis heute in Straßennamen spiegelt.[314] In der Finckensteinallee lag die „Hauptkadettenanstalt", es gab Wohnungen für Offiziere und ihre Familien. Neben Villengebieten finden sich Siedlungen und Mietquartiere; in der Zehlendorfer Waldhaussiedlung wohnten Intellektuelle, Facharbeiter und Gewerkschaftsfunktionäre, die eine veränderte politische Stimmung mit sich brachten – von den Alteingesessenen nicht immer mit Wohlwollen gesehen.

Traditionell war die Gegend konservativ-bürgerlich. Die Schloßstraße und die Albrechtstraße in Steglitz aber waren deutlich mit Berlin verbunden; in Gegenden weniger Wohlhabender fanden sich Anhänger der Kommunisten. Die SPD hatte in Steglitz die größte Abteilung in Berlin (1.200 Mitglieder).[315]

Aber auch hier änderten sich schon vor 1933 die Mehrheiten: 1927 kam es am Bahnhof Lichterfelde Ost zu einem Überfall von 600 SA-Leuten auf 23 kommunistische Arbeiter.[316] 1930-32 überstiegen die Wahlergebnisse der NSDAP in diesen Gebieten jeweils die von Berlin insgesamt; Steglitz war stadtweit „Spitzenreiter".

Um diese Wahlergebnisse zu verstehen, muss man sehen, dass auch die Deutsch-Nationale-Volkspartei (DNVP) und die Deutsche Volkspartei (DVP) hier viele Wählerinnen und Wähler hatten, während in Dahlem eher Liberale wohnten. Nimmt man die konservativen Stimmen zusammen, wählten gegen Ende der Weimarer Republik hier mehr als die Hälfte der Menschen Parteien aus dem rechten Spektrum, die sich in der Ablehnung dieser Republik einig waren. Das Adress-

---

313 A.a.O.

314 Der Kadettenweg und die Kommandantenstraße kreuzen die heutige „Ringstraße" – in der Gegend finden sich auch viele nach berühmten Militärs benannte Straßen.

315 Sandvoß, Widerstand S. 7.

316 A.a.O. S. 7.

buch von Groß-Berlin weist für diese Stadtteile ungewöhnlich viele Hausangestellte aus.
Kurz gesagt: Hier lebte eine Bevölkerungsschicht, die in der Weltwirtschaftskrise manches zu verlieren hatte, die den Verlust der Monarchie sowie die Niederlage des Krieges und den Versailler Vertrag kritisch sah und darin eigene Verluste fand. Die Wahlergebnisse der NSDAP und anderer rechter Parteien rekrutierten sich deshalb weniger aus den Stimmen der „kleinen Leute“, sondern aus dem seinen Bedeutungsverlust betrauernden bzw. befürchtenden Bürgertum.
Die Hochburg der NSDAP war im Steglitzer Ortskern um die Albrecht- und die Schloßstraße. Die Verlustängste von Bürgern wurden von der NSDAP bewusst geschürt,[317] so dass Lockerungen der Bestimmungen von Versailles und die allmähliche Wiederaufnahme Deutschlands in den Kreis der Staaten, wie sie z. B. Heinrich Brüning[318] in seinen Memoiren aufzeigt und wie sie in den Verhandlungen des „Weltbundes“ in jenen Jahren spürbar wurden, nicht wahrgenommen wurden. Hass und Feindschaft wichen langsam einem Gespräch über Grund und Art des Weltkrieges. Das zarte Pflänzchen wurde von denen niedergetreten, die ihren Erfolg darin sahen, gegen „die anderen“ nationalen Stolz zu entwickeln, und zu ihrem Programm machten, die „Schmach von Versailles“ zu rächen.[319]
Max Diestel kam in eine Gegend und Zeit des Umbruches. Er fand Menschen vor, die seine eher konservativen Ansichten teilten und die Parteien auf der linken wie der rechten Seite des politischen Spektrums, die Kirche wie Staat umkrempeln, die Ehre Deutschlands wieder herstellen und – vor allem – alles ihrer Kontrolle unterwerfen wollten.
Kirchlich zeichnete sich der Bezirk später als Hauptgebiet der kirchlichen Opposition und der BK in Berlin aus. Das Ergebnis der – von nationalsozialistischer Seite stark beeinflussten – Kirchenwahlen ergab in den meisten Gemeinden zwar eine Mehrheit für die DC – ausgenommen in Dahlem.[320] „Hort der Opposition“ konnte das Gebiet aber trotzdem sein, weil sich durch die Mehrheit der BK-

---

317 Und gleichzeitig den Arbeitern eher „sozialistische“ Versprechungen gemacht. Kurz: Man redete den Menschen nach dem Mund und versprach allen alles – Sandvoß, Widerstand S. 10.
318 Reichskanzler von März 1930 bis Mai 1932, vgl. Heinrich Brüning, Memoiren 1918-1934.
319 Und leider waren sich Nationalsozialisten und Kommunisten einig in der Ablehnung von „Weimar“, so dass leider auch die Parteien des linken Spektrums dazu beigetragen haben, dass die Menschen keine positive Beziehung zur neuen Republik entwickeln konnten.
320 Gailus, Kreuzkirche, nennt Dahlem (DC 42%), Nikolassee (46%) und Nikolai-Gemeinde (Mitte) (49,9%).

Pfarrer Mehrheiten der BK in den Gemeindekirchenräten der Großgemeinden ergaben. Dadurch verloren die DC-Vertreter die Mehrheiten, die sie für Beschlüsse über Haushalt oder Wahlen brauchten. Umgekehrt konnten die Vertreter der BK durch Blockade und Auszug aus dem Gemeindekirchenrat diesen handlungsunfähig machen.

4. Eine Vikarin

Von 1931-32 war Maria Vetter Vikarin bei Max Diestel; später scheint sie immer wieder im Haus Tietzenweg aufgetaucht zu sein, wie sich Gudrun Diestel (Jahrgang 1929) erinnert. „Sie war nicht hochgestochen …, sondern ging einfach liebevoll mit mir um. Und ich hatte nur größere Geschwister, und meine Mutter war sehr beschäftigt, weil das ja damals schon der Beginn vom Kirchenkampf war … Ich habe erst später realisiert, wie aufregend diese Zeit auch für meine Mutter war, wenn sie nicht wusste, ob ihr Mann, wenn er am Alex war, wieder nach Hause zurückkehren … würde.“[321] Nach ihrem Zweiten Examen 1934 arbeitete sie in der Krankenhausseelsorge und wurde in der BK „eingesegnet“. Nach ihrer Heirat hieß sie Behrendts[322] und musste ihren Dienst beenden, wie viele Frauen anderer Berufe im Staatsdienst.[323] Ordiniert wurde die erste Frau in der BK 1943 in einer Einzelaktion von Kurt Scharf. Niemöller und Dibelius schrieben 1937[324]: Die „Frau nach dem Willen Gottes“ sei die, die „Kinder gebäre und dann auch ordentlich erziehen würde“.[325] Solche Bemerkungen – nahe am Frauenbild der Nationalsozialisten – zeigen, dass die BK in dieser Frage durchaus nicht Avantgarde

321 Interview mit Gudrun Diestel – Gudrun war damals 2 bzw. 3 Jahre alt. Am Alexanderplatz war das Polizeipräsidium.

322 Siehe Lexikon früher evangelischer Theologinnen – Biographische Skizzen, 2005, S. 34.

323 „In Artikel 128 II der Weimarer Reichsverfassung 1919 wurde der Lehrerinnenzölibat auf Antrag der SPD mit Zustimmung von DDP, DVP und USPD abgeschafft: ‚Alle Ausnahmebestimmungen gegen weibliche Beamte werden beseitigt.‘ Doch schon im Oktober 1923 wurde er aus arbeitsmarktpolitischen Gründen wieder eingeführt: Die Personalabbauverordnung erlaubte die Entlassung verheirateter Beamtinnen, um in wirtschaftlich schwierigen Zeiten Stellen für Männer zu sichern. Unverheiratete Lehrerinnen mussten eine ‚Ledigensteuer‘ – einen zehnprozentigen Lohnsteueraufschlag – bezahlen. Da sie auch weniger verdienten als gleichrangige männliche Lehrer, konnte eine Heirat schon aus finanziellen Gründen eventuell als erstrebenswert erscheinen.“ Wikipedia „Lehrerinnenzölibat“. Im Dritten Reich galt es – dem staatlichen Frauenideal entsprechend – wieder, auch in der Bundesrepublik. In vielen Landeskirchen gab es diese Bestimmung auch nach Einführung der Frauenordination noch lange.

324 Niemöller/Dibelius, „Wir rufen Deutschland zu Gott“, Berlin 1937, so Gailus/Vollnhals S. 7

325 Gailus/Vollnhals, Mit Herz und Verstand, Einführung S. 7.

war, ja, dass ihre leitenden Männer den Beitrag der Frauen zur BK nicht einmal wahrnahmen.[326] Im Herbst 1943 beschloss die BK die Frauenordination – wohl auch unter dem Eindruck der Pfarrfrauen, die die Gemeinden ihrer eingezogenen Männer leiteten; die Zölibatsklausel blieb aber noch lange in Kraft.
Diestel hatte noch mehrere Vikarinnen[327] und zeigt als Mentor bemerkenswerte Offenheit gegenüber Frauen im (Pfarr-)Amt. Theologisch hatte er keine Einwände dagegen, schon damals aber zeigt sich bei den Frauen ein anderes Verständnis von Beruf und Privatleben, das Diestel irritierte.
Er schreibt an Gudrun:

Die Vikarinnen

> „haben auch nicht so das männliche Pflichtgefühl. Eine meiner Vikarinnen ‚musste' nach Potsdam ziehen, zu ihrer Freundin, weil diese ohne sie nicht auskommen ‚konnte'. Sie versäumte dadurch viel Arbeitszeit, entzog sich aber der Kontrolle und verschwand plötzlich ohne Abschied im März 45 gen Westen – zu ihren Eltern. Immer wieder hatte sie Urlaub nötig, weil ihr kranker Vater sie nicht entbehren konnte, obwohl da noch eine andere Tochter da war, mit der er sich aber nicht so gutstand. Bis heute hatte ich von der Dame noch keine Zeile! Aber gehört habe ich, dass sie sich mit einem jungen (!) Theologen verlobt habe. So hätte ein Vikar nie handeln können + dürfen, man hätte ihn sonst an die Luft gesetzt. Dabei hatte diese Dame immer einen großen Mund, wenn es um die Rechte der Vikarinnen ging."

Der Briefausschnitt zeigt ein Problem, das die theologische Beurteilung der Frage nach dem Pfarr-Amt der Frau immer wieder beeinflusste: Die Vereinbarkeit von Familie und einem Beruf ohne feste Arbeitszeiten. Pfarrer wie Diestel waren verheiratet und ihre Frauen selbstverständlich in den Dienst so einbezogen, dass sie alle Störungen vom Ehemann fernzuhalten hatten, damit dieser sich seinem Beruf widmen konnte. Diese Verteilung deckte sich mit den Rollenbildern von Mann und Frau und wurde schon damals von Frauen im Pfarramt in Frage gestellt.
Seine anderen Bedenken betreffen den „Intellektualismus" – „frisch" und „lebensnah" soll eine Theologin sein –, das erwartete er aber auch von Pfarrern. In

[326] Dass die BK weitgehend mit den Namen von Männern verbunden ist, liegt an deren führender Stellung; wie wichtig Frauen in der BK aber waren, wird noch zu erörtern sein.
[327] Max an Gudrun Diestel, 1.4.1946, „Eine meiner Vikarinnen"; daraus auch das folgende Zitat.

einem „Märchen“ beschreibt er es so: Ein junger Mann wünscht sich „Gedanken“, mit denen er ein perfektes Gebäude errichten kann. Mit Hilfe „eines anderen“ gelingt ihm eine vollendete Kugelform – nur: Als „der andere“ das Dach aufsetzt, ist er in seinem Bau gefangen. In diesem Sinn meint „Intellektualismus“ die gedankliche Perfektion, die ihre Erfinder in ein (Gedanken-)Gebäude einsperrt und von Menschen abschneidet.[328]
1948 schreibt er – nicht ohne Ironie – an Frau Oldach, eine Leitende der Frauenhilfe in Lichterfelde, über ein Vikarinnengesetz der württembergischen Landeskirche:

> „Die württembergische Landeskirchenvertretung hat ein Vikarinnengesetz herausgebracht, das wohl unsere Berlinerinnen nicht ganz befriedigen würde, man fühlt das mit geistigen Kräften gesättigte Land heraus. Der geistliche Mangel ist aber in der Ostzone viel größer und dürfte sich noch viel mehr nach weiblicher Hilfe umsehen.“[329]

Hier wird vom Bedarf her argumentiert, biblisch-theologische Einwände gar nicht erst erwähnt.[330] Den Wandel des Pfarrerbildes – ausgelöst von Frauen – hätte er schwer verstanden.

---

[328] Max Diestel, vermutlich 1906 „Die vollendete Kugel“; man mag bei dem Bild an Leibnitz‘ Monaden denken.

[329] Max Diestel im November 1948 aus Stuttgart-Degerloch an Frau Oldach.

[330] Vor 1943 wurden Frauen nur „eingesegnet“ und trugen keinen Talar. Allerdings kann sich die EKBO heute auf die erste Ordination von zwei Theologinnen berufen, die Kurt Scharf am 12.1.1943 – aus Eigeninitiative – vornahm. Im Herbst 1943 erlaubte die BK die Frauenordination generell. Die „Zölibatsklausel“, nach der Frauen mit der Heirat ihr Amt aufgeben mussten, fiel erst 1974. – „Um 1942 (genau erinnere ich mich nicht) nahm mein Vater mich dann mit auf ein Dorf in seinem Bezirk, wo er eine Pastorin/Pfarrerin eingeführt hat, weil der Pfarrstelleninhaber Soldat war. Er gehörte auch zur BK, und nun übernahm eine vollausgebildete Theologin die Gemeinde, natürlich nicht die Pfarrstelle, die für den Kriegsteilnehmer offengehalten werden musste. Aber sie arbeitete praktisch als Pfarrerin. In der BK waren die Pfarrstellen sowieso nur teilweise legal, teilweise aber saßen die Pfarrer auf sog. ‚illegalen Stellen‘. Von außen gesehen kam es also nicht so drauf an, ob das erlaubt war oder nicht – anders als für die Gemeinde. Mein Vater führte diese Frau also in den pfarramtlichen Dienst auf einem Dorf in der Mark Brandenburg in seinem Kirchenbezirk ein. Da sah ich im Alter von 13/14 Jahren, dass eine Frau in einer Gemeinde voll Pfarrer sein kann.“ Interview mit Gudrun Diestel, 31.8.2018.

5. Der Gemeindepfarrer Max Diestel

Die Frage nach der Rolle des Superintendenten Diestel in den dreißiger Jahren darf nicht verdecken, dass er auch Gemeindepfarrer an der Pauluskirche Lichterfelde war. Das bedeutet Gemeindearbeit, Gottesdienste, Besuche, Konfirmandenunterricht, Taufen usw. Wenn Vorgänge in der Gemeinde den Machthabern nicht gefielen, war er als Pfarrer der Gemeinde wie als Superintendent angesprochen. Ein solches Pfarrmodell funktioniert nur mit einer Pfarrfrau, die ansprechbar ist – manche Menschen wenden sich lieber an sie als an den „hohen" Superintendenten. So berichtet Gudrun Diestel, dass die „Mischehenschwester" ihre Anliegen gern ihrer Mutter erzählt habe.[331] Freilich muss man auch bedenken, dass er den (zweit-)größten Kirchenkreis der APU leitete – heute würde keine Gemeindearbeit daneben erwartet.

Wichtig war ihm die theologische Bildung: Es gab monatlich Nachmittage, in denen für Gemeindemitglieder theologische Fragen besprochen wurden.[332] Dazu hatte er eine Theologische Studiengemeinschaft, deren Teilnehmer vermutlich Pfarrer, evtl. aber auch theologisch interessierte Laien waren. Wie „hochkarätig" die war, mag man daran sehen, dass Max Planck zu einem Referat eingeladen wurde, was dieser allerdings mit wohlgewogenen Worten ablehnte:

> „Hochverehrter Herr Superintendent!
> Nehmen Sie meinen aufrichtigen und herzlichen Dank für Ihren so liebenswürdigen Brief. Ich brauche Ihnen kaum zu versichern, daß mich alle Ihre Ausführungen überaus sympathisch berühren, und daß ich mich, nicht nur als Mitglied Ihrer Kreiskirchengemeinde, sondern als gleichgesinnter Wahrheitsfuehrer mit Ihnen in vielen Punkten, die Sie berühren, eng verbunden fühle. Als ein Zeichen dafür, wie sehr mich die Probleme beschäftigen, derer Sie in Ihrem Brief gedenken, füge ich hier ein Verzeichnis der von der Kaiser-Wilhelm-Gesellschaft in diesem Winter abzuhaltenden Vorträge bei – gleichzeitig als Einladung gedacht –, aus dem Sie ersehen wollen, daß ich am 6. März über ein Thema zu sprechen gedenke, welches gerade die von Ihnen erwähnten Fragen betrifft, und mit dessen Bearbeitung ich gegenwärtig beschäftigt bin. …

---

[331] Gespräch mit Gudrun Diestel am 8.12.2020; sie wusste nicht mehr, zu welchem Mutterhaus diese Schwester gehörte.

[332] So Gudrun Diestel, s.o. – Für Pfarrer unterhielt Diestel eine theologische Arbeitsgemeinschaft.

Als Naturforscher und Mathematiker bin ich gewohnt, jeden Gedanken der ständigen Kritik zu unterwerfen, jedes Wort bei seiner Formulierung aufs genaueste zu kontrollieren, jeden Satz vor seiner endgültigen Fassung zehnmal hin und her zu wenden. Das sichert zwar eine gewisse Sicherheit der schließlich gewonnenen Resultate, bedingt aber auch eine gewisse Schwerfälligkeit und Unbeholfenheit des Ausdrucks. Daher ist mir die Gabe der schnellen Beweglichkeit in freier Rede lange nicht in dem Maße verliehen, wie ich sie oft bei Ansprachen gerade von Geistlichen bewundere und wie sie jedenfalls bei einem Vortrag in Ihrer Theologischen Studiengemeinschaft erstes Erfordernis ist.

Meine Hoffnung ist daher, daß Sie es mir nicht verargen werden, wenn ich mich aus diesen verschiedenen Gründen außer Stande fühle, Ihrer freundlichen … Anregung Folge zu leisten …

Mit verbindlichen Grüßen Ihr aufrichtig ergebener M. Planck"[333]

Wenn ein Gefängnis zum Gemeindebereich gehört, in diesem Fall in der nahe gelegenen Söhtstrasse, war auch dieses den Pfarrern der Gemeinde anvertraut bzw. überlassen. Über seine Arbeit dort[334] hielt Max Diestel einen Vortrag, der einen Einblick in Diestels Denken ermöglicht. Der „Vorwärts" berichtet:

„**Als Seelsorger unter Gefangenen.** In einer Abendveranstaltung der Comenius-Gesellschaft für Geisteskultur und Volksbildung sprach am Dienstag im Zentralinstitut für Erziehung und Unterricht Oberpfarrer Pastor Diestel aus seinem Leben als Anstaltsgeistlicher. Gerade das Seelenleben der Häftlinge ist es, auf das der in den Gefängnissen tätige Geistliche zu achten hat. Die Untersuchungsgefangenen, durch die Verhaftung plötzlich aus ihrer Arbeit und ihrem Leben herausgerissen, gebärden sich nach ihrer Einlieferung oft geradezu verzweifelt. Der Selbstmord ist ihnen nahe. Da ist der Zuspruch des Geistlichen heilsam und vonnöten. Groß ist das Mißtrauen vieler Gefangenen gegen die eigenen Angehörigen, von denen sie sich hintergangen und verlassen fühlen. Die politischen Gefangenen beiderlei Geschlechts findet man gemeinhin sehr aufgeschlossen; geistiger Anregung sind sie sehr zugänglich. Zum Schlusse gab der Vortragende

333 Max Planck an Max Diestel, 16.12.1934.

334 Wir wissen nicht, ob er entsprechende Erfahrungen auch auf einer seiner früheren Stellen sammeln konnte.

ernste und heitere Begebnisse aus seinem jahrzehntelangen Amt zum besten."[335]

Die Fähigkeit Diestels, Menschen in ähnlicher Lage in ihrer unterschiedlichen Befindlichkeit wahrzunehmen, scheint ebenso auf wie seine Gabe, das Verhalten von Menschen nicht einfach ihrem Charakter, sondern auch den Umständen und der gesellschaftlichen Umgebung zuzuschreiben. Da gibt es keine „geborenen" Kriminellen – ein Schutz vor den einfachen Zuschreibungen der Rasse- und Vererbungstheorien, die im Dritten Reich eine verhängnisvolle Rolle spielten. Auch, dass er zwischen Gefangenen differenzierte und nicht einfach alle als „Gefallene", „Sünder" oder „Verbrecher" bezeichnete, scheint mir bemerkenswert, ebenso sein eher positiver Blick auf die „Politischen", die in der übrigen Gesellschaft manchmal schlechter angesehen sind als ein „anständiger" (gewöhnlicher) Krimineller.

6. Dietrich Bonhoeffer

Max Diestel als „Entdecker Bonhoeffers" zu bezeichnen, wie Schlingensiepen in seiner Bonhoeffer-Biographie[336], scheint kühn. Bonhoeffer mit seiner auffallenden Begabung, aus dem besten Berliner Bürgertum stammend, wäre kaum unentdeckt geblieben. Sicher aber ist auch, dass Diestel Bonhoffers Leben Wendungen gab, die dessen theologisches Denken wesentlich mitbestimmten. Bonhoeffer schreibt Diestel zu seinem 70. Geburtstag:

> „Es ist mir bewußt, daß ich Ihnen die entscheidenden Anstöße in meinem äußeren, beruflichen und persönlichen Leben verdanke. Sie werden über dieses starke Wort sicher überrascht sein, bitte halten Sie es nicht für Geburtstagsplerophorie!"[337]

---

[335] Zeitungsausschnitt Vorwärts, 27.1.1926, Hervorhebungen i.O. Personalakte Diestel. – Nachdem ich auf einen Oberpfarrer Ernst Gottlieb Gustav Diestel (* 1859, Hamburg, † 1936, Berlin) gestoßen bin (in: Gailus, Mit Herz und Verstand S. 217), der Pfarrer in Grunewald und später im Untersuchungsgefängnis Moabit war (wikipedia, Ernst Diestel), bin ich nicht sicher, ob hier wirklich Max Diestel gemeint ist, obwohl die Quelle im Personalakt Diestel zu finden ist; leider nennt der „Vorwärts" keinen Vornamen. – Ob beide verwandt waren, konnte Gudrun Diestel nicht sagen.

[336] Schlingensiepen: „Man sagt nicht zu viel, wenn man ihn den Entdecker Bonhoeffers nennt; denn er hat als erster überlegt, wie man ihn fördern könnte." S. 52.

[337] Bonhoeffer, Brief v. 5.11.1942, GS VI 578.

„Anstöße“ gibt Diestel, um Bonhoeffer Kontakt mit der Gemeindewirklichkeit und einer ihm fremden gesellschaftlichen Schicht zu verschaffen und eine „nur“ akademische Karriere zu verhindern.[338] Ohne Gemeindeerfahrung hätte er später kaum Theologen für den Gemeindedienst ausbilden können. Dazu vermittelt Diestel ihm Kontakte ins Ausland.
Natürlich weiß niemand, wie sich Bonhoeffers Denken im Blick auf Staat, Krieg oder Kirche in der Welt entwickelt hätte ohne Auslandserfahrungen, den Weltbund und durch Bekanntschaft mit Menschen anderer Herkunft; tatsächlich schreibt Bonhoeffer selbst ihnen entscheidende Bedeutung zu: „Ich habe mich, glaube ich, nie sehr geändert, höchstens in der Zeit meiner ersten Auslandseindrücke“.[339] 1936 stellt er fest: „Der christliche Pazifismus, den ich noch kurz vorher leidenschaftlich bekämpft hatte, ging mir auf einmal als Selbstverständlichkeit auf.“[340]

> „Vermutlich sind Ihnen [Ihre] ‚Eingriffe‘ in mein Leben längst entschwunden; denn bei der Fülle Ihrer Arbeit waren das alles ja ganz geringe Nebendinge; für mich waren sie grundlegend für mein ganzes Leben und meine Lebensgestaltung. Später durfte ich mehrfach auf ökumenischen Konferenzen mit Ihnen zusammen sein; ich habe dabei gerade Ihre Art, zu sprechen und sich zu bewegen, die ganze Verantwortung der deutschen Kirche gegenüber den anderen Kirchen kennen und verstehen gelernt.“[341]

„Der zuständige Superintendent Diestel steuerte seinen kirchlichen Ausbildungsweg so, daß an bürokratischen Klippen kein Unglück geschah“[342], beschreibt Eberhard Bethge Diestels Bedeutung für Bonhoeffer. Auch ein begabter Kandidat wie Bonhoeffer muss es mit kirchlichen Regelungen nicht leichter haben als andere.
Selbst Diestel konnte nicht erreichen, dass Bonhoeffer vor seiner Zeit in den USA ordiniert wurde – er hatte das dafür nötige Mindestalter von 25 Jahren noch nicht erreicht. Vermutlich entschieden darüber Juristen, die in jeder Ausnahme einen

---

338 Auch TheologInnen in Hochschulen tut es gut, wenn sie Gemeinde vor Ort kennengelernt und erfahren haben …

339 Bonhoeffer 1944 aus dem Gefängnis in Tegel, zitiert nach Dam S. 279.

340 Brief von 1936, zitiert nach Dam S. 278.

341 Zitiert nach Schlingensiepen S. 53.

342 Bethge S. 177.

Präzedenzfall fürchteten, aus dem andere gleiche oder weitere Rechte ableiten und die „gute Ordnung" durcheinanderbringen konnten.
Bei Bonhoeffers Examen hatte Diestel eine von der Beurteilung der Fachprüfer abweichende Meinung über dessen pädagogische Fähigkeiten. Durchsetzen konnte er sich nicht, immerhin ist sein Eindruck festgehalten. Vielleicht war es die Art Bonhoeffers, mit Kindern und Jugendlichen umzugehen – der in Kindergottesdienst und Jugendarbeit Erfahrungen sammeln konnte und von den erzählerischen Fähigkeiten seiner Mutter schwärmte –, die von den Prüfenden weniger, von Diestel aber geschätzt wurde.[343]

Beginn der Bekanntschaft

Die Bekanntschaft begann 1925, als Diestel eine Gottesdienstvertretung für den erkrankten Pfarrer in Stahnsdorf suchte und den damals 19-jährigen Bonhoeffer fragte.[344] Dieser bat Diestel, seinen Predigtentwurf mit ihm durchzusprechen. „Christentum bedeutet Entscheidung", beginnt er. „Christ sein kann man nur ganz oder gar nicht, und ob man Christ ist, entscheidet sich daran, ob man bereit ist, seinem Bekenntnis entsprechende Taten folgen zu lassen, koste es, was es wolle."[345] Es ist verblüffend, wie sich schon hier eine Grundeinstellung zeigt, die Bonhoeffers Leben bestimmen wird.
Zugleich klingen Sätze aus den Examenspredigten Diestels an – mit anderen Worten und Bildern, aber dazwischen liegen ja auch Jahre und Wendungen von Welt- und Kirchengeschichte. Vielleicht fand Diestel in der Predigt des Jungen etwas von seiner eigenen jugendlichen Art. Entschiedenheit war ihm ein Leben lang wichtig, aber mit einer so unbedingten und nach außen demonstrierten kompromisslosen Haltung hätte Diestel seinen Spagat zwischen Reichs- und Bekennender Kirche kaum durchhalten können. Er mag über die Kompromisslosigkeit des Jüngeren gelächelt haben; auch Bonhoeffer selbst konnte nicht ahnen, wohin seine Entschiedenheit ihn noch führen würde.

---

343 S. Schlingensiepen S. 77. Von Lehramtsprüfungen heute wird Ähnliches erzählt – Kindergottesdienst hielt er in der Grunewaldgemeinde, ohne selbst Kindergottesdienste erlebt zu haben.
344 Diestel kannte Bonhoeffer wohl aus seinem „Kandidatenkreis". Auch Bonhoeffer musste, wie seinerzeit Diestel, für die kirchlichen Examina Nachweise seiner kirchlichen Betätigung liefern, wofür Diestel zuständig war. Es ging um die Verbindung von Universität und Gemeindewirklichkeit – im Idealfall konnten beide voneinander profitieren.
345 Schlingensiepen S. 52.

Ich möchte in die Predigt nicht hineinlesen, was man nur hört, wenn man die folgende Entwicklung kennt. Manches können Predigerinnen und Prediger auch nur deshalb klar aussprechen, weil sie nicht wissen, wie es auf die Probe gestellt wird. Vermutlich zeigt sich in dieser Entschiedenheit die Kompromisslosigkeit eines jungen Mannes, noch nicht gedämpft von Kompromissen, die Menschen und Leben uns abverlangen (oder abzuverlangen scheinen). Bonhoeffer fand in seinen Entwürfen zur „Ethik", später zur Idee der „Dilemmata": „Entscheidung" ist oft nicht die zwischen Gut und Böse, Richtig und Falsch, sondern ein Handeln im Dilemma zwischen zwei nur teilweise guten Möglichkeiten, manchmal auch die Frage nach dem weniger Bösen. Eine Grundentscheidung ist dennoch nötig, wenn Entscheidungen nicht zufällig oder schwankend sein sollen: die Hinwendung zum Christsein. „Bonhoeffer wird in seiner Doktorarbeit von der ‚unendlichen Angst vor der Entscheidung' sprechen. Je wichtiger eine Frage ist, die zur Entscheidung ansteht, desto größer die Angst; aber desto notwendiger ist es auch, dass sie überwunden wird."[346]
Bonhoeffer hielt Gottesdienst und Predigt; was er mit Diestel besprach, und ob er möglicherweise etwas an der Predigt veränderte, wissen wir nicht.

Ein weiter Weg
Diestel behielt Bonhoeffer im Blick. Es gab private Einladungen, die Bonhoeffer allein oder mit anderen ins Haus Diestels führten. Der ließ ihn in seiner Familie den Nikolaus spielen – Bonhoeffer hatte offenbar wirklich eine Begabung im Umgang mit Kindern und Jugendlichen.[347] Erzählen hatte er zu Hause gelernt. In Barcelona wie in der Zionsgemeinde Berlin erwies sich dieses Talent als hilfreich, um eine Konfirmandengruppe, die „ihren" alten Pfarrer fast ins Grab gebracht hatte,[348] zu einer Gemeinschaft zu machen. Man kann es sich kaum vorstellen, kennt man die sehr eigene Sprache in Bonhoeffers Schriften. Hier sah Diestel Entwicklungsbedarf. In Diestels Kandidatenkreis „hatte man sich ‚Sanctorum communio' vorgenommen; der Superintendent meinte danach zu Bonhoeffers Onkel Hans von Hase: ‚Aber Deutsch muß Ihr Neffe noch lernen.'"[349] Natürlich ging es weder um einen Sprachmangel noch um Kritik an der Sprache einer

346 Schlingensiepen S. 52.
347 A.a.O. S. 52.
348 So kann man es heute auf Tafeln in der Zionskirche lesen, die an diese Zeit Bonhoeffers und der Gemeinde erinnern.
349 Bethge, S. 206.

Dissertation. Diestel fehlt die einer Gemeinde angemessene Sprache. Das war wohl Teil seines „Entwicklungsprogrammes“ für Bonhoeffer.[350] Kaum hatte Bonhoeffer Promotion und Erstes Examen hinter sich, „schickte“ Diestel ihn ins Ausland, und zwar bewusst in eine ganz andere Welt als die seines großbürgerlichen Elternhauses. In einem Brief nach Barcelona schreibt er[351]:

> „Nach meiner Auffassung sollte jeder Mensch einmal Gelegenheit nehmen, sich in ganz anderen Lebenskreisen zu bewegen, als die sind, in denen seine Erziehung und die Bildung seines geistigen Gesichts erfolgt ist. Der Fehler ist vielfach, namentlich bei uns Theologen, daß wir viel zu akademisch und viel zu weltfremd aufwachsen und dann auch die andersartig gerichtete Welt der Wirklichkeit mit kurzsichtigen Augen ansehen. Aus diesem Grund halte ich es auch für so gut, daß Sie in Spanien mit einer ganz anders gearteten Gemeinde zusammenkommen, als wir sie hier haben.“

Der Pfarrer der Deutschen Gemeinde in Barcelona hatte in Berlin um Entlastung durch einen Vikar gebeten. Der Wunsch wurde vom Evangelischen Oberkirchenrat in die Kirchenkreise weitergeleitet. Barcelona war – verglichen mit anderen Auslandsgemeinden – wenig angesehen, und es sollte sich herausstellen, dass der dortige Pfarrer Probleme mit einem Vikar hatte, der eigenständig arbeitete, ihm theologisch und intellektuell überlegen war und Erfolg in der Gemeinde hatte. Die Zeit in Barcelona war für Bonhoeffer also durchaus konfliktträchtig, aber einer der „entscheidendsten Anstöße … Es war vielleicht ein einziger telephonischer Anruf – nämlich im Dezember 1927 –, durch den mein ganzes Denken auf ein Gleis gesetzt worden ist, von dem es nicht mehr heruntergekommen ist und kommen wird. Damals fragten Sie…, ob ich als Vikar nach Barcelona gehen wolle.“[352]

Als Bonhoeffer, wieder in Berlin, sich zum Zweiten Examen anmeldete, schrieb Diestel an den Rand des Lebenslaufes: „Ich halte ihn für einen ebenso für die kirchliche Praxis wie für die wissenschaftliche Tätigkeit hervorragend begabten jungen Menschen … Ich empfehle, ihm alle möglichen Erleichterungen zuteil-

---

[350] Ob man es ein „Programm“ nennen soll, ist mir fraglich; zurückhaltender könnte man aber sagen, dass Diestel bei der Förderung Bonhoeffers im Blick hatte, was diesem fehlte, wenn er Gemeindepfarrer werden sollte.

[351] GS VI 135/136, 12.7.1928, Nr. 32 (Archiv Gudrun Diestel).

[352] Zitiert nach Schlingensiepen S. 57.

werden zu lassen, und gleichzeitig, ihn noch für künftige praktische Tätigkeit im Auge zu behalten."[353]

Als „Erleichterung" verstand Bonhoeffer, dass ihm das preußische Predigerseminar erspart blieb. Ein halbes Jahr in einem „Internat" mit weitgehend theoretischem Unterricht, einer Art „Nachstudium", schien nicht nur ihm sinnlos. Auch Diestel hielt es für wichtiger, dass Bonhoeffer sich um seine Habilitation kümmerte.

Nach Bonhoeffers Zweitem Examen sorgte Diestel dafür, dass er ein Jahr in New York studieren konnte. Die Briefe Bonhoeffers aus den USA an Diestel zeigen die bleibende Verbindung zwischen beiden.

Auch Diestel konnte aber nach Bonhoeffers Rückkehr nicht durchsetzen, dass diesem zum Aufarbeiten seiner Erfahrungen Urlaub eingeräumt wurde, erreichte aber, dass er bis zum Beginn seiner Tätigkeit als Studentenseelsorger an der TU im Oktober 1931 von Generalsuperintendent Karow beurlaubt wurde.[354]

Schließlich gewann Diestel Bonhoeffer auch für die Arbeit des Weltbundes. „Faith and Order" als Ort theologischer Debatten wäre für Bonhoeffer passend gewesen – der fand sich aber in der Diskussion um die Friedensfrage besser aufgehoben, die im Weltbund zur Sprache kam. Von der Tagung in Cambridge (1.-5.9.1931) kam Bonhoeffer als einer von drei internationalen Jugendsekretären zurück, zuständig für die Jugendarbeit des Weltbundes in „den nordischen Ländern und in Zentraleuropa, einschließlich Österreich und Ungarn"[355] und wurde Mitglied der deutschen Sektion.

Diestel und Bonhoeffer blieben auch nach 1933 in Verbindung, verständigten sich z.B. über ihre Beobachtung zu den ersten Deportationen von Juden.[356] Diestel ging nie in den politischen Widerstand und ob er über Bonhoeffers Verbin-

---

353 Schlingensiepen S. 74 – Solche „Hinweise" Vorgesetzter haben schon manche Berufslaufbahn entscheidend bestimmt.

354 Schlingensiepen S. 121.

355 Schlingensiepen S. 100 – Dass Bonhoeffer so schnell ein Amt im Weltbund bekommen hat, zeigt dessen Überalterung, die als Problem zu spät erkannt wurde – auch ein Grund für das Ende des Weltbundes 1948.

356 A.a.O. S. 285.

dungen wusste, war nicht zu ermitteln[357] – wegen Diestels Beziehungen ins Auswärtige Amt ist es aber nicht auszuschließen. Diestel kämpfte für eine vom Staat unabhängige Kirche und nahm politische Anfeindung deswegen in Kauf. Er hätte aber wegen der Unterscheidung von „politischer" und „kirchlicher" Arbeit keine Spaltung der gegen das Regime Engagierten in Kauf genommen, sondern über der gemeinsamen Ablehnung der Nationalsozialisten Unterschiede zwischen Links und Rechts übersehen, wie Helmut Gollwitzer schreibt.[358] „Werte" waren Diestel wichtiger als „Strukturen". Der Gehorsam gegen die Kirche, in der er angestellt war, war Max Diestel weniger wichtig als die Bewahrung von Wertvorstellungen, die diese Kirche nicht mehr zum Maßstab ihres Handelns machte.

Bonhoeffer und Diestel waren einander in Wesen und Theologie sicher eher fremd. Die Unbedingtheit der Jugend stand Diestel nicht mehr zu Gebote. In der Ablehnung des NS-Staates aber waren sie eng verbunden. Beide mussten Niederlagen einstecken, beide haben ihr eigentliches Ziel nicht erreicht, beide waren aber nicht zu einem Kompromiss mit dem Gegebenen bereit.

---

[357] Schlingensiepen S. 344 schreibt: „Er hatte Dibelius und Diestel gesagt, er sei im Auftrag des OKW in München und im Ausland tätig." Es war für Diestel also mindestens klar, dass Bonhoeffer nicht (mehr) kirchlich arbeitete, wie ihn der Oberkriegsgerichtsrat Roeder bezichtigte.

[358] Helmut Gollwitzer an Gudrun Diestel am 28.3.1985: „Die Differenz zwischen links-tendierenden Leuten (wie mir) und Konservativen sind damals ja gänzlich zurückgetreten und unerheblich geworden gegenüber der gemeinsamen Ablehnung des Nazismus aus moralischen und christlichen Motiven."

Augenblicke 1933-1945

Zwischen 1933-1945 taucht Diestels Name nur sporadisch auf – zu vielen Ereignissen findet man keine Äußerung. Schriftlich äußerte er sich aus gutem Grund höchstens in Briefen, die er nicht der Post anvertraute,[359] mündliche Äußerungen können nur aus Erinnerungen anderer erschlossen werden. Er versuchte, sich unsichtbar, ungreifbar zu machen, nie aber um den Preis der Anpassung. Wo es nötig war, äußerte er sich und ließ sich zitieren, versuchte aber, einen endgültigen Bruch mit seiner Kirchenleitung zu vermeiden. So durfte er auch staatliche Stellen nicht ständig provozieren, wenn er seinen Posten behalten und der BK in seinem Kirchenkreis Rückhalt geben wollte. Verpflichtet fühlte er sich nicht der Reichskirche, sondern deren deformierter Vorgängerin, der APU. So kann ich nur „Augenblicke" beschreiben, in denen Diestel sicht- und fassbar wird. Ereignisse dazwischen und die Entwicklung der Dinge können nur angedeutet werden; freilich gibt es ausreichend Literatur, um die Stichworte zu ergänzen.

Die „Deputation"

1. Februar bis April 1933

Nach der „Machtergreifung" begannen die Nationalsozialisten, Deutschland nach ihren Vorstellungen umzugestalten. Mit erschreckend hohem Tempo und zielsicher veränderten sie den Staat, seine Einrichtungen und Gesetze, damit keine Zeit für Widerstand blieb. Wer gehofft hatte, Hitler an der Praxis scheitern zu sehen oder klein halten zu können, wurde eines Schlechteren belehrt.

- 4.2.: Aufhebung der verfassungsmäßigen Grundrechte in der Verordnung „Zum Schutz des deutschen Volkes", nach dem Reichstagsbrand (27.2.) Proklamation des Ausnahmezustandes „Zum Schutz von Volk und Staat".
- Der Reichstagsbrand selbst zeigt die Verachtung demokratischer Debatten zur Entscheidungsfindung, die man als Geschwätz denunzierte und durch das

[359] „Wir haben damit gerechnet, dass sie gelesen werden", sagt Gudrun Diestel über die Briefe ihres Vaters an sie. Der „Synodalvikar" und andere wurden gelegentlich als „Postboten" losgeschickt.

Führerprinzip ersetzte.[360] Die Ausschaltung des Parlaments nach dem „Tag von Potsdam" (21.3.) war das Ende der parlamentarischen Demokratie.

- Noch in der Nacht des Reichstagsbrandes wurden politische Widersacher inhaftiert: Reichs- und Landtagsabgeordnete, Kommunisten, Sozialdemokraten, Gewerkschafter, Konservative, Liberale und Monarchisten. Die Häftlinge wurden an Orten mit unterschiedlicher Zuständigkeit – Sturmabteilung (SA), SS, Innenministerien etc. – untergebracht, die als „wilde" Konzentrationslager bezeichnet werden, meist improvisierte Haftstätten.
- 23.3. „Ermächtigungsgesetz", genau: „Gesetz zur Behebung der Not von Volk und Reich": Die gesetzgebende Gewalt geht auf die Exekutive über.
- 31.3. „Vorläufiges Gesetz zur Gleichschaltung der Länder mit dem Reich", Umbildung der Landtage entsprechend der Reichstagswahl, am 7.4. „Reichsstatthalter" in den Ländern.
- 7.4.: Das Gesetz „zur Wiederherstellung des Berufsbeamtentums" sorgt für die Entlassung von missliebigen und „nichtarischen" Beamten.[361] Der Ausschluss jüdischer Menschen wurde bald über den Kreis der Beamtenschaft hinaus ausgeweitet: Rechtsanwälte, Ärzte bei Krankenkassen, Hochschullehrer.[362] Wer hinsah, musste ahnen, dass bald auch die Kirche von derartigen Maßnahmen betroffen sein würde.
- 13.3. Errichtung des „Reichsministeriums für Volksaufklärung und Propaganda", Abschaffung der Universitätsverfassungen.
- Viele Gegner der Nazis werden im ersten KZ in Dachau (22.3.) inhaftiert.
- An vielen Orten Aktionen gegen jüdische Geschäfte, Kaufhäuser, jüdische Richter, Rechtsanwälte oder Ärzte. Die Geschäfte wurden nicht nur boykottiert, sondern zerstört, teilweise geplündert, deren Besitzer, aber auch Kunden misshandelt, teilweise ins KZ eingeliefert.

  Der Boykott jüdischer Geschäfte am 1.4., eine Aktion von Josef Goebbels, hatte nicht den gewünschten „Erfolg" – einerseits, weil man übersehen hatte,

---

360 Das Führerprinzip verhinderte nicht, dass immer wieder befremdliche oder anstößige Anordnungen entschuldigt wurden mit dem Satz, der „Führer" habe davon nichts gewusst.

361 Die gesetzliche Definition des Begriffs „Nichtarier" findet sich in der Ersten Verordnung zur Durchführung des Gesetzes vom 11. April 1933 (RGBl. I, S. 195): „Als nicht arisch gilt, wer von nicht arischen, insbesondere jüdischen Eltern oder Großeltern abstammt. Es genügt, wenn ein Elternteil oder ein Großelternteil nicht arisch ist."

362 Wikipedia, „Arierparagraph".

dass der 1.4. Sabbat war, die Geschäfte also geschlossen blieben, andererseits, weil das positive Echo ausblieb. Es bildeten sich schweigende Menschenmengen, die das Geschehen beobachteten. Manche handelten solidarisch: So durchschritt die 92-jährige Großmutter Dietrich Bonhoeffers in Berlin den SA-Kordon, um das „Kaufhaus des Westens" zu betreten. Der Boykott, ursprünglich länger geplant, wurde am 1.4. für beendet erklärt. Dieser Boykott hat eine Vorgeschichte bis ins Ende des 19. Jahrhunderts.

Auch kirchliche Amtsträger wandten sich in Erklärungen gegen das negative Echo im Ausland wegen dieser Maßnahmen gegen Juden.[363]

2. Die „Deputation"

Für die evangelische Kirche stellte sich nach der Reichstagung der Deutschen Christen (3.-5.4.1933) die Frage nach der Rolle der Deutschen Christen und die nach ihrer eigenen Zukunft. 1932 hatte Joachim Hossenfelder formuliert: „Wir kämpfen für einen Zusammenschluß der im ‚Deutschen Evangelischen Kirchenbund' zusammengefaßten 29 Kirchen zu einer evangelischen Reichskirche ..."[364] Volkstum, Rasse und Nation werden als gottgegebene Lebensordnungen verstanden. Gegen „den Geist eines christlichen Weltbürgertums" wird polemisiert.

Auch angesichts der Gerüchte um Hitlers Bestrebungen zu einem Reichskonkordat mit der Katholischen Kirche sahen die evangelischen Kirchen die Gefahr, ins Hintertreffen zu geraten. Alle internen Diskussionen über die Gestalt evangelischer Kirche wurden dann aber überholt von der „Reichstagung"[365], auf der Wilhelm Kube, nationalsozialistischer Fraktionsvorsitzender im Landtag, mit seiner Rede dafür sorgte, dass diese Tagung ein Paukenschlag wurde. Er war inzwischen „Oberpräsident und damit der höchste Beamte der Provinz Berlin-Brandenburg" geworden. „Wenn er nun sprach, mußte sein Wort immer auch als Stimme der preußischen Regierung gelten."[366] Zudem wurde die Veranstaltung im Rundfunk übertragen. „‚Sie dürfen', so versicherte er …, die Gewißheit entgegennehmen, daß die Preußische Landtagsfraktion der NSDAP rücksichtslos mit allen ihr zu

---

363 „... Am 8. April wurde Kapler … im Namen des Reichskanzlers für den Protest gegen ausländische jüdische Greuelhetze … der Dank ausgesprochen." Röhm/Thierfelder, Ausgegrenzt S. 150.

364 Die Richtlinien der Deutschen Christen, 1932 S. 1.

365 Obwohl diese unter Mangel an Beteiligung litt und die DC erst noch dabei waren, eine Organisation aufzubauen (vgl. Scholder, Bd. I, S.361ff.).

366 Scholder, a.a.O. S. 366.

Gebote stehenden Mitteln des Etatrechts und der durch den Kirchenvertrag uns gegebenen Personalpolitik der Umstellung in unserem Volke auf dem Gebiet der Kirchenpolitik Rechnung tragen wird.'"[367] Das konnte nur bedeuten, dass die Partei in Preußen die Ziele der DC zu den ihren machen und die Neuordnung der Kirche mit allen Mitteln umsetzen würde.

Die Veranstaltung erregte mehr öffentliches Aufsehen, als die DC es zu diesem Zeitpunkt selbst hätten herstellen können. Entsprechend groß war die Unruhe in der Evangelischen Kirche – nicht nur in Kirchenleitungen, sondern auch in Gemeinden.

Diestel wollte nicht abwarten, ob und wie sich die Entwicklung beruhigen würde, und arbeitete im April mit den geschäftsführenden Pfarrern[368] seines Kirchenkreises eine Erklärung aus, die er am 8.4. in einer „Deputation", also mit einer Abordnung der Verfasser der Erklärung, dem Oberkirchenrat vortrug.[369] Die Sätze sind so etwas wie Thesen für die Diskussion. Diestel schreibt keinen Brief wie später immer wieder, sondern redet mit den Kirchenleitenden, zu diesem Zeitpunkt vertraute Personen, deren Einstellung zu den neuen Herren noch unklar ist.[370] Zugleich bezieht er Position, während die Kirchenleitung noch abwiegelte, beruhigte und durch Schweigen eine Beruhigung herzustellen versuchte. Die Deputation ist nicht weniger als der Versuch, die Kirchenleitung zu öffentlicher Positionierung zu bringen, und zwar deutlich gegen die Rolle, die die DC spielen wollte.

> „Wir erklären im Sinne unserer Amtsbrüder und Gemeindeglieder in weitem Ausmaße,
>
> 1. dass wir alle mit großer Freudigkeit die nationale Erhebung und innere Erneuerung des deutschen Volkes bejahen und nach allen unseren Kräften fördern helfen wollen,

---

367 Zitiert nach Scholder, S. 367.

368 Am 7.4.1933, Künkel, Schmargendorf – Flügge, Großbeeren – Schatz, Zehlendorf – Bergemann, Lichterfelde – Puttkammer, Teltow – Wulf, Friedenau – D. Dr. Priebe, Grunewald – Lic. Dr. Hollmann, Nikolassee – Messow, Steglitz – Wendland, Steglitz – Stahnsdorf entsch.. – Diestel EZA 50/7.

369 8.4.1933, EZA 50/7 Nr. 4-7, anwesend lt. Protokoll: Diestel, Hollmann, Bergemann, Wolff, Geß, Puttkammer, Messow.

370 Seine Distanz zu späteren Leitungspersonen drückt sich darin aus, dass er sie nicht mehr persönlich angesprochen und das Konsistorium nicht mehr besucht hat, so Gudrun Diestel.

2. dass nach unserer Überzeugung der Aufbau unseres Volkes im Sinne der göttlichen Schöpfungsordnung nur auch im Sinn und Geist des Evangeliums sich vollziehen kann,
3. dass das Evangelium nur als eine Kraft zur Wiedergeburt des Volkes Gottes Verheißung hat, wenn es lauter und rein gepredigt wird,
4. dass die Kirche, die von Gott die Aufgabe erhalten hat, das Evangelium mit Wort und Tat zu verkündigen, nur dann das wache Gewissen des Volkes sein kann, wenn sie frei und ungehindert ihre Pflicht im Dienste Gottes am Volk tun kann,
5. dass wir unter keinen Umständen es ertragen können, wenn kirchliche Angelegenheiten bei aller Wahrung der Meinungsfreiheit und des Rechtes zu Reformvorschlägen von außerkirchlicher Seite aus bestimmend geregelt würden,
6. dass die Pfarrer und Gemeinden brennend warten auf ein sofortiges klares Wort der Kirchenregierung zu den Fragen, die durch die Reichstagung der Deutschen Christen aufgeworfen sind,
7. dass das vertrauensvolle Zusammenarbeiten der Pfarrer und Gemeindeglieder untereinander gefährdet sei, weil die Vertraulichkeit der Zusammenarbeit von einer festen und sicheren Kirchenführung abhängt,
8. dass uns die Einfügung der Glaubensbewegung Deutsche Christen in unsere kirchliche Ordnung als dringendes Erfordernis erscheint."

Mit Freude über die „nationale Erhebung" einzusetzen, war nötig – einmal, weil diese Freude in weiten Teilen ihrer Gemeinden geteilt worden sein dürfte, aber auch, weil ohne dieses „Ja" kein „Aber" formuliert werden konnte. Dieses „Aber" ist in Nr. 3 die Orientierung an „Sinn und Geist des Evangeliums" – auch im „Aufbau unseres Volkes". Das Evangelium muss „rein und lauter" gepredigt (2 und 3), die Freiheit der Verkündigung darf nicht behindert werden (4). Kirche soll „das wache Gewissen" des Volkes sein. Das kollidiert mit dem Anspruch des totalen Staates, was die Beteiligten zu diesem Zeitpunkt mindestens ahnten.
Punkt 5 verbittet sich dann jede Einmischung des Staates in Angelegenheiten und Strukturen der Kirche; Kirche organisiert sich nach eigenen Regeln. All das kann eine Kirchenleitung kaum bestreiten, in Nr. 6 aber wird das Ziel der Deputation klar: Die „Kirchenregierung" soll „sofort" zu einem „klare[n] Wort" an die Gemeinden finden. Das hätte die Kirchenleitung zur öffentlichen Positionierung

gezwungen, die sie in Konflikt mit der Staatsmacht oder Teilen der Gemeinde hätte bringen müssen, in jedem Fall aber festgelegt hätte.

Solche Klarheit wird in Nr. 7 als Grundbedingung „vertrauensvolle[n] Zusammenarbeiten[s]" von Pfarrern und Gemeinden gesehen. Der Hinweis auf die „Vertraulichkeit" zeigt, dass – jedenfalls nach Meinung der Deputation – die unterschiedlichen Loyalitäten Gemeindearbeit lahmlegen und Gemeinden spalten können.

Der kritischste Punkt ist Nr. 8: „… dass uns die Einfügung der Glaubensbewegung Deutsche Christen in unsere kirchliche Ordnung als dringendes Erfordernis erscheint." Was damit genau gemeint ist, bleibt (wohl absichtlich) im Ungefähren. Nach der „Reichstagung" bedeutet es aber in jedem Fall, dass Kirche die DC und nicht umgekehrt die DC Kirche bestimmen soll. Wenn man die DC in die Ämter und/oder Strukturen aufnimmt, wird sie Teil von Kirche und kann nicht als Bote staatlicher Ideologie in Kirche hineinwirken und ggf. gegen Kirche kämpfen, oder sie muss durch Verweigerung dieser ihr zugedachten Rolle in der Kirche ihre Ablehnung dieser Kirche zeigen. Spätestens die Kundgebung der DC im November 1933 zeigte dann, dass Integration nur um den Preis der Aufgabe des „reine[n] Evangelium[s]" möglich wäre. Wer sich mit den Gedanken dieser Bewegung befasst hatte, konnte es schon im April 1933 wissen. Auch eine Bewegung der Kirche auf die DC hin hätte die Fronten deutlich gemacht.

Die Klärung hätte Klarheit geschaffen – wenn auch um den Preis der Spaltung der Kirche oder des Konfliktes mit den neuen Machthabern. Ob Max Diestel und seine Pfarrer im April 1933 ein öffentliches Wort der Kirchenleitung für wahrscheinlich hielten, bleibt offen. Das Schweigen dieser Kirche war allerdings ebenso wenig nichtssagend …

3. Die Wirkung

Das Protokoll der Begegnung stammt von der Kirchenleitung und wird Max Diestel in der für die Mitglieder der Deputation nötigen Anzahl zugestellt.[371] Der Präsident des Oberkirchenrates, Hundt, führt die Verhandlungen für den OKR. Man habe nach der Reichstagung der DC „einen entscheidenden Schritt unternommen" und habe erfahren, dass die Regierung „eine Reform [der Kirche] nur auf legalem Wege" beabsichtige. Ein Termin Kaplers am 9.4. bei Hitler habe nicht stattgefunden, weil den Reichskanzler „andere Dinge bedrängten" – nach der

[371] Ich sehe darin die noch grundsätzlich positive Einstellung der Kirchenleitenden zu Diestel.

positiven Rückmeldung auf Kaplers Intervention im Ausland (s. Anm. 363) wohl keine Abweisung Kaplers. „Wahrscheinlich" werde auf der Konferenz der Generalsuperintendenten und Konsistorialpräsidenten am 11.4. „eine Kundgebung beraten, die dann den Gemeinden zugehen solle." „Es wurde schließlich versprochen, mehr als bisher die Presse heranzuziehen, um der Beunruhigung in den Gemeinden zu wehren und die Vertrauensbasis zu stärken durch den Eindruck, dass die Leitung alles getan habe, was getan werden konnte."[372] Man gibt einen Vertrauensverlust zu; das Versprechen, auf die Presse zuzugehen, bleibt unverbindlich.

Das Protokoll zeigt, wie kritisch Punkt 8 ist: Vor Veröffentlichungen dazu verlangt man Rücksprache mit dem Oberkirchenrat. Die Worte Kubes auf der Reichstagung der DC seien eigentlich nicht für die Öffentlichkeit bestimmt gewesen – die Übertragung im Rundfunk übergeht man – und hätten von der Leitung der DC auch erst genehmigt werden müssen.

Dieselbe Vorsicht spürt man in den Worten Diestels, mit denen er die Erklärung an den Pressverband gibt, und von diesem die Veröffentlichung abgelehnt wird:

> „Heute früh war ich mit einer Anzahl Pfarrer meiner Diözese beim Evangelischen Oberkirchenrat und trug beiliegende Erklärung vor.
> Um Missverständnisse zu verhüten, ist in dem letzten Punkt, wenn von kirchlicher Ordnung die Rede ist, im wesentlichen eine verantwortliche Stelle, d.h. die Kirchenbehörde gemeint. Ich vermute auch, dass, wenn die gegenwärtige Contrahage[373] mit den Deutschen Christen ausgepaukt ist, einer oder anderer dieser Leute in den evangelischen Oberkirchenrat und sonstige Behörden einziehen wird.
> Im übrigen bitte ich, bei einer z.Zt. vielleicht nicht ungünstigen Veröffentlichung des Tenors … der Erklärung mit dem Evangelischen Oberkirchenrat in Fühlung treten zu wollen.
> Ihr sehr ergebener Diestel."[374]

Diestels Worte klingen, als habe er die Wucht der Umgestaltung nicht wahrgenommen: Mit einer Veröffentlichung der Erklärung wäre der Pressverband in ähnliche Verlegenheit wie die Kirchenleitung gekommen, da kirchliche Presse

---

372 Alle Zitate aus: Protokoll des OKR, EZA 50/7.

373 Auch „Kontrahage": die persönliche Verabredung zum Duell in schlagenden Verbindungen.

374 EZA 50/7, Diestel an Pressverband Deutschland, Dr. Plieninger.

damals immer[375] als Sprachrohr der Kirche gesehen wurde – eine rein sachliche Berichterstattung über einen Vorgang hätte man ihm nicht abgenommen. Ich vermute, auch hier dient Diestels Vorgehen der Klärung der Positionen. Die Antwort des „Pressverbandes“ zeigt Verlegenheit:

> „Verehrter Herr Superintendent,
> Die Erklärung der Vertreter Ihres Kirchenkreises zur kirchlichen Lage haben wir nicht veröffentlichen können. Im Oberkirchenrat hielt man es nicht für zweckmäßig, und dann kamen die Ereignisse ... ja so rasch in Fluss, dass die Frage des Verhältnisses zwischen Kirche und Staat in den Hintergrund trat gegenüber den ganzen Fragen kirchlicher Neugestaltung, die jetzt im Mittelpunkt stehen.
> ....
> Mit herzlichen Grüssen Ihr ergebener Plieninger“[376]

Die Forderung nach einer „Integration“ der DC kommt nicht aus heiterem Himmel. Professor Neumann, Zehlendorf, hatte an Diestel geschrieben:[377]

> „Die Deutschen Christen vermag ich nicht als Feinde der Kirche anzusehen, sie lehnen es auch ab, als Gegner der Kirche betrachtet zu werden. Gestern brachte die D.A.Z. an bevorzugter Stelle eine klare Abhandlung über die Bestrebungen der deutschen Christen, in der ihre profilierte Einstellung zur Kirche betont wurde.“

Diestel antwortet:[378]

> „Ich denke nicht daran, die ‚Deutschen Christen‘ als Feinde der Kirche anzusehen ..., ich wünsche sie als eifrige Mitarbeiter. Die Schwierigkeit besteht nur darin, dass in ihren Bekundungen ... völlig ausserkirchliche Gesichtspunkte in das Kirchenleben hineingetragen werden sollen. Denn wenn schließlich ein Staatskommissar die kirchliche Struktur regeln und eine

375 Das ist bis heute nicht wirklich anders geworden.
376 EZA 50/7 Nr. 30, Evangelischer Pressdienst, 22.4.1933 – Inwieweit der Pressdienst zu diesem Zeitpunkt schon „gleichgeschaltet“ war, konnte ich nicht genau ermitteln; auch seine Freiheit war aber schon damals deutlich beschränkt.
377 EZA 50/7 Nr. 8-12: Neumann an Diestel 6.4.1933.
378 Dto., 8.4.1933, Diestel an Professor Neumann.

> Reichskirche aufgerichtet werden soll, die keine Rücksicht auf das Bekenntnis nimmt, dann weiss ich … nicht, ob man diese Phantastereien, die bei der gegenwärtigen gespannten Situation und dem Durcheinander der Kräfte jederzeit wirklich Gestalt annehmen können, beweinen oder belachen soll."

Diestel wehrt sich gegen die Einmischung des Staates in Struktur, Organisation und Verkündigung der Kirche. Er muss die DC ablehnen, die völkische Ideale in die Verkündigung einbringen wollen.
Die Eingabe der Pfarrer erreichte nie die Öffentlichkeit, sie war, wie Dr. Pleininger schrieb,[379] von der weiteren Entwicklung überholt und dem Pressverband so die politisch brisante Positionierung erspart worden.

4. Ein Nachsatz

Der Oberkirchenrat vermerkt im Protokoll ein Thema, das mit den acht Punkten nicht direkt zu tun hat und wohl zu brisant war, um schriftlich formuliert zu werden:

> „Die von der Deputation aufgeworfene Judenfrage wurde dahin beantwortet, dass manches übereilt und vieles noch ungeklärt sei, und dass man sich deshalb hüten solle, vorzeitig öffentlich Stellung zu nehmen."

Die Antwort der Kirchenleitung, die das „redende Subjekt" hinter einer passivischen Formulierung versteckt („wurde … beantwortet"), zeigt, wie wenig man sich positionieren wollte. Es klingt, als ob man Boykott und Plünderung jüdischer Geschäfte am 1.4.1933 als Aktion Einzelner ansehen wollte. Ob die Deputation mit dieser „Antwort" übereinstimmte, vermerkt das Protokoll nicht.
Die Formulierung, „dass man sich … hüten solle", zeigt deutlich die Sorge vor einem ernsten Konflikt: Die „Judenfrage" betraf einen zentralen Punkt der nationalsozialistischen Agenda. Man musste bei einer öffentlichen kritischen Erklärung dazu Gegenmaßnahmen fürchten. Man ahnte (mindestens!), dass der Boykott nicht spontaner Ausbruch des Volkszorns oder Einzelaktion übereifriger Nazis war. „Wir hatten einfach Angst", wird jemand später schreiben – Angst

---

[379] Es ist zu berücksichtigen, dass auch der Presseverband sich vorsehen musste, nicht in die Mühlen des Systems zu geraten. Die sich hier andeutende Haltung hat aber dann später offenbar zu einer großen Nähe zum Regime geführt.

lenkt auch diese Antwort. Einzelne Gesprächspartner waren wohl auch von Sympathie mit dem neuen Regime bestimmt.
Klaus Scholder resümiert: „Kein Bischof, keine Kirchenleitung, keine Synode wandte sich in den entscheidenden Tagen um den 1. April gegen die Verfolgung der Juden in Deutschland.“[380] Stattdessen rechtfertigte Generalsuperintendent Otto Dibelius in einer am 4. April in den USA ausgestrahlten Rundfunkansprache die Aktionen als notwendige staatliche „Verteidigung“, die in „Ruhe und Ordnung“ verlaufen sei.
Dass Diestel und seine Mitstreiter die Frage ansprachen, war ungewöhnlich und mutig, mehr als stumme Betroffenheit und mehr, als Kirchenleitung sich erlauben zu können glaubte.
Die bitterste Erkenntnis ist freilich die, dass das Schweigen nicht nur aus aktueller Angst vor Repressionen kam, sondern aus einer lange gepflegten Judenfeindschaft: Kirche fühlte sich kaum verantwortlich für getaufte Juden, für Juden gar nicht. Auch darin dachte Diestel offenbar anders.
Wenige Tage nach dem Boykott am 1.4. warb Dibelius in einem Brief an alle Brandenburger Pastoren um „volle Sympathie“ für die Terrormaßnahmen der Nationalsozialisten mit einer der üblichen antisemitischen Verschwörungstheorien: „Man kann nicht verkennen, dass bei allen zersetzenden Erscheinungen der modernen Zivilisation das Judentum eine führende Rolle spielt.“[381]

Reichsbischof

1. April - Mai 1933

Die Vorsicht der Kirchenleitenden war nicht unbegründet: Das Regime wandte sich bald der Umgestaltung der evangelischen Kirche zu.[382] Dabei setzte man zunächst auf die bisherigen Amtsträger – wohl, um Unruhe zu vermeiden, aber auch, um deren Kenntnis von Verhältnissen und Personen zu nutzen.
Auch in der Kirche wollte man alles „Parlamentarische“ durch das Führerprinzip ersetzen. Die Gestalt evangelischer Kirchen sollte sich zudem dem Reich anpassen: Die Zersplitterung in Landeskirchen und Konfessionen war ein Widerspruch

---

[380] Scholder, S. 340.

[381] Zitiert nach Saul Friedländer: Das Dritte Reich und die Juden. Band I, S. 55.

[382] Möglicherweise gab es entsprechende Vorzeichen schon vor der „Deputation“, die die Reaktion darauf auch erklären.

zur Einheit des Reiches. Eine Kirche – ein Bischof – ein Volk war die Idee.[383] Ein dauerhaftes Interesse an Existenz wie Einfluss von Kirche hatte das Regime freilich nicht; alle Kirchenpolitik diente nur dazu, sie als Konkurrenz des totalen Staates auszuschalten und die Gemeindemitglieder für diesen Staat zu gewinnen. 1933 ging es um die Einsetzung eines Bischofs für alle evangelischen Kirchen im Reich und deren Zusammenfassung zur „Deutschen Evangelischen Kirche".

Nach der Verfassung der Evangelischen Kirche vom 11.7.1933 war der Reichsbischof ihr höchstes Organ. Am 27. Mai 1933 wurde Friedrich von Bodelschwingh (der Jüngere) durch ein Dreierkollegium aus dem Präsidenten des Deutschen Evangelischen Kirchenbundes und des Evangelischen Oberkirchenrats der Evangelischen Kirche der Altpreußischen Union Hermann Kapler, Landesbischof August Marahrens (Hannover) und Hermann Albert Hesse (Elberfeld) zum ersten Reichsbischof designiert, trat aber bereits im Juni zurück. Er fühlte sich der Aufgabe nicht gewachsen und hätte auch wenig Chancen gehabt, gewählt zu werden.[384] Die Aktionen gegen seine Wahl zeigen die Wucht des Widerstandes: Hitler verstand Bodelschwinghs Nominierung als Angriff auf den Anspruch des Staates, über die Gestalt evangelischer Kirche zu bestimmen. Scholder belegt, dass er der Parteiorganisation für 14 Tage Freiheit zur Agitation gegen diese Benennung (aber nicht gegen Bodelschwingh selbst!) gab und dafür die sonst demonstrierte Neutralität in kirchlichen Dingen verließ. Hätte sich Bodelschwingh nicht zurückgezogen, wäre es schon Mitte 1933 zum Kampf in der Kirche und zwischen Kirche und Staat gekommen.

Hitlers Favorit war Ludwig Müller, Wehrkreispfarrer im Wehrkreis I; er wurde auf der Wittenberger Nationalsynode am 27.9.1933 zum Reichsbischof gewählt. Es sollte sich herausstellen, dass er dem Amt weder theologisch noch diplomatisch gewachsen war.[385] „Da ihm selbst alle Einsicht in die eigene Unfähigkeit für dies leitende Amt abging, konnte man sich darauf verlassen, daß er die Kirche zu einem gefügigen Werkzeug der nationalsozialistischen Propaganda machen wür-

---

383 Eigentlich wollte man auch die Freikirchen unter diesem Dach vereinigen, scheiterte damit aber am Widerstand dieser Gemeinschaften ebenso wie an der Ablehnung der Kirche, die jene kleinen Kirchen nur als „Sekten" sehen konnte.

384 „Er trat zurück", klingt zu harmlos für die Kampagne, der er sich ausgesetzt sah. Allein, dass er nicht von Hitlers Gnaden ernannt war, sprach gegen Bodelschwingh. Ausführlich geschildert in Klaus Scholder, S. 422ff.

385 Abgesehen von Hitlers Unkenntnis kirchlicher Verhältnisse spielt wohl gerade die Schwäche Müllers eine Rolle bei Hitlers Wahl, der keine Konkurrenz neben sich duldete.

de, wann immer Hitler es wünschte“[386], schreibt Conway ironisch. Freilich war ihm eine unmögliche Aufgabe gestellt: Er hätte die evangelische Kirche nur befrieden können, wenn er gegenüber der Opposition zu Zugeständnissen bereit gewesen wäre – das aber durfte er nicht. Zudem stand die NS-Ideologie grundsätzlich gegen den Anspruch einer dem Evangelium verpflichteten Kirche, weswegen die spätere BK jeden Kompromiss ablehnen musste.

2. Der „Geist von Bethel“ als Gehalt der Kirche

Eine Pressemeldung zeigt, wie Max Diestel zu Bodelschwingh stand. Seine „Hoffnung“ für die Zukunft kann man als Kritik an gegenwärtigen Zuständen hören – typisch für seine Art, Kritik anzubringen:[387]

> „Gottesdienste zum Himmelfahrtstag
> Zustimmung zur Berufung des Reichsbischofs.
> Der gestrige Himmelfahrtstag stand auch für die Kirchen im Zeichen der Massenwanderung ins Freie. Überall in der näheren und weiteren Umgebung Berlins fanden gottesdienstliche Feierstunden für Ausflügler und Wochenendler statt. Besonders stark waren die Wochenendkirchen in Sakrow und Nikolskoe und die Wochenendkapelle an der Scharfen Lanke in Pichelsdorf besucht. Aber auch die Kirchen der Innenstadt waren stärker als in früheren Jahren gefüllt. Von den Kanzeln wurde der Entschluss der bevollmächtigten Kirchenleitung, Pastor D. Friedrich von Bodelschwingh zum Reichsbischof zu ernennen, bekannt gegeben. In vielen Predigten kam die starke Zustimmung zum Ausdruck, die diese Berufung in weiten Kreisen des Kirchenvolkes ausgelöst hat.
> So sprach Superintendent Diestel – Lichterfelde – in seiner Predigt die Hoffnung aus, dass der Geist der christlichen Liebestätigkeit, wie er unter Bodelschwingh in Bethel Gestalt gewonnen habe, durch den neuen Reichsbischof hineinwirken möge in die gesamte Kirche.“[388]

---

386 Conway S. 57.

387 Meldung Evangelischer Pressdienst, 26.5.1933, EZA 50/7 – Vielleicht ist die Hervorhebung Diestels in diesem Zusammenhang eine Art „Wiedergutmachung“ für die Nichtveröffentlichung seines Textes zur Rolle der DC?

388 EZA 50/7, NR. 31. Meldung Evangelischer Pressedienst 26.5.1933 – Ein „typischer Diestel“ (wenn er es so gesagt hat): Die Zustimmung zum designierten Reichsbischof wird mit der unausgesprochenen Feststellung eines Defizits der derzeitigen Kirche verbunden, die Kirche

Ungeniert schrieb Diestel in einem Brief an Siegmund Schultze über Reichsbischof Ludwig Müller: Der „Rei-bi kneift; wenn er nicht weiterweiß, legt er sich ins Bett oder reist ab. Er hat sich so gut wie unmöglich gemacht".[389] Das war nicht Diestels Art, mit Widerständen umzugehen – die „Deputation" zeigt es schon früh.

Die Gleichschaltung der evangelischen Kirche

1. Kirchenbilder

a. Die Kirche dient dem Staat oder sie ist nicht

„Die nationale Regierung sieht in den beiden christlichen Konfessionen wichtigste Faktoren in der Erhaltung unseres Volkstums."[390] Der Satz klang damals manchen Evangelischen nach einer neuen Verbindung von Thron und Altar bzw. Nation und evangelischer Kirche und nach der Wiederherstellung verlorener Stellung. Sie übersahen, dass Kirche, besteht sie auf ihrer Botschaft und widerspricht der Regierung, kein Lebensrecht hat. Die eigentliche „Religion" ist die Ideologie der NSDAP. Im „Mustergau" der NS-Ideologie, dem Warthegau, hatte Kirche nach 1940 nur noch Vereinsstatus, unzählige Priester wurden ins KZ verschleppt.[391] Dieser Staat fand Kirche nur als Mittel zu seinem Zweck nützlich und gebrauchte sie als frommes Mäntelchen, solange es ihm dienlich schien.
Die römische Kirche als übernationale Einrichtung konnte sich in manchem dem Druck entziehen; viele (in Deutschland) „kleine" Kirchen und Sekten blieben unbemerkt, sofern sie sich nicht – wie die Zeugen Jehovas – Ansprüchen des Staates grundsätzlich verweigerten. So konzentrierte sich die Auseinandersetzung in diesen Jahren auf die evangelische(n) Kirche(n), ohne dass ein wirkliches Interesse an deren Bestehen und Botschaft bestand.
Obwohl die Deutschen Christen versuchten, eine der Ideologie angepasste Theologie zu entwickeln, hatte die Mehrheit der NS-Politiker kein Interesse an Religion (auch nicht an den DC). Je mehr sich die DC-Theologie der Ideologie des Staates annäherte, umso indiskutabler wurde sie für alle dem Evangelium Verpflichteten.

---

kritisiert, Bodelschwingh lobt und zugleich den Maßstab einer segensreichen Wirksamkeit formuliert.

389 Diestel an Siegmund-Schultze, 3.11.1933, Akten Siegmund-Schultze.

390 Adolf Hitler, 23.3.1933.

391 Im Dunstkreis, S. 16, Anm. 1, Details s. Conway S. 326ff.

Eine ihrer eigenen Botschaft verpflichtete Kirche war Konkurrenz für den totalen Staat. Nach der Barmer Synode vermerkt das Reichssicherheitshauptamt, Karl Barths Theologie sei „eine wirkliche Gefahr“, da sie Inseln für Menschen schaffe, um Forderungen des NS-Staates mit religiösen Gründen auszuweichen. Der totale Staat duldete keine Instanz neben sich.
Goebbels kommentiert in seinem Tagebuch die Maßnahmen Kerrls[392] zur Befriedung der Kirche in diesem Sinn: „Kerrl hat einen furchtbaren Unsinn angerichtet. So kann man die Kirchenfrage nicht lösen ... Kerrl will die Kirche konservieren, wir wollen sie liquidieren. Es sind nicht nur taktische, sondern grundsätzliche Unterschiede, die uns trennen.“[393]

b. Zwei Regimente

Für der lutherischen Tradition verpflichtete Theologen bestimmte Luthers Lehre von den „Zwei Reichen“, besser: den „Zwei Regimenten“, die Richtung für die Zuordnung von Kirche und Staat. Man übernahm diese Lehre – ohne veränderte politische Verhältnisse zu beachten – aus dem 16. Jahrhundert. Zu viele verstanden sie als Anweisung an die Kirche, den Staat nach eigenem Recht „machen zu lassen“ und sahen ihre Aufgabe darin, Kirche und ihre Verkündigung „rein und lauter“ zu erhalten.
Luthers Idee war die Emanzipation des Staates – personifiziert in Kaiser, König oder Fürst – von der Kirche, d.h. dem Papst auf der anderen Seite. Gott wirkt in die Welt durch zwei Regimente: durch die Kirche mit Evangelium und Geboten, durch den Staat mit Gesetz und der Drohung von Strafen und Gewalt. Die Macht des Regierenden ist also nicht von der Kirche, sondern direkt von Gott übertragen.
Im Grund ist das ein Spezialfall von Luthers Berufsethik: Der Regierende hat einen von Gott gegebenen „Beruf“, darf und soll wie jeder Mensch in seinem Beruf göttliche Berufung finden (nicht nur Mönch, Nonne und Priester, die ihr Leben in den Dienst Gottes stellen).

---

[392] Hanns Kerrl, *11.12.1887, Fallersleben – † 15.12.1941, Paris. Preußischer Landtagspräsident, preußischer Justizminister vom 21. April 1933 bis zum 22. Juni 1934, ab 1935 Reichsminister für die kirchlichen Angelegenheiten (Reichskirchenminister).
[393] Tagebuch Josef Goebbels, 15.2.1937, zitiert nach Schuppan, Bekenntnis S. 222.

Übersehen wurde von denen, die den Staat „machen lassen" wollten, dass auch der Regierende (wie jeder Christenmensch) Gott Rechenschaft schuldet,[394] also auch politische Entscheidungen vor Gott zu verantworten sind. Wie Kirche Menschen ermahnt, die ihrer Berufung nicht folgten, kann sie auch Regierende an die Berufung durch Gott und ihre Verantwortung vor ihm erinnern, was Luther durchaus tat (ob immer glücklich, ist eine andere Frage).

Diese Seite der Zwei-Regimenten-Lehre geriet über der Trennung von Kirche und Staat in Vergessenheit. So konnten Theologen den Arierparagraphen für die Kirche ablehnen und doch dem Staat das Recht einräumen, Bedingungen dieser Art für seine Beamten zu formulieren.[395]

Man hätte Luthers Lehre auch neu bedenken müssen im Blick auf die „Verdünnung" persönlicher Verantwortung durch Regierungsformen, in denen Mehrheiten entscheiden, Ministerien ausführen, Gerichte durch Urteile mitgestalten, so dass im Einzelfall oft unklar ist, wer wofür in welchem Maß verantwortlich ist. Auch das „Führerprinzip" des Dritten Reiches entlastet in der Praxis eher von persönlicher Verantwortung, als eindeutige Verantwortlichkeiten festzulegen, wie Max Diestel hellsichtig schreiben wird.[396]

Für die Nationalsozialisten aber war auch ein Nebeneinander von Kirche und Staat mit dem totalen Anspruch des Staates unvereinbar. Dass er keine seinem Zugriff entzogene Kirche akzeptieren konnte, brachte auch konservative Lutheraner in Verlegenheit. Wollte Luther den Staat vor dem Papst schützen, musste man nun die Kirche vor der Einmischung des Staates bewahren. In allem zeigte sich, dass auch Theologen als Bürger von politischen Überzeugungen geprägt waren, denen sie ihre Theologie unterordneten oder die ihre Theologie bestimmten.

c. Christengemeinde und Bürgergemeinde

Mit seinem Entwurf „Christengemeinde und Bürgergemeinde" versuchte Karl Barth eine Neubestimmung des Verhältnisses von Staat und Kirche. Allerdings

---

394 Die reformatorische Kirche war auf den Schutz durch den Landesherren angewiesen, der damit eine Rolle auch für die Kirche bekam, was einer kritischen Sicht auf sein Regierungshandeln nicht eben erleichterte.

395 Letztlich ist diese Deutung nur durch eine grundsätzliche Enthaltsamkeit vieler Theologen von der Politik zu erklären, der diese Auslegung der Lehre Luthers Vorwände lieferte.

396 Unterschiedliche Sichtweisen auf staatliches Handeln lähmten immer wieder die Bekennende Kirche; sie brachen nicht selten an den konfessionellen Prägungen von Lutheranern und Reformierten und ihrer unterschiedlichen Sicht des Staates auf.

wurde dieser Entwurf erst nach dem Krieg veröffentlicht[397] und war bereits eine Reaktion auf Erfahrungen des Dritten Reiches.
Kirche und Staat verhalten sich zueinander wie der innere und der äußere von zwei konzentrischen Kreisen, gemeinsamer Mittelpunkt ist Jesus Christus. „Der Staat ist außerhalb der Kirche, aber nicht außerhalb des Herrschaftskreises Jesu Christi." Diese Beschreibung verpflichtet die politisch Handelnden auf die Gebote Gottes – hat es aber schwer, die jeweils eigene Art der Machtausübung von Kirche und Staat abzubilden. Aus politischen Fragen werden schnell Bekenntnisfragen – und politische Entscheidungen werden so „aufgeladen", dass pragmatische Kompromisse schwer denkbar sind.[398]
Im Dritten Reich war für Anhänger Barths dessen Erkenntnis entscheidend, dass das Reich Gottes nicht Zielpunkt eines darauf hinlaufenden Fortschritts ist, sondern der Anbruch eines neuen Äons. „Senkrecht von oben" bricht die Wirklichkeit Gottes herein, nicht ableitbar aus weltlichen Entwicklungen und menschlichem Denken. Das zwingt zur Kritik an einem Staat, der seine Ideologie als Erfüllung christlicher Sehnsüchte anpreist.
Darin haben sich Diestel und Bonhoeffer getroffen, vermute ich, daraus ergab sich eine Verbindung zwischen Barthianern und Lutheranern. Diestel kann Karl Barth im Blick auf seine beharrliche Weigerung, die kirchliche Lehre den politischen Gegebenheiten anzupassen, positiv sehen, kritisiert eher seinen Stil der Unbedingtheit.[399] Diestel hätte als Konservativer die „Wiederauferstehung Deutschlands" begrüßen müssen – sein Glaube und wohl auch der nüchterne Blick des Älteren bewahrten ihn davor, den Parolen der neuen Machthaber auf den Leim zu gehen.
Im Unterschied zu Bonhoeffer und anderen eher „Linken" in der BK ging es Diestel nicht um politische Opposition, er wollte Kirche erhalten, das aber mit

---

397 Die gleichnamige Schrift erschien 1946.
398 Bis in unsere Zeit verschreckt die Unbedingtheit mancher Forderungen an die Politik eher Konservative, die den Unterschied zwischen politischem und kirchlichem Handeln betonen.
399 „Die letzte Schrift von Barth sende ich Dir mit. Ich stimme nicht ganz in allem mit ihm überein. Aus seiner Theologie heraus kann man überhaupt keine Kirche rechtfertigen. Kirche war da, ehe Theologie im eigentlichen Sinn dagewesen ist. Wohl aber braucht die Kirche die Theologie und die Theologie die Kirche. Sie stehen in engster Beziehung zueinander, aber unter dem Evangelium, wie Sein und Denken unter dem göttlichen Willen, in gleicher Entfernung (um der Sünde des Menschen willen) und nahe (um der Gnade Gottes willen). Aber Karl Barth hat sehr viel Gutes gewirkt, und ich freue mich, dass er etwas menschlicher auch in seiner Ausdrucksweise geworden ist." Max Diestel an seine Schwester Meta, Brief vom 14.11.1933.

einer Konsequenz, die auch ihn in Opposition zum Staat brachte; jede Aktion zur Bewahrung der Kirche war für das Regime politischer Widerstand.[400] Der Konflikt zwischen Kirche und totalem Staat war unvermeidlich. Eine „neutrale“ Haltung gab es nicht. Was manche „neutral“ nannten, war die Beschränkung von Kirche auf sich selbst, was im Grund nur in eher unbeobachteten ländlichen Gebieten möglich war, solange die örtlichen Funktionäre stillhielten.

2. Kirche muss Kirche bleiben

Otto Dibelius begrüßte in einem Rundschreiben das Ergebnis der Wahl vom 8.3.1933, die „eine parlamentarische Mehrheit von bewußt nationaler Haltung“ ans Ruder gebracht habe. Nun müsse sich zeigen, ob Kirche in den 15 Jahren nach 1918 gelernt habe, Kirche zu sein:

> „Das würde sich bewähren, wenn die vier Punkte ernst genommen würden: ‚1. Daß das Evangelium im Gegensatz zu jeder menschlichen Ideologie steht, sie mag nationalsozialistisch oder sozialistisch, liberal oder konservativ sein, daß das Evangelium den Menschen in seinen selbstischen Wünschen nicht bestätigt, sondern richtet. 2. Wo Haß gepredigt wird, und nun gar der Haß gegen Glieder des eigenen Volkes, da ist der Geist Jesu Christi nicht.‘ 3. Die Kirche müsse gerade jetzt das ‚Gewissen des Staates‘ bleiben und ‚im großen und im kleinen tapfer und offen‘ sagen, ‚was nach Gottes Wort recht und was unrecht ist.‘ 4. Folgt eine Mahnung zu kirchlicher Disziplin: „Es

[400] In seiner Schrift „Um was es uns im Kirchenstreit geht“ (1934) beschreibt Diestel den Unterschied der Welt-Anschauung zwischen DC und der opponierenden Gruppe „Evangelium und Kirche“: „Auch wir möchten, daß das ganze Volk zu einer Gemeinschaft vor Gott werde, sich vor ihm beuge, aus seinem Wort und Sakrament sich seine Weisungen hole, sich von ihm neu schaffen lasse durch sein Wort und Sakrament. Wir haben unser Volk genauso lieb und wollen genau den gleichen Dienst ihm tun, wollen uns nicht von unseren Brüdern trennen, wollen Brücken schlagen und nicht Gräben ziehen. Wir wollen aber eines ganz bestimmt herauslassen aus dem politischen Kampf, … Das ist die Gottesoffenbarung. Sie ist eindeutig und für alle Zeiten in Jesus Christus zu finden, unserem Heiland. Er ist unser Herr, auch wenn wir im politischen Kampf stehen, um Weltanschauungsfragen uns mühen und Rassen- und Volkstumsnöte zu beheben suchen. Sein Urteil in seinem Wort ist für uns entscheidend, nicht unsere Art und unser Blut. Wir wollen Gott im Geist und in der Wahrheit anbeten. Nicht in unserem Geist: Denn ‚der Herr ist der Geist‘, sagt der Apostel.“

darf nicht sein, daß Pfarrer, auf eine politische Bewegung gestützt, sich über die Vorschriften und Regeln ihrer Kirche hinwegsetzen."[401]

Heute hört man aus diesen Worten Annäherung an die neuen Regierenden. Seine Definition kirchlichen Handelns aber macht aus dem Lob der Regierung eine captatio benevolentiae.[402] Der Anspruch von Kirche, „Gewissen des Staates" zu sein, war für die nationalsozialistische Ideologie Opposition.

Diestel spürte die Unvereinbarkeit von Kirche und Staat und hielt sich von jeder Verbrüderung mit der NS-Ideologie fern. Er gehörte nie zu den Radikalen in der BK, hat in der Zeit der Kirchenausschüsse ein Kompromisspapier mit unterschrieben[403], das den Anspruch der BK, die einzig wahre Kirche zu sein, abwies. Er schloss sich aber dem Streckenbach-Ausschuss nicht an, der einen dritten Weg zwischen BK und DC suchte.[404] Das entsprach seiner Haltung wie seiner Dienststellung, änderte aber nichts daran, dass er in der Kollektenfrage, dem Streit um die Fürbittlisten und im Dienstweg über die BK konsequent auf der Seite der BK blieb.[405] Man ahnt, wie schwierig die Balance war. Weder die BK noch die Reichskirche erlaubten einen dritten Weg – der Anspruch jeweils war total.

3. Kirche soll dem Staat dienen: Gleichschaltung

Alle Versuche der Neuorganisation sind darauf ausgerichtet, den Einfluss von Kirche(n) zu reduzieren, sie gleich- und letztlich auszuschalten. Die religiöse Inszenierung der Parteitage und vieler staatlicher Feste zeigen den religiösen An-

401 Zitiert nach Schönherr in Schuppan, Bekenntnis S. 86.

402 „captatio benevolentiae" = das Werben um die Gunst des Publikums bzw. der Adressaten.

403 Entschließung vom 5.11.1936, Schuppan, Bekenntnis S. 269f. – unter den Unterzeichnern finden sich mehrere, die mit dem „Weltbund" in Beziehung stehen (Burghart, Füllkrug) und Heinrich Grüber.

404 Schuppan, Bekenntnis S. 268.

405 Zum Dienstweg schreibt am 23.6.1935 Eckert an Diestel: „Es hat uns befremdet, daß Sie in letzter Zeit mehrfach amtliche Schriftstücke nicht unmittelbar, sondern auf dem Umwege über den ‚Bruderrat der Bekenntnissynode Berlin-Brandenburg' uns zugeleitet haben. Wir müssen dieses Verfahren beanstanden. Es ist nicht angängig, von amtlichen Schriftstücken Unbeteiligten Kenntnis zu geben. Insbesondere müssen wir von einem unserer Aufsicht unterstellten Superintendenten verlangen, daß er in der Verfassungsurkunde nicht vorgesehene Zwischeninstanzen im amtlichen Verkehr nicht einschließt. Wir erwarten, daß Sie in Zukunft amtliche Schriftstücke unmittelbar an uns weiterreichen." Personalakte Diestel – Diestel hat sich daran nicht gehalten.

spruch des Regimes.[406] So muss man denen in der BK Recht geben, die einen Kompromiss oder ein Nebeneinander von Staat und Kirche(n) für unmöglich erklärten.

Die Gleichschaltung der Kirche entsprach der der Bundesländer. Dabei behauptete man, sich nicht in Inhalte einzumischen, sondern nur Form und Struktur von Kirche – Äußerlichkeiten also – umgestalten zu wollen. Evangelische Kirche hält die äußere Form der Kirche für keine Frage des Bekenntnisses.[407] Sie musste erfahren, dass eine Änderung der Strukturen inhaltliche Folgen haben konnte, und lernen, der Form von „Kirche" Bedeutung beizumessen, ohne sie für heilsbedeutend zu erklären.[408] Gemeinde ist die Versammlung der Gläubigen, nicht eine Verwaltung oder Organisation, die sie rechtlich beschreibt und verfasst; Kirche kann es nicht geben ohne die Gemeinde.[409] Welche Bedeutung diese Festlegung hat, sollte sich in der nun folgenden Kirchenpolitik erweisen.

4. Die Kirchenpolitik 1933[410]

Am 24.6.1933 wird August Jäger als „Kommissar für sämtliche evangelische Landeskirchen Preußens" in der Leitung der APU eingesetzt. Damit ist die Selbstverwaltung der Kirche erledigt. Er sollte den DC ihre Stellung in der Kirche sichern oder verschaffen. Am gleichen Tag ergeht die Anordnung der Auflösung aller synodaler Vertretungen in der APU.

---

406 Die Zweite Preußensynode in Dahlem 1935 befasste sich mit einem Wort an die Gemeinden, das die neuheidnischen Tendenzen Rosenbergs und anderer kritisierte und als im Gegensatz zum Evangelium stehend darstellte. Mit dieser Einordnung der eigenen Ideologie war das Regime so unzufrieden, dass eine Verhaftungswelle unter Pfarrern ausgelöst wurde, mit der man die Verlesung dieses Wortes verhindern wollte. Kirche war zu diesem Zeitpunkt noch zu fest verankert, als dass die Regierenden sich deutlich gegen sie stellen wollen. Das Ende der Kirchen wollte Hitler als „letzten Dienst" seinem Volk nach dem „Endsieg" bescheren.

407 In der „Confessio Augustana" von 1530 ist „Gemeinde" so bestimmt (Art. VII): Kirche „ist die Versammlung aller Gläubigen, bei welchen das Evangelium rein gepredigt und die heiligen Sakramente dem Evangelium gemäß gereicht werden. Denn dieses ist genug zu wahrer Einigkeit der christlichen Kirche, daß da einträchtig nach reinem Verstand das Evangelium gepredigt und die Sakramente dem göttlichen Wort gemäß gereicht werden."

408 In nahezu allen Leitbilddebatten kann man die Suche nach einem Weg zwischen „unwichtig" und „nicht heilsbedeutend" erleben, verschärft durch die Frage nach dem Echo, das Kirche damit jeweils hat.

409 In der Schrift „Evangelisch und Katholisch" sind das die entscheidenden Einwände Diestels gegen die katholische Kirche.

410 Ich folge hier Heinsens Zusammenfassung S. 24ff.

Für die Kirchenprovinzen bzw. Landeskirchen werden von Jäger Bevollmächtigte ernannt. Sie sollten für die Neubildung der aufgelösten Gremien sorgen und der DC Mehrheiten verschaffen. Es sollte nicht gewählt, sondern Vertreter anhand von Vorschlagslisten bestimmt werden. Das Ziel waren 80% Vertreter der DC.

5. Weg in die Suspendierung

Beauftragter für die Kirchenprovinz Berlin-Brandenburg (und damit auch für Diestel) wurde Otto Eckert. Er beließ Diestel und andere zunächst im Amt. Die Befugnisse des Kreissynodalvorstandes übertrug er dem Superintendenten, der sich zwei Gemeindeglieder zu seiner Beratung aussuchen sollte (27.6.1933). Entsprechendes geschah auf Gemeindeebene.
Die Funktionsträger sollen sich mit Unterschrift verpflichten, „die Geschäfte der kirchlichen Körperschaften … im Sinne und nach der Anordnung des Staatskommissars für die evangelische Kirche in Preußen zu führen.“[411] An die Stelle presbyterialer oder synodaler Gremien trat also eine Befehlskette, in der vom Staatskommissar über den Bevollmächtigten den Superintendenten und von diesen den geschäftsführenden Pfarrern das Handeln angeordnet wurde. Superintendenten sollten die Ausführung der Anordnungen überwachen und Vollzug oder Widerstand melden.
Jäger beurlaubte fast den ganzen Evangelischen Oberkirchenrat (EOK), Präsidialfunktionen und frei gewordene Stellen besetzte er – zunächst kommissarisch – mit DC-Mitgliedern. Kompetenzen des Kirchensenats[412] übertrug er, kommissarisch, auf Dr. Friedrich Werner, den von ihm eingesetzten Präsidenten des EOK. Wehrkreispfarrer Ludwig Müller wird Anfang Juni Gesamtleiter des EOK. Der EOK war damit keine Kollegialbehörde mehr.

6. Was Kirche sei

Diese Kirchenpolitik war ein Angriff gegen die „Unternehmenskultur“ evangelischer Kirche, zusammengefasst in dem Begriff vom „Priestertum aller Getauften“.[413] Es ist ein Wesenselement evangelischer Kirche, denn es verwirklicht den

411 Heinsen S. 26.

412 Der Kirchensenat vertritt die Generalsynode, wenn sie nicht tagt.

413 Bei diesem oft zitierten Motto evangelischer Kirche – manchmal auch „Priestertum aller Gläubigen“ – muss man sehen, dass Luther seine Theologie jeweils für einen aktuellen Zusammenhang entwickelt hat, so dass auch dieses Leitwort nicht wirklich bis in die Einzelheiten, z.B.

Grundsatz von der Taufe als „Grundsakrament", das alle Christen auf eine Stufe stellt. Entsprechend beteiligt die synodale Struktur alle Christenmenschen an Entscheidungen. Wenn die oft uneinigen Evangelischen an einer Stelle einig sind, dann darin, dass „wir" keine Priester haben und Pfarrer/Pfarrerinnen „auch nur" Christenmenschen sind.
Mit ihrer synodalen Struktur aber wäre evangelische Kirche ein Gegenbild zur und eine Anfrage an die Idee des nationalsozialistischen Staates gewesen.
Die Entscheidungen Jägers wollten die Anhänger der Regierung als lediglich die äußere Form der Kirche betreffend sehen, tatsächlich aber griff der Staat das Zentrum evangelischen Selbstverständnisses an, in dem sich die meisten Evangelischen wiederfanden. Das erklärt die schnelle und große Opposition gegen diese Maßnahmen. Dabei störten sich viele nur an den Eingriffen in die Kirche, dem Staat fühlten sich nicht wenige weiterhin verbunden – was die Menschen in ein nahezu unauflösbares Dilemma führte. Siegmund Schultze beschreibt es klar: Eine Klärung der kirchlichen Lage wird nicht erfolgen, weil

> „die politischen Machthaber die Lösung, die im Interesse der Kirche liegt, nicht wünschen. Die Opposition gegen die gegenwärtige vom Staate der Kirche aufoctroyierte Reichskirchenleitung leidet unter der Fiction, dass diese Opposition ebenso loyal zu der nationalsozialistischen Führung stehe wie die von der staatlichen Führung begünstigte Partei der sog. deutschen Christen. Die meisten Glieder der Opposition sind … überzeugt, dass sie mit der Richtung der Staatsführung übereinstimmen. Andere Mitglieder der kirchlichen Opposition aber wissen, dass sie ihre der Staatsdoktrin entgegengesetzte Auffassung nicht zur Geltung bringen können, wenn die oft von den ‚Deutschen Christen' aufgestellte Behauptung erhärtet wird, dass diese Opposition auch in politischer Hinsicht oppositionell ist …
> Die Deutsche Vereinigung des Weltbundes nimmt an dieser allgemeinen Situation teil. Sie hat aber wiederholt in verschiedenen Fragen, insbesondere auch in der Arierfrage, ihre mit der ökumenischen Stellungnahme übereinstimmende Auffassung ausgesprochen.
> Da die Vertretung des Ökumenischen Rates in Deutschland – sehr gegen den Wunsch der deutschen Freunde der ökumenischen Sache – seinerzeit

---

der Kirchenleitung, entwickelt wurde. Beim „geistlichen Amt" ist klar, dass es keinen Unterschied in der Stellung vor Gott zwischen Theologen und Laien geben kann; es erwies sich aber immer wieder als schwierig, dann das „geistliche Amt" näher zu profilieren.

> zu einer Angelegenheit der Kirchenregierung gemacht worden ist, fällt der Deutschen Vereinigung des Weltbundes zur Zeit eine wichtige Aufgabe zu. Nach unserer Meinung muss sie weiterbestehen, auch wenn sie in der Oeffentlichkeit nicht viel tun kann."[414]

Die Machthaber wurden von der umfassenden und deutlichen Opposition offenbar überrascht, so dass man manche Maßnahmen zurücknehmen musste. Das eigentliche Ziel verloren sie aber nicht aus den Augen.

7. Kirchenleitung unter neuen Umständen

Jeder Superintendent musste sich nach seinem Amtsverständnis fragen: Wo bisher Kollegialität, Brüderlichkeit bei Selbständigkeit der Gemeinden gepflegt wurden, sollte „durchregiert" werden. Scheinbar wurde die Macht der Superintendenten ausgeweitet, eigentlich aber so umgestaltet, dass ihnen jeder Spielraum genommen wurde.
Diestel, dem später bescheinigt wird, sein Leitungsamt mit „weicher Hand" ausgeübt zu haben[415], verteidigte sein Amtsverständnis gegen die kirchliche Obrigkeit – sehr geschickt im Gespräch mit Karow[416], den er so weit bringt, Diestels Amtsbegriff als seinen immer schon vertretenen anzusehen. In den kommenden Auseinandersetzungen konnte Diestel durch dieses Amtsverständnis glaubhaft sein „Nichtwissen" von Vorgängen in einer Gemeinde betonen.
Die von Eckert verlangte schriftliche Erklärung, die Geschäfte „im Sinne und nach der Anordnung des Staatskommissars" zu führen, scheinen weder Diestel noch die „ihm nahestehenden Pfarrer" abgegeben zu haben, auch die Umorganisation der Gremien habe wohl nicht stattgefunden. [417] Stattdessen erklärten sie,

---

[414] Siegmund-Schultze, Brief aus Flims, 16.1.1934 EZA 626/393.

[415] „Hier wurde er den Pfarrern ein Seelsorger, wie es nicht viele gibt, und den Gemeinden ein Leiter, der mit weicher, aber sicherer Hand Schwierigkeiten auszugleichen und Hindernisse für die kirchliche Arbeit zu überwinden wußte. ... Immer mehr wuchs er in das Vertrauen und in die Liebe der Gemeinden hinein. Das kam niemals stärker zum Ausdruck als in den Jahren des Kirchenkampfes, in denen die ‚Deutschen Christen' immer wieder versuchten, ihn zu verdrängen. ... Mehr als einmal glaubten sie sich am Ziel – und mußten sich doch immer wieder geschlagen geben. Der Ring des allgemeinen Vertrauens, der den Superintendenten Diestel umgab, hielt fest." Dr. Otto Dibelius, in: „Die Kirche" 1947.

[416] Manuskript Diestel, Gedächtnisprotokoll Gespräch mit Karow (Archiv Gudrun Diestel); siehe Anhang, S. 452-454.

[417] Heinsen S. 26.

den Weisungen nur in äußeren Angelegenheiten der Kirche und „soweit es ihr Gewissen zuließe" zu folgen.[418]
Die Art der Reaktion war für Max Diestel typisch: Er widerstand, ohne den Widerstand öffentlich zu demonstrieren. Er formulierte Bedenken, schlug Alternativen zum angeordneten Handeln vor oder erklärte, warum Abwarten besser sei. Seinen Spiel- und Entscheidungsraum sah er durch das Evangelium definiert und beschrieb mündlich oder schriftlich, was ihm möglich war. „Gott zu gehorchen", war seine oberste Maxime. Diestel sagte also nicht „Nein", sondern „Ja, aber", „Ja, aber anders" oder „Ja, aber nicht jetzt", was es Gegnern erschwerte, seine Widersetzlichkeit an Worten festzumachen.
In dieser Art nicht ernst genommen zu werden, verträgt eine Behörde umso weniger, je absoluter sie ihre Macht definiert und je unsicherer sie sich dieser Macht ist. Noch weniger konnte eine Kirchenregierung solches Verhalten dulden, die im Namen des Führerprinzips schnelle Entscheidungen anstrebte und ihre Beschlüsse als Anweisungen verstand und deren Umsetzung erwartete. Diskussionen über „Wie", „Wann" und „Ob" stellten die Autorität der Leitenden in Frage, die ihrerseits unter Beobachtung staatlicher Stellen standen: Sie hatten den Auftrag bekommen, das Programm der Nationalsozialisten in der Kirche umzusetzen, und wurden daran gemessen, wie schnell die Umsetzung gelang. Dem Teil der Nationalsozialisten, dem das Überleben der Kirche unwichtig, ja störend schien, musste jeder Streit in der Kirche Argumente liefern.

Max Diestel – Superintendent der „Reichskirche"?

Immer wieder wird Max Diestel als „Superintendent der Reichskirche" bezeichnet. Das ist ungenau und wird Diestel nicht gerecht. Jene Nationalsozialisten, die Kirche zu brauchen glaubten, strebten eine „Reichskirche" an: eine einzige evangelische Kirche in Deutschland, möglichst unter Einbeziehung der als „Sekten" bezeichneten kleinen kirchlichen Einheiten, unter einem Bischof, organisiert nach dem Führerprinzip, also ohne synodale Gremien und mit Umsetzung des Arierparagraphen. Diese Kirche wurde nie verwirklicht – wegen des Widerstandes von Pfarrernotbund und Bekennender Kirche, aber auch, weil jene Nationalsozialisten sich durchsetzten, die Kirche ablehnten oder für überflüssig hielten.

[418] A.a.O. S. 27.

Der Versuch, diese „Reichskirche“ zu schaffen, beschädigte Landeskirchen unterschiedlich stark. Die Kirche der Altpreußischen Union wurde „gleichgeschaltet“, die wichtigen Positionen mit regimetreuen Männern besetzt; sie ist oft mit der Bezeichnung „Reichskirche“ gemeint. Genauer muss man sagen: Am 1.3.1934 wurde die Kirche der APU in die Deutsche Evangelische Kirche (DEK) überführt. Die BK erklärte im Mai 1934 diese Kirche für rechtswidrig. Im November 1934 stellte das Landgericht I Berlin fest, dass die Überführung der APU in die DEK keine Rechtsgrundlage hatte und deswegen die APU weiter existiere.
Einer „Reichskirche“ bzw. der DEK wollte Max Diestel nie dienen. Er hielt Distanz zu ihren Leitenden und vermied jeden Besuch im Konsistorium. Er sah sich als Superintendent im Dienst der Kirche der Altpreußischen Union, die durch Kirchenpolitik wie Besetzung der entscheidenden Posten zerstört war, wobei offenbleiben muss, um welchen Preis die „intakten“ Kirchen intakt blieben.
Die Gremien der APU blieben äußerlich bestehen: In jeder Kirchenprovinz regelte das Konsistorium die Verwaltung, die Besoldung und Berufung von Pfarrern usw. Über den Konsistorien stand für die gesamte APU der Evangelische Oberkirchenrat. Zu den von den Nationalsozialisten bewirkten Veränderungen gehörte die Abschaffung oder Entmachtung der synodalen Gremien. Wenn in dieser Arbeit von „Reichskirche“ die Rede ist, ist damit die Gesamtheit evangelischer Kirchen in NS-Sicht gemeint; die DEK umfasst nur die Provinzen der APU.
Max Diestel fühlte sich seiner Berufung durch die APU verpflichtet und sah sein Amt, wie es in seiner Bestallungsurkunde beschrieben war:

> „Er hat ... darüber zu wachen, dass überall in seinem Kirchenkreise das heilige Wort Gottes Alten und Neuen Testaments nach den Bekenntnissen unserer Kirche in Einigkeit des Geistes lauter und rein gelehret, demselben mit erbaulichem Wandel fleissig nachgelebt, und also der Name Gottes geheiligt, sein Reich gemehrt, sein Wille vollbracht werde. Er ist berufen und verpflichtet, unverbrüchlich darauf zu halten, dass der öffentliche Gottesdienst, die Verwaltung der heiligen Sakramente und der übrigen geistlichen Amtshandlungen nach Maßgabe der Agende und der dazu gehörigen Vorschriften unverändert geschehe, die Seelsorge treulich geübt, dem Katechismus- und gesamten religiösen Jugend-Unterricht sorgfältige Pflege und Aufsicht gewidmet, allen etwa eintretenden Ärgernissen gewehrt, und sämtliche Angelegenheiten der Kirchen seines Aufsichtskreises gewissen-

haft und dem Reiche Gottes förderlich wahrgenommen werde. Insbesondere hat derselbe die Kirchenvisitationen … mit Fleiss, Eifer und eindringlicher Sorgfalt abzuhalten, die in seiner Diözese vorkommenden Synodalverhandlungen mit Weisheit und Liebe zu leiten, die neuberufenen Geistlichen in ihre heiligen Ämter in feierlicher und erbaulicher Weise einzuführen, vorkommende Verfehlungen gegen die Amtspflichten ernstlich und väterlich zu rügen oder darüber gehörigen Orts zu berichten. Endlich liegt ihm auch ob, zu untersuchen, ob die Kirchenbücher ordentlich gehalten und bei Patronat-Kirchen die Rechnungen gehörig abgenommen werden. Imgleichen hat er für die Erhaltung der Kirchen- und Pfarrgebäude, Güter und Einkünfte, wie der in seinem Aufsichtskreise vorhandenen milden Stiftungen Sorge zu tragen."[419]

Heutige Leserinnen und Lesern mögen sich über die „Lyrik" des Textes amüsieren. 1925 war es Beschreibung des Amtes, das nach 1933 nur noch im Konflikt zur neuen Kirchenleitung zu leben war: Der Superintendent schaut auf die Einhaltung der Lehre (z.B. gegen die DC), sorgt auch für die äußerliche Ordnung in der Führung von Kirchenbüchern (z.B. bei der Beurkundung von Taufen jüdischer Menschen). Er ist Beauftragter des Konsistoriums vor Ort, das ihn berufen hat, und arbeitet nach Absprache mit synodalen Gremien (die die NS-Ideologie verachteten), begleitet Pfarrer – weil Diestel sich diesem Auftrag lebenslang verpflichtet fühlte und auf ihn berief, geriet er in ständigen Konflikt mit Konsistorium und EOK. Er weitete die „alten" Freiheiten eines Superintendenten nicht aus, handelte auf dieser Grundlage nach eigener Entscheidung. Dass er diesen Amtsbegriff aber lebte, war schon Widerstand gegen den neuen Begriff kirchlichen Amtes.

8. Erste Suspendierungen

Im Juni erreichte Diestel ein Brief aus Strausberg:[420]

„Auf Wunsch des Konsistoriums werde ich in diesen Tagen einen längeren Urlaub beantragen, von dem ich dann wohl kaum in die Superintendentur

---

[419] Bestallungsurkunde 30.7.1925, Abschrift vom 25.2.1938 (Archiv G. Diestel).

[420] Brief vom 8.6.1933, EZA 50/7 Nr. 35-40: Verdrängung des Sup. Ungnad aus Strausberg 1933.

zurückkehren werde. Der Kirchenkreis ist in Mehrheit nationalsozialistisch, ebenso die Pfarrerschaft. – Nun ist der ‚Bruder'-Kreis wiederholt zusammengetreten und hat sich darauf geeinigt: im Interesse des Kirchenkreises sei zu wünschen, daß er eine andere Leitung bekäme. Ich hätte nicht das Vertrauen des nationalsozialistischen Kirchenvolkes. *Das* verdanke ich vor allem den ‚Brüdern' – und sie selbst könnten aus denselben Gründen nicht mehr mit mir gehen. Das hat man daraufhin dem Herrn Generalsuperintendenten D. Dibelius unterbreitet –; leider sieht das Konsistorium, von dessen gutem Willen ich überzeugt bin, in der gegenwärtigen Lage nur diesen Ausweg.
Was mir passiert ist, kann Sie ja alle treffen. Darum teile ich dies den Amtsnachbarn mit.
Mit amtsbrüderlichem Gruß!"

Handschriftlich ist hinzugefügt:

„Lieber Bruder Diestel,
aus vorstehendem Brief sehen Sie, daß unermüdliche Maulwurfsarbeit auch zum Ziele führt: Seitdem ich – es ist etwa ein Jahr her – auf die Gefahr hingewiesen, die die Kirche mit dem Eindringen der Deutschen Christen in die kirchl. Körperschaften in ihrem Bestand bedrohe, seitdem ist das Kesseltreiben gegen mich nicht zum Stillstand gekommen. …
Hat Burghart denn nun den Vorsitz im Weltbund niedergelegt? Dann beerben Sie ihn wohl? Wird jemand nach Herrnhut delegiert …? Es ist ein Jammer: Hat man keine Organisation hinter sich, die einen entsendet, kann man als geplagter Familienvater, der noch für allerhand zu sorgen hat, an solchen Veranstaltungen nicht teilnehmen.
Gott erbarme sich unserer Kirche!
Mit freundlichem Gruß Ihr Ungnad"

Diestel antwortet[421]:

„Lieber Bruder Ungnad,
Was Sie mir … mitgeteilt haben, hat mich sehr bewegt. Vor allen Dingen ist es schmerzlich, dass in diesen Streit auch persönliche Racheinstinkte hinein-

[421] am 9.6, a.a.O. – Ich dokumentiere den Brief, weil er Diestels Einschätzung der Lage zeigt, und auch, wie seelsorgerlich er einen Kollegen in verzweifelter Lage berät

sickern, die alle redliche Auseinandersetzung vergiften. Die Handlungsweise des Konsistoriums verstehe ich nicht. Ich kann sie mir nur erklären aus dem Stupor, der die Kirchenbehörden überfallen zu haben scheint, nachdem sie in der kommenden Umgestaltung der Kirchen eine Art Götterdämmerung für sich geschaut haben. …
Dass Sie in Strausberg nicht bleiben wollen, verstehe ich. Es hat keinen Sinn, sich dauernd boykottieren zu lassen. Ich weiss, dass viele Sie ungern ziehen lassen werden, aber um Ihrer Gesundheit willen würde ich Ihnen raten, nicht dort zu bleiben. Wiederum meine ich, sollte die Kirchenbehörde Ihnen zu einer Stelle verhelfen, die Ihren Fähigkeiten entspricht, ob es eine Superintendentur ist oder nicht."

Diestel geht freie Stellen in seinem Kirchenbezirk durch: Die Gemeinde in Steglitz stehe vor einer Wahl, habe aber sich schon auf einen Kandidaten geeinigt. In einer anderen Gemeinde suche man einen „jungen" Kollegen.

„Sonst ist im Kirchenkreise nichts frei außer Blankenfelde, und dazu kann ich Ihnen nicht raten. (4 weit auseinander liegende Gemeinden und schwierige Verhältnisse). Unter allen Umständen sollten Sie in eine Gemeinde, die keine Mehrheit von ‚Deutschen Christen' hat; das würde Ihrem Herzen zu viel zu schaffen machen.
Die ganzen Zustände, auch der Streit um den Reichsbischof und die Art und Weise, wie hier vorgegangen wird, sind so unerfreulich, dass man am liebsten sagen würde: ‚Es ist genug, so nimm nun Herr meine Seele.' Man soll nicht um den Heiligen Geist an Pfingsten bitten, wenn man sich nicht in die Zucht des Heiligen Geistes nehmen lassen will.
Burghart hat den Vorsitz im Weltbund nicht niedergelegt. Er wird ihn jedenfalls noch über Herrnhut behalten. ...[422]
Einstweilen leben Sie wohl. Es tut mir weh, dass Sie, gerade Sie, der Sie Ihr ganzes Leben lang bis in die Fingerspitzen ein nationaler und sozialer Mensch gewesen sind und nie etwas anderes gesucht haben, als das Evange-

[422] Ungnad wäre auch gern nach Herrnhut zur Tagung des Weltbundes gefahren, hätte aber dafür die Kosten tragen müssen, wozu er angesichts seiner sonstigen finanziellen Belastungen nicht in der Lage war. Diestel rät ihm, sich als Pressevertreter delegieren zu lassen. – Hier wird deutlich, dass Diestel und Ungnad einander vom Weltbund her kennen.

lium auf Ihre Art und in Ihrem Wirkungskreise vollgewichtig zu verkündigen, aus Ihrem Amte vertrieben werden sollen. Das ist eine Gewissensverwirrung, die unsere Kirche wird teuer bezahlen müssen."

Ob Diestel ahnte, dass auch gegen ihn so vorgegangen werden würde? Freilich hatte er eine andere Stellung, weil die Mehrheit der Amtsbrüder nicht deutschchristlich eingestellt war. In Strausberg gaben die anderen Mehrheitsverhältnisse Gelegenheit zur Suspendierung eines Missliebigen.

Die erste Suspendierung Diestels

1. Dank oder Buße?

Die Kirchenleitung ordnete an, die Neuordnung der Kirche am 2.7.1933 mit „Lob- und Dankgottesdiensten" zu feiern. Die Generalsuperintendenten Dibelius und Karow riefen am 26.6. auf, sich gegen die Umgestaltung zu wenden, die die freie Verkündigung des Evangeliums mit politischen Machtmitteln verhindere.
Die Reaktion kam postwendend: Jäger suspendierte am 26.6. Otto Dibelius (Generalsuperintendent der Kurmark) und am 28.6. Emil Karow (dto. von Berlin-Stadt).
Joachim Hossenfelder (Pfarrer, Leiter der Reichsleitung der DC und neuer Vizepräsident des EOK) forderte die Gemeinden auf, sich der Neuordnung „lobend, betend, dankend und handelnd" zur Verfügung zu stellen. Dr. Werner (noch „kommissarischer" Präsident des EOK) „ordnete für die Gottesdienste am 2. Juli an, daß in diesen das ‚Wort' des geistlichen Vizepräsidenten verlesen, die Gottesdienste festlich mit Dank und Fürbitte gestaltet und sämtliche kirchlichen Gebäude mit Kirchen-, Hakenkreuz- und schwarz-roter Flagge beflaggt werden sollten."[423] Er drohte Superintendenten und Pfarrern mit disziplinarischen Konsequenzen, wenn sie dem Aufruf der Generalsuperintendenten folgten.

2. Max Diestels Reaktion und Suspendierung

Diestel teilte dem Präsidenten des EOK am 29.6. mit, dass er und die mitunterzeichnenden Pfarrer einen solchen Gottesdienst nicht verantworten könnten und wurde wahrscheinlich deswegen am 3.7. suspendiert, erfuhr davon allerdings nur

[423] Schreiben vom 27.6., zitiert nach Heinsen, S. 29.

durch (den DC-)Pfarrer Werner Rogge (Matthäusgemeinde Steglitz) einen Tag später, als der die Geschäfte des Superintendenten übernehmen wollte.
Diestels Ausführungen an den EOK sind charakteristisch für die Art seiner Opposition. Er begründet seine Ablehnung

- mit rechtlichen Bedenken,
- der Stimmung der Gemeinde
- und macht einen Gegenvorschlag.

Die Gemeinden, schreibt Diestel, könnten „Freude und Dank" nicht verstehen, weil das Ziel der Neuordnung bisher nicht erreicht sei und sie die Beurlaubung der bisherigen Führer kaum mit Lob und Dank kommentieren könnten. Unruhe aber – so Diestel scheinbar fürsorglich – könne man am wenigsten brauchen, wenn man die Neuordnung nicht aufs Spiel setzen wolle.
Sein Gegenvorschlag: Die Kirchenleitung formuliert einen Aufruf zur Fürbitte für die Neuordnung und verzichtet auf Beflaggung. Dieses eine Mal noch wandte er sich auch mündlich an Werner. Später vermied er direkte Kontakte mit Vertretern der DC.[424]
Seine Suspendierung war für ihn ein Schock; sie hatte sicher ein Echo auch in der Gemeinde. „Suspendierung" wird mit Versäumnissen oder Vergehen verbunden und schadet dem Ruf; je weniger die Gründe bekannt sind, desto wilder wuchern Gerüchte.
Bekannt ist eine Reaktion aus der Familie. Lene Wermann, eine Schwester Diestels, schreibt einen Brief an ihn, dem ein Zeitungsausschnitt[425] beiliegt:

> „Man wird ganz irr. Ob wir es alle nicht verstehen? Aber es liegt doch sicher nicht am Nicht-Wollen. Es ist so viel Unbegreifliches u. Rätselhaftes dabei – … Es war sehr lieb von Dir – dass du mir gleich schriebst …: eine ganz unbegreifliche Nachricht: Max ist beurlaubt – da konnte ich nichts sagen u. lag u lag, u. die Tränen kullerten mir über die Backen. – Das hatte ich nicht erwartet. Daß Otto Dibelius als erster fallen würde – war mir klar – aber Du … Und einfach – weil du deine Pfarrer nicht schieben konntest u. wolltest wie Marionettenfiguren? – ! Es ist so traurig – daß Mittel gebraucht werden – die wie Schlag u. Niederzwingung aussehen. Zwischen den zwei Lagern ist keine Wahrhaftigkeit – keine Offenheit, deshalb auch kein Vertrauen. –

424 Heinsen S. 31.
425 Evtl. Lichterfelder Anzeiger „Kirchliche Nachrichten", siehe folgende Seite.

… Es ist harte Zeit – u. umso härter fühlt man sie, weil es Bruder gegen Bruder erregt. Wo Einigkeit war, ist jetzt Spaltung. Es bleibt aber – daß wir auch hieraus wie aus dem ganzen Geschehen etwas lernen sollen. All die bitteren Vorwürfe gegen Pfarrer und Kirche zwingen zur Einkehr – zur Selbstbesinnung – zur Prüfung des eigenen Wollens u. Tuns. Aber neben dem Erkennen der Schuld muß fest stehen das schrifttreue Wollen und Handeln – die unermüdliche Arbeit von früh bis spät – das Kämpfen u. Ringen, um den Menschen innere Kraft und Freudigkeit zu geben … das ist doch alles da gewesen – wir haben es gesehen Tag um Tag bei unseren Männern.

Und das ist, was mich so schlägt – daß davon keine Rede mehr ist und so getan wird – wie wenn immer nur unverständliches Reden – Gift und Galle verspritzt wäre. Unsere deutschen Christen hier schreiben auch mannhaft ins Blättle. Und da tut keiner was – dass nicht einer aufsteht u. sagt: So war und ist es bei uns nicht. …Wir dachten damals 1918, nun finge das Martyrium der Pfarrer an – u. es scheint mir fast – daß es jetzt erst da ist. Und mißachtet von denen – die im Grunde dasselbe wollen wie jeder ernste Christ. Denn die Richtlinien der deutschen Christen können wir alle Wort für Wort unterschreiben. – Aber nicht das – was nebenhergeht. – Und sollen es auch nicht. Du hast nach deinem Gewissen gehandelt – hast zugestimmt oder versagt – wie Du es tun mußtest – deshalb kannst Du auch fröhlich sein. Und daß Else tapfer ist und dir nichts Hemmendes in den Weg legt – das ist mir ganz gewiß. … – Weirich hat Betrübendes über die Kampfmethoden in Berlin erzählt. Wenn wir nicht glauben dürften! So es von Gott ist – wird es bestehen – dann könnten wir zagen – aber so haben wir die feste Zuversicht: – Gott wird es lenken u. wenden –

Wechsel in der Superintendantur

Pfarrer Ragge und Studienrat Zincke mit den Geschäften betraut

Pfarrer Großmann auf freiem Fuße.

Konsistorialrat Joerchß beurlaubt.

wenn wir reinen Herzens für ihn kämpfen. Wir grüßen Euch sehr – sehr herzlich. Unsere Gedanken sind viel bei Euch. In Treue fest ...“[426]

Lene Wermann vermutet die Gründe für die Suspendierung bei unwilligen Pfarrern, die Diestel hätte „schieben“ müssen – dass ihr Bruder der Anordnung nicht folgen wollte, scheint sie nicht für möglich zu halten. Sie sieht das Problem im Stil der Auseinandersetzung, nicht in inhaltlichen Differenzen. In den „Richtlinien der Liste ‚Deutsche Christen‘“ steht viel über die Neuordnung evangelischer Kirche. Wer die kirchliche Wirklichkeit kritisch betrachtete, mochte überlesen, dass von einem „artgemäßen Christusglauben“, „deutschem Luthergeist und heldischer Frömmigkeit“ und damit neuen Glaubensinhalten die Rede ist. Rasse, Volkstum und Nation gelten als gottgeschenkte Lebensordnungen, „christliches Weltbürgertum“ wird abgelehnt, ebenso „Judenmission“, „solange die Juden das Staatsbürgerrecht besitzen und damit die Gefahr der Rasseverschleierung und Bastardisierung besteht.“[427] Darin liegt alles, was DC und NSDAP nach der „Machtergreifung“ anstreben, und damit die Zumutung einer politischen Parteinahme der evangelischen Kirche. Vielleicht konnte man es im Juli 1933 noch überlesen. Gut informiert ist sie über Dibelius, den sie bei der kirchlichen Opposition vermutet. Dass sie ihn im Blick hat, mag an Berichten ihres Bruders liegen; zudem war er mit der Familie Diestel verwandt.[428]

3. Der Fall Großmann

Otto Großmann, Pfarrer in Steglitz St. Markus, wurde im Gottesdienst (zwischen Predigt und Abendmahlsfeier) von der SA verhaftet und von Eckert verhört, weil er sich der Anordnung zu Lob und Dank verweigert hatte. Das Vorgehen zeigt das gestörte Verhältnis Eckerts zu Diestel, der als Vorgesetzter eigentlich Großmann zu den Vorwürfen hätte hören müssen. So lieferte Eckert Diestel einen „guten“ Grund zu protestieren.[429] Dieses Vorgehen wird sich wiederholen: Wo

---

426 Brief von Lene Wermann an Max Diestel, Altena, 8. Juli 1933.

427 Hossenfelder, Richtlinien …, 1932.

428 Dibelius‘ Frau war wohl eine Nichte von Emmy Diestel, geb. Delius; in der Familie redete man von „Onkel Otto“.

429 Dass die vorgegebene Reihenfolge der Vorgesetzten eingehalten werden sollte, war auch in der veränderten Kirchenleitung unstrittig; sie ist geradezu eine Voraussetzung für die Einhaltung des Führerprinzips.

man mit Widerstand von Diestel rechnete, agierte Kirchenleitung an ihm vorbei, wogegen Diestel dann Widerspruch einlegte.
Die Predigt Großmanns wendet sich – ganz in Diestels Sinn – gegen die Einmischung des Staates in kirchliche Angelegenheiten:

> „Die Preussische Regierung hat für die evangelischen Landeskirchen in Preussen einen Staatskommissar eingesetzt. Sie hat damit den berufenen Organen der kirchlichen Selbstverwaltung die Leitung der Kirche aus der Hand genommen. Sie hat es gerade in der Zeit getan, in der es darum geht, unserer evangelischen Landes- und Reichskirche eine neue Ordnung ihres Lebens zu schaffen. Das ist ein Eingriff in die durch die Verfassung und die besonders feierliche Zusage unseres Volkskanzlers in heiliger Stunde begründete Freiheit und Selbständigkeit unserer evangelischen Kirche von grundsätzlicher Bedeutung. Kein Wunder, dass sich an diesem Eingriff der Staatsgewalt die Geister des Kirchenvolkes scheiden.
> Entweder wird die evangelische Kirche, auch wenn das die Männer der Staatsregierung gegenwärtig … nicht beabsichtigen, zuletzt doch nur ein Anhängsel des nationalen Staates und dadurch unfähig, für ihre eigentliche Aufgabe am Volk, oder sie gestaltet frei nach dem Auftrag ihres erhöhten Herrn ihr Leben, frei nach dem Auftrag des Herrn, von dem es Paulus bekennt: ‚Wo der Herr ist, da ist Freiheit'. Da kann es und darf es keinen staatlichen Zwang geben. Darum leidet es unser Gewissen nicht, dass wir für die Folgen dieses Eingriffs der Staatsregierung in unsere Kirche heute danken. Danken dafür wäre unehrlich und wahrhaftig Heuchelei an heiliger Stelle, Sünde wider das 2. Gebot." [430]

Man konnte aus Großmanns Worten durchaus Zustimmung zur Regierung heraushören; sein Widerspruch gegen ihr Vorgehen in Kirchendingen genügte, ihn als Gegner einzustufen.
Diestel, schon suspendiert (aber vielleicht darüber noch nicht informiert), wandte sich in der Sache „Großmann" an Dr. Friedrich Werner: Er solle dafür sorgen, dass „die S.A. sich völlig aus den kirchlichen Streitigkeiten heraushält, scheinbare oder wirkliche Mißgriffe ausschließlich von den … kirchlichen Organen behandelt werden und die ungestörte und freie Wortverkündigung … künftig gesichert

[430] Predigt von Pfarrer Großmann am 2.7.1933 – Archiv der Markus Kirchengemeinde Steglitz, markus-gemeinde.de.

wird."[431] Wie Großmann verteidigt er die Unabhängigkeit von Kirche und Verkündigung, weiß aber natürlich, dass dieser Gottesdienst ein Politikum ist.
Werner antwortet, dass „mehr als 80%" der Menschen hinter der Maßnahme stünden und nur ein kleiner Teil der Geistlichkeit „den Anschluß an die neue große Zeit unserer Kirche"[432] nicht finden könne. Diestel wie diese Minderheit sollten demissionieren. Hier ist kein Gespräch möglich – Widerspruch ist Zeichen veralteter Weltsicht.
Diestel wusste, dass eine Kirche, die ohne staatliche Einmischung ihre Angelegenheiten regelt, und in der die Kompetenzen der kirchlichen Ebenen geachtet werden, nicht mehr gewünscht war. Er, schrieb er, mühe sich um Unabhängigkeit, um für alle Pfarrer seines Kirchenkreises ansprechbar zu sein:

> „Ich bin weder Mitglied der Glaubensbewegung ‚Deutsche Christen' noch der ‚Jungreformatorischen Bewegung' …, weil ich mich als Superintendent verpflichtet hielt, der Vertrauensmann für alle Pfarrer meines Kirchenkreises zu sein und sie nach oben wie nach unten hin, soweit es Amt und Gewissen zulässt, zu vertreten. Aus diesem Grunde habe ich mich auch nicht gescheut, im Notfall bei den Behörden persönlich ihre Erlasse und Verfügungen pflichtgemäß kritisch zu besprechen, ehe sie zur Ausführung kamen, um Schwierigkeiten zu beseitigen."[433]

Diestel vertritt eine bis heute gelebte Auffassung von Leitung: Weder in Parteiungen auf Gemeindeebene noch der Landeskirche oder Politik verstrickt, soll der Inhaber eines Amts nur Schrift und Bekenntnis verpflichtet handeln. „Keinem zu lieb und keinem zu leid", das Motto von Diestels Schrift: „Um was es uns im Kirchenstreit geht", fasst diese Haltung zusammen.
So zu agieren, entsprach seinem Wesen. „… ein Leiter, der mit weicher, aber sicherer Hand, Schwierigkeiten auszugleichen und Hindernisse für die kirchliche Arbeit zu überwinden wußte", beschrieb Otto Dibelius Diestels Art zu seinem 75. Geburtstag.[434] Man darf aber nicht übersehen, dass Diestel immer seiner –

---

431 Diestel an den komm. Präsidenten des EOK, zitiert nach Heinsen S. 32 – Im Grund verlangt Diestel nur, was auch einem Kirchenleitenden wichtig sein müsste: dass innerkirchliche Konflikte auch innerkirchlich gelöst werden.
432 Nach Heinsen S. 32.
433 Nach Heinsen S. 34.
434 In: „Die Kirche" 1947, s.o. Anm. 260.

gegenüber der offiziellen Kirchenpolitik kritischen – Grundeinstellung entsprechend handelte – diese „Härte" gehört zum Bild.[435] Seine Anpassung hatte ihre Grenze am Evangelium, das verkündigt werden muss. Diesen Grundsatz gab er auch nicht auf, um seine Zwangspensionierung zu vermeiden.

Vor diesem Hintergrund erst versteht man, was es bedeutete, dass Diestel im September 1933 seine Unabhängigkeit preisgab, und dem Pfarrernotbund beitrat.[436] Der Pfarrernotbund (PNB) entsprach seiner Position, die er damit öffentlich bekundete, zugleich brauchte Diestel ein Netz von ähnlich Denkenden. Wie schnell es einsam werden konnte um ihn, hatte er bei seiner Suspendierung erfahren. Im Pfarrernotbund, später in der BK fand er die „wahre Kirche". Die Mitgliedschaft war für ihn weder Spaltung der Kirche noch Trennung von ihr, sondern der Versuch, Kirche und Verkündigung rein zu bewahren.

Weiter erklärt er sein Handeln gegen die Anordnungen zum Gottesdienst am 2.7. als „vorsorglich", um Unruhe vorzubeugen – Widerstand um der Ordnung willen; ein listiges Argument, gegen das die Kirchenleitung nur einwenden konnte, dass man diese Gefahr nicht erkennen könne. Im Nachhinein gesehen war die Zustimmung zur Regierung in jenen Tagen so hoch, dass es wohl kaum Unruhe gegeben hätte, zumal die Tragweite der Maßnahmen nur Kennern kirchlicher Strukturen erkennbar war.

Natürlich hatten Diestels Vorgesetzte kaum Zweifel, wie seine Argumente gemeint waren; diese zu artikulieren, hätte aber das Eingeständnis bedeutet, dass dieser Superintendent die Kirchenleitung nicht ernst nahm.

Die „Episode Großmann" endet glimpflich; der Bericht des „Steglitzer Anzeiger" erwähnt auch Diestels Eingreifen:

---

[435] „Superintendenten, die persönliche und amtliche Verantwortung für Anordnungen und ihre Durchführung ablehnen, sind unfähig, ihr behördliches Amt auszuüben. Ich erwarte von Ihnen, daß Sie endlich aus Ihrer aufsässigen Haltung gegenüber Ihrer vorgesetzten Behörde die einzig möglichen Folgerungen ziehen. In Vertretung gez. Eckert", schreibt dieser am 9.7.34. Er fand wenig von einer „weichen Hand". Das Schreiben Eckerts vom gleichen Tag macht deutlich, dass nicht nur die Vorgesetzten Diestel als hart erlebten: „Aus Ihrem Bericht vom 23. Juni 1934 … habe ich mit Befriedigung ersehen, daß Sie sich absprechende Kritik seitens der Ihnen unterstellten Pfarrer verbitten. Ich nehme an, daß Sie Ihr eigenes Verhalten Ihren kirchlichen Oberen gegenüber künftig nach den gleichen Grundsätzen einrichten, die Sie mit Recht von den Ihnen nachgeordneten Stellen beachtet zu sehen wünschen." Beide Zitate Personalakte Diestel.

[436] Heinsen S. 34.

„**Pfarrer Großmann auf freiem Fuß**

Wie uns zu dem Vorfall um Pfarrer Großmann von kirchlicher Seite mitgeteilt wird, ist der Geistliche, der, wie berichtet, nach der Sonntagspredigt in Schutzhaft genommen worden war, bereits wenige Stunden danach, um 4 Uhr nachmittags, wieder auf freien Fuß gesetzt worden.
Der geschäftsführende Pfarrer Wendland hat sich ... in einem Telegramm unmittelbar an den Reichspräsidenten gewandt.
Zu der uns mitgeteilten und gestern veröffentlichten Darstellung gibt der bisherige Leiter des Kirchenkreises Kölln-Land I, zu dem auch Steglitz gehört, Superintendent Diestel folgende Erklärung: ‚Herr Pfarrer Großmann befand sich in der Sakristei der Markuskirche und war im Begriff, die an den Gottesdienst anschließende Feier des heiligen Abendmahls zu halten, als ihm mitgeteilt wurde, daß er in Schutzhaft genommen werden solle. Er verließ sofort die Sakristei und ging durch das Haus in seine Wohnung, die an die Kirchenräume anschließt. Ihn gegen eine angeblich erregte Menge zu schützen, hätte kein Anlaß vorgelegen, weil Pfarrer Großmann gar nicht bedroht gewesen sei.‘
Auch in mehreren ... Zuschriften von Teilnehmern an jenem Gottesdienst wird bestritten, daß ‚erregte Gruppen‘ gegen Pfarrer Großmann eine ‚drohende Haltung‘ eingenommen hätten. Die Predigt habe der Geistliche – zum ersten Male in 41jähriger Dienstzeit – vom Manuskript abgelesen, weil er, wie er auch ausdrücklich erklärt habe, für jedes Wort die Verantwortung übernehmen und jeden Irrtum ausschalten wollte. So sei das Wort „Gotteslästerung“ auch nur in dem Zusammenhange gefallen, daß Pfarrer Großmann behauptete, im Rundfunk sei den Generalsuperintendenten geradezu Gotteslästerung vorgeworfen worden. Die zu erwartende amtliche Untersuchung dürfte den Fall baldigst endgültig klären.“[437]

4. Das Ende der Suspendierung

Diestel zog sich eine Woche zurück, verließ wohl auch Berlin[438] und betrieb die Aufhebung seiner Suspendierung. Wie Wendland im Fall Großmann versuchte er es über staatliche Stellen: Jordan als Schriftführer der deutschen Abteilung des

437 Archiv der Markusgemeinde, Steglitz.
438 Mündliche Mitteilung von Gudrun Diestel, die das als Versuch ihres Vaters deutet, zur Ruhe zu kommen.

Weltbundes informierte das Auswärtige Amt, Diestel setzte am 4.7. den Innenminister in Kenntnis. Der war seit 1933 Beauftragter Hitlers für die Evangelische Kirche und offenbar mit den Eingriffen in die Kirche nicht einverstanden. Überdies hatte Hindenburg interveniert, so dass man einen Ausgleich suchte. Das Ziel sollte nun durch Kirchenwahlen unter dem Anschein demokratischer Entscheidung erreicht werden.

Diestels Vorgehen zeigt ihn als Netzwerker und Kenner der Uneinigkeiten zwischen Ministerien und Gruppierungen der NSDAP; vermutlich ist das auch Hintergrund seines ausführlichen Schreibens an den Innenminister Wilhelm Frick:[439] Suspendierungen und Besetzung von Gremien mit DC-Anhängern widersprächen dem Ziel einer Neuordnung der Kirche, argumentiert Diestel.

Auch hier versteckt er sein „Nein“ in Vorschlägen für eine bessere Handlungsweise. Es klingt, als wolle er Frick einen Weg zeigen, wie er die Ziele in größerer Einmütigkeit mit der evangelischen Kirche erreichen könnte. Konstruktiv in der Verweigerung – das macht es schwer, Diestel als Gegner hinzustellen, erzeugt aber auch Verbitterung bei den Unterlegenen, wie sie in den Schreiben Eckerts deutlich wird (s.o.), weil man an der Redlichkeit der Ausführungen zweifeln und Ironie vermuten musste. Diestels Schreiben an Eckert endet:

> „Wenn es in diesem Kirchenstreit Sieger und Besiegte gibt, so fürchte ich, wird der Friede, der dann kommt, mit dem Frieden, der von oben kommt und das Heil unserer Seele ist, nichts mehr zu tun haben. … ich bitte Sie, hochverehrter Herr Reichsminister … beenden Sie diesen Zustand des Bruderkampfes und führen Sie die evangelische Kirche zurück zu der Besinnung auf Maßnahmen in ihrer Neugestaltung, die ihr selbst und ihren Aufgaben in der Gegenwart und ihrem Ziel in der Ewigkeit gemäß sind.“[440]

Der Begriff des „Bruderkampfes“ legt nahe, dass es sich um eine (kirchen-)interne Auseinandersetzung handelt; ähnlich klingt es im Brief seiner Schwester Lene Wermann.

Vermutlich ahnte Diestel, dass der Staat in dieser „neuen Zeit“ weder die Unabhängigkeit von Kirche respektieren noch den Streit als intern behandeln wollte.

---

[439] Mit dem Tod Hindenburgs entfiel eine Instanz, die man im Namen der Tradition gegen die übergriffigen neuen Sitten anrufen konnte.

[440] Zitiert nach Heinsen S. 36.

Er bleibt Vertreter der „alten Zeit", der Tradition. So konnte er behaupten, dass staatsfeindliche Umtriebe in der Kirche nicht zu vermuten seien, weil Kirche sich in die Sphäre des Staates nicht einmische. Sie wolle dieselben Menschen gewinnen, die auch Staat und Nation verbunden seien, und sei so per se „staatserhaltend". Das ist freilich nur richtig, wenn die Staatsideologie der Kirche Freiheit lässt und keine Inhalte vertritt, gegen die kirchliche Verkündigung Stellung nehmen muss. So steckt in einem harmlosen Satz Ideologiekritik und Widerstand – ein „Nein" hinter dem bekundeten „Ja": Die Mittel, mit denen man Kirche und Staat gestalte, seien unterschiedlich.[441]
Pfarrer und Kirchenbeamte sollten, so Diestel, jede politische Betätigung unterlassen; auch eine Parteimitgliedschaft sei mit dem geistlichen Auftrag von Pfarrern unvereinbar.[442] Wo sich Kirchenmitglieder gegen staatliche Maßnahmen wendeten, sei das nicht politische Opposition, sondern Widerstand gegen das Überschreiten der Grenze zwischen Kirche und Staat. Deswegen sei es auch nicht angemessen, wenn Menschen in Gottesdiensten nicht das Wort Gottes hören, sondern den Pfarrer bespitzeln wollten – diese Spitze ersparte Diestel Frick nicht. Mit dem Abstand der Jahrzehnte mag mancher seine Strategie hinter den Kulissen und seine Argumentation, die den Konflikt kleinredet, für zu trickreich halten und „klare Kante" fordern. Der Beifall der Nachwelt oder der Öffentlichkeit war Diestel aber weniger wichtig als seine Ziele. Sein Handeln kann nur funktionieren, wenn es eben nicht öffentlich wird. Das macht es schwierig, seinen Aktionen nachzuspüren, besonders, wenn diese – aus guten Gründen – nicht schriftlich erfolgten.
Mögen Spätere sein Handeln als Anpassung und Lavieren kritisieren – für die Behörden seiner Zeit war Max Diestel Opponent. Unüberhörbar sind seine Hinweise auf Ziele der evangelischen Kirche und Inhalte ihrer Botschaft, die Machtansprüche der Regierenden relativieren. Diestels Hinweise auf die „Ewigkeit" sind keineswegs nur „Lyrik": Sie erinnern ein Regime mit Anspruch auf den ganzen Menschen und dem Ziel, die Welt für die Ewigkeit umzugestalten, an eine Perspektive, die allen menschlichen Ideen Grenzen zieht. Die Machtansprüche einer Regierung aber in Frage zu stellen, die sich in quasi liturgischen Inszenierungen

441 Diestel nimmt die Zwei-Regimenten-Lehre auf, ohne es zu sagen.

442 Solange das Regime sich von der Kirche Unterstützung erwartete, waren Parteieintritte von Pfarrern ihm durchaus willkommen – die unpolitische Sicht Diestels ist auch hier wieder Erinnerung an alte Zeiten und liefert Grund für den Vorwurf, er habe die „neue Zeit" eben nicht verstanden.

feiert, und sie auf eine Zeit und einen Teil des Menschen zu begrenzen, ist Infragestellung und Angriff auf den Kern des Staates. Auch der Hinweis auf die Bespitzelung von Pfarrern im Gottesdienst ist durchaus gewitzt – zieht er doch ins Licht, was nur funktionieren kann, wenn es im Graubereich des hinter vorgehaltener Hand Weitergesagten bleibt.
Schließlich muss man bedenken, dass der Erfolg auch taktisch gut geplanter Maßnahmen unkalkulierbar war. Ein Brief oder eine Intervention im falschen Moment konnte genau den (oder schlimmeren) Schaden verursachen, den man verhindern wollte.
Für die Aufhebung von Diestels Suspendierung waren dessen Verbindungen mit dem „Weltbund" wichtig, die freilich nur geholfen haben, weil das Regime in diesen Jahren noch auf seine Außenwirkung bedacht war.
Jedenfalls konnte Max Diestel schon am 17.7. – ehe das entsprechende Schreiben eingetroffen war, was Diestels Beziehungen deutlich macht – mitteilen, wieder in seine Funktion eingesetzt zu sein und die Geschäfte von Superintendentur und Kreissynode wieder zu führen.[443]
Die von Jäger und Eckert eingesetzten DC-Bevollmächtigten Rogge und Fincke gaben Vollmachten und Unterlagen aus der Vertretungszeit zurück, bezweifelten aber einen Tag später die Rechtmäßigkeit der Rückübertragung. Diestel sei verantwortlich für alle Folgen, sollten sie ihm „unberechtigterweise" die Amtsgeschäfte wieder übergeben haben. Diestel antwortete ironisch: Es tue ihm leid, wenn die beiden sich Sorge machten, wozu aber kein Anlass bestehe.[444]
Der Vorgang zeigt auch die „Verdünnung" persönlicher Verantwortung durch das Führerprinzip: Menschen übernehmen auf Anweisung ein Amt und geben es ebenso wieder ab, persönliche Verantwortung und Verpflichtung empfinden sie nicht. In seiner Schrift „Um was es uns im Kirchenstreit geht" wird das ein Argument Diestels gegen das Führerprinzip sein: Verantwortlich sind, die Anweisungen erteilen, alle anderen folgen Befehlen. Nebenwirkungen und Fehler der Anordnungen sind Problem der Anordnenden, die die Macht genießen, im Fall von Fehlern die Befehlskette nach oben verlängern oder Sündenböcke und Fehler

[443] Zur Aufhebung der Suspendierung trug sicher auch eine Wendung der Politik bei: Am 14.7. wurden die Kommissare zurückgezogen und die suspendierten Kirchenbeamten wieder eingesetzt (Conway S. 60).
[444] Ich folge Heinsen in ihrer Darstellung der Ereignisse, die darüber hinaus manche weitere Details liefert (S. 40f.).

der Untergebenen suchen müssen. Das System fördert das Abschieben von Schuld und Verantwortung.[445]

Der tiefere Grund für Diestels Verbleiben im Amt (letztlich bis ein Jahr vor seinem Tod) ist seine andere Einstellung: Seine Kirche übertrug ihm eine Aufgabe, und er versprach, sich für deren Erfüllung auch vor Gott zu verantworten. Daher konnte er sie nicht einfach aufgeben oder konnten Menschen ihn davon entbinden. Christliche Ethik sieht jeden Einzelnen Gott verantwortlich. Menschen verleihen den Auftrag, die letzte Verantwortung schulden wir Gott, dem man mehr gehorchen muss als jedem Menschen. Die Mächtigen verstanden: Christen dürfen sich Anordnungen menschlicher Instanzen nicht unbedingt unterwerfen. Es gibt eine Pflicht und ein Recht auf Gewissensentscheidung und Widerstand – auch gegen Macht oder Mehrheit. Das setzt jeder unbegrenzten Machtausübung Grenzen und wird als Relikt der „alten Zeit“ für überholt erklärt.

5. „… was aber werden wird, kann kein Mensch wissen.“

Im kurzen Bericht mit glücklichem Ende mag die Suspendierung kaum wirklich bedrängend scheinen. Else Diestel schreibt Ende dieses Jahres einen Brief an eine potenzielle Lehrherrin für ihre Tochter Else. Auf deren Frage, ob man Elses Lehre bei ihr nicht um ein Jahr verlängern könne – vermutlich, weil sie im zweiten Jahr mit einer ausgebildeten Kraft arbeiten könnte –, schildert Else Diestel die Lage der Familie:

> „Die Lage ist bei uns die: Wir haben 5 Kinder im Alter von 19, 18, 17, 13 + 5 Jahren, also 4 davon in der Ausbildung stehend, das ist für ein Pfarrergehalt in der jetzigen Zeit eine außerordentlich starke Belastung. Was sein muß in der Ausbildung muß eben sein, wir müssen uns aber auf das Notwendige beschränken, irgendwelchen Luxus – auch an Zeitverlust – können wir uns nicht gestatten. Hinzu kommt noch, daß mein Mann nicht mehr jung + die Stellung eines Pfarrers heutzutage nicht mehr so gesichert ist wie früher. Er war schon im Juli eine Zeit lang – wenigstens als Superintendent – seines

[445] Es mag allgemein menschlich sein, „nicht schuld“ sein zu wollen. Das Führerprinzip ist darüber hinaus aber ein entscheidender Grund, warum nach Ende des Dritten Reiches so viele, selbst Hochrangige, sich für Unrecht nicht verantwortlich fühlten: Man habe „nur Befehle befolgt“.

> Amtes enthoben, hat es dann allerdings bald wieder in die Hand bekommen, was aber weiter werden wird, kann kein Mensch wissen."[446]

Die Folgen einer Suspendierung für die Familie sollte man nicht übersehen; die Ängste Else Diestels von 1918 kehrten wieder. Nicht wenige Pfarrfamilien erlebten sie, die BK versuchte, mit ihren Zuwendungen die Familien aufzufangen, konnte ihnen aber die Unsicherheit nicht nehmen.

Kirchenpolitik, zweiter Versuch

1. Kirchenwahlen

Die Konflikte zuzuspitzen, war nicht hilfreich. So versuchte der Staat einen anderen Weg zu seinem Ziel: Infolge der Reichskirchenverfassung vom 14.7. wurden die Kommissare und Bevollmächtigten abberufen, am 18.7. die Gremien der Selbstverwaltung und die suspendierten Amtsträger wieder in Funktion gesetzt. Für den 23. Juli 1933 wurden – nach der neuen Kirchenverfassung vom Staat, nicht von der Kirche – Wahlen der Gemeindekirchenräte und Landessynoden (sofern diese durch direkte Mitgliederwahlen zu bestimmen waren) angesetzt.[447] So wollte man den DC Mehrheiten verschaffen, die sie in den Gremien bisher nicht hatten.[448] Die Umgestaltung der evangelischen Kirche sollte „von innen" und – scheinbar – ohne staatliche Einmischung erreicht werden. Die Wahl freilich wurde massiv beeinflusst:

- Bis zur Wahl blieben nur neun Tage, die Opposition sollte ihre Anhänger nicht sammeln können.
- „In geheimen Schreiben forderte die Reichsleitung der NSDAP die Gauleiter auf, die Deutschen Christen im Wahlkampf organisatorisch und mithilfe der Propaganda zu unterstützen. … Die Parteipresse bezog … zugunsten der Deutschen Christen Stellung …, Parteimitgliedern wurde … befohlen, die Deutschen Christen … zu wählen. Als ‚Reaktionäre' wurden die oppositionelle ‚Jungreformatorische Bewegung' sowie die Liste Karl Barths diffamiert, die von der NSDAP massiv behindert und benachteiligt

[446] Else Diestel, 31.12.1933.
[447] evangelischer-widerstand.de/html/view.php?type=dokument&id=15.
[448] Die Deutschen Christen hatten bis zu diesem Zeitpunkt ca. 1/3 der Sitze inne.

wurden."[449] Sogar eine Rede Hitlers zu den Wahlen wurde im Rundfunk übertragen.

- In die Listen der Wahlberechtigten trugen sich Menschen ein, die in den Gemeinden bisher nie aufgetaucht waren und von kirchlichen Dingen wenig Ahnung hatten.[450] Die NS-Propaganda pries diese Mehrung von Mitgliedern als ihren Beitrag zur Hebung des kirchlichen Lebens, wie ihn kirchliche Bemühungen bisher nie erreicht hätten.[451]

Hanns Lilje, Walter Künneth und Martin Niemöller starteten über Nacht eine Wahlinitiative: Es gelang so, alle evangelischen Kräfte und Gruppen, die nicht mit den Deutschen Christen sympathisierten, im Wahlvorschlag „Evangelium und Kirche" zu vereinigen. Die Bezeichnung „Evangelische Kirche" war nicht genehmigt worden; sie hätte zu deutlich den Anspruch der Opposition ausgedrückt, Bewahrerin der bisherigen Kirche zu sein.[452] Die Kandidaten dieser Liste und alle, die sie unterstützten, hatten freilich das Problem, dass man sich von den DC absetzen, gleichzeitig dem Staat Loyalität bekunden wollte. Diese Loyalität war nicht nur Wahltaktik – nicht wenige sahen die Regierung positiv und wandten sich nur gegen den Einfluss von Staat und DC auf die Kirche. Weil aber die Wahlen selbst Ergebnis solcher Beeinflussung waren, konnte man das Eingreifen des Staates kaum ablehnen, an der Wahl teilnehmen und den Staat unkritisiert lassen. In den Augen der Regierung aber war „Evangelium und Kirche" eindeutig eine Gruppe, die dem Staat in den Weg trat.
Die Kirchenwahlen ergaben überall – teilweise aber knappe – Mehrheiten der DC, außer in Dahlem.[453] Da im Kirchenkreis Kölln-Land I sich die große Mehrheit der Pfarrer zur Opposition hielt – „… in Lichterfelde standen von 10 Pfarrern 8 und

---

449 evangelischer-widerstand.de/html/view.php?type=dokument&id=15.

450 Reiner Sandvoß schilderte in einem Vortrag (Sophienkirche Berlin, 2020), dass eine Frau, die die Wahlurne nicht finden konnte, und darauf hingewiesen wurde, sie stehe neben der Kanzel, gefragt habe, wo denn „diese Kanzel" sein solle.

451 Immer wieder stellt die Propaganda der DC die schwindende Kirchlichkeit als Auswirkung der falschen Orientierung der Kirche hin. Die eigene völkische Religion wird als Kirchenreform dargestellt und auf neuen Zulauf zu den Kirchen verwiesen.

452 Oehm, S. 18ff.

453 Sandvoß, Widerstand S. 14; in Steglitz entfielen auf die DC 12.843, auf EuK 6.444 Stimmen, Oehm S. 20 ; Gailus Kreuzkirche, S. 71, nennt für Dahlem 42% DC-Stimmen, für Nikolassee 46% und für die (kleine) Nikolai-Gemeinde 49,9%.

in Steglitz von 12 Pfarrern 10 gegen" die DC[454] sowie die Pfarrer des Gemeindekirchenrates (GKR) mit Stimmrecht – waren die Mehrheiten in vielen Gemeinden unsicher oder ergaben ein Patt. Vielfach konnte man Entscheidungen nicht treffen, für die eine qualifizierte Mehrheit nötig war.
Die Stapo[455] schreibt 1943:

> „Zusammenfassend ist auszuführen, dass von den 11 Berliner Kirchenkreisen nur der Kirchenkreis Kölln-Land I als ausgesprochene Domäne der BK anzusprechen ist."[456]

Vor allem Superintendent Max Diestel als – neben Hans Asmussen – „geistigem Kopf" komme eine ähnliche Bedeutung zu wie Generalsuperintendent Otto Dibelius im Brandenburger Bruderrat.
Otto Eckert hielt schon 1934 „... die Enthebung des Superintendenten Diestel von seinem Ephoralamt für dringend erforderlich."[457]
Insgesamt ging die Rechnung auf: Die Zustimmung in den Wahlen zum Regime und den DC war deutlich. In den Kerngemeinden freilich waren die Mehrheiten oft anders, weil Menschen mitgewählt hatten, die in den Gemeinden weder vorher aufgetaucht waren noch in Zukunft das Gemeindeleben mitbestimmen wollten. In Diestels Kirchenkreis war die Gruppe oppositioneller Pfarrer groß genug, um im Sinn der Gemeinde handeln zu können. In anderen Gemeinden gerieten oppositionelle Pfarrer in die Minderheit. Gemeindeleitung wurde ein „Ritt über den Bodensee". Auch Diestels „milde" Art konnte Differenzen in der Paulusgemeinde nicht ausgleichen; er musste sich – wie andere Kollegen – der Gemeinde immer neu versichern.
In diesem Zusammenhang spielen seine „Briefe" an die Gemeinde eine Rolle, eine Kommunikation mit biblischem Vorbild. Sie bietet den Vorteil, Menschen persönlich ansprechen zu können. Die Briefe machten nicht Propaganda für eine Position, sondern warben um Verständnis, argumentierten, waren auf Einigkeit aus – das unterschied sie von anderen Publikationen der Zeit.[458]

---

454 Sandvoß, Widerstand S. 15.
455 Stapo = Staatspolizei, die allgemeine Polizei im Unterschied zur Gestapo, die sich kriminalistisch und als politische Polizei im Dritten Reich etablierte.
456 nach Sandvoß, Gottesdienste, S. 219.
457 Zitiert nach Sandvoß, Widerstand S. 16.
458 Siehe hier ab Seite 229.

2. Die Auflösung der synodalen Strukturen

Die Provinzialsynode wurde nach Absprache zwischen Joachim Hossenfelder und Otto Eckert als Vertreter der DC und Gerhard Jacobi als Vertreter von „Evangelium und Kirche“ anhand von Listen, also nicht in einer personenbezogenen Wahl, besetzt. Die DC wollten, dass sich die in den Gemeindekirchenräten erreichten Mehrheitsverhältnisse in der Synode abbildeten. So bekam die DC 113 Sitze (75%), die Liste „Evangelium und Kirche“ 37, unter ihnen Max Diestel.

In die Leitung der Synode und den Provinzialkirchenrat wurden überwiegend DC-Vertreter berufen. Die DC-Mehrheit schaffte anschließend die Synoden ab – man könne effektiver arbeiten, wenn die Vorlagen im kleinen Kreis behandelt würden.[459] Der Provinzialkirchenrat, der bisher die Synode nur vertrat, wenn sie nicht tagte, sollte künftig alle Rechte der Synode haben. Analog übertrug die Generalsynode ihre Rechte dem Kirchensenat.

Damit hatte der Provinzialkirchenrat das Recht, Personalentscheidungen zu treffen. Er nutzte es, um Ämter mit deutsch-christlichen Kandidaten zu besetzen. Vollends zerstört wurden die Strukturen, als Ludwig Müller im Frühjahr 1934 die Befugnisse des Kirchensenats auf sich als Reichsbischof übertrug. Die Provinzialsynoden wurden weiter umgebildet und bald aufgelöst – „Evangelium und Kirche“ beteiligte sich an ihnen nicht mehr.[460] Die noch folgenden Synoden dienten nur als Alibi und Kulisse für Entscheidungen, die nicht zur Diskussion standen. Synodal waren nur noch Synoden der BK.[461] Hier endete eine Tradition

---

459 Heinsen S. 46 – Einer der üblichen Einwände gegen demokratische Verfahren. „Die Zeit des Parlamentarismus hat sich überlebt, auch in der Kirche“ (Hossenfelder, Richtlinien 1932).

460 A.a.O. S. 48.

461 Dr. Wilhelm Rosenberger an den Präses der Synode d. Mark Brandenburg (16.3.1934): „Die in der Gruppe ‚Evangelium und Kirche‘ vereinigten Mitglieder der Provinzialsynode sehen sich gezwungen, dem Herrn Präses mitzuteilen, dass sie auf Grund ihrer in der Bibel und in den Bekenntnissen begründeten Anschauung vom Wesen der Kirche ausserstande sind, an der für den 16. März einberufenen Tagung der Synode teilzunehmen.

Nach § 3 des Kirchengesetzes über die Leitung der Evangelischen Landeskirche der Altpreussischen Union vom 2. März 1934 ist „die Bildung der (in diesem Gesetz vorgesehenen) neuen Provinzialsynode der einzige Punkt der Tagesordnung, eine Aussprache findet nicht statt.“

Nach unserer Überzeugung steht das angeführte Gesetz im Widerspruch mit der Verfassung der Deutschen Evangelischen Kirche und der Verfassung der Altpreussischen Union und entbehrt nach seiner Entstehung wie nach seinem Inhalt der Rechtsgrundlage und somit der Geltung. Wir lehnen es grundsätzlich ab, an der Durchführung dieses rechtswidrigen und unevangelischen Verfahrens mitzuwirken. Wir lehnen jede Verantwortung für die Ausführung des

evangelischer Kirchenleitung, was den Neuanfang nach dem Krieg nicht unerheblich erschwerte.

Arierparagraph

1. Der Beschluss

Der nächste Schritt nationalsozialistischer Kirchenpolitik war die Ausweitung des Arierparagraphen auf die Kirche. Die Fronten waren auch in der späteren BK uneinheitlich. Bonhoeffer formulierte seinen grundsätzlichen Widerstand, Walter Künneth hätte sich „im Prinzipiellen"[462] mit Bonhoeffer einigen können – sie unterschied Künneths Verständnis von „Volkskirche" im Sinn der völkischen Kirche: Die deutsche Kirche, meinte er, müsse ein „deutsches Gepräge" tragen. Den Auftakt machte die Brandenburgische Provinzialsynode mit einem entsprechenden Beschluss, den Dr. Krause, der spätere Redner im Sportpalast und „fanatischer Antisemit" eingebracht hatte.[463] Die Generalsynode der Evangelischen Kirche der altpreußischen Union folgte am 6. September 1933 als erste Leitung einer Landeskirche. Am 12. September 1933 folgte der Thüringer Landeskirchentag mit einem „Gesetz über die Stellung der kirchlichen Amtsträger zur Nation".[464] Dadurch wurden etwas über 100 Personen, vor allem Theologen, aus dem Dienst ausgeschlossen. Was das Gesetz „zur Wiederherstellung des Berufsbeamtentums" im April für den Staat regelte, galt nun auch in der Kirche. Theologisch bedeutete der Beschluss, dass „rassische" Gesichtspunkte wichtiger waren als die Taufe, für deren umfassende Geltung Paulus und andere gestritten hatten, damals um der

---

Gesetzes durch die Provinzialsynode ab und legen gegen ihre Beschlüsse im Voraus Rechtsverwahrung ein.
Wir halten es überdies für eine untragbare Verletzung des Sinnes und der Würde der Provinzialsynode, dass ihr jedes Recht der Gestaltung ihrer Tagesordnung, jede Möglichkeit einer Antragstellung, ja selbst jede Aussprache über den einzigen Punkt der Tagesordnung versagt wird.
Mit der Bitte, von dieser Erklärung der Provinzialsynode Kenntnis zu geben, und mit evangelischem Gruß" – Abschrift an Max Diestel aus dem Archiv von Gudrun Diestel.

[462] Röhm/Thierfelder, Ausgegrenzt S. 209f.

[463] Scholder, S. 595, dort auch die ausführliche Schilderung dieser Synode, zu Krause vgl. auch Röhm/Thierfelder, Ausgegrenzt ab S. 200.

[464] Es folgten Sachsen, Schleswig-Holstein, Braunschweig, Lübeck, Mecklenburg, Hessen-Nassau, Württemberg. Aus taktischen Gründen setzte man diesen TOP von der Tagesordnung der Nationalsynode ab nach Warnungen vor dessen Folgen im Ausland; praktisch hatte das wegen der Beschlüsse der Landeskirchen kaum Auswirkungen. Vgl. Röhm/Thierfelder Ausgegrenzt, S. 219f.

Einbeziehung der Heiden in die (juden-)christliche Gemeinde willen. „Hier ist nicht Jude noch Grieche“ – mit dem Arierparagraphen in der Kirche galt dieser Grundsatz nicht mehr.[465] Das erregte Aufsehen – auch der „Weltbund“ befasst sich damit: Man habe eine Diskussion über die Lage in Deutschland geführt, bei der die deutschen Delegierten ihre Sichtweise dargelegt hätten:

> „The discussion was frank and friendly and there were various differences of opinion. But grave anxieties were expressed in particular with regard the severe action taken against persons of Jewish origin, and the serious restrictions placed upon freedom of thought and expression in Germany.”

George Bell, Bischof von Chichester, sollte als „Chairman and President of the Oecumenical Council” einen Brief „to the temporary governing body“ schreiben.[466]

Der Beschluss zeigt die Grenzen des Weltbundes auf – ein Brief, von wem auch immer, kann an den Beschlüssen kaum etwas ändern. Die Christen in Deutschland waren sehr unterschiedlicher Meinung – nur allzu viele kritisierten den Beschluss allein deswegen, weil er eine staatliche Regelung auf die Kirche übertrug – und verbaten sich staatliche Einmischung, fanden ihn aber im Staat nicht kritikwürdig.

2. … und eine lange Vorgeschichte

Dass die theologische Frage und deren Bedeutung im Neuen Testament unbeachtet blieb, hat mit der Vorgeschichte zu tun. Auch hier nahmen die Nationalsozialisten Gedanken auf, die lange vorher herrschten. Schon im 19. Jahrhundert schlossen einzelne Studentenverbindungen Juden aus, weil sie „keine Deutschen“ seien; 1920 verfügte die Deutsche Burschenschaft einen Aufnahmestopp für Juden und verlangte von Neumitgliedern die Erklärung, „kein jüdisches oder farbiges Blut“ in sich, keine solchen Ehepartner zu haben oder wählen zu wollen.

[465] Insofern war es nur konsequent, dass Dr. Krause im Sportpalast auch Paulus als jüdisch einordnete und verurteilte. – Galater 3,28.

[466] Resolution des Exekutivkomitees des Universal Council for Life and Work, Novi Sad, September 1933, EZA 626/393. Der Bischof von Chichester wandte sich im März 1934 an den Reichsbischof wegen des Arierparagraphen, der Verfolgung der Opposition und der Entlassung von Pfarrern.

Entsprechend verfuhren deutschnationale Vereinigungen sowie einige alpine Vereine und andere Vereinigungen.[467] Der Nationalismus beförderte die Judenfeindschaft.
Die Einteilung der Natur in „Rassen“ war nach der Evolutionstheorie Darwins üblich; sie wurde auf Menschen übertragen und schien als wissenschaftliche Theorie unanfechtbar. Darwin hatte nicht von höheren oder niederen Rassen geredet, sondern vom „survival of the fittest“. Dennoch bewirkte seine Vorstellung eine Hierarchie von Menschen und Völkern: Menschenrechte sollten nicht für alle gelten, Unfreiheit und begrenzte Lebensräume für bestimmte Menschengruppen wurden gerechtfertigt. Vorher schon vorhandene Überlegenheitsgefühle schienen wissenschaftlich untermauert.
Juden wurden als „Rasse“ gesehen. Die Frage nach gelebtem (jüdischen) Glauben wurde ebenso unwichtig wie die nach der Taufe. Wer nicht „arisch“ war, blieb es. Manche sahen in diesen Unterscheidungen einen Ausgleich für empfundenes Unrecht an Deutschen: Die „Missachteten“ wurden zu Privilegierten. Die weitere Entrechtung – bis zur Bestreitung des Lebensrechtes – folgte mit mörderischer Konsequenz.

Pfarrernotbund

1. Gründung und Selbstverständnis

Am 21.9.1933[468] riefen Martin Niemöller (Dahlem) und Eitel-Friedrich von Rabenau (Apostel-Paulus-Gemeinde) zum Zusammenschluss der Opposition gegen den Arierparagraphen in einem „Pfarrernotbund“ (PNB) auf. „Die Initiative dazu war von den jungen Brandenburger Pfarrern Herbert Goltzen, Günter Jacob und Eugen Weschke ausgegangen. … Eugen Weschke …: Der Pfarrernotbund ist am 11. September 1933 in der Wohnung von Bruder Jacobi in der Achenbachstraße … gegründet worden.“[469] Seine Hauptaufgabe war die finanzielle Unterstützung der vom Arierparagraphen betroffenen Kollegen, geleitet wurde er von einem

---

[467] Nach Wikipedia „Arierparagraph“.
[468] Sandvoß, S. 16, Widerstand, nennt dieses Datum, andere Quellen nennen andere Daten der Gründung. Die Vorbereitungen begannen jedenfalls nach dem 5.9., dem Beschluss der Synode, und zogen sich hin; wer mit welcher Erklärung an welchem Tag die Gründung vollzogen hat, kann man dann wohl unterschiedlich sehen.
[469] So Weschke nach Sandvoß, Gottesdienste S. 48.

Bruderrat mit Niemöller an der Spitze. Bis Frühjahr 1934 hatte der PNB 7.036 Mitglieder (aktive Pfarrer damals: 18.842).[470]

Bonhoeffer schrieb: „Eine Kirche, die heute die Judenchristen ausschließt, ist selbst zur ‚judenchristlichen Kirche' geworden und damit vom Evangelium zum Gesetz abgefallen … Der Arierparagraph [ist] eine Irrlehre von der Kirche und zerstört ihre Substanz. Darum gibt es einer Kirche gegenüber, die den Arierparagraphen in dieser radikalen Form durchführt, nur noch einen Dienst der Wahrheit, nämlich den Austritt. Dies ist der letzte Akt der Solidarität mit meiner Kirche, der ich nie anders als allein mit der ganzen Wahrheit und allen ihren Konsequenzen dienen kann."[471]

Freikirche wollte man nicht werden;[472] man beauftragte Bonhoeffer und Niemöller, eine Eingabe an die Nationalsynode zu entwerfen. Die Frage nach einer Trennung von der (Reichs-)Kirche wird sich in Zukunft immer wieder stellen, vor allem in den „zerstörten" (Landes)Kirchen; sie war einer der Spaltpilze der BK. In einer Eitel-Friedrich von Rabenau zugeschriebenen Schrift wird das deutlich: „Die Bekennende Kirche lehnt es ab, eine Gruppe innerhalb der Gesamtkirche zu sein. Sie hält den Anspruch aufrecht, die rechtmäßige Kirche zu vertreten."[473]

---

470 Alle Angaben nach Sandvoß, Widerstand S. 16f. – Die Namen der Gründer werden unterschiedlich überliefert. Wahrscheinlich handelte es sich um eine breite Bewegung Opponierender an verschiedenen Orten. „relilex": „Der Pfarrernotbund wurde … von den Pfarrern Eugen Weschke, Herbert Goltzen und Günter Jacob gegründet. Bis 1934 waren beinahe ein Drittel der deutschen Geistlichen Mitglied, daneben entstanden Bekenntnisgemeinschaften in vielen Landeskirchen."

471 Bonhoeffer, Werke XII, S. 408, Thesen – „Der Arierparagraph in der Kirche", zitiert nach Schönherr in Schuppan, Bekenntnis S. 110. – Schönherr weist darauf hin, dass Bonhoeffer unter „judenchristliche Kirche" eine dem (Rasse-)Gesetz verhaftete Kirche verstehe, die die Bindung an das Evangelium aufgegeben habe. Mir scheint, dass sich in dieser Formulierung noch einiges vom Missverstehen des Paulus und seiner Rede vom Gesetz durch Christen widerspiegelt, was zur Feindschaft der Christen gegen Juden beitrug. Auch Bonhoeffer musste sich seine klare Position in der Judenfrage erst erarbeiten.

472 Ich vermute, dass sich darin auch das Trauma reformatorischer Kirche spiegelt, von der sich im Lauf der Jahrhunderte immer wieder Gruppen abspalteten, was in der Ökumene den Eindruck heilloser Differenzen (nicht Differenzierung) erweckte. Diese „Ur-Angst" erklärt vielleicht auch, warum die Reichskirche das Gespräch mit der BK nie wirklich abgebrochen und diese nicht ausgeschlossen hat.

473 Zitiert nach Schuppan, in: ders. Bekenntnis S. 230.

So konnte die BK auch nicht auf die Politik der Kirchenausschüsse eingehen.[474] „Gruppe" könnte man nur in einer schriftgemäßen Kirche sein.
Der Arierparagraph widersprach der „Lehre der Gleichheit aller Menschen vor Gott", schreibt Sandvoß[475] und hat damit natürlich recht, verschleiert aber:

- dass es um die Taufe ging, die alle Christen auf eine Stufe stellt;
- nicht wenige den Arierparagraphen nur für die Kirche ablehnten und
- man sich um Kollegen, die nach den Nürnberger Rassegesetzen als nicht arisch galten, und um getaufte Juden im kirchlichen Dienst kümmerte, die Frage nach Schutz und Einsatz für Juden allgemein aber lange umstritten blieb. Auch in der BK forderte nur eine Minderheit den Einsatz für Juden. Das zeigt, wie tief der Antijudaismus auch in nicht nationalkonservativen Kreisen verankert war.[476] Auch hier liegt eine der Bruchlinien der späteren BK.

2. Protest gegen die Kirchenregierung

Martin Niemöller und Dietrich Bonhoeffer formulierten ein Protestschreiben an die Kirchenregierung:

„1. Nach dem Bekenntnis unserer Kirche ist das kirchliche Lehramt lediglich an die ordnungsgemäße Berufung gebunden. Durch den ‚Arierparagraphen' des neuen kirchlichen Beamtengesetzes wird ein Recht geschaffen, das zu diesem grundlegenden Bekenntnissatz im Widerspruch steht. Damit ist ein Zustand, der nach dem Bekenntnis als Unrecht gelten muss, als kirchliches Recht proklamiert und das Bekenntnis verletzt.

---

[474] A.a.O. S. 232. Vgl. auch Sandvoß, Gottesdienste S. 49.
[475] Sandvoß, Widerstand S. 16.
[476] Ich schreibe „Antijudaismus", um deutlich zu machen, dass Judenfeindschaft zunächst theologische Gründe hatte. Jede Theologie, die Christus als einzigen Weg zum Heil predigte, konnte Juden nur als Ziel der Mission sehen und musste deren Ablehnung verkraften, was bekanntlich schon manche antijüdischen Ausfälle Martin Luthers erklärt. Die Rassenlehre kam später hinzu, gefördert durch die Evolutionstheorie, die ihr einen wissenschaftlichen Anschein gab. Antisemiten sehen Juden als Rasse, ihre Religion spielt keine Rolle. Die Trennung zwischen Antisemitismus und Antijudaismus ist eher akademisch; in der Wirklichkeit folgt aus beiden die Ablehnung von Juden.

2. Es kann kein Zweifel daran sein, dass die durch das Beamtengesetz betroffenen ordinierten Geistlichen ... auch weiterhin in vollem Umfange das Recht der freien Wortverkündigung und der freien Sakramentsverwaltung in der Evangelischen Kirche der altpreußischen Union, die auf den Bekenntnissen der Reformation steht, innehaben.
3. Wer einem solchen Bruch des Bekenntnisses die Zustimmung gibt, schließt sich damit selbst aus der Gemeinschaft der Kirche aus. Wir fordern deshalb, dass dies Gesetz, das die Evangelische Kirche der altpreußischen Union von der christlichen Kirche trennt, unverzüglich aufgehoben wird."

3. Die Verpflichtungserklärung

Damit waren auch die Aufnahmebedingungen für den Pfarrernotbund formuliert. Die Verpflichtungserklärung lautete:

1. „Ich verpflichte mich, mein Amt als Diener des Wortes auszurichten, allein in der Bindung an die Hl. Schrift und an die Bekenntnisse der Reformation als die rechte Auslegung der Hl. Schrift.
2. Ich verpflichte mich, gegen alle Verletzung solchen Bekenntnisstandes mit rückhaltlosem Einsatz zu protestieren.
4. Ich weiß mich nach bestem Vermögen mit verantwortlich für die, die um solchen Bekenntnisstandes willen verfolgt werden. In solcher Verpflichtung bezeuge ich, daß eine Verletzung des Bekenntnisstandes mit der Anwendung des Arierparagraphen im Raum der Kirche Christi geschaffen ist."[477]

Punkt 3, der in dieser Erklärung entfallen ist, bezog sich auf den Gehorsam gegen den Reichsbischof v. Bodelschwingh.[478]
Der Text erinnert an die Ordinationsverpflichtung und fordert Selbstverständliches: die Bindung an Schrift und Bekenntnis. Art wie Umfang des verlangten „Protestes" bleiben offen, ebenso die Hilfsverpflichtung für die „um solchen Bekenntnisstandes willen" Verfolgten. Erst im letzten Punkt wird der Arierparagraph „im Raum der Kirche Christi" erwähnt. Dieser ist nur Anlass und nicht Grund für die Gründung des Notbundes; er bleibt offen für weitere Ziele.

---

477 Schönherr in Schuppan, Bekenntnis S. 110ff., s.a. Röhm/Thierfelder, Evangelische Kirche S. 53, wobei hier der letzte Satz als Punkt 5 bezeichnet ist.
478 Schönherr in Schuppan, Bekenntnis S. 110ff.

Max Diestel trat dem Pfarrernotbund am 22.9. bei, je nach Gründungsdatum also einen oder wenige Tage nach der Gründung.[479] Damit gab er – wie mit seinem Engagement im Bruderrat des Notbundes – die Neutralität des Amtsträgers auf, die er vorher so hochgehalten hatte. Dass sein Name unter den Gründern nicht genannt wird, hat wohl damit zu tun, dass er durch eine nicht zu demonstrative Art seines Protests der Kirchenleitung keinen Vorwand geben wollte, nach seiner Loyalität zu fragen. Mit offener Rebellion hätte er – von seinen Gegnern durchaus gewünschte – Ansatzpunkte für disziplinarische Maßnahmen geboten. Wie gewagt selbst diese Taktik war, wird aus einem Schreiben der Kirchenleitung deutlich:

> „Ich halte auch die Enthebung des Superintendenten Diestel von seinem Ephoralamt für dringend erforderlich, zumal er nichts dagegen unternommen hat, daß sein Kirchenkreis der eigentliche Sitz des Widerstandes des Pfarrernotbundes gegen die Kirchenleitung wurde und daß das Gemeindeblatt seiner eigenen Gemeinde Lichterfelde monatelang im Sinne dieses Widerstandes geleitet wurde.“[480]

Der zornige Ausbruch Eckerts zeigt, dass die Kirchenleitung Diestels Position kannte, ihn aber sowieso für alles Oppositionelle in seinem Kirchenkreis verantwortlich machte. Den – momentan hilflosen – Zorn hat Diestel nicht nur durch ironische Distanz zu vielem, das die Gegner bitter ernst meinten, verstärkt, sondern auch mit seiner Art, sich nicht zu verweigern, sondern anderes Vorgehen vorzuschlagen und Schwachstellen an Vorschlägen aufzuzeigen.[481] Wo weltanschauliche Überzeugungen die Auslegung des Rechts steuern, sind solche Schwachstellen meist zu finden, so dass Diestel auf gutem Grund argumentieren konnte.[482] Seine Opposition war immer zu spüren, man konnte sie aber schwer an seinen Worten festmachen.

---

[479] Heinsen S. 34.

[480] Sandvoß, Widerstand S. 16.

[481] Es ist die Kraft des Osterlachens, die Machthaber in unserer Welt totzulachen und sich von ihnen zu distanzieren, indem man sie nicht ernst nimmt.

[482] Solange eine Klage vor weltlichen Gerichten in kirchlichen Fragen noch möglich war, waren diese Klagen gegen die Kirchenleitung oft erfolgreich. Es fällt auf, dass die juristischen Ausführungen Diestels nie als falsch kritisiert werden – er kannte sich gut in den Bestimmungen seiner Kirche aus und hatte vermutlich auch gute juristische Berater.

4. Echo

Die Kreuz-Zeitung schreibt:

> „Der Reichsbischof vor den Deutschen Christen
> Die … Rede des Reichsleiters Dr. Kinder war eine … Darstellung der Aufgaben und Ziele der Deutschen Christen. Starke Betonung legte der Redner auf die Ablehnung des Pfarrernotbundes. Es sei ein Mißbrauch des Wortes, von einer Not in der Bezeichnung Pfarrernotbund zu reden. … ‚Man müsste diese Herren nehmen und ihnen die Arbeit bei der NS-Wohlfahrt zeigen, dann würden sie sich schämen, das Wort Not mißbraucht zu haben'. Auch von inneren Nöten zu sprechen, sei ebenso unrecht, ‚denn bis zur heutigen Stunde hat es in keiner Landeskirche Deutschlands auch nur eine einzige Gewissensnötigung eines Pastors gegeben.' Es handele sich in dieser Haltung des Pfarrernotbundes lediglich darum, unter dem Deckmantel von inneren Gewissensnöten den Widerstand gegen die äußere kirchliche Ordnung zu organisieren.
> Reichsbischof Müller … betonte, daß er Deutscher Christ sein und bleiben wolle. … Dem Namen Deutscher Christ …. gab [er] den Inhalt, daß alle, die seit Jahren mit ihrem Herzen dem Nationalsozialismus angehören, auch darum notwendig sich als Deutsche Christen fühlen. … Eine scharfe Absage richtete er an alle Versuche, einen Wodanskult wieder aufzurichten, überhaupt im alten germanischen Sinne die Religion zu reformieren. Die Tatsache, daß die christlichen Weihnachts- und Osterfeiern an alten germanischen Feiertagen stattfinden, beleuchte …, wie sehr germanisches Gemeingut im Christentum geschont, ja auch in Veredelung erhalten sei. Das Christentum sei nicht aus dem Judentum, sondern im Kampf gegen das Judentum entstanden."[483]

[483] Kreuz Zeitung vom 1.3.1934 Nr. 51, EZA 7/1016 – Es ist beklemmend zu lesen, wie die Lehre der Kirche als „dogmatische Spitzfindigkeiten" abgetan und dagegen das Empfinden als Nationalsozialist ins Feld geführt wird – eine heute bei Populisten beliebte Art, gegen Argumente das eigene Empfinden zu setzen. Deutlich wird auch, wie sehr der Reichsbischof zwischen allen Fronten steht, Christliches erhalten und zugleich in seiner Bindung an die DC verraten muss.

5. Aktionen

Der Pfarrernotbund war eine Vereinigung von Pfarrern, durchaus aber auch in Gemeinden verankert. Sieben der zwölf Pfarrer in Steglitz schlossen sich dem PNB an[484], Jahn verlas den Aufruf des PNB im Gottesdienst am Reformationstag. Die „Wartburgjungen" hatten sich, obwohl sie sonst immer beisammensaßen, in der Gemeinde verteilt. „Als sie sich erhoben, schloß sich ihnen auch die Gemeinde an und bekräftigte stehend die Verpflichtungserklärung des Pfarrernotbundes."[485]

Als am 27.9. die erste deutsche Nationalsynode Ludwig Müller in Wittenberg zum Reichsbischof wählte, protestierten 2.000 Notbundpfarrer mit einem in der Synode verteilten Flugblatt gegen das „Gewaltregiment der Deutschen Christen", den Arierparagraphen in der Kirche, die Verfolgung von Pfarrern und die Eingriffe in die Freiheit der Verkündigung.[486]

Damit beginnt ein Kampf, in dem der Reichsbischof – nach Diestels und anderer Oppositioneller Meinung – seine Unfähigkeit bewies. Er hatte freilich eine unlösbare Aufgabe: Einheit und Ruhe herstellen, diese aber nicht mit Zugeständnissen an die „Bekenntnistreuen" erkaufen, deren Widerstand vom Staat als politisch verfolgt wurde. Jedes Zugehen auf sie hätte ihn als Reichsbischof politisch unmöglich gemacht. Mit Kompromissen aber konnte er die einen nicht gewinnen und die – ohnehin unsichere – Unterstützung der DC nur verlieren. Die Religion der DC war mit biblischer Lehre unvereinbar, es gab keinen gemeinsamen Nenner zwischen den Gruppen. Das nationalsozialistische Regime selbst war weder an Kirche noch am Evangelium interessiert. Seine Rituale waren die Vergöttlichung der eigenen Ideologie, die keinen „Gott" neben sich duldete. „Hitler wollte Gott nicht absetzen, sondern für seine Zwecke instrumentalisieren. Er wollte nicht nur Parteiführer und Staatsführer, sondern auch Kirchenführer sein. Er wollte der Papst einer deutschen Kirche sein, in der Gott durch die ‚Vorsehung' ersetzt ist und das Volk unverrückbar an den von dieser Vorsehung bestimmten und unfehlbaren ‚Führer' glaubt."[487]

---

484 Moldaenke, Wendland, Großmann, Messow, Klamroth, Zippel und Jahn (Oehm S. 22) – 1934 hatte der PNB ca. 7000 Mitglieder, 1938 unter 4000. „Wilhelm Niemöller zufolge gehörten lediglich etwa 20 Prozent der aktiv im Dienst stehenden Pfarrer dem Pfarrernotbund an." (Sandvoß, Gottesdienste S. 48)

485 Oehm S. 23.

486 Oehm S. 22f.

487 Sandgruber, in FAZ vom 22.2.2021, S. 6.

6. Stimmen und Stimmungen

Schreiben an Reichsbischof und Kirchenleitung geben einen Eindruck von der Lage.[488] Der Reichsbischof sitzt zwischen allen Stühlen.
Der Superintendent von Stendal schreibt:[489]

> Dringende Bitte um Herstellung des Friedens in unserer Kirche
> „... halte ich mich verpflichtet, folgendes zu melden:
> Am 4. Dezember 1933 hörte ich gesprächsweise zum ersten Male von einem ‚Notbund'. Auf meine Frage, was das sei? wurde mit Schweigen geantwortet.
> ... heute höre ich, daß der Notbund in der Provinz Sachsen 100-108 Mitglieder unter den Pfarrern haben soll und ferner, daß Unterschriften in den Gemeinden gesammelt werden sollen, dahinzielend, daß Herr Bischof Peter nicht als geistlicher Führer der Provinz Sachsen anerkannt werden soll.
> Für mich heißt ‚Christ sein' nach Phil 2,5 und 8 einfach ‚gehorsam sein'.
> Das Geistliche Ministerium der Deutschen Evangelischen Kirche hat ... angeordnet: ‚den Mitgliedern des geistlichen Ministeriums sowie den Beamten und Hilfsarbeitern der Reichskirchenregierung wird die Zugehörigkeit zu kirchenpolitischen Parteien, Bünden, Gruppen und Bewegungen untersagt.'
> Der Herr Reichsbischof hat die Schirmherrschaft über die ‚Deutschen Christen' niedergelegt. ..., so steht es ... auch keinem von uns Pfarrern zu, ferner ‚Parteien', ‚Bünden' ‚Gruppen' oder ‚Bewegungen' anzugehören. ...
> Ich bitte deshalb aus innerster Not ..., von dem geistlichen Ministerium der Deutschen Evangelischen Kirche ein Gesetz zu erwirken, welches uns Pfarrern die Zugehörigkeit zu kirchenpolitischen Parteien usf. unweigerlich verbietet.
> Jesus Christus ... ruft uns in diesem schweren Advent gewaltig ernst zu: ‚Ein jeglich Reich, so es mit sich selbst uneins wird, das wird wüste.' Ehrfurchtsvoll und gehorsamst
> Gez. Alberts."

Die geforderte Unabhängigkeit der Pfarrer ist hier Mittel der Behinderung der Opposition. Vertreter der DC werden deutlicher:

---

488 Alle Schreiben und Angaben: EZA 7/1016 „Pfarrernotbund 1933-1934".

489 A.a.O., 21.12.1933, an das Evangelische Konsistorium zu Magdeburg.

„Den herrn reichsbischof bitten wir um sofortiges rücksichtsloses vorgehen gegen die reaktion in der kirche. verbot des Pfarrernotbundes muss sofort erfolgen. das kirchenvolk steht hinter ihnen.
Gemeindekirchenrat vorland kreis Grimmen[490]

Der Reichsbischof war kaum theologisch kompetent und geschickt (und innerhalb von Regime und Kirche stark) genug auch nur für einen Formelkompromiss – die Schwierigkeit wird noch deutlicher im folgenden Schreiben:[491]

„Sehr verehrter Herr Reichsbischof!
Wir senden Ihnen die Abschrift eines Schreibens an Herrn Bischof Zänker in Breslau, in dem wir seinen Rücktritt vom Bischofsamte fordern. Herr Bischof Zänker[492] hat nichts getan, um den Frieden wieder herzustellen, der durch die Notbundpfarrer Schlesiens in unverantwortlicher Weise gestört worden ist. Er … möchte uns Gemeindemitgliedern noch Maßregelungen auferlegen, weil wir nicht dulden wollen, daß Notbundpfarrer fernerhin den Vorsitz im GKR und in der Gemeindevertretung führen. …
Wir bitten Sie, sehr verehrter Herr Reichsbischof, Herrn Bischof Zänker abzusetzen und einen … Deutschen Christen an seine Stelle zu setzen. …
Heil Hitler! M Lang, Bunzlau“

Es gibt aber auch Gegenstimmen:

Breslau 22.1.934

„Die heute im Lokal Stadt Metz, Langegasse, versammelten, treu zum Bekenntnis der Väter stehenden 250 Gemeindeglieder von St. Barbara erheben ebenso feierlich wie energisch Protest dagegen, dass ihnen durch die Verordnung des Herrn Reichsbischof vom 4. Januar die Gruppenzusammen-

490 EZA 7/1016, 13.1.1934.
491 A.a.O., Schreiben eines Mitgliedes des GKR Bunzlau, 30.1.1934.
492 Zänker war Mitglied der BK und der Prüfungskommission der BK. Als er sich dem Verbot von Reichskirchenminister Hanns Kerrl widersetzte, weiterhin Prüfungen durchzuführen, wurde er beurlaubt. Als sich Zänker einem am 24. April 1939 durch Kerrl verhängten Redeverbot widersetzte, wurde 1941 wegen Nähe zur Bekennenden Kirche seine Zwangspensionierung durchgesetzt. Er amtierte bis zu seiner Ausweisung im Januar 1945 weiter.

künfte in kirchlichen Räumen zu biblischer und bekenntnismäßiger Vertiefung und zur Aussprache über die kirchliche Lage verwehrt ist.
Als steuerzahlende Gemeindeglieder haben wir ein Anrecht auf Benutzung der kirchlichen Räume und halten es für unsere Pflicht, für Aufklärung über die den Bestand unserer ev. Kirche bedrohenden Vorgänge Sorge zu tragen. Auch halten wir es einer Kirchenregierung für unwürdig, wenn sie ... den Versuch unternimmt, die im ... Kampf zur Erhaltung des unverfälschten Evangeliums stehenden Pfarrer mundtot zu machen. Wir erklären, dass wir treu zu unseren in diesem Kampf stehenden Pfarrern stehen und jeden Versuch, sie zu disziplinieren, aufs entschiedenste zurückweisen.
Im Auftrag (6 Unterschriften)"[493]

Dr. Schmidt, Rechtsanwalt und Notar, Gauobmann der DC fordert Durchsetzung der Kirchengesetze:[494]

„Das evangelische Kirchenvolk ... hofft ..., dass die ... Kirchengesetze nicht ... lediglich auf dem Papier stehen, sondern dass der Herr Reichsbischof mit aller Rücksichtslosigkeit und mit allem Nachdruck die Gesetze durchführt, alle Kirchenbeamten und Pfarrer, die nicht gesonnen sind, sich vorbehaltlos dem Herrn Reichsbischof zu unterstellen, und den Staat Adolf Hitler's zu bejahen, aus dem Kirchendienst zu entfernen und durch andere Persönlichkeiten zu ersetzen. ... es [würde] zur Befriedung innerhalb der Kirche und zur Herstellung der Zustände, die für den Aufbau von Kirche, Staat und Volk im Sinn Adolf Hitler's notwendig sind, beitragen, wenn zum mindesten die Mitglieder des Konsistoriums, Superintendenten und Pfarramtsführer durch vorbehaltlose Nationalsozialisten oder Deutsche Christen ersetzt werden. ....
Heil Hitler!"

Man sieht, wie der sich „kirchlich" verstehende Widerstand[495] politisch verstanden wird. Die vorgeschlagene „Lösung" hätte, wäre sie Wirklichkeit geworden, den Pfarrernotbund ebenso wie später die BK zur Gründung einer eigenen Kirche

493 EZA 7/1016.
494 Ratibor 12.2.1934, a.a.O.
495 Und nur durch diese Selbstbeschränkung auf den Widerstand gegen eine „Reform" der Kirche von außen konnte der Pfarrernotbund (wie später die BK) so viele Anhänger gewinnen.

gezwungen. Auch Max Diestel hätte sich entscheiden müssen und alle Mittel verloren, mit deren Hilfe er manchen beistehen konnte. Es hätte sich gezeigt, wie viele Pfarrer ihre politischen Sympathien hintangestellt und sich um der Reinheit des Evangeliums in die Illegalität begeben hätten, wie es der radikale Flügel der BK später immer wieder forderte.

Diestels Sicht der Lage wie seine Begründung für den Beitritt zum Pfarrernotbund zeigt ein Brief, der ohne Anrede und Adresse in einer Abschrift von Else Diestel vorliegt.[496] Er will einem Kollegen ausreden, sich den DC anzuschließen. „Sie sind viel zu wahrhaftig und gerecht, als daß sie sich in diese kirchliche Gewaltherrschaft einfügen könnten. … Die Glaubensbewegung D. Chr. ist eine *Angleichung* der kirchl. Verhältnisse an den der Kirche nimmer und nie gleichartigen Staat. Aufbau u.s.w. geschieht nach gleichen Gesichtspunkten: a) offizielle Kirchenleitung der Bischöfe pp. b) Parteileitung der Kreisleiter pp. *Beides geht nicht in mein Ordinationsgelübde hinein* – der Gehorsam gegen die Kirchenleitung und der Gehorsam gegen die Parteileitung. Letztere muß ich jedoch schriftlich attestieren, sonst werde ich nicht in die Glbw. D.Chr. aufgenommen. Ich kann nicht zwei Herren dienen.“ Es geht ihm also – wie wohl der Mehrheit der PNB-Mitglieder – um die Unabhängigkeit von Kirche. Hier allerdings unterscheidet er noch „Hossenfelder und Consorten“ von „wirklich Kirchentreuen, auch unter den D. Chr.“: Die November-Kundgebung der DC bringt Scheidungen innerhalb der DC und macht sie Diestel insgesamt zu Gegnern. Schon hier aber sagt er: „Sie haben einen anderen Geist“. Hossenfelder zerstöre die Kirche; „… fragen Sie die wirklich Kirchentreuen, auch unter den D. Chr.“

Die Lage des Adressaten ist schwierig, weil alle seine „Ältesten“ sich den DC angeschlossen haben. Aber sie sind eben Laien, wir Pfarrer „wissen … von der Kirche und ihrer Wesensart. Wir wissen, daß es künftig, wenn es so weitergeht, für den Staat geben wird a) die römische *Kirche,* mit der ein Konkordat geschlossen ist b) eine protestantische *Kultur*(rumpel, sagt Rosenberg)*kammer*, die durch Reichsgesetz geregelt wird, c) Sekten und Freikirchen, die toleriert werden. Ferner eine große Abwendung von der evang. Kirche im Volk: a) seitens der Kirchentreuen, die die gegenwärtigen Gewaltmethoden des Staates gegenüber der Kirche und in ihr nicht ertragen können, b) der Kirchenfremden, die sich auf die Dauer nicht in die Kirche kommandieren lassen, c) der Kirchensuchenden, die *so* niemals

[496] (Vermutl.) Max Diestel an NN, 27.9.1933, Abschrift Else Diestel. Der vollständige Text findet sich im Anhang. Kursiv i. O. unterstrichen.

das Heil der Seele finden werden." Diestel verweist schließlich auf „das Ausland", für das der Arierparagraph und die sonstige Anpassung der Kirche an den Staat Grund ist, die deutsche Kirche nicht ernst zu nehmen. „Lesen Sie das Echo in den Kirchenblättern des Auslandes – *in uns wohl gestimmten Kirchen*! Und die stille Freude, die sich kaum ertragen läßt, in Rom! Aber darum kümmern wir Deutschen uns ja kaum. Nur wenn die kritische Stunde kommt, erschrecken wir über das Maß von Mißtrauen oder (in Rom) das Maß der Selbstsicherheit und – des klug erreichten Erfolges!"

Diestel wendet sich gegen die Übertragung staatlicher Ordnungen auf die Kirche. Wichtig ist ihm zudem, dass die deutsche evangelische Kirche in die Ökumene einbezogen bleibt. Mit beidem aber wird er dem Staat zum Gegner: Gegen völkisches Denken steht Weltoffenheit, Bewahrung der Ordnungen der Kirche begrenzt den totalen Anspruch des Staates. Max Diestel „steht in scharfer Opposition gegenüber dem Nationalsozialismus", vermerkt das Reichssicherheitshauptamt auf seiner Karteikarte. So stellt Diestels Brief seinen Adressaten vor eine Entscheidung: Ein Ja zum Bekenntnis ist ein Nein zur Kirchenpolitik des Staates und den DC.

Kundgebung der DC im Sportpalast

1. Das Debakel der DC

Die Fronten waren deutlich. Der Reichsbischof saß zwischen allen Stühlen; auch seine Freunde bei den DC – er hatte die Bewegung in Ostpreußen mitgegründet und war Landesleiter – standen nicht mehr voll hinter ihm, weil sie von den DC abweichende Positionen kritisierten. Die DC konnten sich der Unterstützung der Partei und Hitlers keineswegs sicher sein: Einerseits, weil er Kirche für verzichtbar hielt, andererseits, weil er keine Bewegung neben der Partei mächtig werden lassen wollte – auch nicht die DC.

Der Gau-Obmann der Deutschen Christen für Groß-Berlin, Reinhold Krause,[497] forderte in einer Rede im Sportpalast vor ca. 20.000 Menschen die „*Befreiung vom*

[497] Reinhold Krause wuchs im Berliner Arbeiterbezirk Prenzlauer Berg auf. Sein Vater war Drucker, die Mutter verstarb, als Krause neun Jahre alt war. Nachdem er das Abitur im zweiten Anlauf bestanden hatte, begann er Ende 1917 ein Studium für das Lehramt an Höheren Schulen an der Friedrich-Wilhelms-Universität, das er 1920 mit der Dissertation abschloss. Nach kurzer Mitgliedschaft in der DNVP engagierte sich Krause im Bund für Deutsche Kirche, einem 1921 gegründeten Zusammenschluss von Intellektuellen, die eine deutsche,

Alten Testament mit seiner jüdischen Lohnmoral, von diesen Viehhändler- und Zuhältergeschichten. Er postulierte den Verzicht auf die ganze *Sündenbock- und Minderwertigkeitstheologie des Rabbiners Paulus* und setzte sich für die Verkündigung eines *heldischen Jesus* ein. Im Anschluss wurde von der Versammlung eine entsprechende Entschließung bei nur einer Gegenstimme (!) angenommen."[498]

Diese Rede machte klar, dass die DC nicht weniger wollten als eine Neufassung der Bibel, von der bestenfalls Versatzstücke blieben. Vor allem, dass Krauses Umdeutungen auch das Neue Testament, den „evangelischen" Apostel Paulus und selbst die Person Jesu betrafen, führte in den folgenden Wochen zu einer Austrittswelle bei den Deutschen Christen.[499] Die Rede war ehrlich, aber ein Debakel für die DC und begrenzte in der Folge ihren Einfluss.

2. „Jetzt kommt der Bekenntniskampf"

Wie Max Diestel die Lage sah, schreibt er seiner Schwester Meta:

> „... Was Du über Eure Zustände schreibst, ist ja nicht erfreulich, aber Ihr werdet noch vor ganz andere Entscheidungen gestellt werden. Augenblicklich brennt es bei uns lichterloh. Gegen Pfarrer Niemöller – Dahlem und Schwarz – Sachsenhausen/Nordbahn ist ein Disziplinarverfahren wegen Aufforderung zum Ungehorsam eingeleitet ... Weil in einem Rundschreiben an die Mitglieder des Pfarrernotbundes (2800) davon die Rede war, man sollte etwa von der Behörde einen zugehenden Arierfragebogen nicht gleich ausfüllen, sondern erst abwarten, was für eine Weisung die Zentrale des Notbundes geben würde. Dr. v. Rabenau – Schöneberg ... widerfuhr das gleiche Schicksal, weil er in der ‚Jungen Kirche' geschrieben hatte, der kirchenpolitische Kampf sei noch nicht zu Ende (sic). Es wurde ihnen am Sonnabend die Ausübung von Amtshandlungen und alles öffentliche Auftreten (auch literarisches) untersagt. Auf Mitteilung an die Reichskanzlei und das Kultusministerium schritt der Staat ein und die Suspendierung wurde rückgängig gemacht, aber am Montag (gestern) wieder erneuert. – Gestern

---

d.h. „von allem Jüdischen befreite Kirche" schaffen wollten. Bekannt wurde Krause durch eine Rede auf der Versammlung der Deutschen Christen im Berliner Sportpalast am 13. November 1933.

[498] evangelischer-widerstand.de, „Der Sportpalastskandal", Hervorh. i. Original.

[499] Wikipedia „Reinhold Krause", Mai 2020.

Abend fand eine große Kundgebung der Deutschen Christen im Sportpalast statt unter Teilnahme von Bischof Hossenfelder und Mitgliedern der kirchlichen Behörden, in der der Gauobmann von Berlin Pg.[500] Krause eine Rede hielt, die geradezu fürchterlich gewesen sein muss über das Alte Testament und anderes. Zum Schluss wurde eine Entschliessung angenommen, die für die neue Kirche im dritten Reich gelten soll: Ausscheidung des Alten Testaments als Religionsbuch, Säuberung des Neuen Testaments von entstellten und abergläubischen Stellen, Abschaffung der bekenntnismässigen Bindungen, Entfernung des Kruzifixes aus den Kirchen und volksfremder Ausdrücke und Menschen; heilige Stätten nicht mehr in Palästina zu suchen, sondern in der Heimat; nordischer Geist und heldischer Jesus statt der Knechtsgestalt, Befreiung von orientalischem Materialismus; Volkskirche – also ein völliges Verlassen der alten Basis, stärkste Annäherung an Hauer pp und damit Kirchenspaltung. Jetzt kommt der Bekenntniskampf, den ich längst erwartet habe. Es geht ums Ganze. Pfarrer Koller, ehemals im Centralausschuss für Innere Mission, fährt heute Nacht nach Stuttgart und wird Wurm[501] ins Bild setzen. Jakobi ist im Augenblick noch bei Ludwig Müller. Ich gehe jetzt zu Niemöller, wo ich Bodelschwingh zu treffen gedenke. Heute Abend um ½ 10 Uhr kommt Karl Barth und hoffentlich auch Marahrens zu Jakobi, wo wir uns alle treffen. Wegen der drei amtsenthobenen Pfarrer habe ich heute Nacht ein sehr ernstes Brieftelegramm losgelassen. ....

Vermutlich werde ich sehr spät nach Hause kommen. Denke an uns. Die letzte Schrift von Barth sende ich Dir mit. Ich stimme nicht ganz in allem mit ihm überein. Aus seiner Theologie heraus kann man überhaupt keine Kirche rechtfertigen. Kirche war da, ehe Theologie im eigentlichen Sinn dagewesen ist. Wohl aber braucht die Kirche die Theologie und die Theologie die Kirche. … Aber Karl Barth hat sehr viel Gutes gewirkt, und ich freue mich, dass er etwas menschlicher – auch in seiner Ausdrucksweise – geworden ist. … Dein Bruder Max.“[502]

---

500 Pg. = Parteigenosse.

501 Theophil Wurm, württembergischer Landesbischof.

502 Max an Meta Diestel, Brief vom 14.11.1933.

Diestel erweist sich, obwohl selbst im Sportpalast nicht anwesend, als gut informiert. Nüchtern sein Fazit: „Jetzt kommt der Bekenntniskampf, den ich längst erwartet habe." Selbst das Wort „Kirchenspaltung" gebraucht er. Die wahre Kirche ist im Pfarrernotbund und bei allen Opponierenden zu finden. Das bestimmt seine freundliche Einschätzung von Karl Barth, dessen Theologie ihm eher fremd war; theologische Differenzen aber sind weniger wichtig als die Sammlung aller Gegner der DC.

3. Ein heißer November

Zunächst versuchte man, die Opponierenden zur Ordnung zu rufen: Am 25.11. 1933 werden Niemöller und die örtlichen Notbundvertreter (Provinzialvertreter) für den 28.11. zum Reichsbischof bestellt.[503]

Um die Reihen zu schließen, stellen DC wie Pfarrernotbund ihre Positionen in Veranstaltungen überall in Berlin, auch in Lichterfelde, dar. Ein Protokoll aus dem EOK mit seinen immer neuen Zusätzen vermittelt den Eindruck einer nicht steuerbaren Entwicklung.

> Der EOK an Dom: „... ordnen wir an, daß mit Rücksicht auf die gespannte kirchliche Lage im Dom nur rein gottesdienstliche Handlungen stattfinden, und daß der Dom für Versammlungen anderer Art nicht zur Verfügung gestellt wird. Die heute Abend geplante Parallelveranstaltung darf im Dom nicht stattfinden."
> Prot. not: Herr ... selbst hat ... angeordnet, daß die Versammlung in der alten Garnisonskirche ausfällt (Mitteilung von Herrn OKR Eckert).
> Prot not: Um 6.55 Uhr teilt Assessor Dr. Kröger mit, daß die geplante Versammlung in der Nikolaikirche stattfinden solle. Ich habe darauf dem Assessor Sellmann die Verfügung an das Domkirchenkollegium mitgeteilt und ... versucht, Herrn Bischof Karow in Kenntnis zu setzen, dass die Gründe für unser Verbot sich nicht auf den Dom beschränken, sondern für alle Kirchen gelten.
> „Darauf rief mich H. Bischof Karow an und teilte mit, daß die Nikolaikirche bereits jetzt mit ca. 3000 Menschen dicht gefüllt sei, daß eine Räumung der Kirche zu den größten Schwierigkeiten führen", während

[503] EZA 7/1016 PFARRERNOTBUND 1933-1934, „Einladung", gleichlautend an Niemöller, Bischöfe u. Behörden der deutschen Landeskirchen (ausschl. Göttingen und Herrnhut).

„er andererseits absolut überzeugt sei, daß die ... Versammlung würdig verlaufen würde; man habe die Absicht, gerade einmal eine mustergültige kirchliche Versammlung darzustellen.
Ich habe seiner Bitte, unter diesen Umständen vom Versammlungsverbot abzusehen, entsprochen. Herr Assessor Dr. Kröger ist beauftragt, an der Versammlung teilzunehmen.“ [504]

In den „Lichterfelder Festsälen“ traf sich die DC-Gemeinde. Aus der Mitschrift der „Sekretärinnen“ [505] erfahren wir, wie die Kirchengemeinde Lichterfelde bzw. ihr Gemeindekirchenrat im Kampf stand.

„... Zitate aus der Rede des Herrn Zehler[506] ...: Die Vorgänge im Reich [seien] ein Kinderspiel ... gegenüber den Ereignissen in Lichterfelde. ... ‚Ich bedaure, dass *die Christlichsten aller Pfarrer* heute nicht hier sind (Zuruf: Die sitzen im Johannesgemeindesaal! Gelächter), sondern nur ihre Sekretärinnen hergeschickt haben, ...‘
Redner rügt sodann das Verhalten des Herrn Pfarrer *Grüneisen* bei den Besprechungen über die Aufstellung einer Einheitsliste bei den Kreiswahlen. Nachdem er mehrfach in ironischer Weise Äusserungen des Herrn Pfarrer Grüneisen ... wiedergegeben hat, sagt er wörtlich...: ‚Ein kleiner Rückfall in alte Sünden!‘ (Lachen)
Redner spricht dann ... über Herrn Pfarrer *Bergemann* und sagt beginnend: ‚Ich hatte mir zunächst vorgenommen, den armen Menschen zu bekehren.‘ Er bespricht dann Verhandlungen mit Pfarrer B. betreffend einen Artikel für das Gemeindeblatt und sagt dann, nachdem er ihn mit erhobener Stimme sächselnd nachmacht, sein (des Redners) Werturteil über Herrn Pfarrer B. sei damals gewesen: ‚Er ist ja kein schlechter Kerl, man muss ihn nur richtig nehmen.‘ Später ... habe er sich gesagt: ‚Dem Mann ist nicht mehr zu helfen.‘ (Bei dieser Bemerkung tippt der Redner mit dem Zeigefinger seiner rechten Hand mehrfach an seine rechte Schläfe!)
In diesem Zusammenhang gibt der Redner ... telephonische Besprechungen ... mit dem Herrn Bischof von Berlin in Sachen Schriftleitung des

[504] A.a.O., 27.11.1933.
[505] EZA 50/43, Nr. 1-3, DC Versammlung 27.11.1933.
[506] Dr. Zehler ist Mitglied im Gemeindekirchenrat Lichterfelde.

Gemeindeblattes … wieder und imitiert dabei den Herrn Bischof mit hoher Fistelstimme unter dem Gelächter des Publikums. Sodann erörtert der Redner die von Herrn Pfarrer Bergemann gemachte Aeusserung: ‚Ich glaube nicht an Hitler, ich glaube nur an Gott.' Als der Redner deswegen beim Bischof vorstellig geworden sei, habe ihm dieser erklärt: ‚Er glaube das nicht'. Redner erhebt dann … Vorwürfe gegen den Herrn Bischof und Herrn Superintendent Diestel wegen ihres Verhaltens in der Gemeindeblattangelegenheit. Er verurteilt scharf Pfarrer Bergemann … und sagt von ihm: ‚Er hat bewusst die Absicht gehabt, nicht an Hitler zu glauben.' ‚Solange Bergemann geschäftsführend tätig ist, kommt eine Beteiligung der Deutschen Christen nicht in Frage.'

Redner erwähnt sodann einen Gottesdienst von Herrn Pfarrer Bergemann, bei dem dieser sich ‚geschickt ein Bibelwort herausgesucht' habe. ‚Jedes Bibelwort war eine Beleidigung, jedes Bibelwort eine Backpfeife für uns.' Er habe sodann ein Gebet gesprochen. ‚Es war eine Beleidigung.' ….

Redner behandelt die Sitzung des Gemeindekirchenrates, die die Deutschen Christen unter Protest verlassen mussten. Als er … einen Brief bespricht, den Herr Pfarrer Grüneisen ihm am nächsten Tage geschrieben habe, und das Verhalten von Herrn Pfarrer G. verurteilt, wird aus der Versammlung gerufen: ‚Warum nicht Oranienburg?' Dieser Zuruf wird von der Versammlungsleitung sowie dem Redner nicht gerügt.

… Pfarrer Praetorius … habe in einer Bibelstunde … die Redewendung gebraucht: ‚…von Rasse und Volk und wie die schönen Dinge sonst heißen mögen.' Redner ruft empört in den Saal: ‚Ist das ein Deutscher?' Pfui-Rufe, Zurufe wie ‚Nein' und ‚Jude' ertönen laut.

Redner spricht … über Pfarrer Petersen …: ‚Er pfuscht dem Herrgott ins Handwerk!' – Als Pfarrer Antonowitz ihn einmal begrüsst habe: ‚Guten Tag Bruder Petersen', habe er ihm nicht die Hand gegeben und gesagt: ‚Es ziemt sich nicht, Ihnen die Hand zu reichen, Herr Dr. Antonowitz!'[507] Redner ruft empört … aus: ‚Was ist er? Kein Christ! Er ist ein Pharisäer!'

Redner … ermahnt die Volksgenossen, ruhig weiter in die Kirche zu gehen und zitiert das Bibelwort: ‚… Ihre Werke sollt Ihr nicht tun, denn sie sagen's

[507] DC Pfarrer Antonowitz nahm die Pauluskirche Lichterfelde für die DC in Anspruch, so dass Petersen seine Gottesdienste im Pauluszentrum halten musste (Gespräch mit Gudrun Diestel, 4.2.2021).

nur, aber sie tun es nicht.‘ Er behandelt dann … Herrn Pfarrer Bergemann, der unfair gehandelt habe, als er die Sportpalastresolution … verlesen habe, aber nicht die Massnahmen der Reichsleitung der Deutschen Christen. … ‚Wenn ein Kaufmann so handelt, so sagt man, er verstösst gegen Treu und Glauben.‘
Redner behauptet dann, die genannten Lichterfelder Pfarrer hätten noch nicht einmal den Führer in das Gebet eingeschlossen. (Pfui-Rufe!) Er schliesst mit den Worten: ‚Je länger diese Schweinerei in der Kirche andauert‘ …, desto mehr schadet es dem Deutschen Volke im Auslande. Er fordert … auf, zu beten, dass „der Kampf gegen die Dunkelmänner bald zu Ende sei.“[508]

Es kommt auch Koch, Pfarrer in Lichterfelde, zu Wort:[509]

„Es handelt sich um die Frage, ob eine alte Theologie wieder zur Herrschaft kommen soll …,“ die „nicht imstande gewesen ist, die Massen zu ergreifen (!) (Beifall).“ … „Der Reichsbischof hat erklärt, dass diese seine Bewegung, sich gründe auf Bibel und Bekenntnis und …. auf den nationalsozialistischen Staat und … wer daran zu deuten wage, sei ein Verbrecher an der Einheit des deutschen Volkes! … dann mögen sie heut in der Lichterfelder Johanneskirche ihre grosse Gegenversammlung halten, dann mögen sie heut im Dom predigen, die Vertreter von Evangelium und Kirche. Über sie hinweg geht der Wille von Adolf Hitler! …
… Karl Barth ist derjenige, der jetzt theologisch unsere Gegner anführt. Es war merkwürdig, was man in der Singakademie erleben konnte. Ich sah Generalsuperintendenten, Superintendenten, Pfarrer usw.; es war ein Trampeln und Klatschen zu den Ausführungen dieses Professors, das ich nicht verstehen konnte. Mir ist die Schamröte ins Gesicht gestiegen, denn dieser Karl Barth ist kein Deutscher. … Er gehört zu der pazifistischen Bewegung in

---

[508] Selbstverständlich haben solche Reden Folgen: EZA 50/43, Nr. 4-5. SA Mann Mauch: Bergemann erteilt die Genehmigung, dass er sich von Koch trauen lassen solle, nachdem Dr. Zehler gesagt habe, „wie ich eingestellt sei“. „Auch hätten ihm Kameraden gesagt, dass er sich von mir nicht trauen lassen könnte. Er müsse doch ‚Deutscher Christ‘ sein und fürchte Nackenschläge, wenn er sich von mir trauen liesse.“

[509] Stichworte aus der Rede von Pfarrer Koch Lichterfelder Festsäle, 27.11.1933, EZA 50/43.

> der Schweiz. Dieser Professor ist nicht imstande, die letzten Tiefen der deutschen Seele zu begreifen. Karl Barth kann uns Deutsche Christen nicht verstehen. ....
> ... Es ist eine ungeheure Anmaßung unserer Gegner, wenn sie so tun, daß wir nicht Buße tun. Unsere Jugend ist im Begriff abzuwandern zur nordischen Religion. – die alte Kirche kann uns nichts sagen ... Auf diese Jugend haben nur wir D.C. Einfluss, auch auf die SS und SA-Männer."

Auch hier wirft man der Kirche Versagen bei Jugend und Arbeiterschaft vor und nimmt deren Zustimmung zu den DC als Zeichen, dass man die richtige Kirche sei. Weil auffallend viele junge Pfarrer Mitglied der DC waren,[510] ist dies auch die Kritik der Jugend an der Kirche der Alten.

4. Verbot politischer Kundgebungen

Im Dezember verbietet die Kirchenleitung politische Kundgebungen in Gottesdiensten, Predigten und Abkündigungen und in „Kirchlichen Räumen" – mit dem Ergebnis, dass man über die Definition „kirchlicher Räume"[511] streitet und, dass so auch Veranstaltungen der DC behindert waren. Der EOK erbittet Klärung:[512]

> Herr Bischof Hossenfelder „vertritt die Auffassung, daß die Glaubensbewegung Deutsche Christen *nicht mehr* eine kirchenpolitische Bewegung sei. ... Wir geben ergebenst von dieser Auffassung Kenntnis und bitten uns von der Reichskirchenregierung aus mit Weisungen zu versehen, ob von dort aus der Auffassung des Herrn Bischofs Hossenfelder zugestimmt wird."

---

[510] Gailus, Kreuzkirche S. 74f. „Über 40 Prozent der [Berliner] Gemeindepfarrer gehörten ... zum ... Lager der Deutschen Christen. Gut 36 Prozent schlossen sich ... der Bekennenden Kirche an. Die deutschchristlichen Pfarrer waren vergleichsweise jung und häufiger als ihre Kontrahenten stammten sie aus nichtakademischen, eher klein- und unterbürgerlichen Elternhäusern. Ihrem innerkirchlichen Aufbegehren haftete etwas Rebellisches an. Oft war das ein Aufstand der Jüngeren gegen das überalterte Establishment der Kirche."

[511] Eine entsprechende Anfrage wird an das Konsistorium der Rheinprovinz gerichtet und derart beschieden, dass die Abhaltung von Gottesdiensten in den Räumen allein nicht zur Definition kirchlicher Räume genügt, es vielmehr um alle Räume von Kirchengemeinden geht, auch, wenn keine Gottesdienste dort stattfinden. EZA 7/1016.

[512] Schreiben des EOK 11.12.33 „Betrifft: Reichskirchengesetz vom 4. Dezember 1933 betreffend die kirchenpolitische Betätigung der kirchenregimentlichen Beamten" EZA 7/1016.

Der EOK zitiert Hossenfelder:

> „5. Unser Ziel ist wie bisher, daß Volk und Kirche eins werden. Die Reichskirche bildet den äußeren Rahmen für die kommende Volkskirche. …
> 8. Wie der Gustav-Adolf-Verein für das evangelische Deutschtum im Auslande kämpft, so ringt die Glaubensbewegung ‚Deutsche Christen' um die Seele jedes Nationalsozialisten in der Heimat."

Damit könnte die DC weiter in Kirchen und auf Kirchengelände werben und werden daran auch nicht gehindert[513] – „Politische Kundgebung" ist, was oppositionell ist. Die Verordnungen bringen die „Bekenntnispfarrer" nicht zum Verstummen, so dass der EOK „nachlegt":

> „… weisen wir darauf hin, daß in Predigten und Abkündigungen … jede Kirchenpolitik zu vermeiden ist und nur solche Mitteilungen abzukündigen sind, die von den Aufsichtsbehörden angeordnet sind oder das kirchliche Leben der einzelnen Gemeinde betreffen.
> Weiter ist dafür zu sorgen, dass kirchenpolitische Flugblätter keinesfalls innerhalb des Kirchengrundstückes oder außen an der Kirchentür auf dem Kirchengrundstück verteilt werden dürfen.
> Für den Präsidenten Gez. Rapmund"[514]

Das Ende der Evangelischen Jugend

Im Dezember 1933 wurde durch eine Vereinbarung zwischen dem Reichsbischof Müller und dem NS-Jugendleiter Baldur von Schirach die Evangelische Jugend in die Hitler-Jugend eingegliedert – ein „Weihnachtsgeschenk" für den Führer und eklatanter Bruch eines Versprechens des Reichsbischofs, das seine bedrängte Lage zeigt. Müller konnte weder Ruhe in der Kirche herstellen noch ihre Trennung überwinden. Die Vereinbarung mit Schirach ist ein Versuch, die eigene Position beim Regime zu festigen.

Diestel schreibt gleichsam privat: [515]

---

513 Siehe die Vorgänge in Lankwitz und das „Wort des Reichsbischofs" (ab Seite 211).

514 EOK an die Konsistorien, einschl. Stolberg und Roßla und Danzig, 23.12.1933, EZA. 7/1016, auch dagegen verstößt die Propaganda der DC in Lankwitz.

515 EZA 50/43, Nr. 6-7 Sup. Diestel an den Reichsbischof 23.12.1933.

„Hochwürdiger Herr Reichsbischof,
Gestatten Sie, dass ich nicht amtlich, sondern als christlicher Hausvater zu der heute in der Presse veröffentlichten Kundgebung an die evangelische Elternschaft Stellung nehme.
Ich habe mehrere Kinder, die in evangelische Jugendgruppen eingetreten waren. Es war bei den starken Anforderungen, die die Schule an die Kinder stellt, nur mit Mühe zu erreichen, dass sie an den Veranstaltungen der evangelischen Jugend in der Gemeinde regelmässig teilnahmen und gleichzeitig ihren Schulverpflichtungen genügten. Wenn durch diese neuere Regelung die Kinder verpflichtet werden, noch weitere zwei Nachmittage oder Abende in der Woche und zwei Sonntage im Monat dem Dienst der Hitlerjugend zu widmen, so ist das der Schule und dem Elternhaus gegenüber eine Anforderung, die in der Ausführung völlig unmöglich sein wird. Für die Kinder bedeutet es nichts anderes als die Loslösung aus einem Kreise, der ihnen lieb geworden ist. Sie sehen auch nicht ein, was sie innerlich dabei gewinnen sollen, denn, soweit meine Kenntnis reicht (und sie bezieht sich amtlich auf einen der grössten Kirchenkreise im Preussen) kann von einer Teilung zwischen vaterländischem und christlichem Empfinden oder von dem Gefühl, ausserhalb der vaterländischen Bewegung zu stehen, gar keine Rede sein. Ob die Formen, in denen sich vorzugsweise die Erziehung in der Hitlerjugend bewegt, auf die Dauer sich bewähren, muss noch festgestellt werden. In dieser Hinsicht stehen unseren kirchlichen Jugendgruppen viel ältere Erfahrungen und sehr viel bessere Führer zur Verfügung. Für die Eltern aber bedeutet diese in Aussicht genommene Regelung den Verzicht auf ein inniges Familienleben mit ihren Kindern und den gemeinsamen sonntäglichen Kirchgang, wie ihn viele regelmäßig noch gewohnt waren. Auch die Möglichkeit der Beurlaubung wird unsere Kinder nur in Konflikte bringen und nicht innerlich entlasten.
Der Herr Reichsbischof wolle sich darüber klar sein, dass für den christlichen Familienvater damit von höchster Stelle eine seelische Belastung gegeben ist, die eine tiefe Enttäuschung in sich schließt. Bei aller Anerkennung der vorhandenen Schwierigkeiten steht deren wirkliche Lösung noch bevor. Auch aus staatlichen Gesichtspunkten heraus muss gesagt werden, dass auf die Zerstörung des Familienlebens keine wirklich lebendige Entwicklung der besten Kräfte gegründet werden kann, und für die Kirche wird sich so der

Aufbau der Gemeinde aus ihren jugendlichen Gliedern nicht bewerkstelligen lassen.
In geziemender Ehrerbietung Euer Hochwürden".

Der Brief ist ein „typischer Diestel": „Ausführung unmöglich" – die Jugendlichen „werden es nicht verstehen" – die evangelische Jugend hat „Erfahrung", die HJ muss ihre Grundsätze erst bewähren – die Familie wird zerstört: Argumente, die Folgen der Maßnahme beschreiben, die doch „eigentlich" niemand wollen kann. Diestel wusste wohl, dass man die Jugendlichen ihrer Familie entfremden und zur Entscheidung für die NSDAP zu Lasten der Kirche zwingen wollte. Er wusste ebenso, dass alles das nicht ausgerechnet der Reichsbischof würde öffentlich vertreten können, der seine Lage noch durch einen Wortbruch erschwert und jede Glaubwürdigkeit verloren hatte.
Die Ehrerbietung Diestels gegen den Reichsbischof war sehr begrenzt. Einstellung wie Maßnahmen des Reichsbischofs missbilligte er und verachtete dessen Schwäche und Lavieren. So musste er ahnen, wusste es vielleicht durch seine guten Kontakte, dass der Anschluss der Evangelischen Jugend an die HJ weniger einem Entschluss des Reichsbischofs zuzuschreiben war als dessen verzweifeltem Versuch, Rückhalt bei seinen Förderern zu finden.
Diestel erinnert ihn, dass es nicht Aufgabe des Reichbischofs ist, Kinder bzw. Jugendliche ihren Eltern zu entziehen und einer nicht christlichen Erziehung zuzuführen – so führt er dem Reichsbischof seine Machtlosigkeit vor. Der Brief ist Anklage: Ein „christlicher Hausvater" beklagt die Zerstörung der Familie und den Anspruch des Staates auch über die Jugend.
Nicht vergessen darf man aber, dass Diestel den „Vater" nicht nur mimt, sondern die Probleme auch selbst erlebt. Ein Brief an seine Tochter Gudrun zeigt es:

Meine liebe Gudrun,
... Also Du bist M.d.B[516] im B.d.M. Wie redet man Dich denn an? Bereitschaftsmädel? Nun weisst Du ja, wie die erziehenden Mächte in deinem Leben nebeneinanderstehen oder stehen wollen. Aufmarschiert auf einer Linie: H.J., Schule, Elternhaus. Nur scheint es mir, dass die liebe Untergruppenführerin Euch hätte sagen müssen, ob die Linie horizontal oder vertikal zu denken ist oder am Ende schief:

[516] Vermutlich ironisch für „Mitglied der Bewegung".

> H.J.
>
> Sch
>
> E.H.
>
> so dass man allmählich zu immer bedeutenderen Machtfaktoren emporsteigt: Zuerst hat nur das Elternhaus etwas zu sagen, dann die Schule und schließlich die alles überhöhende H.J. Wenn die H.J. aber einen loslässt, dann plumpst man auf die Schule (falls noch vorhanden oder die Universität) zurück und endet schließlich im Elternhaus, das den ganzen Schwindel bezahlen muss, damit das arme Kind auch seine richtigen Erzieher findet. Wir unwissenden Eltern sind ja zu beschränkt, um Euch Garanten der Zukunft den rechten Weg zu weisen. Nun, so schlimm ist es ja nicht gemeint, es wird nur reichlich viel Unsinn dabei geredet. Wenn Du eine nette Scharführerin bekommst, kann es ganz nett werden. Hilde hat es s. Zt. auch ganz gut getroffen und war ja selbst Führerin. Die Hauptsache ist in deinem Alter, dass Du selbst Dich erziehen lernst und im Gebet auf Dich Acht hast. ‚Was Er Euch sagt, das tut', hat Maria bei der Hochzeit in Kana gesagt. Das gilt und ist wichtiger als was Elternhaus, Schule und HJ sagen. Wenn das, was sie sagen, übereinstimmt mit dem, was Jesus sagt, dann ist alles in Ordnung. Denn Er ist der eigentliche Erzieher; Er hat das Wort, auch wenn Elternhaus, Schule u. H.J. dem Kundigen mehr zu sagen haben oder keinen Rat mehr wissen. …
>
> Elslein … verhandelt mit Siemens wegen einer Stelle in Wien und mit einer anderen Firma wegen einer Stelle in Freiburg. … Nicht wahr, es ist doch gut, wenn man noch ein Elternhaus hat, von dem aus man in aller Ruhe sich nach einer geeigneten Berufstätigkeit umsehen kann? Da hilft H.J. und Schule nicht mehr. … Vater."[517]

Mit Ironie wie Humor geht Diestel das Thema an, seine Bitterkeit ist spürbar („unwissende Eltern"), auch, wenn er sie Gudrun gegenüber abmildert („so

---

[517] Max Diestel an Gudrun Diestel, Brief vom 20.1.1942 – beiliegend eine Karte mit Bild von Äpfel erntenden Heinzelmännchen und Unterschrift: „Hei, da lacht es, hei, da kracht es, plumps, da liegt es drunten".

schlimm ist es ja nicht gemeint"), am Ende zeigt er die Begrenztheit der Hilfe von HJ und Schule, also staatlicher Erziehung. Er verbietet aber weder Gudrun noch Hilde die Mitgliedschaft, versucht aber, ihnen einen Maßstab mitzugeben: „Was Er Euch sagt." Man spürt seine Bedenken – dennoch lässt er die Freiheit zu eigenen Erfahrungen, wie sie ein Mädchen mit 13 – noch dazu im Schülerinnenheim auf sich gestellt – machen möchte. Ich finde diese Art der Erziehung bemerkenswert, die nicht den Weg vorschreiben, sondern nur einen Kompass für diesen geben will. Diestels Sohn Eberhard (* 1914) war schon zu alt für die HJ, zwei der Töchter ebenso für den BdM, so muss sich Diestel privat nur mit dem BdM für zwei Töchter befassen.

Das Jahr 1934

1. Der „Maulkorberlass"

Ludwig Müller opferte die Evangelische Jugend seinem Ansehen bei den Regierenden und nahm in Kauf, es dadurch bei allen Opponierenden zu verlieren. Jeder Anschein einer überparteilichen Amtsführung war ebenso erledigt wie jedes Vertrauen in seine Zusagen.

Die Unruhe in der Kirche nahm eher zu als ab. So versuchte er es im Januar mit einem Erlass, verbot am 4.1.1934 alle kirchenpolitischen Auseinandersetzungen und Kundgebungen in den Kirchen und drohte bei Verstoß mit Amtsenthebung – das war der sogenannte „Maulkorberlass". Freilich hatte er weder Macht noch Autorität, so Ruhe zu erreichen.

2. Protest des Pfarrernotbundes

Der Pfarrernotbund protestierte in einer von 172 Pfarrern unterzeichneten „Entschließung", die als Kanzelabkündigung am 7. und 14. Januar 1934 in Hunderten deutscher Kirchen verlesen wurde: „... Schrift und Bekenntnis der Kirche sind ... aufs ernsteste bedroht. Bischöfe und Träger hoher Ämter in unserer Kirche, die beim Widerstand gegen das in die Kirche eindringende Heidentum offenkundig versagt haben, Bischöfe, die von ihren Pfarrern und Kirchengliedern öffentlich der Irrlehre angeklagt worden sind, sind unverändert in ihrem Amt. Bedrohung und Bedrückung derer, die eine Befriedung der Kirche auf der Grundlage des Bekenntnisses fordern, schreiten fort und nehmen in der verlesenen Verordnung schärfste Formen an. Wir erheben vor Gott und dieser christlichen Gemeinde Klage und Anklage dahin, daß der Reichsbischof mit seiner Verordnung ernstlich denen Gewalt androht, die um ihres Gewissens und um der Gemeinde willen zu der gegenwärtigen Not der Kirche nicht schweigen können, und zum andern bekenntniswidrige Gesetze von neuem in Kraft setzt, die er selbst um der Befriedung der Kirche willen aufgehoben hatte. Wir erklären, daß sein widerspruchsvolles Verhalten es uns unmöglich macht, ihm das Vertrauen entgegenzubringen, dessen er in seinem Amt bedarf." [518]

Die Reaktion erfolgt prompt:

> „Es ist uns berichtet worden, dass am vergangenen Sonntag nach Gottesdiensten eine Kundgebung verlesen worden ist, in welcher … zum Ausdruck gekommen sei, dass dem Herrn Reichsbischof das Vertrauen nicht entgegengebracht werden könne, dessen er in seinem Amte bedürfe. Vorausgesetzt, daß diese Mitteilung zutrifft, sehen wir uns zu unserem Bedauern genötigt, Ihnen als dem gegenwärtig geschäftsführenden Geistlichen der Gemeinde zu eröffnen, daß ein solches Verhalten eine grobe Disziplinwidrigkeit darstellt, vor deren Wiederholung wir mit allem Ernst und Nachdruck warnen müssen."[519]

Als die DC Gemeinden gegen Notbund-Pfarrer aufzubringen versuchten, zeigte sich, dass der Pfarrernotbund unzureichend war, weil weder die Gremien der Gemeinden noch Nichttheologen einbezogen waren. Damit beginnt der Weg zur „Bekennenden Kirche". Ein Zeichen dafür ist dieser Aufruf:

> „Unsere evangelische Kirche ist in Gefahr, durch den kirchenpolitischen Streit zerrissen zu werden. … Unser evangelisches Volk sehnt sich nach einer geeinten, in Christus festgegründeten und in der Liebe starken Kirchengemeinschaft. Die sich immer mehr versteifenden kirchlichen Fronten aber

---

518 Emmausgemeinde, Berlin Kreuzberg, www.emmaus.de/chronik/maulkorberlass.html.

519 EZA 50/43, Nr. 10-14, Konsistorium der Mark Brandenburg an Pfarrer in Lichterfelde wegen Verlesen einer Kundgebung, hier: Karow an Pfarrer Bergemann, 13.1.1934, mit Anpassungen der Gottesdienstzeiten (Abend, nach dem Gottesdienst usw.) auch an Niemöller, Vormittagsgottesdienst der Apostel Paulus Kirche, Künkel in Schmargendorf (Abendgottesdienst), Pfarrer i.R. Richert, Vormittagsgottesdienst in Schmargendorf, Wendland, Steglitz nach Gottesdiensten; die Ergänzung „geschäftsführender Pfarrer" nur bei Bergemann.

untergraben den Boden, auf dem eine solche Gemeinschaft aufgebaut werden kann.
Wir brauchen den kirchlichen Frieden dringender als je. Wir wollen keine dritte Kampffront bilden. Wir wollen auch nicht alte kirchenpolitische Gruppen zu neuem Leben erwecken. Wir rufen vielmehr ernste evangelische Christen aus beiden Kampffronten und solche, die sich keiner Gruppe anzuschließen vermochten, alle, die mit uns unter der kirchlichen Zerrissenheit leiden, auf zu persönlicher Aussprache und Fühlungnahme *mit dem Ziel gemeinsamer kirchlicher Arbeit auf dem unverrückbaren Grunde von Bibel und Bekenntnis.* (kursiv M.O., Anm. am Rand „?", verm. von Diestel). Dabei leitet uns ... der heisse Wille, die von unserem Führer Adolf Hitler erstrebte Volksgemeinschaft durch den evangelisch-kirchlichen Aufbau wirksam zu fördern.
Berlin 12.1.1934, Freunde kirchlicher Einigung."

Dem Aufruf lag eine Einladung bei zu einer „Versammlung am 1.2.1934 im Atlas-Restaurant, ... mit Sup Pätzold und „Die 28 sächsischen Leitsätze", unterzeichnet „Mann, Raack., D. Schowaltee, Zimmermann".[520]
Diestels Fragezeichen am Rand des Schreibens zeigt, dass er gemeinsame kirchliche Arbeit auf der Grundlage von Bibel und Bekenntnis für weder gegeben noch möglich hält. Die gleiche Skepsis spricht aus einem Brief von Dr. Wilhelm Rosenberger, der sich einer Mitgliedschaft in der „Bekenntnistreuen Vereinigung" entzogen hatte, obwohl deren Ziele ihm nicht unsympathisch waren. Er schreibt:

„Sehr verehrter Herr Superintendent!
Im Einverständnis mit Herrn Pfarrer Klamroth gebe ich Ihnen einen Briefwechsel zur Kenntnis, weil mir daran liegt, ... immer deutlicher zu sagen, dass uns in der kommenden Notzeit unserer Kirche nur eine straffe und klare Gemeindeorganisation Rückhalt geben kann – soweit unsere äußere Kraft überhaupt etwas vermag.
Es kam mir ... nicht darauf an, die ‚Bekenntnistreue Vereinigung' anzugreifen, ... sondern an diesem Beispiel ... zu zeigen, dass wir die vorhandenen

[520] EZA 50/43 Nr. 8-9, Freunde kirchlicher Einigung über den kirchlichen Frieden 12.1.1934. Im Auftrage der Notgemeinschaft – Lichterfelde, Gez. Frau Dr. Höpker.

> Kräfte durch falsche Organisation zersplittern und schwächen. Sind wir uns wirklich einig über die These: ‚Nur die um einen einzigen Pfarrer gescharte Ort-(Bezirks-)Gemeinde kann in der Großstadt die Zelle protestantischen Lebens sein?'"

Diestel antwortet:

> „Sehr geehrter Herr Doktor,
> … Im Augenblick halte ich … Gebilde wie die ‚Bekenntnistreue Vereinigung' für einen Luxus, den man sich aus besseren Zeiten herübergerettet hat, um seine Gravamina in dieser Vitrine unterzubringen. Die Treue zum Bekenntnis steht heute auf einem ganz anderen Blatt als vor 40-50 Jahren … Heute ist die Frage, ob die Kirche überhaupt in ihrem Aufbau und ihrer Verkündigung bekenntnistreu ist. Somit ist das Problem ein allgemein gültiges und jedem Gemeindeglied gestelltes. Man könnte … fragen, ob der Pfarrbezirk oder der Kirchenbezirk der … Raum ist, in dem sich eine Gemeinde aufbaut. Wir machen die Erfahrung, dass hier in der Großstadt die Grenzen fließend werden und die Zahl derer, die sich gehorsam an die Bezirksgrenzen halten, leider recht beschränkt ist.
> Selbstverständlich will ich damit nicht leugnen, dass auch aus solcher Vereinigung wie die „Bekenntnistreue" in Steglitz Gutes kommen kann. Diese ist doch aber mehr Debattierklub als S.A. und das aktivistische Element wird in ihr keine Dauerstelle finden, es sei denn, man versteht unter Aktivismus vieles Reden. …
> Mit nochmaligem herzlichen Dank und freundlichen Grüßen
> Ihr sehr ergebener!"[521]

Diestel weiß, dass Widerstand gegen die Kirchenpolitik ohne Basis in den Gemeinden auf Dauer weder sinnvoll noch glaubwürdig wäre: Eine Vereinigung allein von Pfarrern stellte das von ihnen hoch gehaltene synodale Prinzip in Frage. Klar ist auch: Reden genügt nicht mehr.

3. Ein misslungenes Gespräch

Nachdem Müllers Rücktritt immer lauter gefordert wurde, lud Hitler, um Ruhe an der „kirchlichen Front" zu bekommen, am 25.1.1934 die Landesbischöfe, den

---

[521] EZA 50/43, Nr. 29-31, Brief Rosenberger vom 27.1.1934, Antwort Diestels am 1.2.1934.

Vorsitzenden der Reformierten und Niemöller als Führer der kirchlichen Opposition zu einer Audienz.
Die nicht zu den Deutschen Christen gehörenden Teilnehmer wollten den Rücktritt des Reichsbischofs erreichen. Gleich zu Beginn erschien Göring und bat Hitler erregt ums Wort. Dann verlas er den Wortlaut eines Telefongesprächs, das Niemöller am Vormittag des 25. mit seinem Kollegen Künneth geführt hatte: „Wir haben unsere Minen gelegt. Es kann nichts mehr schiefgehen. Am Vormittag ist der Reichskanzler beim Reichspräsidenten, um die letzte … Ölung zu empfangen." Dieses Gespräch bezog sich darauf, dass Hindenburg eine Denkschrift der Kirchenführung erhalten hatte und man von ihm entsprechende Beeinflussung Hitlers erwartete. Hitler tobte. Es kam zu einem Wortwechsel, bei dem Niemöller alles aussprach, was er zu sagen hatte. Darin kann der Anfang von Hitlers andauerndem Hass auf ihn gesehen werden. Die Kirchenführer, völlig verschreckt, verbrachten den Rest der Audienz mit Loyalitätserklärungen. Von einem Rücktritt Müllers war nicht mehr die Rede.[522]

Die zweite (nur) angedrohte Suspendierung

1. Der Anlass

Die Kirchenleitung erwartete von Superintendenten, dass sie die Verwaltungsmaßnahmen der Bischöfe ausführten, jede Weigerung war als besonders schwerer Verstoß gegen die Verordnung vom 4.1. mit der Androhung der Suspendierung verbunden. Am 22.1.1934 wurde Diestel aufgefordert, innerhalb von vier Tagen zu melden, welcher seiner Pfarrer gegen den Maulkorberlass verstoßen habe; er antwortete schon am 23.1. mit „Fehlanzeige."
Die Kürze wie Schnelligkeit der Antwort Diestels zeigen, dass er Antwort wie Nachforschung verweigert. Es war offensichtlich, dass mindestens dem Pfarrernotbund nahestehende Pfarrer gegen die Verordnung verstoßen hatten, um, wie die Pfarrer der Synode von Kölln-Land I am 2.3.1934, „Gottes Wort zu gehorchen (1. Kor. 9,16) und das Vertrauen der Gemeinden zum evangelischen Predigt-

522 www.friedenszentrum-martin-niemoeller-haus.de/ausstellung/tafel10.html – Die Darstellung ist aus der Sicht Niemöllers geschrieben; andere werfen ihm sein Verhalten am Telefon vor. Vermutlich war die Szene inszeniert – eine Einigung mit Hitler wäre ohnedies kaum möglich gewesen; die Schuld daran konnte so aber der Gegenseite gegeben und deren Loyalität in Frage gestellt werden.

amt und seiner Verkündigung zu erhalten".[523] Die Kirchenleitung war durch linientreue Gemeindemitglieder über die Verstöße informiert; auch in Diestels Personalakte finden sich Beschwerden gegen ihn.

2. Diestels Reaktion

Mit „Fehlanzeige" allein lässt es Diestel aber nicht bewenden. Er schreibt ausführlich an Bischof Karow und auch ans Konsistorium:[524]

> Man müsse die Rechtsgültigkeit des Erlasses vom 4.1.34 prüfen. „Aber … auch aus … inhaltlichen Gründen habe ich Bedenken. …Der Erlass ist undurchführbar. Was sind kirchenpolitische Kundgebungen? Was heisst Angriffe auf das Kirchenregiment oder dessen Massnahmen? In welchem Umfange kann man von Öffentlichkeit bei Verbreitung von Schriften und dergl. reden? … Nach nationalsozialistischem Denken ist jede Handlung eines Volksgenossen politisch zu werten. Übertragen auf das kirchliche Gebiet ist jedes Wort, das gesprochen wird, auch irgendwie kirchenpolitisch von Bedeutsamkeit und kann als kirchenpolitische Kundgebung … angesehen werden. Insbesondere, wenn ein Geistlicher nicht das Evangelium ‚im luftleeren Raum', sondern volksverbunden, zeitgemäss und … auch für die Allgemeinheit (Kirche und Gott) predigen will, wie es gewünscht wird, so kann jedes Wort als kirchenpolitisch angesprochen werden … Das hat sich auch ergeben, als wenige Tage nach der Herausgabe des Erlasses in Gegenwart des Herrn Reichsbischofs in kirchlichen Räumen in KIEL von der Kanzel und unter der Kanzel sehr stark ‚kirchenpolitisch' geredet worden ist, ohne dass der Herr Reichsbischof einschritt. …
> Ich kann mir nicht denken, dass ein Pfarrer meines Kirchenkreises in Versammlungen …, die natürlich in kirchlichen Räumen stattfinden, sich der Pflicht der Aufklärung der Gemeindeglieder über kirchliche Vorgänge, die nur zu unverantwortlichem Gerede Anlass geben könnten, entzieht. … Dass ein Gottesdienst zum Zweck einer kirchenpolitischen Auseinandersetzung angesetzt oder missbraucht worden sei, ist mir nicht bekannt. Den

523 Zitiert nach Heinsen, S. 57.

524 EZA 50/43 Nr. 24-27. Zur Wiederherstellung „geordneter Zustände in der DEK", 23.1.1934 Schreiben an das Konsistorium (Diestel), Bezug: 22.1. Kons KI 542, EOK 20.1.34 6121.

> Geistlichen ist es … nicht um kirchenpolitische Auseinandersetzungen … zu tun, sondern um die Wiederherstellung geordneter Zustände in der deutschen evangelischen Kirche.
> … muss ich leider hinzufügen, … dass ich nicht weiss, wie man hier Ermittlungen anstellen kann. Eine Reihe von Geistlichen meines Kirchenkreises ist vermahnt worden, keine ‚Disziplinlosigkeit' zu begehen, und davon ist mir Mitteilung gemacht worden. Das Evangelische Konsistorium hat auf Wegen, die mir nicht zugängig sind, sich schon darüber unterrichtet, was am 8. Januar in meinem Kirchenkreis während meines Urlaubs vor sich gegangen ist. … Dem Evangelischen Konsistorium würde es sicher sehr gedankt werden, wenn es … beitragen wollte, dass die Ursachen der grossen Empörung und der furchtbaren Gewissensnot … baldigst beseitigt würden, die für die kirchenpolitischen Auseinandersetzungen und Kundgebungen nur Symptome sind. … Der Erlass sieht lediglich eine Symptomkur vor, die sicher nicht zur Wiederherstellung geordneter Zustände führen kann. Sofern … ernste Gewissensbedenken einen Pfarrer leiten, ist es unevangelisch, ihn anders als mit brüderlicher Beratung gegenüberzutreten. § 3 des Erlasses schaltet dieses Vorgehen aus und kann nur dazu beitragen, die schon allzugrosse Verbitterung und Enttäuschung in den verschiedensten Kreisen unseres Kirchenvolkes, die wirklich evangelisch denken, zu erhöhen."

So wenig Diestel sich öffentlich an die Spitze der Bewegung stellte, so wenig versteckte er seine Einstellung gegenüber Kirchenleitenden. Er argumentiert:

- Der Erlass ist *undurchführbar*, weil begrifflich unklar.
- Er vermutet *Rechtswidrigkeit.* Da ordentliche Gerichte immer wieder die Rechtswidrigkeit kirchlicher Maßnahmen feststellten, verbirgt sich hinter der „Vermutung" der Rechtswidrigkeit fast eine Drohung. „Es scheint … nicht angeraten, sich der Gefahr einer ungesetzlichen Handlung auszusetzen oder sich an ihr zu beteiligen, was … der Fall wäre, wenn die bekannte Beanstandung der Rechtsgültigkeit des Erlasses begründet ist."[525]
- Pfarrer, die so zeitgemäß predigen, wie das Regime es wünscht, *können zu diesem Erlass nicht schweigen.*

[525] EZA 50/43.

Diestel tritt selbstbewusst und ironisch auf, was die Adressaten verärgern musste. Die Unruhe in der Kirche führt er nicht auf die Opposition, sondern auf die Maßnahmen der Kirchenleitung zurück. Er nimmt die Propaganda beim Wort: Wenn alle Taten politisch sind, kann ein Pfarrer kein Wort sprechen, das nicht (kirchen)politisch und damit verboten ist. Wenn die Pfarrer „volksverbunden" und „zeitgemäß" predigen sollten, müssten sie die Gemeinde über die Vorgänge informieren.

> Schließlich kritisiert er, dass die Kirchenleitung an ihm vorbei *Informationen einzuholen* versucht habe. Er verweigert sich der Pflicht zur Nachforschung:
> „In den 20 Jahren, die ich das Ephoralamt bekleide, habe ich es nie für meine Pflicht gehalten, ohne dass eine Beschwerde aus der Gemeinde heraus an mich kam, oder ich selber Zeuge einer ungesetzlichen Handlung war, Amtsbrüder zur Selbstbezichtigung aufzufordern. Ferner erlaubt mir meine sonstige Amtstätigkeit nicht, überall herumzuspüren, ob etwas in den Gemeinden von den Pfarrern geschieht, was man als kirchenpolitische Auseinandersetzung oder Kundgebung in kirchlichen Räumen deuten könnte. Einmal fehlt mir dazu die Zeit und um Detektive anzustellen, die das für mich besorgen könnten, habe ich keinen Anhalt in der Verfassung."[526]

Diestel spielt auf von der Kirchenregierung geduldete Denunziationen aus Gemeinden an. Für ihn ist jeder Pfarrer in seiner Gemeinde „Bischof" und handelt nach Schrift und Bekenntnis und den Gesetzen der Kirche. Er verweigert sich damit dem von der Kirchenleitung erwarteten „Führerprinzip" in der Kirche. Nur bei Beschwerden versuche er, die Sachlage zu klären, evtl. Verstöße aufzuzeigen und in einem brüderlichen Gespräch[527] zu bereinigen.
Kirchenleitungen werden manchmal darunter leiden, wenn Pfarrer*innen der evangelischen Kirche sich als Bischof bzw. Bischöfin der eigenen Gemeinde ansehen. Es ist dabei der Öffentlichkeit kaum vermittelbar, wie in einer Gemeinde

[526] Dto.
[527] S.o.

möglich ist, was in einer anderen undenkbar scheint[528]; es handelt sich aber um ein System, das schwer von außen zu steuern und zu manipulieren ist.[529]
Diestel schlägt vor, die angeordneten Maßnahmen (Gehaltskürzungen und angedrohte Amtsenthebungen) rückgängig zu machen – wieder mit einer „konstruktiven" Begründung: Die Maßnahmen würden die Verbitterung bei evangelisch denkenden Mitgliedern der Kirche verstärken. Die Kirchenleitung kuriere an Symptomen. Die „Ursachen der Empörung und der furchtbaren Gewissensnot unter Pfarrern und Gemeindegliedern" sei damit nicht behoben.[530]

3. „Die Zeit ist etwas aufreibend"

Diestel schreibt im Februar 1934:

> „Die Zeit ist … etwas aufreibend. Gestern sprach ich Mahrahrens am Telefon. Es war nicht ganz deutlich, wie sich … die Bischöfe zum Pfarrernotbund gestellt haben. Bis zur Besprechung beim Reichskanzler waren die Landesbischöfe mit dem Notbund ganz einig. Über ihre Besprechung beim Reichsbischof am letzten Sonnabend verlautet, dass sie etwas verblüfft worden sind durch die geschickte Taktik des Herrn Dr. Oberheid;[531] was aber wirklich dahintersteckt, lässt sich nicht sagen. Man erwartet ein radikales Kirchenregiment. Auf der anderen Seite bläst ‚Das Evangelium im 3. Reich' die Friedensschalmei. Eine Anzahl von wohlwollenden Superintendenten und anderen Herren minderer Prominenz geht auf eine friedliche Vermittlung aus. Ob der Kirchenfrieden zustande kommt, … wird von der grösse-

---

528 Heute – scheint mir – ist es die wahrgenommene Minderung des Einflusses von Kirche, die Leitende dazu verleitet, die Zügel anzuziehen und Regelungen evtl. nach einem Leitbild von Kirche zu verlangen. Diestels Beispiel zeigt, dass verringerte Freiheit unter dem Stichwort „mehr Ordnung" nicht positiv ist, sondern dass in weniger striktem Handeln ein Raum der Freiheit entsteht, der alternative Modelle von Kirche-Sein nebeneinander duldet und der gegen Eingriffe von außen wegen seiner Diversität besser gewappnet ist.

529 … wobei zuzugestehen ist, dass sich solche Eigen-Art und solches Eigen-Leben nicht immer an wirklich wesentlichen Stellen zeigt bzw. ausgelebt wird.

530 EZA 50/43.

531 Heinrich Josef Oberheid (1895-1977), frühes Mitglied der NSDAP und der SA, zeitweise Bischof der Rheinprovinz („Bistum Köln-Aachen"), ab Herbst 1933 Mitarbeiter von Reichsbischof Müller, 1937 Pfarrer für gesamtkirchliche Aufgaben in der Thüringer Landeskirche. Frühjahr 1939 Mitarbeit am Institut zur Erforschung und Beseitigung des jüdischen Einflusses auf das deutsche kirchliche Leben. Nach dem Krieg im Stahlhandel tätig.

ren oder geringeren Sesshaftigkeit von Inhabern von Bischofsthronen abhängen. Die Tertiarier[532] um Dr. Krause, den Sportpalasthelden, … fahren in ihrem Blatt ‚Unsere Volkskirche' ihren alten Bundesgenossen mit Besen und Staubsaugern ins Gesicht und Ameublement, fordern sie vor den Kadi und drohen mit einem grossen Reinigungsfeldzug. Die ‚D.C.' suchen durch propaganda (sic) zu ersetzen, was sie an programmatischen Gesichtspunkten verloren haben. Die Theologischen Fakultäten werden mit Gutachten überanstrengt. …

… Wir erfahren im Augenblick, wie schwer es ist, eine Kirche aus ihrem Wesen heraus rein zu gestalten, deren Rechtordnung nicht … Gegenstand des Bekenntnisses war. Dabei fällt mir … der alte Sohn (sic)[533] ein, der ganz konsequent die Berechtigung eines evangelischen Kirchenrechtes leugnete. Konsequent würde das zur völligen ungeschützten Freikirche führen und diese wiederum ist so vielen Gefahren (sic), unevangelisch zu werden, ausgesetzt, dass eine Förderung des Evangeliums, vollends eine Durchdringung des Volkes, sagen wir, mit Evangelischem Gedankengut und Willensantrieben nicht in Frage kommt. Der Spötter … mag daraus für die Deutsche Evangelische Kirche die Situation von Sheridans Esel[534] ableiten, der ernste Mensch sieht hier die Konstanz der Problematik des Neuen Testaments.

Dem Pfarrernotbund wurde … der Vorwurf gemacht, er habe die Auslandspresse … eingesetzt, das ist, wie ich aus bester Quelle weiss, <u>nicht</u> der Fall, im Gegenteil, es sind immer wieder ausländische Korrespondenten abgewiesen worden, wenn sie … Informationen suchten. … Die Herren wissen mehr als alle, die den Dingen recht nahestehen, aber woher sie das wissen, weiss kein Mensch. Die Entlassung Hossenfelders stand 2 Tage vor ihrer Mitteilung in der deutschen Presse in der ‚Times'. Der Oberkirchenrat wusste damals noch nichts davon und doch stimmten dann nachher die Nachrichten in allen Einzelheiten."[535]

---

532 Angehörige einer Ordensgemeinschaft – oft Laien –, die nicht im Kloster leben; hier ironisch: Deutsche Christen, die der Glaubensbewegung nicht beigetreten sind, aber ihre Ziele vertreten.

533 Richtig vermutlich (Rudolph) Sohm.

534 Im Deutschen „Buridans Esel", der sich nicht entscheiden kann, von welchem Heuhaufen er fressen will, und deswegen verhungert.

535 Ausschnitte aus einem Brief Diestels, 3.2.1934, vermutlich an Siegmund-Schultze, EZA. 626/1183 – Die Ausführungen erklären Diestels Motive gegen Tendenzen in der BK, sich zu einer eigenen Kirche zu entwickeln, und sein Festhalten an seinem Amt in der Reichskirche:

Die Uneinigkeit und Zersplitterung der Opposition ist das Problem des Reichsbischofs, dem die misslungene Einigung vorgehalten wird – sie bietet aber auch dem Regime Ansatzpunkte, eigene Ziele zu erreichen.

4. „Eine Kirche, die mir das Vertrauen versagt, kann ich selbstverständlich nicht vertreten"

Am 15. Januar hatte Diestel dem Berliner Bischof Karow geschrieben, am 23. Januar dem Konsistorium. Daraufhin wurde er zu einem Gespräch mit Bischof Karow am 13. März geladen, über das er ein Gedächtnisprotokoll schrieb.[536] Nach der „Delegation" im April 1933 vermied Diestel den Gang ins Konsistorium; Karow aber gehört für ihn zur früheren Kirche, der er sich verpflichtet wie verbunden fühlte.
Diestel habe den Erlass des Reichsbischofs als „rechtswidrig" beanstandet, daher „...werden [Sie] sich wohl darüber klar sein, dass Sie ihr Amt als Superintendent dann eigentlich nicht mehr führen können", so Karow. Diestel verweist auf ein Rechtsgutachten „des Reichsgerichtsrates Flohe" und Gespräche mit „Verwaltungsjuristen", „die ... sämtlich diese Meinung teilen." Wieder argumentiert er mit gut abgesicherten rechtlichen Einwänden. „Wenn Sie es für unmöglich halten, dass ich mein Amt als Superintendent weiterführe, so steht es Ihnen zur Verfügung. Sie können es mir nehmen."
Auch das ist nur die Rechtslage – Diestel lässt sich nicht unter Druck setzen: „Ich ... müßte Ihnen dann allerdings sagen, dass ich die Konsequenzen daraus ziehen und beim Auswärtigen Amt erklären werde, dass ich die ökumenische Arbeit nicht weiterführen kann. Eine Kirche, die mir das Vertrauen versagt, kann ich selbstverständlich nicht nach außen hin ... vertreten." Eben diesen Weg ging er angesichts seiner angedrohten Suspendierung dann auch. Er erklärt seinen Einsatz für die polnische evangelische Kirche, Karow lenkt zum Thema zurück. „Er findet besonders scharf und kränkend den Satz, in dem ich die deutsche Einigkeit nicht in dem Reichsbischof sehen zu können zum Ausdruck brachte. Das sei eine Anmassung ..."

Immer noch geht es ihm um die „Durchdringung des Volkes" und um eine Rolle der Kirche als gleichsam moralische Instanz im Staat, wie sie als Idee auch dem Weltbund zugrunde liegt.

536 „Besprechung zwischen Bischof Karow und mir, Dienstag, 13. März 1934, auf dem Konsistorium". Das Protokoll stammt aus dem Archiv von Gudrun Diestel; es wird im Anhang zu dieser Arbeit dokumentiert.

Diestel erklärt, Karow persönlich nicht verletzen zu wollen, wendet sich aber gegen die Übertragung politischer Einheitsvorstellungen auf die Kirche – wieder geht es um das Führerprinzip und die Frage nach Leitung in der Kirche.
Im Brief an das Konsistorium habe Diestel sich gegen die „Zumutungen" in der Verfügung des Konsistoriums an die Superintendenten gerichtet, so Karow. „Aber das stand ja gar nicht in der Verfügung drin, dass man Ermittlungen anstellen sollte; man sollte auch keine Selbstbezichtigungen hervorrufen oder nachspüren." Diestel: „Dann verstehe ich den Sinn des Erlasses nicht." Bei Problemen, mit denen sich das Konsistorium beschäftigen müsse, sei ein Bericht selbstverständlich, hier „aber wird zu besonderer Berichterstattung aufgefordert." Karow: „Dann habe ich die Verfügung nicht richtig gelesen."
Er fragt, ob Diestel die Probleme in Wilmersdorf[537] „ordnen" werde. Diestel: „Ich habe sie schon geordnet." Er hat, seinem Amt entsprechend, Probleme, mit denen „sich das Konsistorium beschäftigen müsse", geordnet, verweigert also nicht seine Dienstaufgaben, sondern nur zusätzliche Nachforschungen.

> „Abschliessend erkläre ich dem Bischof: Ich denke, Sie wissen jetzt, wie Sie mit mir dran sind. Ich halte den Erlass vom 4. Januar d.J. für rechtswidrig. Sofern seine Auswirkung im Bereich meiner amtlichen Funktion als für die Gemeinde als gesetzwidrig schädlich und zerstörend sein würde, behalte ich mir volle Handlungsfreiheit vor. Wo es mir die Pflicht zu gebieten scheint, grösseres Unheil zu verhüten und die Gemeinden nicht zu zerstören, werde ich nach bestem Wissen und Gewissen handeln.
> Der Bischof: Jawohl, es ist alles klar. Guten Morgen."

Diestel hat die Äußerung des Bischofs provoziert, er habe sich (oder wurde) über den Inhalt des Erlasses getäuscht. Ein solches Eingeständnis ist für einen Bischof peinlich, egal, ob als Ausrede oder Begründung verstanden. Karows Stellung war wenig sicher. Drei Tage später stellte er den Antrag auf seine Emeritierung zum 31.7.1934. Ob und wie dieser Antrag mit dem Gespräch zusammenhängt, bleibt offen, vermutlich war es eher Anlass als Grund. Immerhin könnte sich in dem

---

537 Im Zuge der – offenbar nicht einvernehmlichen, vom GKR gegen einen Teil der Gemeinde durchgesetzten – Pensionierung von Pfarrer Lindenmeyer hat es dort „Wirrwarr" (Diestel) gegeben.

Eingeständnis, „nicht richtig gelesen" zu haben, die Erkenntnis Karows verstecken, dass wichtige Entwicklungen an ihm vorbeigingen.

5. Suspendiert und doch nicht

Eckert nahm Karows Stellung als Statthalter des Reichsbischofs offenbar sofort ein und setzte die Anweisung des Reichsbischofs um[538], die Superintendenten Albertz und Diestel von ihren Ämtern zu entbinden. „Ich halte auch die Enthebung des Superintendenten Diestel von seinem Ephoralamt für dringend erforderlich", hatte Eckert geschrieben und auf Pfarrernotbund und das Gemeindeblatt Lichterfelde verwiesen, das monatelang über den Widerstand informiert habe.

Am 20.3.1934 erhielt Diestel die Verfügung, die schon vier Tage später zurückgenommen werden musste. „Ich habe ihn seiner Superintendentengeschäfte enthoben, bin aber auf einen mir kundgegebenen Wunsch damit einverstanden gewesen, daß von meiner Verfügung vorläufig kein Gebrauch gemacht wird."[539]

Ein Damoklesschwert – „keinen Gebrauch machen" heißt, das Werkzeug griffbereit halten. Der „Wunsch" war wohl eine Intervention aus dem Amt des Reichspräsidenten bzw. dem Auswärtigen Amt, das dem Reichspräsidenten unterstellt war – Diestel hatte den angekündigten Weg gegen seine Suspendierung genommen.

Hier gaben der „Weltbund" und seine ökumenischen Beziehungen noch Rückhalt: Dr. Otto Meissner, Leiter der Präsidialkanzlei, „…machte … geltend, daß Diestel in seiner Eigenschaft als geschäftsführender Vorsitzender der deutschen Weltbund-Vereinigung ein im Ausland bekannter Vertreter der deutschen ökumenischen Arbeit sei und seine Absetzung als Superintendent deshalb nicht ohne Folgen für seine Stellung und Tätigkeit in diesem Bereich bleiben würde."[540] Und, noch deutlicher: „Mit dem Auswärtigen Amt bin ich der Auffassung, daß wenn die von Propst Eckert verhängte Maßnahme nicht alsbald zurückgenommen wird, die deutsche Arbeit im kirchlichen Auslande und damit deutsche Interessen eine Schädigung erfahren würden."[541] Er bat den Chef des reichbischöflichen Stabes, die Suspendierung zu überprüfen.

---

538 Karow hatte sie ignoriert. Der zeitliche Ablauf zeigt, dass Eckert das Ruder schon in der Hand hatte, als Karow offiziell noch im Amt war.

539 Eckert am 17.3.1934, zitiert nach Heinsen 63f.

540 So Heinsen S. 64.

541 Zitiert nach Heinsen ebd.

Geschickt hatte Diestel auf die Zusammenarbeit von Auswärtigem Amt und deutscher Weltbund-Vereinigung gesetzt und führte zwei für die Regierung interessante Punkte an: die Forderung des Weltbundes nach Revision des Versailler Vertrages und nach Abrüstung (willkommen in Zeiten einer heimlichen, offiziell verbotenen deutschen Aufrüstung). Damals hatte das AA wohl auch Kosten für die deutsche Delegation übernommen.[542] Die Erklärung des Weltbundes gegen die Verfolgung der deutschen Juden (April 1933) hätte er, argumentierte Diestel, in Zusammenarbeit mit Lord Dickinson besser formulieren können, wäre er nicht in jener Zeit suspendiert gewesen.
Die Mitwirkung Diestels in der deutschen Auslandspropaganda war vermutlich auch eine Gegenleistung für die Hilfe bei der Aufhebung seiner Suspendierung; von der außenpolitischen Bedeutung der Weltbundarbeit und dessen Kontakten mit dem Auswärtigen Amt rührt wohl seine spätere Einschätzung des „Wilhelmstraßen-Prozesses".

„Ein Wort des Reichsbischofs an die Pfarrer"

Am 13.4.1934 versucht der Reichsbischof, mit dem „Wort an die Pfarrer"[543] Frieden oder wenigstens Ruhe zu stiften. Für sein Ansehen wäre ein Erfolg dringend nötig gewesen.

1. Das „Wort"

Jesus habe die „Gewalt der Sünde" durchlitten, schreibt Müller, um „sie so durch die Gewalt der Barmherzigkeit zu überwinden", und kommt zum Thema: „Wie hat unser Volk, wie hat die deutsche evangelische Kirche, wie hat unsere Pfarrerschaft es nötig, daß gerade in diesem Jahr uns der Gekreuzigte überwältigt, stärkt, aufrichtet, tröstet."
Er wende sich an die, „die aufs schärfste gegen die bisherige Führung der deutschen evangelischen Kirche im Widerspruch stehen", und an die anderen, „die gesagt haben, daß es Gehorsam gegen Gott sei, dem Reichsbischof gehorsam zu sein." Er bitte die „Amtsbrüder", „vor dem Angesicht des Gekreuzigten sich

---

[542] Nach den Berichten Dams über Weltbundtagungen war die Stimmung keineswegs eindeutig auf Seiten der Deutschen, wenn auch Ende der 20er Jahre das Pendel langsam zugunsten der Deutschen auszuschlagen begann. Jedenfalls aber waren deutsche Interessen leichter in diesem Rahmen zu formulieren als bei Verhandlungen des AA mit ausländischen Regierungen.
[543] „Ein Wort des Reichsbischofs an die Pfarrer", in: EZA 7/1016.

noch einmal zu fragen, ob er ihnen wirklich solche Aeußerung gestattet." Schon hier ist klar, dass er nur die Widersetzlichen anspricht. „Ich ... möchte mich der Vergebung getrösten und Vergebung üben." Auch die muss er nur denen anbieten, die „gegen die bisherige Führung" stehen.

„Gott hat es unserem Führer gegeben, unser Volk in einer geradezu ungeheuerlichen Kraftentfaltung umzubrechen und völlig neu zu gestalten. Als nun der leidenschaftliche Wille unseres Volkes zur völligen Einheit mit Naturgewalt auch nach der Kirche griff, um Nationalsozialismus und Kirche zusammenzuschmieden, mußte für die Kirche eine alles umgestaltende Erschütterung kommen." Entsprechend dem totalen Anspruch des Staates leitet Müller die Umgestaltung der Kirche aus politischen Entwicklungen ab. Vor staatlichen Instanzen, nicht dem Evangelium oder ihrem Auftrag, muss sich Kirche verantworten. Sie sei zu sehr in der Pflege „eines bürgerlichen Kreises erschlafft" und habe „sich dem ungeheuren Ansturm der nationalen Bewegung nicht gewachsen gezeigt."

Müller wird deutlich: „Darüber ..., daß die nationalsozialistische Männerwelt vielerorts mit sehr robusten Methoden die Verantwortung in der Kirche stürmisch an sich riß, sollten wir nicht jammern und klagen, sondern uns lieber sagen lassen: ‚Was hat unsere Kirche weithin an der Männerwelt versäumt.' Sie hatte die Männer in den Arbeiter- und akademischen Kreisen völlig verloren." [544]

Eine kirchensoziologisch (bis heute) festgestellte Tatsache, dass Kirche Frauen besser zu erreichen scheint (oder schien?) als Männer, wird Munition gegen alle, die sich der Vereinnahmung der Kirche durch den Nationalsozialismus widersetzen. Integration „der Männer" meint Öffnung der Kirche für die nationalsozialistische Bewegung. Geradezu zynisch spricht er von „robusten Methoden" und wertet die Gewalt der Machtergreifung auch in kirchlichen Gremien als Ausdruck der von der Kirche vernachlässigten „Männerwelt." „Die jahrzehntelang von uns nicht überwundene ... Entfremdung von der Kirche war schuld, daß ... der Kampf um die Kirche nicht immer ‚mit kirchlichen Methoden' geführt wurde. ... Anstatt in dem Machtkampf um die Kirche den leidenschaftlichen Willen zur Volksverbundenheit zu erspüren, sah man gar nichts als einen ‚ungeistlichen Machthunger' und einen Angriff auf Evangelium und Bekenntnis."

[544] In diesem Vorwurf steckt manches, was wir bis heute beklagen – gemeint ist es hier aber als Vorwurf einer Intellektualität, die als dem Volksempfinden entgegenstehende Haltung verdächtigt und der Kirche vorgeworfen wird. Bis heute ist die Kritik am Denken und der Wissenschaft ein Argument der Populisten gegen ihre Gegner.

Dass der „Totalitätsanspruch des Staates" für viele neu war, gesteht Müller zu, findet die Ursache dafür aber nicht in der Botschaft, sondern in einer „zum Individualismus neigenden, um Innerlichkeit ringenden evangelischen Pfarrerschaft." „Das gibt kein (sic) Recht, von Martyrium zu reden, wenn solcher Totalitätsanspruch auf pastorale Zaghaftigkeit, Bedenklichkeit, Unsicherheit, schwankende Haltung oder gar versteckte Anklagen stößt, zumal, wenn sich derartiges hinter ‚Wortverkündigung' versteckt."[545]
Und Müllers Bereitschaft zur Vergebung? Eine Amnestie – also die Rücknahme der Suspendierungen, Versetzungen usw. – würde er „gerne" erlassen, „wenn wir auch nur die geringste Garantie dafür hätten, daß damit wirklich Friede einkehren würde." Die „Kreise, die die Kirchenführung bekämpfen", würden aber sofort eine „Sache des Bekenntnisses daraus machen" und den Kampf weiterführen. Inhaltliche Differenzen bestreitet Müller: „Es geht ja nicht um den Kampf zweier Richtungen, sondern um die Aufrechterhaltung der kirchlichen Ordnung." „Kirchenpolitischen Aerger heilt nichts so sehr als ein Krankenbesuch", schreibt er und rät den „Amtsbrüdern": „Fangen Sie einmal an, um die entfremdete Männerwelt zu werben, um alle die, die sich von der Deutschen Glaubensbewegung angezogen fühlen, ... sammeln Sie die Laienkräfte, die von der Kirche zur Mitarbeit gerufen werden möchten – Sie werden für nichts anderes mehr Zeit haben und es wird Friede einkehren." Die Beschäftigung mit Bekenntnisfragen wird als Versäumen der eigentlichen Aufgaben eines Pfarrers dargestellt.
Das „Wort" wurde zum Karfreitag 1934 im kirchlichen Amtsblatt veröffentlicht. In dieser Form war es eine Einladung zu einem (kirchen-)internen Gespräch. Mindestens in Lankwitz wurde es als Plakat gedruckt und mit einem auf den Ort bezogenen Zusatz an der Kirchentüre aufgehängt.[546] Der Text war leicht zu

---

[545] Den Zusammenstoß zwischen totalem Staat und Kirche hat Roland Freisler im Prozess gegen James Graf von Moltke auf den Punkt gebracht: „Herr Graf, eines haben das Christentum und wir Nationalsozialisten gemeinsam, und nur dies eine: Wir verlangen den ganzen Menschen." Sandvoß, Widerstand S. 141.

[546] Der „Lankwitzer Zusatz" bezieht sich auf Streitigkeiten um den dortigen Pfarrer Johannes Ehrich, der kurz vor der Konfirmation versetzt worden war. Ehrich war ab 1936 Superintendent der BK im Kirchenkreis Kölln-Land II, dem Nachbarkirchenkreis Diestels und diesem durch die gemeinsame Mitgliedschaft bekannt und verbunden. (Sandvoß, Gottesdienste S. 69). „Wir haben kein Recht, über die Gründe der Versetzung des Herrn Pfarrer Ehrich zu sprechen, haben aber die unumstößliche Sicherheit, daß im Dritten Reich die Behörden in gerechter u. wohlwollender Weise zum Wohle der Gesamtheit ihre Maßnahmen treffen", schreiben die „nationalsozialistischen Mitglieder des Gemeindekirchenrates Berlin-Lankwitz." EZA 7/1016. An diesem

beschaffen, eine Veröffentlichung ohne Einverständnis des Reichsbischofs aber kaum denkbar.[547] Damit wurde der Versuch einer internen Bereinigung der Differenzen ebenso unglaubwürdig wie seine Überparteilichkeit. Alles in diesem „Wort" richtet sich gegen die oppositionelle Seite. So war es für die Gegner von Pfarrer Ehrich in Lankwitz brauchbar. Frieden kann und will ein solcher Text nicht schaffen, der Drohungen in bekundeter Bereitschaft zum Frieden versteckt.

2. Die Reaktion des Buderrates

Der Bruderrat der Synode Berlin-Brandenburg antwortet:[548]

> „...1. In der Friedensbotschaft des Reichsbischofs werden der Bekenntnisstand und die äussere Ordnung der Kirche in einer Weise getrennt, der wir grundsätzlich nicht zustimmen können. Christus ist der Herr im Himmel <u>und</u> auf Erden. Er regiert die unsichtbare <u>und</u> die sichtbare Kirche. Darum müssen auch Gestalt, Regiment und Ordnung der Kirche dem Regiment Christi unterworfen sein....
> 2. Das gegenwärtige Kirchenregiment ist nicht auf dem Grunde der Schrift, sondern auf dem weltlichen Führerprinzip aufgebaut und gipfelt ... in der Alleinherrschaft des Reichsbischofs. Eine solche Diktatur, bei der die Gemeinde als eine verstummende Herde entmündigt wird, müssen wir als protestantische Christen verwerfen. Ein Bischof hat nicht über die Kirche zu herrschen, sondern hat zu dienen. Er steht nicht <u>über</u> der Gemeinde, sondern <u>in</u> der Gemeinde ... Gerade die Gesetze des Reichbischofs sind nicht aufgehoben, in denen er seine Diktatur über die Kirche ausgestaltet und behauptet hat, ... obwohl das Landgericht Berlin in seinem Urteil vom 27. März 1934 ihre Rechtsungültigkeit festgestellt hat. Auch sitzen noch immer in leitenden Aemtern der Kirche und in den Gemeindekörperschaften Männer, die sich der Irrlehre und der unkirchlichen Methoden schuldig gemacht haben.

Zusatz machen verschiedene Protestschreiben den Verstoß der DC gegen den Maulkorberlass fest.

547 Es kommt hinzu, dass bei der damaligen Setz- und Drucktechnik ein solches Plakat einige Mühe und Kosten verursachte. Vermutlich wurde das „Wort" (ohne den Lankwitzer Zusatz) auch in anderen Gemeinden von der DC verbreitet.

548 16.4.1934 EZA 7/1016.

> 3. Das gegenwärtige Kirchenregiment verdankt seine Macht dem Irr- und Gewaltwege der „Deutschen Christen", deren Lehren und Methoden wir von Schrift und Bekenntnis her verwerfen. …
> 4. Darum müssen wir … auf einer radikalen Revision der Kirchenrevolution von 1933 bestehen. …
> 5. Die Freiheit des geistlichen Amtes in seiner alleinigen Bindung an das Wort der Schrift ist ohne Einschränkung wiederherzustellen. Alle gewaltsamen Eingriffe (Suspensionen, Versetzungen, Zwangspensionierungen, Absetzungen, Beurlaubungen) sind rückgängig zu machen … Bruderrat der Freien Evangelischen Synode in Berlin-Brandenburg"

Der Name Diestels fehlt bei den Unterzeichnern. Er war im März 1934 mit seiner zweiten – angedrohten – Suspendierung „beschäftigt". Eine Unterschrift hätte ihm im laufenden Verfahren Probleme bereitet sowie seine weitere Tätigkeit zwischen Pfarrernotbund und Kirche erschwert – vielleicht gar einen Grund geliefert, die ausgesetzte Suspendierung zu realisieren.

3. „Bleibt mir nichts übrig, als ihn praktisch auszuschalten"

Eckert empfand die Niederlage im Fall Diestel als persönliche Kränkung; er musste um Stellung oder Einfluss fürchten, wenn man ihn für schwach hielt. So umging Eckert Diestel bei Eingriffen in die Gemeinden immer häufiger, um seinen Willen durchzusetzen. Er begründet es – aus seiner Sicht einleuchtend:

> „Ein … Wort noch über den Superintendent Diestel. Ich habe mich aus bestimmten Gründen … bereitfinden lassen, die bereits ausgesprochene Entziehung der Ephoralgeschäfte unausgeführt zu lassen; aber Diestel nutzt nun das wohl bei ihm vorhandene Gefühl, er sei unangreifbar, aus, um in einer geradezu unerträglichen Weise jeder Maßnahme zu widersprechen, die ihm nicht einleuchtet und gegen die er rechtliche Bedenken hat. (…) Wenn es dabei sein Bewenden behält, daß ihm die Ephoralgeschäfte nicht genommen werden dürfen, so bleibt mir nichts übrig, als ihn praktisch auszuschalten und im Kirchenkreis Kölln-Land I mit den Geistlichen und Gemeinden unmittelbar zu verkehren."[549]

[549] Zitiert nach Heinsen S. 68 und 71.

Die „öffentliche“ Demütigung eines Vorgesetzten kann dieser nur entschuldigen mit der Andeutung von „bestimmten“ (nicht beschriebenen) Gründen; er konstatiert zugleich die negative Wirkung dieser Verschonung Diestels und zeigt, wie „Recht“ er doch hatte.

4. Eingriffe in Lichterfelde und Gegenwehr

Am 19.3. hatte Eckert verfügt, dass der GKR-Vorsitz in Paulus-Lichterfelde und die Herausgeberschaft des Gemeindekirchenblattes von Bergemann (EuK) an Koch (DC) übergehen sollte. Man wollte Macht- und Mehrheitsverhältnisse verändern: Die DC hatten eine knappe Mehrheit im GKR, durch die bekenntnistreuen Pfarrer in Lichterfelde (8 von 10) wurde diese Mehrheit aber umgekehrt. Die Vertreter von „Evangelium und Kirche“ (EuK) boykottierten daraufhin die Sitzungen des GKR, so dass nur durch Beschluss des Reichsbischofs und Eckerts z.B. ein gültiger Haushaltsplan beschlossen werden konnte. Die Situation muss für Gemeindeglieder undurchschaubar gewesen sein, zumal „Evangelium und Kirche“ kein Forum mehr hatte, seine Positionen darzustellen.
Ersatz sollten „Mitteilungen an die Lichterfelder Gemeindeglieder“ bieten.[550] Petersen, Pfarrer der Paulusgemeinde, zitiert, „um einen Eindruck zu geben von der Kriegführung der ‚Deutschen Christen‘“, einen Leserbrief an die Gruppe Immanuel, Berlin:

> „Es lebe die Reaktion! Meine lieben Reaktionäre! Ihr letzter ‚Immanuelbote‘ zeigt, dass meine Kritik an ihrem Blättchen getroffen hat. Dass dieses Blättchen ‚Bedeutung und Ansehen‘ … gewinnt, dafür werden wir ‚Deutschen Christen‘ sorgen, mit Fleiss … lesen wir es. Zumeist, weil wir beim Lesen einige frohe Augenblicke haben!
> Zum anderen aber besonders, … weil wir Ihre Wut über die Stosskraft und das Leben der ‚Deutschen Christen‘ aus jeder Zeile lesen können.
> Zum dritten, weil wir daraus immer wieder sehen, dass es Ihnen im letzten Grunde gar nicht um ein neues Leben in der Kirche geht, sondern darum, dass Sie verdecken wollen, was Sie mit ihrer Art an der Kirche gesündigt haben. Sie wollen zu gern Ihre alte Macht zurück erringen, um die Geister wieder in die Kerkermauern der ‚Dogmen‘ hineinzusperren. Überlassen Sie … die Auseinandersetzung über ‚Glauben‘ getrost den Theologen und

550 Zum Ganzen vgl. Heinsen S. 73ff., der Brief in EZA 7/1016.

> lernen, was ‚Glauben' heisst – nicht nur ‚Vertrauen' sondern auch ‚Lieben'. Und das heisst: Man versucht nicht die Hetze in die Kreise der ‚Deutschen Christen' zu treiben, um einige ‚unbequeme' Leute loszuwerden.
> … Uns trennen von Ihnen nicht Glaubensfragen, … sondern uns trennt von Ihnen unsere nationalsozialistische Haltung, von der Sie noch keinen Hauch verspürt haben.
> Aber es wird auch für Sie noch Ostern kommen. Die Reaktion, verkörpert in Ihnen, wird zu Grabe getragen werden, eine neue Kirche wird erblühen, eine Kirche, angefüllt mit nationalsozialistischem Geiste in einem nationalsozialistischen Staate. Lies."

Petersen kommentiert: „Der Mann ist Pastor und 50 Jahre alt; er sagt, was andere verschweigen, dass das Ziel eine Kirche sei, angefüllt mit nationalsozialistischem Geist. … das ist das Ziel der Deutschen Christen. Unser Ziel aber ist: Eine Kirche, angefüllt mit Heiligem Geist."
Als Beweis für die Untätigkeit des Reichsbischofs fügt Petersen an: „Die Kundgebungen in Rheinland-Westfalen bedeuten die Geburtsstunde der neuen, bekennenden Kirche, die in allem der Obrigkeit untertan ist, was nicht wider das Bekenntnis streitet, die aber lieber stirbt, als dass sie das Evangelium verfälschen lässt. Eine neue Zeit bricht an, die Zeit der Gemeinde, die von dem Kirchenregiment ausgeschaltet werden sollte und sich machtvoll erhebt."[551]
Hier finde ich zum ersten Mal den Begriff „Bekennende Kirche" und deren Grundgedanke: Die „Gemeinde" (nicht Bischöfe oder Kirchenleitung) soll in dieser Kirche entscheidend sein. Petersen sagt ungeniert, dass der Reichsbischof manches anbiete, aber nicht, „die unter Terror und Gewalt durchgeführten Kirchenwahlen des vergangenen Jahres für ungültig" zu erklären und „alles was im Gefolge dieser Kirchenwahlen geschehen ist". Verschwiegen werde auch, dass die „Ordnung in der Kirche – darunter versteht man jetzt das Führerprinzip – aufs Innigste mit dem Bekenntnis verbunden ist."[552] Petersen zitiert (den Hamburgischen) Bischof Tügel[553]: „Ich kenne nur einen Feind, auch in der Kirche, und das

[551] Alle Zitate aus dem „Gemeindebrief" von Petersen, Lichterfelde, EZA 7/1016. Leider kann manches Wort nicht sicher zitiert werden, da der Bund der Akte es nahezu vollständig verdeckt.
[552] Dieser Hinweis ist ein direkter Bezug zur Erklärung des Bruderrates, s.o.
[553] Franz Eduard Alexander Tügel * 16.7.1888, † 15. 12.1946, Landesbischof für die Evangelisch-Lutherische Kirche im Hamburgischen Staate. Er organisierte das Landeskirchenamt zur zentralen Behörde und gestaltete den Kirchenrat zum Rechnungshof mit Führungscharakter um.

ist nicht, der theologisch oder kirchlich anders denkt … Ich kenne nur einen Feind und das ist der, der diesen Staat Adolf Hitlers nicht will. Mit solchen Feinden werde ich sehr kurz fertig werden." Petersen wertet diese Bemerkung als „Sünde wider den Heiligen Geist", die nicht vergeben werden kann. Sein Ausweg: „Wir können … nichts anderes tun, als die Gemeinde all derer zu sammeln, die wissen, dass nur eines not ist: Jesus Christus und die die Botschaft von ihm als eine radikal himmlische Botschaft verkündigt wissen wollen ohne Angleichung oder Gleichschaltung mit irdischen Dingen ..."
Klarer kann man den Gegensatz nicht formulieren: Die einen meinen eine innerkichliche und theologische Differenz. Die anderen proklamieren die Einheit von Kirche und Staat, so dass jede Sammlung der Menschen nur um den Preis möglich ist, auch in politische Opposition zu geraten.
Diestel unterschrieb die Erklärung des Bruderrates gegen das „Wort" nicht, nachdem er aber der für Petersen zuständige Superintendent und Kollege an der Gemeinde war, wird solch eine Stellungnahme auch ihm persönlich angerechnet. Er antwortet in einer Schrift, die er in seiner Gemeinde verteilen lässt: „Um was es uns im Kirchenstreit geht."

„Um was es uns im Kirchenstreit geht"

1. Streit-Gespräch

Max Diestel legt die Auseinandersetzung mit Anhängern der Nationalsozialisten und den Deutschen Christen als Gespräch an.[554] Die Idee ist nicht neu – viele Predigten sind ein Gespräch über Fragen von Menschen, auch, wenn sie nicht explizit als Dialog gestaltet sind. Die Idee ist auch nicht einmalig: Pfarrer Lic. Paul Flemming in Münster schreibt z.B. ein „Gespräch zwischen einem ‚Deutschen

---

Trotz seiner Überzeugung für den Nationalsozialismus bemühte sich Tügel, den Einfluss der staatlichen Ideologie auf das kirchliche Bekenntnis zu verhindern. Ihm gelang es, die Hamburgische Kirche wieder aus der Reichskirche zu lösen. Der Arierparagraph galt in seiner Kirche nicht. 1935 distanzierte Tügel sich von den „Deutschen Christen", um eine Annäherung zu den Pastoren der Bekennenden Kirche zu erreichen, mit denen ihn theologisch mehr verband. Beide wussten sich an das Augsburger Bekenntnis gebunden und bekämpften daher sowohl das von den Nazis propagierte Neuheidentum als auch eine „Entjudung" des Christentums. 1937 wurde ein Parteiausschlussverfahren gegen ihn eingeleitet, weil er sich weigerte, regimekritische Pastoren zu denunzieren. Obwohl er einen völkischen Antisemitismus vertrat, trat er für Christen jüdischer Abstammung ein.

[554] Um was es uns im Kirchenstreit geht, in EZA 7/1016, siehe Anhang.

Christen‘ und einem ‚christlichen Deutschen‘.“[555] „Flemming war ein überdurchschnittlich begabter, theologisch fleißig arbeitender Pfarrer, der in Münster im Kirchenkampf mutig und konsequent die bruderrätliche Dahlemer Richtung der BK vertrat. Ihm fehlte aber die Dialogfähigkeit“, schreibt Bauks; v.a. der letzte Punkt unterschied ihn von Diestel, der freilich auch nicht wirklich zur Dahlemer Richtung gezählt werden kann.[556]
In der Haltung gegen die DC sind Flemming und Diestel[557] einig, Flemming aber sieht sich nicht als neutralen Schiedsrichter: „Die Wahrheitsfrage muß gestellt werden, und ihr gegenüber gibt es keine Neutralität.“[558] „Wir haben einen andern Geist, einen andern Glauben, einen andern Gott.“ „Die ‚DC‘ sind nicht eine Richtung in der Kirche, sondern eine andere Kirche, die nicht als evangelisch ... anzusehen ist.“ So stellte er folgerichtig im Gespräch die Abweichungen der DC von evangelischer Lehre dar,[559] mehr Streit als Gespräch.
Diestel dagegen nimmt alltägliche Anfragen der DC auf. Auch, wenn er das Gespräch nur erdacht hat, spürt man wirkliche Menschen hinter den Argumenten – auf der einen wie der anderen Seite. Etwas überspitzt: Bei Flemming redet der Bekenntnischrist mit den DC, Diestel hört den DC zu und antwortet ihnen.
Flemming will Christen Argumentationshilfen gegen DC geben, Diestel will ins Gespräch kommen. Dahinter steht aber auch eine andere Haltung. Wo Flemming Irrtum konstatiert, will Diestel im Gespräch bleiben. Dazu darf die Wahrheit nicht von Anfang an einseitig auf der eigenen Seite verortet werden; Diestels Motto

---

555 ELAB 10907/2 391 – „Wehr und Waffe, Gespräch zwischen einem ‚Deutschen Christen‘ und einem ‚christlichen Deutschen‘“ von Pfarrer Lic. Paul Flemming, Münster i. Westf.; im Auftrag des Rheinisch-Westfälischen Gemeindetages „Unter dem Wort“, herausgegeben von Karl Immer, Wuppertal-Barmen, Pfingsten 1934.

556 Friedrich Wilhelm Bauks, Die Geschichte der ehemaligen Ev. Kirchengemeinde Münster 1802-1962, Sonderdruck, aus: Festschrift 700 Jahre Apostelkirche Münster, Münster 1984 in EZA 10907/2 391.

557 Die nach 1937 dienstlich miteinander zu tun hatten, als Flemming als Pfarrer der Markusgemeinde nach Berlin in den Kirchenkreis Diestels gekommen war.

558 A.a.O. Seite 23 und 26. Er argumentiert für theologisch Gebildete, bei Diestel höre ich „gewöhnliche“ Menschen reden.

559 Die Bibel – Das erste Gebot – Schöpfung und Erlösung – Kirche Christi und deutsches Volk – Sichtbare und unsichtbare Kirche – Die reine Lehre – Die Gestaltung der Kirche – Unchristlicher Glaube und unchristliches Leben – Das Recht christlicher Bekenntnisse in EZA 10907/2 391.

sagt es kurz: „Niemand zu lieb und niemand zu leid“[560]: Er will beiden Seiten gerecht werden. Niemand konnte 1934 noch vermuten, dass er der DC ebenso zugetan sei wie deren Gegnern, dennoch will er das Gespräch nicht abreißen lassen. So geht er auch in Schreiben an die Kirchenleitung auf gegnerische Positionen ein, um sie zu „verbessern“; sucht einen Platz außerhalb des „Getümmels“ widerstreitender Parteien in Gemeinde wie Kirchenkreis.

Das ist nicht gleicher Abstand zu beiden Seiten, sondern der Versuch, zu verstehen und sich verständlich zu machen. Auf seine Art nimmt er – ironisch? – Bezug auf das „Wort“ des Reichsbischofs, das Frieden stiften, aber nicht auf Gegenstimmen hören und antworten wollte. Er müht sich um ein Gespräch, will Brücken bauen – verhindern, dass Gemeinde auseinanderbricht. Diesem Ziel aber opfert er nicht seine Position; Bibel und Bekenntnis setzen dem Kompromiss Grenzen. So ist das „uns“ im Titel beides: Ankündigung, dass beide Seiten zur Sprache kommen, aber auch Zeichen, dass der Verfasser Partei ergreift in diesem Streit.

2. Gespräch zwischen DC und „Evangelium und Kirche“

Deutsche Christen DC (in der Schrift: A) und „Evangelium und Kirche“ EuK (B) verbindet der Ausgangspunkt: die „Machtergreifung“, die aus „uns“ „andere Menschen“ gemacht hat, die das Volk über individuelle Interessen stellen und es als Willen Gottes begreifen, stolz auf das Volk und die eigene Geschichte. Das beschreibt den Grundkonsens der Mehrheitsgesellschaft, die im Aufstieg der Nationalsozialisten Wiedergutmachung für ein gedemütigtes Volk sah. Die darin enthaltene Ausgrenzung von Juden, Kommunisten u.a. übersahen viele, ebenso die Aggressivität gegen andere Länder.

Dann trennen sich die Wege: Während für die DC die Machtergreifung einer göttlichen Offenbarung gleichkommt, bleibt für EuK die biblische Offenbarung konkurrenzlos. Das erklärt, warum der konservative und durchaus national denkende Diestel sich – im Unterschied zu anderen Konservativen – den Nationalsozialisten nicht anschließen konnte: Weil er sich an Evangelium und Lehre gebunden und ihr verpflichtet fühlt. Diese Differenz durchzieht das ganze Gespräch.

Dass „Dienst am Volk“ den Gottesdienst ersetzen soll, Aufmärsche Gottesdienste seien und in den Kirchen nur Menschen reden dürfen, die mit diesem „Bekenntnis“ der DC übereinstimmen, muss EuK ablehnen. Das Volk soll eins

[560] Der vollständige Text findet sich im Anhang.

sein – aber sich unter Wort und Sakrament vor Gott sammeln. „Wir haben unser Volk genauso lieb … und wollen Brücken schlagen und nicht Gräben ziehen. Wir wollen aber eines … herauslassen aus dem politischen Kampf … und dem Gegensatz der Rassen und Völker … die Gottesoffenbarung.“[561] Jesus ist Herr: „Sein Urteil in seinem Wort ist für uns entscheidend, nicht unsere Art und unser Blut“. Damit rückt „der Führer“ an die zweite Stelle – unannehmbar für die DC.
EuK lässt sich den Patriotismus nicht bestreiten, aber die Einheit von Partei, Volk und Gott macht „Sorge und Angst“ – die „Auferstehung“ Deutschlands hat Folgen, die zum Fürchten sind.
Allerdings bekunden auch die DC, sich zu Schrift und Bekenntnis zu bekennen und das „neue Heidentum“ zu bekämpfen, aber im Moment gehe es nicht um Sündenbekenntnis und Buße, sondern um die Stärkung des Selbstbewusstseins. Durch Aufmärsche, Fahnen usw. werden Menschen aus den „Mühseligkeiten des Alltags“ herausgerissen und kommen zu einem „frohen Glauben an die deutsche Zukunft“. Wenn Einzelne Vergebung brauchen, sollen sie die bekommen; das Ziel ihrer Buße ist aber, dass Gemeinnutz künftig vor Eigennutz gehen soll.[562]
EuK widerspricht: Der „neue Geist“ kann für Christen nur aus dem Kreuz und dem Eingeständnis kommen, ohne Gottes Gnade nichts leisten zu können. Die stärkste Stellung haben die Deutschen, die unter dem Kreuz erkennen, dass *trotz* allem, was „durch sie, bei oder in ihnen“ geschehen ist, Gott zu ihnen hält. Ohne es zu sagen, redet Diestel von deutscher (Mit)Schuld am Niedergang Deutschlands. Wir dürfen Gott loben für das Gute, das er unserem Volk getan hat, aber müssen das als Ruf zum Gehorsam gegen Gott begreifen.[563]
Diestels Menschenbild erwächst aus der Rechtfertigungsbotschaft: Gott ist auf meiner Seite, *obwohl* ich es nicht verdiene. Das Erreichte ist Gott zu danken, keinem Menschen. Den Weg wird nur finden, wer ihn sich von Gott zeigen lässt. Das ist ein anderer Gott als der „Gott mit uns“, der absegnet, was Menschen wirken.
Nebenbei nimmt Diestel Abschied von dem lange gepflegten Bild des christlichen Staates. Staat wird als säkulare Einrichtung beschrieben, in der ein Christ mitwirken kann, solange er dafür nicht christliche Grundsätze verletzen muss. Aber

[561] Zeile 38-43.
[562] Zeile 54-65.
[563] Zeile 66-125 – Das erinnert an die Argumentation vom Flemming, der das „allein“ zum Merkmal der evangelischen Kirche macht und das „dazu noch“ der DC kritisiert.

nicht jeder Staatsbürger muss Christ sein, und es kann passieren, dass eine Mitwirkung von Christen am Staat nicht mit christlichen Grundsätzen vereinbar ist.[564] Für heutige Ohren erstaunlich, 1934 wohl noch klar[565], beteuern die DC, man wolle, dass alle das „Christuskreuz" *über* das Hakenkreuz stellen, und werde bekehren, die nur das Hakenkreuz gelten lassen. Wer aber Menschen gewinnen wolle, müsse sie ansprechen und nicht „bloß" biblische Wahrheiten verkünden. Das sei der Partei gelungen, so konnte sie den neuen Staat aufbauen. So könne man, meinen die DC, die Kirche reformieren und zu neuem Leben erwecken. Wenn Kirche sich aber nicht in den Dienst dieses Staates stellt, hat sie den Ruf Gottes nicht recht gehört.[566]

Ebenso erstaunlich reagiert EuK: „Das verstehen wir recht gut" – aber die Aufgaben von Staat und Kirche sind verschieden. Der Staat kümmert sich um diese Welt, die Kirche orientiert sich an Jesu Wort: „Mein Reich ist nicht von dieser Welt". So wird Kirche mit anderen Mittel gebaut als der Staat. Recht und Ordnung der Kirche muss sich am Auftrag, das Evangelium zu verkünden, ausrichten.[567]

Hier wird es konkret: Gefordert wird die Umgestaltung der Kirche nach den Vorstellungen der NSDAP. Wer eigenes Recht und Ordnung für die Kirche behauptet, gerät in Konflikt mit dem totalen Staat.

Der Kampf der DC um das „Christuskreuz" klingt vorgeschoben. Allerdings bestand in Teilen der DC die Vorstellung, aus den Deutschen ein „christliches Volk" zu machen – allerdings so, dass „deutsch Sein" und „Christ Sein" identisch werden.[568] Die evangelische Kirche ist nicht nur deswegen im Blick, weil sie im – entkirchlichten – Berlin die Mehrheit und Tradition ist, in Kaisers Zeiten dem Herrscher verbunden, sondern auch, weil die römische Kirche wegen ihrer übernationalen Struktur Deutschnationalen wie Nazis verdächtig schien.[569]

---

[564] Cum grano salis ist die Staatsidee, die dem Grundgesetz zugrunde liegt.

[565] Es wird auch deutlich, dass die eben skizzierte säkulare Staatsidee auf beiden Seiten noch nicht verankert ist. Dass der Staat eine gewissermaßen göttliche Verankerung sucht, zeigen die Inszenierungen der Reichsparteitage und anderer Feiern, die, so verstanden, ein Hinweis sind auf die Auseinanderentwicklung von Staat und Kirche. Indem der Staat säkulare Feiern findet, braucht er die Kirche(n) nicht mehr für sein Selbstverständnis.

[566] Zeile 108-126.

[567] Zeile 128-145.

[568] Schönherr, in Schuppan, Bekenntnis S. 88.

[569] Die katholische Kirche war durch diese übernationale Struktur auch nicht in der gleichen Weise beeinflussbar.

Zeichen der gelungenen Erneuerung der Kirche sehen die DC in der Welle von Wiedereintritten, Nachtaufen und Nachtrauungen, die es bis 1934 gab.[570] In Steglitz setzte „unmittelbar nach der Kirchenwahl … eine verstärkte Wiedereintrittsbewegung in die Kirche ein, wobei es sich in der Mehrzahl um Angehörige der unteren und mittleren sozialen Schichten handelte."[571] Die Zahl der Abendmahlsgäste in den Gemeinden aber stieg nicht an, ebenso wenig die Zahl der Gottesdienstbesucher*innen. Von einem nachhaltigen Erfolg kann man also kaum reden, zudem wurden die Meinungsunterschiede darüber, was „christlich" sei, nicht überwunden.[572]

Auch die Struktur von Kirche muss sich ändern, so DC: Das Führerprinzip muss in Staat wie in der Kirche herrschen. Synodale Entscheidungen sind nicht besser, richtiger und dem Evangelium entsprechender! Das ist („doch nur", meint DC) eine Frage der äußeren Ordnung.[573]

Nein, erwidert EuK, das allgemeine Priestertum bedeutet auch allgemeine Verantwortlichkeit. Niemand kann sich auf Bischof oder Pfarrer hinausreden, jede und jeder muss sich selbst für sein Leben verantworten – deswegen muss jeder

---

570 Schönherr S. 88: „Am 17. September 1933 wurden in der Bartholomäuskirche in Berlin 56 Brautpaare getraut, 53 davon nachgetraut, in der Lazaruskirche waren es 33, in der Dankeskirche 132, in Pankow 80 Paare. Im August 1933 untersagte der Gau Berlin weitere Massentrauungen." Vgl. auch den Bericht über eine Massentrauung in der Matthäuskirche Steglitz, Oehm, S. 22: „Unter dem Geleit von Oberkonsistorialrat Nobiling, Rogge und dem geschäftsführenden Pfarrer Wendland durchschritten 42 Paare ein SA-Spalier mit Hakenkreuzfahnen. Im Inneren der überfüllten Matthäuskirche hielt Nobiling im Namen der Reichsleitung der Deutschen Christen eine Ansprache, und Rogge predigte über die Hochzeit von Kana: ‚Ist nicht auch die Wandlung im ganzen Deutschen Reich ein Wunder, nicht auch in der Kirche? Vieles in ihr war angreifbar, viel ‚Wasser' floß… Nicht selten fehlte der Wein, die wahre, große Volksliebe. Heute reichen Euch Paaren die NSDAP, die Frauenschaften, die Ortsgruppen, die ‚DC', die Kirchengemeinde alle die Hände und freuen sich mit Euch dieses Tages. Gemeinschaft! Wenn die Familie gesund ist, ist auch der Staat gesund …" Allerdings ist anzumerken, dass 1936/37 z.B. in Steglitz die Zahl der Kirchenaustritte wieder stieg, wobei mit Verordnung vom 18.2.1937 die Bekanntgabe der Namen, die der Bruderrat weiter forderte, verboten wurde. 651 Austritte im ersten Halbjahr 1937 in Steglitz s. Oehm S. 50, ab 1941 wieder eine steigende Zahl von Kircheneintritten in Steglitz Oehm, S. 79f.

571 Oehm S. 21.

572 Der Begriff „Volkskirche" ist in einem heute ungebräuchlichen Sinn gemeint: Kirche des deutschen Volkes, genauer: der arischen Menschen, eine Kirche, die dem Staat verbunden und deren Lehre wie Form staatskonform ist. Juden haben auch nach der Taufe darin ebenso wenig Platz wie Gegner des Regimes.

573 Zeile 146-157.

und jede mitentscheiden können. „Kirche“ unterscheidet sich schon äußerlich vom Staat: Aus ihr kann man austreten, aus dem Staat nicht. Steuern muss man zahlen, Kirchensteuer nicht. Von der Botschaft Überzeugte werden mitarbeiten, ohne Zwang und Parteibefehl. Alle, die in der Kirche führen, müssen bereit sein, Rechenschaft abzulegen für das, was sie tun. Sie sollen das Evangelium rein und unverfälscht an die Menschen bringen. Der Staat hat Recht, wenn er sich gegen kirchliche Einmischung wehrt, ebenso wenig aber darf der Staat das Führerprinzip auf die Kirche ausdehnen.[574]

Mit dem „Priestertum aller Getauften“ sind wir im Kernbereich evangelischen Selbstverständnisses. Man kann Diestels Darstellung aber auch als Kritik des Führerprinzips lesen: Dass Führende sich rechtfertigen und an einem Maßstab der Leitung messen lassen müssen, Mitgliedschaft auf eigener Entscheidung beruht, ist nicht nur Beschreibung von (evangelischer) Kirche, sondern auch Anfrage an den Staat. Dass Synoden irren und falsche Beschlüsse fassen können, wird nicht bestritten – es stellt sich aber auch die Frage, ob das mit dem Führerprinzip anders ist, das die Verantwortlichkeit des Einzelnen aushebelt.

DC wünscht sich kirchliche Führer, die das Vertrauen des „ganzen Kirchenvolkes“ haben.

EuK: „Kirchliche Führer werden von Gott geschenkt, wie Führer immer.“ Menschen müssen ein Amt ausfüllen. Sie sollen „Träger ihres Amtes“ sein – nicht das Amt sie tragen.[575] Deutlicher kann man den Führerkult kaum in Frage stellen. Dass „der Führer“ ein Geschenk Gottes sei, werden die DC immer behauptet haben, ob aber alle, die im Namen des Führers ein Amt haben, dieses ausfüllen, manche nicht nur getragen sind von Uniform und Titel – das waren auch damals Anfragen an manche Führenden.

So stellt Diestel ganz nebenbei Fragen, ohne sie zu stellen, und regt Gedanken an. Indirekt kritisiert er auch die Leitenden seiner Kirche: Führung geschieht aus dem Geist des Evangeliums in Brüderlichkeit und Dienstbereitschaft, nicht mit Drohungen und Gewaltmaßnahmen. Nur „Einer ist euer Meister – Christus.“[576]

Die DC geben sich als Kirchenreformer: Die Jugend wolle frisches Blut in eine „verkalkte“ Kirche bringen. „Jetzt muß erst einmal mit all dem rückständigen Kram aufgeräumt werden. Wer nicht pariert, der fliegt. Zucht muß sein. Führung

---

[574] Zeile 159-191.

[575] Zeile 193-199.

[576] Zeile 200-209.

muß sein." Die vielen Menschen, die zu den Kundgebungen der DC und der NSDAP strömen geben uns Recht.
EuK: Sind sie denn dann auch am Sonntag in der Kirche zu finden?[577]
DC: Die Gottesdienste müssen eben anders werden, „die Predigten, die Lieder, die Feiern überhaupt."
EuK: Wo ist denn die christliche Erneuerung der Gemeinden? Wo der Friede, den der Herr der Kirche bringen will? Wenn jemand einen Fehler macht, dann „fliegt" der nicht, sondern man soll ihm „wieder zurecht helfen". „Gelten noch der Mann und seine Berufung, oder gilt stattdessen nur ein Abzeichen?"
Diestel hat eine durchaus nicht unkritische Sicht auf Kirche und ihre Veranstaltungen[578], zeigt zugleich seinen Abscheu gegen die Führenden im Staat, die Fehler nicht verbessern lassen, nicht vergeben können und die keine innere Berufung und die Begabung für ihre Stellung brauchen, sondern nur das (Partei-)Abzeichen. Vermutlich nimmt Diestel hier Kritik an manchem NSDAP-Funktionsträger auf, die in dieser frühen Phase sicher noch selten zur Opposition gegen die Regierung führte, aber doch die auf Parteiveranstaltungen gefeierte Herrlichkeit des neuen Staates in Frage stellte.
DC: Wir brauchen Gesinnungsgenossen, um besser zu werden. Aber wie sollen wir Propaganda unter den (der Kirche) „Entfremdeten" machen, wenn die meisten Pfarrer sich uns verweigern?
EuK: Kirche geht es nicht um Propaganda, sondern um Mission. Propaganda spricht die Sinne, das „Sensationsbedürfnis, die Nervenreize suchende Masse" an und begnügt sich mit dem äußeren Eindruck, dem flüchtigen Erfolg, trotz rednerischer Entgleisungen.[579] Beim „ängstlichen Hörer" kommt der Erfolg auch aus dessen Feigheit und Leidensscheu.[580]

---

[577] Zeile 211-221 – Dass es auch einen Generationenbruch gibt, hat sich in den folgenden Jahren deutlich erwiesen. Der Konflikt zeigt sich noch in den Kämpfen der letzten Kriegstage, in denen eine entsprechend umerzogene Jugend mancherorts gegen die Alten die Durchhalteparolen vertreten hat.
[578] Wobei für den heutigen Leser faszinierend und ernüchternd ist, wie ähnlich sich die Reformwünsche im Blick auf den Gottesdienst geblieben zu sein scheinen …
[579] Vielleicht ist das auch eine Anspielung auf die DC-Veranstaltung am 13.11.1933 im Sportpalast, die nicht wenige in die Opposition getrieben hat und die insofern eine Schwächung der DC, zugleich ein Schritt zur Spaltung war.
[580] Zeile 223-248.

Die Wirkung der Propaganda wird ironisch in Frage gestellt: „Feigheit und Leidensscheu" – als ihr Ergebnis – sprechen gegen wirkliche Überzeugung der Menschen, die nur aus Angst bei der Stange bleiben.
DC: Immer werden wir verantwortlich gemacht für anderer Leute Übergriffe!
EuK: Wer will denn bei Euch überhaupt noch Verantwortung übernehmen? Wer beruft sich nicht auf einen „Befehl von oben"? Oben aber ist Gott, der Gerechtigkeit und Wahrheit ist und dem man folgen soll. Wer Menschen gefällig sein will, ist nicht mehr Christi Knecht (Galater 1,10).[581]
DC: Das sind Übergangserscheinungen, wir „sind eben im Kampf". Im Kampf darf man bei der Auswahl der Mittel nicht pingelig sein. Wir wollen das Heidentum bekämpfen und Frieden und die Einheit des Volkes und ruhige Aufbauarbeit in den Gemeinden!
EuK: Seht doch, was Ihr angerichtet habt! Statt der Reform der Kirche mit dem Wesen der Kirche entsprechenden Mitteln habt Ihr christus- und kirchenfremde Mittel eingetragen und kommt von denen nun nicht mehr los. Mit allem, was Ihr macht, macht Ihr die Uneinigkeit in der Kirche immer größer, so dass frühere Brüder einander nur noch anschreien können.
DC: Die Kirche muss doch anders aussehen als unter dem marxistischen System!
EuK: Die sichtbare Kirche ist der Leib Christi in Ewigkeit – muss sie darum nicht immer anders aussehen als jeder menschliche Organismus? Es bleibt uns nur, das Wort zu hören und zu lesen und in der Stille mit Ihm (Gott) zu reden. Vielleicht wird dann aus dem gegenwärtigen Gericht Gottes über unsere Kirche doch noch etwas Heilsames.
Der Dissens bleibt, Einigung ist nicht möglich – darin ist dieses erdachte Streitgespräch realistisch. Ohne es zu sagen, zeigt Diestel, dass es um eine Entscheidung geht:[582] Wer für Kirche eintritt, muss andere als die staatlichen Maßstäbe anwenden. Wie weit man den Staat „machen lassen" kann, ist nicht Thema, angedeutet sind aber Grenzen.[583]

---

581 Zeile 250-260.

582 Darin trifft er sich mit Flemming, dem es um „die Wahrheit" geht und Bonhoeffer, der die „Entscheidung" schon in seiner ersten Predigt zum Ausgangspunkt nimmt.

583 Diestel versteht die „Zwei-Regimenten-Lehre" im Sinn Luthers, der zwar mit ihrer Hilfe den Staat dem Zugriff des Papstes entzieht, selbstverständlich aber davon ausgeht, dass auch der weltliche Regierende sein Tun vor Gott verantworten muss. Möglicherweise eine Antwort auf Diestels Schrift ist die frühestens im Oktober 1934 erschienene Schrift des Pfarrers der Paulus-

Der Staat soll Kirche Kirche sein lassen und sich um seine Angelegenheiten kümmern. Diestel verspricht aber nicht, dass Kirche den Staat auch „machen" lässt. Auch die im Staat Handelnden sind Gott verantwortlich. Insofern stoßen zwei totale Systeme aufeinander – allerdings mit dem Unterschied, dass es in der Kirche Vergebung und Neubeginn, Gespräch und Suche nach einem gemeinsamen Weg gibt, eben keinen Zwang. Es gibt für Diestel keine vermittelnde Position und im Grund auch keine Hoffnung auf eine Einigung mehr. Man geht seiner Wege, versteht im besten Fall die andere Seite noch in ihrem Anders-Sein, kann aber auf Gemeinschaft und gemeinsames Handeln nicht mehr hoffen.

3. Diestels Fazit: Ein großes Kuddelmuddel

Im Nachlass von Siegmund-Schultze findet sich ein Brief Max Diestels[584], in dem er die Lage gewohnt ironisch beschreibt:

> „Sie wollten wissen, wie es mit der Reichskirchenkanzlei steht. Die Geschäfte besorgen D. Heckel, Dr. Bahl und Dr. Krummacher. ... Wie Sie aus den Zeitungen wissen werden – am besten orientiert die ‚Times', ohne dass wir wissen, woher der Times-Vertreter seine Nachrichten hat – besteht ein großes Kuddelmuddel. Ludwig der Fromme[585] hat es glücklich mit allen verdorben und der Versuch, die evang. Jugend zu opfern, um sich bei gewissen Stellen zu rehabilitieren, wird offenbar in seinem Zweck erkannt, da er im Widerspruch zu seinen früheren Aeusserungen steht. Die Jugendführer haben ihm den Gehorsam aufgesagt .... Die Jugend *will* eben nicht in der H-J aufgehen – mitarbeiten ja, aber für sich bleiben, wie die kathol. Jugend, um die übrigens auch heftig gestritten wird. Baldurs[586] christliches Bekenntnis vor dem Rei-bi wird von niemand ernst genommen und wird ihm bei der evang. Jugend nichts nützen. Auch die Schule und die Elternschaft wird störrig. Kurz – es ist da noch nichts entschieden.
> Das Schlimmste ist, dass wir seit mehr als 3 Wochen keine aktionsfähige Reichskirchenregierung haben. Bischöfe und Pfarrernotbund drängen heftig. ... Da Rei-bi kneift, wenn er nicht weiter weiss, legt er sich ins Bett oder

gemeinde Dr. Wilhelm Antonowitz: „Wir bekennen! Ein Wort über brennende Gegenwartsfragen der Evangelischen Reichskirche".

584 Max Diestel an Siegmund Schultze, 3.11.1933.

585 „Reichsbischof" (Rei-Bi) Ludwig Müller.

586 Baldur von Schirach, 1907-1974, seit dem 17.6.1933 „Jugendführer des Deutschen Reiches".

reist ab. Er hat sich so gut wie unmöglich gemacht. Die letzten Wochen – seit Ihrem Brief an mich – waren voll von vergeblichen Kämpfen. Man wollte ihn halten, aber er sollte ein vertrauenswürdiges Ministerium bilden. Er wich aber immer aus und behalf sich mit Leuten, die er bald nach Hause schicken musste. Jetzt hilft ihm Oberheid – Köln, ein persönlich prächtiger Mensch, aber als Pastor noch nicht ein Jahr alt. Die Rheinländer haben ihn glatt abgelehnt – er kann also dort seine episcopalen Rechte schlechterdings nicht ausüben. Die Gemeinde-Verwaltung ist böse zerrüttet – ein Pfarrer nach dem anderen bekommt Herzstörungen und Gallensteine (Auch bei mir siehts aus wie im Bauche des Wolfs als die sieben Geislein befreit waren und die Alte Ersatz aus dem Steinreich dafür geschaffen hatte – deshalb frühstücke ich hier Karlsbader Mühlbrunnen). Die Superintendenten aller Richtungen sind verzweifelt, weil sie nicht mehr wissen, wie sie regieren sollen. … Die Folge war auch, dass trotz meiner (persönlichen) Bemühungen bei der Kirchenkanzlei die dortigen Herren nicht zu bewegen waren, den 12.11. und die Friedensreden des Führers zum Ausgangspunkt einer Enzyklika über die Pax christiana und den 2. Advent zu nehmen. Ich habe darauf auf eigene Faust die Aufforderung Hendersons, für Abrüstung einzutreten, an die Kirchen in meinem Lokalblatt abdrucken und verkünden lassen, dass ich von der Kanzel darauf antworten werde, was geschah. Die grossen Zeitungen brachten nichts, die Leitung der Kirche war zu timide, bzw. der Rei-bi war nicht zu sprechen. Eine schöne Möglichkeit vertan!"

Einheit der Gemeinde im Streit?

1. Einheit in der Differenz?

Am Ende Sprachlosigkeit: Einen erdachten Dialog mag man so beenden, die Meinungsunterschiede stehen lassen. Wie aber soll man sich ein Miteinander innerhalb der Gemeinden und wie zwischen Pfarrern und Gemeinde vorstellen?[587] Fanatische Nazis waren selten noch Gemeindemitglieder oder tauchten dort nicht auf. Sicher gab es auch 1934 schon solche, die die neue Richtung der Politik kritisch sahen. Mancher Riss ging durch Familien, Frauen hörten in der Kirche

[587] Pfr. Petersen (BK) musste für die Gottesdienste der Bekenntnisgemeinde in das Pauluszentrum ausweichen (mdl. Gudrun Diestel, 4.2.2021).

anderes als daheim von ihren Männern und (v.a.) Söhnen. Die Mehrheit wird sich Voraussetzungen wie Folgen der politischen Änderungen kaum bewusst gemacht haben und hatte dazu, solange man vom Staat unbehelligt blieb, auch kaum Anlass. Für manche bedeutete dieser Staat einen gesellschaftlichen Aufstieg oder Arbeit nach Zeiten der Arbeitslosigkeit. Ich denke, dass das Maß an Verständnis, das Diestel in dieser Schrift zeigt, für ein Gespräch beim Geburtstagsbesuch ausreichen konnte. Manche Predigt war sicher kritischer als erlaubt, musste aber nicht so gehört werden. Diestels Kritik an der „neuen Zeit" ist deutlich. Dass er nicht deutlicher an den Rand geschoben wurde, hat sicher auch mit seiner Erscheinung zu tun: Der ältere Herr mit dem großen Bart eignete sich kaum als Hassobjekt. Wichtig aber war auch eine andere Form des Gespräches: Briefe.

2. Gemeindebriefe

Diestel schrieb vor wie nach dem Krieg viele und seiner Art der gründlichen Erörterung von Themen entsprechend lange Briefe an seine Gemeinde – „Gemeindebriefe" im wörtlichen Sinn.[588] Die Briefform erlaubt, Persönliches und Allgemeines, Theologisches und Alltägliches nebeneinander zu stellen, ohne es immer in eine logische Ordnung zu bringen.[589] Manches schwierige Thema lässt sich aus der Distanz wie beiläufig leichter ansprechen (was manche Paulus zum Vorwurf machten). Die Gemeindebriefe, mit Schreibmaschine geschrieben[590], wurden in der „Heimat" hektographiert. Ich berichte hier darüber, weil sie die Beziehung

---

[588] Ich konnte nicht feststellen, ob und wie viele Pfarrer damals auch solche Briefe verschickt bzw. verteilt haben. Oehm berichtet (Stunde des Gerichts, S. 42) über Briefe an ihre(n) Gemeindesprengel, die einige der Pfarrer in Steglitz geschrieben haben. Im Fall Diestels wurden sie vervielfältigt (nicht gedruckt) und ausgetragen. Ich erinnere mich durchaus auch noch an Gemeindebriefe, die in Form der persönlichen Anrede des Pfarrers/der Pfarrerin an ihre Gemeinde gestaltet waren, während die Gattung sich in Richtung Journalismus entwickelte und in vielen Gemeinden eher die Gemeinde am Rand ansprechen soll, deswegen auch eine gewisse „Außensicht" einnimmt. Im Grund gehören solche Briefe an die Gemeinde zur frühesten Tradition des Christentums – auf diesem Weg hat sich Paulus mit seinen Gemeinden verständigt, und nur aus diesen Briefen kennen wir die Theologie des Paulus.

[589] … was Ausleger der Briefe des Paulus seit Jahrhunderten irritiert …

[590] Unklar sind in diesem Zusammenhang die offenbar unterschiedlichen Schreibmaschinen, die manchmal Umlaute schreiben, manchmal auch „ß" und dann wieder sich mit „ss" bzw. „ue" behelfen. Ich vermute, Diestel hat die Briefe auf Schreibmaschine geschrieben, und die ordentliche Abschreiberin in der Heimat hat derartige Unterschiede beim Abschreiben beibehalten. – Unklar ist auch, welche Auflage die Briefe hatten und wie sie verteilt wurden.

Diestels zu seiner Gemeinde zeigen und sein Bleiben trotz Anfeindungen verstehbar machen.

Brief vom 23.8.35 aus Zinal (Wallis)
Im Weltbund geht es um ein „Revolutiönchen" in Albanien, um Sorgen wegen nationaler und konfessioneller Minderheiten, z.B. der Ukrainer in Polen, aber auch um Franzosen, die mit über 25 Jahren Gefängnis bedroht werden, wenn sie aus „religiösen Gewissensgründen" den Militärdienst „ablehnen zu müssen glaubten". Im Plauderton redet Diestel über im nationalsozialistischen Deutschland konfliktträchtige Themen: Kriegsdienstverweigerung und die Rechte von Minderheiten, dann ja auch in Deutschland.[591] „Dies ist ein Problem, mit dem die Staaten fast überall nicht zustande (sic) kommen. Es lässt sich offenbar durch rein politische Massnahmen ohne Rücksicht auf Glaube und Volkstum nicht lösen... Sehr eindrucksvoll war das Urteil ..., dass ohne ökumenische Einwirkung auf die Regierungen und den unglücklichen Völkerbund ... keine Gerechtigkeit für die Minderheiten zu erwarten sei." Völkische Konzepte schließen Minderheitenrechte aus – wer hören wollte, konnte hören.
„In GENF wurde uns der Völkerbundsbau gezeigt, der im Rohbau fertig ist; wir Deutschen sahen ihn ... mit gemischten Gefühlen an. Ob er je seine Bestimmung wird erfüllen können? Dann muss nicht nur die innere Einrichtung des Baues, sondern auch der Menschen sich wandeln."[592] Diestel schildert die Bibliothek: „In einer Million Bänden" werden „die Herren Gelegenheit haben, zu lesen, was zu der Völker Heil geschrieben worden ist. Ob die Bibel auch darunter sein wird, weiß ich nicht." „Ob der Bau mir gefallen hat? Es fiel mir dabei das eine und andere Rathaus unserer alten deutschen Städte ein. Das ist doch etwas anderes: Geist, Gemüt, Eigenart. Der Völkerbundspalast ... ist völlig neutral, modern mit klassischer Angleichung. Er könnte ebenso gut in Buenos Aires stehen ... Ein Turm zu Babel, von der Senkrechte in die Waagerechte umgelegt; dort Vermessenheit, die zur Zersplitterung der Völker führte, hier eine künstliche Einigung mit demselben Erfolg."

---

591 Diestel denkt dabei sicher auch an die kleinen, die sog. „Freikirchen" in Deutschland, die er von Tagungen des Weltbundes kennt, die von anderen Kirchenvertretern noch als „Sekten" bezeichnet und eher vergessen werden. Eigentlich sollte es ja nur „ein Volk" geben – wer nicht dazugehören wollte oder durfte, wurde verfolgt, diffamiert, seiner Stellung enthoben ...
592 Alle Zitate aus dem Brief vom 23.8.1935.

1933 trat Deutschland aus dem Völkerbund aus, den es als Instrument der Siegermächte wahrnahm. Diestel lässt weniger Abneigung als Skepsis im Blick auf Erfolgsaussichten internationaler Verhandlungen spüren, stattdessen setzt er auf die „ökumenischen Beziehungen" und den Weltbund, der ihm in Deutschland immer mehr Ärger eintrug. Er erzählt Gegen-Geschichte für Menschen, die sich selbst nur schwer umfassend informieren konnten. Seine Berichte öffnen ein „Fenster nach draußen."

Dass der Völkerbund keine glückliche Figur machte, sahen Historiker später ebenso. Das Denken in Nationen blockierte aber auch im Weltbund Einigung. So musste auch Diestel erkennen, dass seine Hoffnung auf Weltbund und Einfluss der Kirchen ebenso vergeblich war.[593] Vermutlich war er, aufgewachsen im Denken in Nationen, „blind" für solche Blockade.

Gleichzeitig aber macht er auch „Geschmack" auf Bekanntschaft mit anderen Nationen und Traditionen. „Ich möchte noch von den täglichen Andachten erzählen", in deren Buntheit sich Vielfalt zeigt. Deutschland aber geht nicht darin unter: Gehalten von Vertretern vieler Länder ziehen sich „unsere deutschen Choräle" durch die Feiern. Schließlich ist da auch ein Festgottesdienst mit der deutschen Gemeinde in Montreux und einem Pfarrer, dessen Vater in Dahlem war. Diestel schwärmt von einem „russischen Chor" aus Genf: „Es war wirklich Anbetung im Chorgesang," übertroffen nur von dem „Höhepunkt", wie mein „amerikanischer Freund" meinte: dem Lied „Ein feste Burg" in vier Sprachen. Gesungen mehrfach auf solchen Konferenzen und dabei nie von den Deutschen angeregt, „sondern weil die Anderen es so wollten."

Die Ökumene[594], das Miteinander von Christen unterschiedlicher Kirchen und Konfessionen, Ländern und Traditionen ist für Diestel eine geistliche Erfahrung. Diese Verschiedenheit als Bereicherung zu sehen, steht gegen alle Propaganda, die nur Nation und das (eigene, eine) Volk kennt. Deutschland gehört selbstverständlich zum Kreis der Nationen und wird geschätzt: Damit redet er gegen die Propaganda von einem deutschfeindlichen Ausland. Aber: „Ein gut Teil unseres ökumenischen Beitrags wird … davon abhängen, welche Geltung unsere theologischen Fakultäten im Ausland haben werden. Bisher hatten sie unstreitig die

---

593 Und uns kann der Blick auf die UNO vor manchem Besserwissen bewahren – auch da werden nicht wenige Entscheidungen verhindert und Beschlüsse nicht gefasst oder umgesetzt, weil sie den Interessen mächtiger politischer Mächte nicht entsprechen.

594 Vgl. die Besprechung in der Theologischen Literaturzeitung 1949 s.o.

Führung, aber schon wandern viele nordische Theologiestudenten nach Grossbritannien ab. Die Deutsche Kirche wird auf dem Posten sein müssen, wenn ihr Dienstbereich nicht eingeschränkt werden soll. Denn auf diesem Gebiet heißt es: Wer am meisten dient, wird am meisten geachtet."

Das Lob des Internationalen und die Warnung davor, sich durch Selbstisolation und Überschätzung der eigenen Bedeutung um alles zu bringen, steht nicht da und kann doch herausgelesen werden. Gerade Menschen, die nur ausgewählte Informationen erhalten, wissen zwischen den Zeilen zu lesen.

Auch private Mitteilungen finden sich (wie schon in Briefen des Paulus): Wir erfahren, dass seine Frau sich an diesem Ort „als junges Mädchen in der Sprache hatte ausbilden lassen, die ihr jetzt vielfach zugutekam". „Überall wird man freundlich gegrüsst und behandelt" – anders als die Propaganda behauptet. Auf die Berge kann „man" altershalber nicht steigen, aber wandern und darunter leiden, dass die Markierungen immer dort fehlen, wo sie wichtig wären, und anderswo deutlich sind, wo sich der Weg von allein ergibt. Er sinniert über ein Naturgefühl, das Menschen auch im Eis und Stein Gott finden lässt, wenn zwischen Stein und Eis „hilfreiche Menschen" wohnen. Er erinnert an die Kreuze, die vom Tod reden, der eben auch in dieser Landschaft lebt. „Gott sei mit Ihnen allen – hier und dort – vom Fels im Allgäu bis zum Meer mit den ‚fernen Inseln' –, mit unserer lieben Gemeinde und unserer Kirche in allen ihren Nöten und Aufgaben. Seid fest, unbeweglich, und nehmet immer zu im Werk des Herrn, sintemal ihr wisset, dass eure Arbeit nicht vergeblich ist in dem Herrn! Mit herzlichen Grüßen Ihre getreuen Diestel und Frau," endet der Brief nach dem Muster biblischer Briefe.

Er hält Verbindung zu Menschen seiner Gemeinde, von denen die meisten ähnliche Erfahrungen kaum gemacht haben werden, zeigt sich als Mensch und Pfarrer, dem die Menschen in der Heimat wichtig sind.

Brief aus Badgastein, (Hotel) Helenenburg, Mai 1940

„Die Ansichtskarten … sind rationiert. Welch ein Glück", beginnt er launig[595] – so kann er mit einem Rundbrief alle bedenken. Zugleich hat er Zeit, Menschen „einzeln" zu sehen „ohne daß das Telefon klingelt oder Frl. Thalheim einem Zettel auf den Tisch legt mit einem Namen: X wartet. Man kann sie einzeln vor sich

[595] Ein solcher Hinweis konnte von der Propaganda aber durchaus als „zersetzend" gelesen werden.

sehen auf und unter der Kanzel oder in der Friedhofskapelle, oder in der Seelsorge und im Kranken- und Einsamendienste" – Alltag eines Superintendenten und Gemeindepfarrers. Man spürt Erholung – er ist nicht der Jüngste und wäre in anderen Zeiten vielleicht im Ruhestand. „Dann die Stille. Kein Alarm." Da ist der Alltag, der seine Adressaten bestimmt. Kann man in der Kur vergessen, „was dahinten ist", räumlich wie seelisch? „Es gibt auch hier solche, die sich untreu vorkommen, wenn sie nicht das Bild eines gefallenen Sohnes auf dem kleinen Tisch in ihrem Zimmer stärker auf sich wirken lassen als die Berge, von denen die Hilfe kommen soll. Ob es aber recht ist?" Ein seelsorgerlicher Rat, der manchen erschreckt haben und der doch hilfreich sein könnte. „Es gibt so viele hier, die ein Leid tragen; sollen sie nicht auch gemäß der Schöpfungsordnung unseres Gottes getröstet werden?"
Dann wieder erzählt er, wie schwer es ihm fällt, den Rat des Arztes anzunehmen: Nicht wandern, sondern spazieren gehen! Er hört den Rat als Seelsorger: Nicht ziellos durch die Welt gehen, bummeln, sondern einen Weg gehen. „Glücklicherweise" gibt es die Christophorus-Kapelle, die sich sonntags bis auf den letzten Platz füllt. „Viele Männer, die wahrscheinlich an ihrem Unterstützungswohnsitz nicht so leicht den Weg zur Kirche finden." Dazwischen die mit den „schwarzen Kleidern und mit den schwarzen Ärmelstreifen"[596] und alle singen: Sollt' ich meinem Gott nicht singen!
In lockerem Ton erzählt er von seinem Kuralltag und macht alles durchsichtig für die Themen der Menschen, an die er schreibt. Diestel hat auch 1940 nicht geglaubt, dass der Krieg irgendwie „gut" ausgehen könnte. „Die Gnade aber des Herrn währet von Ewigkeit zu Ewigkeit." ‚Aber' – trotz Krieg und Völkerchaos und Ohnmacht der Menschen inmitten dieses „Pandaemoniums."[597] „Und das zu wissen und immer wieder gesagt zu bekommen, ist die beste Kur." Diestel ist auf Zeit ausgestiegen, aber die Menschen und ihr Alltag stehen ihm vor Augen. Man spürt, wie er mit ihnen lebt.

Zwei Briefe nach dem Krieg (Januar und April 1946)

Hier schreibt der (Vize-)Generalsuperintendent und beantwortet auch die Frage: Was denn ein (Vize-)Generalsuperintendent sei? Die Kirchenleitung hat mich

[596] Noch bis in die 1960er Jahre trugen Männer in Trauer solche Streifen, während die Frauen „in Schwarz" gingen.
[597] Pandämonium = Ansammlung aller dämonischen Mächte.

„noch mit einer neuen Aufgabe belastet, nach der ich kein Verlangen trug. Zur Hilfe des Bischofs wurden drei Vize-Generalsuperintendenten für Berlin ernannt, das heißt eigentlich Generalsuperintendenten, denn was das ‚Vize' heißt, weiß keiner so recht. Aber es wird wohl so viel bedeuten, daß wir den Bischof entlasten sollen im Außendienst, wie der Vizefeldwebel den Hauptfeldwebel in der Schreibstube."

Der Bischof brauchte Hilfe beim Aufbau der Kirche nach dem Krieg, als er nicht auf bestehende Gremien zurückgreifen wollte. Er schuf ein Amt, das der APU ebenso wie der nachfolgenden Kirche fremd war – für drei Generalsuperintendenturen war Berlin zu klein! –, und konnte so auch verdiente Männer ehren. Diestel bekam die Zuständigkeit für den amerikanischen Sektor, eigentlich: seinen Kirchenkreis als Generalsuperintendentur. Dass er den Titel eher abgeklärt sieht, kann man ihm abnehmen. Der „alte" Kirchenkreis hatte in der bisherigen Form keine Zukunft und wurde später aufgelöst.[598]

Wieder redet der Brief in dem bekannten familiär-freundlichen, heiteren Ton. Die Menschen fühlen sich dem Ort, der Gemeinde und Diestel verbunden. Bei ihm hat sich äußerlich nicht viel geändert: Er wohnt weiter unter der bekannten Anschrift, der Sitz der Superintendentur ist gewandert. Dass manche der im Tietzenweg Einquartierten ausgezogen, andere gestorben sind, er eine Verletzung erlitten hat und seine Frau und Kapitän Winter am Kriegsende erschossen wurden, wird nicht erwähnt – auch andere wüssten von Verlusten zu reden.

Haus wie Person sind Anker und Halt, Heimat für Menschen, die sie verloren haben. Diestel – mit seiner ruhigen Entschiedenheit – war ein Halt, einer, auf den man sich verlassen konnte. So schreibt er über Menschen, die „an diesem alten Nest" Lichterfelde hängen, ihre Gedanken dorthin „fliegen" lassen und nicht kommen können. Er sieht die zerstörten Häuser, behelfsmäßigen Wohnungen und die veränderten Gesichter der Menschen. „Die ganze Gemeinde hat sich

598 Er war ja auch erst zu Diestels Dienstantritt 1925 nach Lichterfelde verlegt worden. Spätestens 1948 sind die neuen Kirchenkreise gebildet und die Dienstsitze verlegt. Die Jahreszahlen unterscheiden sich nicht unerheblich; manche meinen, Diestel sei deswegen zum Generalsuperintendenten geworden, weil sein Kirchenkreis gleich nach dem Krieg oder 1946 aufgelöst worden sei. Vermutlich war das faktisch der Fall; die entsprechenden Beschlüsse wurden evtl. später in wieder etwas geordneteren Umständen gefasst, so dass als Datum in diesem Sinn 1948 zutreffend wäre.

geändert", schreibt er seinen Kindern 1945.[599] Die Frauenhilfen sind in Aktion, helfen Flüchtlingen. Verpflegung und Unterkommen sind schwer zu beschaffen. Menschen, denen man es kaum zugetraut hätte, zeigen sich hilfreich. Kindergärten werden instandgesetzt und neue gebaut. Und, wie nebenbei: „Meine Tochter, die zu mir gekommen ist, um mich anstelle meiner im April durch Feindeinwirkung mitgenommenen Frau zu betreuen" – richtet eine Gemeindeküche im Keller des Gemeindeamtes am Hindenburgdamm ein. Diestel schreibt von seinem Verlust, macht aber sich und ihn nicht wichtiger als all das andere. „Nicht nach hinten schauen!", hatte er geraten – so hält er es. Er fühlt sich eingebunden: „Der Einzelne wird so leicht vom Schicksal überfahren, aber die innerlich verbundenen Menschen sind doch eben nicht auszuschalten … Wir sind ein großer Organismus, verbunden durch den, der uns geschaffen hat und erhält … Es ist ja auch nicht so, als ob wir die guten Zeiten erst mit dem Tode erwarteten … Wir erleben sie ja mitten im Leiden selbst durch die Liebe, die wir erfahren." Seine Art, so von der eigenen Befindlichkeit zu reden, dass andere sie nachfühlen und etwas von ihrer Lage darin finden, erklärt, wie er es geschafft hat, bei allen Differenzen eine Verbindung zu den Menschen seiner Gemeinde zu halten, die in manchem anders dachten als er.

Auch die Neuordnung des Religionsunterrichtes bindet Kräfte und ist schwer in Zeiten, in denen die Menschen erst einmal elementare Bedürfnisse befriedigen wollen. Weihnachten hat man in der (zu) kleinen Dorfkirche gefeiert, ohne Außen- und Sakristeitür, musste trotz dreier Feiern Menschen abweisen, organisieren, heizen …

Von einem Gefährten der schwierigen Jahre verabschiedet er sich: Pfarrer Petersen zieht zu seinem „pfarrerlichen" Schwiegersohn nach Brockstedt bei Neumünster „und schreibt sehnsüchtige Briefe". Ein Flüchtlingspfarrer kam auf die Stelle: Superintendent Molzahn, „der mit 7 Kindern, einer Frau und ein paar Köfferchen in Petersens Wohnung eingezogen ist. Er hatte, wie man sagt, ‚alles' verloren und ist ein deutlicher Beweis des Gegenteils. Denn er hat eine eingerichtete Wohnung bekommen, seine Kinder gedeihen, haben zu essen, haben Kleidung, und er ist ein rührender Hausvater und Seelsorger." Kein erhobener Zeigefinger gegen Klagen auf „hohem Niveau" – nur Beispiel für Reichtum in Einschränkungen. „Jetzt wird gerade ein neuer Gemeindekirchenrat gebildet, in dem auch neue

599 „An meine Kinder" – eine Serie von Briefen, geschrieben, obwohl niemand wusste, ob diese die Empfänger je erreichen würden.

Gesichter auftauchen. Aber es ist die Hoffnung, daß wir unsere sehr verarmte Gemeinde mit Gottes Hilfe durchhalten können.“ In den Personalnachrichten auch Todesfälle, mit denen der Brief schließt, keine Namen (wie im Brief an Helmut Gollwitzer begründet: um alle ein- und niemanden auszuschließen). Wir erleben Verluste und bleiben doch nicht allein – er lebt es vor und kann so Menschen Mut machen, denen solche Haltung nicht leichtfällt.
Der zweite Brief, ein Vierteljahr später geschrieben, in den Ruinen blühen Frühlingsblumen, das eine oder andere wird „gemacht“ – es sieht längst nicht so trostlos aus wie im Berliner Zentrum. Baumaterialien und -arbeiter fehlen. „Was davon da ist, dient anderen Herren und Zwecken, das Notdürftigste wird repariert, aber nur bei dem, der mit Menschen richtig umzugehen weiß und die nötige Seife hat, damit die eine Hand die andere waschen kann.“ Und wieder ein Rat, nebenbei und doch zentral für alle, die ihm schreiben: „Laßt eure lieben Erinnerungen an Lichterfelde nicht fahren, aber laßt Euch nicht von ihnen beherrschen. Den Willen Gottes zu erforschen, gelingt nur dem, der zu den dunklen Führungen Gottes auch Ja sagen kann. Das ist freilich für mich sehr leicht zu sagen. Ich sitze noch in meinem alten Heim, habe den Winter über eine leidlich warme Stube gehabt, bin von keinem häßlichen Mitbewohner bedrängt worden oder als Last empfunden. Ich weiß also nicht, wie einem alten armen ‚Exulanten‘ zumute ist. Darum kann ich wohl verstehen, wenn einer denkt: Da hatte es einer leicht.“ Aber im Hintergrund sind andere Dinge, Berge und Täler, für die unsere Kraft nicht reicht, und da steht Gott und wartet auf uns.
Ob man so heute manchen zornigen Menschen ansprechen könnte, der sein Gefühl von Zurückgesetzt- und Vergessensein in Hasstiraden auslebt? Diestel findet sich in der Osterbotschaft, aber auch in Hiobs Geschichte, die mit Wiedergutmachung endet. Die Dorfkirche steht – ein Zeichen, dass Gott uns nicht vergessen hat; wir können das Wort hören, Brot und Wein empfangen. „Gehorsam kommt vom Hören und satt wird man nicht vom Anschauen, sondern vom Essen.“
Es folgen „Gemeindenachrichten“ über Kranke und Genesene. Der neue GKR ist eingeführt und Pfarrer Tecklenburg hat die Geschäftsführung übernommen. Die Frauenhilfen bereiten die „Erziehungswoche“ vor, die Volksküche kann für über 200 Menschen nicht leisten, was sie müsste. „Ein auswärtiges Lichterfelder Gemeindeglied erweist sich als treue Vermittlerin“ von Lebensmitteln. „Unser Motto ist Qualität“, sagen sie. „Gut gegessen ist halb satt“, ist das dankbare Echo. „Mache mal einer 150 hungrige Berliner satt!“ Und wieder schwenkt der launige Ton um: „In wieviel Not hat nicht der gnädige Gott über dir Flügel gebreitet!“

„Unser altes Lichterfelde ist ja doch nur eine Vorstadt der ewigen Stadt, in der es keine Kirche mehr gibt, weil sie nicht nötig ist. Denn dort ist alles Gottesdienst und Gottesfreude."

Essen und Trinken und Wohnen, Verlust und Trauer, Aufbau und Neubeginn und das alles in einem Ton zwischen Heiterkeit und Ernst und verbunden mit der Verkündigung des Evangeliums, ohne „Moralkeule". Da versteht einer Werbung für das Evangelium zu machen ohne die Kunstgriffe der professionellen Verkäufer, die absichtlich und deswegen unangenehm und gewollt (und damit künstlich) wirken. Da redet ein Mensch, der selbst lebt bzw. zu leben versucht, was er anderen sagt.[600]

Natürlich kann man nur auf dem Hintergrund eines geradezu dörflichen Gemeinschaftsgefühls so schreiben (es ist schon bei Diestel auffällig, wie sehr „Lichterfelde" der Kristallisationspunkt der Gefühle ist und wie nebenbei die Kirche(n) der Paulusgemeinde). Das deckt sich mit Beobachtungen heute, dass Menschen in Kiezen leben und denken, zu denen auch Kirche und Glauben gehören. Die Verbindung von Christen- und Bürgergemeinde ging uns – nicht zuletzt durch die Entwicklungen im Dritten Reich – verloren. „Kirche" schärfte, um dem empfundenen Bedeutungsverlust entgegenzuwirken, ihr Profil und das ihrer Botschaft. „Glaube" soll mehr sein als „vertraut" und „heimatlich" – ob man darüber nicht mehr Menschen verliert? Die Vielfalt der Lebensmodelle ist heute größer und der Anspruch, das eigene zu leben, ebenso.

Diestels Tonfall hat etwas Väterliches, das heute Menschen abschreckt oder amüsiert. Aber da ist auch etwas Dialogisches, das ich für bedenkenswert halte. Jedenfalls scheint mir die Antwort auf die Ausgangsfrage, wie sich Pfarrer in einer Gemeinde halten können, wenn die Grundeinstellungen so differieren, auch darin zu liegen, dass der Ton stimmen muss, der Dinge mit Humor betrachtet, der nicht zwingt, sondern Spielraum für eigenes Urteilen lässt, und der Anteil am Leben der Menschen nimmt. Diestel gelingt dies als einer, der mit ihnen lebt. Er zeigt, dass auch er manches zu tragen hat. Die Schreiben sind eine Art Briefseelsorge.

Nun ist wieder zu reden über das, was Diestel zu tragen hat.

---

[600] Gudrun Diestel erzählt, dass ihr Vater nach den Erlebnissen 1945 „existentieller", unmittelbarer gepredigt habe. Wer den persönlichen Hintergrund dieser Zeilen kennt, nimmt dem Verfasser manches ab, das in anderen Umständen unglaubwürdig erschienen wäre.

3. „Dem Gesuch, Sie von ihren Geschäften zu entbinden, sehe ich entgegen“

1934 brauchte Max Diestel Rückhalt: Seit Eckert im Bistum Berlin schalten und walten konnte, hatte die Zahl der Suspendierungen, Versetzungen und Beurlaubungen zugenommen. 1934 versuchte er, die Konflikte in Lichterfelde eskalieren zu lassen, damit Diestel seine Suspendierung einreichte – eine Art psychologischer Kriegsführung. Eckert wollte den Schein der Legalität wahren. Er kannte die gut gepflegten Kontakte Diestels in viele Bereiche staatlicher und kirchlicher Verwaltung und seine Gabe, sich dieser Beziehungen zu bedienen. Differenzen über angemessenes Vorgehen und Misserfolge schwächten aber auch Eckert. Er musste darauf achten, nicht neue Gegner zu bekommen oder vorhandene nicht gegen sich in Stellung zu bringen.
Eckert versuchte, das Gemeindeblatt mit einem neuen Schriftleiter auf Linie zu bringen, und den DC im GKR Lichterfelde durch Koch als Vorsitzenden das ihnen „zustehende“ Gewicht zu geben. Dabei setzte er sich über die interne Konfliktlösung hinweg, die man in Lichterfelde bereits vereinbart hatte. EuK boykottierte daraufhin die Sitzungen. So konnten die DC ihre neu gewonnene Mehrheit nicht nutzen. Haushaltsplan, Jahresrechnung, Umlagenbeschluss und Kirchensteuererhebung konnten nicht beschlossen werden, weil die Mehrheiten fehlten. Eckert forderte Diestel auf, dafür zu sorgen, dass sich EuK wieder an den Sitzungen beteiligte, und drohte ihm andernfalls eine Strafe von 100 RM an. Diestel ließ sich nicht zwingen. Nur durch Bestätigung Eckerts und des Reichsbischofs konnten die Beschlüsse des Rumpf-GKR in Kraft gesetzt werden.
Diestel beschwerte sich überdies schriftlich beim Reichsbischof:

- weil Eckert eine erreichte Friedenslösung zerstört habe;
- und nicht den Vertreter Bergemanns, sondern Koch als Vorsitzenden durchgesetzt habe, der sich schon in der ersten Sitzung als unfähig erwiesen habe.
- Weiter habe er Koch nicht angehalten, das in der Sitzung geschehene Unrecht wieder gutzumachen und
- schließlich, „daß er einem Mann in meinem Alter gegenüber es gewagt hat, nach all diesen Vorgängen mit einer Geldstrafe zu drohen.“[601]

[601] Heinsen S. 78.

Nicht der Reichsbischof, sondern Eckert antwortete. Er habe von der Beschwerde Diestels gegen ihn beim Reichsbischof Kenntnis genommen. „Dem daraus sich ergebenden Gesuch, Sie von Ihren Geschäften als Superintendent zu beurlauben, sehe ich entgegen.“[602]

Diestel schrieb dem Leiter des reichsbischöflichen Sekretariats, er werde keinen solchen Antrag stellen und fragte „ergebenst“ nach, „ob nach der Einverleibung der Evangelischen Kirche der altpreussischen Union in die Deutsche Evangelische Kirche es keine Möglichkeit mehr gibt, sich bei einer höheren Stelle über die niedergeordnete rechtmäßig zu beschweren.“[603] Gegen Zwangsmaßnahmen werde er sich ebenso wehren wie beim letzten Versuch des Propstes Eckert, ihn seines Amtes zu entheben.

Diestel blieb im Amt. Eckert versuchte immer wieder, ihn als Superintendenten zu übergehen. Im Oktober wurde Koch nach Königsberg versetzt und Pfarrer Bergemann wieder mit der Geschäftsführung beauftragt.[604]

4. Ergebnisloses Ergebnis

Die Taktik, Max Diestel zu umgehen, hätte erfolgreich sein können, wenn Diestel sie hingenommen hätte. Dass er nicht an Amt und Titel hing, half ihm, beides zu behaupten. Hinzu kommt, dass er in seinem Kirchenkreis ein Miteinander lebte, das den Bekenntnispfarrern Rückhalt gab; sie konnten in ihm einen Vorgesetzten sehen, der sie nicht im Stich ließ. Mancher linientreue Pfarrer konnte vermutlich die Person Diestel achten und war seiner Ironie und klugen Argumentation nicht gewachsen, mit der er ihm entgegenstehende Gesetze in einem konstruktiven Sinn auslegte, Verbesserungen anregte und dennoch seiner Linie treu blieb.

Dass man ihn so schwer einordnen konnte, machte manche rat- und hilflos: Ein Konservativer, der im Dritten Reich nicht die Wiederauferstehung Deutschlands pries, der Fahnen und militärisches Auftreten kannte, es aber nie so ernst nahm, dass er sich dadurch Mund und Denken verbieten ließ. Er passte Linientreuen weder ganz in die Schublade „Gegner“ noch „Freund.“ Das erschwerte jedes Agieren, weil man einen Freund bekämpfen oder einen Gegner in manchem gut finden müsste. In einer Welt, die nur die Alternative Freund oder Feind kennt,

---

602 A.a.O.

603 A.a.O.

604 Vgl. zu alldem Heinsen S. 79ff.

gibt es keine Kategorie für Menschen, die man achtet, auch wenn man ihre Meinungen nicht teilt.

Mitarbeit in der Auslandspropaganda

1. Die Idee des „Reichsbundes“

1933 wurde ein „Reichsbund für deutsche Sicherheit“ gebildet“, ein eingetragener Verein, der im Ausland für den deutschen Standpunkt in der Abrüstungs- und Gleichberechtigungsfrage werben sollte. Das Reichsministerium für Volksaufklärung und Propaganda forderte die deutsche Abteilung des Weltbundes zur Mitarbeit auf.
Das Deutsche Reich wollte bis 1936 internationale Konflikte vermeiden und „den totalitären Umschwung im Inneren, die Konsolidierung der Macht und die Wiederwehrhaftmachung des Volkes“ nach außen abschirmen.[605] Auch Nachrichten über die Verfolgung von Juden und politischen Gegnern sollten übertönt werden. Deutschland stand nach 1933 – wie nach 1918 – unter besonderer Beobachtung des Weltbundes, nachdem vor 1933 Bewegung in festgefahrene Meinungen gekommen war: Kriegsschuldfrage, Reparationen, Versailles – man war eben dabei, darüber zu reden, als Nachrichten aus dem „neuen“ Deutschland neues Misstrauen weckten.
1932 gestanden Amerika, England, Frankreich und Italien dem Deutschen Reich das Recht auf militärische Gleichberechtigung zu, ungeklärt aber war noch 1933, ob man dieses Ziel durch eine Abrüstung der anderen oder deutsche Aufrüstung erreichen wollte. Die Westmächte verzögerten die Verhandlungen, weil sie eine Remilitarisierung fürchteten. Das Reichspropagandaministerium wollte mit Hilfe des „Reichsbundes“ im Ausland die deutsche Position zur Sprache bringen, aber auch „Aufklärung“ nach innen betreiben.
Die Deutsche Abteilung des Weltbundes versuchte seit 1918, für die deutsche Sicht bei Tagungen des Weltbundes zu werben und Verlautbarungen des Weltbundes in diesem Sinn zu beeinflussen. Der trat zwar für Abrüstung ein, vertrat aber keine pazifistische Linie, sondern ging vom Recht auf auch bewaffnete Verteidigung aus. Die deutsche Abteilung hatte auf Weltbundtagungen die – damals noch illegale – heimliche Aufrüstung Deutschlands verschwiegen oder nicht zur Sprache gebracht. Daraus ergab sich eine gewisse Übereinstimmung in den Zielen

[605] Wendt nach Heinsen S. 87.

der deutschen Abteilung und dem Reichsbund, der „Schriften“ und Artikel über die deutsche Sicht der Dinge verfassen und im In- wie Ausland vertreiben sollte.

2. Die Mitarbeit der deutschen Abteilung des Weltbundes

Diestel informierte die Mitglieder des Arbeitsausschusses über die Aufforderung zur Mitarbeit vermutlich im August 1933. „Die von dem Reichsbund herausgegebenen Schriften sind zum Teil für das Inland, zum Teil für das Ausland bestimmt ... Wir haben ... die Forderung gestellt, daß uns lediglich völlig einwandfreies und zuverlässiges Material geboten würde und wir ferner in der Verteilung volle Freiheit hätten. Dies ist uns ... zugesagt worden.“[606]

Ein Ja mit Bedingungen – wie immer bei Diestel will er sich nicht instrumentalisieren lassen. Man werde nicht alle Schriften des Reichsbundes verteilen und auf die Gestaltung der ans Ausland gegebenen Schriften Einfluss nehmen, damit sie der ausländischen Mentalität entsprächen.[607] Heinsen fand in den Akten der Superintendentur Korrespondenzen, die zeigen, wie die deutsche Abteilung des Weltbundes Stellen in Kirche und Regierung über die Vereinbarung informierte, wohl auch, um die Reputation der deutschen Abteilung zu steigern.[608]

Man kann fragen, ob Diestel bzw. die deutsche Abteilung sich für die Propaganda der Regierung instrumentalisieren ließ; sicher ist aber, dass es Übereinstimmung bei manchen Themen gab und die deutsche Abteilung ihre Meinung in der Regierungspolitik teilweise wiederfinden konnte.[609]

Diestel legte den Mitgliedern des Arbeitsausschusses als Muster drei Schriften bei: Zwei befassten sich mit der Frage der deutschen Aufrüstung, die dritte wollte den zivilen Charakter des Reichsarbeitsdienstes darstellen.[610] Sie stammte von Hermann Müller-Brandenburg, Polizeioberst a.D., Leiter der „Abteilung für auswärtige Angelegenheiten und Aufklärung“ im Reichsarbeitsdienst.

---

606 Diestel an die Mitglieder des Arbeitsausschusses, zitiert nach Heinsen S. 82f.

607 Ich halte das für ein typisches Diestel-Argument: Statt inhaltliche Kritik zu üben, mit der man sich leicht verdächtig machen konnte, warf er seine Kenntnis der „ausländischen Mentalität“ in die Waagschale, als gehe es nicht um sachliche Differenzen, sondern nur darum, sich Menschen im Ausland verständlich zu machen.

608 Diese Reputation war eine wichtige Voraussetzung dafür, dass Diestel auch künftig zu Veranstaltungen des Weltbundes reisen durfte.

609 Heinsen S. 91.

610 Heinsen S. 94.

Der Völkerbund in Genf hatte jede Form von allgemeinem Arbeitsdienst verboten, um paramilitärische Aktivitäten zu vermeiden. Es gäbe Arbeitsdienste nicht nur in Deutschland, betonte Müller-Brandenburg – ebenso, dass Frankreich den Antrag auf Verbot der Arbeitsdienste eingebracht hätte. Das nahm er zum Anlass allgemeiner Polemik gegen die französische Position; seine Darstellung war „antisemitisch konnotiert“[611], und er verschwieg, dass die zivile Ausgestaltung des RAD erst nach dem Genfer Verbot stattgefunden hatte.
Diestel erklärte dem Vizepräsidenten des Reichsbundes, Josef Paul Grüsser, dass eine solche Darstellung die gewünschte Wirkung im Ausland verfehlen würde, und bot an, einen Gegenentwurf zu schreiben, damit der Unterschied deutlich werde. Erneut widerspricht Diestel, indem er Alternativvorschläge macht. Er schlug weiter vor,

- den Herausgeber „Reichsbund“ nicht im Kopf der Schrift zu erwähnen,
- die Verfasser der Artikel nicht zu nennen und
- die Schriften nicht in Fraktur zu setzen, die Ausländer schwer lesen könnten, sondern in Antiqua.

Wenn die Schriften nicht nur Vorlagen für Presseberichte sein sollten, müssten sie „etwas vornehmer aussehen“ und auf besserem Papier gedruckt werden.
Ohne Kopf und in anderer Schrift – diese Vorschläge nahm man auf, die anderen nicht. Im September 1933 sorgte die deutsche Abteilung des Weltbundes für die Verbreitung der Schrift mit einem – veränderten – Artikel von Müller-Brandenburg und einem Aufsatz von Diestel. Sie wurde an ca. 790 Adressen – vor allem in den USA – geschickt, um „irrtümliche Meinungen“ zum deutschen Arbeitsdienst zu korrigieren.[612]

3. „Aufklärung“ über den Reichsarbeitsdienst

Diestel beginnt mit einer Erinnerung: Die „ersten freiwilligen Arbeitsdienstlager [seien] von Männern der Inneren Mission eingerichtet“ worden, „z.B. von dem bekannten Pastor D. von Bodelschwingh in Bethel bei Bielefeld“[613], also schon

---

[611] Heinsen S. 94.
[612] Heinsen S. 95f.
[613] Zitiert nach Heinsen S. 101.

vor 1933. Auch sein (Diestels) Sohn, sei mit landwirtschaftlichen Arbeiten unter Anleitung eines Betheler Diakons beschäftigt. Daneben sei es um Selbstversorgung, Schulunterricht und Sport gegangen. Eine Auflistung der Sportarten soll wahrscheinlich den Verdacht vermeiden, dass es sich um Wehrsportübungen handelte – der „Stundenplan" zeigen, dass man nebenbei keine militärische Ausbildung machen könne.
Diestel verfolgt eine Absicht „nach außen" und eine nach innen, so Heinsen: Einerseits wehrt er sich gegen die Unterstellung, der Arbeitsdienst sei eine paramilitärische Unternehmung. Er stellt ihn als Versuch dar, soziale Unterschiede zwischen Menschen unterschiedlicher Stände aufzuheben. Was früher im Volksheer geschehen sei, müsse in Deutschland wegen des Verbotes der Wehrpflicht im Versailler Vertrag nun auf diesem Weg erreicht werden.
Nach innen will Diestel das Engagement der Inneren Mission in der Betreuung erwerbsloser Jugendlicher thematisieren. Den Arbeitsdienst „erfanden" nicht die Nationalsozialisten, sondern (wieder einmal) übernahmen sie eine Idee und verboten die Konkurrenz. Er ersparte der NS-Propaganda also nicht, dass der RAD eine Idee der Kirche und dort anders gestaltet war. Dass die kirchlichen Aktionen mit der Alleinzuständigkeit des NS-Arbeitsdienste zu ihrem Ende gekommen waren, erwähnt er nicht.[614]
In mindesten zwei Punkten argumentiert Diestel im Interesse der offiziellen Ideologie:

> Er verdeckte die Verdrängung der Kirchen aus der Aufgabe und unterschlug die militärischen Absichten der Nationalsozialisten im Blick auf den RAD.

Er geht auch nicht darauf ein, dass die früheren Initiativen auf Freiwilligkeit setzten, was für den RAD nicht mehr galt.

4. Reaktionen

Zwei Empfänger in den USA antworteten, und Diestel reagierte mit ausführlichen Schreiben. Der eine war Frederick W. Roman, der offenbar über Kontakte nach Deutschland verfügte[615] und der deswegen manche mit der Darstellung Diestels

---

[614] Eine ausführlichere Darstellung bei Heinsen, S. 101ff.
[615] „Some of my very best friends" seien von dem neuen Regime verfolgt worden, schreibt er. Heinsen S. 104.

nicht übereinstimmende Informationen hatte. Das andere Schreiben aus Amerika stimmte Diestels Darstellung zu.
Diestel antwortet Roman nach einem Vierteljahr im Januar 1934[616], die Antwort war also wohl bedacht. Die Länge des Schreibens führt Heinsen darauf zurück, dass Diestel die Darstellung der früheren und jetzigen politischen Verhältnisse nicht angemessen fand und Kritik an der Regierung aufnehmen wollte, ohne das Ziel aus den Augen zu verlieren, für die neuen Verhältnisse in Deutschland zu werben.[617] Freilich entspricht eine gründliche Darstellung auch Diestels Art, die selbst in persönlichen Briefen den Empfängern manchmal Mühe macht. Deutlich sind Vorbehalte Diestels gegen demokratische Regierungssysteme. Er verstand den Nationalsozialismus als Alternative zu westlichen Demokratien, weil er das Volk über alle Gegensätze hinweg vereint habe.[618] Die Unruhe müsse man in Kauf nehmen, die mit einem Neubeginn verbunden sei. Die Wiedergewinnung der Volksgemeinschaft ist für Diestel entscheidend; ob er die autoritären, rassistischen oder kriegerischen Dimensionen nicht sah oder nur nicht erwähnte, ist unklar. Auch die Einstellung gegen Juden wird nicht als Problem markiert. Ich vermute zudem, dass es Diestels Vorstellung von „Anstand" entsprach, nicht im Ausland gegen die eigene Regierung Stimmung zu machen.

5. Im Dienst der NS-Ideologie?

Dieser Abschnitt seines Lebens macht, denke ich, all denen Probleme, die Diestels Haltung bisher schätzen lernten. Hat er sich vereinnahmen lassen? Ich sehe mehrere Möglichkeiten:

- Diestel hatte gute Beziehung zu Ministerien, denen er sein Verbleiben im Amt wie manche Informationen über interne Konflikte verdankte, die es ihm erlaubten, in Streitfragen der jeweiligen Position des Gegenübers angemessen zu begegnen. Sein Engagement könnte eine Art Gegenleistung gewesen sein.

---

616 Der Brief Romans stammt vom 30.10.1933

617 Ausführlich dargestellt in Heinsen, ab S. 105

618 Es hat der Weimarer Demokratie am deutlichsten geschadet, dass alle Auseinandersetzungen im Reichstag nur als Zeichen von Streit und Uneinigkeit gesehen werden konnten und zu wenige Menschen eine positive Beziehung zur Diskussion unterschiedlicher Lösungswege finden konnten. Übrigens wird auch heute noch manche Diskussion im Parlament nur als „Streit" kommuniziert, nicht als möglicherweise fruchtbare Diskussion um einen guten Weg.

- Zum anderen könnte es ihm um die Stellung und das Ansehen des Weltbundes in Deutschland gegangen sein, den er als eine (auch) für deutsche Interessen nützliche Institution zeigte. Möglicherweise wollte er auch entsprechend der Gründungsidee des Weltbundes auf den Staat Einfluss nehmen.
- Die Deutsche Abteilung war zudem angefragt worden, ein „Nein" hätte man ihr übel auslegen können.
- Die politische Einstellung Diestels ist schwerer zu fassen. Ein Hinweis darauf ist seine Bemerkung in einem Brief – allerdings von 1906 –, er habe „nationalliberal" gewählt.[619] Sonst argumentiert er immer als „Mann der Kirche".

In einem Reisebericht von 1939 ist manches angedeutet:

> „Irdische Herrlichkeit und römische Macht an diesem paradiesischen Fleck Erde standen einem Menschen [Kaiser Tiberius] zur Verfügung, der Kreaturen züchtete wie einen Statthalter Pontius Pilatus, und der seine Günstlinge umbringen ließ, wenn ihm dünkte, die Zeit sei dafür gekommen. Ein ausgezeichneter Herrscher, sofern es sich um die Reichsverwaltung ... handelte; aber ein rücksichtsloser und brutaler, ausschweifender und böser Mensch, den keiner nach seinem Tode segnete; ein Mensch, der täglich die schönsten Ausblicke von der Terrasse seiner Villa hatte und doch in eine Welt voll Verdacht und Verrat, Neid und Haß hineinschauen mußte; der eben die Welt nicht ertragen konnte und gewaltsam sterben ließ, die er selbst um sich geschaffen. Das war der Kaiser Tiberius, unter dem CHRISTUS gekreuzigt wurde. Sein Name weckt noch heute in der Bevölkerung Grauen, obwohl seine Paläste schon fast 2000 Jahre in Trümmern liegen.
> Es ist erschütternd, ins dämonische Chaos im Menschen zu schauen, wenn nicht *die* ordnende Hand, die belebende und erhaltende, eingreift."[620]

---

619 Max an Else Diestel, 20.3.1906 – Die Nationalliberalen verbanden Stolz auf die Nation mit liberalen Grundideen. 1871 hatten sie ca. 30% der Sitze im Reichstag und fielen – auch wegen anderer liberaler Abspaltungen – bis 1906 auf ca. 14 %.

620 Brief Max Diestels aus Rom, 23.4.1939. Misericordias Domini: Die Nennung des Sonntagsnamens scheint mir nicht zufällig, geht es hier doch um den „Guten Hirten", die biblische Leitfigur des Leitens und Regierens. Die Bemerkungen zu Tiberius sind „durchsichtig" für die damals in Deutschland Regierenden.

Seiner Tochter schreibt er, wohl beeinflusst von Krieg und Drittem Reich:[621]

> „Nun wolltest Du wissen, welches die beste Regierungsform ist? Man könnte sagen: die des lieben Gottes. Aber die basileia tou theou oder ton ouranon ist nur im Gegensatz zur basileia[622] eines oder des Menschen zu verstehen. Der Mensch soll nicht so tun, als hätte er das Heft allein in der Hand und würde sich nicht die Hand führen lassen. …
> Das Schlimmste ist … die Ochlokratie, die Herrschaft des Mobs oder der Masse, die blind jedem Diktator, wenn es ein gewinnender Herr ist (wie A.H.) folgt und darum der Willkür Vorschub leistet. Ich glaube, dass es ein Fehler war, in Deutschland die Monarchie zu beseitigen. Wir hatten ja gar keine absoluten Monarchen, wir hatten den Ausgleich der Gewalten: konservativ gegen liberal (Bürgertum) sozialistisch (Arbeiterschaft), bald das eine, bald das andere Element überwiegend. … Die Briten sind politisch viel klüger und balancieren die Kräfte viel besser aus. Hätten wir noch einen klugen u. energischen Kaiser gehabt, so wäre A.H. nicht in politische Verbrechen so weit ausgeartet. Die Volkswillensbildung … hatte niemand über sich, der ihn absetzen konnte. Das brachten auch die Generale nicht fertig, daher das nachfolgende Elend."

Aus heutiger Sicht ist es naiv zu glauben, man hätte einen Hitler mit Gesetzen bremsen und an seinen Verbrechen hindern können. Die Idee mancher Konservativer, Hitler steuern zu können, erwies sich schon 1933 als Irrtum. Ebenso scheint die Hoffnung auf einen „klugen und energischen Kaiser" wenig hilfreich – auch wenn man beachten sollte, dass Diestel keinen Kaiser konkret als klug und energisch bezeichnet.
Diestel entstammt dem 19. Jahrhundert, hatte mehrfach Hilfe durch Hindenburg bekommen und die Bekennende Kirche immer wieder Siege gegen die Kirchenleitung errungen, weil die preußische Justiz nach den alten Gesetzen entschied und das an „völkischen" Ideen ausgerichtete Recht aushebelte. Diestel konnte nie wirkliche Demokratie erleben. Er orientiert sich an der konstitutionellen Monarchie in England. Der Gedanke einer höheren Instanz, die steuernd eingreift, mag einem Christen besonders nahe liegen, der Gott als Herrn über alle(s) ansieht.

---

621 Max Diestel an Gudrun Diestel, Brief vom 17.11.1946.

622 Basileia tou theou = „Königsherrschaft Gottes" oder ton ouranon = „der Himmel"; basileia = „Herrschaft".

Und immerhin werden in unserer Verfassung heute demokratische Mehrheitsentscheidungen dadurch beschränkt, dass die Grund- und Menschenrechte international definiert und nationalen Mehrheiten nicht unterworfen sind, ebenso auch die Genfer Konvention allgemeine Rechte definiert, die national nicht zur Debatte stehen dürfen.
Diestel lehnte – nach allem, was ich von ihm gelesen habe – die Weimarer Republik nicht ab, sah aber Verbesserungsbedarf und „fremdelte" mit dieser Staatsform (vielleicht auch mit ihren Vertretern). Der kritische Punkt für einen Mann der Kirche war vielleicht die Frage nach der Rolle von Religion und Kirche. Die Weimarer Republik wollte das Landesherrliche Kirchenregiment weder ersetzen noch wieder herstellen. Die Weimarer Verfassung, deren Kirchenartikel wir heute eher vorsichtig finden, erschien damals mit ihrer Trennung von Kirche und Staat säkular – „heidnisch" sagten nicht wenige Konservative. Dass in der Unabhängigkeit vom Staat auch die Freiheit eigener Botschaft liegt, muss man erst erleben.[623]
Schließlich wird aus Bemerkungen Diestels deutlich, wie sehr die Revolution in Russland sein Bild einer Bedrohung durch den Bolschewismus geprägt hat. Die Furcht vor Unordnung und Umsturz, später auch in der BK zu sehen, hat Diestel nicht unberührt gelassen. Heinsens Bilanz: „Wir müssen ... offenlassen, ob Diestel in den Anfangsjahren die genannten Zusammenhänge deutlich genug und in ihren Einzelheiten bekannt waren. Sein Antwortschreiben an ... Frederick W. Roman legt nahe, daß es zunächst andere Zielsetzungen nationalsozialistischer Politik waren, denen er eine größere Priorität einzuräumen gedachte: der ‚Aktivität' gegen den Einfluß des Bolschewismus sowie die ‚Wendung' in der Erosion einer sich modernisierenden Gesellschaft."[624]
Typisch Diestel ist, wie er den Beginn des Arbeitsdienstes erzählt: als freiwilliges Engagement, Initiative der Kirche und Einsatz von Christen für Benachteiligte. In der Alternative zum vorfindlichen Reichsarbeitsdienst liegt unausgesprochene Kritik an diesem. Ausländische LeserInnen lasen solche Ausführungen wohl nur als historische Anmerkungen zur Geschichte des Arbeitsdienstes.

---

623 Um das schon in der Zeit der Weimarer Republik zu erleben, hätte man sehen müssen, wie sehr evangelische Kirche in der Monarchie sich an vorherrschende Meinungen angepasst und eben nicht in allem frei agiert hatte.
624 Heinsen S. 112.

Der Weg zur Bekennenden Kirche

1. Gemeinde ist Kirche

Die Opposition gegen Kirchenleitung und Regime musste, wollte sie „evangelisch“ sein, ihre Basis auf die Gemeinden verbreitern. Nur so wurde aus einer widerspenstigen Pfarrerschaft, die man gegen die Gemeinde ausspielen konnte, eine Gemeindebewegung. Nur so auch können die dem Priestertum der Getauften entsprechenden Leitungsgremien geschaffen werden.
Gerhard Jacobi, Pfarrer der Kaiser-Wilhelm-Gedächtniskirche, lud Gemeindekirchenräte und Pfarrer ein. Ein Echo ist der folgende Brief, der den inneren Grund für die Entwicklung zur Gemeindebewegung formuliert: Kirche ist die Versammlung der Glaubenden, nicht nur der Amtsträger:

> „Lieber Herr Jacobi! …
> 1. Die *Versammlung von Pfarrern und Laien* (Kirchenältesten) der 150 Berliner Gemeinden, die Sie gestern einberufen hatten, hat einen *an vielen Stellen gehegten Wunsch* erfüllt. …
> 2. Deshalb haben wir den *Pfarrer-Notbund* immer als ein (sic) *unvollkommene Vertretung* unserer Kirche angesehen und … bedauert, dass es bisher nicht gelungen war, eine *Vertretung der Laienschaft* in die Erscheinung treten zu lassen.
> 3. Als eine … Vertretung der Laienschaft ist ein *Laien-Notbund ungeeignet*, weil die Laien nur als Vertreter ihrer Gemeinden eine Autorität haben, …
> 5. Wir müssen … baldigst zu einer *Vertretung der Kirche* kommen, die *aus Pfarrern und Laienvertretern* besteht. … Nach dem *protestantischen Kirchenprinzip* kann die *Vertretung der Kirche nur aus den Gemeinden* hervorgehen.
> 6. Ich glaube, dass die gestrige Versammlung in ihrer Zusammensetzung das richtige Vorbild einer Synode war.
> 7. Eine *„Synode“* … kann dank der Organisation des Pfarrer-Notbundes jederzeit und *überall im Reiche* gebildet werden. …
> 8. Wenn … Bedenken gegen die Bezeichnung … als Synoden bestehen, müsste ein anderer Name gefunden werden, der … ausdrückt, dass *die versammelten Pfarrer und Laien zusammen ihre Gemeinden und Kirchenbezirke rechtmässig vertreten*.

9. Für die Durchführung jedes Kampfes in der Kirche bleibt entscheidend, ... dass *in den Gemeinden lebendige und bekenntnismässig geschlossene Führung besteht.* ...

Wir wollen ... in den Gemeinden mit unseren Pfarrern weiter für den lebendigen Zusammenschluss der Laien wirken.
Mit evangelischem Gruss Ihr Gez R."[625]

Rosenbergers Brief zeigt, dass der PNB als Organisation von Pfarrern nicht glaubwürdig vom Priestertum aller Getauften reden konnte. Wie kritisch allerdings die Gründung einer „Kirche" genannten Vereinigung war, zeigen die im folgenden Text eingeklammerten Punkte 14-16: Wollte man Freikirche werden oder würde man in diese Richtung gedrängt werden? Ob das Papier diskutiert und die Klammer Ergebnis einer Diskussion ist, konnte ich nicht feststellen. Die Überlegungen:[626]

„Bischofsamt und Gemeinde.

1. Die Träger der protestantischen Kirche sind die Gemeinden.
2. Die Träger der Gemeinde sind die Einzelpfarrer und die ... Aeltesten.
3. Um den Pfarrer und die Aeltesten ... scharen sich die Mitarbeiter ... und die aktiven (kommunizierenden) Gemeindemitglieder als Kern der Gemeinde.
4. ...
5. Das Bischofsamt ist ... ein Amt der Verwaltung und der Beratung.
6. Der Führer der Kirche ist Gott; ...
7. Die Einheit der Kirche beruht auf dem Glauben und äussert sich im Bekenntnis.
8. Die Einheit der Kirche kann nicht durch äussere Führung der Kirche geschaffen oder gesichert werden; sie findet ihren Ausdruck in dem Zusammentreffen der Vertreter der durch das Bekenntnis verbundenen Gemeinden zur Synode.
9. Die Gemeinden berufen ihren Pfarrer; kein Kirchenregiment darf Pfarrer und Gemeinde trennen.

---

625 EZA 50/43 Nr. 15-21, Dr. Rosenberger, Kirchenältester in Steglitz, (Bezirk Pfarrer Quittschau) über Bischofsamt und Gemeinde, 15. Januar 1934; kursiv i. O. unterstrichen.

626 A.a.O.

10. Aus diesen durch die Reformation wiedergewonnenen Grundlagen der Organisation der christlichen Kirche heraus lehnen wir die Verordnung des Reichsbischofs vom 8. Februar ab.
11. Insbesondere können wir nicht anerkennen, dass die einheitliche Führung der evangelischen Kirche durch die Nachahmung weltlicher Diktatur in der Person des Reichs- und Landesbischofs gesichert werden könne.
12. …
13. Die Amtsenthebung von Pfarrern auf Grund dieser vom Reichsbischof ausgegebenen Verfügungen bindet Pfarrer und Gemeinde in ihren Entschliessungen nicht.
(14. … werden die Pfarrgehälter weitergezahlt werden.
15. … werden sich die Pfarrer in brüderlicher Gemeinschaft untereinander wirtschaftlich unterstützen müssen.
16. Sollte das Kirchenregiment mit Hilfe Gewaltanwendung die kirchlichen Gebäude und Gelder der suspendierten Pfarrer sperren, so bleibt als letzter Ausweg nur die freiwillige Selbstbesteuerung – wo nötig durch Austritt aus der Landeskirche, um die ersparten Kirchensteuern der freiwilligen Besteuerung zuzuführen.)
17. Die christliche Kirche ist keine Kirche der „Massen"…
18. Die … Kirche strebt nicht nach Macht im Staate.
19. Nach protestantischer Auffassung ist die Organisation einer Gesamt-(Reichs-)Kirche nicht wesentlich für die Missionsaufgabe im Volk, da die eigentliche Missionsaufgabe in der Gemeinde liegt.
20. …"

Mit diesen Überlegungen sind die Umrisse auch der BK und ihre Begründung beschrieben; einer solchen Kirche konnte sich auch Max Diestel anschließen; sie entspricht der Kirche, zu der er gehören wollte.

2. Bekennende Kirche als wahre Kirche

Die BK war „… neben der kath. Kirche die einzige große Institution, die sich der nationalsozialistischen Gleichschaltung entzog; in Teilen übte sie Widerstand gegen den totalen Staat,"[627] urteilt Hauschild.

---

[627] Hauschild in RRG^4, Sp. 1241.

Der Pfarrernotbund bestand neben der BK weiter. Wie die Reformation betonte, die Kirche nicht gespalten, sondern in schriftgemäße Form gebracht zu haben, beanspruchte die Bekennende Kirche – in ihrer (synodalen) Form wie in der Grundlegung in Schrift und Bekenntnis – Fortsetzung der „alten", wahren Kirche zu sein.

Merkwürdigerweise schien auch die APU die Spaltung vermeiden zu wollen – man stritt zwar über Kollekten, Prüfungen etc., vermied es aber, die BK vor die Entscheidung zu stellen, eine eigene Kirche zu werden. Neben der evangelischen Urangst vor Spaltung kommt mir entscheidend vor, dass eine Kirchenspaltung das Scheitern der Kirchenpolitik unübersehbar gemacht hätte – sicher konnte sich im Dritten Reich auch die offizielle Kirche nicht fühlen.

Der Widerstand war breit. Die „Jungreformatorische Bewegung" sammelte die Opposition, aktiv im Wahlbündnis „Evangelium und Kirche." Wie in den obigen Thesen ausgeführt, entstand der Widerstand am Versuch, die Kirche der Gestalt und Struktur des Staates anzupassen – von der Idee her Rückkehr zum Kirchenbild bis 1918.[628] Mit der Abschaffung synodaler Strukturen traf das Regime die Evangelische Kirche beim „Priestertum aller Getauften", das sie nicht aufgeben kann, ohne eine wesentliche Erkenntnis der Reformation aufzugeben. Die Infragestellung des Priestertums aller Gläubigen trifft einen Punkt, der – bei aller Verschiedenheit – alle Evangelischen eint.[629]

Barths Aufruf für ein schriftgemäßes Bekennen ließ ihn zu einem Wegbereiter der BK werden.[630] Ein von konservativen Lutheranern gefordertes Nebeneinander von Staat und Kirche war weder politisch denkbar noch theologisch zu begründen.

---

628 „Die Form der Kirche hat sich stets der Staatsform angepaßt", zitiert Rogge den Reichsbischof zustimmend im „Kirchlichen Familienblatt" Nr. 47, 25.11.1934, zitiert nach Schuppan, Stunde S. 31.

629 Bei den Diskussionen um das Papier „Ordnungsgemäß berufen" wurden die Differenzen und die Unklarheit des Begriffs am Ende des 20. Jahrhundert deutlich: Welche Rolle Ordinierte haben und wer ordiniert werden sollte, erwies sich als Streitfrage auch zwischen evangelischen Kirchen.

630 Zugleich war Barth auch der Grund für einen der Risse in der Struktur der BK: An seiner Theologie schieden sich Generationen und Geister, auch gab es mit ihm immer Auseinandersetzungen mit Theologen, die das Luthertum bedroht sahen. Genau die im Folgenden immer wieder entscheidende Frage nach der Beziehung und dem Verhältnis von Kirche und Staat unterschied das traditionelle Luthertum von Barths Theologie.

Die Sportpalastkundgebung der DC erregte die Empörung auch vieler mit dem Staat sympathisierender Kirchenmitglieder und ließ die Propaganda eines „christlichen“ Nationalsozialismus hohl klingen. Hinzu kam die Eingliederung der Evangelischen Jugend in die Hitlerjugend im Dezember 1933 – gegen alle Versprechungen des Reichsbischofs. Der „Maulkorberlass“ vom Januar 1934 schließlich machte deutlich, dass Diskussionen um Weg und Gestalt der Kirche als Widerstand verstanden und verboten wurden.

Die nationalsozialistische Kirchenpolitik zerstörte die Strukturen in allen Landeskirchen, außer in Hannover, Bayern und Württemberg (sog. „intakte“ Landeskirchen). In allen Kirchen aber gab es auch Opposition.

Gegen den Versuch des Reichsbischofs, die Landeskirchen in die „Deutsche Evangelische Kirche“ (DEK) einzugliedern, sammelte sich die „Bekenntnisfront“. Die Landesbischöfe der „intakten“ Landeskirchen – August Marahrens, Hans Meiser und Theophil Wurm – bildeten im April 1934 den „Nürnberger Ausschuss“ zur Koordinierung der Strategie und führten am 22.4. einen Bekenntnistag in Ulm durch, bei dem man beanspruchte, die rechtmäßige Evangelische Kirche in Deutschland zu sein.

Konnte man all das als Kirchenpolitik verstehen, gab sich die Opposition bei der ersten Bekenntnissynode in Barmen (29.-31.5.1934) mit der „Barmer Theologische(n) Erklärung“ eine Grundlage, die der Gegenseite Häresie vorwarf. Das „reine und lautere“ Evangelium sah man nur bei der BK bewahrt. Die Differenz wurde theologisch begründet; wegen der Verbindung der Reichskirche mit dem Staat und seiner Ideologie bedeutete die theologisch begründete Trennung, dass man politische Opposition wurde.

Wie der Pfarrernotbund gab sich die BK als Leitung einen „Bruderrat“, im Berliner Bruderrat war Diestel Mitglied.[631] Das bedeutete eine Art der Kirchenleitung, die manche nach dem Krieg gern weitergeführt hätten.[632]

Die BK wollte also weder eine neue Union noch eine neue Kirche sein (so der Bruderrat in einer Botschaft an die Gemeinden); durch ihr Gegenüber zur Reichskirche wurde sie aber immer mehr in diese Richtung gedrängt. Nach „Barmen“ mussten Gruppen und Verbände sich neu orientieren; die Grenzen aber waren

---

631 Offenbar von Anfang an; dokumentiert ist seine Mitgliedschaft 1936, wo er für das Referat „Gemeindebeamte“ zuständig war (Sandvoß, Gottesdienste, S. 116).

632 In Berlin-Brandenburg, einer der neu aufzubauenden Kirchen nach dem Krieg, stand Dibelius, der den Titel „Bischof“ einführte, gegen eine andere Richtung, die den bruderrätlichen Weg weitergehen wollte. Vgl. Winter, Ringhandt.

(und blieben) fließend. Die Mitglieder der BK verband die Gegnerschaft zu Reichskirche und DC. Die Differenzen zwischen lutherischen und unierten Kirchen wurden aber eher belebt als überwunden. „Während die meisten ApU-Vertreter das Ereignis von Barmen als Gründung einer die Reichs- und Landeskirche ablösenden Bekenntniskirche verstanden …, sahen die ‚intakten' und andere lutherische Kirchen darin nur eine die DEK betreffende, temporäre Bekenntnisgemeinschaft ohne Konsequenzen für die jeweilige Landeskirche."[633] Kurz: Man war sich nicht einig, ob die BK die DEK ersetzen, ergänzen oder partiell modifizieren sollte.[634] „Bekennende Kirche ist von Anfang an eine eher unscharfe Zusammenfassung von unterschiedlichen Gruppierungen und Strömungen. Das tritt umso deutlicher hervor, je härter die Auseinandersetzungen zwischen Kirche und Nationalsozialismus wurden."[635]

Der Artikel 1 der Kirchenverfassung der DEK bot einen Ansatzpunkt gegen Versuche, Kirche gleichzuschalten und zugleich die Begründung, dass sich die BK als die wahre Kirche verstehen konnte: „Die unantastbare Grundlage der Deutschen Evangelischen Kirche ist das Evangelium von Jesus Christus, wie es uns in der Heiligen Schrift bezeugt und in den Bekenntnissen der Reformation neu ans Licht getreten ist. Hierdurch werden die Vollmachten, deren die Kirche für ihre Sendung bedarf, bestimmt und begrenzt."[636] Müller, Jäger und andere Vertreter der Reichskirche hätten diese Worte als „Lyrik" verstanden; der BK boten sie einen Angriffspunkt, um Entscheidungen und Weg der Reichskirche als Abweichen von ihren Grundlagen nachzuweisen.

3. Die BK in Preußen

Ihre inneren Differenzen führten zu unterschiedlichen Formen der BK. In Preußen entwickelte sich der Typ, der – unter Berufung auf ein Notrecht – eine neue Kirchenstruktur anstelle der DEK bzw. der von ihr beherrschten Organe etablierte: Verwaltung, Finanzen, Pfarrerausbildung, Ordination und Dienstrecht. Die APU-BK war einig im Widerstand gegen die Kirchenführung der DEK und das

---

633 Hauschild, Sp. 1243 – Auch das spiegelt sich in den Differenzen über den Rang der Barmer Erklärung, wobei zur Verwirrung noch beiträgt, dass hinter den dort dargestellten theologischen Bedenken gegen den Begriff „Bekenntnis" sich auch unterschiedliche politische Ansichten der Kombattanten spiegeln.

634 Hauschild a.a.O.

635 Schuppan, in: Schuppan, Bekenntnis S. 214.

636 So Schönherr, in: Schuppan, Bekenntnis S. 102.

Reichskirchenministerium. Die Auseinandersetzungen spitzten sich in der Zeit der „Kirchenausschüsse“ zu, die manchen Mitgliedern von Pfarrernotbund und BK als erträglicher Kompromiss erschienen.

Die lutherischen Kirchen maßen der Barmer Erklärung „kaum ekklesiologische Relevanz“ zu[637] und arbeiteten zusammen, um sich der Vereinnahmung durch die DEK zu entziehen.[638] Diese Landeskirchen konnten ihre Strukturen weiter nutzen, mussten sich allerdings nach dem Krieg die Frage gefallen lassen, inwieweit diese Strukturen durch die nötigen Kompromisse verdorben seien und leitende Persönlichkeiten sich zu nahe an der Reichskirche bewegt hätten.[639]

Differenzen zeigten sich schon bei der zweiten Bekenntnissynode in Dahlem:[640] Das Notrecht galt nur im Blick auf die DEK, etwa in Berlin-Brandenburg. Die Vorläufige Kirchenleitung der BK unter Bischof Marahrens schien Erfolge zu erzielen, nachdem Müller an staatlicher Unterstützung verloren hatte[641], aber die Vorläufige Kirchenleitung (VKL) konnte nicht anstelle der DEK amtieren und ihre Strukturen nicht als Ersatz für die Reichskirche durchsetzen. Der Staat verweigerte die Anerkennung. DC Kreise hielten sich in etlichen Landeskirchen (z.B. Württemberg) und dazu gab es „Neutrale“, die sich weder hier noch dort verorten wollten.[642] Der Staat richtete eine „Beschlußstelle für Rechtsangelegenheiten“ ein,

---

637 Hauschild Sp. 1244 – Lange blieb umstritten, ob die „Theologische Erklärung“ ein „Bekenntnis“ sei. Dieser Streit hatte wohl mehr mit der Abneigung großer Teile des Luthertums gegen Barths Theologie und die Absolutheit seines politischen Engagements zu tun. Auch die Anhänger der Barmer Theologischen Erklärung wissen, dass sie nicht, wie ein Bekenntnis, umfassend die Lehre darstellt, sondern nur jene Teile, die in der aktuellen Auseinandersetzung strittig waren.

638 Mindestens im Hintergrund wichtig war auch die lange gepflegte Abneigung gegen die Idee von Unionskirchen, wobei m.E. die veränderte Lage seit der ersten Gründung einer derartigen Kirche kaum beachtet wurde. Das „Luthertum“ rein zu halten und zu schützen, stand für die Lutheraner über allem.

639 Ein relativ später Reflex war die Debatte um die Rolle von Bischof Hans Meiser (Bayern) in diesen Jahren.

640 19. und 20. Oktober 1934.

641 Diestel hatte gespottet, dass der Reichsbischof bei allen ernsten Problemen entweder im Urlaub, krank oder im Bett sei.

642 Es ist nicht weiter verwunderlich, dass Bonhoeffer solche „Neutralität“ für unmöglich hielt – Entscheidung war in seinen Augen gefragt und unvermeidbar.

so dass die BK nicht mehr ordentliche Gerichte gegen Entscheidungen der DC anrufen konnte.[643]
Die notorisch uneinigen Evangelischen ließen sich weder in einer „Reichskirche" noch in der BK wirklich einen – was immerhin den Vorteil hatte, den Kampf des Regimes gegen eine unabhängige Kirche zu erschweren.

4. Spaltpilze: Die „Kirchenausschüsse"

Nachdem der Versuch mit dem Reichsbischof erfolglos war, eröffnete man ein Reichskirchenministerium unter der Leitung von Hanns Kerrl. Der Reichskirchenausschuss (RKA, errichtet am 3.10.1935) sollte Leitungsorgan der DEK sein, für die Landes- und Provinzialkirchen Ausschüsse gegründet wurden.
Die Besetzung des RKA schien zu zeigen, dass die DC nicht mehr die Richtung vorgaben – das weckte Vertrauen und schuf für die BK ein Problem: In einigen Landes- und Provinzialkirchen wurden die BK-Leitungsorgane verboten und die Ausschüsse waren von ihrem (staatlichen) Auftraggeber abhängig.
So kam es bei der 4. Bekenntnissynode[644] zur Spaltung der BK, ebenso verschärften sich die Gegensätze in einigen Landeskirchen. Der Reichsbruderrat bildete eine zweite Vorläufige Kirchenleitung (2. VKL) am 12.3.1936 unter Vorsitz von Pfarrer Friedrich Müller, Dahlem. Die lutherischen Kirchen schlossen sich nicht an, die 2. VKL vertrat also nur den notrechtlich organisierten Teil der BK und arbeitete mit dem Bruderrat der APU zusammen.
Konflikte gab es um eine Denkschrift an Hitler (Mai 1936), die in der ausländischen Presse Aufsehen erregte,[645] und um eine Kanzelabkündigung in diesem Zusammenhang. Die 2. VKL unterstützte die Arbeit des Büro Grüber, der „Hilfsstelle für verfolgte Juden". Weiter spaltend wirkte der Streit um den Treueid auf Hitler (1938), um eine Liturgie von 1938, die die sich andeutende Kriegsgefahr aufnahm und von den lutherischen BK abgelehnt wurde. Mitarbeitende der BK wurden inhaftiert, verfolgt oder mussten sich in die Wehrmachtsseelsorge flüchten; Müller starb in Russland. Hier haben die „Fürbittlisten", über die noch zu reden sein wird, ihren Ort.

---

643 Eine Möglichkeit, von der nicht nur Diestel immer wieder Gebrauch machte, Diestel weniger durch Prozesse als durch Rechtsgutachten, die Verstöße der DC oder der Reichskirchenleitung juristisch eindeutig erwiesen. Schuppan in ders., Bekenntnis S. 217f., vgl. auch die Steglitzer Synode, die sich mit der Beschlussstelle befasste.

644 18. bis 22. Februar 1936 in Bad Oeynhausen.

645 Wie und durch wen sie in die Auslandspresse gekommen war, blieb umstritten und ungeklärt.

Eine Art „Waffenstillstand" oder „Burgfrieden" verfügte der Führerbefehl vom 24.7.1940: „Der Herr Reichsminister [des Inneren] und Chef der Reichskanzlei hat mir aus gegebenem Anlaß mitgeteilt, daß der Führer alle nicht unbedingt notwendigen Maßnahmen zu vermeiden wünscht, die das Verhältnis des Staates und der Partei zur Kirche verschlechtern können."[646]

5. Die uneine BK

Dass die BK sich lange nicht zu einem deutlichen Wort zur Judenfrage entschließen konnte und sich nur um getaufte Juden kümmerte, ist oft kritisiert worden. Damals sprachen Dietrich Bonhoeffer, aber auch Marga Meusel und Elisabeth Schmitz mit ihren „Denkschriften" das Thema an – offenbar auch Max Diestel. Der jahrhundertelange Kampf für eine „Bekehrung" der Juden und die Judenfeindschaft erwiesen sich als unüberwindlich. Selbst die Erkenntnis, dass mit den Nürnberger Gesetzen eine neue Lage entstanden war, weil es um Rasse und nicht um Glauben oder Deutsch-Sein ging, konnte daran nichts ändern.
Zum anderen verhinderte die Provinzialität des Protestantismus Einigkeit und ließ alte Kontroversen aufbrechen. Der Gegensatz zwischen lutherischen und unierten Landeskirchen erwies sich als stärker als der gemeinsame Kampf gegen die Reichskirchenregierung. Der NS-Ideologie stand eine uneinige Gemeinschaft Evangelischer gegenüber, die, obwohl über die Bewertung der DC-Theologie einig, sich nicht darüber verständigen konnten, ob sich Christen politisch engagieren sollten und der Staat das Recht hat, seine Angelegenheiten nach eigenen Grundsätzen zu ordnen.
Es scheint mir zu einfach, die Schuld dafür bei Luthers Zwei-Regimenten-Lehre zu suchen – schon deswegen, weil sich seit Luthers Zeiten Formen der Regierung völlig geändert hatten. Luther wollte eine Emanzipation des Staates (= des Fürsten, Kaisers usw.) von der Kirche (= Papst). Beide haben einen je eigenen Auftrag von Gott, der die Welt so auf zweifache Art regiert.
Nicht wenigen Theologen gab die Unterscheidung die Möglichkeit, Sympathie für die Nationalsozialisten mit dem Festhalten an Bibel und Bekenntnis zu verbinden. Vergessen wurde eine Pointe der „Zwei-Regimenten-Lehre": Der Fürst hat ein eigenes Mandat Gottes, muss sich aber in diesem seinem „Beruf" – wie jeder Christ – vor Gott verantworten. So gibt es Grenzen staatlichen Handelns, an die

[646] Zitiert nach Röhm, Zwischen Kreuz …, Seite 122, Dokument 118.

Kirche erinnern darf, wie sie auch individuelle Verfehlungen von Menschen anspricht.[647]

Aber auch dem überwiegenden Teil der BK-Mitglieder ging es um den Erhalt der evangelischen Kirche und ihrer Gestalt und damit mehr um die Lehre und deren Freiheit als um Politik. Dass es Bonhoeffer nie auf die Fürbittlisten „geschafft" hat, ist dafür Zeichen.

Mit- wie Nebeneinander von Staat und Kirche scheiterten letztlich am totalen Anspruch des Staates. Kirche muss darauf bestehen, dass Christenmenschen „Gott mehr gehorchen" als Menschen – für den totalen Staat unerträglich. Deswegen war der – im Grunde unpolitische – Versuch, Kirche rein zu erhalten, politische Opposition.

6. Nachdenken: Was ist Kirche?

Die Gründung der BK führte zum Nachdenken über die Rolle von Kirche in Land und Volk. Es nimmt Gedanken der Weimarer Verfassung auf und bereitet die Rolle einer unabhängigen evangelischen Kirche in einem pluralen Staat vor. In den Akten fand ich Thesen dazu, freilich ohne Angabe ihres Verfassers.[648]

1. Voraussetzungen einer christlichen Volkskirche sind „christliche Obrigkeit", „christliche Schule", „Christliches Volk".
2. Diese Voraussetzungen zu schaffen, liegt nicht in unserer Hand.
3. Ob diese Voraussetzungen je gegeben waren, ob es also je eine Volkskirche gegeben hat, die wirklich Kirche war, ist eine offene Frage.
4. Ob wir heute noch zu rechnen haben mit einer „christlichen Obrigkeit", mit einer „Christlichen Schule", mit einem „Christlichen Volk", ist eine offene Frage.
5. Wenn die Kirche keine Hilfe einer christlichen Obrigkeit mehr hat, wenn sich die Schulerziehung ihrem Einfluss entzieht, werden sich nur noch eine begrenzte Zahl von Anhängern nach persönlichem Entschluß zu ihr halten, wird die Kirche zur „Freikirche".

---

647 Immerhin erlaubte das „Führerprinzip", den „Staat" mit einer Person zu identifizieren; unter demokratischen Umständen ist es schwieriger, persönliche Verantwortlichkeit zuzuordnen.

648 EZA 50/43 Nr.36, Thesen über Volkskirche und Freikirche 4.9.1938, vermutlich Diestel.

6. Ob die bisherigen ... Freikirchen als echte Kirche anzusehen sind, ist eine offene Frage.[649]
7. Eine „bekennende Kirche“ darf nicht „Volkskirche“ zum Programmpunkt haben.
8. Eine „bek. Kirche“ muß echte Kirche sein wollen ohne Rücksicht auf den Gedanken der „Volkskirche.“
9. Eine „bek. Kirche“ wird, wenn sie zur Freikirche wird, etwas anderes sein müssen als die bestehenden Freikirchen.
10. Eine „bek, Kirche“ darf das „Freikirche-werden“ weder herbeiführen noch fürchten.
11. Die bek. Kirche darf kein Programm haben außerdem, echte Kirche zu sein und muß daraus alle Folgerungen ziehen.“

Mit diesen Thesen zeigt sich die BK wie Kirche überhaupt auf dem Weg in ihre zukünftige Rolle: „Volkskirche“ ist keine Frage der Mitgliederzahl, sondern der Rolle, die sie spielt.
Der „Weltbund“ musste erleben, wie Staaten ihrer Verfassung eine säkulare Grundlage gaben, damit Menschen unterschiedlicher Weltanschauung zusammen leben konnten.[650] Die Thesen sind die Folgerung im Blick auf die Kirche. Auf der anderen Seite ist die Gründung des ÖRK Ausdruck der Einsicht in die eigene Rolle der Kirche(n).
Das Selbstverständnis eines Teils der BK kommt im Streit um die Anerkennung der von ihr abgenommenen Prüfungen zum Ausdruck.

> „Wir sehen in den Organen der Bekennenden Kirche die einzige rechtmäßige Leitung unserer Kirche. Wir halten ... die Prüfungen, Ordinationen und Einweisungen des Bruderrates für die ausreichende Beauftragung zum

---

[649] Sollten mit der Bezeichung „Freikirchen“ jene Kirchen gemeint sein, die heute so bezeichnet werden, wäre das ein Hinweis auf Diestel als Verfasser. Dibelius z.B. hat von ihnen als „Sekten“ geredet und auch andere Vertreter der Großkirche wollte diesen – in Deutschland kleinen – Kirchen die Anerkennung als „Kirche“ nicht zugestehen.
[650] Mit der Formulierung von dem Recht von Minderheiten bereitete auch der Weltbund diese Art Staatsverständnis vor.

Dienst im kirchlichen Amt, die darum auch keiner weiteren Legitimation bedarf.
Daraus folgt, daß es für uns unmöglich ist, die Anerkennung durch das Konsistorium zu beantragen, wenn damit verbunden sein soll die Ablegung einer ordentlichen oder außerordentlichen Prüfung oder eines Kolloquiums oder die erneute Einreichung oder Auslieferung von Prüfungsarbeiten, weil damit dem Konsistorium bezw. dem EOK das das Recht zur Wahrnehmung geistlicher Funktionen zugestanden würde.
Daher darf auf die Angebote der Verordnung des Präsidenten des EOK ‚Betreffend Aufnahme der von einer nichtamtlichen Stelle geprüften Theologen in den landeskirchlichen Dienst' vom 26. Februar 1938 an diejenigen unter unseren Brüdern, die ihre Examina nach dem 1. Oktober 1937 bezw. nach dem 1. April 1936 gemacht haben, keinesfalls eingegangen werden.
Die Brüder, die vor dem 30. April 1936 ihr Examen bei der BK gemacht haben und denen nach § 1 der genannten Verordnung eine öffentlich-rechtliche Anerkennung ermöglicht wird, bitten wir, folgendes zu bedenken:

1. Ein eigenmächtiges selbständiges Vorgehen des Einzelnen muß unsere Bruderschaft zerstören.
2. Auch für diese Brüder verbietet sich die Einwilligung in ein Kolloquium, die Auslieferung von Prüfungsarbeiten sowie die Zustimmung zu irgendwelchen Bindungen (z.B. Reverse betr. ihre Stellung zum Konsistorium).
3. Wir halten es für möglich, daß bei Beachtung der unter 1. und 2. formulierten Grundsätze Brüder auf Verlangen des Provinzialbruderrates die ihnen zustehende öffentlich-rechtliche Anerkennung durch das Konsistorium bzw. den EOK beantragen.

Gez. Pastor Georgi – Altlandsberg
Gez. Pastor von Prittwitz u. Gaffron – Groß Mehßow
Gez. Pastor Johannes Müller – Brandenburg
Gez. Pastor Röhling – Züllichau"[651]

Erstaunlicherweise beließ es die Reichskirche bei der Forderung nach einem Zusatzexamen, ermäßigte es manchmal auf ein Kolloquium und verlangte keine

[651] 50/232, Nr. 72, Berlin, 23.3.1938.

neuen schriftlichen Arbeiten. Der eigentlich kritische Punkt war der Ariernachweis, nicht nur für Erich Klapproth[652]:

> „Der Umstand, dass der durch Wiederholungsprüfung legalisierte Hilfsprediger vom Stein (bisher Berlin) zur Erlangung eines konsistorialen Auftrags seinen Abstammungsnachweis erbracht hat, veranlasste mich zu Erkundigungen darüber, wie der Notbund auf solchen offensichtlichen Verstoss gegen einen Punkt seiner Verpflichtung reagiert.
> Vom Geschäftsführer erhielt ich die mündliche Auskunft, der E.V. [engere Vorstand] habe jüngst beschlossen, diejenigen älteren Brüder, die den genannten Nachweis entgegen den Weisungen des Bruderrates erbracht haben, <u>nicht</u> aus dem Notbund auszuschliessen.
> Dieser Bescheid bereitet mir derartige Anfechtung, dass ich hiermit in aller Form um eine verbindliche Auskunft und Begründung einkommen muss … mit welcher Rechtfertigung diese Brüder trotz so offenkundigen Verstosses gegen ihre übernommene Verpflichtung noch im Notbund belassen werden. Es hängt für mich von der Beantwortung dieser Fragen die Entscheidung darüber ab, ob ich noch weiterhin Glied des Notbundes sein kann. Kl[approth]“[653]

Staatliche Stellen bereiteten Klagen gegen die Prüfungen der BK und die Prüfer vor. Am 29.8.1937 ordnete der Reichsführer SS an, dass „die von den Organen der sogenannten ‚Bekennenden Kirche‘ errichteten Ersatzfachschulen, Arbeitsgemeinschaften und die Lehr-, Studenten- und Prüfungsämter aufgelöst und sämtliche von ihnen veranstalteten theologischen Kurse und Freizeiten verboten“ werden sollten.[654] Das Bestehen dieser Einrichtungen sei „geeignet, das Ansehen und

---

652 Erich Klapproth (1912-1943) zählte zu den begabtesten Nachwuchstheologen der Bekennenden Kirche, war Vertrauensmann der Hilfsprediger und Vikare der BK in Berlin-Brandenburg; das Schreiben ging an den Engeren Vorstand des Pfarrernotbundes, z. Hd. Präses Pfarrer Scharf.

653 EZA 50/232 Bl. 180, 14.12.1939.

654 BArch R 5101/24086 Der entsprechende, 21 Seiten umfassende, Schriftsatz gibt sich erstaunlich viel Mühe, Absicht, Begründung und Umfang der Maßnahmen der BK darzustellen. Man möchte meinen, dass eigentlich nur ein „Insider“ derart schreiben kann. Positiv gewendet kann man auch sagen, dass sich da ein Jurist bemüht hat, angemessen mit einem Klagegegenstand umzugehen, sofern ihm der inhaltlich auch sein mochte. Diese Art Rechtsprechung konnte auch die BK lange Zeit nutzen und gegen manche Maßnahme der Reichskirche mit Erfolg anrufen.

das Wohl des Staates zu gefährden." Das macht erneut deutlich, dass keine Unterscheidung zwischen kirchlichen und den Staat interessierenden Fragen gemacht wurde. Der Widerstand der BK und des PNB, so sehr er sich selbst als „kirchlich" verstand, war in den Augen der Regierenden immer politischer Widerstand.

Durch den ausführlichen Schriftsatz erhalten wir einen Einblick in Umfang wie Art der Prüfungen sowie die Ausbildung der Vikare der BK. Konkret angeklagt werden Theologen der Rheinischen Kirche; die Darstellung ist aber allgemein gehalten und konnte gegen alle derartigen Einrichtungen der BK angewandt werden.

7. Diestel und die BK

Diestels Name wird unter den Gründern der BK nicht genannt, trotz seiner Mitarbeit im Pfarrernotbund, taucht aber unter den Mitgliedern des Berliner Bruderrates auf,[655] er beteiligte sich an den Fürbitten für die gefangenen Mitglieder der BK und sammelte auch die Kollekten der BK. Vor allem aber duldete und deckte er die vom Regime verfolgten Aktivitäten in seinem Kirchenkreis – nicht nur seine Vorgesetzten sahen darin Parteinahme für die Opposition.

Im Oktober 1936 versuchte der Berliner Pfarrer Walter Streckenbach mit anderen Pfarrern einen „dritten Weg": Sie erkannten die BK an, wollten ihr auch weiter angehören, verweigerte aber nicht die Mitarbeit in den Kirchenausschüssen. Als am 5.11.1936 Vertreter von preußischen Provinzial-Bruderräten ihre Bedenken gegen den strikten Kurs der BK in der Frage der Kirchenausschüsse zu Papier brachten und den Anspruch der BK bestritten, „allein" Kirche Jesu Christi zu sein,[656] unterschrieb auch Max Diestel.

Hier zeigt sich seine Grundhaltung: Revolution ist ihm fremd, Vermittlung, wenn sie nicht um den Preis des Verrates am Evangelium geschieht, ist ihm wichtig. Er versteht sich eher als Brückenbauer denn als Gründer einer neuen Kirche – allerdings fühlt er sich Schrift und Bekenntnis verpflichtet und verteidigt seine Kirche gegen jeden Einfluss staatlicher Stellen wie gegen die Übertragung weltlicher Ideologie auf Kirche.

So gehörte er zur BK und trug die Folgen dieser Zugehörigkeit, war aber nie ein Vertreter der radikalen BK („Dahlemiten") und unterschied sich darin auch von

---

655 Schuppan S. 239 in Schuppan, Bekenntnis in Not.

656 Schuppan in ders., Bekenntnis S. 268f.

Bonhoeffer. Politische Betätigung – auch in einem anderen Staat – hätte ihm ferngelegen.

Eine grundsätzlich andere Einschätzung der Lage als Streckenbach formulierte Otto Dibelius in seiner Schrift „Die Staatskirche ist da!“: „1. Das neue Ministerium hat zunächst die Hand auf die Finanzen der Kirche gelegt. … 2. Nach den Finanzen nahm das Ministerium die Leitung des gesamten kirchlichen Lebens in die Hand.“ Die Ausschüsse haben ihren Auftrag vom Staat, sind in Personalentscheidungen an die Zustimmung des Ministers gebunden und werden „auch in laufenden Geschäften und in allen wichtigen Entscheidungen vom Ministerium überwacht“. „3. Zuletzt hat der Staat auch die geistliche Leitung der Kirche in seine Hand genommen.“ Wo politische und kirchliche Interessen im Konflikt stehen, werden die politischen vorgezogen.[657]

Diestel schied, trotz seiner Tendenz zu einer vermittelnden Position, nicht aus der BK aus. Kurt Scharf schrieb später: „Die Politik des Berliner Bruderrats empfanden wir als zu taktisch-pragmatisch und zu konziliant. Das lag zum Teil daran, daß naturgemäß die Berliner Pfarrer der Bekennenden Kirche zu Mitgliedern der deutsch-christlichen Behörde von früher her gute persönliche Beziehungen hatten und die äußerst nützlichen Verbindungen nicht aufgeben mochten.“[658] Solche Verbindungen waren für Diestel mehrfach hilfreich, auch so konnte er in schwierigen Situationen anderen helfen. Dass daraus auch Abhängigkeiten entstehen, ist kaum zu bestreiten.[659]

Im Nachhinein kann man den vermittelnden Kurs falsch finden; seinerzeit hofften nicht wenige Menschen in der Kirche, zu einem Nebeneinander von Kirche und Staat zu kommen. Demgegenüber erschien die Politik der radikalen BK als Versuch, eine neue Kirche aufzubauen. Günter Jacob sagte 1936 vor der Bekenntnissynode in Breslau: „Der Zusammenprall zwischen dem Staat, das heißt der ihn tragenden politischen Bewegung, und der christlichen Kirche, ist bis in diese Stunde hinein immer wieder in seiner Grundsätzlichkeit verkannt worden.“[660] Nicht wenige verkannten die Kirchenfeindlichkeit dieses Staates und seiner Ideo-

[657] Dibelius in seiner 1936 von Niemöller den Bruderräten zur Prüfung vorgelegten Denkschrift, zitiert nach Schuppan, in ders., Bekenntnis S. 234.

[658] Kurt Scharf, zitiert nach Schuppan a.a.O., S. 236.

[659] Der Brief Diestels an Weizsäcker nach dem Krieg – mir liegt nur dessen Antwort vor (s.u.) – scheint diesen vom Regime abzusetzen und könnte ein Beispiel solcher Beziehung sein.

[660] Zitiert nach Schuppan in ders., Bekenntnis S. 237.

logie, die ein Nebeneinander von Staat und Kirche unmöglich machte. Diestel scheint sie klar gewesen zu sein.

Alltag

1. Zwischen den Fronten

Für das Bild des Superintendenten und Gemeindepfarrers Max Diestels ist es wichtig, auch seinen Alltag zu sehen. Dieses „Alltägliche" geht in den besonderen Ereignissen leicht unter, ist aber auch, weil es sich in persönlichen Begegnungen, Gesprächen, Telefonaten und – gerade in kritischen Fragen – oft nicht in Schreiben niederschlägt, schwer zu fassen. Der Rückhalt aber, den Diestel vor Ort hatte, gründet wesentlich auf diesem Teil seiner Tätigkeit.

Vor allem daher ist die Intervention zu erklären, die seine Pensionierung 1937 bzw. 1940 verhinderte,[661] denn auch damals konnte sich ein Pfarrer nur dann auf seiner Stelle „halten", wenn er in der Gemeinde Rückhalt hatte. Sein Fleiß, sein Humor und die Freundlichkeit, die ich aus seinen Äußerungen spüre, waren wesentlicher Grund für solche Anhänglichkeit der Gemeinde. Seine Art, wohl auch seine äußere Erscheinung, mit ruhig und überlegt vorgetragenen Argumenten, schwierige Situationen nicht ausweglos erscheinen zu lassen, gab Menschen das Gefühl von Verlässlichkeit und Halt. Selbst in seinem konsequenten Widerstand fand mancher – vielleicht sogar Anhänger des Systems – Grund zum Vertrauen: Da hängt einer sein Fähnchen nicht in den Wind, erfüllt seinen Auftrag aus Überzeugung, man kann seinen Zusagen trauen. Psychologisch mag man von einer „Vaterfigur" reden, die in Tagen abwesender und fehlender Väter wie rebellierender Söhne wichtig war.

Man könnte versuchen, Max Diestels Alltag aus den Akten der Superintendentur und dem Gemeindearchiv zu rekonstruieren, die freilich ungeordnet sind; hinzukommt, dass in solchen Akten eher Routine zu finden sein wird, so dass ich sie hier nicht berücksichtige.

Aus der Chronik anderer Gemeinden, z.B. der Kreuzkirche Schmargendorf, erfährt man nebenbei, „dass Superintendent Diestel ... als BK-Theologe die schützende Hand über Nehmiz hielt und ihn aus der Schusslinie seiner Gegner nehmen

---

[661] Diese Intervention ist eine in der Familie erzählte Geschichte; ich fand keine Dokumente dazu. Das ist allerdings kein Wunder, weil man sich in jenen Jahren ungern schriftlich dazu bekannte, sich für einen dem Regime nicht genehmen Menschen und damit für eine Verlängerung seines „widersetzlichen Verhaltens" einzusetzen.

konnte."[662] Er verhinderte z.B., dass der Konfirmandenunterricht von einem den DC zuneigenden Vikar übernommen wurde.[663] 1938 verlangte die DC-Fraktion in der Kreuzkirche die Aufnahme eines Disziplinarverfahrens gegen ihren Pfarrer Nehmiz „und den ihn angeblich zu Unrecht immer wieder unterstützenden ... Max Diestel."[664]

Diestel hielt es nie für seine Pflicht, ohne dass eine Beschwerde aus einer Gemeinde heraus an ihn herangetragen wurde oder er selbst Zeuge einer ungesetzlichen Handlung war, Amtsbrüder zur Selbstbezichtigung aufzufordern."[665] Sein Leitungsverständnis ist das Gegenteil des erwarteten Führerprinzips. Heute wird bewusstes und professionelles Leiten gefordert, um Anstoß gegen Kirche in einer kritischen Öffentlichkeit zu vermeiden. Damals fühlte sich die Kirchenleitung in ihren – von den Machthabern angestoßenen – Umgestaltungsplänen behindert (wurde von den politisch Handelnden unter Druck gesetzt) und forderte striktes Handeln. Diestels Haltung bremste die Kirchenleitung aus. Mitarbeitende konnten sich so lange geschützt fühlen, wie sie sicher sein konnten, dass Diestel im Amt war – der, wo nötig, anwesend und tätig werden würde.

Der Kirchenkampf in Steglitz, wie ihn Heidemarie Oehm beschreibt[666], soll als Beispiel für Diestels Art des Leitens dienen. Ausgeblendet (aber nicht vergessen) bleibt sein Wirken als Pfarrer an der Paulusgemeinde, obwohl sein Selbstverständnis auch auf seinem Wirken in der Gemeinde gründete.[667] Viele alltägliche Kontakte und Begegnungen, die oft nur kurze Nachrichten hinterlassen, kommen bei dieser Betrachtung nicht vor – Diestel hatte Gespräche, Konferenzen, verfasste Rundschreiben. Wirklich Kritisches hat er weder der Post anvertraut noch am

[662] Gailus, Kreuzkirche S. 92.

[663] A.a.O. S. 83 – weil Vikar Schotte noch nicht ordiniert sei.

[664] A.a.O. S. 86 – In diesem Jahr spitzen sich auch die Auseinandersetzungen um Larvik und den Weltbund zu, die schließlich im Versuch der Pensionierung Diestels enden.

[665] Diestel an den EOK, EZA 50/43 Nr. 24-27, 23.1.1934.

[666] Bekenntnis unter Kleinbürgern, in: Schuppan, Stunde, S. 7-96.

[667] Das Wissen, dass der/die Vorgesetzte auch Erfahrungen in der Gemeinde hat und Siege wie Niederlagen dort mit den Kolleg*innen teilt, führt zu einer Art natürlicher Gemeinschaft zwischen den Mitarbeitenden und Vorgesetzten in einem Kirchenkreis, die manche Leitungsmaßnahme erleichtert, weil sie nicht „von oben" kommt, sondern von einem, der die Alltagserfahrungen der „gewöhnlichen" Pfarrer*innen teilt. Dass in großen Strukturen ein solches geteiltes Amt kaum mehr denkbar ist, soll deswegen nicht bestritten werden, nur müssen die solcherart Leitenden besonders darauf achten, die Basis und ihre Arbeit – mit möglichen Problemen – wirklich wahrzunehmen und ernst zu nehmen.

Telefon besprochen; Schriftliches wurde durch Boten überbracht, anderes mündlich geregelt. Seine Schreiben an die Kirchenleitung waren oft gemeinsame Aktion des Kirchenkreises. Er hat also vorher Kollegen gefragt und ihre Meinung eingeholt bzw. sie auf einem Standpunkt zu vereinen versucht.[668] All das ist so alltäglich, dass es bestenfalls nebenbei erwähnt wird. Oehms Bericht handelt von konfliktreichen Ereignissen in Steglitz, bei denen Diestels Handeln seine Einstellung ebenso zeigt wie seinen Umgang mit Pfarrkollegen.

2. Die Situation in der Gemeinde Steglitz

Steglitz war mit ca. 100.000 Gemeindemitgliedern, 12 Pfarrstellen und 93 Beschäftigten eine der größten Kirchengemeinden der APU. Die Gemeinde war auf drei Kirchen (Matthäus, Markus, Lukas) angewachsen und wurde von einem Pfarrkollegium verwaltet.[669] Wichtig nach 1933 war, dass 9 der 12 Pfarrer der BK angehörten oder zuneigten und 2 (später 3) Pfarrer den DC, am entschiedensten Werner Rogge, der auch Hitlerzitate als Konfirmationsspruch aussuchte. Auf der Gegenseite und an der gleichen Kirche stand Lic. Theodor Moldaenke, Mitglied des Bruderrates, der durch Predigten und Bibelstunden Einfluss nahm. Verschärft wurde die Lage, weil der Kirchenkreis von der BK beherrscht war, was der soziologischen Situation eines Teils von Steglitz zuwiderlief und die Gemeinde zum Objekt des Versuchs machte, die Mehrheitsverhältnisse im Sinn der DC zu verändern.

Diestel lässt den Pfarrern Freiheit, vertraut ihren Fähigkeiten und schränkt sie nicht durch Kontrollen ein. Auf Anfragen und Beschwerden aus der Gemeinde aber reagiert er, ebenso auf Bitten der Kollegen. Gudrun Diestel erzählt, wie sie ihn immer wieder zu Pfarrhäusern begleitete, wo er z.B. Pfarrfrauen besuchte, deren Mann verhaftet worden war. In solchen Gesprächen bemühte er sich um eine möglichst freundliche Atmosphäre, wickelte gelegentlich auch einmal ein Kind, so Gudrun Diestel. Bei Prozessen gegen Kollegen saß er oft als Zuhörer im Gerichtssaal.

---

[668] Dass er hierbei durchaus einen Unterschied machte zwischen BK-Pfarrern und solchen der DC zeigt sich in der Begründung für seine Ruhestandsversetzung 1940, in der die – wenigen – DC-Pfarrer ihm vorwerfen, zu Konferenzen nicht eingeladen worden zu sein.

[669] Oehm, Kirchenkampf S. 9f.

3. Eingreifen Diestels in Steglitz

A. Der Fall Großmann

Rogge verschwieg bei seiner Darstellung der Vorgänge um Pfarrer Großmann[670] im „Familienblatt“ der Steglitzer Gemeinde die Störung der sakralen Handlung. So verbreitete es auch ein SA-Mann im „Steglitzer Anzeiger“. Noch in der gleichen Nummer erschien eine Gegendarstellung Diestels. Wir wissen nicht, wie Diestel so umgehend reagieren konnte – dass er es aber tat, zeigt, dass er sich nicht scheute, seine Position öffentlich zu vertreten. Er stellt sich hinter „seinen“ Pfarrer und alle, die dessen Behandlung nicht gutgeheißen hatten.

B. Streit um die Geschäftsführung

Am 9.1.1934 beschlossen Werner Rogge und neun Kirchenälteste der Matthäusgemeinde eine Resolution, in der die Bekenntnispfarrer als Rebellen gegen den Reichsbischof bezeichnet wurden. Beschlüsse unter Wendland könnten sie nicht mehr anerkennen.[671] Am 14.3. wurde Wendland „ersucht“, den Vorsitz an Rogge abzugeben. Eckert verfügte am 13. April Wendlands Amtsenthebung und setzte Rogge als Geschäftsführenden Pfarrer ein: Dieser solle der Mehrheit der Gemeindevertretung entsprechen.

Wendland suchte Rechtsschutz beim Rechtsausschuss der APU. Die Beschlüsse wurden mehrfach „bestätigt“,[672] so dass die Bekenntnispfarrer und ihre Anhänger an den Sitzungen nicht mehr teilnahmen, und so erreichten, dass keine gültigen Beschlüsse mehr gefasst werden konnten. Entschieden wurde alles durch Beschluss eines ordentlichen Gerichtes, das Wendlands Absetzung für ungültig erklärte. Beschlüsse des Rumpfgremiums unter Rogge wurden für aufgehoben erklärt. Diestel war in diesen Teil der Geschichte nicht verwickelt, hatte aber auf Beschluss des GKR Dr. Richard Siebert, einen Notbundpfarrer, als Vertretung

---

670 Sie wurden hier auf S. 160ff. bereits geschildert.

671 Unmittelbarer Anlass für ihre – zum Erreichen der Mehrheit im GKR sowieso in irgendeiner Art beabsichtigten – Resolution war, dass am 7.1. die Pfarrer am Ende des Gottesdienstes eine von Niemöller und Fritz Müller entworfene Kanzelabkündigung verlesen hatten, die den Reichsbischof anklagte, das Bekenntnis nicht wirksam genug verteidigt zu haben. Die Abkündigung reagierte auf den Maulkorberlass und andere Maßnahmen, die der schon angeschlagene Reichsbischof am 4.1. erlassen hatte. U.a. war der Arierparagraph wieder in Kraft gesetzt worden, den der RB eben erst zur Befriedung der Zustände außer Kraft gesetzt hatte. Oehm S. 25.

672 Was Oehm als Zeichen wertet, „auf welch schwankendem Grund die Argumentation des Reichskirchenregiments sich bewegte“ S. 26.

für Pfarrer Quittschau eingesetzt. Er wurde von seiner früheren Gemeinde als „unversöhnlicher Gegner der ‚Deutschen Christen'" und „Feind des Nationalsozialismus" bezeichnet und deswegen von Rogge entlassen, konnte aber weiter amtieren – auch, wenn ihm seine Gegner Steine in den Weg legten. Dahinter kann man die Hand Diestels und der mit ihm einigen Kollegen in Steglitz vermuten.

C. Stellenpolitik

Im Herbst 1934 war Rogge zuversichtlich, dass sich die für ihn negativen Mehrheitsverhältnisse in Steglitz verschieben würden: „Erst war ich allein gegen 9, bis Weihnachten werden wir 6 NS-Pfarrer gegen 6 Notbundpfarrer sein."[673] Vier Pfarrvakanzen waren zwischen 1933 und 1936 zu besetzen – es ging also um eine wichtige Frage; entsprechend kompromisslos verlief der Kampf um die Stellenbesetzung.

Max Diestels Rolle beschränkt sich nach der Darstellung von Oehm darauf, die Kämpfe laufen zu lassen, den Bekenntnispfarrern aber den Rücken freizuhalten. Dabei vertritt Oehm die Sicht der Steglitzer Gemeinde – man sollte also vielleicht vorsichtiger formulieren: In Steglitz trat Diestel in diesen Fragen an wenigen Punkten deutlich in Erscheinung, was sicher klug war, um nicht Abwehr allein schon durch sein Auftreten zu wecken.

Pfarrer Fritz Ernst David wurde im Juni 1933 gewählt, konnte aber erst im März 1935 eingeführt werden. David gab sich unparteilich; ihm war aber Dr. Martin Thom unterlegen, der zu den Gründungsmitgliedern der DC gehörte und sich in der Probepredigt eindeutig zur NSDAP bekannt hatte.[674] Die DC inszenierten einen Massenauflauf bei St. Matthäus. Man bat das Konsistorium, die Wahl nicht anzuerkennen. Die Kirchenleitung verschob die Entscheidung, bis Rogge den Vorsitz im GKR hatte, und verfügte im Juni die Rücknahme der Berufung, weil kein „erfreuliches Wirken" in Steglitz zu erwarten sei. Der GKR unter Rogges Vorsitz verzichtete auf sein Wahlrecht und bat um einen Pfarrer, der DC und Mitglied der NSDAP sei.

Daraufhin wurde Alexander Wiedow benannt, der im November eingeführt werden sollte. Diestel intervenierte bei ihm, worauf er am 2.11. seine Berufung zurückzog, weil Diestel ihm mitgeteilt habe, die Stelle sei bereits mit David besetzt. Diestel baute nun Druck auf und setzte dem Konsistorium eine Frist; am Tag, als

[673] Rogge an seinen Parteigenossen Gustav Staebe, Oehm S. 35.
[674] Oehm S. 35.

sie ablief, teilte es Diestel mit, dass zum 25.3.1935 Pfarrer David an der Lukaskirche eingeführt werden könne. Fazit: Hinhaltender Widerstand, Berufung auf rechtmäßige Wahl, Intervention beim Konsistorium. Diestel mischt im Hintergrund mit.

Zu besetzen waren weiter je eine Stelle in Markus und Matthäus. In einem Fall konnte die Bekenntnisfraktion verhindern, dass auf das Wahlrecht verzichtet wurde, nicht aber, dass die Gegenseite eine Besetzung mit einem Parteigenossen (oder Anwärter) erbat. In der Markusgemeinde verzichtete man auf die Besetzung durch den GKR und erbat Besetzung mit einem Mitglied der NSDAP und der DC. Vorgeschlagen wurde Dr. Edwin Kaumann, Diestel konnte die Probeaufstellung nicht verhindern. Er verweigerte aber dessen Einführung im November, die dann ohne ihn stattfand – allerdings mit großem Aufsehen. Die DC hatten ihre Anhänger mobilisiert, so dass Wendland mit einem Teil der Gemeinde die Kirche verließ: „Ich bin daran gehindert, meinen Gottesdienst hier zu halten." Er zog in das Gemeindehaus an der Albrechtstraße, wo er dann seinen Gottesdienst halten konnte.

„Auch an der Matthäusgemeinde gelang es der Kirchenbehörde nicht, den von Otto Eckert favorisierten Kandidaten Otto Lüders ... über die Probeaufstellung hinaus zu halten"[675], weil Wendland inzwischen seinen Prozess gewonnen und wieder den Vorsitz im GKR übernommen hatte. Man erklärte in Absprache mit Diestel alle Beschlüsse, die unter Rogges Vorsitz getroffen waren, für ungültig, die zwei Pfarrstellen wurden neu ausgeschrieben.

Unter den neuen Bewerbern war Friedrich Flemming, der sich der barthianischen Theologie und der (kompromisslosen) „dahlemitischen" Linie der BK angeschlossen hatte. Am 5.1. hielt er seine Probepredigt in der Markuskirche.

Fritz Simon war der von den Bekenntnistreuen unter den Bewerbern für die Matthäusgemeinde favorisierte Kandidat. Er betonte seine Neutralität, war aber noch Mitglied der NSDAP, ein Auschlussverfahren gegen ihn war schon im Gang.

Diestel vertagte die Wahlen, nachdem sich die Zeit des Reichsbischofs dem Ende zuneigte und die Anordnungen der Landeskirchenausschüsse wirksam wurden, durch die auch das Recht der Pfarrwahl von der Gemeindevertretung auf den GKR übergehen sollte.[676] Im GKR aber hatte die bekenntnistreue Fraktion die

---

675 So Oehm S. 37.

676 Verordnung vom 26.2.1936, Oehm S. 38 – Ob Diestel, der ja oft über interne Vorgänge sehr früh und erstaunlich gut informiert war, das gewusst und deswegen auf Zeit gespielt hat?

Mehrheit, auch weil dessen Sitzungen von der DC boykottiert wurden. So wurden Flemming und Simon mit großer Mehrheit gewählt – gegen zwei Interventionen. Der Kirchenälteste Wilhelm Brand verlangte, die Wahl zu verschieben, weil die Parteigenossen mit der Vorbereitung der Reichstagswahl am 29.3. so beschäftigt seien, dass sie sich an der Pfarrwahl nicht beteiligen könnten; am Nachmittag des Wahltages erreichte Diestel ein Schnellbrief des Reichskirchenministers Hanns Kerrl, der die Wahl vor der Reichstagswahl für unerwünscht erklärte. Diestel zog sie dennoch durch, das Konsistorium wollte die Wahl rückgängig machen. Wendland intervenierte bei Superintendent Richard Zimmermann, dem Vorsitzenden des Provinzialkirchenausschusses, und erbat Bestätigung der Wahl. Sonst werde man den Erfolg der Kirchenausschüsse, die Befriedung der Situation, aufs Spiel setzen und eine „Revolution in der Gemeinde" erleben. Am 30.4.1936 ordnete das Konsistorium an, die Wahl zu wiederholen; Moldaenke ging mit seinem Kirchendiener, der seine SA-Uniform angezogen hatte, zum Konsistorium und verlangte die Bestätigung der Wahl. Am 20.11.1936 schließlich wies der EOK die Einsprüche zurück, so dass die Stellen nach zweieinhalb Jahren endlich besetzt werden konnten.

Das Hin und Her zeigt die Bedeutung von Besetzungsfragen, aber auch, wie unklar die Fronten innerhalb der kirchlichen Gremien waren. Diestel verfolgte seine Ziele mit langem Atem, kannte wohl auch die internen Meinungsunterschiede und scheute sich nicht, sich mit Vorgesetzten anzulegen. Wenn er immer wieder hinter den örtlichen Pfarrern zurückzutreten scheint, liegt es einerseits an seinem Verständnis des Superintendentenamtes, zum anderen blieb so immer eine weitere „Eskalationsstufe". Im Übrigen sah die Kirchenleitung sicher auch die Interventionen der jeweiligen Gemeindepfarrer als mit Diestel abgesprochen oder von diesem nicht verhindert an und rechnete sie Diestel zu, konnte das aber nicht wirklich belegen. Deutlich wurde durch Diestels Zurückhaltung auch, dass die Front der Opposition breiter war – ihr durch eine Neubesetzung der Superintendentur nicht beizukommen wäre.

1936 war die Nachfolge von Wendland zu klären. Dessen Stelle unterlag dem staatlichen Patronat, deswegen konnte in diesem Fall der EOK die Wiederbesetzung vornehmen. Benannt wurde Heinrich Koch, bisher in Lichterfelde, ein Affront gegen Wendland wie gegen Diestel. Koch war Diestels Widersacher in der Paulusgemeinde, trug immer wieder SA-Uniform, „... bejahte den Totalitätsanspruch des NS-Staates gegenüber der Kirche ... und forderte die Kirche auf, den Staat im Kampf ‚gegen das moderne Judentum als ‚Ferment der Dekomposition' aller Völker‘ zu unterstützen.“[677] Unerwartet trat Koch 1936 aus der Gruppe der DC aus, vielleicht, weil er sich in der Zeit der Kirchenausschüsse als Neutraler eine bessere Chance auf eine Pfarrstelle versprach. Damit aber geriet er zwischen alle Fronten: Die DC wollen einen der Ihren als Pfarrer an der Markuskirche, der Bruderrat der BK aber einen Pfarrer mit solcher Vergangenheit nicht haben, weil „man zur Wahrheit solcher gegenteiligen Erklärungen kein Zutrauen haben kann.“[678] Dennoch wurde seine Probeaufstellung für den 27.9. angesetzt. Er habe erkannt, dass man die Gemeinde Jesu Christi nicht auf einer Weltanschauung, sondern nur nach dem absoluten Maßstab des Evangeliums aufbauen könne, so Koch in seiner Predigt, der er den Satz: „Einen anderen Grund kann niemand legen als den, der gelegt ist, welcher ist Jesus Christus“, zugrunde legte.[679] Sein Engagement auf Seiten der DC bereue er.

Der Vorstellung folgten Einsprüche – im „Verhör“ nach dem Gottesdienst und bei der Kirchenleitung. Man bezweifele seinen Gesinnungswandel, die Gegenseite nahm ihn als Anlass für ihre Einsprüche, auch Äußerungen über die Steglitzer Gemeinde in seiner Zeit in Königsberg wurden ihm nun vorgehalten.

Diestel intervenierte – man könne einen Pfarrer nicht gegen den Willen einer ganzen Gemeinde einsetzen. „Preußen ist groß. Warum ... nicht anderswo anders ... eine Pfarrstelle erhalten.“[680] Dennoch entschied man sich für Koch, worauf der GKR nicht an der Einführung teilnahm, ebenso Pfarrer und Bruderrat von Markus. Diestel war erleichtert, dass Superintendent Zimmermann Koch einführte. Diestels Fehlen zeigte die Fronten nach außen deutlicher, als manche es in diesen Jahren wagten. In Steglitz stärkten die Auseinandersetzungen die Position der Bekenntnistreuen, so Oehm.[681]

D. Einige Nachträge

Ein weiterer Grund für Streit waren Kollektenabkündigung und -sammlung für die BK. Als Moldaenke das Dankopfer „für die rechte Wortverkündigung“ ab-

---

[677] Oehm S. 40 – dort auch weitere Zitate Kochs, die dessen eindeutige Einstellung deutlich machen.

[678] Zitiert nach Oehm S. 41, Initiative dazu wohl vom Bruderrat Markus.

[679] ... ein Satz, der freilich nicht nur, wie Oehm S. 41 schreibt, „der erste Artikel der Kirchenverfassung“, sondern eigentlich, in der Kirchenverfassung ebenfalls zitiert, ein Satz des Paulus ist: 1. Korinther 3,11.

[680] Oehm S.41.

[681] A.a.O.

kündigte, wurde das der Gestapo gemeldet – für Rogge eine „notwendige Anzeige", die Gegenseite sah „Denunziation."

Werner Messow in der Markuskirche veranstaltete einen Bittgottesdienst für die inhaftierten BK-Pfarrer und kündigte ebenfalls die Kollekte „für die rechte Wortverkündigung" ab, was dem EOK weitergemeldet wurde. Daraus entwickelte sich ein Briefwechsel über die Gründe der Verhaftung dieser Pfarrer. Nach Meinung des Präsidenten des EOK, Werner, seien sie „gemaßregelt" worden; Messow verwies darauf, sie seien ohne Grund verhaftet und würden also ohne Grund entlassen, was kaum eine „Maßregelung" sei. Auch Diestel schaltete sich ein: „Ohrenbläser, siehe 2. Kor. 12, 20"[682], schreibt er, und dann, deutlich: „Es ist hohe Zeit, daß diese unchristliche und unkirchliche Angeberei aus dem Raum der Kirche verschwindet. Das könnte weithin geschehen, wenn die Angeber sich nicht mehr hinter einer offiziellen Stelle verstecken könnten."[683] Man sieht, wie er im Hintergrund beteiligt ist und sich einschaltet auch mit Bemerkungen, die einer Ohrfeige für den EOK gleichkommen.

„Was ist da vorgefallen?", fragt dann aber der sonst so gut (vor)informierte Diestel den Geschäftsführenden Pfarrer Moldaenke, als am 10.6.1938 der EOK einen Finanzbevollmächtigten in der Gemeinde Steglitz etablierte. Man spürt, dass er trotz aller Zurückhaltung informiert sein möchte. Ein Eingriff wie dieser (der auch die Finanzverwaltung der Superintendentur indirekt mit betraf – möglicherweise ein Nebenzweck) dürfte einen Grund haben, der auch Diestel interessieren muss.

Fazit: Diestel respektiert die Eigenständigkeit von Gemeinden und Pfarrern, erweist sich aber als informiert über wichtige Vorgänge und steht Gemeinden und Pfarrern zur Seite, wenn die es brauchen oder er es für nötig hält.

Immer wieder besuchte er die Familien verhafteter Kollegen. Das war damals mehr als bloße Freundlichkeit: Durch Gemeinschaft mit dem Staat verdächtigen Menschen, gerät er selbst ins Blickfeld der Behörden, er ist der Gegner, als den ihn das Reichssicherheitshauptamt sah. Unterstützung anderer, gerade auch der Vorgesetzten zu erleben, ist überlebenswichtig für Menschen, die sich von der Volksgemeinschaft und manchmal der eigenen Gemeinde isoliert sahen und

---

682 „Ich fürchte, wenn ich komme, finde ich Euch nicht, wie ich will, und Ihr findet mich auch nicht, wie ihr wollt, sondern es gibt Hader, Neid, Zorn, Zank, üble Nachrede, Verleumdung, Aufgeblasenheit, Aufruhr."

683 Diestel an Konsistorium 24.12.1937, zitiert nach Oehm S. 66.

durch Reden und Handeln auch ihre Familie in Gefahr bringen; auch die Familie erlebt, dass ihre Sorgen im Blick sind.

Erich Klapproth

1934 verteilten Erich Klapproth und Gerhard Ebeling vor dem Gottesdienst eine Erklärung der BK, der Kirchendiener Adolf Müller denunzierte sie. Sie wurden festgenommen, aber noch am gleichen Abend wieder freigelassen. „Bereits am folgenden Tag wies der Superintendent des Kirchenkreises Kölln-Land I, Max Diestel, den Steglitzer Gemeindekirchenrat an, dem Kirchendiener Müller, der ‚damit seine Befugnisse überschritten hat', eine Rüge zu erteilen."[684] Ob die direktive Art der Intervention eine Warnung an einen Mann sein sollte, der schon vorher aufgefallen war, oder ob Diestel gewissermaßen „den Anfängen wehren" wollte, ist nicht zu erweisen.

Christen, Juden, Judenchristen

Die lange Zeit eher gleichgültige Haltung der Mehrheit der BK gegenüber dem Schicksal der Juden ist weder allein mit ihrer Position zum Staat noch mit Angst vor Sanktionen hinreichend erklärt. Sie hat vielmehr – ebenso wie die Gleichgültigkeit der meisten Deutschen – mit der Judenfeindschaft der Kirchen zu tun, die sich in Bibelübersetzungen, Passionsspielen, Liedern und Vertonungen der Passionsgeschichten niederschlug. Über Jahrhunderte herrschte weitgehend Schweigen zwischen christlichen und jüdischen Theologen, das Alte Testament wurde „christlich" gelesen, seine jüdische Auslegung nicht zur Kenntnis genommen, den Juden Blindheit für Jesus als Messias vorgeworfen und die Schuld an seinem Tod gegeben. Auch dadurch wurden Juden an den Rand der Gesellschaft gedrängt, Missverständnissen wie Verdächtigungen Grundlage geboten.
Pfarrer Johannes Müller erinnert sich 1984: „Im November 1938 gab es nicht nur Zerstörung und Verbrennung der Synagogen, sondern viele Juden wurden verhaftet, ins Konzentrationslager gebracht und einige auch ermordet. Da haben wir auf dem Konvent der Brandenburgischen Pfarrer der Bekennenden Kirche in Berlin in der Wilhelmstraße im CVJM [-Haus] auch darüber gesprochen. Man hat erzählt, was man aus eigener Anschauung wußte und was man aus dem übrigen Reich gehört hatte. Und da hat einer – ich weiß nicht mehr, wer es war – die Bibel aufgeschlagen und die Fluchworte über das untreue Volk Israel vorgelesen. Und

---

[684] Beutel, Klapproth S. 18f und Anm. 63.

es war ganz deutlich, wenn er es auch nicht expressis verbis ... gesagt hat: Hier erfüllt sich das Gericht Gottes an dem ungetreuen Gottesvolk. Keiner hat widersprochen. So war das Gefühl: Naja, an denen vollzieht sich eben das Gericht Gottes."[685]

1. Folgen einer Feindschaft

Natürlich kam Angst dazu – vor den Folgen widerständigen Handelns für Kirche wie Einzelne. Günther Keusch berichtet von der Steglitzer Synode 1935: „Um die BK-Synode in Sachen Judenverfolgung unter Druck zu setzen, waren wir, eine Gruppe von BK-Vikaren des Bonhoefferschen Predigerseminars, bei dieser Tagung als ‚pressure group' aufgetreten. Trotzdem fiel der Beschluss gegen die Judenverfolgung dürftig aus. ... Die Kirche sah im Kirchenkampf in erster Linie einen Angriff auf sich selbst."[686]

Johannes Müller ergänzt: „...und da hat Heinrich Vogel [Notbundpfarrer, Dobbrikow, Dozent an der Kirchlichen Hochschule] einige kritische Worte auch zur Verfolgung der Juden gesagt, obwohl es damals keineswegs schon so war, wie es dann später in Auschwitz wurde. Und vor diesem Referat hatte Präses Koch aus Oeynhausen, ein alter Deutsch-Nationaler Abgeordneter, gesagt: ‚Wenn Sie das sagen, reise ich ab, denn dann ist morgen die Bekennende Kirche verboten.' Heinrich Vogel hat dann unter dieser Pression diese Passagen weggelassen und hat dazu noch ein paar Worte: ‚Hier müßte ich eigentlich so und so...', aber nichts Ausführliches gesagt, so daß klar war: man wußte, aber man hatte nicht den Mut, es offen zu sagen."[687] Angst verbunden mit Gleichgültigkeit und Loyalität zum Staat im Sinn von Römer 13 – eine für die Opfer tödliche Mischung.

---

685 Aus „Zeichen" der Aktion Sühnezeichen Dez. 1984, zitiert nach Sandvoß, Gottesdienste S. 120.

686 Zitiert nach Sandvoß, Gottesdienste S. 180f.

687 Sandvoß, Gottesdienste S. 181 – „Eigentlich hatte er auch über das christliche Liebesgebot gegenüber den Juden sprechen wollen. Das hatte ihm jedoch der Präses der Synode Koch verboten." Gerhard Vibrans, aus: „So ist es gewesen", Briefe im Kirchenkampf 1933-1942, S. 201-209, zitiert nach ApU.Markus-Gemeinde.de.

2. Juden oder Judenchristen

Zwar hatte der Hass gegen Juden ursprünglich religiöse Gründe und war nicht rassisch begründet – der Begriff „Rasse“ kam spät auf,[688] so führte doch auch die religiöse Polemik gegen Juden zur deren Ächtung. Vom Schmerz des Paulus über seine vergeblichen Bemühungen, seinen Volksgenossen, Gottes Volk, die Augen zu öffnen für die Erfüllung der Verheißungen von Schrift und Propheten in Jesus Christus, ist nichts mehr zu spüren; Hass und Ablehnung führten zur Verfälschung der Evangelien, gegen deren Zeugnis Juden als „Mörder“ Christi bezeichnet wurden.

In theologische Verlegenheit kam die BK, eigentlich die ganze Kirche, im Blick auf getaufte Juden. Dass durch die Taufe „alle einer in Christus“ (Galater 3,26-29) sind, Unterschiede zwischen Juden und Griechen, Männern und Frauen, Sklaven und Freien überwunden sind, ist Grundaussage des NT. Wollte man die Taufe nicht entwerten und Paulus‘ Einsatz für die Heidenchristen nicht widerrufen, mussten sie als Christen behandelt werden. Die Taufe als „Grundsakrament“ bestimmt zudem Martin Luthers Lehre von der Kirche: Weil alle Getauften auf einer Stufe stehen, Ordinierte keine höhere Weihe haben, dürfen und müssen alle Getauften in der Gemeinde mitentscheiden. Die Taufe ist also nicht weniger als die Grundlage des Kampfes der BK gegen die Abschaffung der Synoden, das Führerprinzip und den Arierparagraphen.

Dem Staat ließen nicht wenige das Recht, gegen Juden vorzugehen. Da der aber keinen Unterschied zwischen getauften und ungetauften Juden machte[689], kamen sie in Verlegenheit, weil die Verfolgung auch Judenchristen traf. Auch Martin Niemöller konnte sich nicht durchsetzen: „Ich bin dafür ein Jahr lang pensioniert gewesen, weil ich erklärt habe, daß getaufte Juden in der Kirche vollberechtigte Glieder der Gemeinde, auch mit der Fähigkeit zum Pfarramte sind ... Was wir

---

688 Mitte des 18. Jahrhunderts begann man, Menschen nach Rassen zu unterscheiden, meist aufgrund äußerer Merkmale, oft verbunden mit einer Rangfolge verschiedener Rassen. Heute ist das Konzept von Menschenrassen als wissenschaftlich nicht haltbar verworfen. Freilich machte die Unterscheidung von „rassisch“ oder „religiös“ für die Bedrohungslage jüdischer Menschen keinen Unterschied. Die „Nürnberger Gesetze“ machten übrigens den Status des „Nichtariers“ an der Religion, nicht an Rassemerkmalen fest.

689 Auf das „Religiöse“ der Behandlung getaufter Juden beriefen sich Christen, die staatliches Handeln von dem der Kirche zu unterscheiden versuchten – freilich mussten sie übersehen, dass sie vor der Wahl standen, entweder auch die getauften Juden der staatlichen Verfolgung zu überlassen oder mit ihrer religiösen Betrachtung in Opposition zu diesem Staat zu geraten.

hier sagen, und was wir hier an biblischen Konsequenzen von der Taufe aussagen, reicht nicht einmal an das heran, wofür über 9000 Pfarrer im deutschen Vaterlande seit zweieinhalb Jahren ihren Kopf hingehalten haben … Daß … diese Frage, die uns stündlich gestellt ist, … jetzt wieder ohne ein deutliches Wort bleibt, schmerzt mich, und ich wünschte zu Gott, sie schmerzte uns alle und lasse uns nicht wieder los."[690]

Die rassische Begründung der Verfolgung brachte die BK also in die Lage, entweder die Taufe als „Grundsakrament" ignorieren oder das Vorgehen des Staates gegen Juden allgemein bekämpfen zu müssen. Es zu ignorieren, war die einzige Möglichkeit, einer Entscheidung auszuweichen.[691] Damit aber trug man zur verzweifelten Lage eben dieser judenchristlichen Menschen bei, die zunehmend zwischen allen Stühlen saßen und durch die Raster aller vorhandenen Hilfsangebote fielen. Dazu mussten sie besonders unter den Unklarheiten der Definitionen der Nürnberger Gesetze leiden.[692]

3. Antijudaismus und Nationalismus

Der „moderne" Antisemitismus wächst als Gegenbewegung zur Judenemanzipation, gefordert seit Ende des 18. Jahrhunderts, „nach erbitterten Kämpfen schließlich 1848 zunächst auf revolutionärem Wege und 1869/71 endgültig durchgesetzt." Sie führt zu einem heftigen Widerstand des „konservativen Establishments, der Anhänger eines romantischen Nationalismus, der Kirchen, die darin ihre antijüdische Auslegung der Bibel bestärkt finden, aber auch in der liberalen Bewegung."[693] Hintergrund war ein Nationalismus, der Juden als Volk und nicht als Deutsche sehen wollte. So sagt z.B. Heinrich von Treitschke: „Die Juden

---

690 Niemöller auf der Synode der BK in Steglitz, zitiert nach Max Krumbach, Ökumenische Befreiung – wegweisend oder erpresserisch? In: Pfälzisches Pfarrerblatt Nr. 2/21 S. 62.

691 Manchen in der Reichskirche wie in der BK erschien die Gründung einer „judenchristlichen Kirche" als Lösung, die aber wegen der geringen Zahl Betroffener, die noch dazu über das Reichsgebiet verstreut lebten, nur Illusion war, die Betroffenen nicht vor Verfolgung geschützt und eine für die „Heidenchristen" wesentliche Entwicklung ebenso aufgehoben hätte: die Einheit der christlichen Gemeinde aus Juden und Heiden.

692 Zusammenstellung in: „Das Schicksal der ‚nichtarischen' Pfarrer", Röhm/Thierfelder, Ausgestoßen, ab S. 341.

693 Longerich, Hinterbühnen.

sind und bleiben ein Volk im Volke, ein Staat im Staate, ein Stamm für sich unter einer fremden Rasse …"[694]

Eher „gemäßigt" Stoeckers Bemerkung (1885) gegenüber Friedrich von Bodelschwingh: „Ich habe gegen die Juden nicht einmal eine Antipathie, ich habe sie als Volk der Verheißung lieb … Aber im Ganzen ist es doch so, daß das moderne Reformjudentum ‚unser Unglück' ist, wie Treitschke einmal sagte. … Die Juden mögen unter uns wohnen, aber sie dürfen unser Volk nicht um seine Königstreue und um seinen Glauben betrügen."[695] In der Formulierung „Deutsche und Juden", die bis heute auch in seriösen Medien immer wieder auftaucht, liegt die Ausbürgerung Deutscher jüdischen Glaubens – bis heute.[696] Selbst Röhm und Thierfelder stellen „jüdisch" und „deutsch" gegenüber: „1933 besuchten von den 60.000 jüdischen Schülern in Deutschland ungefähr 75% eine deutsche Schule".[697]

Theologie und Nationalgefühl bildeten auch bei Theologen eine unheilige Allianz: In einem Rundschreiben an die Pfarrer seines Sprengels schreibt Otto Dibelius1928, er habe sich „trotz des bösen Klanges, den dies Wort hat, immer als Antisemit gewußt."[698]

Gegen die Judenfeindschaft in der Weimarer Republik setzten sich v.a. Juden selbst ein, so der „Centralverein deutscher Staatsbürger jüdischen Glaubens", der ein Handbuch zur Bekämpfung des Antisemitismus herausgab. Auf christlicher

---

694 Treitschke am 19.9.1879, zitiert nach Schönherr, in Schuppan., Bekenntnis S. 79.

695 Zitiert nach Schönherr in Schuppan, Bekenntnis S. 79 – Hier wird Jude-Sein mit einer nicht „vaterländischen" Gesinnung gleichgesetzt – ein Verdacht, der Juden zu Fremden macht, die man bestenfalls duldet, aber immer unter Kontrolle halten muss. „Stoeckers Judenfeindschaft war national-konservativ und religiös geprägt. … [Er] war kein grundsätzlicher Gegner der Judenemanzipation, er warnte … vor der zu starken Überfremdung des deutschen Volks durch die Juden." Röhm/Thierfelder, Ausgegrenzt S. 50.

696 In der Selbstverständlichkeit, mit der der biblische Begriff „Israel" mit dem heutigen Staat gleichgesetzt wird, findet sich – obwohl theologisch begründet – dieselbe Denkweise, die eine Religion mit einem Volk gleichsetzt und die Angehörigen dieser Religion in allen anderen Ländern zu Fremden erklärt.

697 Röhm/Thierfelder, Entrechtet S. 191 – Das Beispiel dieser des Antisemitismus unverdächtigen Autoren zeigt, wie schwer es ist, andere Begriffe zu finden: von einer „christlichen" Schule zu reden, wäre unangemessen, man müsste wohl die „staatliche" der „Jüdischen Privatschule" gegenübersetzen.

698 Zitiert nach a.a.O. S. 79, Dibelius am 3.4.1928, Schönherr: Dibelius verehrte Stoecker auch wegen seiner sozialen Impulse. Er weist zudem darauf hin, dass Dibelius als Student aktiv in der Vereinigung deutscher Studenten gewesen sei, die keine Juden aufnahm. (Schönherr in Anm. 10, S. 122 a.a.O.).

Seite zu nennen ist der „Verein zur Abwehr des Antisemitismus“ mit seinem Vorsitzenden, Pfarrer i.R. Eduard Lamparter (Stuttgart).[699] Er war einer der besten Kenner des Judentums; in seinem Umkreis finden sich Friedrich-Siegmund-Schultze, Paul Tillich oder Karl Barth. Lamparter stellte schon damals fest, „daß es Rasse … als Stamm von … Eigenschaften und Merkmalen nicht gibt.“[700]
Die auf die Christusoffenbarung zentrierte barthianische Theologie hätte das Gespräch mit Juden behindern können. Manche Evangelikalen sehen auch heute keinen Weg zum Heil ohne Jesus und halten die „Bekehrung“ der Juden für unerlässlich. Karl Barth denkt anders, weil Ausgangspunkt seines Denkens „Jesus, der Jude“ ist: „Das Heil kommt von den Juden.“[701] Ohne Juden gibt es keine Christen. Hinzu kommt Barths politisches Bewusstsein, der die Haltung der BK oft als zu kompromissbereit kritisierte. Schließlich lehnt er eine Zwei-Regimenten-Lehre[702] ab, die Kirche und Staat in der Art trennt, dass man staatliche Gewalt „machen lassen“ müsse. Seine Verbindung von Theologie und Politik schreckte umgekehrt nicht wenige Lutheraner ab und markiert eine der Sollbruchstellen der BK. Zu bedenken ist immer, wie schwer es im Einzelfall ist, zwischen einer theologischen und einer der eigenen politischen Meinung entsprechenden Position zu unterscheiden.
Erst die Breslauer Synode der BK 1943 rang sich zu einem Wort durch: „Wehe uns und unserem Volk, wenn das von Gott gegebene Leben für geringgeachtet und der Mensch, nach dem Ebenbilde Gottes erschaffen, nur nach seinem Nutzen bewertet wird; wenn es für berechtigt gilt, Menschen zu töten, weil sie für lebensunwert gelten oder einer anderen Rasse angehören, wenn Haß und Unbarmherzigkeit sich breit machen. Denn Gott spricht: ‚Du sollst nicht töten.‘“[703] Mir scheint hier deutlicher gegen Euthanasie als die Judenverfolgung geredet zu werden; andere Verfolgte kamen gar nicht in den Blick. Freilich hören Menschen in Zeiten, in denen man Worte abwägen muss, auch Andeutungen.

---

699 Röhm/Thierfelder, Ausgegrenzt S. 85ff.

700 Zitat nach a.a.O. S. 91.

701 Im Unterschied zu manchen theologischen Richtungen in der evangelischen Kirche, die mit Jesus als „Weg, Wahrheit und Leben“ den Juden das Heil absprechen, die Jesus nicht als Christus anerkennen. Auch in dieser Hinsicht war Barth ein Umschwung in der Theologie – Jesus ist eben nicht der erste Christ!

702 Angesichts der Veränderungen im Staatswesen halte ich es für wenig sinnvoll, diese spätere Ausprägung und Auslegung dieser Lehre Luther anzulasten.

703 Zitiert nach Sandvoß, Gottesdienste, S. 227.

Sandvoß berichtet von einem Hinweis, dass im „Südwesten der Stadt [Berlin], (etwa in Lichterfelde)“ der Beschluss im Gottesdienst abgekündigt worden sei.[704] Dadurch würde aus einem allgemeinen „Wehe!“ ein politischer Text, der zum Widerstand aufruft. Wir wissen nicht, wer wo in Lichterfelde die Abkündigung machte – nachdem Diestel für diesen Kirchenkreis und als Pfarrer für die Gemeinde verantwortlich war, hätte man ihn auch hinter einer solchen Abkündigung vermutet. Immerhin liegt mir ein Text vor, der als „Grusswort der 4. Bekenntnissynode“ der APU überschrieben ist. Es beginnt: „Die in Breslau in der Adventszeit versammelte Synode“ – die 4. Bekenntnissynode der APU fand 1937 in Halle/Saale statt, die 4. Bekenntnissynode der BK 1936 in Bad Oeynhausen. Es ist also unklar, woher genau der Text stammt, den Pfarrer Petersen mit einem Aufruf zu einem „Bekenntnisgottesdienst“ am 10. Januar und der Einladung zu einer „Bekenntnis-Versammlung“ am 26. Januar verbindet.
Das „Grußwort“ selbst ist deutlich: „Die Synode stellt fest, daß die Kirche in zunehmendem Maße durch staatliche Anordnungen verhindert wird, die … theologische Ausbildung ihres Nachwuchses … vorzunehmen. … Diese Gemeinde kann es nicht ertragen, daß ihre zukünftigen Pastoren von Irrlehrern, wie es die „DC“ sind, ausgebildet werden …“[705] Es ist also nicht unmöglich, dass auch das Wort der Synode in Breslau abgekündigt wurde – zumal in Kriegszeiten staatliche Stellen gehalten waren, den Konflikt nicht unnötig zu verschärfen. Dennoch kostete es Mut, dergleichen öffentlich kundzugeben, und es wäre – selbst als Aktion des 2. Pfarrers von Lichterfelde – seinem Superintendenten und Vorgesetzten Diestel angerechnet worden.

4. Max Diestel: Von Juden und Judenchristen

Zu seiner Einstellung zu Juden äußerte sich Max Diestel schriftlich offenbar nicht, umgekehrt fand ich bei ihm aber weder offenen noch verborgenen Antisemitismus. In seinen Examenspredigten, bei denen sich dem Geist und der Auslegung der Zeit entsprechend Gelegenheit geboten hätte, einen judenfeindlichen Ton an-

704 A.a.O., S. 227.

705 In dem Text ist von der „Preußen-Synode in Breslau“ die Rede, aber auch von der Bekennenden Kirche, so dass der Text nicht von 1933 stammen kann, allerdings sicher auch nicht aus jenen Zeiten, in denen die Predigerseminare der BK umstritten oder geschlossen waren. Textvorlage Gudrun Diestel.

zuschlagen, finden sich keine solche Anklänge.[706] In seinen Predigten wird er das Alte Testament aus christlicher Perspektive ausgelegt haben; Erkenntnisse des christlich-jüdischen Gesprächs nach dem 2. Weltkrieg konnte er noch nicht haben; in seiner Zeit waren solche Einsichten die Erkenntnis weniger Einzelner.
Ludwig von Diestel, sein Vater, hatte eine „Geschichte des Alten Testamentes in der christlichen Kirche"[707] geschrieben und dafür jüdische Mitverfasser gesucht. Diese in seiner Zeit ungewöhnliche Idee konnte er nicht umsetzen; sie bringt ihm noch heute Achtung und die Widmung eines entsprechenden Werkes ein.[708]
Direkt beeinflusst durch seinen früh verstorbenen Vater war Diestel sicher nicht. Sein Pate und theologischer Lehrer in Tübingen, Dr. Carl Heinrich von Weizsäcker, hielt aber offenbar Erinnerungen an den Vater wach; Diestels Forschung zu seinen Vorfahren zeigen sein Interesse für Traditionen, in denen er steht. Es ist also nicht unwahrscheinlich, dass er sich dem Erbe des Vaters verbunden fühlte, wenn er von Anfang an das Schicksal jüdischer Mitbürger zur Kenntnis nahm und auch zur Sprache brachte.
An der Hilfsstelle „Büro Grüber" war er als Gründer beteiligt, während er im Pfarrernotbund und in der BK zwar von Anfang an dabei und Mitglied im Bruderrat war, als Gründer aber nicht erwähnt wird. Dass die „Hilfsstelle" nicht im Tietzenweg, sondern in der Hortensienstraße gegründet wurde, mag daran liegen,

---

[706] Er deutet die „Trennung von Christus" nicht als Abwendung „der Juden", sondern hält fest, dass es Jesu Landsleute waren, die sich abwandten. Entsprechend aktualisiert Diestel diese Trennung in die Situation einer Familie, in der die Mutter die Kinder für Glauben und Kirche interessieren will, der Vater dagegen nur Negatives zu erzählen weiß.
[707] Maukes Verlag, Jena, 1869 (Reprint d. Originalausg. Mit einem Nachwort von Siegfried Wagner. – Leipzig: Zentralantiquariat der DDR, 1981).
[708] Magne Saebo (Editor), Hebrew Bible / Old Testament. The History of its Interpretation, Band I From The Beginning to the Middle Ages (until 1300), Part 1: Antiquity, 1996, gewidmet Johann Ernst Ludwig Diestel (1825-1879). „Linking back to two aged and renowned predecessors, namly LUDWIG DIESTEL'S monumental *Geschichte des Alten Testamentes in der christlichen Kirche* (1869) and FREDERIC APU. FARRAR, *History of Interpretation* (1886), the present history will pursue the best of their universal character …" „… DIESTEL completed his great work alone and after few years … Today it would be hard to compete with their immense and laborious achievement … DIESTEL had the intention of giving a comprehensive historical description, but … he also felt compelled to confine himself to the christian side of the field, leaving mainly out the broad and significant Jewish biblical interpretation through the centuries as well as elements of Jewish-Christian interactions in this field at various times. Excusing himself for this 'substantial loss', DIESTEL hoped for a 'partition of work', *Arbeitstheilung*, with Jewish scholars …; regrettably, however, that did not take place, at least not directly." (Preface S. 17).

dass das Gemeindehaus der Martin-Luther-Kirche Versammlungsort der regionalen Pfarrkonvente der BK war[709], mag aber auch Zeichen der Klugheit Diestels sein, der die Provokation nicht auf die Spitze treiben und keinen Grund bieten wollte, ihn aus dem Amt zu drängen. 1937 versuchte man wieder einmal, ihn loszuwerden – er hatte das Pensionsalter erreicht und durch seine „aufsässige Haltung" die Kirchenleitung zu dem (wiederholten) Rat gereizt, einem Disziplinarverfahren durch Pensionierung zu entgehen.[710] Ruhe gab er dennoch nie und riskierte Konflikte – im Fall der „Hilfsstelle" sogar als deren Mitgründer.

Bei der Wahl des Ortes spielt wohl auch ein „verunglückter Versuch" Diestels zur Gründung einer Hilfsstelle Anfang 1936 eine Rolle, bei dem sich die Beteiligung des „Weltbundes" als Hindernis erwiesen hatte.[711] Ein in dieser Hinsicht „unverdächtiger" Raum versprach mehr Aussicht auf Erfolg.

Bei der „Deputation" im April 1933 sprach er bereits die „Judenfrage" an. Im März 1933 schon leitete er einen Bericht von Pfarrer Francke an die Kirchenleitung weiter:[712] „Wir fuhren zur Hedemannstraße und hielten vor einem Haus, das vom untersten Treppenabsatz bis zur 2. Etage von Menschen wimmelte, meist in Hakenkreuztracht oder in allerlei Uniformen und mit Abzeichen, deren Bedeutung ich nicht kannte. Beim Treppenaufstieg ließ man die anderen Gefangenen vor mir gehen; und ich hörte, wie man sie jagte und auch wohl schlug. Mir ließ man zunächst mehr Zeit, da ich, herzkrank, die Stufen nur auf meinen Stock

---

709 Sandvoß, Gottesdienste, S. 69f. Dass man diesen Versammlungsort bevorzugte, hat auch damit zu tun, dass der Raum einen Hinterausgang hatte: Wenn man auf der (erhöht liegenden) Straße Gestapo kommen sah, konnten sich die Versammelten unauffällig durch den Hinterausgang davonmachen. Ein weiterer Grund könnte der „verunglückte" erste Versuch der Gründung einer Hilfsstelle im Januar 1936 sein (s.u.), der im Tietzenweg stattgefunden hatte, bei dem, als Journalisten getarnt, zwei Gestapo-Beamte auftauchten. Die Hortensienstraße war nicht mit dem Etikett „Weltbund" belastet.

710 Z.B. Schreiben Eckerts an Diestel vom 9.7.1934, Tgb. Nr. 4859; ebenso im „Kollektenstreit" und erneut am 16.1.1940, Schreiben Diestels an Gollwitzer: „Das Konsistorium hat mir mitgeteilt, daß ich auf den 1.4.1940 in den Ruhestand versetzt sei. Gründe wurden in dem Schreiben nicht angegeben. Berufung an den EO ist zulässig – ob sie Erfolg haben würde, ist mir nicht sicher. Auf alle Fälle muß man sich darauf einstellen, daß bald ein anderer den Ephoralstab über Dahlem schwingt, sanft oder wehe, das ist noch abzuwarten." EZA 686/1929-686/1933. Nimmt man das Gründungsdatum 1938, war Diestel wegen der Konferenz in Larvik in Gefahr der Suspendierung.

711 Röhm/Thierfelder, Entrechtet S. 137ff, weiteres siehe unten!

712 Sandvoß, Gottesdienste S. 26f., dort auch das Zitat. Francke war religiöser Sozialist und Pfarrer an der Heilig-Kreuz-Kirche in Kreuzberg.

gestützt ersteigen konnte. Plötzlich ertönten von der nachdrängenden Menge Rufe wie: „Beine machen! Der Kerl soll sich beeilen! Schneller, schneller!" Ich wurde gepufft und gestoßen und fiel vornüber auf die Stufen. Im selben Augenblick packte mich eine Anzahl Fäuste, zerrten mich halb, halb trugen sie mich den Rest der Treppe hinauf und stießen mich in ein Zimmer, wo ich auf der Bank mehrere Minuten brauchte, um wieder zu Atem zu kommen und mein heftig schlagendes Herz zu beruhigen. [...]
Der Lärm, der im ganzen Haus herrschte, ebbte ab und schwoll an, mehrere Male zu furchtbarem Geschrei. Zweimal schienen sie neue Gefangene einzubringen; das eine Mal verstand ich den Ruf: Er hat geschossen! Darauf erfolgte wohl eine Minute lang das Schreien eines Geschlagenen unter qualvollen Schmerzausbrüchen."
Francke starb 1935, siebzig Jahre alt. In seiner Kirchengemeinde war er schon 1933 isoliert. – Von einer Reaktion der Kirchenleitung auf den beschriebenen Terror ist nichts bekannt.[713] Diestel stand nach der erzwungenen Auswanderung von Friedrich Siegmund-Schultze und der Schließung von dessen „Ulmenhof" für dessen Ideen ein: „Sup. Max Diestel warb seit 1935 innerhalb der evangelischen Kirche und gegenüber Regierungsstellen dafür, sich der sozialen Not ‚nichtarischer' Protestanten anzunehmen."[714]

Am 20.10.1941 schreibt er an den Oberkirchenrat:[715]

> „Es ist Ihnen wohl bekannt geworden, daß in der Nacht vom Donnerstag auf Freitag der letzten Woche, wie berichtet wird, 1500 Juden in die Synagoge in der Leventzowstraße in Moabit von der Polizei zusammengeholt wurden, um am nächsten oder einem der folgenden Tage nach dem Osten abtransportiert zu werden. Es wird Ihnen ferner wohl bekannt sein, daß eine größere Zahl von Juden in der Erwartung des gleichen furchtbaren Schicksals stehen.
> Gestern wurde durch die Blockwalter ein Flugblatt verbreitet gegen die Juden, in dem es heißt: ‚Dann erkennst auch Du, daß jeder Deutsche, der aus

[713] Sandvoß, Gottesdienste S. 27.
[714] A.a.O. S. 38, Näheres siehe unten!
[715] Zitiert nach Sandvoß, Gottesdienste, S. 199; nach Anm. 327 ist dieses Schreiben zwar namentlich nicht unterzeichnet, stammt aber nach Auskunft einer Mitarbeiterin der EZA „zweifelsfrei von Max Diestel."

> falscher Sentimentalität den Juden irgendwie unterstützt, und sei es auch nur durch freundliches Entgegenkommen, Verrat an seinem Volke übt.'
> Unter diesen Juden befinden sich zahlreiche Glieder der evangelischen Gemeinden … Sie sind durch die Taufe die Brüder derer geworden, die nach Jesu Christi willen (sic) Gottes Kinder sind. … Die Pfarrer sind verpflichtet durch ihre Ordination, für ihre Gemeindeglieder mit ihrem wahrhaftigen Zeugnis und ihrer helfenden Liebe einzutreten.
> Was gedenkt der Vertrauensrat zu tun, um diese Not abzuwehren, diejenigen Pfarrer in ihrer Pflichterfüllung zu stützen und zu tragen, die um ihres Amtes willen verpflichtet sind, ihre Gemeindeglieder vor Unbill und Schaden zu schützen oder im Unglück zu trösten?"

Sandvoß schreibt: „Dieses Schreiben, das unseres Wissens keine Antwort bekam, ist sicherlich in sich widersprüchlich, denn es ersucht allein um Schutz für ‚christliche Nichtarier'. … Trotzdem stellt der Brief wenigstens ansatzweise *eine* kritische Reaktion auf den Beginn der Verschleppungen dar und folgte nicht dem Beispiel so vieler Christen, einfach wegzusehen."[716] Man kann es auch als Klugheit Diestels werten, dass er sich auf getaufte Juden bezieht, denen die Kirche Hilfe nur um den Preis, deren Taufe zu verleugnen, verweigern kann, durch „unscharfe" Formulierung den Blick aber auch auf die ungetauften Juden lenkt.
Schlingensiepen schreibt: „Heute gelten die Bonhoeffer-Perels-Berichte[717], zu denen noch ein Gutachten über die bedrohte Situation der sogenannten ‚Mischlinge' kam, als die frühesten Dokumente, die belegen, dass der deutsche Widerstand sich mit der Deportationspolitik der SS, der Gestapo und der Ministerien des Reiches befaßt hat. Da bis heute gesagt wird, daß die Kirchen gegen die Judendeportationen nicht protestiert hätten, dürfte es richtig sein, daß man die Ausnahmen erwähnt. Auch Bonhoeffers alter Mentor, Superintendent Diestel, hat damals ein Protestschreiben an den Evangelischen Oberkirchenrat geschickt. Er wurde daraufhin mehrmals von der Gestapo zu Verhören abgeholt. Es war die Zeit um Diestels 70. Geburtstag, zu dem Bonhoeffer ihm geschrieben hatte, wie viel er

---

[716] Sandvoß, Gottesdienste, S. 199.
[717] Friedrich Justus Perels, juristischer Berater von Pfarrernotbund und BK, ab 1936 Rechtsberater der BK der APU, stellte 1941 mit Bonhoeffer Dokumente über die Judendeportation zusammen, um oppositionelle Kreise der Wehrmacht zum Widerstand zu bewegen. Er wurde im Oktober 1944 verhaftet, am 23.4.1945 hingerichtet.

ihm verdanke. Er scheint von Diestels Aktion gewusst zu haben, denn er schreibt am Ende des Briefes:

> ‚Ich habe gehört, daß Sie gerade in diesen Tagen wieder viel Anfechtung erfahren haben. Aber gewiß wird … die Erfahrung der Gemeinschaft, der Liebe und der Dankbarkeit … Ihnen wichtiger und stärker werden als alle Beschwernisse, in denen Sie stehen.'"[718]

Man mag es „Zwielicht" nennen, in das sich Diestel bringt. Wäre er in Ruhestand gegangen, hätte er zu vielem schweigen, aber auch niemandem in seinem Kirchenkreis mehr helfen können – ohne Schuld in den Augen der Nachwelt wäre er auch in diesem Fall nicht. Die Mehrheit brachte nicht einmal den Mut zu solchen Nachfragen auf, obwohl allenfalls massenhaftes Nachfragen, Aufsehen und Widerstand die Massenvernichtung in Frage hätte stellen können. Die Offenheit Diestels im Vergleich zum Schweigen der Mehrheit ist jedenfalls bemerkenswert. Neben solchen Anfragen engagierte er sich auch persönlich. Seine Tochter Gudrun berichtet: „April 1933 betrifft ein neues Gesetz gegen die Juden auch Gemeindeglieder, z.B. Herr A., Vater eines Schulkameraden von mir, wird als Richter zwangspensioniert. Vater stellt ihn an in einem Büro der Superintendentur ohne Publikumsverkehr. Der Arzt Dr. Jacobi muss ein neues Namensschild aufhängen: neben dem Vornamen steht ‚Israel'. Das kennzeichnet ihn als ‚Juden' und schränkt seine Arbeitserlaubnis ein. Die Nürnberger Gesetze greifen tief in Ehen und Familien ein, es folgen immer neue Verbote und Einschränkungen. Vater versucht mit internationaler Unterstützung zu helfen. … Die Lebensmittelrationen für ‚Juden' werden mehr und mehr eingeschränkt. In der letzten Zeit des Krieges tragen vertrauenswürdige Gemeindeglieder heimlich Essen zu meinen Eltern, das Vater an die Hungernden weiter verteilt. ... Ich selbst werde im Krieg 1943[719] in die Lausitz geschickt. Zu Hause in Berlin kann ich nur noch in den Ferien sein. An Weihnachten 1944 versammelt die Familie sich noch einmal im Tietzenweg. Wir sind uns bewusst, dass es sehr unsicher ist, ob wir uns wiedersehen werden. Ehe ich abreise, holt Vater mich abends in sein Amtszimmer. Er erzählt mir von den Deportationen nach Auschwitz und von den Tötungen dort. Es verschlägt mir die Sprache. Niemandem mag ich davon erzählen." [720]

---

[718] Schlingensiepen, Bonhoeffer S. 285.

[719] Die Jahreszahl ist falsch, sie war schon 1941 im Schülerinnenheim Niesky.

[720] „Paulusbrief" der Paulusgemeinde Lichterfelde, Juni 2019 S. 9.

„Internationale Unterstützung“ (Gudrun Diestel) meint den Weltbund und die Beziehungen, die Max Diestel durch diesen hatte, vielleicht auch seine und seiner Schwester Meta Beziehungen nach England. Dabei geht es um Geld und Hilfe für Ausgewanderte, sicher aber auch um moralische Stärkung für Diestel, der auf Veranstaltungen des Weltbundes auch dann noch zu finden ist, als diese Reisen ihn in Schwierigkeiten brachten.[721] Er unternahm sie ohne vorherige Genehmigung, was einem korrekten Menschen wie ihm sicher nicht leicht fiel.[722]
Der Völkerbund, den Max Diestel „unglücklich“ nennt, war politisch ähnlich erfolglos wie der Weltbund. Beiden fehlte die Unterstützung der Mächtigen, beide litten unter dem Nationalismus, der jede Frage nur aus der Sicht der eigenen Nation betrachten wollte. Kritische Verlautbarungen unterblieben oder wurden bis zur Unerheblichkeit abgemildert, wenn der „Auslandsbischof“ Theodor Heckel oder seine Vertreter auf Weltbundtagungen anwesend waren.[723]

Eine private Fußnote findet sich in einem Brief Else Diestels:

> „Z. meinem Geburtstag wünsche ich mir das Lied: Treuer Wächter Israel v. Joh. Hermann. Hoffentlich kommt es in eurem Gesangbuch (vor). Es ist sehr schön, auch die Melodie + ich liebe es sehr. Paßt auch so gut jetzt.“[724]

„Paßt auch so gut jetzt“ – eine in dieser Zeit doppeldeutige Bemerkung, die von der Gestapo eindeutig hätte verstanden werden können. Das ist kein politischer Widerstand, aber die Beharrlichkeit einer frommen Frau, die sich ihre Bibel nicht nehmen lässt, in der Israel einen Platz hat und Gott sich seines Volkes annimmt. Auch Max Diestel hat sich jedem Eingriff in das biblische Zeugnis verweigert.

---

[721] Der Auslandsbischof Theodor Heckel (übrigens ursprünglich mit der Familie Diestels befreundet; diese Freundschaft zerbrach an den Auseinandersetzungen im Dritten Reich, Interview Gudrun Diestel) legte Wert darauf, die Deutsche Kirche auch bei solchen Tagungen allein zu repräsentieren und nur, weil der Weltbund sich nicht auf Delegationen der Kirchen gegründet hatte, konnten Bonhoeffer wie Diestel auch weiterhin an solchen Tagungen teilnemen. Manche Verlautbarungen des Weltbundes zu deutschen Themen wurden dadurch „verunklart“, dass Heckel klare Worte zu verhindern suchte.

[722] So Gudrun Diestel mündlich in einem Gespräch mit dem Verfasser. Die von Eckert in einem Schreiben vom Juni 1934 beanstandeten „Vorhaltungen“ gegen sich durch die „Ephoralsekretärin“, die er sich „verbitten muß“, könnten auch in einem derartigen Zusammenhang stehen.

[723] Vgl. als Beispiel den Bericht über die Tagung in Novi Sad im September 1933, Dam S. 287f.

[724] Else Diestel an Gudrun Diestel, 4.9.1942.

5. Der „Weltbund" vor der Judenfrage

Die Bedeutung des Weltbundes für Max Diestels Haltung zeigt sich auch daran, dass er diesen nach dem Krieg keineswegs für erledigt hielt, obwohl die Zeit über ihn hinweggegangen war.[725]

In Sofia 1933 lag ein Entwurf zum Thema „Rasse" auf dem Tisch:

> „…da wir zur Kenntnis nehmen, dass die gespannten Beziehungen zwischen den Rassen eine schwere Gefahr für den Frieden darstellen und da wir der Meinung sind, dass diese Beziehungen den Grundsätzen des Evangeliums entgegenstehen, ist eine eindeutige Erklärung notwendig, in welcher der suprarassialen (sic) Charakter des Evangeliums (Gal. 3,28) ausgesprochen wird."[726]

An den Beratungen war Bonhoeffer beteiligt, der später schrieb: „Bei dieser Gelegenheit habe ich völlig offen über die Judenfrage, den Arierparagraphen in der Kirche, die Generalsynode, ferner über die Zukunftsfragen der Minorität gesprochen und viel Verständnis gefunden."[727] Die Resolution, die „schärfste" in der Geschichte des Weltbundes (Dam), bezeichnet Rassendiskriminierung als Widerspruch zum „suprarassialen Charakter" des Evangeliums. „Als Mitglieder vieler Kirchen, die die verschiedenen Kulturen repräsentieren, und aus vielen Ländern stammend, aber alle vereint in einer gemeinsamen Treue zu unserem Herrn Jesus Christus, bekennen wir mit Scham unsere vielen Sündentaten gegen unserer (sic) Brüder anderer Rassen und Hautfarben. (…) Wir sind tief betroffen über die Behandlung, die Menschen jüdischer Herkunft und Zugehörigkeit in Deutschland zuteil wird." „Herkunft und Zugehörigkeit" schließen getaufte wie ungetaufte Juden ein.
„Wir protestieren gegen die Resolution der Preußischen Generalsynode und anderer Synoden, welche den Arierparagraphen des Staates auf die Kirche anwenden

[725] Die Begründung des Staates auf einem säkularen Verfassungskonsens und die ideologische und religiöse Vielfalt machte die Kirchen zu Lobbyisten neben anderen. Ihre Maßstäbe waren immer weniger Konsens der Gesellschaft. Zugleich hatte Kirche sich schon in den 1930er Jahren zunehmend in ihrer eigenen Rolle entdeckt. Der ÖRK organisierte sich konfessionell und nicht mehr national. Schließlich wurde die Ökumene als Ort kirchlicher Diplomatie zu einer Aufgabe der Kirchenleitung, die diese sich auch nicht aus der Hand nehmen lassen wollte.
[726] Zitiert nach Dam S. 288.
[727] Dam S. 289, Bonhoeffer an Siegmund-Schultze.

und damit ernste Behinderungen Pfarrern und Kirchenbeamten zufügen, die durch den Zufall der Geburt Nichtarier sind, was unserem Glauben nach eine Ablehnung der reinen Lehre und des Geistes des Evangeliums Jesu Christi ist."[728]
Die Resolutionen blieben ohne Wirkung. Den Rücktritt des Reichsbischofs „internationale[m] kirchliche[n] Druck" zuzuschreiben, wie Dam[729] und nicht dessen glücklosen Handeln, scheint mir überzogen. Dazu war der Einfluss der deutschen Abteilung bei ihrer Regierung zu schwach, hier wie auch in anderen Ländern hörten Politiker nicht auf Erklärungen, die ihrer Politik widersprachen.

Bei der Konferenz in Chamby 1935 wollte Hermann Maas die Aufmerksamkeit der Ökumene auf „die Situation nichtarischer Christen in Deutschland und im Exil" richten.[730] Seiner Meinung nach, so Maas, seien deutsche Christen jüdischer Abstammung die „am meisten benachteiligte" Gruppe: Sie könnten weder auf jüdisches Umfeld zurückgreifen noch hätten sie Kontakte ins Ausland, bekämen keine Hilfe jüdischer Organisationen und könnten sich nicht mit dem Zionismus identifizieren.[731] Immerhin wurden Weichen für die ökumenische Flüchtlingshilfe gestellt.

Michael Nanson, der Vorsitzende des Minderheitenausschusses, schilderte bei der Konferenz in Larvik 1938 die Situation der Flüchtlinge: Sie blieben rechtlos, ohne Papiere, ohne Schutz ihrer Botschaften und staatenlos. Er bat die Kirchen um Hilfe, worauf die deutsche Delegation einen Aufruf vorbereitete, in dem auf die Situation nichtarischer Christen in Deutschland hingewiesen wurde: „Für sie bleibt kaum eine andere Wahl als auswandern oder sterben."[732] Der Weltbund rief alle Abteilungen auf, die Öffentlichkeit wachzurütteln: „Während wir die Schwäche, das Zögern und das Versagen von Christen in dieser Angelegenheit eingestehen, sind wir vom Anwachsen rassischer und religiöser Intoleranz überall in der Welt entsetzt. Wir halten sie für eine völlige Ablehnung des Glaubens an die Vaterschaft Gottes und die Brüderlichkeit unter den Menschen, wie sie in Jesus Christus offenbart wurde."[733]

[728] Zitiert nach Dam, S. 290.
[729] Dam S. 290.
[730] A.a.O.
[731] Dam S. 308f.
[732] Dam S. 346.
[733] 24.8.1938 Minutes Larvik nach Dam, S. 346 – Hier wird die „öffentliche Meinung" angesprochen, nicht die Politikerinnen und Politiker: So werden bis heute Versuche unternommen,

Absichtlich oder nicht wird unscharf von getauften und von ungetauften Juden geredet, im Lauf der Jahre immer deutlicher von Juden allgemein.[734]
Auch diese Resolutionen gehören zur Vorgeschichte des „Büro Grüber." Maas wie Diestel sprachen im August 1938 mit Grüber über eine Ausweitung der Aktivitäten der Hilfsstelle auf Hilfe an jüdischen Flüchtlingen.[735] In verschiedenen Ländern, vor allem in den Niederlanden und Skandinavien, wurde dafür Geld gesammelt. Als Reaktion auf das Pogrom der sog. „Reichskristallnacht" fassten Henriod, Visser't Hooft und Keller verschiedene Erklärungen gegen den deutschen Antisemitismus zusammen, sandten sie den Kirchen zu und forderten die Regierungen auf, mehr jüdische Flüchtlinge aufzunehmen.
In Deutschland wurden Versuche des Weltbundes angefeindet, Rechte von Minderheiten zu definieren: „Freiheit, seinen Glauben und sein Glaubensbekenntnis zu bestimmen, und Freiheit von jeglichem Diktat irgendeiner Philosophie oder irgendwelcher Moralsysteme." „Freiheit zum Austausch, zur Zusammenarbeit und zum Zusammenschluss mit anderen Gruppen derselben Kirche oder mit anderen christlichen Kirchen."[736] Man „verpackte" diese Punkte in einen Aufruf gegen die Christenverfolgung in der Sowjetunion als einen „gemeinsamen Gegner", musste die Worte aber auch gegen die deutsche Regierung gerichtet verstehen. Diestel ermöglichte diese Unschärfe eine Verteidigung gegen Vorwürfe, der Weltbund habe gegen die deutsche Regierung gesprochen: Sie seien gegen jene gerichtet, denen auch eine deutsche Regierung alles Schlechte nachsagte, deswegen habe er nicht dagegen protestiert.
Die „Freiheit, die eigenen Statuten ... innerhalb der Grenzen der Gesetze des Staates zu bestimmen", hielten die britischen Baptisten für nicht ausreichend; sie forderten völlige Freiheit für jede Kirche, ihre eigene Organisationsform zu bestimmen.[737]

Politik zu beeinflussen; eine dem pluralen Staat angemessene Form, die freilich eine engagierte Öffentlichkeit voraussetzt.

734 Damit war die Politik der deutschen Regierung angesprochen. Es ist also kein Zufall und auch nicht Zeichen, dass Diestel den Bogen überspannt hatte, sondern Wirkung dieser Zuspitzung, dass die deutsche Regierung in den Resolutionen einen Angriff auf sich sah und entsprechend gegen Diestel reagierte.

735 Dam S. 346f.

736 Minutes Larvik 1938, nach Dam S. 347

737 Dam 347f. – An diesem Beispiel wird deutlich, wie viel weiteres Nachdenken noch nötig war, um das Mit- und Nebeneinander von Staat und Kirche(n) in einer dem pluralen Staat entsprechenden Weise zu bestimmen. Auch das Verständnis von „Staat" musste sich ja erst ausbilden;

Schon in Sofia 1933 hatte der Weltbund geschrieben: „Die Mitglieder des Exekutivkomitees des Weltbundes … geben der Tatsache Ausdruck, daß Rassenunterschiede, die … auf Grund der Hautfarbe oder aus anderen Gründen gemacht werden, … eine große Gefahr für den Frieden und die Sache der Menschheit bedeuten und halten daher eine absolut deutliche Erklärung für notwendig, in der sie sich zu der grundsätzlichen Überwindung der Rassenunterschiede durch das Evangelium bekennen. … Wir beklagen insbesondere die Tatsache, daß die staatlichen Maßnahmen gegen die Juden in Deutschland eine solche Wirkung auf die öffentliche Meinung gehabt haben, daß in manchen Kreisen die jüdische Rasse als eine Rasse minderen Wertes angesehen wird."[738]
Viele Resolutionen fallen durch ihre gewundene Sprache auf; klare Rede ist selten: „Es wird immer Schwierigkeiten geben, solange Nationalismus den Verstand der Menschen verwirrt."[739] Mehrheiten in internationalen Gremien finden sich oft nur durch „verbale Überbrückung" der Meinungsunterschiede, was aber dazu führen kann, dass niemand sich angesprochen fühlt.[740]
War die politische Wirkung des Weltbundes auch gering, gab er Diestel Rückhalt und Beziehungen, die er einzusetzen verstand.

6. Eskalation der Judenverfolgung

In seinem Buch über das „Büro Grüber" gliedert Hartmut Ludwig die Judenverfolgung in Phasen:[741]

1. Die *Entrechtung* der Juden und „Nichtarier" (1933-1935): Judenboykott (1.4. 1933), „Gesetz zur Wiederherstellung des nationalen Berufsbeamtentums"

---

ein „totaler" Staat würde weder die einen noch die anderen Rechte der Kirche(n) annehmen. Die Verfassung eines Staates zu respektieren, muss dieser fordern. Wie die Freiheit einer Religion dabei zu wahren ist, muss immer neu diskutiert werden. Mag es im Blick auf die „Scharia" islamischer Gruppen klar sein, stellt sich die Frage nach der Beschneidung oder der Kindertaufe umso schwieriger dar.

738 Nach Dam S. 435f.

739 Minutes Chamby nach Dam S. 316.

740 Für die zitierten Äußerungen des Weltbundes muss man berücksichtigen, dass hier nach einer – an manchen Stellen erkennbar schlechten – deutschen Übersetzung aus dem Niederländischen zitiert wird, die ihrerseits Konferenzdokumente – aus ihrer jeweiligen Sprache – ins Niederländische übersetzt.

741 Sie werden hier nach Wallmann wiedergegeben.

(7.4.1933), Arierparagraph. „In dieser ersten Phase ist das Schicksal der Christen jüdischer Herkunft beklagenswerter als das der Glaubensjuden. ... Die Christen jüdischer Herkunft fühlten sich von der Kirche im Stich gelassen...“[742]

2. Die zweite Phase: Die *Isolierung* der Juden und „Nichtarier“ (1935 bis Herbst 1938) durch die Nürnberger Rassegesetze. In diese Zeit fallen die Denkschriften von Meusel und Schmitz und auch die der BK (1936), die als einzige die Erziehung zum Antisemitismus kritisierte.
3. Die dritte Phase nennt Ludwig die „*Forcierte Vertreibung*“. Sie beginnt mit dem Novemberpogrom 1938 und dauert bis ca. 1941. Die Konferenz von Evian (1938) zeigte, wie unwillig viele Länder waren, Juden aufzunehmen. Die Nazis forcierten deren Ausreise, ihre Vermögen wurden einbehalten oder gering entschädigt.
4. Die vierte Phase beginnt mit der Wannseekonferenz (Januar 1942) und bedeutet die systematische *Ausrottung und Vernichtung* des Judentums.

Das Büro Grüber konnte in Übereinstimmung mit der Politik in der dritten Phase arbeiten, so Ludwig.

Dieses „Phasenmodell“ gliedert die Eskalation des Terrors und könnte die durchgehende Judenfeindlichkeit des Regimes verdecken. Keine der Maßnahmen wäre möglich gewesen ohne antisemitische „Grundierung“ des Denkens. Der Wille zu Vernichtung lag bereits im Boykott jüdischer Läden im April 1933 vor. Man muss schon mit großem Abstand auf diese Jahre zurückschauen, um in den ersten Phasen Menschen jüdischen Glaubens ein – verglichen mit getauften Juden – relativ ungestörtes Leben zu bescheinigen.[743] Angst, Anspannung und Anfeindungen bestimmten das Leben der Juden von Anfang an, ebenso das Gefühl, nicht (mehr) willkommen zu sein. Dass viele anfänglich auf Besserung hofften, lähmte den Widerstand und führte nicht wenige Juden in den Tod, weil sie Auswanderung zu

---

[742] Wallmann a.a.O. – Diese Erkenntnis zieht sich durch die Bücher von Röhm/Thierfelder – ebenso durch die Denkschrift von Marga Meusel.

[743] „In dieser ersten Phase ist das Schicksal der Christen jüdischer Herkunft beklagenswerter als das der Glaubensjuden. Denn diese hatten Rückhalt an ihren Organisationen und konnten weiterhin den Gottesdienst in den Synagogen besuchen. Die Christen jüdischer Herkunft fühlten sich von der Kirche im Stich gelassen; ihnen wurde häufig der Gottesdienstbesuch verwehrt.“ Ludwig nach Wallmann.

lange ausschlossen.[744] Es gibt keinen Grund, die Nationalsozialisten in der Art in „Schutz" zu nehmen, dass sie die Vernichtung nicht von Anfang an gewollt und schon mit dem Boykott vom 1.4.1933 gezeigt hätten, vielleicht gar erst durch die Unwilligkeit anderer Länder, Emigranten aufzunehmen, dazu „gedrängt" worden seien.[745]

Allerdings wird man manche heute zu vorsichtig klingende Äußerung der BK vor dem Hintergrund der schleichenden Entwicklung verstehen müssen. Nicht zu bestreiten ist aber auch, dass das Hauptinteresse der BK auf dem Kampf gegen die Zerstörung kirchlicher Strukturen lag, das Schicksal getaufter Juden kaum, das der ungetauften Juden lange gar nicht im Blick der Mehrheit der BK war.[746] Das „Büro Grüber" ist ein Versuch, „christlichen Nichtariern" – also Kirchenmitgliedern – zu helfen; die Frage nach Juden allgemein blieb lange ungeklärt. Die Rassenpolitik der Nationalsozialisten wurde so eher unterstützt als bekämpft. Voraussetzung für eine erfolgreiche Arbeit der „Hilfsstelle" war ja auch, dass sie im (wirtschaftlichen) Interesse des Regimes lag.[747] Natürlich wurde die Arbeit des Büro Grüber von den Behörden als Widerstand verstanden, zumal der Unterschied zwischen christlichen und jüdischen Juden für die Regierung unerheblich war.

---

[744] Das darf aber keinesfalls als Vorwurf gehört werden – Deutsche zur Auswanderung (unter Verlust ihres Eigentums) zu zwingen, damit sie ihr Leben retten, ist kein wirkliches Angebot, sondern Gewalt, die Leben rettet unter Verlust aller Rechte, Geschichte und der Heimat. In den ersten Jahren des Dritten Reiches gab es eine Zuwanderung von Juden nach Deutschland, was deren nationale Verbundenheit zeigt und die Gestapo ratlos machte.

[745] Und man sollte nie vergessen, dass auch die Auswanderung für die meisten den völligen Verlust ihrer Güter und ihres Vermögens bedeutete und nicht wenige in der neuen Umgebung nicht zurechtkamen und verarmten. Sie ließen eben auch ihr Leben – und was es ausmachte – zurück. Wer von einem „Netz" redet, in das die Auswanderer weich gefallen seien, bedient antisemitische Vorurteile.

[746] Die „intakten" Landeskirchen waren wohl ständig von der Sorge um ihr Weiterbestehen erfüllt und damit erpressbar. „Werden diese [die Landeskirchen] in einem halben Jahr noch bestehen? Ein bayrischer Oberkirchenrat ...bezweifelte es stark." Kurt Lehmann, 4.6.1937, Röhm/ Thierfelder, Entrechtet S. 106.

[747] Man muss dem Büro Grüber aber zugestehen, dass die wirtschaftlichen Interessen des Regimes am Vermögen der Juden damals kaum erkennbar waren.

Hilfsstelle „Büro Grüber“

1. Der Anfang?

„Die Verschärfung des antijüdischen Terrors in der zweiten Hälfte des Jahres 1938 führte schließlich auch in den führenden Reihen der Bekennenden Kirche zur verstärkten Sorge um die ‚nichtarischen Christen‘ der evangelischen Kirche“,[748] beschreibt Sandvoß den Beginn des „Büro Grüber“.
Auf der Ehrentafel des Landes Berlin am Gemeindehaus der Martin-Luther-Kirche steht:

> „In diesem Pfarrhaus gründete
> Pfarrer Heinrich Grüber (1891-1975) in (sic)
> Jahre 1936 die ‚Hilfsstelle für evangelische Rasseverfolgte‘,
> auch ‚Büro Grüber‘ genannt. Das Büro verhalf einer großen
> Anzahl von Verfolgten zur Auswanderung.
> 1940 wurde Pfarrer Grüber verhaftet und sein Büro
> von den Nationalsozialisten geschlossen.“

Gründung 1936, Vorgeschichte und die Rolle Grübers sind umstritten. Hartmut Ludwig und andere vermuten 1938 als Gründungsjahr, Ludwig nennt als Urheber H. Maas, der schon in Chamby (1935) die Idee gehabt und 1938 die BK zur Gründung bewegt habe.[749]

Heinrich Grüber beschreibt die Anfänge so:
„Die evangelischen Christen jüdischer Abstammung hatten sich mit anderen ‚nichtarischen‘ Christen zu einer Organisation zusammengeschlossen, die den Namen Paulusbund trug. Diese Organisation konnte jedoch nicht viel ausrichten.[750] ... Immer deutlicher war zu beobachten, daß die ‚nichtarischen‘ Christen

---

[748] So Sandvoß, Gottesdienste S. 184 – Ich würde formulieren: Die Maßnahmen gegen Juden waren so umfassend, dass man sie nicht mehr als Einzelaktionen evtl. „übereifriger“ Parteigänger der Nazis erklären und auch nicht mehr annehmen konnte, dass getaufte Juden geschont würden.

[749] Wallmann, Sp. 148ff.

[750] 1936 wurden alle nichtarischen Christen vom Propagandaministerium im Einvernehmen mit der Gestapo zum „Paulusbund“ zusammengeschlossen (Röhm/Thierfelder, Ausgegrenzt S. 277, die freilich dem Paulusbund bescheinigen, im Rahmen seiner Möglichkeiten einiges erreicht zu haben).

von ihrer Kirche vergessen und von den Juden abgelehnt … wurden. … Da ich seit 1934 nebenamtlicher Geistlicher der holländischen Gemeinde war, baten mich oft Auswanderungswillige, ihnen zu helfen. … Mir wurde … klar, daß die Auswanderung der Verfolgten in einem größeren Rahmen organisiert werden mußte. Es fehlte eine Organisation, die auf dem Boden der evangelischen Kirche mit ganzer Kraft helfen konnte. Darüber sprach ich öfters mit einzelnen Männern der Bekennenden Kirche, ohne daß sich ein konkretes Vorhaben ergab. Im Spätsommer 1936, als die Nürnberger Gesetze sich stärker auszuwirken begannen, hielt ich es für dringend erforderlich, etwas zu unternehmen, und rief einige mir nahestehende Männer zusammen: Superintendent Albertz, Superintendent Diestel, Pfarrer Maas aus Heidelberg, Pastor Braune aus Lobetal und Assessor Dr. Perels … Unsere erste Besprechung fand im Gemeindehaus der Martin-Luther-Kirche … statt. Mein Vorschlag, eine Hilfsstelle der evangelischen Kirche zu gründen, fand in dieser Versammlung allgemeine Billigung."[751]

Dieses Treffen ist eher der Beginn des Weges zur Gründung der Hilfsstelle, weitere Klärungen und Abstimmung mit der Leitung der BK waren nötig. Das unsichere Gründungsdatum hängt auch damit zusammen, dass für eine Einrichtung am Rand des Erlaubten demonstrative (Einweihungs-)Akte wenig hilfreich sind. Die Gestapo wusste aber von Anfang an Bescheid.[752]

Der Streit um das Eröffnungsjahr ist für die Motive der Gründung und die der Duldung durch die Behörden nicht unwichtig. 1938 lagen Kirchenleitung, Außenamt und vermutlich politische Instanzen im Streit mit Diestel um Erklärungen des Weltbundes zur Flüchtlingsfrage. Es scheint mir unwahrscheinlich, dass man in dieser Zeit die Gründung einer Einrichtung geduldet hätte, bei der Diestel eine Rolle spielte, den man am liebsten in Pension geschickt hätte. Der im Formulieren geschickte Diestel hätte zudem in seinen Berichten über Larvik den Hinweis auf eine solche Stelle kaum vermieden, wäre deren Gründung in jenen Monaten erfolgt. Die demonstrierte Weltoffenheit im Olympiajahr 1936 könnte den Anfang eines solchen Unternehmens dagegen begünstigt haben. Wer für 1938 votiert, müsste auch erklären, warum Grüber das Jahr 1936 nennt. Vielleicht muss man einen allmählichen Übergang von einzelnen Hilfsaktionen zur Arbeit des Büro Grüber annehmen, der 1936 begann.

---

[751] Heinrich Grüber, Erinnerungen S. 104f. – Zum „Paulusbund" und seinen – durchaus nicht wenigen – Aktivitäten vgl. Röhm/Thierfelder, Ausgegrenzt S. 277ff.

[752] A.a.O., S. 106.

Das Regime hatte schon aus finanziellen Gründen ein Interesse an der Emigration von Juden und „wollte, je länger, je mehr, alle Juden los sein",[753] im Oktober 1937 stellte man im Reichsinnenministerium einen Rückgang jüdischer Auswanderung fest: „Es wird darauf zu sehen sein, den Auswanderungswillen der Juden in Deutschland durch innenpolitische Maßnahmen zu erhalten."[754] 1938 wurde eine entsprechende Einrichtung in Wien geschaffen, 1939 in Prag. Beide standen unter Leitung der SS und waren so in der Hand der Regierung. Dass man in Berlin gleichzeitig ein ebensolches Projekt unter kirchlicher Leitung geduldet haben soll, leuchtet mir nicht ein; eher schon, dass man das „Büro Grüber" als Versuch ansah: Man konnte – ohne sich selbst zu exponieren – erproben, ob man so an Vermögen von Juden kommen und das Ansehen der deutschen Regierung im Ausland verbessern könne.[755] Conway stellt eine Verbindung zwischen Reichspogromnacht mit der Gründung des Büro Grüber her;[756] bestünde diese, hätte Grüber sie kaum verschwiegen.

Nehmen wir also an: Ab 1936 begann die Arbeit zur Gründung der Hilfsstelle, zunächst in Kaulsdorf, später in der Oranienburger Straße. Dass sich die BK nun der getauften Juden annahm, versteht man besser, wenn man die Hilfsstelle als Phase einer Bewegung zum Schutz von Juden ansieht. Grüber deutet an, dass die Hilfe für „nichtarische" Christen schon länger im Raum stand. Er fragt (der Zeit und seinem Frauenbild geschuldet) aber nur „Männer"[757] – berücksichtigt man auch Frauen, entdeckt man eine Vor- und Nachgeschichte.[758]

---

753 Röhm/Thierfelder, Entrechtet S. 178 – 1937/38 nahm das Dt. Reich über die (erhöhte) Reichsfluchtsteuer 81 Millionen Mark ein (ebd.).

754 Zitiert nach a.a.O. S. 174.

755 August 1938: „Zentralstelle für jüdische Auswanderung", 1939 dto. in Prag (Leitung: Adolf Eichmann!). Sie war als einzige Behörde ermächtigt, ab sofort Ausreisegenehmigungen für Juden aus Österreich bzw. Böhmen und Mähren zu erteilen. Hintergrund dieser Stellen war das Interesse des Staates an Einnahmen aus jüdischem Vermögen. So hilfreich das Büro Grüber war – die Enteignung der Auswanderungswilligen konnte auch dieses Büro nicht verhindern. Das Büro Grüber wurde geschlossen; die beiden anderen Stellen dienten später der Deportation von Juden.

756 Conway S. 238f.

757 Entsprechend kommen nur oder überwiegend Männer in den Blick der Historiker.

758 Die Lebensläufe einzelner Frauen sind in Gailus/Vollnhals (Hg.), Mit Herz … zu finden, auf das ich mich im Folgenden stütze. – Nicht übersehen werden sollen Hilfsstellen bzw. Aktionen katholischer Bischöfe, z.B. in Freiburg oder Wien, aber auch in Berlin. (Röhm/Thierfelder, Juden Christen Deutsche).

Bestehen bleibt die Erkenntnis, dass die Hilfsstelle zur Emigration nur helfen konnte, wenn und solange Behörden mit ihr zusammenarbeiteten. So musste sie letztlich einer Regierung dienen, deren Politik erst solche Hilfe nötig machte und die das Regime aus finanziellen und zeitweise politischen Interessen duldete.

2. Anfänge der „Hilfsstelle"

a) Siegmund-Schultze

Im Frühjahr 1933 wollte Siegmund-Schultze durch den Minoritätenausschuss[759] des Weltbundes ein „Internationales Hilfskomitee für emigrierende Juden" aufbauen, wurde aber durch Exil und Krankheit daran gehindert.

„Einige von uns", schreibt Siegmund-Schultze 1936, „fühlten schon im Frühjahr 1933 die Verpflichtung, die Fürsorge für die deutschen Notleidenden und Flüchtlinge auf eine festere Basis zu stellen. … Es gelang auch, die staatlichen Stellen für eine solche Hilfstätigkeit zu interessieren; und auch die höchsten zuständigen Stellen des Reichsministeriums des Inneren und das Auswärtige Amt hielten eine entsprechende Tätigkeit für notwendig."[760] Sein Entwurf einer Denkschrift vom Mai/Juni 1933 für ein „Hilfskomitee für deutsche (evangelische, katholische und mosaische) Auswanderung"[761] sah dessen Leitung durch Vertreter der beiden christlichen Konfessionen und der Jüdischen Gemeinde vor. So hatte er Kontakte auch zu „jüdischen Religionsgemeinschaften" aufgenommen; die Eröffnung des Büros sollte am 1.7.1933 erfolgen, so Burghart an den Weltbundpräsidenten am 15.6. Siegmund-Schultze gewann in- und ausländische Stellen für sein Projekt, kurz vor der Eröffnung aber verhaftete ihn die Gestapo. Mit dem Vorwurf, er habe ‚Hilfe für Juden in 93 Fällen' geleistet und an ‚umfassenden Plänen zur Rettung des gesamten deutschen Judentums' gearbeitet, eskortierte ihn die Gestapo zur Schweizer Grenze."[762]

Danach konnte er in Deutschland keinen direkten Einfluss mehr ausüben, auch im Weltbund fand er (außer im Minoritätenausschuss) nicht den nötigen Rückhalt, weil die Frage ein deutsches Problem sei, das von der deutschen Regierung

---

[759] Er wurde 1932 eingerichtet und war ein Schwerpunkt der Arbeit Siegmund-Schultzes.

[760] Röhm/Thierfelder, Ausgegrenzt S. 313.

[761] Der Text der Denkschrift in Röhm/Thierfelder, Ausgegrenzt ab S. 380.

[762] Wikipedia, Art. „Siegmund-Schultze", dazu Gailus/Vollnhals, Mit Herz … S. 71, Anm. 106, dort auch Quellen.

gelöst werden müsse.[763] „Daneben blieb die finanzielle Unterstützung aus den Kirchen aus. Hier sahen offenbar viele dies als ein eigenes jüdisches Problem an."[764] So scheiterten Hilfsaktionen später auch an fehlenden Mitteln.

b) Die Deutsche Abteilung des Weltbundes

Siegmund-Schultze befasste 1933 die Deutsche Abteilung des Weltbundes mit seiner Idee. So ist sicher, dass auch Diestel sie kannte und mit der Gründung des Büro Grüber wohl aufnimmt.[765]

Ende 1935 lud Max Diestel Mitglieder des Weltbundes, Vertreter kirchlicher und staatlicher Institutionen zu einer „Besprechung der Lage der nichtarischen Christen" ein. Teilnehmen sollten der Centralausschuss für die Innere Mission, das Reichsinnen-, das Propaganda- und das Wirtschaftsministerium, das Kirchen- und das Außenministerium sowie der Reichsverband nichtarischer Christen und die Auswanderermission. Die Sitzung sollte am 7.1.1936 im Tietzenweg, dem Dienstsitz Diestels, stattfinden.

Der Versuch misslang. Erschienen waren nur der Vorstand der deutschen Weltbundvereinigung, die Vertreter der Inneren Mission, des Reichsverbandes der nichtarischen Christen, der Auswanderermission und des geplanten Fießlerschen Jugendwerkes. Das Kirchliche Außenamt hatte die Initiative hintertrieben; der Vorsitzende des Reichskirchenausschusses, Zoellner, der nicht eingeladen war, sah es nicht als Aufgabe des Weltbundes an, diese Frage anzugehen und die deutsche Kirche zu vertreten. Das Unternehmen war ein „verunglückter Versuch", so Diestel später an Siegmund-Schultze.[766]

Der Gründung des „Büro Grüber" gingen also Versuche mit unterschiedlichem Konzept voraus. Hinzu kommen private Initiativen, v.a. von Frauen.

---

763 Dam 307f.

764 Dam S. 308 – was auch zeigt, dass Antijudaismus oder Antisemitismus leider auch kein rein deutsches Thema waren. Die Unterstellung, Juden seien immer reich, gehört zu den Sterotypen antisemitischer Polemik.

765 Einzelheiten S. Röhm/Thierfelder, Ausgegrenzt S. 311ff.

766 Zum ganzen Vorgang: Röhm/Thierfelder, Entrechtet S. 137ff., dort auch Liste der Teilnehmer. – Die Frage, ob der Weltbund die Deutsche Kirche vertreten könne, war zwischen Diestel und dem Kirchlichen Außenamt immer umstritten.

c) Alice Salomon

„Ostern 1933 besprach sie sich … mit ausländischen Freunden über die Möglichkeit ‚zur Bildung eines internationalen Hilfskomitees, das in jedem Land mit jüdischen, katholischen und protestantischen Vertretern besetzt werden sollte' …"[767] Salomon schreibt, dass sie „in bescheidenstem Maßstab" ein Hilfskomitee aufgebaut habe; auch sie stand in Verbindung mit Siegmund-Schultze.[768]

Weitere Vor-Geschichten können erzählt werden; auch im Raum der katholischen Kirche oder der schwedischen Gemeinden, z.B. in Berlin oder Wien, wurden Aktivitäten geplant und umgesetzt.[769] Man kann den Anfang des „Büro Grüber" so zusammenfassen: „Sie [Grüber und Braune] konnten anknüpfen an das, was längst von andern in Gang gebracht worden war, und die fanden eine nicht geringe Zahl opferbereiter, mutiger Menschen, die sich in den Dienst des entstehenden Evangelischen Hilfswerks für ‚nichtarische Christen' stellten."[770] Hier soll aber noch der Einsatz von Frauen hervorgehoben werden, der den Blick auf die BK erweitert.

3. Ein Frauennetzwerk

Frauen und BK

So respektabel und letztlich erfolgreich – das Ziel einer „Reichskirche" wurde nie erreicht – der Widerstand gegen die Eingriffe des NS-Staates in die Kirche war, darf man doch auch den Teil der BK nicht übersehen, der politisch national, in der Friedensfrage militaristisch und im Blick auf Geschlechtergerechtigkeit patriarchal dachte.[771] Im Buch „Wir rufen Deutschland zu Gott" (Niemöller/Dibelius,

767 Röhm/Thierfelder Entrechtet (2), S. 168.

768 Zu Salomon: a.a.O. ab S. 163ff.

769 „Was auf evangelischer Seite das ‚Büro Pfarrer Grüber' war, das war auf katholischer Seite das ‚Hilfswerk beim Bischöflichen Ordinariat Berlin' (HBOB). Nimmt man die Beratungsstellen des St. Raphaels-Vereins hinzu, dann hatte die katholische Kirche ein weit besseres Hilfsangebot vorzuweisen als die evangelische, obwohl es weit mehr protestantische als katholische ‚Nichtarier' gab. Vor allem die katholischen Bischöfe bekannten sich ausdrücklich zu dieser Hilfsarbeit." (Röhm/Thierfelder, Ausgestoßen S. 146).

770 Röhm/Thierfelder, Ausgestoßen S. 93.

771 Das Bild der BK und der handelnden Personen wurde nach 1945 gezeichnet, als man aus dem kirchlichen einen politischen Widerstand machte und ihn als grundsätzliche Ablehnung der NS-Ideologie kennzeichnete.

1937) zeigte sich ein „konservativ-frommes und strikt biblizistisches Frauenbild“[772] der Verfasser, das dem der NS-Ideologie nahestand.
Die Zeit der Weimarer Republik habe „die Frauen bedauerlicherweise dazu verleitet, sich für die Politik zu interessieren, sich in weltlichen Vereinen zu betätigen und über Gebühr am öffentlichen Leben teilzunehmen“. Die Verfasser machten „die Frauenbewegung für den Geburtenrückgang verantwortlich. Den so zahlreich gewordenen ‚Fräulein Doktors‘ und den ‚großen Vereinsdamen‘ stellten die Bekenntnismänner die gute deutsche Mutter gegenüber, die – auch wenn sie weniger gebildet sei – Kinder gebäre und diese dann auch ordentlich erziehen würde. Letztere sei … die Frau nach dem Willen Gottes.“[773]
Sicher übernahmen Niemöller und Dibelius nicht das Frauenbild der Nationalsozialisten, leiteten es aus der Bibel – genauer: aus späten Schriften des NT – ab oder hatten dieses verinnerlicht.[774] Die Bibel war Grundlage der BK in der Auseinandersetzung mit Staat und DC. Die DC vertraten die Position, dass man bestimmte biblische Texte ausscheiden müsse, um Theologie „zeitgemäß“ zu machen. So konnte die BK kaum das biblische Frauenbild als „zeitgebunden“ korrigieren, wenn sie gleichzeitig gegen die „Theologie“ der DC am Wortlaut der Schrift festhielt.
Natürlich verraten die Sätze das Frauenbild der beiden Verfasser. Nicht wenige, auch Frauen, schwiegen dazu, um die prominenten Autoren und die BK nicht (weiter) zu schwächen; der Kampf gegen das Regime war wichtiger. Agnes von Zahn-Harnack legte Dibelius aber nahe, bei einer Neuauflage die Seiten 103-105 wegzulassen, auch Gertrud Bäumer, ehemalige Vorsitzende des Bundes Deutscher Frauenvereine, protestierte.
Frauen waren aber auch beim Thema „Juden“ anderer Meinung als die BK-Mehrheit. Elisabeth Schmitz warf Walter Künneth vor, in seiner „Antwort auf den Mythus“ ein „Zerrbild des Judentums“ darzustellen, das dem der Nazis nahe sei.[775]

---

772 Gailus/Vollnhals, Mit Herz … S. 7.
773 A.a.O. S. 7.
774 Inwieweit das Frauenbild der Nationalsozialisten eine späte Auswirkung biblischer Bilder ist, ist nicht Thema.
775 Gailus/Vollnhals, Mit Herz …, S. 10.

In Darstellungen der BK ist fast nur von Männern die Rede, die Aktivitäten von Frauen waren nicht im Blick. Das hat auch damit zu tun, dass bis 1942 nur Männer Pfarrer werden konnten.

Die Unsichtbarkeit von Frauen liegt also

- an der kritischen Distanz nicht weniger Frauen zu führenden Männern der BK,[776]
- an der Tatsache, dass sie in den leitenden BK-Gremien kaum vertreten waren
- und an der von vielen Frauen verinnerlichten Rolle, sich öffentlich zurückzuhalten – Elisabeth Schmitz erwähnte lebenslang ihre Verfasserschaft der Denkschrift nur „leise",
- aber auch an der Blindheit vieler Historiker für Genderfragen.[777]

Dabei gilt: „Stärker ... als in der evangelischen Normalkirche ... dominierten in der Kirchenopposition seit 1933 die Frauen. Der Frauenanteil in den Bekenntnisgruppen Berlins betrug ... zwischen 70 und 80 Prozent. Die Bekenntnisgottesdienste ... waren weitgehend Frauenversammlungen. Das gilt im gesteigerten Maß für die legendären Dahlemer Fürbittgottesdienste."[778]
Die DC kann als „soldatisch-maskuline Männerbewegung" charakterisiert werden, für die Kirchenopposition kann man „von einer durch männliche Theologen geführten Frauenbewegung sprechen."[779] Frauen füllten die Bankreihen in den Kirchen, sammelten die (verbotenen) Kollekten der BK, bildeten sich in den Bibelkreisen der BK-Gemeinden fort.
Der Beitrag von Frauen wurde beschränkt auf die Denkschriften von Marga Meusel und Elisabeth Schmitz (und deren Beitrag erst spät entdeckt). Man verstand

---

[776] Agnes von Zahn-Harnack: „Auch die Kirchensache ... kann mich an keiner Seite befriedigen, so sehr ich davon durchdrungen bin, daß man jetzt die Bekenntnisfront nach Kräften verstärken muss. Aber wenn wir ... nicht sehr aufpassen, könnte sie uns eine neue Orthodoxie heraufbeschwören, die alles andere wie erwünscht wäre." Gailus/Vollnhals S. 39.

[777] So erzählt die Reformationsgeschichtsschreibung das Ende des Mönchtums als Befreiung der Männer – dass dieselbe Geschichte für Frauen das Ende vieler Bildungsmöglichkeiten und von Rollen bedeutet hat, die sie in der Gesellschaft nicht haben konnten, wird erst sichtbar, wenn man gezielt nach Frauen und Männern unterscheidet und deren Lage und Sicht erforscht.

[778] Gailus/Vollnhals, S. 17, mit Literatur zu Gender-Aspekten für die 1930er Jahre in Anm. 13.

[779] Gailus/Vollnhals, Mit Herz... S. 12, Hinweis auf Gailus, Protestantismus und Nationalsozialismus S. 294.

diese oft nur als Vor-Denk-Impulse für das, was die „Männer um Grüber" anpackten. Die Aktivitäten von Frauen aber gehören zur Vor- wie Nachgeschichte des „Büro Grüber" und sind ein Grund, warum die „nichtarischen" Christen nicht ganz vergessen, sondern von Grüber und der BK spät, dann aber doch aufgenommen wurden. Unter den Frauen entdeckt man ein Netzwerk von Beziehungen, das für nicht wenige Menschen lebensrettend war.[780]

Netzwerk, Freundschaft, Sensibilität: Motive

Warum setzen sich gerade Frauen für Juden ein, gegen den Trend der Zeit und alle Propaganda?

- Der Antisemitismus war zwar verbreitet, erstreckte sich aber nie auf die ganze Gesellschaft. Auch von Max Diestel fand ich keine antijüdischen oder antisemitischen Aussagen.
- Im 2. Weltkrieg ersetzten Frauen z.B. im Württembergischen Pfarrhausnetzwerk die abwesenden Männer.
- Schließlich gibt es psychologische Gründe: Frauen zu Beginn des 20. Jahrhunderts mussten sich Ausbildung und berufliche Stellung erkämpfen, erlebten Zurücksetzung und Missachtung durch eine männlich dominierte Gesellschaft und waren deswegen sensibel für Diskriminierung und Unrecht, das Juden geschah. „Starke Empathie für die Benachteiligten, für die Diskriminierten und Verfolgten – dies war vielleicht das herausragende Biografiemerkmal, was sämtliche hier präsentierten Frauen … verband … Völlige Immunität gegenüber Antijudaismus und Antisemitismus und sofortige praktische Solidarität mit den von nationalsozialistischer Rassepolitik und sozialer Exklusion betroffenen ‚Nichtariern' gehörten zu den am meisten hervorstechenden Eigenschaften aller hier versammelten Frauen."[781]

Für ihren gemeinsamen Kampf um Anerkennung bildeten Frauen Netzwerke, pflegten Freundschaften, stärkten sich in Ansichten und in ihrem Handeln. Sie gewannen einen Blick für Diskriminierung und Mut zum Handeln dagegen.

[780] In welcher Art sich Frauen für ihre jüdischen Mitbürgerinnen und Mitbürger eingesetzt haben, kann hier nicht referiert werden. Das Buch von Gailus/Vollnhals, Mit Herz … gibt Auskunft über einige von ihnen.

[781] So schreiben Gailus/Vollnhals, Mit Herz, Vorwort S. 18.

Wichtig waren für „... auffallend viele der ... Protagonistinnen (Agnes von Zahn-Harnack, Elisabet von Harnack, Elisabeth Abegg, Elisabeth Schmitz, Agnes Wendland, Elisabeth von Thadden) frühe Begegnungen mit ... Friedrich Siegmund-Schultze und der .... Berliner ‚Sozialen Arbeitsgemeinschaft Ost' (SAG) ...“[782] Die SAG kümmerte sich um benachteiligte Menschen in der Gegend um das Schlesische Tor in Berlin, untersuchte Alkoholismus und die Lage von Frauen, Jugendlichen usw. Nach seiner erzwungenen Emigration[783] hatte Siegmund-Schultze keinen direkten Einfluss in Deutschland mehr, die SAG wurde aufgelöst. Als Mitgründer des „Weltbundes“ und schon in dessen Vorgängerorganisation engagiert, dann Sekretär der Deutschen Abteilung und nach seiner Emigration Generalsekretär des Weltbundes in Genf, war er aber über die Lage in Deutschland orientiert und versuchte, Einfluss zu nehmen. Er hielt Verbindungen mit Diestel, Bonhoeffer und dem Kreis um Goerdeler.[784]

Der „Weltbund“ ist ein weiterer Knoten des Netzwerkes, ein Grund auch für die Beteiligung Diestels am Büro Grüber; auch Elisabeth Schmitz war Mitglied im „Weltbund“.[785]

Die „SAG hatte direkte Kontakte zur Frauenbewegung: Absolventinnen der von Alice Salomon gegründeten Sozialen Frauenschule konnten hier ein anerkanntes Praktikum absolvieren.“ Agnes von Zahn-Harnack „stieß im Herbst 1914 zur SAG und übernahm die Leitung des offenen Clubabends der Mädchengruppe im Alter von 14 bis 16 Jahren ...“[786]

Vor der Gründung wie nach der Schließung des „Büro Grüber“ gaben Frauen Juden Unterschlupf, verhalfen ihnen zur Flucht und versorgten sie. Elisabeth Schiemann war eine der Frauen in der BK, „die sehr früh eine deutliche Positionierung der Kirche gegen die nationalsozialistische Judenverfolgung einforderte. Im Zweiten Weltkrieg half sie, Verfolgte vor der Gestapo in Sicherheit zu brin-

---

782 A.a.O. S. 16.

783 Am 26.6.1933, Gailus/Vollnhals, Mit Herz ... S. 67.

784 Dass seine Aktivitäten auch nach der Emigration beobachtet wurden, zeigt ein Bericht der Deutschen Gesandtschaft in Athen (12.11.38) über einen Vortrag für die Stellung der evangelischen Kirche im NS-Staat, BArch R 5101/22196 Bl. 35-37, sowie ein „Gutachten über den im Ausland lebenden D. F. Siegmund-Schultze“, Reichsminister f. Wissenschaft, Erziehung und Volksbildung (23.6.1939) BArch R 5101/22196 Bl. 40f. oder des Konsulates in Bergen (24.5. 1939), a.a.O. B. 43, des Generalkonsulates Zürich, a.a.O., Bl 79.

785 Gailus/Vollnhals, Mit Herz S. 64 – für eine Bekanntschaft mit Diestel fand ich keine Belege, sie ist aber wohl anzunehmen.

786 A.a.O. S. 37.

gen."[787] Einige dieser Frauen wurden nach dem Krieg als „Gerechte unter den Völkern" ausgezeichnet.[788] Frauen organisierten auch andere Formen des Widerstandes: „Als die Luisenschule ... den Vorgaben des NS-Regimes unterworfen werden sollte, bildeten einige der verbliebenen, politisch aber oppositionellen Lehrerinnen gemeinsam mit Schülerinnen der beiden Oberklassen einen ‚widerständigen Kreis'. Sein Ziel war es, ‚Sand ins Getriebe zu streuen', wo immer es möglich war, und sich insbesondere schützend vor die jüdischen Schülerinnen zu stellen. Zu diesem Kreis zählten … auch Elisabeth Abegg und Elisabeth Schmitz."[789]

Interventionen I: Briefe und Anfragen

Im April 1933 schrieb Elisabeth Schmitz an Karl Barth, um ein deutliches Wort gegen die Behandlung der jüdischen Deutschen zu provozieren, fand aber kein Echo.

Elisabeth Schiemann wandte sich „ab dem 3. Juli 1933 mit ähnlichen Anliegen [Wort der Kirche gegen Judenverfolgung] mehrfach an … Martin Niemöller. … Er wies ihre Forderung, die politische ‚Judenfrage' zu einem Thema der Kirche zu machen, von sich, da er es nicht als Aufgabe der Kirche ansah, dem Staat in seine Angelegenheiten ‚hineinzupredigen'."[790] „Für Schiemann bedeutete diese Unterscheidung [Raum der Kirche und Raum des Staates nach der Zwei-Reiche-Lehre], dass Christen im Alltagsleben des nationalsozialistischen Staates mit kirchlicher Billigung sündigten. Sie postulierte daher für Christen unter dem Nationalsozialismus eine Pflicht zum gewaltlosen Widerstand. Auch konzentrierte sie sich in ihrer Sorge um die Opfer der rassistischen Politik nicht – wie viele Kirchenvertreter – allein auf Christen ursprünglich jüdischer Herkunft, sondern bezog ausdrücklich die Mitglieder der jüdischen Gemeinden ein."[791]

---

787 A.a.O. S. 102 – Dort finden sich genauere Schilderungen.

788 Zu erwähnen wäre hier auch Agnes Wendland, die als „Gerechte unter den Völkern" geehrt wurde, die Verbindung zu anderen hier genannten Frauen hielt, aber mit Siegmund-Schultzes Arbeit nichts zu tun hatte.

789 Gailus/Vollhals, Mit Herz, S. 68.

790 A.a.O. S. 108 – Möglicherweise haben die beiden Frauen die Aktionen miteinander abgesprochen und vereinbart, wer sich an wen wenden sollte.

791 Gailus/Vollnhals, Mit Herz S. 113.

„Im Rahmen ihrer begrenzten Möglichkeiten setzte sich *Marga Meusel* früh für die Betroffenen ein. Mit großem Aufwand bemühte sie sich um konkrete soziale Lebenshilfen oder um die Vermittlung von Arbeitsstellen. Solange dies möglich war, bot sie zudem Frauen, denen … die Arbeit im Staatsdienst verwehrt blieb, Praktikumsplätze oder … die Möglichkeit zur ‚ehrenamtlichen' Mitarbeit an. Angesichts der wachsenden Bedrückung richtete sich ihr Augenmerk aber seit Sommer 1934 auf die Errichtung einer offiziell anerkannten zentralen Hilfs- und Beratungsstelle. Zusammen mit Charlotte Friedenthal, einer befreundeten Wohlfahrtspflegerin, die 1933 als ‚Nichtarierin' entlassen worden war und seit Januar 1934 ihre (unbezahlte) Mitarbeiterin war, entwickelte sie einen detaillierten Plan für eine ‚Hilfsstelle für christliche Nichtarier'."[792] Beim Bezirkswohlfahrtsamt Zehlendorf angesiedelt, sollte sie von Friedenthal geleitet werden.

Von diesem Plan konnten sie 1934 Albertz überzeugen, aber keine Bündnispartner in der Innern Mission finden. „Nicht einmal die Veröffentlichung eines Beitrages über ‚Die Aufgaben der Inneren Mission an den nichtarischen Christen' in der Verbandzeitschrift ließ sich durchsetzen."[793] Der Schriftleiter Pfarrer Schröder, „sonst ein tapferer Mann", gab ihr aber den Rat, ihre Erfahrungen „in einer Denkschrift zusammenzufassen", die sie dann in Absprache mit Superintendent Albertz an die Synode der BK richtete.

Der „Centralausschuss für die Innere Mission" sah darin eine Frage, die „grundsätzlich" geklärt werden müsse – was sicher nicht falsch war, ihm zugleich die Möglichkeit bot, die Anfrage weiterzugeben, um eine Antwort zu vermeiden. Mehr versprach Meusel sich von der BK, schrieb dann aber 1935 enttäuscht an Dr. Theodor Wenzel vom Brandenburgischen Provinzialverband für Innere Mission: „Was ich in dieser Richtung zu sehen bekomme, ist erschütternd: auf der einen Seite die Not, auf der andern in evangelischen Kreisen, sogar in Kreisen der B.K., die allergrößte Verständnislosigkeit."[794]

---

[792] A.a.O. S. 133f. – dagegen in Röhm/Thierfelder, Ausgegrenzt S. 395: „Die Arbeit an den evangelischen Nichtariern muß still und ohne Aufhebens geschehen. Die Schaffung besonderer ‚Beratungsstellen für evangelische Nichtarier' hat deshalb grundsätzlich zu unterbleiben." Möglicherweise löst sich dieser Widerspruch so, dass Meusel eine in das Bezirkswohlfahrtsamt integrierte Abteilung nicht als „besondere Hilfsstelle" verstanden hat.

[793] A.a.O. S. 134 – Der 1. Direktor im Central-Ausschuss war Deutscher Christ (Röhm/Thierfelder, Ausgegrenzt S. 330).

[794] A.a.O. S. 135.

Ihre Denkschrift war unerbittlich: Die evangelische Kirche müsse sich um *alle* Christen kümmern und von Einrichtungen trennen, die dem nicht nachkämen. Sie berücksichtigte die theologische Debatte um den Arierparagraphen, um „Rasse“ und „Abstammung“ und das Gutachten der Marburger Theologischen Fakultät, man merkte ihrer Schrift aber v.a. an, dass Meusel die Nöte und Fragen der Betroffenen aus ihrer Praxis kannte.[795] Sie schildert die Probleme der Judenchristen, die aus dem Netz der Unterstützung der jüdischen Gemeinden gefallen, von christlichen Gemeinden nicht unterstützt wurden. „Warum sucht Bodelschwingh in den Ärzteblättern einen ‚arischen‘ Medizinalpraktikanten? Warum muß eine Stenotypistin in der IM [Innere Mission] den Ariernachweis erbringen?“[796] Aus der Erfahrung ihrer alltäglichen Arbeit kommt wohl der Rat: „Die Arbeit an den evangelischen Nichtariern muß still und ohne Aufhebens geschehen. Die Schaffung besonderer ‚Beratungsstellen für evangelische Nichtarier‘ hat deshalb grundsätzlich zu unterbleiben.“[797] Sie übergab die Denkschrift[798] 1935 an Albertz. Diese sollte der 3. Reichsbekenntnissynode in Augsburg vorgelegt werden, wurde aber weder dort noch auf der Steglitzer Synode verhandelt – trotz des temperamentvollen Einsatzes der Kandidaten des Finkenwalder Seminars unter Anleitung von Dietrich Bonhoeffer.
Nach ihrem erfolglosen Appell an Karl Barth, öffentlich gegen Judenverfolgung zu protestieren und sich für die Menschen in den Konzentrationslagern einzusetzen, machte sich *Elisabeth Schmitz* an ihre Denkschrift „Zur Lage der deutschen Nichtarier“, die sie ebenfalls 1935 abschloss. Die Kirche werde sich durch ihr Schweigen „in eine Schuldgemeinschaft verstricken“, schrieb sie. Sie redet in persönlicher Betroffenheit – es zerreiße ihr „das Herz“. Dieser Ton war manchem Mann vermutlich „zu emotional“: „Was soll man antworten auf all die verzweifelten Bitten, Fragen und Anklagen? Warum tut die Kirche nichts? Warum läßt sie das namenlose Unrecht geschehen? Wie kann sie immer wieder freudige Bekenntnisse zum nationalsozialistischen Staat ablegen, die doch politische Bekenntnisse sind und sich gegen das Leben eines Teils ihrer Mitglieder richten? Warum schützt sie nicht wenigstens die Kinder? Sollte denn alles das, was mit der

795 Ausführlicher in Gailus/Vollnhals, Mit Herz, S. 135ff.
796 Röhm/Thierfelder, Entrechtet, S. 45.
797 Denkschrift Meusel, in Röhm/Thierfelder, Ausgegrenzt S. 391ff, hier S. 395.
798 Text der Denkschrift Meusels in Röhm/Thierfelder, Ausgegrenzt S. 391ff, ab S. 397 der Brief von Martin Albertz an den Präses der Synode, in dem er ihm diese „sehr nötigen, aber auch sehr delikaten Sachen an das Herz“ legt.

heute so verachteten Humanität schlechterdings unvereinbar ist, mit dem Christentum vereinbar sein?"[799]
Elisabeth Schmitz argumentiert vor allem theologisch. So kritisiert sie den theologischen Antijudaismus, „der in der Verfolgung und Ausgrenzung der Juden meint, dem Judentum das Gericht und die Gnade Gottes verkündigen zu können: ‚Seit wann ist es etwas anderes als Gotteslästerung zu behaupten, es sei der Wille Gottes, daß wir Unrecht tun?'" „Das Wort der Kirchen ist nicht gekommen. … Ich bin überzeugt, daß – sollte es dahin kommen – mit dem letzten Juden auch das Christentum aus Deutschland verschwindet. Das kann ich nicht beweisen, aber ich glaube es." [800]

Mit solchen theologischen Aussagen war sie ihrer Zeit weit voraus. Sie waren damals so ungewohnt, dass mancher sein Unverständnis hinter Kritik an ihrer Emotionalität versteckte. 1936 fügte sie ihrer Denkschrift einen Nachtrag an, in dem sie auf die Folgen der Nürnberger Gesetze einging;[801] 1938 versuchte Schmitz erneut eine Intervention.
Von Schmitz an ca. 200 Menschen heimlich verteilt, geriet die Denkschrift, wenig beachtet, in Vergessenheit – selbst bei Menschen, denen sie nachweislich zugesandt wurde. Vergessen wurde auch der Name ihrer Verfasserin, der auf der Denkschrift – aus guten Gründen – nicht vermerkt war. Da Schmitz sich auch nach dem Krieg höchstens in einer Andeutung als Verfasserin bekannte, wurde die Schrift lange Zeit Marga Meusel zugeschrieben.
Daraus erklärt sich, dass manchmal nur von *einer* Denkschrift gesprochen wird. „Erleichtert" wurde die Verwechslung, weil man deren Zielgruppe nicht unterschied:[802] Während sich Marga Meusel mit getauften Juden, also (damals: „nichtarischen") Christen beschäftigte, ging es Elisabeth Schmitz um Juden überhaupt

[799] Zitiert nach Benedict, S. 34.
[800] Schmitz an Gollwitzer, 24.11.1938, zitiert nach A.a.O. und Röhm/Thierfelder, Ausgestoßen S. 68.
[801] Sandvoß, Gottesdienste S. 180, vgl. auch Gailus und Biermann-Rau.
[802] Nach dem Tod von Elisabeth Schmitz fand man in ihrem Nachlass Entwürfe der Denkschrift und entdeckte sie als Verfasserin der Denkschrift. Die Gleichsetzung bzw. Verwechslung beider Denkschriften führt wohl auch dazu, dass auf der Internetseite der Markusgemeinde behauptet wird, der Synode in Steglitz sei die Denkschrift von Schmitz vorgelegt worden. Dies ist jedoch kaum wahrscheinlich; das Problem der getauften Juden war auch für die BK schon schwierig genug. Zudem hatte Meusel gute Beziehungen zu Albertz, der die Vorlage in die Synode eingebracht hatte.

(also *auch* um die getauften!).[803] Auch das ist ein Grund, warum diese Denkschrift so „erfolgreich“ vergessen wurde: Schmitz repräsentiert den kleinen Teil der BK, dem Schmitz‘ und ihre Freundinnen und etwa auch Bonhoeffer zuzurechnen sind.[804] Hätte man ihr Anliegen ernst nehmen wollen, hätte man die grundsätzliche Einstellung gegenüber dem Judentum verändern, es als Wurzel des eigenen Glaubens ernst nehmen und den Kampf gegen den NS-Staat und seine Ideologie wirklich aufnehmen müssen.[805]

Allerdings darf man nicht übersehen, dass auch sonst oft nicht exakt zwischen beiden Gruppen unterschieden wurde; ein positives Interesse für Juden setzten beide voraus.

Meusels Anliegen hatte größere Chancen auf Gehör, denn bei „nichtarischen Christen“ ging es für BK wie für die Reichskirche um die Geltung der Taufe. Auch die Reichskirche durfte sie nicht einschränken, sie durfte der Erkenntnis zugleich aber nicht folgen, weil sie sonst in Opposition zum Regime geriete, das „Jude-Sein“ rassisch definierte.[806]

Die DC feindeten die Taufe von Juden als unerlaubten (und unmöglichen) Ausweg aus dem Jude-Sein an. Die Reichskirche ist in Verlegenheit: „Der Taufbefehl Jesu zwinge (!) zur Taufe von Juden, bei denen die inneren Voraussetzungen für

---

803 Die Verwirrung wird gesteigert durch die immer wieder verwendete Bezeichnung „deutsche Nichtarier“, bei der man erst durch genaues Lesen feststellen kann, ob er Christen meint oder Juden. – Übrigens ist es entlarvend, welche Eigenschaften Menschen jüdischen Glaubens durch solche Bezeichnungen zugewiesen wurden: nicht deutsch, nicht arisch.

804 Zu Elisabeth Schmitz sind die Bücher von Gailus und Biermann-Rau einschlägig, die auch die Gründe für die Zuschreibung der Denkschrift näher erläutern. Im Rahmen einer Konferenz der Landesbruderräte beschloss man eine Gottesdienstordnung für den Buß- und Bettag 1938, die das erste für die Öffentlichkeit bestimmte Zeichen der Solidarität mit den jüdischen Mitbürgern enthielt: „Nimm dich der Not aller der Juden in unserer Mitte an, die um ihres Blutes willen Menschenehre und Lebensmöglichkeiten verlieren.“ Oehm S. 75.

805 In der Evangelischen Kirche sind die Gespräche zwischen Christen und Juden erst nach dem Zweiten Weltkrieg in Gang gekommen, gefördert von jüdischen Theologen, die sich mit dem Neuen Testament und der Person Jesu befassten, und diesen als jüdischen Rabbi sehen lernten und lehrten. Bis heute kritisieren das manche Christen als Aufgeben der Besonderheit und Einmaligkeit Jesu.

806 Kennzeichen des Judeseins waren aber auch damals nicht „rassische“, äußere Merkmale wie sie in Schulbüchern oder im „Stürmer“ gezeichnet wurden, sondern die Zugehörigkeit der Betreffenden oder ihrer Vorfahren zur „mosaischen Religion“. So bleibt Jude-Sein eine religiöse Kategorie. Das ändert aber nichts daran, dass niemand durch Wechsel der Religion der Verfolgung entgehen konnte, „Jude-Sein“ also wie ein Rassebegriff verwendet wurde.

die Aneignung der christlichen Heilswahrheiten zutreffen“[807], eine solche Taufe musste aber schon seit dem 24.5.1902 (!) beim Konsistorium beantragt und genehmigt werden. Der Taufpfarrer musste zur Frage Stellung nehmen, inwieweit sich der Bewerber die christlichen Heilswahrheiten angeeignet habe. „Der Pfarrer wurde verpflichtet, dem jüdischen Taufbewerber gegenüber klar zum Ausdruck zu bringen, dass er durch die Taufe Christ, aber nicht Deutscher werde.“[808] Allerdings durfte der Gemeindekirchenrat die Taufe von Juden nicht verweigern.[809] Auch so entstand eine Abstufung der einen Taufe, die die Einheit christlicher Gemeinde zerstört und dem Neuen Testament widerspricht, das betont, Getaufte seien nicht „Jude noch Grieche“, sondern einer in Christus.

Die 3. Bekenntnissynode 1935 bezeugte: „Mit Scham und Schmerz stellen wir fest, daß es Gemeindekirchenräte gibt, die die Judentaufe verweigern. Das ist Sünde.“[810] Über die Frage der Taufe von Juden schwieg die Synode nicht – die Frage nach der Behandlung von Juden gab man an die Bruderräte weiter.[811]

Es ist erschütternd, wie sich die die jahrhundertelange Judenfeindschaft der christlichen Kirche auch in der Missachtung des Schicksals von Juden im Dritten Reich erweist. Selbst Bonhoeffer musste sich zu seiner Position erst durcharbeiten – gegen Ansichten, mit denen auch er aufgewachsen war. Antijudaismus oder Antisemitismus sind ein Begleitton bürgerlicher Gesellschaft über Jahrhunderte. Noch in Respekt und Achtung, die Juden bezeugt wird, liegt so viel Be- und Verwunderung, so dass man die im Untergrund mächtigen Vorurteile gegen Juden spürt.

---

[807] Zitiert nach Schuppan in ders., Bekenntnis S. 229.

[808] A.a.O. S. 229 – womit man Juden das Deutsch-Sein abspricht, hier auch Judenchristen.

[809] Was m.E. weniger die jüdischen Taufbewerber als das Recht des Pfarrers schützt, über den Vollzug der Sakramente nach eigenem „seelsorglichen“ Ermessen (wenn auch in diesem Fall nach Genehmigung der Kirchenbehörde) selbst zu entscheiden.

[810] Wilhelm Niemöller, in: Die Evangelische Kirche im Dritten Reich, zitiert nach Schuppan, in ders., Bekenntnis S. 229 – In den Kirchen der Paulusgemeinde Lichterfelde wurden zwischen 1899 und 1944 149 Taufen jüdischer Menschen (73 Erwachsene, 76 Kinder) vorgenommen, davon 44 Täuflinge aus anderen Stadtteilen, was für ein besonders gutes Klima in dieser Hinsicht in der Paulusgemeinde spricht. Aus: Evangelisch getauft als Juden verfolgt, S. 153. – s.a. Röhm/ Thierfelder, Entrechtet ab S. 53ff.

[811] „In einer Besprechung Grübers im sogenannten Judenreferat der Geheimen Staatspolizei mit dem leitenden Gestapo-Beamten Kurt Lischka wird von 35.000 bis 40.000 ‚evangelischen Juden‘ gesprochen, diese Zahl teilt Grüber Max Diestel am 17. Mai 1939 mit.“ Sandvoß, Gottesdienste S. 198.

Spätestens 1943[812] war durchgesickert, „welch grauenvolles Los die Juden erwartete, die in Massentransporten nach Osten verfrachtet wurden. Genaueres erfuhr der altpreußische Rat im Sommer 1942 durch Bergassessor Dr. Kurt Gerstein …, der sich aus feindlicher Absicht in die SS eingeschmuggelt hatte. Bereits die 10. Preußensynode vom November 1941 hatte einen Ausschuss beauftragt, ‚dem altpreußischen Bruderrat bis zum Dezember eine Vorlage über die Bedeutung der Zeichen der Zeit zu liefern, über die eine nächste Synode beschließen soll.'" So Wilhelm Niesel, Mitglied des Bruderrates der APU, der bekennt, warum aus den theologischen Erwägungen so wenig praktische Konsequenzen gezogen wurden: „Wir haben alle Angst."[813]

4. Die Gründung der „Hilfsstelle"

Ich sehe das „Büro Grüber" als Phase und Teil des Einsatzes für (meist getaufte) Juden, in diesem Fall durch die BK: Die vorher wie nachher illegale Hilfe für ‚Nichtarier' wurde für einige Jahre vom Staat geduldet.[814] Mit der Duldung endete die Arbeit der Hilfsstelle. Ihr halboffizieller Status hielt alle ihre Mitarbeitenden in ständiger Unsicherheit. Ihre Tätigkeit durfte die Propaganda nicht zu auffällig konterkarieren, sie konnte arbeiten, solange sich das Regime politischen und wirtschaftlichen Gewinn versprach.

Im Gemeindehaus der Martin-Luther-Kirche in der Hortensienstraße trafen sich 1936[815] Heinrich Grüber, Friedrich Justus Perels (juristischer Berater der preußischen BK-Leitung), die Superintendenten Martin Albertz und Max Diestel und erörterten Möglichkeiten verstärkter Hilfe für getaufte Juden. So kam es zur Gründung der „Hilfsstelle für nichtarische Christen."[816] Alle Beteiligten kamen aus unterschiedlicher Betroffenheit zu diesem Projekt:

---

[812] Gailus/Vollnhals, Mit Herz, S. 181 nennt für Agnes Wendland das Jahr 1944; ähnlich beschreibt Gudrun Diestel das letzte Weihnachtsfest mit ihren Eltern.

[813] Niemöller nach Sandvoß, Gottesdienste S. 226 – Solche ehrlichen Bekenntnisse hätten manches Versteckspiel und gewundene Erklärungen nach dem Krieg unnötig machen können.

[814] „Man kann … sagen, daß das ‚Büro Pfarrer Grüber' unter dem Schutz und der strengen Aufsicht der Gestapo gearbeitet hat, arbeiten mußte, wohlwollend geduldet, solange diese Arbeit den Zielen der SS entgegenkam." Röhm/Thierfelder, Ausgestoßen S. 158.

[815] Der Ort könnte auch deswegen gewählt sein, um die Rolle des Weltbundes bei diesem – von der Gestapo ebenso beobachteten – Unternehmen nicht zu betonen und ein erneutes Scheitern zu vermeiden.

[816] Sandvoß, Gottesdienste 185ff, zu Albertz vgl. auch ders., S. 33.

- Der reformierte Pfarrer und Superintendent *Martin Albertz* begriff schon vor 1933 bei der Lektüre von Hitlers „Mein Kampf", „daß bei einem Sieg der NSDAP es zu einem schweren Zusammenstoß der Kirche mit dieser kommen müßte."[817]
- „Diestels internationale Kontakte waren für die Auswanderungshilfe sehr wichtig, darüber hinaus übergab er wiederholt hohe Geldbeträge für die Hilfsarbeit."[818] Sein Einsatz beruhte aber auch auf persönlicher Überzeugung – er versuchte nie, Resolutionen des Weltbundes in Bezug auf die Juden abzumildern und versuchte, dessen Initiative weiterzuführen.
- *Grüber* beschreibt seine Beziehung zum Thema so: Als „nebenamtlicher Geistlicher der holländischen Gemeinde … baten mich oft Auswanderungswillige, ihnen zu helfen. … Mir wurde … klar, dass die Auswanderung der Verfolgten in einem größeren Rahmen organisiert werden mußte."[819]

„… Uns in der Bekennenden Kirche bewegte von Anfang an die Not dieser Menschen [der getauften Juden]. … Mein Vorschlag, eine Hilfsstelle der Evangelischen Kirche zu gründen, fand in dieser Versammlung [der o.g. Personen] allgemeine Billigung."[820] Im Blick auf die BK muss man wohl sagen: 1936, spätestens 1938, war ein Zustand erreicht, an dem die BK sich dem Thema nicht mehr verschließen konnte.

---

817 Zitiert nach Sandvoß, Gottesdienste, S. 185.

818 Sandvoß, Gottesdienste S. 185 – Wie weit die Finanzmittel Diestels auch aus dem bei seiner Ruhestandversetzung 1940 umstrittenen Fonds von Haendler stammten – dessen Existenz Diestel seinerzeit bestritt –, muss offen bleiben. Dass er sich, sollte er solche Mittel gehabt haben, derer bedient haben würde, um illegale Aktivitäten zu finanzieren, ist sicher. – Je deutlicher der Weltbund in dieser Sache redete, umso größer waren die Probleme, die Diestel mit Regierung und Kirchenleitung wegen seiner Kontakte zum Weltbund bekam. Die Deutlichkeit der Resolutionen nahm ihm zunehmend die Möglichkeit, durch geschickte Interpretation des Wortlautes eine Kritik an der deutschen Regierung zu bestreiten.

819 Grüber S. 104. Die Darstellung der Entstehung der Hilfsstelle in den Erinnerungen Grübers ist sehr subjektiv – nach Meinung von Ludwig auch nicht mit den Dokumenten abgeglichen. „Da Grübers Darstellung sehr von der persönlichen, die eigene Rolle in den Vordergrund rückenden Erinnerung geformt und ohne Kenntnis der Akten allein aus der persönlichen Erinnerung geschrieben ist, gibt L. Belege aus Grübers »Erinnerungen« nur an wenigen Stellen an." (Wallmann, Ludwig).

820 Grüber S. 104f. In seinen 1968 erschienen Erinnerungen scheint mir schon eine stillschweigende Korrektur der damaligen Haltung der Mehrheit der BK und eine gewisse Anpassung an die neue Zeit zu herrschen, in der man Widerstand gegen das NS-Regime eher betonte.

Wer sollte die Stelle leiten? Pfarrer Hermann Maas, als „Freund der jüdischen Mitmenschen“ (Grüber) bekannt,[821] wollte seine Tätigkeit in Heidelberg nicht aufgeben, auch Grüber wollte in Kaulsdorf und weiter Seelsorger der niederländischen Gemeinde bleiben, übernahm dann aber doch die Leitung der Hilfsstelle. „Im Herbst 1936 nahmen wir unsere Tätigkeit auf. … Es stellte sich … bald heraus, daß die Gestapo von unserer Arbeit Kenntnis hatte. … Das erste Schreiben, das wir von der Gestapo erhielten, trug die Aufschrift ‚Büro Pfarrer Grüber‘. Diesen Namen haben wir übernommen. Unter dieser Bezeichnung, die mir gar nicht angenehm war, ist unsere Stelle später … bekanntgeworden.“[822] – Es fällt auch in dieser Darstellung Grübers auf, wie unscharf seine Ausführungen im Blick auf die Zielgruppe sind. Auch seine eigene Rolle hat er wohl etwas in den Vordergrund gerückt. Für diese Jahre muss man festhalten, dass Grüber deutlich zwischen getauften und nicht getauften Juden unterscheidet: Die Judenchristen will er schützen, sonst bestimmt auch Grüber „eine tiefgründige Abwehr alles Jüdischen“, was den Versuch von Diestel und Maas nach Larvik, die Hilfe des Büro Grüber auf Juden auszuweiten, nicht erfolgversprechend sein ließ. Man muss aber auch sagen, dass „… Heinrich Grüber nach 1945 als einer der ersten den Weg der Umkehr und das Gespräch zwischen Christen und Juden gesucht“ hat.[823]

5. Geheimtreffen im Pfarrhaus

Einem Gespräch mit Gudrun Diestel verdanke ich die Kenntnis von einem „Geheimtreffen“ mit Bischof Bell, das 1936 (oder 1937) im Pfarrhaus im Tietzenweg stattgefunden hat.[824]

---

821 Zum Lebenslauf dieses bemerkenswerten Pfarrers vgl. Röhm/Thierfelder, Entrechtet S. 127ff.

822 Grüber, Erinnerungen S. 106.

823 Röhm/Thierfelder, Ausgestoßen S. 249ff, Zitate S. 250 und 252.

824 Gespräch November 2020. Gudrun Diestel war 1936 sieben Jahre alt, sie verdankt die näheren Informationen ihrem Stipendienjahr in Großbritannien 1955/56, bei dem sie von einem methodistischen Pfarrer begleitet und erst beim Abschied mit anderen Absolventen des Stipendienjahres Bischof Bell vorgestellt wurde. Als er ihren Namen hörte, sprach er sie auf ihren Vater an und erzählte von diesem Treffen. Bell war vom 28.1.-1.2.1937 zur Vorbereitung der Oxforder Weltkirchenkonferenz (Sommer 1937) auch in Deutschland zu Vorgesprächen unterwegs. Er hat auch Max Diestel getroffen, was den Eintrag des RSHA auf der Karteikarte „Max Diestel“: „Steht in guten Beziehungen zu englischen Kirchenkreisen und vertritt Bestrebungen der Oxford-Bewegung“, erklären würde. Vgl. Röhm/Thierfelder, Entrechtet (2) S. 315, Anm. 500.

Bell nannte dieses Abendessen im Pfarrhaus Diestels, bei dem wohl auch Grüber und Maas anwesend waren, nach dem Krieg eine „Verschwörung“. Es ging um die Auswanderung nichtarischer Christen nach Groß-Britannien und darum, wie Bell seine Kontakte nutzen könne, um die Hilfe der englischen Regierung zu erwirken. 1936 übernahm er den Vorsitz des *International Christian Committee for German Refugees*, wurde 1937 Mitglied des Oberhauses und forderte in seiner ersten großen Rede am 27. Juli 1938 die britische Regierung zu verstärkter Hilfe für jüdische Flüchtlinge aus Deutschland auf. Bell nutzte seinen Einfluss, um gezielt Verfolgte des NS-Regimes zu schützen, z.B. Bonhoeffers Zwillingsschwester Sabine und ihren Mann Gerhard Leibholz, denen er die Emigration nach Groß-Britannien ermöglichte.

Gudrun Diestel erinnert sich, dass bei diesem Treffen ihre Schwester Renate servieren musste, weil man selbst das Dienstmädchen der Familie nicht einbeziehen wollte. Später hielt Bells Schwägerin Laura Livingstone[825] die Kontakte zwischen Berlin und England. Sie hatte zeitweise eine eigene Hilfsstelle, später arbeitete sie mit dem Büro Grüber zusammen.

6. Die Arbeit der „Hilfsstelle“

Das Büro, erst im Kaulsdorfer Pfarrhaus, dann in der Oranienburger Straße in Berlin-Mitte, ab 1939 im Gebäude „An der Stechbahn“ beheimatet, organisierte die Emigration von mehr als eintausend insbesondere der evangelischen Kirche nahestehenden konvertierten Juden.[826]

Nicht alle, die sich an das Büro wandten, wollten auswandern. Einige suchten und lobten die Gespräche in der Hilfsstelle: „Pfarrer Grüber gab uns wiederholt seelischen Halt. Äußerlich waren es lediglich Büroräume, doch wenn wir nicht mehr weiterwußten, gingen wir dorthin, um uns auszusprechen. Als lieber Mitarbeiter ist mir auch ein Herr [Max] Honig in Erinnerung. Pfarrer Grüber hatte *immer* Zeit, wenn wir seinen Beistand erbaten. Er war gütig, äußerst vertrauenerweckend und besaß eine sehr volkstümliche Art, mit anderen umzugehen. Grüber wirkte auf uns damals fast übermenschlich, wie ein großer, beschützender Vater.“[827]

---

[825] Zu Laura Livingstone vgl. Röhm/Thierfelder, Entrechtet (2) S. 254ff. – manchmal versehentlich als „Schwester“ bezeichnet, wohl wegen der englischen Bezeichnung „sister in law“ (Schwägerin).

[826] So wikipedia „Büro Grüber“.

[827] Gisela Mießner, geb. Mannheim, zitiert nach Sandvoß, Gottesdienste, S. 190.

Auch mit „Nichtariern“ Verheiratete oder sog. „Mischlinge“ hatten Benachteiligungen bis Verfolgung zu erleiden und einen ständig unsicheren Status, ebenso ihre Familienangehörigen. In einem Staat, der „Recht“ mit „im Sinne des [von den Herrschenden als solches definierten] Volkes“ verstand, der seine Ideologie für alle Bürgerinnen und Bürger verbindlich machte, Toleranz gegen Andersdenkende ablehnte und diesen keine Möglichkeit eröffnete, Rechte einzuklagen, lebten alle, die nicht zum „Volk“ gerechnet wurden, in ständiger Unsicherheit. Auch das gehörte zum Terror. Wo immer jemand einen Ausweis vorlegen musste, konnte er oder sie nicht wissen, wie mit ihm/ihr verfahren würde.

„Das jüdische Ehepaar Pineas war 1943 mit Hilfe des Büros Grüber aus Berlin geflüchtet. … Sie fanden unter dem Namen Günther in verschiedenen Pfarrhäusern in Württemberg Unterschlupf.“[828] „An diese Hilfsstelle [das Büro Grüber] waren auch die württembergischen Pfarrhäuser der SozietätlerInnen angeschlossen, die verfolgte Juden und Jüdinnen bei sich aufnahmen.“[829] Man kann vermuten, dass der „Schwabe“ Diestel Bekanntschaft und Kenntnis der dortigen Gegebenheiten nutzte und auch so zur Arbeit der Hilfsstelle beitrug.

„Da uns keine kirchlichen Mittel zuflossen, arbeiteten wir in ziemlich primitiven Verhältnissen. Das Nötigste, zum Beispiel Schreibmaschinen, wurde uns von Auswanderern geschenkt. Im Jahr 1937 stand noch die Auswanderungsplanung für Einzelpersonen und Familien im Mittelpunkt unserer Arbeit. Daneben galt unsere Sorge den Menschen, die infolge amtlicher Verordnungen oder durch übereifrige Parteigenossen ihre Arbeit verloren hatten. Die Zahl derer, die bei uns Hilfe suchten, wuchs stetig bis zum Herbst 1938.“[830] Das „Büro Grüber“ hatte „Vertrauensstellen“ im ganzen Reich; eine Aufstellung vom 17. Mai 1939 weist – neben der Zentrale in Berlin – 20 Adressen und Ansprechpartner auf.[831]

---

828 Im Dunstkreis ..., S. 30.

829 A.a.O. S. 30, Anm. 2.

830 Grüber, Erinnerungen S. 107 – Das Narrativ von den „übereifrigen Parteigenossen“ klingt heute wie eine Entschuldigung des Regimes in den Ohren: Der „Führer“ habe davon ja „nichts gewusst“. Es ist wahrscheinlich, dass es derart „Übereifrige“ gab, unter denen Menschen zu leiden hatten; man darf nur nicht vergessen, dass die nie wissen konnten, wann sie es mit einem derartigen PG und wann mit amtlich angeordneten Maßnahmen zu tun hatten.

831 Röhm/Thierfelder, Ausgestoßen S. 129, Röhm/Thierfelder, Ausgestoßen S. 121ff. zeigt, wie das Netz aufgebaut wurde; nur in Hannover gab es keine solche Stelle. Den Stellen waren Namen zugeordnet, wobei die am meisten Gefährdeten an zweiter oder dritter Stelle genannt sind. Einige Stellen „standen vermutlich nur auf dem Papier, um der Gestapo zu zeigen, das Büro Grüber wäre in der Lage, die Erwartungen zu erfüllen.“ (a.a.O., S. 131).

„Im Pfarrhauskeller [in Kaulsdorf] waren meine Frau und meine Kinder oft damit beschäftigt, Mitteilungen und Dokumente der Bekennenden Kirche sowie auch führender katholischer Kirchenmänner heimlich zu vervielfältigen."[832]
„In der Öffentlichkeit begann schnell eine Kampagne gegen sogenannte nichtarische Pfarrer" (Jacobi an Kaiser-Wilhelm-Gedächtnis, Paul Mendelssohn und Willy Süssbach, letztere mussten emigrieren). „Nichtarische" Kirchenmusiker wurden aus der Reichsmusikkammer ausgeschlossen. Der Reichskirchenausschuss forderte die obersten Behörden der Landeskirche auf, die Zahl der nichtarischen Pfarrer im Sinn des Beamtengesetzes zu melden; die Bruderräte riefen auf, die Fragebögen nicht auszufüllen.[833] Auch für sie wurde das „Büro Grüber" Anlaufstelle.

7. Das Ende der Hilfsstelle

Am 19. Dezember 1940 wurde Grüber auf Befehl Heydrichs verhaftet und zwei Tage später ins KZ Sachsenhausen verschleppt, Adolf Kurtz (Zwölf-Apostel-Gemeinde, Nollendorfplatz) führte trotz Schließung des „Büro Grüber" die Arbeit weiter. Kurtz' Ehefrau galt als „nicht arisch", was ihn für das Thema sensibilisierte. Martin Albertz schreibt über ihn: „… hat er in aller Stille eine sehr wirksame Arbeit für die nichtarischen Christen, die bei ihm Hilfe suchten, geleistet. Besonders eindrücklich war es, daß er am Gründonnerstag und Karfreitag 1942 gegen den erklärten Willen des Dritten Reiches wagte, 40 mit dem Judenstern gezeichnete Menschen zum Heiligen Abendmahl in seiner Kirche zuzulassen."[834] In der kurzen Zeit, in der das Büro weiterbestand, war Werner Sylten Nachfolger Grübers; er wurde zwei Monate nach Grüber ins KZ deportiert und 1942 getötet.[835] Einigen Mitarbeitenden gelang die Flucht, andere überlebten versteckt, nicht wenige wurden umgebracht.[836]

---

832 Grüber, Erinnerungen S. 107.
833 Schuppan in ders., Bekenntnis S. 281f.
834 Zitiert nach Sandvoß, Gottesdienste S. 80.
835 Auch Werner Sylten hatte Beziehungen zur SAG Siegmund-Schultzes, zu seiner Biografie Röhm/Thierfelder, Ausgestoßen S. 305ff.
836 Detailliert in Röhm/Thierfelder, Juden – Christen – Deutsche IV,1 ab S. 249.

„Nach Berechnungen des Grüber-Experten Dr. Hartmut Ludwig hat das evangelische Hilfsbüro vom Dezember 1938 bis Anfang Oktober 1940 zwischen 1700 und 2000 Menschen bei der Auswanderung helfen können.“[837]
Nach dem Ende der Hilfsstelle führten Einzelne weiter Hilfsaktionen für Juden durch, darunter auch die Beauftragten in den „Vertrauensstellen“ in den Ländern. Vergessen werden soll auch nicht die „Familienschule“,[838] in der judenchristliche Kinder die einzige Möglichkeit von Schule fanden, als Juden (und als solche wurden sie angesehen) die öffentlichen Schulen nicht mehr besuchen durften und getaufte Juden in jüdischen Privatschulen keine Aufnahme mehr fanden oder finden wollten. Auch die katholischen Bistümer hatten Rettungsaktionen, nicht nur in Berlin, die von den Bischöfen getragen und unterstützt wurden.

Eine Aktion Diestels: Marga Meusel

Marga Meusel ließ sich trotz möglicher Konsequenzen in ihrem Einsatz auch für rassisch Verfolgte nicht beirren. Am 3. Juni 1937 schrieb sie an den Vorsitzenden des Verwaltungsausschusses des Evangelischen Bezirkswohlfahrtsamtes[839] Martin Niemöller: „Wenn man uns mal an die Karre fährt: Ich erwarte nicht, dass Sie uns rauspauken. Ich stehe für das, was ich tue, grade.“
Als 1941 die Deportationen begannen, brachte Meusel Frauen, die sich dem Zugriff der Gestapo entzogen hatten und gezwungen waren, illegal zu leben, in Heimen und Pfarrhäusern unter, besorgte Lebensmittel und Ausweispapiere. Im März 1943 wurde sie wegen antinazistischer Äußerungen denunziert. Max Diestel erreichte, dass die Denunziantin widerrief.[840]
Der Vorgang ist typisch: Diestels Name taucht hier – wie oft – beiläufig auf, so dass man ihn fast überlesen kann. Unsichtbarkeit war sein (Über-)Lebensrezept. Nach dem Ende des Dritten Reiches bliesen andere selbst Kleines zu Zeichen ihres Widerstandes auf, so z.B. der Steglitzer Pfarrer Rogge eine Taufe von Juden, die er seinerzeit eher ungern vorgenommen hatte. Mag mancher das Wirken im Hintergrund geringschätzen – Diestel konnte im Stillen manches erreichen und

---

[837] Sandvoß, Gottesdienste S. 192 – bei angenommenen 35.000-40.000 evangelischen Juden, s. Sandvoß, Gottesdienste S. 198; Rähm/Thierfelder, Ausgestoßen S. 294 spricht von „rund zweitausend“ Menschen, die gerettet wurden, vgl. auch Anm. 476 (S. 362) mit Einzelheiten.
[838] Röhm/Thierfelder, Vernichtet, S. 213ff, dto. Ausgestoßen S. 145ff.
[839] Das Bezirkswohlfahrtsamt war zuständig für die Kirchengemeinden Zehlendorf, Wannsee, Nikolassee und Teltow (Röhm/Thierfelder, Entrechtet S. 356 Anm. 86).
[840] So die Seite evangelischer-widerstand.de.

handelte mit Bedacht – trotz möglicher Folgen – und scheute auch das öffentliche Wort nicht.[841] Das erforderte mehr Mut, als es aus der Rückschau scheinen mag. Dass er die „Denunziantin" von ihren Vorwürfen abbringen konnte – ob sie diese aus politischer Überzeugung, persönlicher Gehässigkeit oder unbedacht äußerte, ist unklar –, zeigt auch, dass er Vertrauen genoss und Einfluss nehmen konnte. Marga Meusel hätte – angesichts ihrer widerständigen Aktivitäten – eine Denunziation durchaus fürchten müssen.

Die Fürbittlisten

1. „Ich mache es so"

Aus einer kurzen Nachricht Diestels an Helmut Gollwitzer erfahren wir von ihm selbst, wie er mit den Fürbittlisten der BK umging; sonst bliebe als Quelle nur eine Denunziation und die Klageschrift. Die Fürbitten brachten Pfarrer in Bedrängnis, wurden auch von manchen BK-Pfarrern ignoriert oder abgewandelt.[842]

Der Anlass von Diestels Karte ist unklar. Vielleicht will er Gollwitzer als einem in diesem Fall Gefährdeten mitteilen, dass das Konsistorium ihn in den Ruhestand versetzen will. Gollwitzer war als Vertreter Niemöllers in Dahlem tätig und dort nicht „unangefochten"[843] und hatte öfter Gespräche mit Diestel – vielleicht war der kurze Brief auch eine Art der Begleitung aus der Ferne. Diestel schreibt:

> „Noch eines: wie ich höre, hatten sie neulich in der M. Lutherkirche am Altar im großen Kirchengebet für die Eingesetzten[844] namentlich gebetet. Die Namen waren nicht oder nur zum Teil zu verstehen. Ein junger Bruder machte es am letzten Sonntag in der Petruskirche ebenso, nur daß er der

841 Manchmal würde ich gern wissen, wie seine Frau und die Familie das gesehen hat und wie oft sie in Anspannung lebten, wenn Diestel wieder einmal auf eine Behörde gehen wollte oder musste.

842 Umgekehrt gab es „Neutrale", die die Fürbittlisten verwendeten (Sandvoß).

843 Im Zusammenhang mit dem Protest gegen die Aufhebung der Ruhestandsversetzung Diestels 1940 finden sich freilich mehrere Zeugen, die gegen Diestel auch die Verlesung der Fürbittlisten ins Feld führen. Einem Superintendenten wäre zudem auch zur Last gelegt worden, solches in seinem Kirchenkreis geduldet und nicht unterbunden zu haben.

844 Das scheint eine damals übliche Bezeichnung für Verhaftete im Gefängnis zu sein.

Gemeinde sich zugewandt hatte. Das ist liturgisch falsch: in das Allg. Fürbittengebet gehören keine Namen (Hervorh. i. O.), sondern nur Kategorien. Namen schließen nicht ein, sondern aus – sie individualisieren und lassen andere vergessen, z.B. die eingesetzten oder eingelagerten[845] Missionare usw. im Ausland, die um ihrer Volkstümer willen dergleichen leiden müssen. Auf der Kanzel, in einer besonderen Abkündigung – und der Aufforderung, ihrer täglich zu gedenken – lasse ich es mir gefallen (ich mache es so). Aber wir haben s. Zt. schon Anstoß genommen, wenn der Name des Kaisers – Wilhelm, genannt wurde, statt des bloßen Amtes. … Diese namentlichen Gebete gehören in die Gebetsversammlung, wo frei gebetet wird oder – in reformierten Gegenden + in kleinen Gemeinden in die Kirchenzettel, wo aber meist der *Name* nicht genannt wird, sondern nur gesagt ist … eine treue Taufpatin usw. Nichts für ungut. Herzlichst Ihr Max Diestel.[846]

„Ich mache es so": Eher nebenbei erfahren wir, dass und wie Diestel die Fürbittlisten verwendete. Sie waren nicht nur Liturgie, sondern Politik, eine Form des Widerstandes: Die Verhafteten wurden nicht vergessen, Verhaftungen blieben nicht unbemerkt. Ein Verstummen der Fürbitte hätte dem Staat ein Handeln im Schatten erlaubt.[847]

Klar blieb auf diese Art: Das Dritte Reich stand gegen die BK und deren Parole „Kirche muß Kirche bleiben". Das Ineinander von Politik und Liturgie erschwerte es denen, die zwischen Staat und Kirche trennen wollten, die Fürbittlisten zu verwenden. Max Diestel hatte hier kein Problem. Was dem Staat Politik, ist für ihn Liturgie – deren (politische) Wirkung ihm natürlich nicht verborgen war.

Seine Überlegungen zur Einordnung der Fürbitten in den Gottesdienstablauf und ihre Gestaltung gehen über liturgische Gedanken hinaus. Die Fürbitten haben ihren Ort im Gottesdienst und werden in einer liturgisch verantwortbaren Form

845 Dto. für in Lager untergebrachte Menschen.

846 Schreiben an Gollwitzer vom 16.1.1940, EZA 686/1929-686/1933.

847 Vgl. z.B. Sandvoß, Gottesdienste S. 133 – Eine ähnliche Bedeutung hatte wohl auch die namentliche Abkündigung der aus der Kirche Ausgetretenen, die mit Urteil vom 2.7.1937 verboten wurde, wobei das Gericht das Argument, es handele sich um eine innerkichliche Angelegenheit mit dem bemerkenswert deutlichen Satz abwies „… was als kirchliche Angelegenheit anzusehen ist, bestimmt nicht die Kirche, sondern der Staat." Nach Sandvoß, Gottesdienste S. 142.

dargeboten,[848] unterscheiden sich von den Fürbitten im „Großen Kirchengebet". Er bemüht nicht historische Erwägungen wie manche Liturgiker („Dieser Teil der Liturgie war ursprünglich …"), er will der Gemeinde das Mitbeten ermöglichen und andere Verfolgte nicht aus dem Gebet ausschließen. Je genauer Thema und Personen benannt werden, für die man betet, umso mehr muss Gemeinde überlegen, ob sie einstimmen kann, fallen fehlende Namen auf.[849] Heute fürchten wir den formelhaften Ton allgemeiner Gebete und wollen durch die Einfügung von Namen bei Taufe, Trauung oder Beerdigung deutlich machen, dass wir nahe bei Menschen und ihren Freuden und Sorgen sind. In Diestels Zeit waren Gottesdienste streng liturgisch geordnet. Das Einhalten der Form schützte gegen eine Obrigkeit, der Teile der Liturgie zu politisch schienen. Durch ihr Abweichen von der (bekannten) Liturgie fielen die Versuche mancher DC-Pfarrer auf, hebräische Ausdrücke aus der Liturgie zu tilgen, und Nachdenklichen wurde deutlich, dass es Christentum nicht ohne seine jüdischen Wurzeln gibt. Auch die eingefügten Fürbitten für die Verhafteten konnten so nicht unbemerkt bleiben.
Ich finde es beachtlich, wie der ältere, erfahrene Superintendent seine Kritik an Gollwitzer anbringt: Es geht weder um formale Erfüllung agendarischer Regeln noch – unter dem Vorwand liturgischer Bedenken – um Vermeiden der Provokation durch Fürbitte für vom Regime geächteten Menschen. Diestel lädt ein, die eigene Praxis zu bedenken und vielleicht zu ändern (auch so, dass man „die Namen versteht"). Dabei spüre ich keinen Hochmut gegen die Jungen, deren Art zu reden, ihm ebenso wie die rigorose Haltung der „Dahlemiten" sicherlich eher fremd war.

2. „Weite Kreise empören sich"

Diestels Einstellung blieb nicht unbemerkt.

> „Sehr geehrter Herr Reichsminister [Kerrl]!
> Weite Kreise von Steglitz, Lichterfelde, Nikolassee und Wannsee, die treu zum Führer und 3. Reich sowie zu ihrem Ordnungswerk stehen, empören

[848] Zudem konnte dann bei kritischen Nachfragen argumentiert werden, es handele sich nicht um eine politische Aktion; die Fürbitten ordnen sich dem Ganzen des Gottesdienstes ein.
[849] Deswegen nenne ich beim Gebet für einen Verstorbenen und seine trauernden Angehörigen nicht nur den einen Namen, sondern schließe ausdrücklich alle anderen ein, die um einen Menschen trauern. – Dass Bonhoeffer nie in den Fürbittlisten geführt wurde, wird bis heute bemerkt.

sich darüber, daß selbst ein Vertreter der Kirchenbehörde, Herr Superintendent Diestel, der als solcher die Altersgrenze überschritten hat, trotz der Entscheidung des Reichsgerichts für die bestraften Pfarrer Fürbitte tut und dabei die Namen Niemöller und Steinbaur[850] (sic) erwähnt hat. Solches geschah u.a. am 4.6. und am 2.7.39 in der Pauluskirche zu Lichterfelde.
Dasselbe geschieht durch Pfarrer Lic. Moldaenke Steglitz, der immer noch Vorsitzender und Geschäftsführer des G.K.R. ist. Von Herrn Moldaenke wurde berichtet, daß er solches sogar zu Beginn des Turnus vor seinen Konfirmandinnen getan hat. Beiliegende Zeitung fügen wir als Bestätigung unserer Angaben bei.
Heil Hitler!
Gez. Wilhelm Jürgens, Steglitz, Zimmermannstr. 10"[851]

Der Mitarbeiter des Kirchenministers schreibt an den Justizminister:[852] „... haben Superintendent Diestel und Pfarrer Lic. Moldaenke unter Nennung des Namens Niemöller für diejenigen öffentlich im Rahmen des Gottesdienstes gebetet, ‚die um ihres Glaubens, um des Evangeliums willen in Not sind.' Damit dürfte die Voraussetzung einer Strafverfolgung aus ... STGB. ... gegeben sein. In Vertretung Gez. Dr. Muhs"

3. Anklage

Nach dem Schlussgottesdienst des Gustav-Adolf-Provinzialfestes in der Matthäuskirche (17. und 18. 6. 39) konnte man solchen Anzeigen nachgehen, ohne deren Absender aufdecken zu müssen. Das war nötig: Der Generalstaatsanwalt war in

---

850 Karl Steinbauer (!) war der bedeutendste Gegner der Ideologie der Nationalsozialisten in der Evangelisch-Lutherischen Kirche in Bayern. Zugleich war er Kritiker des kompromissbereiten Kurses der bayerischen Kirchenleitung unter Landesbischof Hans Meiser. Steinbauers Eintreten für die ungehinderte Geltung des Christuszeugnisses im öffentlichen Leben war für die Nationalsozialisten von einer solchen politischen Brisanz, dass er als Staatsfeind nach Rede- und Aufenthaltsverboten wegen „staatszersetzender Hetze" mehrfach ins Gefängnis und 1939 schließlich für achteinhalb Monate ins Konzentrationslager Sachsenhausen kam (evangelischer-widerstand.de).

851 BArch R 5101/24086, Blatt 2, Brief vom 14. Juli 1939.

852 4.8.1938, BArch 3001/175967.

der „Strafsache gegen den Superintendenten Diestel und Andere“[853] in seinen Ermittlungen behindert, weil die Zeugen mit der Gestapo Geheimhaltung ihrer Namen vereinbart hatten. „Da sich aus den Akten jedoch Anhaltspunkte für die Namen … ergeben, lasse ich weitere Ermittlungen ... vornehmen.“[854] Der Schriftsatz vom 20. Mai 1940 gibt einen Eindruck von Diestels Praxis:

> „Der Beschuldigte Diestel predigte am 4. Juni und am 2. Juli 1939 in der Paulus-Kirche in Berlin-Lichterfelde. Am Schluß beider Gottesdienste sagte er zu der Gemeinde:
> ‚Nun wollen wir uns alle erheben und nun auch aller derer gedenken, die um ihres Glaubens willen im Gefängnis harren; ganz besonders meiner Kameraden Niemöller und Steinbauer. Möge Gott Ihnen Kraft verleihen zum Ausharren, bis die Stunde der Erlösung naht.‘
> Anschließend betete er das Vaterunser. Am 2. Juli 1939 setzte er vor dem Beten des Vaterunsers noch hinzu:
> ‚Gott möge auch unserer Führung den weisen Rat geben, den richtigen Weg zu beschreiten.‘
> Am 3. September 1939, dem ersten Kriegssonntag, predigte der Beschuldigte Diestel wieder in der Paulus-Kirche in Berlin-Lichterfelde. In seiner Predigt führte er unter anderem aus:
> ‚Wir wollen keine Politik treiben in der Kirche, aber es muß doch gesagt werden, daß wir in großer Not sind. Unsere Frauen müssen auf der Straße stehen, bis sie die Lebensmittel erhalten. Es ist große Not, daß das Evangelium gepredigt wird, aber unsere Brüder werden ja festgehalten und daran gehindert, das Evangelium zu predigen.‘
> Während der Beschuldigte noch auf der Kanzel stand, sagte er:
> ‚Wir wollen unseres armen Bruders Niemöller gedenken.‘
> Hierauf erhob sich die Gemeinde und verharrte einige Augenblicke im Schweigen. *(Randbemerkung, handschriftlich: „Demonstration“).* Anschließend begab sich der Beschuldigte Diestel zum Altar, um dort das Schlußgebet zu sprechen, das er folgendermaßen einleitete:
> ‚Wir wollen nun beten für unser Vaterland, unsere Wehrmacht und unsere Brüder, die um des Glaubens willen im Gefängnis sitzen.‘

853 BArch R 3001/175967 Bl. 9.

854 A.a.O., Bl. 10, Oberstaatsanwalt Wellmann.

Dann sprach er zusammen mit der Gemeinde das Vaterunser.
Der Beschuldigte behauptet, daß er in den Gottesdiensten stets für die um ihres Volkstums und für die in Deutschland und in anderen Ländern um des Evangeliums willen in Not und Schwierigkeiten geratenen Pfarrer und Gemeindeglieder bete. Im übrigen bestreitet er die ihm zur Last gelegten Äußerungen. Er will sich nicht daran erinnern können, von dem Anstehen der Frauen nach Lebensmitteln gesprochen zu haben. Er hält es lediglich für möglich, daß er das Anstehen erwähnt habe, um darzutun, daß dies Kleinigkeiten im Verhältnis zu den Opfern seien, die von der Wehrmacht verlangt würden. Der Beschuldigte wird jedoch in vollem Umfang durch den Zeugen Jürgens und die Zeugin Paul überführt." …
„Die Fürbitten des Beschuldigten Diestel … dürften strafrechtlich wie folgt zu werten sein:
… daß die inhaftierten Pfarrer ‚um ihres Glaubens willen im Gefängnis harren.' Diese Behauptung enthält eine öffentliche abfällige Kritik an der deutschen Rechtspflege. Sie erweckt ... den Eindruck, daß im Dritten Reich Pfarrer lediglich aus Gründen des Glaubens … in das Gefängnis kamen … Der Zusatz zur Fürbitte am 2. Juli 1939 enthält … ferner einen gehässigen Angriff gegen die Kirchenpolitik des Dritten Reiches. Beides war geeignet, das Vertrauen des Volkes zur politischen Führung zu untergraben. … Die Äußerungen des Beschuldigten stellen neben einem Verstoß gegen § 2 des Heimtückegesetzes zugleich auch ein nach § 130 a StGB strafbares Vergehen dar. …
Der Beschuldigte Diestel hat im Archiv des Geheimen Staatspolizeiamtes folgende Auftragung:
‚3.11.1939. Er steht in guten Beziehungen zu englischen Kirchenkreisen und vertritt die Bestrebungen der Oxford-Gruppe, fanatischer Geistlicher der BK erkennt den Arier § für die Kirche nicht an und steht in scharfer Opposition gegenüber dem Nationalsozialismus, lebt heute als Superintendent in Berlin-Lichterfelde.'
… Der Beschuldigte Diestel ist 67 Jahre alt. Für seine strafbaren Handlungen dürfte er eine höhere Strafe als eine Freiheitsstrafe von 3 Monaten nicht zu erwarten haben. Ich beabsichtige daher,… das Verfahren auf Grund des Straffreiheitsgesetzes vom 9. September 1939 einzustellen.
Gez. Dr. Seebens"

„*Sachbearbeiter: StA. Dr. Rebmann*
... Die ... Vorfälle dürften ... auf einem einheitlichen Vorsatze beruhen und im Fortsetzungszusammenhange zueinanderstehen. Mit dieser Massgabe trete ich den Berichtsaufführungen und den Vorschlägen bei.“[855]

Die Anklage gegen Moldaenke musste fallengelassen werden, weil die Konfirmandinnen, die bezeugen sollten, dass er im Konfirmandenunterricht die Fürbitte gesprochen hatte, nicht ausfindig gemacht werden konnten.
Der Aufwand für dieses – am Ende wegen Geringfügigkeit eingestellte – Verfahren ist erstaunlich. „Geringfügig“ war all das in den Augen des Regimes nicht; es geht bei der Einstellung nur darum, Unverständnis „angesichts der geringen Strafe“ und evtl. Sympathiebekundungen für Diestel zu vermeiden. „Unerwünscht“ wären auch Bemerkungen zu den „auf der Straße um Lebensmittel anstehenden Frauen“ gewesen.[856] Nach dem (gewonnenen) Krieg hätte man die Klageschrift verwenden können. Zur Begründung der Zwangspensionierung wurde sie nicht angeführt.[857]

4. Gebet für den Führer?

Einmal wird Diestel vorgeworfen, dass er nicht für den Führer gebetet hat – ob er es sonst tat, ist aus Quellen nicht zu belegen. Wenn, dann betete er sicher für „Obrigkeit“ oder „Regierung“ und verwendete weder Namen noch Titel, wie er es Gollwitzer erläuterte. In Unterlagen von Erich Klapproth findet sich eine Bemerkung, die die Brisanz dieser Frage für die BK zeigt.[858] Klapproth beanstandete

---

855 30.5.1940, Der Generalstaatsanwalt bei dem Kammergericht, In Vertretung Gez. Potjahn, Oberstaatsanwalt, BArch R 3001/175967 Bl. 11-14 (kursiv i. O. unterstrichen).
856 Aus Max und Else Diestels Briefen erfährt ihre Tochter Gudrun immer wieder, wie schwierig die Beschaffung alltäglicher Güter war. Die Briefe beginnen ab 1941, reden nie von „Verschlechterung“, sondern setzen die Probleme wie selbstverständlich voraus. Max Diestel macht sich extra früh in ein Schreibwarengeschäft auf, um für den Unterricht von Gudrun besonderes Papier zu kaufen, und bedauert, dass er nur ein Stück bekommen konnte. Solche alltäglichen Probleme, in die Öffentlichkeit gebracht, konnten Unruhe auslösen, die im Krieg unerwünscht war. Aber auch ohne Krieg wäre so ein Mangel öffentlich benannt worden, der nicht in das Propagandabild des fürsorglichen Staates passt.
857 Möglicherweise war das Verfahren zur Zeit des Beschlusses der Zwangspensionierung noch nicht so weit gediehen bzw. den Behörden nicht bekannt.
858 In: Pastor Klapproths Schriftverkehr mit kirchlichen und staatlichen Stellen 1935-1940.

u.a. die Fürbitte für den Führer.[859] Albertz, der nicht der Nähe zum Nationalsozialismus verdächtig ist, antwortet:

> „Der Satz über die Fürbitte für den Führer ... scheint mir von außerordentlicher Wichtigkeit. Wenn es einige Pfarrer gibt, die diese Fürbitte nicht üben, so tun sie in der Tat Unrecht. Ein inneres Recht, ein evangelisches Wort an die Obrigkeit zu richten, hat nur, wer die Obrigkeit mit der Fürbitte trägt."
> Bruderrat der BK, Berlin-Brandenburg
> Abt. Kandidaten, Albertz"[860]

Kirche „durfte" für die Regierung danken oder sie loben, dass die aber Fürbitte und Gottes Hilfe braucht, entspringt einer Welt-Anschauung, die von der Fehlerhaftigkeit menschlichen Regierens ausgeht. So wird sie politisch, weil sie das Selbstverständnis autoritär Regierender in Frage stellt. Albertz' Begründung der Fürbitte geht von einer durch die Nationalsozialisten nicht geteilten Rolle der Kirche aus. Dass das Versäumnis solcher Fürbitte in der Klageschrift gegen Diestel nicht erwähnt wurde, zeigt, dass der Staat solche Fürbitte nicht erwartete.[861]

Kriegsdienstverweigerung: Der Fall Stöhr

1. Ein Gutachten

Eberhard Röhm stieß 1985 bei seinen Forschungen über Dr. Hermann Stöhr, den (einzigen bekannten evangelischen) Kriegsdienstverweigerer in der Zeit des Dritten Reiches auf ein Gutachten von Max Diestel. Der schrieb unter dem Briefkopf des Weltbundes:[862]

> „Sehr geehrter Herr Gerichtsrat, ... Ich habe seinerzeit mit dem betreffenden Referenten im Kriegsministerium bei der Verkündigung des Wehrgesetzes diese Sachen durchgesprochen, namentlich im Hinblick auf Quäker

[859] EZA 50/232/89-90, vgl. auch Beutel, Klapproth S. 50.
[860] EZA 50/232/92.
[861] Von dem wegen der Fürbitte für den Führer kritisch anfragenden E. Klapproth sind eine hochpolitische Predigt und ein Fürbittengebet überliefert, in das er den Führer einbezog: „Gib dem Führer und aller anderen Obrigkeit, die über unsere Brüder Macht hat, ein gerechtes Urteil über sie in dem Sinn, daß nicht Dein Zorn entbrenne über die Beschwerung deiner Heiligen." Predigt in Dahlem, 24.8.39, zitiert nach Beutel S. 123.
[862] Am 19.10.1939.

und Mennoniten. Aber es gibt ja auch noch einige andere, die … von ihrem Gedankenkreis stark beeindruckt wurden, namentlich während der Zeit, als die sogenannte Quäkerspeisung hier im Gange war und die amerikanischen und englischen Quäker durch ihr ganzes Auftreten einen nicht unbedeutenden Einfluß in weiteren Kreisen ausübten."[863]

Mit dem Hinweis auf die Quäkerspeisung lässt Diestel ein Thema einfließen, das mit dem „Fall" wenig zu tun hat. Es geht um die Verdienste von Quäkern, die wegen ihrer pazifistischen Gesinnung dem Regime ein Dorn im Auge waren. Für Mitglieder dieser und ähnlicher Gruppen hat Diestel eine Zusage erhalten. Sollte der Adressat des Gutachtens diese Zusage unwichtig finden, erführe er so doch von Diestels Beziehungen. Zum anderen vergleicht Diestel, ohne es zu schreiben, Stöhr mit Pazifisten, die Deutschland beistanden. Das könnte auch Stöhr in ein anderes Licht rücken. Weiter schreibt Diestel:

> „Ich kenne Dr. STÖHR nicht genauer, aber doch so weit, daß ich sagen kann, er gehört zu den wohlmeinenden, aber etwas verbohrten Menschen, die ohne tiefere theologische Bildung vom Gefühl aus diese Frage anfassen. Bei meiner Verhandlung im Kriegsministerium wurde mir zugesagt, daß in der praktischen Behandlung solcher Fälle man nachsichtig verfahren wolle und dafür habe ich auch schon Beweise erhalten. Die Gesetzgebung hat ja auch in anderen Ländern den religiösen Bedenken gegen Waffendienst

[863] „Als Quäkerspeisung wird die … Hilfe bezeichnet, die vor allem US-amerikanische und britische Quäker in der Zeit nach dem Ersten und Zweiten Weltkrieg vor allem in Deutschland leisteten. Offiziell lautet der Begriff „Kinderspeisung", umgangssprachlich hat sich … *Quäkerspeisung* durchgesetzt. Das lag wohl daran, dass die für deutsche Hilfsempfänger am sichtbarste Organisation das American Friends Service Committee (AFSC) war. Der Initiator der Speisung war der spätere US-Präsident und Quäker Herbert Hoover … Speisungen und Hilfsdienste gab es … u. a. auch in Polen, Frankreich, Österreich, Belgien und der Sowjetunion, wobei jene Hilfeleistungen mitunter für Spannungen zwischen den im Weltkrieg alliierten Nationen … in der Zeit direkt nach dem Waffenstillstand sorgten, da von jenen einigen zunächst an einer Aufrechterhaltung der Lebensmittelblockade (speziell gegen das Deutsche Reich) gelegen war. In Deutschland wurden Essensausgaben von 1919 bis 1926 organisiert. … Geholfen wurde … Kindern, … aber auch besonders bedürftigen Menschen, wie Erwerbslosen, Studenten und Älteren. … Die Zahl der Kinder, die in Deutschland eine Speisung erhielten, wird auf bis zu fünf Millionen geschätzt, in der Spitze lag die Zahl gleichzeitiger Empfänger bei etwa einer Million Kinder. Die Quäkerspeisung war für das Image der Quäker ein großer Erfolg." Wikipedia, „Quäkerspeisung".

> Rechnung getragen. Auch in Frankreich, wo man bei Kriegsdienstverweigerung sehr viel schärfer verfährt als anderswo[864], hat man in solchen Fällen, die durch echte religiöse Bedenken hervorgerufen sind, doch einen Ausweg gesucht, um keinen Märtyrer zu schaffen. … Wenn Dr. S. vielleicht zu einer Sanitätsgruppe als Krankenpfleger eingezogen werden könnte, so würde mir dies als die beste Lösung dieses Falles erscheinen und jeglichem Schein eines Märtyrertums vorbeugen.
> Als alter Soldat bin ich ganz anderer Meinung als Dr. STÖHR, aber als Christ fühle ich mich mit verpflichtet, den ‚Schwachen im Glauben aufzuhelfen'. Außerdem aber kenne ich einigermaßen die Stimmung im Auslande uns gegenüber. Leider ist ja zu sagen, daß alle solche Fälle dort gar leicht zu Propagandazwecken benutzt werden … Darum scheint mir, … daß wir solche Fälle mit sanfter Hand behandeln. Diese Leute tun ja im Inland wenig Schaden und stehen ziemlich isoliert da. Für die Wehrfreudigkeit in Deutschland ist also von Dr. STÖHR wenig zu befürchten.
> Mit nochmaligem verbindlichem Dank,
> Ihr ganz ergebener Diestel, Stellv. (geschäftsführender) Vorsitzender"[865]

Diestel spricht „nebenbei" den Umgang des Auslandes, besonders Frankreichs mit Kriegsdienstverweigerern an, „sorgt" sich um den Ruf Deutschlands, da er die Stimmung im Ausland „einigermaßen" (d.h. besser als andere) kennt. Um negatives Aufsehen zu vermeiden, das auch die „Neutralen" in feindliche Stimmung gegen das Deutsche Reich bringen könnte, rät er, die „Sache Stöhr" mit „sanfter Hand" zu behandeln. Man könnte alles regeln, ohne die Frage der Kriegsdienstverweigerung behandeln zu müssen. So legt er die politische Dimension des Prozesses offen: In Deutschland ist eine sanfte Behandlung Stöhrs unerwünscht und die Wirkung im Ausland nimmt man hin.[866]

---

[864] Diestel hatte darüber in seinem Brief aus Zinal/Wallis im August 1935 (s.o.) berichtet.

[865] Text des Schreibens zitiert nach Röhm S. 207f.; Röhm merkt an: „... die einzige bekannt gewordene Äußerung zur Kriegsdienstverweigerung eines leitenden Kirchenmannes im Zweiten Weltkrieg" (S. 206).

[866] Wo in dieser Weise Recht und Politik verbunden sind, zieht das Recht den Kürzeren – selbst, wenn nach Gesetz geurteilt wird. Das war die wesentliche Kritik an den Urteilen der Militärgerichte nach dem Krieg.

Zeugenaussagen aus Stöhrs Freundes- und Bekanntenkreis[867] heben auf dessen Unzurechnungsfähigkeit ab, „ein aus seelischer Not geborener, fanatischer Glaube an eine ‚Berufung'" treibe ihn.[868] Diestel nimmt Stöhrs Motive ernst, obwohl er sie nicht teilen könne.[869] Seine Lösungsvorschläge – versteckt in den Hinweisen, wie andere Länder verfahren – hätten Stöhr kaum entsprochen, wären doch auch für den Einsatz im Sanitätsdienst Ausbildung an Waffen und der Eid auf Hitler erforderlich gewesen.[870]
Wie wenig Chancen Diestels Gutachten hat, zeigt die handschriftliche Randbemerkung des Marinerichters: Den Satz Diestels: „Diese Leute tun ja im Inland wenig Schaden …", ist am Rand kommentiert mit grüner Farbe – der Aktenfarbe von Admirälen (Röhm): „Im Augenblick vielleicht nicht, möglicherweise aber bei langer Kriegsdauer! Bei Strafende wird Überführung ins KZ vorzusehen sein!"[871]

2. „Ich kenne Dr. STÖHR nicht genauer"

In der Teilnehmerliste der Weltbundkonferenz in Prag (28.-30. 8. 1928) sind Diestel wie Dr. Hermann Stöhr als „Gäste" verzeichnet.[872] Die Konferenz war zwar gut besucht, da sie aber in Nationengruppen organisiert war, ist es unwahrscheinlich, dass Diestel und Stöhr einander nicht wahrgenommen haben. Hinzu kommt, dass Stöhr einige Jahre mit der Deutschen Abteilung des Weltbundes verbunden war: 1923 begann er seinen Dienst als Geschäftsführer der Zeitschrift „Die Eiche" und als Hilfssekretär des „Internationalen Versöhnungsbundes Deutscher Zweig" und war damit der Arbeit von D. Lic. Siegmund-Schultze am Schlesischen Bahnhof verbunden,[873] der seinerseits auch für den Weltbund arbeitete.
Man muss keine intensive Bekanntschaft Diestels mit Stöhr vermuten. Sicher hatte ein vielbeschäftigter und unter angespannten Bedingungen arbeitender Superintendent in seinem Balanceakt zwischen Reichskirche und BK nicht viel Zeit

---

867 Röhm S. 199f. – Inwieweit diese Darstellungen Taktik sind und inwieweit sich darin wirklich die Einschätzung dieser Menschen über Stöhr zeigt, lässt sich nicht mehr endgültig entscheiden.
868 So Stöhrs Bruder, zitiert nach Röhm S. 199f.
869 Jedenfalls schreibt er es so.
870 Röhm S. 202.
871 Die Randbemerkung zeigt nebenbei, dass ihr Vf. mit einer längeren Kriegsdauer und nicht unbedingt mit einem Todesurteil gegen Stöhr rechnet.
872 Dam, S. 420f.
873 Röhm S. 31.

zum Austausch mit einem Mann wie Dr. Stöhr, der mir – bei allem Respekt vor seiner Einstellung! – als etwas lebensuntüchtiger Mensch erscheint.[874] Immerhin aber hat Dr. Stöhr sich nach seinem ersten Prozess an den Weltbund und dessen geschäftsführenden Vorsitzenden Max Diestel gewandt.[875] Der wiederum verweigerte sich dem Ansinnen nicht, obwohl er erst eine Argumentation suchen musste, die Stöhr nützen, ihm als Verfasser aber möglichst nicht schaden sollte. Es wäre unklug gewesen, die Bekanntschaft zu betonen: Gerade durch Distanz zu Stöhr kann Diestel für die „sanfte Hand" werben. Zudem sind alle Verbindungen zwischen beiden „verbrannt": Siegmund-Schultze ist zwangsweise emigriert, sein Werk am Schlesischen Bahnhof beendet, seine Rolle im Ausland wird misstrauisch beobachtet, der Weltbund ist in Deutschland unerwünscht. Diestels „Seiltanz" zwischen den Welten hätte jäh enden können: Ein Hinweis auf seine pazifistische oder „wehrunwillige" Einstellung hätte seine Ruhestandsversetzung ohne Aufregung in der Öffentlichkeit möglich gemacht.[876]

3. Friede auf Erden?

Aus heutiger Sicht wirft das Gutachten Fragen nach Diestels Haltung zum Krieg auf; man muss aber Frage wie Antwort in das Denken der damaligen Zeit einordnen. Lange Zeit dachten viele wie der Direktor der Berliner Missionsgesellschaft Karl Axenfeld. Er lehnte seine Teilnahme an der Gründungskonferenz des Weltbundes mit diesen Worten ab:

„Ich glaube nicht, dass das Menschheitsleben sich jemals so gestalten wird, dass es des Reinigungsfiebers des Krieges entbehren kann, und ich halte gerade in der Gegenwart gewisse Friedensbestrebungen, besonders in Deutschland für

---

[874] Siehe die Darstellung in Röhm, Sterben für den Frieden.

[875] Röhm S. 200 – Diestels Gutachten ist „die bislang einzige bekannte Äußerung zur Frage der Kriegsdienstverweigerung von Seiten einer maßgeblichen Persönlichkeit im deutschen Protestantismus während des Zweiten Weltkrieges …" (a.a.O.).

[876] Als Pfarrer 1935 verhaftet wurden, weil sie das Wort „An die Gemeinden" verlesen hatten, erzählte man Gemeinden, der Pfarrer „habe Geld unterschlagen; oder: er habe eine Erklärung gegen die allgemeine Wehrpflicht verlesen wollen!" Niemöller, Dahlem, S. 39. Der Vorwurf von Unregelmäßigkeiten in finanziellen Dingen „zieht" immer, weil viele Menschen solche Vorwürfe sowohl glaubhaft als auch solches Verhalten absolut untragbar finden. Wenn eine Verlautbarung gegen die Wehrpflicht auf diese Ebene gestellt werden kann, zeigt das, wie allgemein deren Akzeptanz war. – Das Wort an die Gemeinden wandte sich gegen das „Neuheidentum", das alle christliche Botschaft ersetzen sollte, verabschiedet von der Preußensynode der BK in Dahlem 1935.

verhängnisvoll. (…) Keinem Volk sind falsche Friedensträume gefährlicher wie (sic) dem unsrigen, das an sich dazu neigt, über dem Ideal die Wirklichkeit aus den Augen zu verlieren, aber durch seine geographische Lage und seine Geschichte besonders darauf gewiesen ist, sein Schwert blank und scharf zu halten."[877]

Äußerungen auf Weltbundtagungen klingen ähnlich: Krieg gilt als unvermeidlich (wenn auch nicht immer als „Reinigungsfieber"), Verteidigung mit Gewalt wird als gewissermaßen naturnotwendig angesehen. Generalsuperintendent Dr. V. Klingemann (Mitglied der DNVP) sagte 1925 auf der Weltkirchenkonferenz[878] in Stockholm: „(Ich bin) außerstande, in der gegenwärtigen Gestalt des Völkerbundes irgendeine religiöse Kraft, irgendeine innere Verbindung mit dem Reich Gottes zu erkennen. (…) (Es kann) schließlich im Leben der Völker Verwicklungen geben, die nur der Krieg zu lösen vermag."[879]

„Pazifismus galt für die Mehrheit der Bürger als Verbrechen", so Schönherr[880], und verweist auf den „Fall" Günther Dehn. Der hatte es 1928 in einem Vortrag für unmöglich erklärt, „den Tod der Soldaten im Krieg mit dem Opfertod Christi zu verbinden oder gar – etwa unter Mißbrauch von Johannes 15,13 – in eins zu setzen." Danach konnte er weder eine Professur in Heidelberg noch in Halle wahrnehmen, obwohl er bereits ordentlich berufen war, und in Berlin nicht einmal seine Hilfspredigerstelle behalten. „Er mußte seinen Lebensunterhalt von der Bekennenden Kirche beziehen."[881]

Viele deutsche Weltbundmitglieder sahen den Frieden von Versailles als ungerecht an; die Entwaffnung galt ihnen als Erniedrigung und Zeichen der begrenzten Souveränität Deutschlands. Die ganze Welt „durfte" aufrüsten – Deutschland nicht einmal sein Heer behalten. Deissmann bat Söderblom, sich für einen „versöhnenden Frieden" einzusetzen, „… dass Sie Ihren ganzen Einfluss dahin

---

[877] Zitiert nach Dam S.52, dort in neuer Rechtschreibung.

[878] Bei Dam, S. 197, „Weltkonferenz der Bewegung für Praktisches Christentum"; im Unterschied zu den Tagungen des Weltbundes waren die Delegierten von den Kirchen benannt worden; Siegmund-Schultze kommentiert die mangelnde Kompetenz der deutschen Delegierten ausgesprochen bissig (Röhm S. 78).

[879] Zitiert nach Dam S. 198 – Allerdings muss man, so Röhm, auch sehen, dass die Versammlung in Stockholm von einer deutschnational besetzten deutschen Delegation zum Kampf gegen Versailles und die Kriegsschuldfrage verwendet werden sollte, Röhm S. 77ff.

[880] Schuppan, Bekenntnis S. 81.

[881] Schönherr in Schuppan S. 81.

geltend machen, dass der bevorstehende Weltfriede nicht den Keim neuer Weltkatastrophen enthalte, sondern von Volk zu Volk alle nur möglichen versöhnenden und aufbauenden Kräfte entbinde."[882]

Siegmund-Schultzes Versöhnungsversuche mit Frankreich wurden abgelehnt: „Die Suche nach den Verantwortlichkeiten ist eine elementare Form der Gerechtigkeit." Die Sieger forderten ein Schuldbekenntnis vor aller Versöhnung,[883] zu dem die deutsche Seite nicht bereit war. Die These der deutschen Alleinschuld entsprach kaum der Vorgeschichte des Krieges, für ein Gespräch über „Verantwortlichkeiten" wäre aber ein Schritt von deutscher Seite nötig gewesen. Erst gegen Ende der 1920er Jahre begann man, die Dinge differenzierter anzusehen – zu spät, um gegen eine von der konservativen und der nationalsozialistischen Propaganda aufgehetzte deutsche Öffentlichkeit anzukommen. Solange „Friede" kein Wert war, war wirklicher Pazifismus nicht möglich; solange die Niederlage 1918 und die Friedensbedingungen als ungerecht galten, war in Deutschland jeder Einsatz gegen Krieg als Unterwerfung unter Ungerechtigkeiten verpönt. Der konservative Teil Deutschlands positionierte sich nie gegen Krieg – man hätte auch die deutsche Geschichte neu deuten und schreiben müssen.

Die Position von Otto Dibelius zu Kriegsdienst und dessen Verweigerung ist der Versuch eines Kompromisses und Zeichen eines langsamen Gesinnungswandels. Er hält das Recht des Staates, Krieg zu führen, ebenso fest wie das Recht Einzelner (!), den Kriegsdienst zu verweigern:[884]

> „Mit der Forderung Gottes in der Seele sieht sich der Christ hineingestellt in eine Welt, in der Kriege sind und Kriege sein werden. ... Was soll der Christ tun? Kann er sich darauf zurückziehen, daß die Welt, so wie sie ist, eben in Gottes Hand und unter Gottes Regiment steht, daß man mitmachen müsse, was da kommt, und hoffen und vertrauen, daß die Kriege schließlich einmal aufhören werden?

---

882 Brief vom 21.11.1918, zitiert nach Dam S. 115.

883 A.a.O.

884 Dibelius, Friede, ab S. 197-201. Mit der Behauptung des Rechts auf Krieg entspricht Dibelius der Mehrheit der Deutschen damals – hier spielt die Lage Deutschlands zwischen „lauter Feinden" eine Rolle, ebenso der Vertrag von Versailles. Das Recht auf Verweigerung des Dienstes dürfte schon 1930 wesentlich umstrittener gewesen sein – auch innerhalb der evangelischen Kirche.

Nein, so kann der Christ nicht handeln! Er weiß genau, daß Gott … nur mit der Wimper zu zucken brauchte, und kein Schuß würde mehr auf Erden fallen. Aber der allmächtige Gott will nicht Puppen haben, die er an Drähten zieht, sondern freie Menschenkinder. … Es gibt keinen Frieden, ohne daß Krieg ist. Und eben das ist ein Zeichen sittlicher Weltordnung, daß der Krieg nach Gottes Willen nur durch die Menschen aus der Welt geschafft werden kann.
Der Christ kann also auch nicht die Hände falten und sagen: Es ist alles Kismet. … Er muß in eigener Verantwortung handeln. Daß er grundsätzlich … für den Frieden wirken wird, versteht sich von selbst. Aber wenn die Mobilmachung da ist, kann man nicht Reden halten und Bücher darüber schreiben, wie man auf der Welt zum Frieden kommen könne. … der Christ ist zum Kriege gefordert.
Was soll er tun? …
Der erste ist der Weg des radikalen Nein! Es ist der Weg derer, die unbekümmert um das, was daraus wird, das Gottesreich vorwegnehmen.[885] … Es ist der Weg … der Dienstverweigerer um des Gewissen willen. … Ein künftiger Krieg wird auch in Deutschland Dienstverweigerer in nicht geringer Anzahl sehen. … Das bringt die Trennung zwischen Kirche und Staat mit sich. Nie wieder wird die Evangelische Kirche Deutschlands bereit sein, sich unbesehens und bedingungslos für staatliche Zwecke zur Verfügung zu stellen. Der Staat mag aussehen, wie er will. Sie wird Kirche sein wollen. … Sie wird als Kirche gewiß niemals zur Dienstverweigerung aufrufen oder gar zur Sabotierung des Krieges – auch wenn sie den Krieg und sein Ziel für verwerflich hält. … Sie wird den Gehorsam gegen die Obrigkeit, der zu den Fundamenten des Christentums gehört, nicht aus dem Auge lassen. … In jedem Falle aber wird sie dafür eintreten, daß das Gewissen eines Christenmenschen nicht vergewaltigt werden darf. Wenn jemand sich weigert, die Waffe in die Hand zu nehmen, weil er das für unvereinbar hält mit den Pflichten eines Jüngers Jesu – dann wird sie fordern, daß sein Gewissen unbeschwert bleibe. … Über diese christlichen Pazifisten wird die Kirche ihre Hände halten. … Es mag falsch sein, aber es hat sein Recht. Die Kirche … kann nur sagen: Geht den Weg, den ihr gehen müßt! Geht ihn in Gottes Namen! Der Weg wird schwer genug sein!

---

885 Etwas von dieser Wertung klingt in Diestels Gutachten für Stöhr an.

… Ihre Bedenken wird der Staat nicht anerkennen. … Der Staat kann hier nicht nachgeben. … Dann werden auch die Christen, die den Krieg aus innersten Gründen verneinen … den Kelch der Leiden bis zur Neige trinken müssen.
… Der radikale Pazifismus christlicher Art schließt immer die Bereitschaft zum Martyrium ein. … Und darf es denn anders sein? Dürfen es die, die den Krieg mit der Waffe verweigern, besser haben als die, die in den Schützengräben liegen?
Wie der Bischof von London …, so werden auch die deutschen Generalsuperintendenten und Landesbischöfe für die Glieder ihrer Kirche eintreten, die nichts weiter wollen, als Gott gehorsam sein. Und Schande über sie, wenn sie es nicht tun!"

In dieser – für ihre Zeit – ungewöhnlichen Position findet sich viel Illusion über den Charakter eines künftigen Staates, dessen (Selbst-)Vergöttlichung Kriegsdienstverweigerung zur Ketzerei werden lässt, dessen Regiment aber auch Kirche so bedroht, dass Kirchenleitende es nicht als „Schande" empfinden, für einen Mann wie Hermann Stöhr nichts zu tun.

4. … und Max Diestel?

Max Diestel war „konservativ". Nur: Wo im Spektrum der Konservativen kann man ihn nach seinem Gutachten zu Stöhr verorten? Gudrun Diestel gab die Frage Röhms an Helmut Gollwitzer weiter:[886]
„Eine Frage … ist die nach der Einstellung meines Vaters zum Soldatsein und zum Pazifismus im Jahr 1939. Damals war ich für solche Gespräche noch zu klein – und es waren ja auch gefährliche Gespräche. So zweifle ich auch, daß es in den Akten echte Äußerungen dazu gibt. … Sie waren ja damals Pfarrer in Dahlem … Hat es damals in den internen Kreisen der Bekennenden Kirche Gespräche über die Problematik gegeben, an denen mein Vater vielleicht teilgenommen hat? Oder haben Sie einmal ein persönliches Gespräch in dieser Richtung mit ihm geführt? Rückblickend würde ich meinen Vater allgemein politisch gesehen eher dem konservativen Lager zuordnen (dies in den Kategorien der Zeit vor dem Ersten Weltkrieg und vielleicht auch noch der 20-er Jahre gesprochen). Meinen Sie, dass diese Einordnung stimmt? Wenn ja, hat sich die konservative Grundeinstellung in der

[886] Quelle: EZA 686/1929-686/1933, Schreiben vom 28.2.1985.

Auseinandersetzung mit dem Nationalsozialismus (und durch die ökumenische Arbeit) vielleicht modifiziert?"

Gollwitzer antwortet am 25.3.1985:
Ihr Vater „gehört zu den Menschen, die ich in meiner damaligen Berliner Zeit besonders verehrt habe." Gollwitzer, Niemöllers Vertreter in Dahlem (1938 bis Herbst 1939), suchte bei Diestel wegen seiner Stellung in Dahlem immer wieder Rat.
„Ihr Vater, der, obzwar zuständiger Superintendent, in dieser Sache ziemlich machtlos war, ist mir immer ein väterlicher, wohlwollender Berater gewesen, und ich bin immer dankbar von ihm weggegangen, zumindest gestärkt durch seine Brüderlichkeit und durch seine lebenserfahrenen Ratschläge. Die Differenz zwischen links-tendierenden Leuten (wie mir) und Konservativen sind damals ja gänzlich zurückgetreten und unerheblich geworden gegenüber der gemeinsamen Ablehnung des Nazismus aus moralischen und christlichen Motiven. Hätten wir damals schon Erhard Epplers Unterscheidung von Wertkonservativen und Strukturkonservativen gehabt, so hätten wir Ihren Vater einen Wertkonservativen genannt; ein Strukturkonservativer, d.h. ein Reaktionär, war er sicherlich nicht.
Von daher ist mir ganz sicher, daß diejenigen Wendungen …, in denen er sich von Hermann Stöhr distanziert, nur taktisch gemeint sind: indem er als Nicht-Sympathiesant (sic) sich hinstellt, will er seinem Eintreten für Stöhr umso mehr Gewicht geben. Ich würde ihn sogar fragen, ob es dann nur eine halb durchgeführte Taktik war, da er doch mit dem Briefkopf des Weltbundes für Freundschaftsarbeit der Kirchen schreibt, und der war bei den Nazis ja nicht positiv angesehen. Daß er selbst … in diesem Weltbund führend tätig war, besagt genug über seine Art Konservativismus: Er war kein Deutschnationaler!
Es mag wohl sein, dass wir in den Gesprächen vor meiner Ausweisung auch die Kriegsfrage berührt haben. Ich hatte mich ja immer, … wie die anderen Brüder in der BK, in der Frage auseinanderzusetzen, ob man dem Einberufungsbefehl Folge leisten solle. Obwohl ich Hermann Stöhr nicht persönlich gekannt habe, drang das Gerücht von seiner Wehrdienstverweigerung und seiner Hinrichtung von Stettin[887] zu uns nach Dahlem, und es war mir ein starker Stachel in meinem Gewissen, als … der Einberufungsbefehl zu mir kam. … In den Kreisen der BK war man durchaus der Meinung, man solle der Einziehung Folge leisten. Das hatte

[887] Die Hinrichtung fand in Plötzensee statt.

z.T. seinen Grund darin, daß wir in dem Lernprozeß, den der Kirchenkampf bedeutet hat, mit der Loslösung aus unserer lutherischen Tradition noch nicht weit genug fortgeschritten waren, z.T. auch darin, daß, wie in meinem Fall, die Wehrmachtsuniform ein Schutz vor der Gestapo[888] war und man, wenn man, wie ich entschlossen war, für Hitler nicht zu töten und also auch nicht Offizier zu werden, hoffen konnte, etwa als Sanitäter, wie ich es getan habe, den Krieg zu überstehen. Ich kann mich nicht erinnern, daß wir über diese Problematik, außer in persönlichen Gesprächen, auch in offiziellen Sitzungen der Gremien der BK diskutiert haben."

5. Kriegsdienst und Landesverrat: Bonhoeffer, Barth, Dibelius

Gollwitzers Schreiben zeigt, wie man im Deutschland der 1930er Jahre die Frage stellte: Landesverteidigung war selbstverständlich, die Idee individueller Entscheidungen gegen die Mehrheit vielen fremd. Auch in der BK sammelten sich nicht Pazifisten, sondern Menschen, denen – bei allem Widerstand gegen staatliche Eingriffe in die Kirche – das Recht des Staates auf Verteidigung auch mit Waffen selbstverständlich war. Manche entzogen sich durch den Kriegsdienst auch der Verfolgung wegen Mitgliedschaft in der BK um den Preis, einem Staat zu dienen, den sie ablehnten. Eine grundsätzlich pazifistische Position hätte staatlichen Stellen die Gelegenheit geboten, BK-ler als Vaterlandsfeinde zu isolieren.

Bonhoeffer scheint ein Gegenbeispiel – allerdings entspricht sein Einsatz im Widerstand auch nicht ideal-pazifistischen Vorstellungen. Er sah darin eines der ethischen Dilemmata, in denen man sich nicht zwischen richtig und falsch, Gut und Böse entscheiden kann, sondern Böses tun oder in Kauf nehmen muss, um Schlimmeres zu verhindern, wo man aber auch durch eine gegenteilige Entscheidung oder durch Nichthandeln schuldig wird.

Bonhoeffer ist weit entfernt von der Mehrheit der BK, die seinen Einsatz als „nur" politisch ansah. Der „seinerzeit in Spandau anwesende Theologe Martin Fischer (einer der ‚jungen Brüder')" sagte „nach dem Attentat vom 20. Juli 1944

---

[888] „... da Reichsminister Hanns Kerrl am 2. März [1940] den Erlass hatte ausfertigen lassen, es seien gegen ‚zur Wehrmacht eingezogene Bekenntnisgeistliche' keinerlei Maßnahmen zu treffen oder Disziplinarverfahren zu verfolgen, ‚die geeignet sind, die Dienstfreudigkeit dieser Geistlichen im Heer zu mindern.'" Beutel S. 152.

im kleinen Kreis einer Jugendbibelstunde …: ‚Ich bin froh, dass niemand von der Bekennenden Kirche daran beteiligt war.'"[889]

Karl Barths Einstellung ist von der Opposition gegen das Dritte Reich und der Schweizer Neutralität bestimmt, die ggf. verteidigt werden muss. Er fragte Schweizer Pazifisten, ob sie gegen das totale Machtstreben des NS-Regimes noch immer auf Widerstand verzichten könnten.[890] Den Dienst mit der Waffe in Deutschland zu verweigern, hätte Barth den BK-Mitgliedern aber wohl geraten. Ab März 1940 meldete er sich freiwillig zum Militärdienst in der Schweiz und bestand darauf, an der Waffe ausgebildet und im Kriegsfall eingesetzt zu werden. So leistete er 104 Tage Dienst in der Bewachungskompanie V und lobte die „schlichte Nähe" zu areligiösen Kameraden. Er fürchtete den Einzug deutschen Geistes in Schweizer Medien, Amtstuben und Schulen. Die Schweizer würden verlernen, Unrecht Unrecht zu nennen und Verfolgten Zuflucht zu gewähren. Er fragte, ob sie bei deutscher Besetzung zum Rütlischwur stehen und eher die Zerstörung ihrer Städte als die fremde Fahne akzeptieren würden. … Am 7. September 1940 gründete Barth die „Aktion Nationaler Widerstand" gegen eine deutsche Invasion mit. Weil das NS-Regime sich in das „Gewand der Gottheit" hülle, jeden Widerstand systematisch vernichte und eine „Neuordnung Europas" anstrebe, dürften sich die Schweizer keinesfalls mit korrekten freundschaftlichen Beziehungen zu ihm beruhigen.[891] Ob sie sich erobern oder gleichschalten ließen, hänge vor allem am christlichen Glauben, der die nötige Widerstandskraft gegen Nationalsozialismus und Defätismus gebe.[892]

Wichtig zum Verstehen ist auch das Bild eines gewalttätigen „Bolschewismus",[893] das auch Gegner des Nationalsozialismus schreckte. So war Kriegsdienstverweigerung auch bei jenen Jugendlichen kein Thema, die sich in der Tradition des Bundes Deutscher Bibelkreise trafen. „…trotz aller Ablehnung des NS-Regimes

---

889 Sandvoß, Gottesdienste S. 271.

890 Karl Barth, „Des Christen Wehr und Waffen" (Vortrag, Januar 1940).

891 So seine Warnung im Vortrag „Unsere Kirche und die Schweiz in der heutigen Zeit" (Februar 1941).

892 Artikel „Karl Barth" in wikipedia – Die Frage nach dem Widerstehen gegen ein Unrechtsregime ist der Stachel gegen den grundsätzlichen Pazifismus bis heute.

893 Geprägt sind die Bilder durch Geschichten der Oktoberrevolution ebenso wie von Stalin und seinen „Säuberungen".

sah man ‚im Soldatendienst einen Dienst für das Land und das Volk, zu dem man gehörte'."[894]
Hertha von Klewitz, geb. Niemöller, sagt 1985: „Ich erinnere mich an lange, lange Gespräche bei uns noch 1943. Meine Brüder durften ja keine Offiziere werden. Und dass sie sich mit Gollwitzer stritten. …, ob man desertieren könne oder nicht. Die Eidesfrage spielte hier eine Riesenrolle, das kann man sich heute gar nicht vorstellen. ‚Einen Eid bricht man nicht!' Ich habe meinen Vater [Martin Niemöller] dazu noch einmal befragt, da hat er gesagt, der Eid ist ja nicht nur ein Versprechen, das heißt also, Gott ist in irgendeiner Weise auch in dieser Eidesformel. Und vor Gott kann man den Eid nicht brechen. […] Bei meinen Brüdern […] wurde aber darüber gesprochen, dass sie desertieren würden, wenn sie ‚im Westen' wären. Aber im ‚Osten' gegen den ‚gottlosen Kommunismus' zu kämpfen, das galt immer noch als christlich. Das hat auch damals, 1944, Gollwitzer zumindest auch berücksichtigt."[895]
Dibelius wehrt sich in seinem Prozess 1935 gegen den Vorwurf des Landesverrates: „Man kann mir aus meinen Büchern zahlreiche Stellen nachweisen, die mit dem nationalsozialistischen Gedankengut nicht vereinbar sind. Dies gebe ich freimütig und offen zu: denn als Mann der Kirche muß ich mit vielem, was der heutige Staat gegenüber der Kirche sagt und tut, ‚Nein' sagen. Aber mit Landesverrat hat das alles nichts (sic) das Geringste zu tun."[896]
Sandvoß: Im Lauf der Verhandlungen wurden viele Stellen aus der Dibelius-Veröffentlichung ‚Friede auf Erden?' verlesen. So „versuchten die nationalsozialistischen Prozessgegner, ihre Landesverratsthese mit jenen Buchaussagen zu begründen, in denen die Unabhängigkeit der Kirche vom Staat und ihre Pflicht, sich vor Kriegsdienstverweigerer zu stellen, betont wurden. … Dibelius …: ‚Kein Staat hat das Recht, das Gewissen eines Menschen zu vergewaltigen.' Von dieser grundsätzlichen Aussage wich Dibelius auch nicht zurück, als der anwaltliche Prozess-

---

894 Hans-Christian Brandenburg, Berliner Jugendwacht-Kreise im Dritten Reich S. 9, zitiert nach Sandvoß, Gottesdienste S 286.
895 Zitiert nach Sandvoß Gottesdienste S. 286 – Conway S. 253 weist darauf hin, dass illegal (also von der BK beschäftigte) Pfarrer von der Gestapo als „arbeitslos" betrachtet einer „nutzbringenden Beschäftigung" zuzuführen seien – der Kriegsdienst war nicht in allen Fällen eigene Entscheidung!
896 A.a.O. S. 155.

gegner die nationalsozialistische [Un-]Rechtsauffassung in der bekannten Aussage bündelte: ‚Recht ist, was dem Volke nützt – Unrecht, was ihm schadet!'"[897]

6. Weltbund und Kriegsdienstverweigerung

Die Weltbundkonferenz in Chamby beschloss 1935:

> „Der Weltbund, … hat um die Inspiration Gottes gebetet und sich einem (sic) Problem angenommen, mit dem die Kirchen in vielen Ländern konfrontiert sind;
> Zum tiefsten dadurch bewegt, daß junge Männer, Geistliche sowohl wie Laien, regelmäßig zu schweren Gefängnisstrafen verurteilt werden, aus dem einfachen Grund, daß sie dem treu bleiben wollen, was sie als ein verbindliches Gebot Gottes betrachten, den Kriegsdienst zu verweigern.
> In Anbetracht dessen – ungeachtet wie ihr Handeln beurteilt wird –, daß sie nur den Kriegsdienst verweigern, weil sie Christus dienen wollen, und das (sic) folglich das christliche Gewissen ihrem Schicksal gegenüber nicht gleichgültig bleiben kann, und weil die Kriegsdienstverweigerer sich überdies in den Ländern, wo Wehrpflicht ohne Ausnahme besteht, in einem Konflikt befinden, für den es keine legale Lösung gibt, bitten wir die Regierungen in diesen Ländern hochachtungsvoll, für Kriegsdienstverweigerer einen zivilen Dienst, … der auf keinste Weise militärischen Zwecken nachgeht, der aber der Gemeinschaft nützlich ist, einzurichten, wie dies schon in acht Ländern mit Erfolg umgesetzt wurde."[898]

Ob die umständliche Ausdrucksweise der Kompromissfindung einer Konferenz mit breitem Meinungsspektrum oder der Übersetzung (aus dem Französischen?) durch Dam und die Übersetzer seiner Dissertation zuzuschreiben ist,[899] kann offenbleiben. Die Vorsicht, mit der die „Regierungen" „hochachtungsvoll" gebeten werden, zeigt, wie „unverschämt" das Ansinnen war, das man vortrug. Wie Diestels vorsichtige Distanzierung zu Stöhr kann man hören, was die französische Weltbundabteilung im Blick auf zwei Kriegsdienstverweigerer in Frankreich sagt:

---

[897] A.a.O. S. 155f.

[898] Minutes Chamby 1935, 12.8.1935, a.a.O., 25. Handbook 1938, a.a.O., 38-39, Zitiert nach Dam S. 437.

[899] Wobei mir nicht klar ersichtlich ist, ob diese solche Texte aus dem Original übersetzt haben oder ob es sich um eine Übersetzung ins Deutsche aus dem Niederländischen handelt.

„… welches Urteil man auch über ihre Haltung fällt, sie geraten nur durch ihren Willen, Christus zu dienen, auf diesen Weg."[900] Der Halbsatz klingt wie eine Distanzierung, nimmt aber die Betreffenden gegen den Vorwurf politischer Unzuverlässigkeit in Schutz.

Der Weltbund nahm in diesen Jahren deutlich wie nie zuvor Stellung gegen den Krieg, hielt aber den gerechten Krieg – dessen Anlass man zunächst durch neutrale Vermittlung zu beseitigen versuchte – weiter für möglich.[901]

In Fanø 1934[902] hatte Bonhoeffers Andacht, die sog. „Friedenspredigt", die Stimmung entscheidend beeinflusst. Nur die gemeinsame Anstrengung aller Kirchen, so Bonhoeffer, kann die Botschaft vom Frieden auf Erden so sagen, „dass die Welt zähneknirschend das Wort vom Frieden vernehmen muss und dass ihre Völker froh werden, weil diese Kirche Christi ihren Söhnen im Namen Christi die Waffen aus der Hand nimmt und ihnen den Krieg verbietet und den Frieden Christi ausruft über die rasende Welt."[903] Pazifismus sei ein Gebot der Nachfolge: „Der menschliche Wille muss konfrontiert werden mit dem Gebot ‚Du sollst nicht töten'. Gott dispensiert nicht von der Erfüllung seines Gebotes. Der Mensch wird durch Übertretung vor Gott schuldig. Der Gott der Bergpredigt richtet ihn. Selbst wenn Krieg Wohlfahrt bedeutete, bliebe Gottes Gebot unerschüttert."[904] Man ahnt, wie schwer Bonhoeffer der Weg in den Widerstand gefallen ist.

Der Weltbund äußerte sich vorsichtig: Es sei keine Rede von Abrüstung und der Völkerbund habe nicht zu einem friedlichen Zusammenleben der Völker geführt. Die Delegierten des Weltbundes „nehmen mit innerer Beunruhigung wahr, daß wieder einmal Menschen mit dem Glauben eines bevorstehenden Krieges als einer Unabwendbarkeit spielen."[905]

---

900 Dam S. 304

901 Dieses Konzept entspricht der Idee des Völkerbundes und ist mit den Erfahrungen der folgenden Jahrzehnte und Kriege als leider zu idealistisch erledigt worden. Das Konzept eines gerechten Krieges aufzugeben, hätte damals bedeutet, die Nationalsozialisten machen zu lassen.

902 Zum folgenden Dam S.298ff

903 Zitiert nach Dam S. 299 – Dieser Text wurde 1983 von Delegierten der DDR bei der Vollversammlung des Ökumenischen Rates der Kirchen aufgegriffen und war Anstoß zu deren Initiative zum Prozess „Frieden, Gerechtigkeit, Bewahrung der Schöpfung". Dam S. 299, Anm. 150.

904 Zitiert nach Dam S. 300.

905 A.a.O.

Die Jugendkonferenz beschreibt Kirche antinationalistisch: „Die wesentliche Aufgabe der Kirche ist, das Wort Gottes zu verkünden. Deshalb kann die Kirche niemals eine Funktion … des Volkes sein. Die Kirche hat ihren Auftrag innerhalb des Volkes, aber nicht ‚vom Volke her.'"[906]
Der Weltbund formuliert vorsichtiger: Das Gewissen des Christen sei an Gottes Wort gebunden und Kriegsdienstverweigerung ein Gewissensentschluss. Er tritt für zivilen Ersatzdienst ein und „fordert von den christlichen Kirchen, dass sie diejenigen ihrer Mitglieder, die sich im Glauben an das Evangelium weigern, Waffen zu tragen, nicht verachten, sondern sie als ihre rechten Kinder betrachten und sie in ihren Bemühungen mit mütterlicher Liebe unterstützen und begleiten sollen."[907]
Der Weltbund wollte den Einfluss der Jugendkonferenz verringern, weil man es „seit langem als unmöglich angesehen [habe], daß dieser Teil der Arbeit von oder fast allein durch einen Mann wie Bonhoeffer bestimmt werden könnte."[908] Aber nach dem Beschluss von Fanø musste man in Chamby Position beziehen. Man könne durch Kriegsdienstverweigerung Kriege nicht vermeiden, aber Straftäter seien die nicht, die sich so entschieden. Der Weltbund hielt fest, „dass Christen immer Gott eher als den Menschen gehorchen müssen, so dass, wo immer ein Staat Forderungen erhebt, die das christliche Gewissen als gegen göttliches Gesetz gerichtet wahrnimmt, Christen es ablehnen müssen, diesen nachzukommen oder mitzumachen."[909] In Oxford 1937 wurde beschlossen, dass Kirchen Kriegsdienstverweigerer respektieren und nicht vom Abendmahl ausschließen sollten.[910]
Die politische Entwicklung ging in eine andere Richtung: Nach der Rückgabe des Saarlands am 1.3.1935 an Deutschland verkündete Frankreich eine allgemeine Wehrpflicht; Hitler führte sie am 1.5.1935 ein. Und für „Gewissensentscheidungen" war in der Ideologie der Nationalsozialisten kein Raum.[911]

---

906 A.a.O. S. 301.
907 Zitiert nach Dam S. 305.
908 Dam S. 305, Schönfeld an Gerstenmaier.
909 Message 17.8.35. Minutes Chamby 1935, zitiert nach Dam S. 306.
910 A.a.O. Anm. 15 – Sicher einer der Gründe für die besonders deutliche Ablehnung dieser Konferenz durch das nationalsozialistische Regime und den Vorwurf gegen Diestel, „Anhänger der Oxford-Bewegung" zu sein.
911 Darauf weist Conway S. 214 in anderem Zusammenhang zu Recht hin.

7. Fazit

Diestels Gutachten in Sachen Stöhr geht über vieles hinaus, was in dieser Zeit zum Thema gesagt wurde. Diestel war kein Pazifist – ich kann nicht entscheiden, ob seine Selbstbezeichnung als „alter Soldat“ als Tatsachenbehauptung oder ironisch gemeint war –, „im Kampf“ stand Diestel in diesen Jahren ständig. Außer dem Einjährig-Freiwilligen-Dienst bin ich auf keine Phase seines Lebens gestoßen, die solche Sicht erklärt. In einem Brief berichtet er wenig militärisch von einer militärischen Übung[912] in der Gegend von Dettingen. Vermutlich wollte er ein gewisses Einverständnis mit dem Adressaten seines Gutachtens herstellen. Immerhin hatte Diestel nicht wenige Verwandte, die Offiziere waren. Der einfachste Weg wäre gewesen, zum Fall Stöhr zu schweigen – alle Argumente für diesen hätten gegen ihn selbst verwendet werden können. Dass seine Bitte keinen Erfolg hatte und Stöhr hingerichtet wurde, hat Diestel kaum unberührt gelassen.

Der Kollektenstreit

1. Auch die BK braucht Geld

Die Bekennende Kirche war nicht nur eine Partei im Streit um die Kirche, sie wurde eine kirchenähnliche Organisation mit Gemeinden, Pfarrern und (später) Pfarrerinnen[913], Ausbildungsstätten (Predigerseminaren), Vikaren und eigenen Prüfungen. Man wurde „Kirche“ und fühlte sich als wahre Kirche. Freikirche wollte man nicht werden; angesichts der damaligen Diskussionen um Freikirchen und deren Einstufung als „Sekten“ wenig verwunderlich. 1933 schreibt Barth an Bonhoeffer: „Auch ich bin der Meinung, dass der status confessionis gegeben sei. ... Das wird ... bedeuten, daß man es der Kirchenregierung ... [und] auch öffentlich sagt: ‚Ihr seid in diesem Stück [dem Arierparagraphen] nicht mehr Kirche Christi!‘ Und es ist klar, daß dieser Protest ... weiter und weitergehen muß, bis das Ärgernis beseitigt ist – oder bis die Kirche mit einem Ausschluß oder mit

---

[912] Max an Else Diestel, Dettingen, 21.9.1906. Es klingt eher danach, dass der Ortspfarrer Diestel sich der Soldaten im Manöver um Dettingen herum annimmt, zumal deren Kommandant der Freund seiner Schwester Helene war.

[913] Die Frage nach dem Status der Theologinnen blieb lange Zeit auch in der BK umstritten; die Mehrheit sprach sich gegen eine Ordination von Frauen aus. Die Vikarinnen der BK und ihre Arbeit, später auch die Arbeit von Pfarrfrauen, die für ihre abwesenden Männer die Gemeinden leiteten, erzeugten einen Druck in Richtung Frauenordination. Kurt Scharf ordinierte 1942 die erste Theologin.

einer Mundtotmachung der Protestierenden antwortet. … Das Schisma muß, wenn es kommt, von der anderen Seite kommen."[914] So gab es eine Kirchenleitung, die sich „vorläufig" nannte, um sich nicht als zweite Kirche zu definieren. Auch die Reichskirche drängte nicht auf Klärung, sei es, um eine Wiedervereinigung nicht unmöglich zu machen, sei es, weil die Abspaltung der BK ein Beweis für das Scheitern ihrer Kirchenpolitik gewesen wäre, die das (ohnehin begrenzte) Ansehen der Repräsentanten der Reichskirche bei den Regierenden weiter erschüttert hätte. Schließlich ahnte man in den Vertretern einer eigenen, heidnischen „Religion" innerhalb der NSDAP gemeinsame Gegner.
Solche Aktivitäten müssen finanziert werden. Der Jahresbericht der BK Brandenburg weist im Jahr 1943 einen monatlichen Bedarf von ca. 40.000 RM aus, um alle Pastoren zu bezahlen, obwohl es sich bei deren Gehalt oft nur um einen Ausgleichsbetrag zum Wehrsold der Betreffenden handelte.[915]

2. Geld ist Macht

Im März 1935 beschloss das Preußische Staatsministerium ein Gesetz über die Vermögensverwaltung in den Evangelischen Landeskirchen: Der „für kirchliche Angelegenheiten zuständige Minister bildet bei dem Evangelischen Oberkirchenrat, den Landeskirchenämtern bzw. -räten und bei den Evangelischen Konsistorien je eine Finanzabteilung …[Sie] trifft ihre Entscheidung durch den Vorsitzenden nach vorausgegangener Beratung."[916] Die Finanzabteilung war „eine Kirchenbehörde mit staatlichem Auftrag."[917] Mit Vergabe von Geld wird also Macht ausgeübt.

Die Dritte Bekenntnissynode der APU 1935 erklärte:

„Die der Kirche gehörenden und ihr gegebenen Gelder sind dazu bestimmt, daß der Auftrag der Kirche in der Welt ausgerichtet werden kann. Darum ist auch die kirchliche Vermögensverwaltung von bekenntnismäßig gebundenen Organen auszuüben."[918] Im Gegensatz zum Vorsitzenden der Finanzabteilung, der – entsprechend dem Führerprinzip – allein entscheiden konnte, hielt die BK mit den

---

[914] Zitiert nach Röhm/Thierfelder, Ausgegrenzt S. 208.
[915] Schuppan, in: ders., Bekenntnis S. 245.
[916] Schuppan, in: ders. Bekenntnis, S. 215f.
[917] A.a.O. S. 216.
[918] Zitiert nach Schuppan, in: ders., Bekenntnis, S. 219.

Bruderräten und Bekenntnissynoden an der synodalen Verfassung auch in dieser Hinsicht fest.[919]

3. Spenden und Kollekten

Finanziert wurden die Aktivitäten der BK durch Spenden, mancherorts spielten Kirchenpatrone eine Rolle. Hinzu kamen die in Gottesdiensten erhobenen Kollekten. Wie die Reichskirche stellte die BK einen verbindlichen Kollektenplan auf.[920] Diese Kollekten muss die Gemeinde erheben; nur an „kollektenfreien" Sonntagen wird eine Kollekte nach Beschluss des GKR eingehoben. So war der Konflikt der zwei Kollektenpläne unvermeidlich.

Der Reichsinnenminister verfügte – als Strafaktion nach dem Scheitern der Kirchenausschüsse am 9.6.1937 –, dass nur Kollekten nach den Plänen der offiziellen Kirche in den regelmäßigen Gottesdiensten genehmigungsfreie Sammlungen seien.[921] Innen- und Kirchenministerium verschärften den Erlass durch die Bestimmung, dass nur Körperschaften des öffentlichen Rechts Kollekten erheben durften, womit die BK „aus dem Rennen" war.[922] Verstöße wurden strafrechtlich verfolgt. Ein zweiter Kollektenplan war also unmöglich, die Einnahmen aus Kollekten aber unverzichtbar – für die BK ebenso wie die Reichskirche. Gemeinden mussten sich entscheiden, zumal die Kriterien der BK für die Verwendung von Kollekten unerbittlich waren.

Die 5. Bekenntnissynode der APU (21.-27.8.1937) machte den Kollektenplan der BK für die Sammlung in den Gottesdiensten verbindlich. Man versuchte, die Beschlagnahme solcher Kollekten durch evtl. anwesende Beamte der Gestapo im oder nach dem Gottesdienst zu verhindern, indem man diese auf dem Altar deponierte und sofort nach Schluss des Gottesdienstes vereinnahmte.[923] Daraus er-

---

919 Schuppan, in: ders., Bekenntnis S. 238

920 Bis heute werden für ein Teil der Sonntage Kollektenzwecke von der Kirchenleitung festgelegt. Die Kirchengemeinden sind gehalten, die eingegangenen Gelder entsprechend abzuführen. Für Sonntage ohne festgelegten Kollektenzweck bestimmt der jeweilige GKR die Verwendung der Gelder.

921 Schuppan, in: ders., Bekenntnis S. 256, s.a. Sandvoß, Gottesdienste S. 133.

922 Beutel, S. 66.

923 So erlebe ich das heute noch. Dieses Verfahren gehört zum Erbe der BK, ebenso das gemeinsam gesprochene Glaubensbekenntnis (zum ersten Mal am 2.7.1933 in dem als Bußgottesdienst angelegten zweiten Gottesdienst dieses Tages in der Kaiser-Wilhelm-Gedächtniskirche, nach Schönherr in Schuppan, Bekenntnis S. 100) und Vaterunser, die Feier von Taufe und Abendmahl im Gemeindegottesdienst, die Predigt, die Wortauslegung sein soll, und die

gab sich ein Dauerkonflikt. Präses Scharf gelang es, die Polizeistellen in Potsdam und Frankfurt/O. von der Beschlagnahme von Kollekten abzubringen.[924]

Wie (auch) theologisch (!) wichtig die Frage für die BK war, zeigt das

„Wort der Bekenntnissynode Berlin vom Dezember 1937 zur Kollektenfrage:

1. Wir haben … die Kollekten … als ein Opfer erkennen gelernt, das die … Gemeinde ihrem Herrn als Antwort auf die Verkündigung des Evangeliums darbringt. …
2. …. Die Opfergaben dürfen … nur der Bezeugung des rettenden Evangeliums durch Wort und Tat dienen. ….
3. Es ist ein Raub am Eigentum Gottes, wenn die Opfergaben … zur Verbreitung einer fremden Lehre oder für eine andere Diakonie … verwandt werden. ….
4. Alle Werke und Anstalten der Kirche, die Opfergaben … in Empfang nehmen, müssen vor der Kirche Rechenschaft darüber ablegen, ob sie in Freiheit und Lauterkeit an der Bezeugung des Evangeliums mitarbeiten. …
5. Die ‚nationalkirchliche Bewegung' oder andere bekenntniswidrige Bewegungen haben (sic), … kein Anrecht auf die Opfergaben der Gemeinde. …
6. Alle kirchlichen Instanzen haben die Pflicht, … darüber zu wachen, daß die Gott gegebene Gabe ihrer Bestimmung nicht entzogen wird.
7. … Die Synode beauftragt … den Bruderrat, bei der Aufstellung eines Kollektenplanes die oben dargestellten Grundsätze anzuwenden, ….
8. Die Synode grüßt … alle Pfarrer und Glieder der Bekennenden Kirche, die wegen der Kollektenfrage ins Gefängnis gekommen sind. Wenn der Berliner Bruderrat … in der Aufstellung des Kollektenplanes und der Abführung der Kollekten gegenwärtig auch eine andere Haltung einnimmt als andere Provinzialbruderräte der Bekennenden Kirche der altpreussischen Union, so ist er in der grundsätzlichen Beurteilung der Kollektenfrage und des aus ihr entstandenen Kampfes der Bekennenden Kirche doch mit allen Provinzialbruderräten völlig einig und bezeugt, daß der staatliche Eingriff

---

Bibelarbeit in der Gemeinde. Auch Pfarrkonvente begannen mit einem Gottesdienst; und heute erlebe ich, wie man sich viel Zeit nimmt, dort Bibeltexte zu bedenken, ehe Thema und Dienstliches besprochen werden.

[924] Schuppan, a.a.O., S. 257.

> in das Kollektenwesen eine rein kirchliche Angelegenheit betrifft und die Kirche Christi an einer lebenswichtigen Stelle ihres Dienstes trifft."[925]

Aus theologischen Gründen steht die BK in Opposition zur Reichskirche, diese schlagen sich auch in der Definition der Kollekten nieder. Zugleich gibt es – auf beiden Seiten – ökonomische Notwendigkeiten, die einen Kompromiss unumgänglich machten.

4. Kampf und Kompromiss

Auch die Reichskirche hatte kein Interesse, die BK „auszuhungern", und war zu Vereinbarungen bereit. Der Bruderrat stimmte zu, den offiziellen Kollektenplan anzuerkennen, wenn die Reichskirche nur Kollektenzwecke bestimmte, die auch für Gemeinden und Pfarrer der BK annehmbar waren.[926]

Der Berliner Bruderrat entsandte Superintendent Paul Frisch (Pankow) in den Kollektenbeirat des Konsistoriums. Der altpreußische Rat „bedauerte" diese Kompromissbereitschaft, weil Kollekten doch für „die an *Gottes* Wort gebundene Gemeinde und ihre rechtmäßige Leitung bestimmt"[927] seien. Aber auch in der strikteren Richtung der BK fragte man, ob man den Kirchenkampf am Geld ausbrechen lassen solle. Zugleich waren wegen des Kollektenerlasses schon so viele Pfarrer verhaftet worden, dass der Staat deren Zahl nicht noch steigern wollte.

Immer möglich waren Gaben in besonderen Gottesdiensten, z.B. in den Dahlemer Fürbittgottesdiensten für Niemöller und andere Gefangene oder in anderen Veranstaltungen. Präses Jacobi wies in seiner Vernehmung am 5.11.1937 auf ein Abkommen zwischen dem Konsistorium der Mark Brandenburg und dem Berliner Bruderrat hin, nach dem „alle von den legalen Kirchenbehörden ausgeschriebenen Kollekten … restlos der Konsistorialkasse zugeführt" würden. „Anders sei es … an den kollektenfreien Sonntagen und sonstigen Gottesdiensten bzw. Bibelstunden."[928]

---

925 Vervielfältigt: Pfarrer Flemming, Berlin-Steglitz ELAB 10907/2 – 399.

926 Strittig und von der der BK nicht akzeptiert blieb die Kollekte für den deutsch-christlichen Frauendienst; hier einigte man sich so, dass man abwechselnd für diesen und die Frauenhilfe sammelte (Schuppan, a.a.O., S. 257).

927 Beschluss der 5. Preußensynode in Lippstadt, August 1937, zitiert nach Schuppan, in: ders., Bekenntnis S. 257.

928 Sandvoß, Gottesdienste S. 143.

Trotz aller Absprachen blieb die Kollektenfrage ein Hebel gegen unliebsame Pfarrer und Superintendenten. Man konnte gegen Anführer der BK vorgehen, indem man ihnen vorwarf, Kollekten für die BK abgeführt und so „unterschlagen" zu haben.[929]

Die Anklage richtete sich gegen prominente Mitglieder der BK: Pfarrer Dr. Karl August Heinrich Wiese, jahrelang „Schatzmeister" des Berliner Bruderrates, Pfarrer Heinrich August Hitzigrath, Stellvertreter von Präses Jacobi, Johannes Theile, Pfarrer in Staaken, einer der engagiertesten Mitstreiter von Martin Albertz in Spandau, Dr. Günther Harder einer der profiliertesten Köpfe des Brandenburger Bruderrates[930] und Max Diestel, Superintendent des am deutlichsten der BK zuneigenden Kirchenkreises.

Bewusst werden Menschen angeklagt, mit denen man die BK schwächen wollte. Die Klageschrift unterschied genau, ab und bis wann die „Unterschlagungen" geschehen sein sollten. Max Diestel wurde vorgeworfen, „von 1940 bis Oktober 1942 … bei der Abführung und Verwendung von Kollekten der evangelischen Kirche fortgesetzt vorschriftswidrig gehandelt" zu haben.[931] Dass es ums Ganze geht, zeigt die Anklage, die auch die Prüfungsämter der BK anführt. „Der Anklageentwurf lag der obersten Justizbehörde zwar erst im Frühjahr 1945 vor, die diesbezüglichen Vorbereitungen, darunter intensive Verhöre der Betroffenen, gehen bis in das Jahr 1943 zurück."[932] Das Verfahren wurde nicht durchgeführt, hat aber mit Vorermittlungen und Verhören die Beklagten beschäftigt und in dauernder Ungewissheit gehalten.

Die Anklage hebt die Rolle der „führenden Geistlichen" Diestel, Hitzigrath, Theile und Wiese hervor. Bei Max Diestel geht es um seinen Kirchenkreis: „Zusammenfassend ist auszuführen, dass von den 11 Berliner Kirchenkreisen nur der Kirchenkreis Kölln-Land I als ausgesprochene Domäne der BK anzusprechen ist."[933] So finden sich auch nahezu alle Namen von BK-Pfarrern in Diestels

---

929 Der betrügerische Umgang mit Geld ist ein Vergehen, das viele Menschen für denkbar und für verwerflich halten. Mit einem Vorwurf in dieser Richtung kann man ganze Menschengruppen in Verruf bringen.

930 Die Wertungen und Einordnungen entnehme ich Sandvoß, Gottesdienste S. 217.

931 A.a.O. S. 219.

932 Sandvoß, Gottesdienste S. 216ff.

933 Sandvoß, Gottesdienste S. 218f.

Kirchenkreis.[934] „Vor allem Sup. Diestel als – neben Hans Asmussen – ‚geistigem Kopf' käme eine ähnliche Bedeutung zu wie Generalsup. Otto Dibelius im Brandenburger Bruderrat. … [Er] habe seine Haltung und Entschlüsse in der Kollektenfrage nie abhängig gemacht vom Stand der Verhandlungen, die diesbezüglich Vertreter der Berliner BK mit dem Berliner Konsistorium führten."[935] Das zeigt, wie Diestel auch hier eine eigene Position einnahm und sich nicht hinter anderen versteckte.

Für den Verlauf des Verfahrens war nach Sandvoß wichtig, dass Dr. Wiese nach seinem Verhör 1941 die Tätigkeit als Schatzmeister der Berliner BK einstellte.[936] Zugleich erwartete die Staatsanwaltschaft so geringe Strafen, dass man auf öffentliche Anklageerhebung verzichten solle. Für die Kriegszeit hatte Hitler angeordnet, Verfolgung und Streit mit den Kirchen möglichst zu vermeiden.[937]

Diestel ließ sich von der Erhebung der Kollekten nicht abbringen. Wie das nach 1942 geschah, konnte ich nicht feststellen. Ich vermute, dass er die Gelder ihrer Verwendung auf einem weniger auffälligen Weg zuführte, möglicherweise in stiller Übereinkunft mit dem Konsistorium, das ebenso auf Kollekteneinnahmen angewiesen war. Es hatte auch eine Einigung mit der Reichskirche gegeben.[938] Präses Zimmermann schreibt:

---

934 Dr. Wiese (Nikolassee), Dr. Böhm (Zehlendorf), Petersen, Weschke, Bergemann (Lichterfelde), Garten, Messow, Moldaenke, Klamroth, Flemming, David (Steglitz), Geß (Zehlendorf), Dreß (Dahlem), Nehmitz (Grunewald), Lindemeyer und Hüffmeyer (Wilmersdorf). Von Lutzki (Lichterfelde) gehöre auch in diesen Kreis, sitze aber schon in Strafhaft. (Sandvoß, Gottesdienste a.a.O.).

935 Sandvoß, Gottesdienste a.a.O. S. 219.

936 Schon mit Datum vom 24.2.1938 schreibt die Gestapo: „Die Gottesdienste des Pfarrers Dr. Wiese in … Berlin-Nikolassee sind wiederholt überwacht worden. Anlass zu staatspolizeilichem Einschreiten, insbesondere wegen der Erhebung verbotener Sonderkollekten, haben (sic) die Beobachtungen nicht ergeben. Die Durchsicht der Bücher des Pfarrers Dr. Wiese haben im Gegenteil den Beweis erbracht, dass er die Kollekten ordnungsmäßig an das Konsistorium abgeführt hat." BArch R 5101/24086.

937 Seine Absichten zeigt der Entwurf einer Kirchenordnung im Warthegau. 1941 äußert Hitler: „Der Krieg wird sein Ende nehmen, und ich werde meine letzte Lebensaufgabe darin sehen, das Kirchenproblem noch zu klären. … Die organisierte Lüge muß gebrochen derart werden, daß der Staat absoluter Herr ist." Sandvoß, Gottesdienste S. 222. S.a. Conway S. 38ff., zum Warthegau S. 326ff.

938 Die Quellen sind sich nicht einig, ob diese Vereinbarung jemals umgesetzt worden ist.

„… Als geistlicher Leiter der Kirchenprovinz Mark Brandenburg möchte ich hierzu [Haft gg Geistliche wegen Einsammelns von Kollekten] darauf hinweisen, dass die Kollektenfrage inzwischen geregelt worden ist. … Die Kollektenbeträge werden sämtlich der Konsistorialkasse zugeführt werden. … Ich würde es daher für angezeigt halten, wenn die noch wegen Einsammelns nichtrechtmässiger Kirchenkollekten in Haft befindlichen Pfarrer entlassen werden würden, und befürworte diese Entlassung dringend. …
Gez. Zimmermann“[939]

Die Rechtsanwälte der Inhaftierten beantragten deren Entlassung, weil Verfahren seit langem nicht mehr stattfanden.[940]
Fritz Figur, Gründungsmitglied des Berliner Pfarrernotbundes, berichtet über Erfahrungen an der Segenskirche (Prenzlauer Berg): „… die Feinheiten der Auseinandersetzungen mit den Deutschen Christen wurden in unseren relativ kleinen Verhältnissen im Berliner Norden [nicht so deutlich]. … Diese Leute hatten eigentlich nur den Grundsatz, ‚Kirche muß Kirche bleiben!‘ Sie haben sich über die BK-Synoden in Dahlem und Barmen gefreut, … Sie lehnten auch den ‚Arierparagraphen‘ ab. Wir haben im Norden überhaupt im Windschatten gelebt. … Ich habe bis Kriegsbeginn … jedes Mal für die Bekennende Kirche gesammelt. Mir ist nie ein Haar gekrümmt worden. Auch die Fürbitte [für verfolgte Glaubensanhänger] wurde nicht behindert. Obwohl auch bei uns [im Gottesdienst] die Gestapo dabei war.“[941] Je genauer man hinsieht, wird sich ergeben, dass die Maßnahmen nicht überall gleich strikt waren; Gründe sind nur örtlich zu erheben. Die Anklage gegen Diestel sollte in seiner Leitung den „widerständigsten“ Kirchenkreis treffen.[942] Nach einem siegreichen Krieg hätte sich der Hebel geboten, ihn und andere „unschädlich“ zu machen – Diestel vielleicht „nur“ durch die Pensio-

939 EZA 50/232 Nr. 38 Präses Zimmermann am 7.10.1937.
940 EZA 50/232/13-15 Klapproth Vikar, Strafsache, 4.10.1937, Antrag auf Entlassung aus der U-Haft; Nr. 16-19: Elimar Kintzel, Prädikant, Haftbefehl aufgehoben wg. Verstoß gegen das Sammlungsgesetz.
941 Figur nach Sandvoß, Gottesdienste S. 70.
942 Mit Datum von 7.6.1944 bittet der Kirchenminister den Justizminister, die Akten zu übersenden oder Auskunft über den Stand des Verfahrens zu geben mit der Bitte, „der Entsprechung zum mindesten meines zuletzt ausgesprochenen Ersuchens gefälligst den erforderlichen Nachdruck zu verschaffen.“ Ob das Justizministerium die Klage einstellen und darüber das Kirchenminsterium im Unklaren lassen wollte? BArch R 5101/24086.

nierung, der er sich 1940 entzog. Als „moderat und umsichtig“[943] empfand Diestel weder die Reichskirchenleitung noch die Anklagebehörde. Man darf nicht übersehen, wie diese seine Arbeit durch die Voruntersuchungen gestört haben – zeitweise war die Gestapo Dauergast im Haus am Tietzenweg.

Die Frage nach dem Treueid

„Herr Superintendent Diestel ist für einige Tage verreist und wird am 20. d. M. nicht in Berlin sein. Wie ich aus verschiedenen Äusserungen von Herrn Superintendent entnommen habe, hat er den Treueid bereits vor einigen Jahren geleistet. i.A. Rodenbrock, Ephoralsekretärin“[944]. Die „Ephoralsekretärin“ erinnert sich richtig[945]: In Diestels Personalakten findet sich das Protokoll einer Vereidigung: „Ich schwöre: Ich werde dem Führer des Deutschen Reiches und Volkes Adolf Hitler treu und gehorsam sein, die Gesetze beachten und meine Amtspflichten gewissenhaft erfüllen, so wahr mir Gott helfe.“[946]

Diese (wahrscheinlich erneute) Vereidigung 1934[947] hatte mit dem Tod Paul von Hindenburgs zu tun, nach dem sich Hitler auch dessen Funktion als Reichspräsident übertragen ließ.[948] In der Präambel steht: „Ein im deutschen Volk wurzelndes, von nationalsozialistischer Weltanschauung durchdrungenes Berufsbeamtentum, das dem Führer des Deutschen Reichs und Volkes, Adolf Hitler, in Treue verbunden ist, bildet einen Grundpfeiler des nationalsozialistischen Staates.“[949]

---

943 So charaktersiert – neben anderen – Sandvoß, Gottesdienste S. 86 Max Diestel.

944 Brief vom 17.5.1938 (Personalakt Diestel).

945 … oder wurde von Diestel richtig informiert.

946 „§ 1. Die öffentlichen Beamten und die Soldaten der Wehrmacht haben beim Eintritt in den Dienst einen Diensteid zu leisten. … § 3. Die im Dienst befindlichen Beamten sind unverzüglich gemäß § 2 Ziffer 1 zu vereidigen.“ Gesetz über die Vereidigung der Beamten und der Soldaten der Wehrmacht vom 20. August 1934.

947 Es ist davon auszugehen, dass Diestel – wie andere auch – bereits bei seinem Amtsantritt vereidigt worden ist, wahrscheinlich 1925.

948 Den Tod Hindenburgs kommentiert Diestel in einem Brief an Siegmund-Schultze: „Wir sind noch alle vom Tode HINDENBURGs bewegt und erschüttert. Er bedeutete für unsere evangelische Kirche einen starken Rückhalt. Es geht einem durch den Sinn: Quid sum miser tunc dicturus? / Quem patronum rogaturus / Com vix justus sit securus? Man kommt unwillkürlich ins eschatologische Denken hinein.“ [2.8.1934, EZA 626/1183 (der lat. Text lautet: Was soll ich Armer dann sagen/ Welchen Beschützer bitten/ wenn (schon) kaum der Gerechte sicher ist?)].

949 Deutsche[s] Beamtengesetz, 26. Januar 1937.

„Die besondere Verbundenheit mit Führer und Reich bekräftigt der Beamte mit folgendem Eide, den er bei Antritt seines ersten Dienstes zu leisten hat …“[950] Das Problem der Vereidigung 1938 ist weder der Eid noch sein Wortlaut, der sich für Beamte, Hochschulprofessoren,[951] Krankenschwestern und manche Studentengruppen nicht von dem 1934 unterscheidet. Der BK geht es um den Rahmen: Der Oberkirchenrat hatte für die Eidesfeiern eine „Ansprache“ entworfen, die den Eid zu dem Konfliktfall machte, den die BK fürchtete – dieser „Rahmen“ konnte nicht ausgeblendet werden, zumal es einen Entwurf für die Ansprache gab, die bei dieser Vereidigung zu halten war.[952]

Der „Steglitzer Anzeiger“ berichtet:

> „*Der Treueid der Geistlichen*
> Eine Ansprache des Oberkirchenrats
> Nach der zum Geburtstag des Führers erlassenen Verordnung über den Treueid sind die Geistlichen der Evangelischen Kirche der altpreußischen Union verpflichtet, als Träger eines öffentlichen Amtes **dem Führer den Eid der Treue und des Gehorsams** zu leisten. Der Evangelische Oberkirchenrat gibt die Ansprache bekannt, die in seinem Auftrage den Geistlichen bei der Ableistung des Treueides vorzulesen ist. So gewiss das geistliche Amt seinen Auftrag von dem Herrn der Kirche selbst habe, so sei es doch als ein öffentliches Amt innerhalb der Volksgemeinschaft in Treue gegen Führer, Volk und Reich zu führen. Dies werde durch den Treueid der Pfarrer bekundet. Wenn die Evangelische Kirche den Eid der Treue zum Oberhaupt des Staates wie in vergangenen Zeiten zu einer verbindlichen Ordnung für alle ihre Amtsträger mache, so bedeute das mehr als nur eine Bestätigung der den Christen durch das Neue Testament eingeschärften Pflicht, sich der Obrigkeit unterzuordnen. Es bedeute **innerste Verbun-**

[950] § 4 Abs. 1.

[951] Kurt von Fritz und Karl Barth waren die einzigen Hochschullehrer in Deutschland, die 1934 den Führereid verweigerten.

[952] Ich finde es erstaunlich, dass man im Fall von Pfarrern eine vorgefertigte Ansprache vorlegte. Bei rhetorisch wenig Geübten mag eine Vorlage durchaus hilfreich sein: Ich fand es immer gut, dass „meine“ Bürgermeister für ihre Ansprache am Volkstrauertag auf die Vorlage des VdK zurückgreifen konnten. Im Fall des Treueides scheint mir die „Ansprache“ eine Art Vermahnung der Kirchenleitung zu sein, die auf diese Art einschärft, welche Stellung Kirche und Pfarrer im Deutschen Reich einzunehmen hätten.

> **denheit mit dem Dritten Reich,** der neuen Gemeinschaft des deutschen Volkes, in der die Evangelische Kirche leben wolle, und mit dem Manne, der diese Gemeinschaft geschaffen habe und verkörpere. In der Ansprache wird darauf hingewiesen, daß die Leistung des Treueides in der Form des allgemeingültigen Beamteneides der Rechtsstellung des Pfarrers im Gesamtbereich des öffentlichen Rechts entspreche. Zugleich werde dadurch anerkannt, daß das kirchliche Amt unbeschadet seiner Eigenart dem Amt des öffentlichen Beamten gleichwertig ist. … Ein Treueid auf den Führer liege jenseits aller Verschiedenheit kirchlicher Anschauungen, er bedeute die persönliche Bindung an den Führer unter feierlicher Anrufung Gottes."[953]

Indem sie in eine Reihe mit Beamten usw. gestellt werden, sehen viele Pfarrer einen Konflikt mit ihrem Ordinationsversprechen. Bei aller Staatstreue sollte klar bleiben, dass Pfarrer dem Evangelium und dem Herrn der Kirche verpflichtet sind.
Leider erwies sich die evangelische Kirche als in dieser Frage geradezu peinlich zerstritten: Die Bekennende Kirche lehnte den Eid ab, die Deutschen Christen und der Lutherrat befürworteten ihn; die Landesbischöfe der intakten Landeskirchen verlangten ihn von ihren Pastoren bzw. Pfarrern.
So kam es zum Streit. Die Reichskirchenleitung würde so eher Zweifel an der Regimetreue der Pfarrer verursachen als die Verbundenheit der Kirche dem Führer als Geburtstagsgeschenk „überreichen" zu können.
Wieder einmal drohte die BK zu zerbrechen und bot ein Bild der Schwäche – zumal auf dem Höhepunkt der Streitereien von staatlicher Seite der Eindruck erweckt wurde, man habe die Vereidigung von Pfarrern nie gefordert. So waren am Ende alle blamiert.
Die Art, wie Diestel die erneute Vereidigung 1938 umgeht, ist eine deutliche Missachtung: Er „wird unterwegs" sein, entschuldigt sich nicht, lässt seine Sekretärin die Abmeldung erstatten, die sich auf Hörensagen beruft, nicht einmal ein Datum der bereits geschehenen Eidesleistung vorlegt. Er argumentiert nicht, sondern ignoriert auf eine Art, die kaum unbemerkt bleiben kann.[954]

---

953 ELAB 10907/2 – 400, Steglitzer Anzeiger Nr. 137, 19.5.1938 – Die „bekenntniswidrige Ansprache" ist auch der Anstoß für den Preußischen Bruderrat, vgl. EZA 10907/2 – 399.
954 Das Beispiel Klapproths zeigt eine weitere Art, mit dem Eid umzugehen. Er schreibt seiner Mutter: „Daß der Eid mir … Konflikte bringen kann, hoffe ich nicht. Das könnte nur der Fall sein, wenn von mir die Ausführung von Befehlen verlangt wird, welche den offenbaren

Zuspitzung

1. Weltbund – Tagungen

Zwischen Max Diestel und seiner Kirchenleitung standen nicht mehr nur einzelne Fragen, die Situation wurde grundsätzlich angespannt und gipfelte im Versuch, ihn in den Ruhestand zu versetzen, von dem er – wie beiläufig – schreibt: „… muß man sich darauf einstellen, daß bald ein anderer den Ephoralstab über Dahlem schwingt …“[955]

Neben Anträgen auf Erholungsurlaub finden sich Anträge auf Urlaub für Veranstaltungen des „Weltbundes“, oft verbunden mit einigen freien Tagen, in seiner Personalakte. Dort sind seit 1928 regelmäßige Abmeldungen zu Tagungen oder Veranstaltungen des Weltbundes aufgeführt.[956] In den Anfangsjahren des Dritten Reiches waren sie noch unstrittig, als man auf Ansehen im Ausland bedacht war. Auch nach der Auflösung der Deutschen Abteilung fuhr Diestel zu Tagungen des Weltbundes. Als diese Teilnahme kritisch gesehen wurde, bediente er sich eines Tricks. 1937 z.B. teilt Diestels Sekretärin Rodenbrock der Kirchenleitung mit: „Im Auftrag von Herrn Superintendent DIESTEL teile ich ganz ergebenst mit, dass Herr Superintendent zur Teilnahme an der Tagung des Arbeitsausschusses des WELTBUNDES für FREUNSCHAFTSARBEIT der KIRCHEN bei London gefahren ist und voraussichtlich am 11. August zurückkehrt. Heil Hitler! Rodenbrock, Ephoralsekretärin“[957]

Diestel hatte nicht zum ersten Mal auf Genehmigung wie Absprachen mit dem Kirchlichen Außenamt „verzichtet“. Die Situation hatte sich angespannt, so dass in diesem Fall die Rüge vom Minister kommt:

> „… hat der Herr Minister bestimmt, daß jeder Auslandsreise, die Sie oder andere Herren der Deutschen Vereinigung des Weltbundes ... unternehmen wollen, eine Fühlungnahme mit dem kirchlichen Außenamt der Deutschen

---

Geboten Gottes widersprechen. In *solchem* Fall steht ohne Frage der Gehorsam gegen Gott ... höher als der Gehorsam gegen Menschen. … Zumal als ordinierter Pfarrer bin ich … auch an mein Ordinationsgelübde gebunden. Das gilt für mich.“ Beutel, Klapproth S. 157.

[955] Diestel an Gollwitzer 16.1.1940 – „über Dahlem“ – eine deutliche Vorwarnung Gollwitzers, EZA 686/1929-686/1933.

[956] Personalakte Diestel.

[957] Schreiben vom 28.7.1937.

> Evangelischen Kirche vorauszugehen hat. Wir erwarten, daß Sie künftig diesem Verlangen nachkommen. gez. Dr. Werner“ [958]

Im Juli 1938 ist er als „Führer der deutschen Delegation bei dem Internationalen Rat des Weltbundes“ nach Larvik verreist. Eigentlich ist klar: Die Absprache mit dem Kirchlichen Außenamt und Antrag auf Genehmigung werden erwartet. Angesichts seiner bei anderen Gelegenheiten bewiesenen Kenntnis rechtlicher Bestimmungen ist es kaum möglich, ihm Unwissen zu unterstellen. Er ignoriert die Regelung, um ein Verbot zu vermeiden, gegen das zu handeln, alle Möglichkeiten disziplinarischer Maßnahmen eröffnet hätte. Er versucht, im „Graubereich“ des Unerwünschten, aber nicht ausdrücklich Verbotenen, zu bleiben.
Eine Genehmigung hätte er nicht bekommen, weil er nicht bereit war, die Position der deutschen Regierung zu vertreten,[959] machte sich aber so mitverantwortlich für Resolutionen des Weltbundes, die das Regime als gegen sich gerichtet verstand. Erst diese Resolutionen aber führen dazu, dass die fehlende Genehmigung zum Thema und Hebel gegen Diestel genommen wird.
Die Verschärfung der Lage schlägt sich in einer handschriftlichen Einfügung im Ministerium Kerrl nieder: „... ersuche ich, Superintendent Diestel in meinem Namen zu eröffnen, daß seine Erklärung, die er namens der deutschen Delegation zu der Entschließung des Weltbundes ... betreffend das Flüchtlingsproblem abgegeben hat, *mich stärkstens befremdet und in keiner Weise* als ausreichend angesehen werden kann.“[960] Am Rand ist vermerkt:

> „Anm.: Diestel ist ein ganz übler BK-Merkiter, der seine Ablehnung gegen den heutigen Staat im Niemöller-Prozeß sehr deutlich zum Ausdruck gebracht hat. X ist beinahe zu friedlich.“ Und, andere Handschrift: „Auch meine Ansicht. Geändert.“[961]

---

958 Der Evangelische Oberkirchenrat, 3.11.1938.
959 ... und hätte bei einem ausdrücklichen „Nein“ auch nicht fahren können.
960 BArch R 5010/23133 Bl. 251, 28.9.1938.
961 A.a.O. – Das Wort „Merkiter“ ist schwer lesbar. Es bezeichnet einen Stamm südlich des Baikalsees, der Dschingis Khan mehrfach hintergangen haben soll. Als Verrat am „Führer“ sah man das Verhalten der BKler. Röhm/Thierfelder, Entrechtet (2), S. 210 lesen „BK-Vertreter“, was auch möglich ist. Wer „X“ ist, war nicht zu ermitteln; wahrscheinlich handelt es sich um den Verfasser des Schreibens, entweder Kerrl selbst oder ein von ihm Beauftragter.

Der Aktenvermerk des Kirchenministeriums zeigt, dass es nicht um Formales geht:

> „Heckel [der Auslandsbischof] gab seinem Missfallen Ausdruck, daß Superintendent Diestel zur Tagung des Weltbundes für Freundschaftsarbeit gefahren sei, und daß dort allein 1 ½ Tage dem Thema ‚Flüchtlingsarbeit' gewidmet seien."[962]

Das Thema schafft die Unruhe. Selbst Diestel wird nicht so berichten können, dass er kein Missfallen erregt. Die Beschlüsse in Larvik[963] machen sein Verbleiben im Amt unerträglich – oder bieten Anlass, ihn loszuwerden.

2. Larvik 1938

a) Die Tagung

Auf der Tagung in Larvik[964] beschäftigte sich der Weltbund mit seiner schwindenden Bedeutung, also mit sich selbst. Verglichen mit dieser späteren Bewertung

---

962 BArch R 5010/23133 Bl. 257, Aktenvermerk des Kirchenministeriums Betr. Besprechung mit Bischof D. Heckel, 29.8.1938.

963 Ich verwende (außer in Zitaten) die übliche Schreibweise, in den Dokumenten findet sich „Lärwik", „Larwik" oder auch „Lärvik".

964 Dam über Larvik: Im Mittelpunkt standen Minderheitenfragen und das Flüchtlingsthema, man versuchte Bedingungen für das Leben als religiöse Minderheit in einem Land zu formulieren (Dam S. 439). In der Flüchtlingsfrage hatte der Vertreter des Völkerbundes v.a. auf die Situation von Flüchtlingen aus totalitären Staaten hingewiesen. Viele könnten nicht mehr zurückkehren und blieben staatenlos. „Vor allem für jüdische Flüchtlinge sei die Situation unhaltbar." „Von der deutschen Delegation wurde darauf ein spezieller Aufruf vorbereitet, in dem auf die aussichtslose Situation ‚nichtarischer' Christen in Deutschland und Österreich hingewiesen wurde. ‚Für sie bleibt kaum eine andere Wahl als auswandern oder sterben.'" „Während wir die Schwäche, das Zögern und das Versagen von Christen in dieser Angelegenheit eingestehen, sind wir vom Anwachsen rassischer und religiöser Intoleranz überall in der Welt entsetzt. Wir halten sie für eine völlige Ablehnung des Glaubens an die Vaterschaft Gottes und die Brüderlichkeit unter den Menschen, wie sie in Jesus Christus offenbart wurde." „Hermann Maas und Max Diestel … sprachen noch im August 1938 mit Heinrich Grüber … über die Ausweitung seines Büros für die Hilfe an jüdischen Flüchtlingen" (Dam S. 346f.) Solche Inhalte hätten den „Herrn Reichsminister" sicher nicht erfreut. Diestel hätte es entsprochen, den Text der Erklärung wiederzugeben und ihre Adresse, Wirkung und Entstehen kleinzureden. Dam berichtet, dass der deutsche Pfarrer in Oslo, Gast der Tagung, Auslandsbischof Theodor Heckel über ein Referat

der Konferenz zieht sie in Deutschland in einem fast grotesken Maß Kreise. Diestel gibt dem Kirchenminister einen Vorbericht[965], der fordert am 1.9. den Tagungsbericht an[966], vielleicht angeregt durch einen Artikel der „Basler Nachrichten“ vom 20.8. über die Tagung.[967]
Strittig sind Resolutionen, die das Deutsche Reich als Angriff verstehen musste. [968] In den Akten finden sich „auszugsweise Abschrift[en]“. Es geht um das „traurige Geschick“ der Juden[969]:

> „Das traurige Geschick derer, die nach den Nürnberger Gesetzen als ‚Juden‘ gelten, trifft in vollem Masse auch alle nichtarischen Theologen und Pfarrer, sowohl solche, die selbst irgendeinen Prozentsatz nichtarischen Blutes in sich tragen, als auch solche, die verheiratet oder verlobt sind mit nichtarischen Frauen oder Mischlingen. In Deutschland kann ihnen keine Kirche, auch keine Missionsgesellschaft oder andere christliche Einrichtung einen Platz sichern, da sofort unübersehbare Schwierigkeiten auftreten. Das gilt auch von den deutschsprechenden Kirchen im Auslande mit verschwindenden Ausnahmen.“

Die Resolution konzentriert sich auf die Folgen der „Nürnberger Gesetze“ für Pfarrer und Theologen, ist aber „durchsichtig“ für die Lage von Juden in Deutschland allgemein. Eine weitere Resolution protestiert „gegen die Bombardierung offener Städte“[970]:

> „Der Weltbund ... spricht seinen tiefen Abscheu vor den wiederholten Bombenabwürfen auf offene Städte in China und Spanien aus. Er verurteilt diese blinde und erbarmungslose Vernichtung schutzloser Völker, die uns in einen Zustand der Barbarei versetzt, den wir durch die christliche Zivilisation für überwunden hielten.“

---

zu der Frage, wie weit Friedensarbeit biblisch begründet sei, berichtet habe (Dam S. 344). „Man“ hätte also Bescheid gewusst.

965 Am 6.8.38, BArch R 5101/23133 Bl.219-220.

966 A.a.O. Bl. 221.

967 A.a.O. Bl. 222.

968 Dam S. 346.

969 A.a.O. Bl. 224.

970 A.a.O. Bl. 225.

Eine Untersuchung soll klären, ob es dafür „auch nur einen sachlichen militärischen Vorwand“ gegeben habe. Wenn nicht, müsse man Druck ausüben, „damit diese barbarischen Massnahmen ein Ende nehmen.“ Man kann den Satz zwar kritisch lesen (im Sinn von „auch nur“), ihn aber auch so verstehen, als ob militärische Gründe Barbarei gegen Zivilpersonen rechtfertigten.
Der handschriftliche Kommentar nutzt die Chance: „Eben festgestellt, dass von 41 Bombardierungen 40 militärischen Gründen dienten.“ Nachdem Deutschland in den Bürgerkrieg in Spanien verwickelt war, musste die Regierung die Frage aber auch als gegen sich gerichtet lesen, ebenso wie den typischen „Weltbund-Text“ zur Lage „der protestantischen Flüchtlinge in Spanien“[971]:

> „In Kenntnis der Tatsache, dass eine größere Anzahl von Kindern, Frauen und Greisen, die der protestantischen Minderheit in Spanien angehören, im Blick auf die anhaltenden Entbehrungen und furchtbaren Bombenangriffe, denen sie ausgesetzt waren, jenseits der Grenzen ihres Landes in Sicherheit gebracht werden mussten,
> überzeugt, dass ihr Geschick umso mehr unserer tiefsten Anteilnahme bedarf, als die spanischen Protestanden (sic) für den Bruderkrieg, der ihr Land verwüstet, nicht verantwortlich sind,
> bewusst, dass die Flüchtlinge jetzt auf die Hilfe der Kirchen, bei denen sie Aufnahme gefunden haben, angewiesen sind,
> empfiehlt sie der Internationale Rat des Weltbundes der tatkräftigen Unterstützung aller ihrer Brüder und Schwestern in Christo.“

Lange Sätze und Forderungen ohne handelndes Subjekt: *Wer* soll unterstützen oder eingreifen? So kann man Mehrheiten über Differenzen hinweg erreichen: Ist niemand zum Handeln aufgefordert, muss niemand den Text auf sich beziehen. Die deutsche Regierung aber empfindet selbst versteckte Kritik[972] als ehrverletzend. Man hätte von der deutschen Delegation Widerspruch, besser noch Boykott, aber sicher nicht einen Entwurf über die aussichtslose Situation ‚nichtarischer‘ Christen in Deutschland und Österreich erwartet. „Für sie bleibt kaum eine andere Wahl als auswandern oder sterben.“ So wahr das ist, so wenig sollte es gesagt werden – schon gar nicht von Deutschen im Ausland. In Anwesenheit des

---

[971] A.a.O. Bl. 226.

[972] Dass sie diesen allgemeinen Text als Angriff versteht, zeigt schlechtes Gewissen …

Kirchlichen Außenamtes wären die Texte nicht beschlossen worden, wie sich auf anderen Weltbund-Tagungen gezeigt hat. Dass es die Resolutionen trotz Diestels Anwesenheit gab, bewies dessen oppositionelle Haltung. Gefährlich für das Reich ist keiner dieser Texte – man kann sie aber nutzen, um Diestel loszuwerden.
Wer die Abschriften fertigte und dem Ministerium sandte, ist unklar.[973] Möglicherweise stammen sie vom Gesandten des Deutschen Reiches in Oslo. Sollte es sich um die von Diestel angekündigten Abschriften handeln, fehlt auf ihnen die in seinen Schreiben verwendete Bezeichnung der Dokumente.

„Die Hoffnung auf eine friedliche Welt“ wird (nur) als Aufgabe für Christen und Kirche(n) beschrieben, weil deren Uneinigkeit ein Zeugnis des Friedens verhindere. Der Weltbund will mit allen zusammenarbeiten, die „Bruderschaft und Frieden erstreben.“ Das muss der NS-Staat nicht wichtig nehmen, selbst wenn ihm weniger Friede denn „Gerechtigkeit“ vorschwebt im Sinn eines vermeintlichen Rechts der Deutschen auf Land, Stellung in der Welt und Volkstum. „Gebete für den Frieden“ sind für den Staat höchstens dann interessant, wenn sie der „Wehrwilligkeit“ schaden,[974] eine Ausnahmelösung für einen Hermann Stöhr fürchtete man als Präzedenzfall.
Die „Bedingungen für das Leben einer Minderheitskirche“ sollen ein Miteinander der Verschiedenen innerhalb wie zwischen Ländern ermöglichen. Der Weltbund beschreibt einen pluralen Staat,[975] der auf der Grundlage der alle verbindenden Verfassung seiner Bevölkerung die Freiheit lässt, den je eigenen Glauben zu leben, und der davon absieht, „Philosophien oder ethische[n] Systeme“ aufzuerlegen. Freiheit zu Gottesdienst wie Ausbildung der Jugend oder der Muttersprache usw. scheinen unspektakulär. Sie ist aber jeder Ideologie fremd, die den Staat auf dem Volkstum aufbaut. Minderheiten werden gleichgeschaltet oder verfolgt; angeblich oder wirklich bedrohte deutsche Minderheiten in anderen Ländern werden als Begründung für Aggression gebraucht.

---

973 Diestel bezieht sich in seinem zweiten Schreiben auf beigelegte Anlagen, die in den Akten aufgehobene Abschriften tragen, aber nicht die Buchstaben, auf die Diestel sich bezieht.
974 Das ist freilich ein Urteil im Nachhinein. In nicht wenigen Fällen hat sich gezeigt, dass auch das kirchliche Fürbittengebet mit solchen Bitten als Opposition angesehen und zum Gegenstand von Denunziation und gerichtlichen Verfahren gemacht worden ist.
975 Auch das ist ein Urteil im Nachhinein, dem Weltbund lag im Grund eine derartige Vorstellung fern und ein religiös pluraler Staat wäre ihm undenkbar erschienen. Text: Dam S. 439.

b) Larvik im Rückspiegel I: Diestels Berichte

Diestel berichtet dem Reichskirchenminister bzw. Landgerichtsrat Haugg,[976] ebenso berichtet die Deutsche Gesandtschaft Oslo und legt zehn Anlagen bei.[977] Dieser – übliche – Bericht war kritisch, weil man in den Resolutionen eine dem Deutschen Reich gegenüber feindliche Haltung fand, die die Gesandtschaft weniger verschleiern musste als Diestel.

Der nähert sich dem Thema vorsichtig, schildert das „bunte Bild“ der Verhandlungen und Sprachen wie die Vielzahl der vertretenen Länder. Die Teilnahme der Deutschen habe sich als „richtig“ erwiesen: als „Bindeglied zwischen dem orthodoxen Südosten und dem lutherischen Nordwesten Europas“. Auch Diestels Teilnahme war, soll man lesen, im deutschen Interesse. „Wir Deutsche wurden durchweg sehr freundlich aufgenommen“ – schreibt er und verschweigt, dass sich die „freundliche Aufnahme“ wohl mehr auf die Personen als auf „die Deutschen“ bezogen haben wird,[978] er habe die Eröffnungspredigt halten dürfen. „Anwesenheit war besser als Boykott“, soll man hören.[979]

Ausführlich berichtet er über Probleme von Deutschen und Orthodoxen in Polen und vom Beifall für ein Minderheitengesetz Rumäniens, das von der „siebenbürgischen Kirche“ „dankbar begrüßt“ worden sei. „Das Gesetz kommt den Ratschlägen, die der Weltbund für die Behandlung der religiösen Minderheiten aufgestellt hat, weit entgegen.“

Dann nähert er sich dem kritischen Thema: Die Nationalregierungen wurden gebeten, „ihrerseits alles zu tun, um den nichtarischen Christen zu helfen, irgendwo Lebens- und Arbeitsmöglichkeit ausserhalb der Länder zu finden, wo sie nicht bleiben können, weil sie nicht erwünscht sind.“ Unerwähnt bleibt, um welche Länder bzw. Regierungen bzw. um welche außer der deutschen Regierung es sich

---

976 BArch R 5101/23133 Bl. 232-234, 7.9.1938.

977 Welche Anlagen das waren, ist nicht ersichtlich. A.a.O. Diestel Bl. 232-234, Gesandtschaft Bl. 235-236.

978 „Die ausländischen Kirchen werden aber uns so lange als nicht voll angesehen, als wir Arierparagraphen … vom Staat übernehmen …. Wir waren früher führend in ökumenischen Angelegenheiten, jetzt müssen wir froh sein, wenn sie noch auf uns ‚Alte‘ hören. Die ‚Nazikirche‘, wie sie sagen, ist für sie keine eigentliche Kirche mehr. Das ist ein politischer Verlust größten Ausmaßes Er zeigt sich jetzt bei den Verhandlungen in Genf.“ Briefentwurf oder Abschrift eines Briefes Max Diestels, Empfänger unbekannt, 27.9.1933 – Archiv Gudrun Diestel, Unterstreichung im Original.

979 Diestel riskiert freilich die Frage, warum der Einfluss der Deutschen nicht groß genug war, Resolutionen gegen Deutschland zu verhindern.

handeln könnte. Man habe auch über die Aufnahme von Geistlichen gesprochen, die „aus rassischen Gründen hier in Deutschland unmöglich geworden ist." Diestel bringt sich hier selbst ein: „... konnte ich ... [im Namen] der Deutschen Delegation erklären, daß ich in diesem Aufruf keine Kritik der Maßnahmen der deutschen Regierung oder irgendeiner anderen Regierung erblicken könne, sondern lediglich einen Versuch, christlichen Glaubensgenossen in Not pflichtgemäß zu helfen. Sonst würde ich diesem Aufruf nicht zugestimmt haben, in dem ich einen Weg sehe, einen für die deutsche evangelische Kirche auf die Dauer schwer tragbaren Zustand zu beseitigen. Der Beifall zeigte, daß die Versammlung mit dieser Erklärung völlig einverstanden war."[980] „Die Not der Exulanten und Staatenlosen ist bekanntermaßen ja riesengroß und ohne Hilfe der Kirchen, insbesondere durch seelsorgerlichen Rat und Trost, gar nicht zu bewältigen."

In diesem Satz sind Juden – ohne explizit genannt zu werden – eingeschlossen. Diestel redet über Abhilfe gegen und nicht über die Urheber der Probleme. Die Resolution beschreibe Aufgaben der Kirche(n) und bezieht die „Hilfe der Kirchen" mit „Rat und Trost" (nur) auf Seelsorge. In die Politik haben wir uns „nicht eingemischt", will Diestel sagen. Das ist für die Machthaber weder glaubwürdig noch erträglich, weil er damit einen freien Raum kirchlichen Handelns reklamiert, den die deutsche Regierung nicht einräumen wollte.

Am Ende kann auch Diestel den Eindruck von Kritik an der Deutschen Regierung nur abfedern: „auch" die deutsche Regierung sei gemeint, „auch" Juden seien unter Staatenlosen und Flüchtlingen. Deutlich wird die Zunahme rassischer und religiöser Intoleranz beklagt – Grund für Diestel und Maas, bei Grüber vorzusprechen, um die Aktivitäten des „Büro Grüber" auf ungetaufte Juden auszuweiten.

Diestel bettet die für die deutsche Regierung kritischen Punkte in ein allgemeines Tableau von Vorwürfen gegen „Regierungen" ein und die wieder in Themen zum Selbstverständnis des Weltbundes, die die Adressaten seines Schreibens kaum interessiert haben. Das Kirchenministerium war an der Weiterexistenz des Weltbundes so wenig interessiert wie das Kirchliche Außenamt.

Die in Larvik Tagenden ahnten den aufziehenden Krieg und fühlten sich ohnmächtig wie 1914. Sie sahen die Bedeutung des Weltbundes schwinden und erlebten, wie die Kirchen ihre Zusammenarbeit ohne Weltbund zu organisieren begannen.

---

[980] BArch R 5101/23133, Bl. 232-233.

Schließlich berichtet Diestel von seinem Besuch beim deutschen Gesandten in Oslo, „wobei ich zu meiner, und ich denke, auch zu seiner Genugtuung hervorheben konnte, daß bei den Verhandlungen … kein verletzendes Wort über Deutschland oder die deutsche Regierung gefallen ist." Hier steht ein Fragezeichen am Rand; der folgende Satz beantwortete die Frage dieses Lesers nicht: „Bei der Haltung der ausländischen Presse und sonstiger säkularer Kreise kann diese Haltung einer christlichen Vereinigung nur als vorbildlich bezeichnet werden. Sie war durchaus auf Dienst und Hilfe, nicht auf politische Kritik ausgerichtet."
Diestel weiß, dass und warum die Regierung, das Kirchenministerium und das Außenamt den Weltbund und Diestels Beteiligung daran missbilligen. Trotz seiner Gabe, kritische Punkte zu „ummanteln", kann er den Anstoß nicht beseitigen: Die Maßnahmen der Deutschen Regierung wurden öffentlich kritisiert.
Der Empfänger war denn auch nicht zufrieden: Ein zweiter Bericht an das Kirchenministerium und Landgerichtsrat Haugg folgt am 12.9.[981] Er geht in die Einzelheiten der Resolutionen und Beschlüsse und macht das in den Augen seiner Vorgesetzten Unangemessene noch deutlicher. Das konnte diese kaum überraschen; sie suchten wohl vor allem Gründe für Maßnahmen gegen Diestel.
Schon seine Behauptung, dass „die ökumenische Vertretung der Kirchenregierungen in Deutschland umstritten" sei, wird mit einem Fragezeichen versehen: Nach Meinung des Kirchenministeriums ist das Kirchliche Außenamt zuständig.[982]
Zu den spanischen Protestanten verweist Diestel auf seine Gespräche im Auswärtigen Amt: Es sei dort „offenbar nicht unerwünscht" gewesen, Franco auf den Schutz dieser Personen hinzuweisen. Mit wem er gesprochen hat, teilt Diestel (wohlweislich) nicht mit und versichert: „Wir kommen dabei weniger in Betracht" – die Flüchtlinge würden in Belgien und Frankreich Schutz suchen. Thema im Ministerium war kaum eine Flüchtlingswelle aus Spanien …
Dann widmet er sich dem, auch der deutschen Regierung genehmen, „antibolschewistischen" Engagement des Weltbundes, in dem sich breite Kreise in Deutschland mit anderen Ländern und der Mehrheit im Weltbund einig gewesen sein dürften: Man könne nicht verhindern, dass in England ein entsprechender

---

[981] A.a.O. Bl. 238-242.

[982] A.a.O. Bl. 239 – Die Frage wird Diestel auch nach dem Krieg beschäftigen, wenn Dibelius die ökumenische Arbeit als Aufgabe der Kirche behandelt und sie nicht quasi privaten Initiativen überlassen will. Auch in diesem Punkt zeichnet sich das Ende des „Weltbundes" ab, das mit der Gründung des ÖRK endgültig gekommen sein wird.

Kongress stattfinde, weil dort „jeder offen für seine religiöse und politische Meinung werben darf, selbst wenn sie manchem als staatsgefährlich erscheint". Diesen Satz kann man als Kritik an England ebenso lesen wie als Hinweis auf Freiheiten, die man in Deutschland nicht hat.

Die Entschließung „Die Hoffnung auf eine friedliche Welt"[983] stamme von Lord Dickinson, dem er, Diestel, bei der Redaktion geholfen habe. Sie sei aus der „Kriegsangstpsychose" gewachsen, „die im Ausland sehr viel stärker ist, als bei uns". Sie wende sich nicht an Regierungen, sondern an „Christen – Männer und Frauen", „unterstützt … die auf Erhaltung des Friedens gerichtete Politik unserer Regierung und zerstreut den Verdacht, als ob wir Deutschen die Welt in einen neuen Krieg verwickeln wollten." Er habe „zur Aufklärung und Abwehr dieser sinnlosen Beschuldigungen" beitragen können. Diestel weiß, dass seine Unterscheidung von Christen und Regierung nicht anerkannt werden konnte – eine von der Regierungspolitik abweichende Haltung von Christen war Opposition, nur die Behauptung ihrer friedlichen Gesinnung konnte einer deutschen Regierung gefallen.

Zum Thema religiöser Minderheiten rettet sich Diestel in die Behauptung, „daß diese Stellungnahme des Weltbundes sich besonders für unsere deutschen Brüder im Auslande als günstig erweisen wird." Damit ist indirekt auch die Frage nach entsprechenden Freiheiten in Deutschland gestellt. Die Empfänger des Berichtes hörten die Kritik, statt sich für die „Brüder im Auslande" zu freuen.

Endlich kommt Diestel auf die kritischste Entschließung[984] zu sprechen, die sich mit pass- oder heimatlosen Flüchtlingen befasst: Zurückhaltender könne man „einen Zustand, der nun einmal besteht", kaum ausdrücken, wofür Maas und Diestel gesorgt hätten. „Ich müßte es sehr bedauern, wenn hier eine Kritik einsetzte, die völlig ungerechtfertigt wäre. Die ‚gewissen Regierungen' sind nicht bloss Deutschland und Italien" – womit er zugesteht, dass die *auch* gemeint sind. Dass man in England „eingeschmuggelte" Menschen ohne Pass auch unangemessen behandele, ist mindestens zum Teil Folge der Maßnahmen der Deutschen Regierung, was er nicht schreibt, die Lesenden aber heraushören. Geradezu kühn ist Diestels Folgerung: „M.E. kann diese Entschliessung den staatl. Massnahmen zur Aussiedlung jüdischer und nichtarischer Staatsbürger nur nützen, weil sie unter anderem etwas von der Bitterkeit und Not der heimatlosen Flüchtlinge lindert."

[983] Dam S. 438.
[984] S.o. S. 336.

Sind Humanität und Christlichkeit also als Pflaster geeignet, um das negative Echo im Ausland auf Maßnahmen der deutschen Regierung zu dämpfen? Diestel konnte weder annehmen noch wirklich wünschen, dass diese Argumentation verfangen würde. Sie konnte höchstens bewirken, dass die deutsche Delegation als naiv statt als böswillig angesehen wurde. Wirklich greifbar ist die oppositionelle Einstellung Diestels nicht, zur Befriedung seiner Gegner konnte das Schreiben aber auch nicht beitragen.
Eine Reaktion findet sich in einem Schreiben ohne Kopf und Unterschrift: „Ob es dem Weltbund wirklich darum zu tun ist, … nun den angeblich bedrohten Nicht- oder Halbariern zu helfen, mag dahingestellt sein. Wichtiger erscheint ihm jedoch … zu sein, mit dieser von ihm als Bedrohung dargestellten Maßnahme … erheblich *Propaganda in der Welt* zu treiben. Es gehört nicht viel Überlegung dazu, daß mit den gewissen Regierungen hauptsächlich *Deutschland und Italien* gemeint sind. Wenn wir aber weiter berücksichtigen, daß der Weltbund … der *eigentliche Drahtzieher bei den Ereignissen in Oxford* war …, dann wissen wir, daß in verstärktem Maß der Kampf gegen die Rasse aufgenommen werden soll. Es bleibt *dahingestellt*, ob der Weltbund … sich mit der gleichen Energie für die Minderheiten in der Tschecho-Slowakei oder sonstwo einsetzen wird.“[985]

c) *Larvik im Rückspiegel II: Bericht J. Richter*

Auch ein anderer Konferenzteilnehmer, Professor D. Dr. Julius Richter, Steglitz, ein „führender Missionswissenschaftler“[986] muss zweimal berichten: Der erste Brief (17.9.) geht an den Minister für Wissenschaft, Erziehung und Volksbildung[987], der zweite, zweimal angemahnt und verzögert durch eine Erkrankung

[985] BArch R 5101/23133 Bl. 228 (kursiv i. O. unterstrichen) – Bezieht sich wohl auf die Weltkirchenkonferenz (16.-26.07.1937) in Oxford. Schon die Sektionen dieser Konferenz zeigen die „kritischen“ Themen: Kirche und Gemeinschaftsleben – Kirche und Staat – Kirche, Volk und Staat im Verhältnis zur Wirtschaftsordnung – Kirche, Volk und Staat auf dem Gebiet der Erziehung – Die Kirche Christi und die Welt der Nationen. Die Leitung der DEK sandte keine Delegation, gegen den Willen der Bekennenden Kirche. Anwesend aus Deutschland waren der Bischof Otto Melle (Methodist), Paul Schmidt (Baptist), Prof. R. Keussen (Altkatholik), die sich durch Verteidigung der deutschen Politik und regimekonforme Haltung auszeichneten. https://wiki.de.dariah.eu/pages/viewpage.action?pageId=58493715, Näheres dazu in Strübind, „Die unfreie Freikirche“.

[986] Röhm/Thierfelder, Ausgegrenzt S. 192, Mitglied des Weltbundes schon 1914.

[987] BArch R 5101/23133, Bl. 254-255 – Julius Richter wird schon als Teilnehmer der ersten Weltbundtagung genannt.

Richters (so seine Entschuldigung), vom 2.1.1939 an den Rektor der Berliner Universität.[988] Auch hier kann man annehmen, dass auf den ersten, üblichen Bericht[989] weitere Auskunft erbeten wurde.

Auch Richter schildert die positive Aufnahme der Deutschen: Die „deutsche Sprache neben der englischen … dominierte" auf der Tagung. Andere Länder waren mit Vertretern der offiziellen Kirchen anwesend, die „die Konferenz … als offizielle Veranstaltung der führenden Kirchen" betrachteten. Die Probleme der Minoritäten in Rumänien seien gelöst, die der Minorität in Polen leider nicht, die Delegation habe keine Reiseerlaubnis bekommen; es seien „furchtbare Berichte über die Not der orthodoxen orientalischen Kirchen in Polen gegeben" worden. Nimmt er mit Kritik an Polen ein der deutschen Regierung angenehmes Thema auf, weicht er bei der Flüchtlingsthematik aus, indem er „der flüchtigen evangelischen Spanier und der Hunderttausende von russischen Exulanten" gedenkt. Auf weitere Resolutionen geht Richter nicht ein, sondern berichtet über personelle Veränderungen im Weltbund. „Wir Deutsche können mit diesen Präsidentenwahlen durchaus zufrieden sein."

Sein zweiter Brief an den Präsidenten der Universität vom Januar 1939 kann das „Gravamen von Ew. Magnifizenz" nicht umgehen: den „Aufruf des Internationalen Rates an die Nationalverbände betr. Nichtarischer Flüchtlinge aus Deutschland".

Er weist darauf hin, dass weder das Plenum noch eine der Kommissionen über diesen Text abgestimmt habe, sondern nur der engste Vorstand, „zu dem keiner von den deutschen Delegierten gehört". Merkwürdig, dass Diestel das nicht erwähnte. Julius Richter kennt solche Konferenzen seit 1914, wird also kaum falsch berichten; Diestel, der sich in Strukturen der Entscheidungsfindung auskennt, wird es ebenso wenig nur vergessen haben. Er erwähnt dieses Detail entweder nicht, weil es die Sinnlosigkeit seiner Anwesenheit bewiesen hätte oder man ihm heimliche Zustimmung unterstellen konnte, beides gleich gefährlich. Evtl. wollte er ein wenig „Anstoß" in dieser Frage als Stütze für die Arbeit des Büro Grüber erhalten.

Richter zufolge habe der Weltbund sich schon früher Minderheiten zugewandt und v.a. in Südost- und Osteuropa in Regionalkonferenzen zu erträglichen kirch-

---

988 A.a.O. Bl. 254 (sic!).

989 Ich vermute, Richter musste für die Tagung vom Dienst befreit werden, und dafür wurde ein Bericht erwartet, der die Dienstbefreiung nachträglich rechtfertigen sollte.

lichen Zuständen beigetragen. Dass dies in Polen nicht gelungen sei, schreibt er dem „fanatisch[en] polnischen Widerstand des Bischofs Bursche" zu. Diesmal habe ein Vortrag des norwegischen Ministers Dr. Michael Hamsson das „trostlose Bild der mehr als zwei Millionen Exulanten, Refugies, Staatenlose[n]" aufgerollt. Die Évian-Konferenz[990] habe einen, „wenn auch lendenlahmen guten Willen zur Aufnahme auswandernder deutscher, österreichischer und sudetendeutscher Juden und Nichtarier" gezeigt. „Es war wohl das Selbstverständlichste von der Welt, daß unser Zentralausschuss … den Besprechungen von Évian so viel Nachdruck als ihm möglich zu verleihen suchte. Das ist der Sinn des ‚Aufrufes'". Richters Problem: Er muss ein Thema gut reden, von dem er weiß, dass seine Regierung es als gegen ihre Politik gerichtet ansehen wird. Sein Schlusssatz ist vorsichtig: „Wir bitten Ew. Magnifizenz … zu erwägen, welche andere Stellung wohl irgendeine andere deutsche Delegation in Larvik hätte einnehmen können, als gegen den dem Plenum als Entschließung des ‚Internationalen Rates' mitgeteilten Aufrufes – nicht zu protestieren." Wahrscheinlich wäre die Antwort gewesen: Sie hätten nicht teilnehmen sollen …

d) Larvik historisch

Die Aufregung ist erstaunlich, wenn man liest,[991] wie sehr der Weltbund mit sich selbst beschäftigt ist. Ob er eine Rolle in einem künftigen ÖRK spielen solle, war für seine Mitglieder aus Deutschland wie auch für alle, die sich von ihrer jeweiligen Kirchenleitung nicht vertreten fanden, eine aufregende Frage. Für kirchliches Außenamt wie Kirchenminister ist die Antwort klar. [992] Zudem war die Tagung

---

[990] Konferenz von Évian, (6. bis 15. Juli 1938), Initiative des US-Präsidenten Franklin D. Roosevelt. Vertreter von 32 Staaten und 24 Hilfsorganisationen berieten über das Problem der rapide ansteigenden Flüchtlingszahlen von Juden aus Deutschland und Österreich. Da die Schweiz befürchtete, ein Treffen am Sitz des Völkerbunds in Genf könne ihr Verhältnis zum nationalsozialistischen Deutschland belasten, trafen sich die Delegierten in Évian-les-Bains in Frankreich. Die Konferenz endete weitgehend ergebnislos, da sich außer der Dominikanischen Republik alle Teilnehmerstaaten weigerten, mehr jüdische Flüchtlinge aufzunehmen. Das nationalsozialistische Regime schlachtete das Scheitern der Konferenz für seine antisemitische Propaganda aus. Viele Zeitzeugen und Historiker sehen in Évian ein moralisches Versagen der westlichen Demokratien, da ein anderer Ausgang viele Juden vor der Ermordung im Holocaust hätte bewahren können. Wikipedia „Konferenz von Évian".

[991] Dam S. 340ff. Die Texte einiger Resolutionen finden sich bei Dam, S. 438f.

[992] R 5101/23133, Blatt 213-214, Schreiben Kirchliches Aussenamt an Reichsminister Kerrl,

schlecht besucht (was Diestel wohlweislich nicht erwähnt): Von den nationalen Abteilungen waren sieben gar nicht vertreten, aus anderen nur jeweils ein Delegierter.[993] Die deutsche Delegation war vergleichsweise groß.[994]
Die Hoffnung auf politischen Einfluss war verschwunden, man redete als kirchliche Vereinigung: Krieg ist Folge von Sünde; Abhilfe: gegen Sünde vorzugehen statt (politisch) gegen den Krieg.[995] Es ist also nicht nur Taktik Diestels, Larvik herunterzuspielen. Im Nachhinein ist es grotesk, wie den Verlautbarungen einer Vereinigung, die sich selbst als machtlos erlebte und dabei war, sich in den Bereich von Kirche und Theologie zurückzuziehen, derartige Aufmerksamkeit zuteil wurde.
Misstrauen schaffen die Resolutionen und die Tatsache, dass man „deutsche" Themen im Ausland erörterte. Vor allem die „Flüchtlingsfrage" bringt die deutschen Behörden in Rage. Alle Berichte meiden deshalb dieses Thema oder reden

---

13.6.1938: „Der Weltbund für Freundschaftsarbeit der Kirchen ist ... eine private ökumenische Organisation, an der sich die Deutsche Evangelische Kirche amtlich niemals beteiligt hat. Der frühere Vorsitzende des Weltbundes, der englische Lord Dickenson (sic) hat innerhalb des Weltbundes in den Jahren vor 1933 gelegentlich sich Verdienste durch sein Eintreten für deutsche evangelische Minderheitsgruppen im Ausland erworben. ... Die zukünftige Entwicklung des Weltbundes für Freundschaftsarbeit der Kirchen ist, soweit hier bekannt, höchst ungewiss, weil im Zusammenhang mit der Neuordnung der grossen kirchenamtlichen ökumenischen Organisationen die private Vereinigung des Weltbundes immer mehr an Bedeutung auch in anderen Kirchen ausserhalb Deutschlands verloren hat.
Der deutsche Zweig des Weltbundes wird geleitet von dem Vizepräsidenten i.R. D. Burghart. Geschäftsführer ist Superintendent Diestel, Berlin-Lichterfelde, der dem Herrn Reichsminister gegebenenfalls nähere Auskunft über die bevorstehende Ratstagung geben könnte. Der deutsche Zweig des Weltbundes für Freundschaftsarbeit der Kirchen dürfte im deutschen kirchlichen Leben heute nur noch von ganz geringer Bedeutung sein. Der deutsche Zweig hat seit Jahren mit dem kirchlichen Aussenamt und mit der amtlichen ökumenischen Arbeit der Kirche keine Fühlung mehr gesucht."

993 Dam S. 340.

994 Dadurch wird die Berücksichtigung der deutschen Sprache und das geschilderte freundliche Klima gegen die Deutschen relativiert.

995 Dam stellt die zwei Positionen dar S. 341. Die Gründung des ÖKR kann man auch als Rückzug der Kirche(n) aus politischen Diskussionen beschreiben. Der „Internationale Versöhnungsbund" als früh gegründeter Ableger des Weltbundes führt das politisch-gesellschaftliche Anliegen des Weltbundes bis heute fort.

es klein.[996] Selbst die Deutsche Gesandtschaft[997] bezieht die Flüchtlingsfrage auf die Deutschen in Polen, ehe man doch auf den Beschluss eingeht. „In diesem [zweiten Beschluss] wird unter Hinweis darauf, dass durch die Aktion gewisser Regierungen gegen Männer und Frauen jüdischer und nichtjüdischer Rasse, sich dieses Problem in nächster Zukunft aufs äusserste zuspitzen dürfte, die Bildung des Londonkomités begrüsst." „Alle Mitglieder werden aufgefordert, dem Komité ihre volle Unterstützung angedeihen zu lassen und jedes in seinem Lande zum Kampf gegen das grosse Unrecht aufzurufen, das in der planmäßigen Unterdrückung und Verfolgung der jüdischen Rasse und von tausenden Christen liege, die mit Juden versippt wären."

Auch die Deutsche Gesandtschaft versucht, Spitzen gegen das Deutsche Reich abzumildern, als gehe es um eine Forderung an das „Londoner Komité" und nicht um einen Vorwurf gegen das Deutsche Reich. Eine Gesandtschaft wäre eigentlich zu einer anderen Haltung verpflichtet gewesen; ob sich Diestels Beziehungen ins Auswärtige Amt auswirken?[998] Die Spitze gegen die Verfolgung von Juden wird zwischen anderen Botschaften versteckt, z.B. in dem Hinweis, man habe die Mitglieder des Weltbundes aufgerufen, „bei ihren ... Landesregierungen darauf hinzuwirken, dass diese in Moskau die Einstellung der noch in unverminderter Stärke anhaltenden Verfolgung des Christentums in Sowjetrussland verlangen."[999]

Julius Richter[1000] beschreibt die Rolle der Deutschen Delegation so: „Ich denke, es ist ... ersichtlich, daß die deutsche Delegation in Larvik großen Fleiß getan hat, daß kein unfreundliches Wort über das Deutsche Reich in den Resolutionen einfloß, ... Wir bitten Ew. Magnifizenz ..., wohlwollend zu erwägen, welche andere Stellung wohl irgendeine andere deutsche Delegation in Larvik hätte einnehmen können, als gegen den im Plenum als Entschließung des ‚Internationalen Rates' mitgeteilten Aufrufes – nicht zu protestieren."

---

[996] So Dr. Julius Richter in seinem Bericht an den Minister für Erziehung und Wissenschaft vom 17.9.38, BArch R 5101/23133 Blatt 254-255.

[997] A.a.O., Bl. 235-236, 7.9.1938.

[998] Natürlich könnten unterschiedliche Ansichten über die angemessene Außenpolitik eine Rolle spielen, also Differenzen zwischen Ministerien. Gerade für das AA war die Abkehr von internationalen Rücksichten und Standards wohl immer wieder schwer zu vertreten. Sicher ist: Die Gesandtschaft gießt kein Öl ins Feuer. Der Gesandte muss ja auch mit Vorwürfen rechnen, weil die Tagung in „seinem" Bereich stattfand und dennoch solche Beschlüsse fasste.

[999] Ebd.

[1000] BArch R 5101/23133 Bl. 254, 2. Januar 38 (muss 39 heißen).

3. Genf: Gewitter zieht auf

Am 8.8.1939 informiert Diestel, wieder zu spät, über seine Teilnahme am Vollzugsausschuß des Weltbundes in Genf. Der kirchenamtliche Vermerk dazu:[1001] „Durch Erlaß vom 3.11.38 ... ist dem Sup. Diestel untersagt worden, solche Reisen ohne Fühlungnahme mit dem kirchlichen Außenamt zu unternehmen. Eine telefonische Anfrage bei ... Dr. Krummacher ergab, daß Diestel sich mit dem kirchlichen Außenamt nicht in Verbindung gesetzt hat. Eine telefonische Anfrage bei der Superintendentur Kölln Land I ergab, daß Diestel schon abgereist ist. Die Sekretärin gab mir als Tagungsort Genf an. Er sei vom 9. bis 18. fort."

Die erneute ungenehmigte Reise wird als Provokation verstanden. Ein weiterer Vorwurf wird hervorgezogen oder konstruiert. Konsistorialrat Fahland berichtet, die Gestapo habe ihn informiert, „Kreissiedlungspfarrer Dr. Hans Böhm"[1002] sei am 12.8. verhaftet worden. Er „habe erklärt, dass er am 12. d. Mts. ... eine Trauung vollziehen müsse, zu deren Vornahme er trotz seiner Suspension von dem Superintendenten Diestel ermächtigt worden sei."[1003] Böhm war entschiedener Anhänger der BK trotz Mitgliedschaft in der NSDAP (aus der er deswegen ausgeschlossen wurde), wurde mehrfach verhaftet und kam am Ende des Krieges krank nach Teltow zurück. Böhm hatte eine „ordentliche" Stelle, war zu Trauungen berechtigt und konnte Diestel deswegen auch vertreten. Es scheint eher unwahrscheinlich, dass er schon suspendiert war, als die Trauung vereinbart wurde – wichtig ist offenbar nur, dass Diestel mit einem politisch Unzuverlässigen in Beziehung gebracht wird.

1001 15.8.1939, Personalakte Diestel.

1002 Hans Böhm, der dritte Kreissiedlungspfarrer. Die Stelle wurde auf Betreiben Diestels am 21. Mai 1928 von der Kreissynode eingerichtet. „Am schwierigsten sind die Siedlungen in Stahnsdorf und Teltow zu pastorisieren. Die Gemarkung von Teltow ist außerordentlich groß und die Siedlungen ziehen sich von der Lichterfelder Grenze bis in die Gegend des Bahnhofs Teltow, dann über die Ruhlsdorfer Chaussee bis in die Gegend der Stahnsdorfer Grenze. Von einer geordneten kirchlichen Versorgung kann bei dieser Ausdehnung keine Rede sein, da der Teltower Pfarrer bei einer Seelenzahl von 6.000 und einer sehr schwierigen Bevölkerung kaum in dem geschlossenen Orte fertig werden kann." Kirche-Teltow.ekbo.de – Das zitierte Schreiben stammt vom 15.8.39.

1003 Schreiben vom 15.8.39, Fahland an den Ev. Oberkirchenrat, Personalakte Diestel.

Das Konsistorium berichtet am 16.8.: Diestel habe sich bei Böhm erkundigt und berichte, Böhm sage, er habe die Trauung nicht gehalten und eine Ermächtigung dafür von Diestel nicht eingeholt; was die Gestapo berichte, müsse ein Missverständnis sein.

Diestel antwortet am 16.9[1004] ironisch: „Dem Evangelischen Konsistorium, darf ich annehmen, muss doch wohl bekannt sein, dass ein Superintendent weder die Macht noch das Recht hat, einem ordinierten Geistlichen die Vornahme von Amtshandlungen zu gebieten oder zu verbieten, wenn dieser durch Suspension oder sonstwie der ephoralen Befugnis entzogen ist. Hier ist wegen einer Amtshandlung, die gar nicht erfolgt ist, eine auf irriger Information der Geheimen Staatspolizei beruhende Anfrage an den Superintendenten ergangen."

Eben dies – dass der Superintendent weder „Macht noch Recht" hat zu solcher Beauftragung, war der Vorwurf gegen Diestel. Er gibt ihn zurück, als sei selbstverständlich, dass er nicht tut, wozu ihm Macht und Recht fehlen, und verschiebt die Debatte auf ein anderes Thema: „Es ist dem Konsistorium bekannt, dass dauernd der Verfassung oder der Ordnung des kirchlichen Lebens widersprechende Amtshandlungen vorgenommen werden, denen gegenüber ein Superintendent völlig machtlos dasteht und die das Konsistorium und die Geheime Staatspolizei stillschweigend duldet. Sind solche Amtshandlungen, die dem Geist der christlichen Kirche widersprechen, nicht sehr viel ernster zu nehmen als eine Amtshandlung eines suspendierten Pfarrers, die sicherlich, wenn sie gehalten worden wäre, dem Sinn und Geist der christlichen Kirche entsprochen hätte. Gez. Diestel"

Diestel redet von Kollegen, die z.B. Nichtkirchenmitgliedern, Geschiedenen oder Menschen einer anderen Konfession Gottesdienste widmen, die ihnen nach der Ordnung des kirchlichen Lebens nicht zustehen oder die einer Genehmigung bedürften – die der Superintendent nicht verhindern kann, weil er davon nie oder zu spät erfährt.

Das war aber nicht das Thema. Es ging darum, Diestel Verfehlungen nachzuweisen, mit denen man disziplinarische Maßnahmen begründen konnte. So blieb nicht unbemerkt, dass „der von … Diestel geforderte Bericht über seine ohne aufsichtliche Genehmigung ausgeführte Reise nach Genf … bisher nicht eingegangen ist."

1004 Personalakte Diestel, Wiedergabe des Berichtes Diestels im Schreiben des Konsistoriums (Dr. Heinrich) an den EOK.

Darauf antwortet Diestel, ohne Briefkopf, Absender und Adresse auf einem kleinen Zettel, handschriftlich auf der Rückseite des Schreibens (11.9.39), mit dem er zur sofortigen Antwort aufgefordert wird: „Es ist nicht viel zu berichten. Es handelte sich zunächst um die Übernahme des Vorsitzes durch den Stellvertretenden Präsidenten Bischof Dr. Berggrav – Oslo. Er ist infolge des Einspruchs seines Arztes dazu nicht imstande und behält seine jetzige Stellung bei. An Stelle des zurückgetretenen D. Merill, New York, tritt als Präsident des Weltbundes zum 1. Mal ein Orthodoxer, der Bischof Irenäus von Novi Sad. Die Leitung der Verwaltungskammer (Management Comittee) tritt er an den Bischof von Albany (U.S.A.) ab. An Stelle des aus Rücksicht auf sein Alter ausscheidenden britischen Sekretärs, Dr. Dummond, tritt der Kanonikus der Westminster Abtei Thompson Elliod. Ich scheide Ende des Jahres aus dem Vollzugsausschuss aus und werde durch Stadtpfarrer Maas, Heidelberg, ersetzt. Dies sind die wesentlichen personellen Änderungen. Sonst ist nichts Wesentliches zu melden. Der eigentliche Tagungsbericht liegt noch nicht vor. Unter den gegenwärtigen Umständen wird es wohl einige Zeit dauern, bis er herauskommt.
Diestel“[1005]

Der Empfänger des Schreibens konnte die Namen nicht entziffern. In eine (maschinengeschriebene) Liste der von Diestel genannten Namen hat Konsistorialrat Fahrland die Namen handschriftlich eingetragen.
Die Form des Schreibens musste den Empfänger ärgern, was Diestel sicher wusste. Entscheidend bleibt, dass Diestel „…bei seiner Antwort den punctum saliens [umgeht], nämlich zu berichten, warum er ohne Fühlungnahme mit uns und dem Außenamt ins Ausland gereist ist. Da D. mein früherer Sup. und Gegner ist, bitte ich ihn zu zitieren und zu hören. Ich möchte nicht den adversarius triumphans spielen.“[1006] Diestel antwortet, diesmal mit Briefkopf „Weltbund“: „Die Aufforderung des Herr Präsidenten Dr. Werner, vor einer Auslandsreise in Weltbundangelegenheiten mit dem Kirchlichen Außenamt Fühlung zu nehmen, habe ich lediglich als allgemeine Richtlinie aufgefaßt.
Da im August d.J. kein besonderer Grund vorlag, den Rat des Kirchlichen Außenamtes zu erbitten, habe ich es nicht für nötig gehalten, in diesem besonderen Fall noch eine ‚Fühlungnahme‘ herbeizuführen.

[1005] Personalakte Diestel.

[1006] Die Unterschrift ist unleserlich. Personalakte Diestel. „punctum saliens“ = springender Punkt; „adversarius triumphans“ = der triumphierende Gegner.

Was Fühlung mit dem Kirchlichen Außenamt im Allgemeinen angeht, so hat sie für den WELTBUND bestanden und wird im Rahmen des durch seine Satzung und seinen Charakter als freie kirchliche Vereinigung gegebenen Verantwortungsbereiches von uns weiterhin im Auge behalten. Diestel."[1007]

Das ist weder Erklärung noch Entschuldigung und keine Zusicherung künftig korrekten Verhaltens. Im Grund erklärt Diestel, dass der Weltbund als „freie kirchliche Vereinigung" das Kirchliche Außenamt nicht fragen muss und mit ihm „Fühlung" aufnehmen *kann*, wenn es ihm nötig scheint. Es hat kein Recht, Reisen Diestels zu genehmigen (oder zu untersagen). Dass er als Superintendent der Kirche Dienstreisen bzw. Reisen wegen eines Nebenamtes genehmigen lassen muss, lässt er unbeachtet.

Der Topf läuft über: Ruhestand

1. Die Verfügung

Der EOK fasst die Vorwürfe gegen Max Diestel zusammen: „Durch Erlass vom 3. November 1938 … haben wir im Auftrage und im Namen des Reichsministers für die kirchlichen Angelegenheiten dem Superintendent *Diestel* eröffnet, dass seine Erklärung an den Reichsminister vom 7. September 1938 den Minister stärkstens befremdet habe und in keiner Weise als ausreichend angesehen werden könne. Wir haben ihm ferner mitgeteilt, der Minister habe bestimmt, dass jede Auslandsreise, die er oder andere Herren der Deutschen Vereinigung des Weltbundes für internationale Freundschaftsarbeit der Kirchen unternehmen wollen, eine Fühlungnahme mit dem Kirchlichen Aussenamt … vorauszugehen habe und haben die Erwartung ausgesprochen, dass er künftig diesem Verlangen nachkomme.

Trotzdem hat Superintendent Diestel an einer neuen Tagung des Weltbundes in G e n f im August 1939 teilgenommen, ohne vorher mit dem Kirchlichen Aussenamt in Verbindung zu treten. Seine Erklärung vom 9. Oktober 1939, mit der er die Nichtbeachtung unseres Erlasses zu rechtfertigen sucht, vermag keine Gründe anzugeben, die sein Verhalten entschuldigen.

Der Reichsminister für die Kirchlichen Angelegenheiten ist inzwischen … an uns herangetreten, damit wir gegen Superintendent Diestel das Erforderliche veranlassen.

[1007] 9.10.1939, a.a.O.

Von einer disziplinaren Ahndung dieses Verhaltens können wir deshalb nur dann absehen, wenn Superintendent Diestel in den Ruhestand versetzt wird. Da er das 66. Lebensjahr bereits vollendet hat … wolle das Konsistorium seine Versetzung in den Ruhestand anordnen. … gez. Dr. Werner"[1008]

Erst im Januar 1940 wird Diestel seine Ruhestandsversetzung zum 1.4.40 zugestellt.[1009] In den Entwurf des Schreibens sind seine Tätigkeit würdigende Adjektive eingefügt, die im endgültigen Schreiben enthalten sind: Ihm werden nicht nur „treue", sondern auch „wertvolle" Dienste bescheinigt, und ihm nicht nur „Anerkennung" und „Dank" ausgesprochen, sondern der Dank „herzlich." Handschriftlich: „Sup. Diestel hat gegen seine Versetzung in den Ruhestand Einspruch eingelegt … Die Entscheidung ist abzuwarten."

Diestels Einspruch wäre übergangen worden, man wollte sich dieses Superintendenten entledigen und konnte das angesichts seines Alters mit Anstand tun. Vielleicht rechnete man auch damit, dass er der Aufforderung nachkäme, um disziplinarische Maßnahmen zu vermeiden, da Einspruch vor unabhängigen Gerichten nicht mehr möglich war. Der Fall Niemöllers zeigte zudem, dass eine gerichtliche Entscheidung Maßnahmen nicht verhindern musste.[1010]

2. Einsprüche

Doch aus Diestels Kirchenkreis kamen Einsprüche. Der Gemeindekirchenrat Zehlendorf[1011] spricht „die dringende Bitte" aus, „für das Verbleiben unseres hochverehrten Herrn Superintendent Diestel in seinem Amt Sorge zu tragen." Unterzeichnerin war u.a. die Gräfin von der Goltz, Leiterin der Morgenländischen Frauenmission, bei deren Missionsfesten Diestel regelmäßig sprach.[1012]

Auch die Pfarrer werden zur Aktion aufgerufen:

1008 Schreiben des EOK, 20.11.1939.

1009 Schreiben vom 4.1.40, Personalakte Diestel, Die Zustellung des Bescheides schon im Dezember 39 hatte man aufgeschoben, weil Diestel da sein 25-jähriges Jubiläum als Superintendent feiere: „Es war allgemeine Ansicht, dass es mit Rücksicht auf den Jubiläumstag nicht zweckmäßig sei", vorher Diestel die Versetzung in den Ruhestand zu überreichen. A.a.O., 12.12.

1010 Niemöller war nach seinem Verfahren, obwohl er die ausgesprochene Strafe bereits in der Untersuchungshaft verbüßt hatte, vor den Augen seiner Freunde verhaftet und ins KZ gebracht worden.

1011 Schreiben vom 30.1.1940 mit angehängter Unterschriftenliste, Personalakte Diestel.

1012 Interview Gudrun Diestel – sie berichtet von ihrem Wunsch, in die Mission zu gehen, der mit diesen Festen zu tun gehabt habe.

„Den sehr verehrten Amtsbrüdern
teile ich im Einverständnis mit Herrn Superintendent Diestel mit, dass das Ev. Konsistorium Herrn Superintendent ohne seinen Antrag und ohne jeden Versuch einer Begründung zum 1. April des Jahres in den Ruhestand versetzt und dabei mitgeteilt hat, dass ihm ein Einspruch gegen diese Verfügung an den Ev. Oberkirchenrat zustehe. Diesen Einspruch hat Herr Superintendent eingelegt.
Es wird … der Wunsch der meisten Amtsbrüder sein, dass auch unsererseits in dieser Angelegenheit etwas geschehe. Ich bitte deshalb um vollzählige Anwesenheit am

17.1. vormittags um 10 Uhr

Mit amtsbrüderlichem Gruß Ihr Grüneisen“[1013]

Auch der Gemeindekirchenrat der Paulusgemeinde und andere intervenierten. So selbstverständlich das heute klingt, in diesen Zeiten war Widerspruch gegen einen Bescheid des Vorgesetzten politische Opposition. Wirklich wirksam waren vermutlich jene Einsprüche, die mündlich oder inoffiziell vorgebracht wurden: Die Anonymität schützt Absender wie Empfänger des Einspruchs. Für einen Oppositionellen wird kaum schriftlich ein gutes Wort einlegen, wer sich nicht selbst Verdächtigungen aussetzen will; solchen Einsprüchen nachzugeben, dient ebenso wenig dem Ansehen der Anordnenden.
In der Familie Diestel wird von einer Intervention von „Generälen“ (oder Offizieren) erzählt, über die sich nichts mit Dokumenten belegen lässt. Es könnte sich um eine Aktion von Erich Diestel handeln, vermutlich ein Neffe Max Diestels.[1014] Sein militärischer Rang, seine Regimetreue (ausgewiesen durch die Karriere im Dritten Reich wie die zweijährige Kriegsgefangenschaft nach 1945) und seine Verwandtschaft (Schwiegervater) gaben ihm Einfluss und Beziehungen, die er erfolgreich hätte einsetzen können.

1013 EZA 50/232 Nr. 171, Berlin Lichterfelde, den 15.1.1940. Grüneisen leitete den Kreiskonvent der BK.

1014 Gudrun Diestel mdl. an den Verfasser. Siehe wikipedia „Erich Diestel“ und www.forum-der-wehrmacht.de zum Namen: * 8. November 1892 in Deutsch Eylau – † 3. August 1973 in Bad Wiessee, deutscher Generalleutnant im Zweiten Weltkrieg, heiratete 1919 in Lichterfelde die Tochter eines Generalleutnants.

3. Die Rücknahme

Der Erfolg verblüfft: Die Entscheidung, Diestel in den Ruhestand zu versetzen, wird zurückgenommen. Die offizielle Begründung klingt mager: „Ein Gespräch“ mit Diestel habe die „Anstände“ beseitigt. Der EOK schreibt dem Konsistorium[1015]:

„Durch eine eingehende Unterredung, die am 10. d.Mts. mit dem Superintendenten Diestel ... bei uns stattgefunden hat, sind die Anstände, die uns zu unserem Erlaß vom 20. November d.Js. ... betreffend dessen Zurruhesetzung veranlaßt haben, im wesentlichen beseitigt worden. Damit entfallen auch die Voraussetzungen für die Verfügung des Evangelischen Konsistoriums vom 4. Januar d.Js. ... durch die Superintendent Diestel zum 1. April 1940 in den Ruhestand versetzt wird. Wir heben diese Verfügung deshalb hierdurch auf.

... Damit findet auch der Bericht vom 14. Dezember 1939 ... betreffend die Wiederbesetzung der Superintendentur Kölln-Land I seine Erledigung. Die Personalakten des Pfarrers Perwitz liegen wieder bei.[1016] Gez. Dr. Werner“

Vermutlich zeigten Fülle wie Art und Urheber der Interventionen, dass eine Versetzung in den Ruhestand nicht geräuschlos möglich war, und man wollte nicht Ärger wegen Unruhe in einer kirchlichen Angelegenheit erregen. Die Abrechnung mit der Kirche hatte Hitler auf die Zeit nach dem „Endsieg“ verschoben.

4. Vergeblicher Widerspruch

Das Konsistorium fühlt sich übergangen. Es schreibt an den Präsidenten des EOK:[1017]

„Ich trug Ihnen, Herr Präsident, persönlich vor, welche Schwierigkeiten wir als Folge der nunmehrigen Aufhebung der Pensionierung befürchten. Wenn Super-

---

1015 20.2.1940, E.O. II.553/40 – Personalakte Diestel.

1016 Offenbar war Martin Perwitz, Paul-Gerhard-Gemeinde in Schöneberg, als Nachfolger Diestels vorgesehen: Anfang der 30er Jahre förderte er das „Deutsche Christentum“, Schuppan findet seinen Namen im „Streckenbachkreis“, der einen „dritten Weg“ zwischen Reichskirche und BK suchte (Schuppan, Bekenntnis S. 268). Er scheint sich von den DC entfernt und der BK angenähert zu haben, vielleicht 1940 ein „Neutraler“. Eine Neubesetzung von Diestels Stelle hätte so kaum viel im Kirchenkreis verändert – vielleicht auch ein Grund für das Nachgeben des EOK. Da Perwitz Hildegard Knef am 3.3.1940 konfirmiert hat, ist sein Bleiben auf der Stelle bis zum hier interessierenden Zeitpunkt gesichert. (Rolf Hensel, Das war in Schöneberg, Neue Notizen zur Schulzeit von Hildegard Knef, Manuskript im Internet unter rolf-hensel.de).

1017 Schreiben vom 9.3.1940, Personalakt Diestel; kursiv i. O. unterstrichen.

intendent Diestel … seine Bereitschaft erklärt hat, den Erlassen und Verfügungen der vorgesetzten Behörden Folge zu leisten, so hätte ich es für zweckmäßig gehalten, dass das Konsistorium an der betreffenden Verhandlung mit Superintendent Diestel beteiligt worden wäre. Nach den bisherigen Erfahrungen bestehen hier allgemeine Zweifel, daß auf eine geordnete Mitarbeit des Superintendenten Diestel und darauf gerechnet werden kann, dass er sich … in Zukunft kirchenpolitisch zurückhält. Eine Beteiligung des Konsistoriums … hätte es ermöglicht, wenigstens den Versuch zu machen, eine Generalbereinigung der vielen Beanstandungen … herbeizuführen.
Nachdem das Konsistorium ausgeschaltet geblieben ist, möchte ich lediglich zu unserer *Entlastung* noch einige wesentliche Punkte aufführen, bezüglich derer wir Zweifel haben, ob sie … tatsächlich als bereinigt angesehen werden."
Man kann dem Konsistorium Zweifel an Diestels Erklärung kaum verübeln, zumal der EOK vermutlich die Pensionierung gegen ähnliche Zweifel aus anderen Gründen zurücknahm. Das Konsistorium nennt folgende Vorwürfe:

1. Die ca. 10 DC-Pfarrer des Kirchenkreises würden bei Einladungen zu Pfarrkonventen übergangen.
2. Diestel habe an dem „BK-Gebrauch festgehalten, für bestrafte Pfarrer im Gottesdienst Fürbitte zu tun."
3. „Bis in die letzte Zeit" sei man „wiederholt darauf aufmerksam gemacht worden", dass Diestel „angeblich über einen ‚schwarzen Fonds' verfüge. „Es soll sich um den Dispositionsfonds der früheren Generalsuperintendentur Berlin-Land handeln." Wie hoch dieser Fonds ist, weiß auch das Konsistorium nur vom Hörensagen: „zwischen 50.000 und 100.000 RM." Diestel verfüge über das Geld „insbesondere auch zur Besoldung von nichtamtlichen Geistlichen".[1018] Diestel habe am 27.8.1936 zwar berichtet, „dass die Hilfskasse des Generalsuperintendenten Haendler … längst aufgelöst wäre," auf „weitere Rückfragen hat Superintendent Diestel nicht reagiert."

[1018] Man kann überlegen, welcher Vorwurf schwerer wiegt: die „Schwarze Kasse" an sich oder deren Verwendung für die Beschäftigung „nichtamtlicher", also wohl BK-Geistlicher. Sollte Diestel tatsächlich über solche Gelder verfügt haben, könnten sie sowohl für die Arbeit des „Büro Grüber" wie zur Unterstützung der BK bei der Finanzierung der von ihr angestellten Pfarrer verwendet worden sein.

4. „Vor etwa 3 Wochen" sei ein Offizier, der sein Kind habe taufen lassen wollen, an Herrn [Pfarrer] Fickenstedt … verwiesen worden. Der Offizier habe um Auskunft über diesen gebeten. Dieser amtiere illegal in der Gemeinde des Superintendenten Diestel und sei von der Gemeinde zur Vertretung des z.Zt. im Wehrdienst befindlichen Pfarrer Baltzer bestellt worden. „Auf eine weitere Rückfrage, ob es in Lichterfelde einen anderen zuverlässigen Pfarrer gebe, mußte festgestellt werden, daß sämtliche 8 oder 9 Pfarrer in Lichterfelde bis auf Pfarrer Antonowitz (DC) der BK. angehören.
Das Konsistorium erbittet „Weisung, daß das Konsistorium … auf Superintendent Diestel hinwirken soll, die illegale Hilfskraft abzuberufen und durch einen dem Konsistorium unterstehenden Hilfsprediger zu ersetzen."

Damit nimmt das Konsistorium Vorwürfe auf, die in zwei der Personalakte Diestels beiliegenden Schreiben erhoben werden. Das erste richtete Pfarrer Engeln aus Wilmersdorf an den Konsistorialpräsidenten: „Kürzlich wurde mir bekannt, dass mein zuständiger Superintendent, Herr Superintendent Diestel, demnächst auf Anordnung der Behörde in Pension gehen müsse, gleichzeitig aber auch, dass die Pfarrer des Kirchenkreises Kölln-Land I durch Pfarrer Grüneisen/Lichterfelde zu einer Protestversammlung gegen diese Massnahme eingeladen worden waren. Auf ihr sei eine Entschließung angenommen worden, in der die Behörde um Rücknahme der Pensionierung des Sup. Dienstel (sic) gebeten wird mit der Massgabe, dass der Sup. Diestel das Vertrauen fast aller Pfarrer des Kirchenkreises besitzt.
Dazu habe ich … zu bemerken. In den fast 5 Jahren, in denen ich Pfarrer im Kirchenkreis Kölln-Land I bin, wurde ich, weil ich Deutscher Christ bin, nicht ein einziges Mal zu der amtlichen Pfarrerkonferenz eingeladen. Ebenso erging es den übrigen Amtsbrüdern des Kirchenkreises, die ebenfalls Deutsche Christen sind. Wir sind etwa 10 deutsch-christliche Amtsbrüder im Bezirk. Aus diesem Grunde konnte ein Vertrauensverhältnis zu unserem amtlichen Vorgesetzten nicht entstehen. Dies Ihnen mitzuteilen, Herr Präsident, hielt ich für meine Pflicht.
Heil Hitler!
Ihr ergebener (Unterschrift)"[1019]

[1019] Schreiben Pfarrer Engeln, 12.2.1940, Personalakt Diestel.

An Kirchenminister Kerrl ging dieses Schreiben:
„Sehr geehrter Herr Reichsminister!
Weite Kreise von Steglitz, Lichterfelde, Nikolassee u. Wannsee, die treu zum Führer und 3. Reich, sowie zu Ihrem Ordnungswerk stehen, empören sich darüber, daß selbst ein Vertreter der Kirchenbehörde Herr Superintendent Diestel, der als solcher die Altersgrenze überschritten hat, trotz der Entscheidung des Reichsgerichts für die bestraften Pfarrer Fürbitte tut und dabei die Namen Niemöller und Steinbaur[1020] erwähnt hat. Solches geschah u.a. am 4.6.39, 10 Uhr, in der Pauluskirche zu Lichterfelde, und am 2.7.39. …
Heil Hitler!
Wilhelm Jürgens, Steglitz, Zimmermannstr. 10“

Es folgen 38 weitere Namen und der Zusatz „und andere mehr“. Der Brief ist nicht unterschrieben, vielleicht, weil der in der Personalakte abgelegte eine Abschrift ist.
Man sieht: Die Stimmung in den Gemeinden des Kirchenkreises war weniger eindeutig als im Pfarrkapitel. Es gab Vorwürfe, mit denen sich das Konsistorium herumschlagen musste. „Menschlich“ kann man verstehen, dass es dem Konsistorium lieb gewesen wäre, nicht länger mit Beschwerden über diesen unbequemen Superintendenten behelligt zu werden.
Der EOK aber lässt sich auf keine Diskussion mit dem Konsistorium ein und beteiligte es auch nicht am – immerhin noch stattfindenden – weiteren Gespräch mit Max Diestel. Am 3.7.1940 – die Zwangspensionierung ist aufgehoben – teilt es lediglich die „Erklärungen“ Diestels zu den aufgeworfenen Fragen mit:

> „1. Zur Frage der Pfarrerkonferenzen erklärte Superintendent Diestel, dass er bei Kriegsausbruch versucht habe, wieder den Zustand herzustellen, dass alle Pfarrer des Kirchenkreises, auch die Nationalkirchler, eingeladen würden; sein Versuch sei daran gescheitert, dass der Referent – ein Neutraler – Einspruch erhoben habe. Die Hauptschwierigkeit liege für die nicht nationalkirchlichen Pfarrer in der durch Erfahrungen begründeten Sorge, dass die Vertraulichkeit der Verhandlungen nicht gewahrt werde. Er halte regelmäßige Besprechungen mit den geschäftsführenden Pfarrern, auch den nationalkirchlichen; Pfarrer Wolf von Friedenau nehme daran aber nie per-

[1020] Gemeint ist Karl Steinbauer – s. Anm. 850.

sönlich teil, sondern lasse sich durch einen Aeltesten vertreten, der für seine Unterstützung des geschäftsführenden Pfarrers eine sehr erhebliche Entschädigung aus der Kirchenkasse beziehe. Er (Sup. Diestel) wolle aber erneut den Versuch machen, alle Pfarrer zur Pfarrkonferenz zusammenzubringen.
2. Superintendent Diestel bestreitet, illegale Hilfsprediger und Kandidaten zu beschäftigen.
3. Der Fonds für den verst. Generalsuperintendenten Haendler sei längst aufgelöst. Das müsse auch dem Konsistorium bekannt sein, jedenfalls wisse Herr Oberkonsistorialrat Müller ganz genau Bescheid."[1021]

Die Antwort zeigt, wie wenig der EOK die Einwände prüfen wollte. Ohne Distanzierung wird von mangelnder Vertraulichkeit der Pfarrkonferenzen bei Anwesenheit der „Nationalkirchler" berichtet. Dass ein „Referent" „Einspruch" erheben konnte und dieser für die gesamte Zeit gegolten haben soll, wird nur berichtet. „Pfarrer Wolf von Friedenau" war offenbar einer der Beschwerdeführer, ohne, dass dies im Brief des Konsistoriums an den EOK erwähnt wurde – vielleicht war der Name in Gesprächen zwischen den beiden Gremien erwähnt worden. Auch seiner Beschwerde geht man nicht nach, ebensowenig dem Vorwurf Diestels gegen Wolf.[1022]
Dass er die Beschäftigung von Illegalen „bestreitet", genügt dem EOK. Auch dem Verbleib der Mittel aus dem Fonds „Haendler" forscht man nicht nach – man hätte Diestel immerhin fragen können, wohin die Gelder gegangen oder wo sie deponiert seien.
Insgesamt: Der EOK hat offensichtlich kein Interesse (mehr) an Diestels Pensionierung und lässt das Konsistorium auflaufen.
Ich kann das nur so verstehen, dass der EOK fürchtete, mit einer Pensionierung so viel Unruhe zu verursachen, dass man leichter mit einem widerspenstigen

[1021] Schreiben des EOK an das Konsistorium 3.7.1940, Personalakte Diestel.
[1022] Die nicht leserliche Unterschrift auf dem hier wiedergegebenen Brief des DC-Pfarrers kann nicht „Wolf" heißen. Auf der Internetseite der Kirchengemeinde „Zum Guten Hirten" in Friedenau findet sich ein Aufsatz von Hansjörg Buss „Getrennte Wege" über die Kirchengemeinde in der Zeit des Nationalsozialismus. Dort ist von einem Pfarrer Adolf Wolff die Rede, der Deutscher Christ war, aber „konturlos" geblieben sei. (htpps://cdn.website-start.de/proxy/apps/a1tvb2/uploads/gleichzwei/instances/3A85E569-B619-4367-B130-d7dfbea93e71/pdf/Vortrag_schriftfassung.pdf).

Superintendenten weiterleben konnte. Wieweit Diestel diese internen Auseinandersetzungen wahrnahm, muss offenbleiben. Die Schreiben gingen nicht an ihn und wurden ihm nicht zur Kenntnis zugesandt. Aus den weiteren Gesprächen des EOK mit ihm konnte er schließen, dass es gegen seine Behandlung durch den EOK Einwände gab. Die Vernetztheit Diestels war geradezu legendär (und überlebensnotwendig!). So kann man vermuten, dass er Informationen über den Hintergrund des Vorgangs besaß. Seinen Respekt gegenüber dem Konsistorium förderte all das nicht, deutlich wurde ihm aber wohl, wie nahe am Abgrund er inzwischen stand.

Alltag

Über all dem ging seine Arbeit als Gemeindepfarrer und Superintendent weiter; sie konnte neuen Anstoß erregen.

1. Jugendarbeit

Jugendarbeit war für die BK ebenso wie für das Regime wichtig und daher Zankapfel zwischen Kirche und Staat. Reichsbischof Müller hatte die evangelische Jugend der HJ ausgeliefert. Auch die Schülerbibelkreisbewegung, die „im Berliner Südwesten … über eine starke Anhängerschaft verfügte“[1023] musste sich der Gleichschaltung beugen. Man entließ die Jugendlichen aus dem Bund der Bibelkreise, bevor sie am 6.3.1934 in die HJ „eingegliedert“ wurden.

Pfarrer Karl-Arnd Techel berichtet: „Bei uns in Lichterfelde gab es trotz NS-Jungvolk ... weiterhin Jugendkreise der Bekennenden Kirche: Jungvolk-Gruppen wurden [staatlicherseits] mehrmals wegen bündischer Aktivitäten als ‚politisch unzuverlässig‘ aufgelöst, so 1936 das Fähnlein ‚Deutschmeister‘. ‚Jungenwacht-Kreise‘ der BK in Lichterfelde-West (Paulus-Gemeinde) und Lichterfelde-Ost (Petrus-Gemeinde) leisteten eine recht erhebliche antinazistische Tätigkeit, vor allem gegen den Einfluss von HJ und Jungvolk.

Beispielsweise wurden im Sommer 1944 von Schülern und Studenten in der von der [BK-nahen] Jugend selbst hergerichteten Alten Dorfkirche Lichterfelde, Hindenburgdamm, sogenannte Morgenwachen (Andachten) vor Schul- und Arbeitsbeginn gehalten – und zwar täglich!

[1023] Sandvoß, Gottesdienste S. 278.

In meiner Paulus-Gemeinde (Lichterfelde-West) beeindruckte mich besonders Pfarrer Peter Petersen durch seine Gradlinigkeit. So sagte er einmal in seiner Predigt: ‚Meine Herren von der Gestapo, schreiben Sie bitte mit: Der Teufel kann auch durch den Mund eines Reichsleiters oder Reichsministers reden.‘“[1024]
Die weitergeführten konfessionellen Freizeitaktivitäten mussten im Verborgenen organisiert werden. Treffen von Gruppenleitern fanden in BK-nahen Gemeindehäusern statt, hauptsächlich im Berliner Südwesten. Jährlich traf man sich am Vorabend des 1. Advent in Dahlem zur Zusammenkunft der verborgenen Schülerbibelkreisbewegung. Max Diestels Name taucht bei Gerhard Clauder auf, der „bis 1934 als Laie in der kirchlichen Jugendarbeit in Lichterfelde bei Sup. Max Diestel und Jugendpfarrer Walter Hildebrand tätig“ war. Clauder zählt Schwerpunkte der Arbeit auf: Dahlem, Lichterfelde West, Steglitz, Schöneberg, Lankwitz und Lichtenrade. Man organsierte Fahrten ins Umland von Berlin, eingeladen von Pfarrern, die über ein geeignetes Grundstück verfügten. „Jeweils 2-3 Jungen fuhren dann mit Rädern an den betreffenden Ort, durften sich aber nicht von der HJ erwischen lassen.“[1025] Zwischen Dezember 1937 und Januar 1938 übernahm Erich Klapproth „die im Kirchenbezirk Wilmersdorf-Süd zu verrichtende Jugenddienstarbeit.“[1026] Auch wenn Max Diestel oft nicht genannt wird, konnten ihn solche Aktivitäten in seinem Arbeitsumfeld in neue Gefahr bringen.
Solche Belastungen nur mit Humor zu ertragen, ist kaum möglich; ich mag mir die Dauerspannung nicht vorstellen, in der Diestel und seine Familie sich befanden. Immerhin musste er (im Unterschied zu Albertz, Spandau) nicht allein und gegen die Gemeinde(n) agieren.

2. … und auch noch Krieg …

Manchen Anhängern der BK brachte der Krieg insofern Erleichterung, weil Verfahren gegen sie wegen anderer Prioritäten nicht mehr verfolgt wurden, stellte sie zugleich vor die Frage, wie sie sich im Fall einer Einberufung verhalten sollten – davon erzählt der Brief Gollwitzers an Gudrun Diestel. Der Krieg war der Ernstfall für alle, die das Regime bekämpften: In der ersten Kriegszeit wurde Kritik an Hitler nur von wenigen geteilt, angesichts militärischer Erfolge konnte man kaum Unterstützung für ein Attentat gegen Hitler und eine neue Regierung erwarten.

[1024] Zitiert nach Sandvoß, Gottesdienste S. 279.
[1025] Zitat S. 282, zum Ganzen Sandvoß, Gottesdienste S. 282ff.
[1026] Beutel, S. 70.

Hinter den Kulissen versuchten viele, maßgeblich Bonhoeffer und Bell, Verständigung mit Kriegsgegnern zu erreichen.
Aber durfte man am Krieg mitwirken? In vielen Fällen konnten die Männer es nicht frei entscheiden; sie wurden eingezogen. Die BK überlegte, welche und wie viel kirchliche Arbeit während des Krieges erhalten bleiben sollte:[1027]

> 1 Jede Gemeinde eine Predigtstätte. Notfalls Lesegottesdienst, nie nur einmal / Monat
> 2 Jeder Pfarrer Seelsorger an Leidenden, nötigenfalls soll ein Kreis „bewährter u. befähigter Helfer" dem Pfarrer „zur Seite treten."
> 3 Die Umquartierten sind in das Leben der Gemeinde einzubeziehen.
> 4 christliche Unterweisung der Jugend, mind. 1 Jahrgang Christenlehre
> 5 Gegen den Verfall von Zucht und Sitte v.a. bei der Jugend „hilft kein moralisierendes Lamentieren", die christliche Gemeinde soll zeigen, dass sie die Gebote, v.a. das 4. Gebot, ernst nimmt. Taufaufschub bei Kindern, „deren christl. Erziehung in keiner Weise gesichert erscheint."

Die Liste zeigt die Prioritäten der BK: Unterweisung in der Schrift in Predigt, Jugendarbeit und Seelsorge, selbstverständlich mit Beteiligung von Laien.
Durch den Krieg veränderte sich auch in der BK die Rolle der Frauen. Besonders auf dem Land übernahmen Pfarrfrauen Dienste in der Gemeindearbeit. Bisher nicht ordinierte und wegen Heirat aus dem Dienst ausgeschiedene Theologinnen ersetzten den einberufenen Pfarrer, was die Ordination von Frauen beförderte. Zugleich hatten diese Frauen ihre und in zunehmendem Maße auch andere Familien zu versorgen, mussten mit Nachrichten über Tod und Verwundung von Söhnen oder Ehemännern umgehen und Menschen Unterschlupf gewähren – eine eigene Geschichte, die hier nur angedeutet werden kann.
Der Beruf eines Pfarrers bringt es – bis heute – mit sich, dass immer auch die Familie im Blick ist: Glaubwürdigkeit wie Erfolg der Verkündigung werden an der perfekten Ehe und der Wohlgeratenheit der Pfarrerskinder gemessen; selbstverständlich erwartet man, dass Frau und Kinder ansprechbar sind, wenn der

[1027] EZA 50/43, Bl. 44-45. Entwurf über Lage und Ziele der BK in den Kriegsjahren, ohne Vf., aus den Akten der Superintendentur Kölln-Land I.

Pfarrer nicht erreichbar ist. Wenigen ist bewusst, wie das Ineinander von Privatem und Dienstlichem das Leben im Pfarrhaus bestimmt und manchmal belastet.

3. Das Umfeld: Die Familie der Widerständigen

Das Private geht in diesem Bericht über Max Diestel fast unter. Umso anrührender Bemerkungen wie diese in einem Brief an Siegmund-Schultze:[1028]

> „Wir arbeiten auf, was der Tag so bringt. Sie wissen, dass Staatssekretär Weizenecker (sic) einen Sohn an der Front verloren hat. ... Ebenso haben Marahrens, Alberti-Steudel, Grüneisen, Kons.Rt. Lütkemann (Kassel) und heute der Steglitzer Pfarrer Zippel einen Sohn in Polen verloren. Mein Junge ist noch da."

„Mein Junge ist noch da!" – was für ein Satz! Lapidar, beiläufig und doch spürt man Sorge und ahnt, welchen Anfechtungen der oft gerühmte Humor Diestels abgerungen ist. Seine Ironie ist wohl bitterer, als sie klingt: Da ist einem manchmal gar nicht zum Lachen ...

Der Weg seines einzigen Sohnes Eberhard lässt sich in den Briefen von Max und Else Diestel verfolgen: 1941 vor Moskau, 1942 im Lazarett in Smolensk, dann in Böblingen, Athen, wieder im Lazarett, im Januar 1943 im Tropenkrankenhaus in Hamburg, im Sommer 1943 in Frankreich, wo er in seinem Beruf als Jurist arbeiten kann, wie Else Diestel schreibt. Nie werden die Sorgen angedeutet, die sich Eltern machen, Else Diestel lässt nicht einmal andeutungsweise erkennen, wie schwierig die Rolle eines Juristen in diesen Zeiten sein konnte. Wenn sie es ahnte, durfte sie es nicht schreiben – um Gudrun nicht zu belasten, aber wohl auch wegen eventuell Mitlesender. Dann ist Eberhard vermisst und erst (oder schon?) zwei Monate später erreicht die Eltern eine Nachricht aus einem englischen Kriegsgefangenenlager, von wo er in die USA kommt. Eberhard schreibt, ebenso seine Eltern, die Briefe werden aber nicht zugestellt. Else Diestel sah ihren Sohn nicht wieder; als er vermisst war, war sie sich ganz sicher, dass er am Leben sei, wie sie Gudrun schrieb.

Nach dem Krieg durchlief er die Entnazifizierung und musste seine Ausbildung zum 2. Juristischen Examen neu aufnehmen; für ihn eine harte Zeit, in der seine

[1028] EZA 626/1183, 25.9.1939.

Tante Meta ihn zu motivieren versuchte.[1029] Gudrun Diestel erinnert sich, dass am Beginn von Eberhards Zeit beim Militär „etwas“ geschehen sei, das eine Offizierslaufbahn verhindert habe. Ihr Vater habe sich mit befreundeten Militärs beraten, was man da „machen“ könne, aber nichts erreicht.[1030] Ob der Name „Diestel“ seiner Karriere dienlich gewesen wäre, kann man fragen – immerhin aber gab es auch jenen Generalleutnant Diestel, der als linientreu galt. Er war so wohl auch einer der Gezeichneten dieser Generation, die von Verlusten erzählen konnten, darüber ihren Einsatz für das Regime nicht vergessen wollten, den die späten Nachfahren leichthin be- und verurteilten – auch ein Grund für Schweigen und die „Unfähigkeit zu trauern“.

Aus den Briefen Elses an Gudrun erfahren wir von Luftangriffen, Schäden am Haus und dem ständigen Hin- und Herräumen von Kleidern usw. zwischen Luftschutzkeller und Wohnung. Menschen ziehen im Tietzenweg ein und wieder aus, aus dem Osten Geflüchtete finden dort ihre ausgebombten Eltern wieder. Vom Sohn einer im Haus Diestel einquartierten Frau erzählte Gudrun Diestel, ihr Vater habe sich mit ihm – er war fünf Jahre alt – sehr beschäftigt und sei mit ihm singend durchs Haus gezogen – weil Diestel keine Kinderlieder kannte, sang er Soldatenlieder.[1031]

So erfuhr Gudrun in Niesky aus Briefen der Eltern, warum sie 1941 ins Internat kam. Nur in den Ferien noch war sie zu Hause, Briefe die einzige Verbindung. Der Krieg diktierte auch das Heimkommen: Wenn sie zu Ostern kommen wolle, dann solle sie nicht am 20.4. reisen – es sei Vollmond und man fürchte Angriffe wegen Hitlers Geburtstag.[1032]

Darin unterscheidet sich die Familie Diestel nicht von anderen in Berlin und anderen Städten, all das muss aber mit bedacht werden, wenn man Äußerungen in dieser Zeit einordnen will. Manches muss trotz lähmender Müdigkeit getan werden, anderes bleibt wegen Voralarms liegen. Erstaunlich, wie die Post auch unter

[1029] Meta Diestel an Eberhard, 17.1.1949.

[1030] Gespräch Vf. mit Gudrun Diestel am 4.2.2021.

[1031] Gudrun Diestel mdl. am 4.2.2021 – Auch dieses Detail zeigt, dass Diestel wohl immer einen eigenen Draht zu Kindern hatte, für Männer seiner Generation eher ungewöhnlich.

[1032] „Nun sollst Du bald nach Hause kommen. Mutter möchte dich eigentlich erst am Dienstag hier haben. Ab 21.4. sollen keine Heimfahrten mehr sein, um die Reichsbahn nicht zu sehr zu belasten. Andererseits ist da gerade die Fliegergefahr für Berlin am größten: A.H.s Geburtstag und Vollmond dazu! Gewisses weiß man natürlich nicht, sie kommen bei hellem und dunklem Wetter.“ Max an Gudrun, 7.4.1943.

solch schwierigen Bedingungen funktionierte; manchmal nahm sie keine Pakete mehr an, aber Briefe wurden zuverlässig und schnell befördert.
Die Gefahr war allen bewusst und bei aller frommen Gelassenheit ihrer Briefe, die ja auch eher beruhigen als in Unruhe versetzen wollten, sorgen die Eltern vor. Nachdem Gudrun aus Niesky nach Königsfeld (Schwarzwald) gekommen ist,[1033] sind die Mädchen alle in Süddeutschland. Else Diestel schreibt ihnen:

> „Wenn es ja uns einmal ganz treffen sollte, liebe Kinder, dann beklagt uns nicht. Ihr habt ja Euch untereinander + liebe Verwandte. Aber wenn es uns beschieden sein sollte, einmal in friedlichen Zeiten zus. zu kommen, so freue ich mich natürlich unendlich. Wie Gott will – ... Gott behüte euch + uns. In herzlicher Liebe Eure Mutter."[1034]

Und Max Diestel setzt einen wohlformulierten Brief auf:

> „Sehr verehrte gnädige Frau [Ilse Michel],
> Darf ich Sie im Blick auf Ihre liebevolle mütterliche Fürsorge für Gudrun um einen Dienst bitten?
> Es ist vorsorglich gedacht. Es ist immerhin möglich, dass wir eines Tages kein Geld mehr nach Süddeutschland schicken können. Es liegt mir sehr am Herzen, dass dieser Zustand einigermassen überbrückt werden sollte. Zu diesem Zweck sende ich Ihnen einliegenden Verwendungsvermerk über 1000 RM, den Sie freundlichst bei der dortigen Bank einzahlen oder bei sich auszahlen lassen wollen, um das Geld für Gudrun treuhänderisch zu verwahren und im Notfalle für sie auszugeben.
> Wir sind Ihnen viel Dank schuldig. Diese Schuld wird durch die Erfüllung meiner Bitte erhöht. Gott lohne es Ihnen, was Sie an unserem Kinde tun und behüte Sie alle zusammen.
> Mit dankbaren Grüßen auch von meiner Frau, Ihr ganz ergebener Diestel."[1035]

[1033] Auf Vermittlung einer Lehrerin, die dorthin gegangen sei, sei sie auf Betreiben ihrer Eltern im Sommer 44 von Görlitz nach Königsfeld (Schw.) gezogen. Die Eltern wollten sie fern der Ostfront sehen, sie ihre Freundinnen behalten… (Gespräch mit G. Diestel am 19.1.)
[1034] Else Diestel an die Kinder, vermutlich 1.8.1944.
[1035] Brief Max Diestel an Ilse Michel, 6. März 1945; die Familie Diestel war mit der von Prof. Otto Michel, Tübingen, verwandt.

Menschen ordnen das Leben der ihnen Anvertrauten. Sie haben die Zukunft nicht in der Hand, nehmen vorsorglich Abschied und versuchen, für die Zurückbleibenden zu sorgen.
Was Anklagen, Voruntersuchungen und Verhöre für die Familie bedeuteten, was der Beruf mit seinen Anforderungen und der Einsatz in der Opposition, ist heute kaum zu ermessen. Welcher Gefahr sich Hauptpersonen aussetzten, wird oft angesprochen – dass andere Menschen mit verwickelt waren und oft wenig mitzureden hatten bei der Frage, wie weit man gehen solle, geht leicht unter. Die Stimmung im Pfarrhaus am Tietzenweg kann man einer Schilderung der jungen Gudrun Diestel entnehmen:

> „Wir haben in DC-Geschäften nicht eingekauft. In unserem Nachbarpfarrhaus war der Pfarrer in der obersten Etage Deutscher Christ, 2. Etage: sehr ausgeprägt BK, 1. Etage der Jugendpfarrer, auch BK.
> Also ich habe den Kirchenkampf als Kind sehr bewusst erlebt. Und ich habe … erlebt, dass der Griechischlehrer meines Bruders nach Theresienstadt entschwand, Prof. Morgenstern; oder dass auf dem Namensschild eines Arztes, in dessen Haus ich in eine andere Wohnung ging, plötzlich ‚Israel' vor seinem Namen stand. Und dass der Vater eines Klassenkameraden von mir aus der Grundschule oder ein Jahr früher plötzlich aus dem Justizdienst entfernt wurde und von meinem Vater für den Weltbund … beschäftigt wurde, obwohl er eigentlich Richter war. Ich habe meinen Vater auch begleitet, z.B. nach Lichterfelde-Ost. Dort war der Pfarrer verhaftet worden, weil er den Konfirmanden beigebracht hatte, dass Abraham, Isaak und Jakob eben auch zum Volke Israel gehören. Konfirmanden oder Konfirmandinnen hatten ihn denunziert, und er kam ins Gefängnis. Das alles habe ich miterlebt."[1036]

Sie erzählt, dass ihr Vater immer mit gepackter Tasche zu Gesprächen bei der Gestapo ging und alle im Haus bangten, ob, wann und wie er zurückkehren werde. „Mutig besetzt er [Diestel] vakante Pfarrstellen mit BK-Mitgliedern und fördert

1036 Gudrun Diestel, Interview mit Vertreterinnen des bayerischen Theologinnenkonventes, 31.8.2018.

die Ausbildung der Studenten durch BK-Dozenten – auch gegen staatliche Forderungen und gegen die Weisung der Kirchenleitung."[1037]

> „1935 erlebe ich, wie Pfarrer ins Gefängnis abgeholt werden, auch zwei Nachbarn. Wegen ihrer Predigten. Nach ein paar Monaten kommen sie wieder frei. Ich aber schaue von da ab in jede ‚Grüne Minna', die zum nahen Gefängnis vorbeifährt, ob mein Vater darin sitzt. Die Gefangennahme von Pfarrern gehört von da ab zu unserem Leben. Jedes Mal muss Vater zur Gestapo. Besonders beachtet wird 1937 die zweite Inhaftierung von Martin Niemöller in Dahlem. Unsere Familie hält Kontakt zu seiner Frau.
> 1934, ich bin fünf Jahre alt, spricht Vater beim Tee mit einem Besuch – er ist sehr erregt: Bewaffnete Männer sind in die Wohnung von General Schleicher eingedrungen und wollten ihn erschießen. Seine Frau warf sich vor ihn – sie wurden beide erschossen.
> Ich verhalte mich ganz still – die Erwachsenen merken nicht, dass ich unter dem Tisch spiele. Abends allein fürchte ich mich: Werden sie vielleicht auch zu uns hereinkommen und Vater erschießen? Jahre später erfahre ich, dass Vater in diesem Sommer untertauchen musste, auf dem Land."[1038]

Wieviel sie nicht wusste, sagt sie auch: Ihr Vater nahm sie zu Gesprächen in Pfarrhäuser mit und erzählte manches auf dem Weg[1039], bei den eigentlichen Gesprächen schickte er sie in den Garten zum Spielen; manches habe sie auch nicht wirklich verstanden. Hinzu kommt: Je mehr andere aus der eigenen Familie wissen, umso gefährdeter sind sie ja auch im Konfliktfall.
Die älteren Kinder waren erwachsen, die Töchter hielten sich in Süddeutschland auf, oft im Umfeld der Verwandtschaft von Else Diestel. Gudrun als Jüngste kam mit 12 Jahren 1941 ins Internat nach Niesky, ging dort und später in Görlitz in die Schule. 1944 zog sie nicht, wie erst geplant, nach Görlitz, sondern kam in Königsfeld/Schwarzwald unter.[1040] Wieder verlor sie – zu ihrer eigenen Sicherheit – Heimat und Freundinnen und musste sich neu zurechtfinden.

1037 Gudrun Diestel im Gemeindebrief der Paulusgemeinde Lichterfelde, Juni 2019, S. 8.
1038 Paulusbrief S. 8f.
1039 Vielleicht auch, um sich selbst über manches klar zu werden.
1040 Beides Gründungen der Herrnhuter Brüdergemeine, die auch das Internat in Niesky betrieb.

Ihren Vater sah sie nach Ostern 1944 erst an Weihnachten wieder – mit ihrer Ratlosigkeit nach dem 20. Juli musste sie allein zurechtkommen.[1041] Nur durch Briefe konnten ihre Eltern sie begleiten, in manchen Dingen raten, anderes keinem Brief anvertrauen. Die Briefe der Mutter sorgen sich um Kleidung, Gesundheit und Wäsche, der Vater behandelt auf seine freundliche Art manche inhaltlichen und schulischen Fragen, die er sicher lieber mündlich besprochen hätte.

All das ist Schicksal einer ganzen Generation, nicht speziell nur der Familie Diestel – auch das aber bestimmt Denken, Reden und Fühlen. Gudrun Diestel erinnert sich an ihren Vater aus Kindertagen; nach dem Krieg ging sie in Blaubeuren in die Schule und traf den Vater nur an Festtagen, als sie erwachsen war, war er schon gestorben.

Wer von Männern wie Max Diestel hört, darf nicht vergessen, welche Lasten den ihnen Nahestehenden aufgelegt war. Ob sie es leichter getragen hätten, weniger zu wissen oder in Überlegungen, wie man handeln solle, einbezogen zu sein, bleibt Vermutung.

Aber auch den Mut der Frauen sollte man nicht vergessen, auch ihr Tun konnte Auswirkungen auf das Ergehen ihrer Männer haben. Dass ja „nichts passiert“ sei, kann man im Nachhinein leicht sagen; die Tage und Nächte voller Angst bleiben in den Beteiligten und bestimmen noch lange, wie sie auf Entwicklungen in Kirche und Gesellschaft nach dem Krieg reagierten.[1042]

4. Opfer einer Ideologie

Immer wieder hatte Max Diestel mit Einzelschicksalen zu tun. So ist es im Pfarramt und Lösungen wie Hilfe scheitern manchmal an Hilfe Suchenden ebenso wie (hier) an politischen Hindernissen. Manche Anfrage gab er wohl an die Hilfsstelle ab, bei anderen sucht er selbst Hilfe:

> „Lieber und verehrter Herr Professor,
> hier ist ein Fräulein Ella-Irene Sallis. Sie ist ungefähr in den 40iger Jahren, sehr nervös, nichtarisch, und glaubt, sie würde wieder ganz gesund, und innerlich gestärkt, wenn sie in einer Pfarrersfamilie im Ausland einige Zeit sein

[1041] G. Diestel mdl. dem Vf. gegenüber 4.2.2021.

[1042] Entsprechend werden die Erfahrungen in der DDR auch noch lange Menschen in unserem Land bestimmen, und sie werden erleben – wie die Angehörigen solcher widerständigen Menschen im Dritten Reich –, dass das Verständnis der Umwelt dafür immer deutlicher abnimmt.

könnte. Glauben Sie wirklich, dass irgendeine schweizerische Pfarrerfamilie sich mit der etwas schwierigen Dame, die aber sehr gut im alten wie im neuen Testament Bescheid weiss und gerne beide zitiert, abgeben möchte? Es muss schon eine grosse Liebe vorwalten, wenn man sie aufnimmt.
Mit herzlichen Grüßen von Haus zu Haus
Ihr ganz ergebener
Diestel."[1043]

Es findet sich die Bitte eines Marineoffiziers:[1044] Sein Sohn habe Theologie studiert, aber keine Chance auf Anstellung, weil er nach den Nürnberger Gesetzen „nicht arisch" sei – der Schreiber betont, dass dieses auf die Vorfahren seiner Frau zurückzuführen sei, aus Überzeugung oder Furcht vor Mitlesenden? Dann zählt er auf, wo überall sich sein Sohn schon beworben habe, auch in Österreich und der Schweiz.
In beiden Fällen wissen wir nicht, wie sich die Dinge entwickelt haben. Ob im Fall des Theologen eine Anstellung über die BK in Frage kam? Er hätte ein Examen bei der BK, ganz oder ergänzend, ablegen müssen.
Diestel stößt, wie „radikalere" BK-ler, an Grenzen. Bemerkenswert, wie nüchtern er „Fräulein Sallis" beurteilen kann – bei allem Mitleid mit einem psychisch belasteten Menschen sieht er, welche Aufgabe er mit ihr anderen auflädt. Seine humorige Schilderung verdeckt Rat- wie Machtlosigkeit – man ahnt, wie oft der Humor der Resignation abgewonnen war. Er ist auch ein Versuch, Distanz zu entmutigenden Umständen zu halten. Der plötzliche Abbau von Kräften im letzten Lebensjahr, den die Angehörigen beschreiben, zeigt vielleicht, dass er vorher über seine Kräfte gelebt hatte. Solche Einzelschicksale und die Hilflosigkeit, den Betroffenen zu helfen, kennen alle Pfarrerinnen und Pfarrer. Unter den Bedingungen des Dritten Reiches ist es unmöglich, Einzelfälle zu lösen, wenn diese aus der Volksgemeinschaft herausgefallen und schon deswegen anstößig sind. Ein „Fräulein Sallis" ist bis heute ein Problem, durch ihre „nicht arische" Abstammung kommt für Diestel ein erschwerender Faktor hinzu, der einen Seelsorgefall zum Politikum für staatliche Stellen macht.

1043 Diestel an Siegmund Schultze, 23.7.1936, EZA 626/393.
1044 Anfrage von Korvetten-Kapitän a.D. Schmidt-Henrici, 12.8.1936.

Seines Hauses Hüter – der erste Tod

Die sich abzeichnende Niederlage und das Ende des NS-Regimes bedeutete 1944/45 – besonders in der Reichshauptstadt – weitere Bedrohung. Bilder von „den Russen", die Propaganda wie Berichte von nach der Oktoberrevolution Geflüchteten schon vor Beginn des Dritten Reiches in die Köpfe der Bürger gebracht hatten, schreckten,[1045] dazu die Berichte vor den Russen Geflüchteter, die sich auch im Tietzenweg einfanden. Dass Diestel im folgenden Bericht ironische Bezeichnungen wie „diese Kalmücken und Baschkiren" verwendet, dient wohl auch der Distanzierung in einem ihn persönlich ergreifenden Bericht, kann aber Sorge und Angst kaum verbergen. Ich möchte diese im Grund privaten Zeilen nicht aussparen. Auch diese Erfahrung gehört zu seinem Leben. Wie er damit umgeht, sagt viel über den Menschen Max Diestel aus – und über seine Ehe.

„Bericht über die Vorgänge im Pfarrhaus Tietzenweg 130
in BERLIN-LICHTERFELDE am Donnerstag, den 26. April 1945
Berlin war zur Festung erklärt worden, die Brücken über den Teltowkanal unterminiert, überall Barrikaden errichtet und der Volkssturm zur Verteidigung aufgerufen und organisiert. Die Front näherte sich Lichterfelde. Artilleriebeschuss kündigte den Angriff an, aber es dauerte mehrere Tage, bis es klar wurde, daß wir hier auf der Westseite des Teltowkanals in der Hauptkampflinie liegen würden. Am Dienstag und Mittwoch (24. u. 25. IV.) gab es heftige Straßenkämpfe, aber kein Russe war sichtbar, nur das Platzen des Kleinkalibers, Granateneinschläge und gelegentlich ein Bombenwurf markierten die Kampftätigkeit.
Die Nacht von Mittwoch auf Donnerstag, den 26. April hatte ich in meinem Amtszimmer zugebracht. Als die ersten Russen kamen, fanden sie alle unsere Türen geöffnet, nichts verschlossen. Ich empfing sie an der Tür. Sie kamen mit erhobenen Revolvern oder Pistolen, untersuchten mich, fragten nach Soldaten, Waffen usw., versprachen Schutz den Frauen und Kindern und ließen sich durch das ganze Haus führen, besonders durch die Keller. Pfarrer Weschke, der etwas Russisch konnte, hatte diese erste Patrouille schon im Hause Tietzenweg 132 empfangen und erklärt, daß das Grundstück Kircheneigentum sei. Er empfahl mir auch nachher, den Talar anzuziehen, um als Pope kenntlich zu sein. Immer neue Gruppen von bewaffneten Russen suchten die Grundstücke ab. Einzelne

[1045] Wie mächtig diese Bilder waren, zeigen die Suizide aus Angst vor den anrückenden Russen, die es auch in Berlin und im Umfeld Diestels gab. Bericht aus dem Archiv von Gudrun Diestel.

bekreuzigten sich, als sie mich sahen, andere blickten feindlich, alle drohten mit den Waffen. Wenige sprachen etwas Deutsch. Bald stellte es sich heraus, daß sie plündern wollten, nicht alle. Sie sagten, die deutschen Soldaten hätten in Russland alles genommen, was ihnen paßte, mit Gewalt. Sie nahmen mir meine Uhr und verlangten Schnaps, boten mir Zigaretten an, schenkten mir Zigaretten, wollten mich zum Schnapstrinken veranlassen und begriffen nicht, als ich es ablehnte. Gemischtes Gebahren (sic) von Gutmütigkeit und völligem Unverständnis für Würde und Recht wurde sichtbar. Manche versuchten politische Gespräche: Stalin will die Volksverbrüderung, Hitler sie durch sein Volk vernichten und Ähnliches. Ein Ukrainer allerdings wollte von keinem der großen Staatsführer etwas wissen. Die Truppen waren glänzend verpflegt, bewaffnet und körperlich in ausgezeichnetem Zustande, aber undiszipliniert oder im Kampfgebiet auf den Feind losgelassen. Frauen galten als Freiwild ohne Rücksicht auf Alter und Haltung. Vom Eigentum nahmen sie, was sie wollten, leerten alle Kisten und Truhen, zerstörten vieles unsinnig. Aber woher sollten diese Kalmücken und Baschkiren wissen, was uns wertvoll und heilig ist und warum.
Den ganzen Tag und bis spät in die Nacht saß ich wie Abraham an der Pforte meiner Hütte und passte auf, daß nicht zu viel Unheil geschah. Man konnte nicht überall sein und nicht allem wehren. Es kamen immer mehr wilde Streifen, viele angetrunken. Besoffene mußten fortgeschafft werden. Ich versuchte, einen anständigen ukrainischen Offizier, der bei Paschke Wohnung genommen hatte, zu erreichen. Er hatte mich schon einmal unterstützt, Plünderer loszuwerden. Aber ich konnte nicht an ihn heran, die Posten stießen mich zurück. Als ich wieder in unser Haus ging, waren 2 Kalmücken oder Baschkiren eingedrungen und verlangten Uhren und Schnaps. Ich versuchte, dem einen klar zu machen, daß der Kommandant da gewesen sei und sich alles in Ordnung befinde. Er schien mich nicht zu verstehen, fuchtelte immer mit seiner Maschinenpistile (sic) herum, während ich ihm in die Augen sah. Offenbar war er betrunken. Ich machte das Zeichen des Kreuzes. Ob es ihn reizte, oder was sonst geschah, weiß ich nicht. Er schoß und traf mich ins Gesicht. Das Geschoß war zwischen dem rechten Auge und rechten Nasenflügel durch den Mund und hinter dem linken Ohr wieder heraus. Ich stürzte zusammen. Ob ich sofort das Bewußtsein verlor, kann ich nicht sagen. Ich hatte jedenfalls das Gefühl, daß sich große Mengen Blutes in und aus meinem Mund entleerten. Eine eigentliche Schmerzempfindung trat dabei nicht auf. Eigentümlich war dreierlei:

1. der Gedanke, das Gehirn ist nicht verletzt, der Geist arbeitet richtig.
2. jetzt kommt der Tod,
3. traten Sprüche, Lieder, Gedanken, die mit Gott, Christus und dem Tod zu tun hatten und mir beruflich durch lange Übung vertraut waren, in den unmittelbaren Vordergrund des Bewußtseins. Sie strömten gleichsam ohne mein Zutun oder Anstrengung meinerseits. Ich versuchte zu sprechen und konnte sprechen, konnte beten, auch das Vaterunser und den Segen sprechen. Ich erinnerte mich an LUTHERS Sterbestunde und sein Gebet in derselben.

Der Blutverlust führte zu einer starken Entwärmung des Körpers, die sich in Schüttelfrösten äußerte. ‚Zunehmende Vereisung', dachte ich. Wenn sie auf den Höhepunkt gekommen ist, ist der Tod da. Aber es war keine Angst vor dem Tode da. Der Tod hatte keine Schrecken, so schmerzvoll auch die Kälte war.
Die Schwestern hoben mich auf und legten mich auf einen langen Stuhl, rieben die zitternden Hände und Füße und wärmten mir den erstarrten Körper. Es war mir zumute, als ob dreimal wie ein Kaskadenguß sich Blut in die Gefäße des Körpers entleerte und allmählich die Wärme zurückkehrte. Alle Sehnen der Gelenke der Beine waren im Krampfzustand und schmerzten. Sie wurden massiert und gingen allmählich in ihren normalen Zustand zurück. Das Sterben war also noch nicht vollendet. Ich sollte leben und des Herrn Werke verkündigen.
Das ganze Geschehen, wie es sich in Wirklichkeit in meinem Bewußtsein und in meinem Lebensgefühl abspielte, ist wesentlich anders als die Gedanken, die man sich gemeinhin um solche Vorgänge macht. Zweierlei ist ganz deutlich erkennbar:

1. Gottes Wirken hört nicht auf, denn es wird umso deutlicher sichtbar, wenn offenbarer Unsinn oder Unrecht geschieht. Der Kalmücke wußte nicht, was er tat. Aber Gott wußte, was er tat, als er mich in den stillen Frieden des Luftschutzkellers in treueste Hut der Schwestern gab, so daß mir nichts mangelte, auch nicht das Geringste.
2. Nachher erfuhr ich, dass der Russe auch Kapitän Hans Winter, meinen Hausgenossen, und meine Frau erschossen hatte, den ersteren durch die Schläfe. Er war sofort tot. Meine liebe Frau erhielt einen Durchschuß durch die Achselhöhle, soll noch einmal zum Bewußtsein erwacht sein, ließ die Kinder grüßen und ist ganz sanft eingeschlafen, offenbar in der Meinung, ich sei ihr vorausgegangen. Sie war verklärt im Tode und von einem so

friedsamen und von Ruhe und Sorglosigkeit erfüllten Ausdruck des Gesichtes, ohne Falten und Runzeln, wie sie im Leben in den letzten Jahren nicht gehabt hatte und haben konnte. Sie war bereit gewesen. Wie es im Text des Tages hieß: ‚Kommt, es ist alles bereit', so hatte sie auch alles bereitgefunden fürs Sterben. Wie viel Dank umgibt hier Gottes übernatürliches Walten. Ihr Leben ist erfüllt und aus ihrem Tode möchte noch Segen sprießen.

Am Freitag, den 27. April 1945, schloß sie die Augen um 1/2 10 Uhr im Keller des Pfarrhauses Tietzenweg 130. Sie und unser Hausgenosse Kapitän Hans Winter wurden aufgebahrt im Büro der Superintendentur. Ich durfte noch einmal ihr Gesicht sehen. Es war unbeschreiblich edel und friedvoll. Pastor Petersen und Pastor Weschke hielten die Feier, Hausgenossen rings herum und in den Zimmern. Blumen und Särge hatten wir nicht. Wir ließen sie in dem Kleide, das sie so gern gehabt hatte. Einst hatte ich es ihr aus Obersch.(lesien, Anm. d. Vf.) mitgebracht und hat ihr viele Jahre gute Dienste getan. Sie wurde in ein weißes Laken gehüllt. Hausgenossen und Nachbarn trugen sie auf den Friedhof bei der Alten Dorfkirche, wo sie das Grab für sie gemacht hatten. Liebe und Dankbarkeit umgaben die ganze Feier. Es durften nur 5 Leute mitgehen. Aber wie viele kamen, um mir die Hand zu drücken, schon am 27.IV. aus den im Kampfgebiet gelegenen Häusern. Es war erschütternd wahrzunehmen, wie wenig die Gewalt der Feinde vermag und wie wundervoll die Kraft des Heiligen Geistes ist. Auch russische Soldaten kamen und drückten mir die Hand. Es ist in dem Walten Gottes keine Grenze gezogen und das Reich Christi ist größer als alle Reiche der Erde und zeigt sich in allem, trotz aller menschlichen Sünde und Unvollkommenheit. Das Blut dieser unschuldigen Frau zeugt für die Kraft des Friedens und unseres Gottes, der höher ist als alle Vernunft und Unvernunft der Menschen, in dem wir aber allein das Leben haben können. Denn da ist Vergebung der Sünden, Leben und Seligkeit und sonst nirgendwo. Am Abend, ehe sie starb, sagte sie zu mir: ‚Es ist doch eine große Zeit, die wir hier erleben dürfen, und ich bin so froh, daß wir sie zusammen erleben dürfen.' Sie ist auf ihrem Posten geblieben und niemand hat sie aus Gottes Hand reißen können. Sie ruht in Frieden und das ewige Licht leuchtet ihr.
Gez. Max Diestel, Lichterfelde, Tietzenweg 130"

Über das Private hinaus ist mir – wie Elke Heinsen, die den Satz als Motto über ihre Arbeit setzte – dieses Bild geblieben: „Den ganzen Tag und bis spät in die Nacht saß ich wie Abraham an der Pforte meiner Hütte und passte auf, daß nicht zu viel Unheil geschah." Der „Hüter des Hauses", auf Anraten des Kollegen im Talar – ein Bild Diestels, nicht nur für diese Situation und das Pfarrhaus im Tietzenweg. Max Diestel hat seinen Posten nicht verlassen und sich nicht vertreiben lassen. Er sah es als seine Pflicht, Menschen zu schützen.[1046] Das Inventar war ihm unwichtig – damals kamen Menschen um, die sich von Dingen nicht trennen wollten – ihm ging es um Menschen, sein Amt und den Auftrag Gottes. Der „Hüter des Hauses" wurde mein Bild für die Rolle, die er zu leben versuchte. Er versuchte an seinem Platz die im Haus zu schützen, verhandelte mit Feinden und riskierte, für sich und andere alles zu verlieren. „Ich will lieber die Tür hüten in meines Gottes Hause denn wohnen in der Gottlosen Hütten" – der Psalmvers (Psalm 84,11) beschreibt seine Lebenshaltung.
Auf späteren Bildern erweist sich Diestels Bart als geradezu kosmetisch: Man sieht den verzogenen Mund und ahnt, welche Verheerung der Schuss nach sich gezogen hat. Er litt den Rest seines Lebens an den Folgen, auch, wenn er eher launig darüber schreibt. Manche Klage früherer Mitläufer hat er auch deswegen mit einer gewissen Lakonie kommentiert.
Diestel schreibt im Mai 1945: „Hier will ich nur sagen, daß bei all dem Schrecklichen, das geschehen ist, von unserem Haus gesagt werden kann, „es war eine Hütte Gottes bei den Menschen".[1047] Weiter: „Aber der 5jährige Junge, der mit seiner ausgebombten und mittellosen Mutter bei uns eingerückt ist (sie hilft den Schwestern im Hause an Ernas Stelle), sagte vor ein paar Tagen, hier ist es schön, hier ist es wie beim lieben Gott."[1048]
Diese Beschreibung fand sich in den Akten von Siegmund-Schultze. Er berichtet über Diestels Aktionen im und für den Weltbund in der Zeit des Krieges und über seine Kontakte zu ihm in diesen Jahren:
„Ich hätte viele charakteristische Äußerungen von Superintendent Diestel zu berichten, … Superintendent Diestel hat über das, was er in jenen Stunden erlebt

---

[1046] Auf den Vorschlag seiner Schwester Meta, sich von „Wurm" ein Pfarrhaus in Württemberg zuweisen, seine Frau mit den Möbeln umziehen zu lassen, und selbst dann nachzukommen und sich nur noch dem „Weltbund" zu widmen, ging er nicht ein (Brief von Meta an Max, 26.3.43)
[1047] Max Diestel an seine Kinder, 16.5.1945.
[1048] A.a.O., 11.7.1945 – Der „kleine Junge" rief aus Kanada, wo er lebt, 2020 bei Diestels Tochter Gudrun in München an und erzählte, was ihr Vater ihm als Kind bedeutete.

hat, gesagt: ‚Ich habe immer an den Heiligen Geist geglaubt und ihn gepredigt, aber erlebt habe ich ihn angesichts des Todes.' Im Anschluß daran hat er bei der schweren Verwundung, die er durch einen Kopfschuß erhalten hatte, ausgesprochen: ‚Wenn aber der Tröster kommen wird, wird er euch lehren und erinnern an alles das, was ich euch gesagt habe.'"[1049]

„Er hatte einen unmittelbareren Umgang mit den Menschen seitdem", sagt Gudrun Diestel, er habe „existenzieller" gepredigt. Auch unkirchliche Menschen, die es in den Tietzenweg verschlagen hat, hätten das gespürt und seine Predigten gern gehört.[1050]

1905 urteilte er über seine Fähigkeit zum Predigen selbstkritisch:

> „Heute habe ich versucht, meine Weihnachtspredigt zu entwerfen. Aber die Gedanken waren nicht auf dem rechten Geleise, obwohl ich sie durch Lektüre von Dickens Christmas Books zu regieren mich bemüht hatte. … Wollen Sie mir nicht helfen, eine recht schöne Weihnachtspredigt zu machen? Die Leute haben es so nötig, daß sie sich von Herzen freuen, die armen Kerle haben oft so bitter wenig vom Leben. Allzeit grauer Alltag, nur das einemal Nebel, das andere Regen, das dritte Sturm – aber häßlich wenig Sonne. Leider Gottes bin ich grausam ungeschickt im Predigen und empfinde es sehr peinlich, daß ich niemand zuverlässiges befragen kann, ob ich Spreu oder Weizen geredet habe. Wenn man den Weg zu diesen seltsamen Herzen wüßte, ich glaube, es gäbe wenig lohnendere Gänge als diesen. Aber wo ist er? Wir stadtgeborenen Herrenleute, deren einzige materielle ‚Not' vielleicht einmal auf der Universität bestand, wenn der Wechsel vor dem 1.ten des neuen Monats in die Binsen gegangen war – die wir nie gefroren oder gehungert haben, es sei denn mit der Aussicht auf eine warme Stube und ein appetitliches Abendessen, was wissen wir von den Sorgen und Nöten des kleinen Mannes, von dem ewigen aus-der-Hand-in-den-Mund-leben, von der ewigen Last eines unsicheren Verdienstes, von dem ewigen Gespenst von Mißernte, Arbeitslosigkeit, Krankheit! Was Wunder, wenn die Leute stumpf werden oder mit ganz anderen Begriffen denken als unsereiner! Es ist kein Spaß, auf dem Land Pfarrer zu sein!"[1051]

1049 Siegmund-Schultze, EZA 696/393 Ökumene-Korrespondenz.

1050 mdl., 4.2.2021.

1051 Max an Else, 13.12.1905.

Das ist sicher auch die „Vorweihnachtsdepression" des jungen Landpfarrers, zeigt aber auch, wie genau er hinsieht und die Lebensbedingungen seiner Gemeindemitglieder wahrnimmt. Auch die gesellschaftliche Kluft erweist sich ihm als Hindernis – man denkt daran, wie er Bonhoeffer aus eben diesem Grund in Barcelona haben wollte –, weder Worte noch Erfahrungen stehen ihm zur Verfügung. Die Angriffe der DC auf die Kirche, weil sie Arbeiter und Jugend nicht erreiche, hörte er wohl innerlich zustimmend – deren Rezepte aber gegen das Übel konnte er nicht teilen.

Nachkrieg – Aufbau

1. Neuanfang oder Restauration?

„‚Wollen Sie morgen mit mir den Versuch wagen, das Konsistorium wieder aufzumachen?'", fragte Otto Dibelius die frühere BK-Sekretärin Senta Maria Klatt Anfang Mai 1945, „um mit ihr im Burckhardthaus in Berlin-Dahlem die bürotechnischen Voraussetzungen für die ersten Verwaltungsakte zu schaffen."[1052]
Der Bruderrat hatte ihm ein solches Mandat für den „Tag X" gegeben[1053] – allerdings war der bei diesem Beschluss „kriegsbedingt" nicht voll besetzt. Kritiker meinten, Dibelius hätte ein neues Mandat abwarten können, klären, ob der „Tag X" gekommen sei, und wie man vorgehen sollte.
Unterschiedliche Meinungen zu Mandat und Ziel von Dibelius und sein Bild von Kirche bestimmen die Urteile über ihn. Sie sind beeinflusst von den unterschiedlichen Einschätzungen seiner Rolle in der Vergangenheit, ebenso ist das Bild seiner Rolle in der BK beeinflusst von der Bewertung seines Handelns beim Neuaufbau der Kirche nach dem Krieg. Die Fragen werden mit wachsendem Abstand immer intensiver gestellt.[1054]
Dibelius meinte, es „… habe rasch gehandelt werden müssen, damit sich nicht die Besatzungsmächte selber eine Kirchenleitung schaffen, wie das 1918 Adolf Hoffmann versucht habe."[1055] Er hatte den Wiederaufbau der evangelischen Kirche nach 1918 begleitet und übertrug diese Erfahrungen in die Gegenwart. Auch

---

[1052] Homrichhausen in Schuppan, Bekenntnis S. 352.
[1053] Lütcke S. 246 verweist auf Jürgen Seidel, „Neubeginn" in der Kirche.
[1054] Nicht übersehen darf man politische Differenzen: Die konservative Grundhaltung von Dibelius spielt ebenso eine Rolle wie seine Nähe zur Adenauer-Regierung und sein Antikommunismus.
[1055] Lütcke S. 247.

seine weiteren Begründungen ähneln denen von 1918, wie Lütcke zeigen konnte: „Kirchliche Einheit und die *Wahrung des Rechtszusammenhanges zwischen dem Alten und dem Neuen*",[1056] Kontinuität in geistlicher wie rechtlicher Hinsicht bestimmt sein Denken; so sieht er auch die BK. Schon 1936 schreiben Dibelius und Hans Böhm: „*Die Kirche kann nur bleiben, was sie ist, wenn sie in organischer Entwicklung ihr Leben vom Erbe der Väter her entfaltet. … Weil die Bekennende Kirche echte evangelische Kirche will, muss sie die kirchliche Kontinuität wollen.*"[1057] Mit seinem Beharren auf Kontinuität übergeht er Fragen nach einem Neubeginn oder danach, an welche Kirche man anknüpfen wollte: Reichskirche, Kirche vor 1933, APU oder BK?[1058] Andere hätten die Erfahrungen der BK nutzen wollen und sahen sie in seinem Handeln untergehen.

Ob die Alliierten eine Initiative ergriffen hätten, wird kontrovers und je nach Sympathie für Dibelius mehr oder weniger freundlich diskutiert. Diestel berichtet vom Interesse der Russen an Kirche: „Der russische Marschall hat den Befehl gegeben, den Kirchen freundlich entgegenzukommen und ihre Wünsche zu erfüllen. Wir wollen nun sehen, wie viel uns Gott in dieser Zeit zu tun übrig läßt."[1059]

So unwahrscheinlich es heute scheint, dass die Alliierten eine neue Kirche hätten aufbauen wollen, darf man aber nicht vergessen, dass Dibelius und andere erlebt hatten, wie schnell und energisch die Nazis die Kirche nach ihren Vorstellungen umzugestalten versuchten – trotz ordnungsgemäß besetzter und funktionierender Gremien der Kirche. Nach dem Krieg und ohne Gremien hätte man schwer Position beziehen und Widerspruch einlegen können – und hätte ihn bei Siegermächten einlegen müssen. Hinzu kommt: Selbst ein einiger Bruderrat repräsentierte nur einen Teil der Kirche, die „Neutralen" hatten keine Stimme, und die Frage nach Helfern der DC in kirchenleitenden Gremien war nicht aufgearbeitet. Dibelius' Streben nach Kontinuität bringt ihm den Vorwurf ein, einen Neuansatz verbaut zu haben. Während Dibelius die Probleme der Kirche im Dritten Reich v.a. in der Einmischung des Regimes sah, entdeckten andere diese auch in einer veralteten Gestalt von Kirche. Sie wollten Reformen umsetzen, die sie lange und vorher schon für nötig hielten.

1056 A.a.O. S. 242.

1057 Zitiert nach Lütcke S. 247. Hervorhebungen i. O.

1058 Ein wenig erinnert die Diskussion an die Fragen im Zusammenhang mit der Wiedervereinigung, in der vieles an der DDR unterging, ohne, dass es betrachtet, gewürdigt und angemessen behandelt worden ist – jedenfalls in den Augen derer, die den Neubeginn als Verlust erlebten.

1059 Max Diestel an seine Kinder, 16.5.1945.

Die Bitterkeit erwächst auch aus persönlichen Fragen: Mussten die Standhaften nicht „belohnt" werden? Wäre ein Einbeziehen der „Neutralen" nicht Rechtfertigung ihrer Einstellung? Aber über deren Beurteilung war man uneins. Wie sollte man politischen, wie „nur" kirchlichen Widerstand bewerten? Wen sollte man auf die eine, wen auf die andere Seite einordnen? Hatten nicht auch manche Angepassten Zumutungen widerstanden? Und war nicht auch in der BK das Verhalten gegen das Regime im Einzelnen unterschiedlich? Manche blieben weitgehend unbehelligt (was nicht immer an ihrem Verhalten lag), andere hatten Nachteile auf sich genommen, wieder andere im Lauf der zwölf Jahre ihre Position geändert – wie glaubwürdig konnte man solche, manchmal sehr späten, Wechsel finden?
Wenn die BK die „wahre Kirche" war – musste sie dann nicht Grundlage der neuen Kirche sein? In der Umsetzung des Kirchenmodells der Bekennenden Kirche hätten alle die, die wegen ihrer Sympathie für die BK angefeindet worden waren, eine Rehabilitation gesehen. Freilich würden damit alle, die nicht zur BK gehört hatten, insbesondere die „Neutralen", sich ins Unrecht gesetzt fühlen.[1060] Spätestens bei Bewerbungen auf Stellen würden Gelingen oder Misserfolg mit einer Einordnung in die Parteien in Verbindung gebracht werden.
Schließlich agierte Kirche auch damals nicht im leeren Raum: Eine ganze Gesellschaft musste sich nach ihrer Rolle fragen lassen, was den Blick zurück zur Frage nach der eigenen Zukunft werden ließ. Verluste mussten auch Anhänger des Regimes beklagen. Lange Zeit bestimmten die Erinnerungen Beteiligter die Sicht auf BK, Widerstand und Anpassung – Erinnerungen sind immer Ergebnis der Betrachtung im Nachhinein und beeinflusst von der Gegenwart. Nicht nur Menschen, die etwas zu verbergen hatten, wollten einen schnellen Neubeginn, um darin zu viel Nachdenken untergehen zu lassen.
So stand Dibelius vor einer im Grund unlösbaren Aufgabe, jeder Kompromiss war ebenso falsch wie jede eindeutige Lösung. Wollte man die Einheit, mussten auch jene Nicht-BKler berücksichtigt werden, die sich nicht schuldig gemacht hatten. Hinter der Beurteilung von Dibelius' Handeln in diesen Jahren steckt immer auch eine Auseinandersetzung mit eigenem Verhalten.
Aus heutiger Sicht kann man zudem fragen, ob die Art, wie die BK redete und handelte, ohne das Gegenüber eines Gegners „funktioniert" hätte. Manche ihrer Formulierungen wären der Wirklichkeit einer Volkskirche und einer pluriformen

---

[1060] Von einem älteren Kollegen hörte ich, dass in seinem Kirchenkreis im Rheinland die Rede ging, wer nicht bei der BK gewesen sei, könne hier „nichts werden".

Gesellschaft kaum gerecht geworden, in der es nicht immer um Bekennen und ein klares Ja oder Nein gehen konnte. Auf Seiten der Gegner Dibelius' träumten manche wohl auch von einer Kirche der Überzeugten und Bekennenden, die sich freilich immer wieder als Illusion erwiesen hat. Die kritische Auseinandersetzung mit biblischen Texten, die in den Jahren vorher eine Schwächung der BK dargestellt hätte, musste geführt werden, wenn ein neues Verhältnis zum Judentum und der eigenen Geschichte in dieser Frage gewonnen werden sollte; ebenso galt das im Blick auf Pazifismus und (Wieder-)Bewaffnung oder die Rolle von Frauen in Kirche und Gesellschaft.
Kurz: Es verbinden sich in Dibelius' Neuanfang dessen Meinung wie Kompromisse, persönliche Verletztheiten, politische Differenzen. Die Vorstellung eines Neuanfangs scheint etwas naiv. „Aber wären wir denn sicher, dass andere Wege erfolgreicher hätten sein können?", fragt Lütcke zu Recht.[1061]

2. Mit Haken und mit Ösen

Die für die evangelische Kirche wesentlichen synodalen Gremien existierten nicht mehr: Seit der Wahl des Reichsbischofs im September 1933 hatte keine Synode der APU mehr getagt und keine freien Kirchenwahlen mehr stattgefunden.[1062] Dibelius musste den Anfang allein machen, obwohl das Übergehen synodaler Gremien einer der zentralen Vorwürfe der BK gegen die Reichskirche war.
Er suchte sich Menschen aus der Bekennenden Kirche – tendenziell eher aus deren gemäßigter bis konservativen Richtung – und sog. „Neutrale", um mit ihnen eine neue Kirchenleitung aufzubauen.
Persönliche Verletzungen dabei waren nicht zu vermeiden, wie immer man deren Gründe beurteilt. So berücksichtigte er den Spandauer Superintendenten Albertz nicht. Der war darüber tief enttäuscht – kein Wunder nach allem, was er auszustehen hatte.[1063] Ich vermute, dass dessen reformierte Entschiedenheit in politischen und kirchlichen Fragen den eher konservativen und sich als Lutheraner verstehenden Dibelius verschreckte.

[1061] Lütcke S. 257.
[1062] Homrichhausen in Schuppan, Bekenntnis S. 352.
[1063] Lütcke, S. 248, Anm. 44.

Zu all dem kommt hinzu, dass Dibelius den Bischofstitel für sich in Anspruch nahm, der Erinnerungen an den „Reichsbischof" weckte und der „Betriebskultur" der APU fremd war. Er klang manchen nach Alleinherrschaft und Zurückdrängen synodaler Elemente, Betonung der Kirchenleitung statt der Gemeinden. Nicht wenige Bischofstitel waren im Dritten Reich „erfunden" worden, die bischöflich geleiteten „intakten" Landeskirchen eines Schlingerkurses gegen das NS-Regime verdächtig, von den Unterschieden der „Unternehmenskultur" zwischen reformierten und lutherischen Kirchen ganz zu schweigen. Dibelius' Entscheidung wurde 1945 und 1946 von Synoden dennoch gebilligt.

Die folgenden Jahre sind von der Auseinandersetzung um Verdienst und Rolle der BK geprägt. Keineswegs alle wollten der BK den Führungsanspruch zugestehen. Der Superintendent von Perleberg gab „noch Jahre später (1952) in einem Brief zu verstehen, dass er in seinem Kirchenkreis keinen BK-Pfarrer sehen wollte."[1064] Wie viele alte Strukturen restauriert wurden oder werden mussten, kann hier nicht erörtert werden. In Vielem musste man an die Zeit vor 1933 anknüpfen, andererseits sollte ein Neubeginn mit unbelasteten Personen geschehen, wobei sich deren Beurteilung schon damals durchaus unterschied und sich im Lauf der Zeit durch immer neue Informationen auch ändern konnte. Dazu ging es – wie in anderen Bereichen der Gesellschaft auch, um die Frage, was mit bisherigen Amtsträgern zu geschehen habe.[1065]

Erschwert wurde die Bewältigung der Vergangenheit in Kirche wie Politik durch die zunehmenden Differenzen zwischen der Sowjetunion und den drei westlichen Siegermächten, die zu einer immer deutlicheren Teilung in Ost und West und zu einer immer mehr auf Westberlin begrenzten Kirche führen sollten. In der „instinktiven" Ablehnung des „Bolschewismus" waren sich große Teile der deutschen Gesellschaft einig. Schon im Dritten Reich urteilten Mitglieder der BK im Blick auf den Krieg nach Osten deutlich anders als im Blick auf den Krieg gegen die Westmächte.

1064 Lütcke S. 250 nach Schuppan, Gericht, Anm. 51.

1065 In seinen Erinnerungen hält Dibelius fest, „daß der Rechtsanwalt und Konsistorialpräsident Dr. Johannes Heinrich zuerst die Herausgabe des Dienstsiegels verweigert hatte und Oberkonsistorialrat Paul Fahland wie viele mittlere Beamte eine personelle Änderung nicht als notwendig ansah." Homrichhausen in Schuppan, Bekenntnis S. 352.

3. „Auch für mich Gedankenarbeit!"

„Onkel Otto Dibelius hat die Leitung des Konsistoriums übernommen, und wir fangen an, die Gemeinden neu aufzubauen. Das gibt auch für mich schon allerhand Gedankenarbeit", schreibt Diestel.[1066] Dibelius ernannte ihn zum (Vize-)Generalsuperintendenten. Die Einzelheiten sind unklar: Einerseits wird von der Auflösung des Kirchenkreises Kölln-Land I berichtet, das Jahr der Auflösung aber unterschiedlich überliefert. Eine Änderung der Kirchenkreisgrenzen hätte schon 1925 nahe gelegen, waren doch nach Schaffung von Groß-Berlin 1920 Name wie Grenzen des bisherigen Bezirks nicht mehr aktuell.

Unterschiedlich überliefert ist, für welches Gebiet Diestels Ernennung gelten sollte: Homrichhausen vermutet, Max Diestel sei zum Generalsuperintendenten der Kurmark berufen worden[1067], er selbst und die Internetseite der EKBO[1068] berichten eine Ernennung für den amerikanischen Sektor; wahrscheinlich verstand man ihn als Generalsuperintendent von Kölln-Land I; er ist nach seiner Ernennung ja auch nicht umgezogen und hat die Abwicklung seines bisherigen Kirchenkreises begleitet. Der ländliche Teil des Kirchenkreises war russisch besetzt.

Wahrscheinlich lassen sich solche Unklarheiten mit dem Durcheinander im Neuaufbau der landeskirchlichen Verwaltung erklären. Letztlich war es wichtiger, Personen zu gewinnen als die neuen Strukturen gleich genau zu definieren. Dibelius berief eine Kirchenleitung aus ihm bekannten, bewährten Kräften[1069] und versuchte, möglichst Unbelastete zu finden. Die Superintendenten waren zu entsprechenden Einschätzungen der Pfarrer aufgefordert worden – Diestel wird sie für seinen Kirchenkreis selbst abgegeben haben.

Klärung bringt ein Schreiben von Dibelius an Diestel:

> „Mit dem 1. April 1948 ist die von der Kirchenleitung beschlossene Aufteilung des Kirchenkreises Kölln-Land in Kraft getreten. … Das bedeutet, dass Sie, sehr verehrter Herr Generalsuperintendent, damit das Amt des Superintendenten, das von Ihnen … in guten und schweren Tagen geführt worden war, niedergelegt haben. Wir können das nicht geschehen lassen, ohne

---

[1066] Max Diestel an seine Kinder, 16.5.1945.

[1067] Schuppan, Bekenntnis S. 356.

[1068] https://de.wikipedia.org/wiki/Evangelische_Kirche_Berlin-Brandenburg-schlesische_Oberlausitz.

[1069] Einzelheiten bei Homrichhausen, Schuppan Bekenntnis S. 356.

> Ihnen den herzlichen Dank … für die grossen Dienste, die Sie … damit unserer gesamten Kirche geleistet haben, auszusprechen. Sie haben diesen grössten und bedeutendsten Kirchenkreis der gesamten altpreussischen Kirche mit Weitblick und grossem Verwaltungsgeschick geführt. … Vor allem aber sind dank Ihrem seelsorgerlichen Wirken persönliche und kirchliche Gegensätze in Ihrem Kirchenkreis immer wieder bereinigt worden, sodass, aufs Ganze gesehen, ein brüderliches Verhältnis der Pfarrer untereinander geherrscht hat, das nicht zum mindesten auf dem gemeinsamen Vertrauen beruhte, das Ihnen von allen Seiten entgegengebracht wurde. Wieviel Liebe und Dankbarkeit Sie sich in Ihrem Kirchenkreis erworben haben, ist oft genug zum Ausdruck gekommen – nicht zuletzt in jenen bewegten Tagen, als der Versuch, Ihnen die Superintendentur zu nehmen, an dem Widerstand Ihrer Gemeinden und vieler hervorragender einzelner Persönlichkeiten zum Scheitern kam."[1070]

Bis zum Tag dieses Schreibens hat Diestel die Superintendentur weitergeführt und war zugleich Generalsuperintendent. Er selbst schildert den Anfang des Neu- oder Wiederaufbaus in den „Briefen an meine Kinder", die er 1945 als eine Art Tagebuch schrieb, ohne sie abschicken zu können. „Die Gemeinden arbeiten fleißig am Wiederaufbau und Onkel Otto Dibelius, der die Leitung des Konsistoriums von Berlin und Brandenburg übernommen hat, gibt sich viel Mühe."[1071]

4. Aufgaben

a) Entnazifizierung

Zur Entnazifizierung äußerte sich Diestel in einem Brief an Gudrun:

> „Da hast Du das ganz richtige Gefühl: jetzt müssen wir denen helfen, die in Schwierigkeiten sind + doch eigentlich nicht besser oder schlechter waren als wir alle – sagen wir die meisten. Aber die Menschen sind verblendet. Sie sehen nicht ein, warum es – ihrem – Nächsten … besser gehen soll als ihnen selbst. Wo mein Nachbar noch was hat, ist das auch für mich gut, dann klaut er mir wenigstens nicht zu leicht meinen Blumenkohl ganz ...

[1070] Dibelius an Diestel, Würdigung zum Abschied aus der Superintendentur (15.4.1948).

[1071] Briefe an meine Kinder, 19.5.1945 – Diese Briefe, die Diestel wohl diktierte, geben auch Auskunft über die langsame Besserung seiner Gesundheit.

Die ganze Parteiverfolgung ist ein Problem. Und gelogen wird dabei! Lohengrin singt: Nie sollst Du mich befragen, noch Wissens Sorge tragen, woher ich kam der Fahrt, noch wie mein Nam' und Art. Schick mir keinen Fragebogen, sonst wirst Du doch nur belogen. Man soll die Leute nicht zum Lügen verführen: Der Rundbogen zierte romanische Stuben. Der Gotische schmückte die Domtüren, aber der Fragebogen schafft Spitzbuben. Auch was Du über ‚Würde' schreibst, ist richtig. Dein Empfinden ist darin ganz in Ordnung. Man muss sich der Deutschen schämen. Erst so brausig! Dann so servil. Das ist nicht deutsch, sondern slawisch – sklawisch. Ja, die Sophrosyne: Mass halten in allen Dingen. Hoch- und Übermut kommen vor dem Fall."[1072]

Einzelne Worte des Briefes sind schwer lesbar – Diestels Skepsis gegen die „Entnazifizierung" aber deutlich. Ehe man aus der Sicht der Nachgeborenen urteilt, sollte man genau lesen. „Nicht besser oder schlechter als die meisten" zeigt eine selbstkritische Einstellung: Statt sich seiner Opposition zu rühmen, stellt er sich in eine Reihe mit „den meisten". Während andere das Unrecht klein reden oder ihren „Widerstand" groß, stellt Diestel sich in eine Reihe mit „gewöhnlichen" Menschen.

Er kritisiert nicht, dass bestraft wird, wo Menschen „nur Befehle befolgt" oder „Gesetze umgesetzt" haben, auch nicht, dass „die Amerikaner" die Wirklichkeit einer Diktatur nicht kannten. Sein Einwand richtet sich gegen ein Verfahren, das Menschen vor die Wahl stellt: „Selbstanklage oder Lüge". Bis heute muss ein Angeklagter sich nicht selbst belasten. Im Zwang zur Lüge liegt auch, dass ein Mensch keine neue Sicht auf die Vergangenheit und die eigene Rolle gewinnen kann. Diestel findet den Fragebogen untauglich, weil er der Wahrheit nicht dient und „Spitzbuben schafft", statt ehrliche Auseinandersetzung zu ermöglichen.[1073] Auch dieses Verfahren ist ein Grund für die „Unfähigkeit zu trauern", die Alexander und Margarete Mitscherlich der Gesellschaft 1967 vorwarfen.

1072 Max Diestel an Gudrun Diestel, 21.4.1946 – Der Brief ist in Eile und mit steifen Fingern geschrieben. „Sophrosyne" (griech.) = „Besonnenheit".

1073 Ein Alternativmodell zur Aufarbeitung der Vergangenheit sind Wahrheitskommissionen: Täter schildern ihre Schuld in Gegenwart von Opfern und versuchen gemeinsam, zur Versöhnung darüber zu finden. So will man mit Hilfe einer erkennbaren Wahrheit die Spaltung der Gesellschaft in zwei Lager mit jeweils unterschiedlichen Deutungen der Vergangenheit verhindern. Die südafrikanische Kommission ist die bekannteste, die Idee stammt aber aus der Aufarbeitung von Diktaturen in Staaten Südamerikas.

Diestel konnte sich auch recht ironisch äußern, wenn Mitläufer oder Akteure des Regimes sich über ihre missliche Lage nach dem Krieg beklagten. Ironie höre ich aus diesen Zeilen:

> „Auch die Frau von unserem Vetter Generalleutnant Diestel schrieb mir heute, dass ihr Mann in Munsterlager hungern und frieren müsse. Dabei sei es noch besser als im belgischen Lager, wo er nicht einmal ein Bett hatte. Zum ersten Mal mit 1 ½ Jahren kann er ausgezogen in einem richtigen Bett schlafen! So behandelt man einen General! Und hier wohnt ein Sergeant in einer Hütte mit Weib + Kind und 3 Dienstboten auf Kosten des Reichs. Uncoditional Surrender!“[1074]

b) Kirchlicher Neuanfang

Die Begeisterung von Diestels Tochter Else, die in Treysa durch die Vermittlung von „Onkel Otto“ (Dibelius) die Verhandlungen zur Gründung der EKD miterlebte, war vermutlich größer als seine eigene:

> „Vor einer Stunde fand die wichtigste aller Sitzungen ihr glückliches Ende – die deutsche evang. Kirche hat ihre Leitung festgelegt mit Dr. Wurm – Niemöller[1075] an der Spitze, Dibelius, Meiser, Lilje und noch einem reformierten Abgeordneten Niesen als Ausschuss. Endlich! Es war eine Schwergeburt, die wie eine schwarze Wolke über allen Gemütern hing – *ob* überhaupt eine Einigung zustande käme. Aber es wehte spürbar noch ein anderer Geist darüber, der in den sehr ernsten u. ausgezeichneten Morgen- und Abendandachten zum Ausdruck kam u. die teilweise recht erregten oder starren Gemüter auf das grosse Wesentliche wies. …
> Ja, denkt nur und platzt nicht vor Neid – seit Dienstag bin ich hier u. ‚tage‘ mit, soweit die Öffentlichkeit zugelassen ist. Otto Dibelius hat mir gestattet, zuzuhören. Ich kann gar nicht beschreiben, *wie* interessant das ist u. wie man

[1074] Max an Gudrun Diestel, 2.1.1947 – Klagen auf hohem Niveau würde man heute sagen, vielleicht eher vom hohen Ross … Hinweise zu Entnazifizierungsverfahren dieser Jahre finden sich in „Steglitzer Heimat“ Nr. 1/2000, Mitteilungsblatt des Heimatvereins Steglitz e.V. Lankwitz Lichterfelde Südende, dort im Blick auf Wilhelm Antonowitz. Gudrun Diestel ergänzte, dass die weitere Beschäftigung von Pfarrern auch von deren öffentlich bekundeter Reue über ihren Irrweg abhing.

[1075] Wurm 1. Ratsvorsitzender, Niemöller sein Vertreter.

selbst gepackt wird u. die Probleme mitwälzt, an denen die ‚Brüder' in grossen und kleinen Grüppchen vor dem Plenarsaal oder im Park auf- u. abwandelnd herumknackten. Und *wen* man alles sieht u. kennenlernt! Hier Karl Barth – ganz still dabei – auf Befragen, ob er den Nationalsozialismus für ausgerottet hielte, antwortete er: ‚Es ist wie mit einem abgebrochenen Zahn, die Wurzel steckt noch drin.' Dort der alte, aber *sehr* rege u. weise Vater Bodelschwingh; Professor Stählin als neuer Landesbischof – lässt TaMe *(Tante Meta)* und Rosers herzlichst grüßen. Prof. Smend – Magnifizenz – erinnert sich besonders gern TaMe's – wohnt mit mir unter einem Dach bei Happichs, desgleichen Kortheuer. Dann natürlich Niemöller mit Frau, waren sehr nett und teilnehmend – lassen Hilde besonders grüssen. Asmussen, Böhm, Hüffmeier, Bethke, Benn und Tecklenburg sind die Berliner, d.h. ersterer nicht mehr, letzterer nur zufällig hier, vom Ami gerade entlassen u. wir beide wollen uns ‚zusammenrotten' u. durch oder über den ‚eisernen Vorhang' dringen. *Wie* gut, dass ich so gut und so lange mit den Herren Fühlung nehmen konnte – so kennen sie mich jetzt, wissen um was sich's dreht u. sind allesamt gerne zur Hilfe bereit soweit es in ihrer Macht steht. … Zu meinen Gunsten hat sich bereits der amerik. Delegierte aus Genf D. Stuart Hermann mit … dieser Frage befasst u. ich erwarte morgen oder später seine Anweisungen. … Er war es, der den wohl inzwischen eingetroffenen Brief von Vater überbracht hat. Er kannte also Vater, war mehrere Male bei ihm u. ist uns sehr wohlgesonnen. Nun hoffe ich auf gute Lösung.
O. Otto D. ist recht mager u. eingefallen, sehr angestrengt und wohl überarbeitet, man sieht ihm das Hungerleiden an, – aber in der Sitzung tadellos ‚auf Draht'. Ich stärke ihn ab und zu mit Bohnenkaffee oder Schokolädchen, besorge ihm ein Schlafmittel usw. …. Und nun noch eine grosse Freude Otto jr. ist da, gerade von der Marine entlassen u. z.Zt. in Göttingen – muss sich neuen Beruf suchen u. will zusehen, in die Kirchenverwaltung zu kommen. (Leider Pg. seit *vor* 33!) – Na, wir beide trösten uns gegenseitig, wenn wir bei den geschlossenen Versammlungen vor die Tür gesetzt werden u. machen hübsche Spaziergänge in die Umgebung. Er lässt alle herzlichst grüssen! –
… Dort [in Treysa] nahm mich Pfr. Happich reizend auf, …. Er war zwar etwas überlastet, denn es waren statt 40 Teilnehmern ca. 120 erschienen, die nun plötzlich alle verpflegt und untergebracht sein wollten. – Eben hörte ich, dass der Bischof of Chichester eine Botschaft geschickt habe durch

einen engl. Soldaten, der nun auch schnell noch untergebracht werden musste. – Aber es ging alles gut. Die Schwälmer Bauern haben zur Tagung das Nötige an Nahrung gespendet und es wurden alle satt. ... Heute nachm. war ich mit Frau Wurm u. Frau Niemöller hier zum Tee eingeladen – sehr nett u. interessant. Nun hörte man die Historie Niemöller endlich mal aus erster Quelle! –
Ansonsten waren, wie gesagt, die Herren, die Vater kennen, *sehr* nett zu mir u. das ist die größte Anzahl. Lilje freut sich heute noch über die brilliante Zigarre, die ihm Vater zu Weihnachten ins Gefängnis brachte u. Smend, Hinderer, Sup-Hahn, Meiser – der TaMe grüssen lässt u. dem ich auch einen Gruss von ihr an seine Frau auftrug – Gerstenmaier, der den Bericht von Christiane v. Stein mit Interesse las, usw., sie trugen mir alle besondere Wünsche u. Grüsse an Vater auf. ... Frau Wurm ist auch sehr nett u. viel aufgeschlossener.... Von Vater ist noch zu berichten, dass es ihm relativ gut gehe, er vom Zimmer aus seines Amtes walte. Dibelius meint, es wäre ihm ein ruhiger Lebensabend im Kreise seiner Kinder wohl sehr zu gönnen u. auch vom gesundheitl. Standpunkt wünschenswert, er könne ihn aber z.Zt. noch nicht entbehren, da er noch keinen Nachfolger habe. ....[1076]

Der Brief zeigt die Begeisterung, an einem historischen Ereignis teilzunehmen, aber auch das Netz der Bekanntschaften Max Diestels. Schon in Sigmaringen nach 1918 hatte er Vorstellungen für eine neue Kirche entwickelt, so wird er auch jetzt Gedanken zum Thema gehabt haben. Dass diese neue Kirche nicht mehr „seine" sein würde, spürte er. Er sah kommen, dass er um seinen Abschied einreichen müsste – am Schreibtisch diktierenderweise Kirche zu leiten, war seine Sache nicht. Sein Verhältnis zu Dibelius und seinen Plänen ist unklar, ich meine aber, aus seiner ironischen Einordnung des Amtes „Generalsuperintendent" nicht nur Bescheidenheit herauszuhören, sondern auch eine gewisse Distanz zu dem ganzen Unternehmen:

„Mich ... hat die Kirchenleitung noch mit einer neuen Aufgabe belastet, nach der ich kein Verlangen trug. Zur Hilfe des Bischofs wurden drei Vize-Generalsuperintendenten für Berlin ernannt, das heißt eigentlich Generalsuperintendenten, denn was „Vize" heißt, weiß keiner so recht. Aber es wird

[1076] Else Diestel an die Familie, Treysa, 30.8.1945.

wohl jedenfalls so viel bedeuten, daß wir den Bischof entlasten sollen im Außendienst, wie der Vizefeldwebel den Hauptfeldwebel in der Schreibstube. So bekommt man immer wieder etwas aufgepackt, das einen hindert, Briefe zu schreiben.“[1077]

An Gudrun schreibt er:

„In den letzten Tagen war Provinzialsynode, sie verlief im ganzen würdig. Onkel Otto bekam 2 Lorbeerblätter hinter jedes Ohr gesteckt und den Generalsuperintendenten wurde der etwas eigentümliche Schopf gekürzt, mit dem sie in die Welt getreten waren. Sie sind nun die nächsten bei dem Bischof, als solche Mitglieder der Kirchenregierung und haben keine Vize vor ihrem Titel mehr, das ihnen vorher nur aus Höflichkeit, aber nicht offiziell entzogen worden war. Vielleicht kommt es auch so, dass wir noch Prälaten heißen, aber das kann erst werden, wenn die neue Kirchenordnung fertig ist, also schwerlich vor einem halben Jahr.“[1078]

Zu seiner Arbeit und der in den Gemeinden:

„In der Kirche wird eifrig gearbeitet am Neuaufbau der Gemeinden, an der Wiederherstellung der Gottesdienste, der Kindergärten, der Altersversorgung usw. Ich habe täglich viele Besprechungen und habe mancherlei Auskunft und Rat zu erteilen. Es geht mir wie dem Apostel Paulus, der auch von allen angelaufen wurde. Auch seelsorgerliche Nöte sind reichlich vorhanden, so daß ich mich nicht über Untätigkeit zu beklagen habe.“[1079] „Onkel Otto hat die Leitung des Konsistoriums übernommen. Ich helfe aus dem Hintergrund durch Briefe und Besprechungen am Wiederaufbau der Gemeinden mit, so gut ich kann. Wie lange noch, weiss Gott allein.“[1080]

Den Neuaufbau kann er aus der zweiten Reihe begleiten, deutlicher engagiert ist er bei Dibelius‘ Absichten für die ökumenische Arbeit. Der Weltbund war Teil seines Lebens – die Deutsche Abteilung bestand noch, als er anderswo schon

[1077] Diestel in einem seiner Briefe an die Gemeinde (25.1.1946).
[1078] Brief an Gudrun, 12.10.1946.
[1079] Briefe an meine Kinder, 26.5.1945.
[1080] A.a.O., 4.7.1945.

aufgelöst war.[1081] Dibelius – obwohl selbst im Weltbund – wollte die ökumenische Arbeit neu organisieren. Siegmund-Schultze berichtet Diestel:

> „Als ich Dr. Dibelius die Frage vorlegte, ob er die Wiederaufnahme der Weltbundarbeit in Deutschland und speziell auch in der russischen Zone begrüssen würde, sagte er, er müsse sich das noch überlegen. Als Grund für sein Zögern gab er an, es hätte sich während der letzten Monate herausgestellt, dass die ökumenische Arbeit auch ohne spezielle Organisation durchgeführt werden könne; so z.B. seien die ökumenischen Gottesdienste in Berlin ganz spontan entstanden. Vielleicht sei es günstig, wenn zukünftig die ökumenische Arbeit von den Kirchenbehörden getrieben würde und, wie er sich ausdrückte, von oben nach unten in die Gemeinden durchfiltriere. Ich deutete ihm an, dass ich diesen Weg von oben nach unten nicht für den eigentlich wirksamen zur Erfassung des Kirchenvolkes hielte …“[1082]

Diestel will sich seine Sicht und Hoffnung nicht nehmen lassen:

> „Im übrigen ist er [Dibelius] keineswegs der Meinung, dass der Weltbund aufhören soll.“[1083]

Die Frage nach der Zukunft des Weltbundes bewegte freilich auch Henriod, der die Abteilungen nach ihrer Meinung fragte. Der Brief über die Arbeit der Deutschen Abteilung, vermutlich von Siegmund-Schultze, zeigt, wie beharrlich die Arbeit von Diestel auch während des Krieges weitergeführt wurde:

> „Ich habe von Superintendent Diestel … eine schriftliche Botschaft und auch mündliche Nachrichten durch andere erhalten, aufgrund derer ich annehmen darf, dass die deutsche Weltbundvereinigung treu zur Sache der Freundschaftsarbeit der Kirchen steht. Ich habe Ihnen schon früher mitge-

---

1081 Ich vermute, dass Diestel den Weltbund auch deswegen anders einschätzte, weil er die vielen Mitglieder des Weltbundes sah, die im Lauf der Jahre sich um die Emigration für vom Dritten Reich Verfolgte engagiert hatten; hier arbeiteten Weltbundmitglieder mit anderen Organisationen zusammen, auch mit dem im Aufbau befindlichen ÖRK. Ähnlich hatte der Weltbund kurz nach seiner Gründung im Ersten Weltkrieg „überlebt“.

1082 EZA 626/396, Siegmund-Schultze an Diestel, 11.2.1947.

1083 A.a.O., 20.3.1947, Diestel an Siegmund-Schultze.

teilt, dass das Zentralkomitee der deutschen Weltbundvereinigung seine monatlichen Sitzungen in Berlin während des Krieges fortgesetzt hat. Bis zum Jahre 1943 wurden mir die Protokolle der Sitzungen regelmäßig zugeschickt; seit dieser Zeit fanden die Zusammenkünfte im Hause von Herrn Superintendent Diestel statt, aber es konnte über sie nicht mehr berichtet werden. Auch der Präsident des Weltbundes, Oberkirchenrat Dr. Burghart, hat öfter an diesen Sitzungen teilgenommen. Die letzte Sitzung fand im April 1945 statt. Am 27. April hat ein Luftbombardement das Haus von Superintendent Diestel zerstört, wobei er selbst schwer verwundet und seine Frau getötet wurde. … Ihre Fragen kann ich also dahin beantworten:

1. Die deutsche Weltbundvereinigung konnte während des Krieges aufrechterhalten werden.
2. Der Präsident, Dr. Burghart, ist noch derselbe wie früher. Der geschäftsführende Vorsitzende ist gleichfalls derselbe, Superintendent Diestel. Auch der Sekretär, Pfarrer Jordan, ist derselbe geblieben. …
3. Die Frage, welche Pläne das deutsche Komitee hat, kann kaum beantwortet werden, da die Arbeit (sic) unter der Besetzung kaum fortgesetzt werden kann.
   Unter diesen Umständen ist es auch kaum möglich, die Wünsche der deutschen Weltbundvereinigung für die zukünftige Arbeit des Weltbundes anzugeben. … Ich kann nur nochmals versichern, dass das Interesse unserer Mitglieder an der alten Arbeit so lebhaft, ja vielleicht lebhafter ist als früher.“[1084]

Die Schwierigkeit der Arbeit wird aus einem Brief kurz nach Kriegsbeginn deutlich, der wahrscheinlich ebenso von Siegmund-Schultze stammt:

„Mein Heidelberger Bote …war der Meinung, dass Pfarrer Maas so gefährdet sei, dass man ihm keine Briefe schreiben sollte, die bestimmte Arbeiten des Weltbundes betreffen, und dass man ihn auch nicht besuchen sollte. Pfarrer Maas hat das Amt des Wehrkreispfarrers für Heidelberg annehmen müssen, und da Heidelberg in der Gefahrenzone der Westfront liegt, könne man ihm besonders leicht aus ausländischen Besuchern einen Strick drehen. … Der Berliner Bote teilt mir mit, dass Superintendent Diestel zwar Besu-

[1084] Brief ohne Unterschrift, vermutlich Siegmund-Schultze, 16.10.1945, EZA 626/1504.

cher empfangen könne, dass er aber den Eindruck vermeiden müsse, dass die Deutsche Weltbundvereinigung eine internationale Tätigkeit betriebe. Superintendent Diestel schrieb mir dann noch in einem Brief, der ebenso wie seine übrigen Briefe seine Antwort auf meine Frage wegen Ihres Kommens in eine harmlose Erzählung einfügt, in der dann der entscheidende Satz besagt, dass man jetzt nicht den Besuch des Generalsekretärs empfangen könne. … An dieser Stelle kann ich ein paar Worte über diesen Austausch mit Superintendent Diestel bzw. auch mit anderen deutschen Freunden sagen: Aehnlich wie im Weltkrieg ist ja auch in diesem Kriege für die Menschen innerhalb der kriegführenden Länder die Notwendigkeit gegeben, sich durch geeignete Kanäle nach den Dingen zu erkundigen, die sie aus dem Ausland erfahren müssen. … Da im Allgemeinen die Bestimmung gilt, dass sich die Angehörigen der kriegführenden Länder nicht direkt an Angehörige der feindlichen Länder wenden dürfen, sondern womöglich solche Erkundigungen durch Auslandsdeutsche einziehen sollen, so hat sich … ergeben, dass … auch andere Persönlichkeiten mir solche Anfragen schicken. … Heute … nur noch die Mitteilung, dass mir Superintendent Diestel soeben einen wichtigen Brief geschrieben hat, … der zu besagen scheint, dass die Deutsche Weltbundvereinigung sich jetzt etwas stärker an diesen Arbeiten, wie Kriegsgefangenenfürsorge, beteiligen will.“[1085]

Man kann verstehen, dass Diestel in einer Auflösung des Weltbundes nicht eben eine angemessene Würdigung von dessen Arbeit sehen konnte, zumal er die Arbeit an der „Kriegsgefangenenfürsorge“ aufgenommen hatte, was der Weltbund schon nach seiner Gründung im Ersten Weltkrieg als Auftrag angesehen hatte.
Das Ende des Weltbundes aber war mit der Gründung des ÖRK besiegelt. Die Kirchen wollten das Gespräch untereinander führen und organisierten sich nicht mehr national, sondern nach konfessionellen Gemeinsamkeiten. Kirchenleitungen wollten die „Außenpolitik“ der Kirchen selbst machen. Die im Weltbund gewachsenen Beziehungen, unbeeinflusst von den offiziellen Beziehungen ihrer Kirchen, sind der Beitrag des Weltbundes zum ÖRK, dem er – wie „Faith and Order“ und andere – (ungewollt) vorarbeitete.
Ich vermute, dass der geplagte und an den Folgen seiner Verwundung leidende alte Diestel den Aufbau einer neuen Kirche nicht mehr wirklich als seine Aufgabe

[1085] Henriod, Henri-Louis EZA 626/1504, Briefdurchschlag ohne Unterschrift, 24.10.1939.

ansah. Angesichts der Umbrüche, die er erlebt hatte, ist das verständlich – ebenso eine gewisse Skepsis gegenüber Neuanfängen.
Über Diestels gesundheitliche Verfassung gibt sein Brief an Siegmund-Schultze Auskunft: Er könne nur dann zum Management Commitee nach England kommen, wenn seine Tochter mitkomme

> „… weil mein Gehör beinahe ausgeschaltet ist und auch die Augen geschädigt. Meine Bewegungsfreiheit ist sehr eingeschränkt. … Es ist jetzt gerade ein Jahr her, dass meine Frau starb, und ich glaubte, ihr unmittelbar folgen zu dürfen. Das ist nun nach Gottes Willen anders gekommen. Meine älteste Tochter wollte mich im September holen, aber der Bischof war dagegen und drückte mir zu meinen übrigen Aemtern noch ein anderes in die Hand. So bin ich sehr stark beschäftigt. Mein Haus steht noch, wenn auch etwas beschädigt, und die Arbeit lief schon sehr bald an, auch als meine Wunde noch nicht geheilt war."[1086]

Seine beherzte Schwester Meta wandte sich an Bischof Berggrav: Ob der für ihren Bruder Max nicht ein Hörrohr beschaffen könne? Berggrav konnte und sandte dieses Hilfsmittel an Max Diestel, dem es gute Dienste leistete.[1087]

An Gudrun schreibt er:

> Else und Frau Schulte-Derne holen … Holz aus dem Grunewald. Sie haben auch Brennessel vom Teltowkanal, geschossenen Salat aus dem Garten und Zuckerrübenkraut aus Ruhlsdorf gehamstert und Spinat daraus gemacht, mit dem wir ausgi(e)big gefüttert werden. Sie nennen das Suppe nach Nebukadnezar Art, von dem im Buch Daniel geschrieben steht ‚Er aß Gras wie die Ochsen.' Als Dauerspeise ist dieses Grünzeug etwas eintönig, aber da es sich nicht lange hält, muß es eben gegessen werden. Glücklicher Weise hat der Russe dafür gesorgt, daß meine Geschmacksnerven im Munde ziemlich abgestumpft sind, so daß mir eigentlich alles gleichgut schmeckt, und die Zusammensetzung der Suppen für mich keine Analysierungsnöte mit sich bringt. Ein gutes Schwein fris(s)t ja auch alles und ich bemühe mich, möglichst gut zu sein, was wir ja alle müssen, wie man uns in der Schule erzählt

---

[1086] EZA 626/1183, Brief an Siegmund-Schultze, 29.4.1946.
[1087] Mdl. Gudrun Diestel an Vf., 27.7.2021.

hat. Wenn du mich jetzt essen sehen könntest, würdest Du staunen, wie ich mich entwickelt habe. Es geht schon wieder ganz gut und ich besabbere mich längst nicht so viel wie vor einigen Monaten. Nur kann ich nicht immer hören, wie laut ich esse, weil es mit meinen Gehörnerven immer noch etwas mulmig steht. Bei Konferenzen müssen die Leute immer noch mit Lautstärke 10 an meine Ohrmuschel herantreten. Das ist oft sehr lustig, z.b., wenn ich statt Kamilosan, Kamisol verstehe. Es gibt dann immer wieder etwas zu lachen, das ist ja auch gut, denn die Zeit ist oft zum Weinen.[1088]

5. Nachkriegszeit – Neuanfang im Schatten

Wer nur Aufbau beschreibt, verherrlicht die Lage; manche Nachkriegsstimmung ist nur zu verstehen, wenn man auch die Lasten im Neuanfang sieht. Einen Einblick in den Winter 1947 gibt ein Brief Diestels an Herbert Cram, einen engen Freund, der „1945 durch den Teltowkanal geschwommen [ist], um nach Max Diestel zu sehen", so Gudrun Diestel.

Diestel entschuldigt sich, den Geburtstagsbesuch bei „Elleken"[1089] nicht gemacht zu haben, weil ihm schlimme Nachrichten jede Geburtstagsfeierstimmung verdarben.

> „Da wird mir gemeldet, …, dass ein Flüchtlingszug … in Görlitz ankam; bekanntlich sind die deutschen Flüchtlinge in Güterwagen gepfercht und es werden ihnen keinerlei Bequemlichkeiten gestattet. Als der Zug ankam, wurden 8 Erwachsene und 24 Kinder in Görlitz ausgeladen. Sie waren erfroren. Der Zug fuhr weiter, auf der nächsten Station mussten noch einmal 32 Kinder ausgeladen werden. Erfroren. Das war das erste.
> Nachher Meldung aus dem Botho-Schwerin-Krankenhaus. Dort liegt meine Ephoralsekretärin. Sie hatte sich die Füsse erfroren und musste am Heiligen Abend mit grösster Mühe ins Krankenhaus gebracht werden. Jetzt kommt die Meldung, dass ihr beide Füsse abgenommen werden mussten. Ursache: Hunger und Kälte. Dann kommt mein Vikar und meldet, sein Hauswirt ist gestorben. Ich kannte ihn seit Jahren, er war Mitglied des Vereins der Kinderreichen und hat sich sehr der grossen Familien in ihren Nöten angenommen. Da ich auch Mitglied dieses Vereins war, sah ich mich ebenso wie er

---

1088 Max an Gudrun Diestel, 24.10.1945.
1089 Tochter von Cram.

vor Jahren vor die Frage gestellt, ob ich da weiter mitarbeiten sollte oder nicht, da die Nazis ihre Hand darauf legen wollten. Ich trat aus, er hielt es für seine Pflicht, in den alten Bahnen weiterzuarbeiten und die Familie vor dem weltanschaulichen Einfluss der Machthaber zu schützen. Man sagte ihm, das sei nur möglich, wenn er Pg.[1090] würde, dann würde man ihn in Ruhe lassen. Ein politisch völlig ahnungsloser Mensch, ganz Gelehrter und guter Kindervater, glaubte er, es sei getan, wenn er den Parteimitgliedsbeitrag bezahle und in der Tat liess man ihn dann auch in Ruhe. Als der Umschwung kam, wurde er gemäss der geltenden Bestimmungen von seinem Amt entkleidet und musste als Pg. schwere Handarbeit tun, wofür der zarte Mann gar nicht geeignet war. Ein hochanständiger Charakter, trug er das alles ohne Klage und tat seine Arbeit mit grösster Gewissenhaftigkeit. Er bekam für die Stunde 0,72 RM und die Lebensmittelkarte 5. Die Folge war, dass er zum Skelett abmagerte und die Kältewelle nahm ihn in 3 Tagen sanft hinüber. Er hinterlässt Frau und eine Anzahl noch nicht erwachsener Kinder. Zuletzt wog er noch 80 Pfd., und seine Hausgenossen, die ihm den letzten Dienst taten, sagten, sie hätten noch nie einen so ausgezehrten Körper gesehen. (Vgl. Eckermanns Schilderung des toten Goethe).
Weiter: Mein Doktor kommt, Professor Gillert. Erzählt mir von einem Mann in seiner Nachbarschaft, also in meinem Bezirk, den er im folgenden Zustand gefunden hatte, als er von seinem ebenfalls von der Kälte hart mitgenommenen Hauswirt gerufen wurde. Der Mann, ein Bücherrevisor, einsam, lag zusammengekauert angelehnt an sein Bett auf dem Fußboden mit seinem Mantel bedeckt, die eine Hand ausgestreckt, umfasst die Kante des davorstehenden Tisches, auf dem ein Brot lag. Er hatte offenbar sich aufrichten wollen, aber nicht mehr die Kraft gehabt. Er war völlig erstarrt. Der Arzt liess ihn ins Krankenhaus schaffen, als der Wagen dort ankam, war das Leben des Mannes erloschen.
Du wirst nun verstehen, dass ich nach solchen Tageserlebnissen keine Neigung hatte, Geburtstag zu feiern.
Ich bin deswegen besonders bedrückt, weil zumindest die hiesigen Fälle doch auch mein Amt berühren, und ich musste mich fragen, was ich getan hätte, um solche Unmenschlichkeiten zu verhüten, soweit es in meiner Macht läge. Ich habe schon vor Wochen an die zuständige Militärbehörde

[1090] Pg.: Parteigenosse.

geschrieben und auf die unhaltbare Lage unserer kirchlichen Arbeitsstätten hingewiesen. Ich habe keine Antwort bekommen. In etwa hat der Militärkommandant, ein sehr menschlicher Mann, auch auf meinen Brief neulich geantwortet in einer Pressekonferenz. Die Transportmittel versagen, an den Kohlegruben im Ruhrbezirk zerren so viele Mächte, dass für uns nur sehr wenig übrigbleibt. Die Zustände sind derart furchtbar, dass auch der beste Wille nicht mehr damit fertig wird. Jetzt lesen wir wieder in der Zeitung, dass in der russischen Zone 9 Kohlegruben ihrer Maschinen beraubt werden sollen; wie viele schon weg sind in anderen Kohlegruben, entzieht sich der öffentlichen Kenntnis. Die Schienenwege sind, wie Du weisst, überall bei uns nur noch eingleisig, das rollende Material in einem bejammernswerten Zustand, ebenso die festen Wege. Es fehlt an Lastwagen und Benzin, und das Resultat? Was ich eben erfahren habe in meinem Bezirk. Man müsste es in die ganze Welt hinausschreien, was hier geschieht im Namen der Menschlichkeit und in der Verfolgung der Beschlüsse der Potsdamer Konferenz, die für eine menschliche Lösung des Flüchtlingsproblems sich feierlich vor aller Welt eingesetzt hat. …
Mit herzlichen Grüßen, Dein alter … "[1091]

Nachkrieg ist nicht nur Aufatmen, das Nachgeborene fast als Ausweis „richtiger" politischer Einstellung erwarten, sondern auch eine Zeit schrecklicher Ereignisse, die nie durch „Schuld" aufgewogen werden.
Man spürt, wie Diestel mit all dem ringt, spürt die Müdigkeit des alten Mannes, der sich dem Amt verpflichtet fühlt und kaum mehr kann, merkt seine Auseinandersetzung mit der überstandenen NS-Zeit, aber auch sein Mit-Leiden. Mancher Nachgeborene mag die Auseinandersetzung mit deutscher Schuld vermissen. Sie ist angedeutet, Diestel aber lässt das Mitmenschliche nicht hinter Aufrechnungen verschwinden. Er steht nicht neben, er lebt mit den Menschen.

6. „Diktator" und „Vizefeldwebel"

Mit eingeschränkter Gesundheit geht Diestel die neue Aufgabe an. Das galt für viele Amtsträger, wenn man die psychischen Folgen einbezieht, für alle. Der Aufbau von Staat wie Kirche wird begonnen von und mit Menschen, die Spuren der Vergangenheit spüren und deren Entscheidungen von der Vergangenheit mit-

---

[1091] Max Diestel, Brief vom 16.1.1947 an Herbert Cram.

bestimmt werden. Max Diestel fehlten Schwung wie Gesundheit. Darüber können all die Ironie und sein Humor in Briefen nicht hinwegtäuschen – wie der Bart die Verwundung, verdeckt der Humor Schmerzen des Lebens. Was ihn bestimmt, ist sein Pflichtbewusstsein.
Über seine Arbeit als Generalsuperintendent wissen wir nicht viel. Wichtiger war sicher der Kontakt zur zuständigen Besatzungsmacht.[1092] Die sprachlichen Fähigkeiten dafür hatte er – die Maßnahmen der Besatzung sah er eher kritisch, machte aber die pessimistischen Aussichten an objektiven Problemen fest und schrieb sie nicht dem Unwillen der Besatzungsmacht zu.
Daneben ging es um vakante Pfarrstellen, zerstörte Gebäude und den Neuaufbau. Kollegen aus den Ostgebieten, die untergebracht werden müssen, klopfen an seine Tür – sie brauchen Stellen wie Wohnungen, meist auch für Frau und Kinder. Zum Glück stehen Pfarrwohnungen leer und sind noch eingerichtet.
In seinen Schreiben ist wenig von deutscher Schuld und viel vom Versagen der Sieger die Rede. Dabei sollte man nicht vergessen, wie lange es dauerte, bis man in der Bundesrepublik neu auf das Dritte Reich und seine Folgen schauen konnte. Die Evangelische Kirche, in der Diestel aufwuchs und arbeitete, wird von einer anderen Art Kirche abgelöst, die APU ist Vergangenheit. Diese neue Kirche war nicht mehr seine Heimat. Er sah sich kaum mehr als Handelnder, was man an seiner Einordnung des Amtes eines Generalsuperintendenten sehen kann.[1093]

7. Ehrendoktor

Im Jahr 1947 kündigt ein Brief ihm eine besondere Ehrung an:

„Hochverehrter Herr Generalsuperintendent![1094]
Ich habe die Ehre und Freude, Ihnen zu eröffnen, dass die Evangl. Theologische Fakultät der Universität Tübingen Sie in den Kreis ihrer Ehrendoktoren gewählt hat. Wenn unsere berliner Schwester-Fakultät leider nicht in der Lage ist, Ihnen diese wohlverdiente Ehrung zu erweisen, so treten wir umso lieber an ihre Stelle, als Sie ja mit vielen Wurzeln im schwäbischen Leben gründen und Tübingen immer verbunden gewesen sind. Ausserdem ist es uns ein aufrichtiges Bedürfnis, die

---

1092 Diestel, Brief an die Gemeinde, 25.1.1946, siehe auch seine Schilderung der Besatzungsmacht im Brief an Cram!
1093 Diestel, Brief an die Gemeinde, 25.1.1946.
1094 Personalakte Diestel, 23.10.1947, Schreiben der Evangelisch-Theologischen Fakultät Tübingen, Verleihung der Ehrendoktorwürde.

Brüder im Osten zu grüssen und ihnen unsere unauslöschliche Verbundenheit zu bezeugen.
Da es mit der Anfertigung des Diploms, das Ihnen an sich zum Reformationsfest überreicht werden sollte, wohl noch länger dauern wird, möchte ich Ihnen das Elogium bereits heute mitteilen.
Es lautet:

DIE EVANGELISCH-THEOLOGISCHE FAKULTÄT DER EBERHARD-KARLS
UNIVERSITÄT ZU TÜBINGEN
VERLEIHT
HERRN GENERALSUPERINTENDENT MAX D I E S T E L,
DER IN SEINEM KIRCHLICHEN AMTE DAZU ANGEHALTEN HAT, THEOLOGIE
UND VERKÜNDIGUNG ZU VERBINDEN,
DER IN DER ZEIT DES KAMPFES EIN VORBILD GEGEBEN HAT,
FESTIGKEIT UND WEISHEIT ZU VEREINEN,
DER IM ÖKUMENISCHEN DIENST DAZU GEHOLFEN HAT, DIE GRÄBEN
ZWISCHEN DEN KIRCHEN UNTER DEN VÖLKERN ZU ÜBERBRÜCKEN,

EHRENHALBER DIE WÜRDE EINES
DOKTORS DER THEOLOGIE.

HIERÜBER IST DIESE URKUNDE AUSGESTELLT, MIT DEM GROSSEN SIEGEL DER UNIVERSITÄT
VERSEHEN UND VOM REKTOR UND DEKAN UNTERZEICHNET WORDEN.
TÜBINGEN, DEN 31. OKTOBER 1947.

Möge Ihnen, hochverehrter Herr Generalsuperintendent, nach allem Schweren, was Sie in den letzten Jahren erleben mussten (und von dem ich noch nichts wusste, als ich Ihnen kürzlich in Bad Boll begegnen durfte), noch ein reicher und gesegneter Lebensabend im Dienste an den Brüdern und an der Gemeinde Jesu überhaupt geschenkt sein.
Mit ehrerbietiger Begrüssung
Ihr sehr ergebener gez. Thielicke“

Leise klingt Ironie über „Berliner" heraus, die dergleichen nicht zustande bringen, und Stolz, dass der „Tübinger" Diestel in die Heimat geholt wird. Wie immer er dazu stand – ich vermute, er fühlte sich geehrt, Tübingen war fester Bestandteil seiner Familiengeschichte.[1095]

Blick zurück

1. Widerstand

Diestel schreibt an Siegmund-Schultze:

> „Lieber Freund![1096]
> Ihre kleine Schrift über die Deutsche Widerstandsbewegung[1097] ist mir gestern zugegangen und prompt am selben Tage noch von mir gelesen worden. Haben Sie herzlichen Dank für diese Schrift, die für den künftigen Historiker allerhand wertvolle Weisungen enthält. Der ganzen Geschichte ist ja freilich sehr schwer beizukommen, teils weil das Aufbewahren von Dokumenten seine Schattenseiten hatte."

Man weiß nicht genau, ob die „wertvollen Weisungen" Zurecht- oder Wegweisungen für künftige Historiker sind oder ob er der Bilanz von Siegmund-Schultze nicht so ganz folgen mag.

> „Die Herren von der Gestapo bildeten sich gewiss viel auf ihre kriminellen Erfahrungen ein, die sie in ihrem vorpolitischen Leben erworben hatten. Ich denke dabei an die konfiszierten Gesichter der Herren, die mich amtlich aufgesucht haben. Sie wussten selber nicht, was sie eigentlich wollten und brauchten schliesslich 3 Stunden, um mein Kollektenverzeichnis als wertvollstes Dokument meiner Gefährlichkeit nach Hause zu nehmen."

[1095] Nach Aussage von Gudrun Diestel gehörte es für die Theologen „in unserer Familie" dazu, in Tübingen mindestens ein paar Semester studiert zu haben.

[1096] Diestel an Siegmund-Schultze, Dortmund. Am 9.3.1948, EZA 626/396.

[1097] Siegmund-Schultze, Friedrich: Die deutsche Widerstandsbewegung im Spiegel der ausländischen Literatur. [1.-5. Tsd.]. Stuttgart, Reclam, 1947.

Die gelassene Heiterkeit ist dem Rückblick geschuldet. Aber Diestel macht deutlich, dass ihm anderes wichtiger und gefährlicher schien:

> „Im Rückblick erscheint mir als am gefährlichsten die Nachahmung einer politischen Unterdrückung der Wahrheit oder richtiger vielleicht das Durcheinander von Wahrheit und Lüge, das man schliesslich Propaganda nennen kann. Es wurde eben alles verlogen und für alles konnte eine Rechtfertigung gefunden werden. Aber wollte man irgendwie die geschichtliche Wirklichkeit feststellen, und tatsächliche Vorgänge bestätigt erhalten, so wich alles aus. Wollte man Augenzeugen auf ihre Aussagen festlegen, so weigerten sie sich, als Zeugen ihre Haut zu Markte zu tragen. Personen und Orte in Verbindung mit Greueltaten als künftig verwertbare Dokumente auch nur annähernd festzustellen, war selbst hier in Berlin, wo so viel geflüstert wurde, kaum möglich. Ist es nicht bezeichnend, dass ich den Namen Auschwitz zum ersten Male im Februar 45 als authentisch gehört habe. Viel schlechter ging es noch mit den Ziffern der Deportierten und Vergasten. Auch die Aeusserungen von entlassenen KZ-Häftlingen wurden zweifelhaft, weil ja jeder nur vom Hörensagen die Ziffern der Getöteten hörte. Ein Mann, der in einem Lager die Verbrennungsöfen zu versorgen hatte und über ihre ‚Kapazität' genau Bescheid zu wissen vorgab, liess mich die Fragwürdigkeit der ganzen Statistik erkennen. Aber es ging ja alles durcheinander. Der moralische Wahnsinn hatte diese Atmosphäre so überhitzt, dass man Täuschungen und Selbsttäuschungen gar nicht mehr auseinanderhalten konnte. Ein Nachteil ist auch, dass die Farben ineinanderflossen, je länger der Krieg dauerte. Die Kunst des Verschweigens und der Einschüchterung verstärkte sich von Jahr zu Jahr, wenn auch die Menschen hellhöriger wurden. Einer meiner Nachbarn mit Himbeerhosen aus dem OKH liess mich immer wieder warnen, weil meine Gottesdienste, was ich übrigens wusste, von der Gestapo überwacht würden."

Die Verwirrung von Wahrheit und Lüge beschreibt er, ohne zu behaupten, er habe beides nie verwechselt – auch so kann man mit schuldig werden, wie Diestel wusste. Urteile späterer Historiker und der Nachwelt sind von der erlebten Lebenslage weit entfernt und klingen sicherer, als Menschen sein können, die in der konkreten Lage entschieden, was und wem sie glauben und folgen sollten.

„Dass man zur BK gehörte, war ja an sich schon beinahe Hochverrat. Dabei war die Organisation der BK … grundverschieden von Untergrundbewegungen. … Es ging ihnen wirklich um das reine Evangelium und nicht um die politische Rettung des Volkes. Man muss hier freilich primär und sekundär unterscheiden, denn viele von uns waren doch bekannt oder befreundet mit den Verschwörern. Aber wir deutschen Pfarrer sind an sich keine Verschwörer, sondern in politischen Dingen immer Skeptiker, weil wir fürchten, uns in den weltlichen politischen Werkstätten an dem herumliegenden Pech zu besudeln. Das ist für angelsächsische Geister schwer verständlich, ebenso auch, dass die theoretisch gescheiten deutschen Theologen in der Praxis sowohl wie in der Wirtschaft und der Politik so oft versagen. Bodelschwingh ist eben nicht typisch für uns arme Leute, sondern eher noch Karl Barth, der Professor par excellence, der aber doch unser Spannungsverhältnis zur ‚Welt' nun wieder in Unsicherheit gebracht hat, nachdem er uns vorher so eindrücklich vor der Dämonie der christlichen Kulturwerte gewarnt hat.
Ein schwerer Stein des Anstosses war mir kürzlich das Verfahren gegen die Wilhelmstrasse. Durch meine langjährige Berührung mit den Männern der Kulturabteilung konnte ich … den hartnäckigen Widerstand gegen die Dienststelle Ribbentrop verfolgen. Schließlich siegte sie ja und Ribbentrop durfte sich immer mehr blamieren. Es liegt im Wesen des deutschen Beamten, dass er es für unanständig hält, seinen Brotherrn anzuprangern in der Oeffentlichkeit oder im Geheimen, solange er noch eine Pension bezieht. Erst wenn die Memoiren veröffentlicht werden, treten Vorgänge und Sentiments in ein deutlicheres Licht. Ich vergesse nicht das Aussehen von Weizsäcker,[1098] als ich ihn am Tage nach der Übergabe Niemoellers an die

[1098] Der Wilhelmstraßen-Prozess war der vorletzte, umfangreichste und zeitlich längste der zwölf Nachfolgeprozesse gegen Verantwortliche des Deutschen Reichs zur Zeit des Nationalsozialismus. Angeklagt waren führende Angehörige des Auswärtigen Amts und anderer Ministerien sowie weiterer nationalsozialistischer Dienststellen. Im Deutschen wurde der Prozess nach der Berliner Wilhelmstraße benannt, in der das Auswärtige Amt und auch die Dienststellen weiterer Angeklagter ihren Sitz hatten. Offizieller Name war: *The United States of America vs. Ernst von Weizsäcker et al.* Die Prozessdauer erstreckte sich von der Anklageerhebung am 15.11.1947, über die Verhandlungen vom 6.1. bis 18.11.1948 bis zur Urteilsverkündung am 11.4.1949. Das Strafmaß wurde am 13.4.1949 mitgeteilt, die Berichtigungsbeschlüsse am 12.12.1949. Im Verlauf der Verhandlung stellte Weizsäcker sich als Vertrauensmann des Widerstands dar. Unter an-

Gestapo besuchte und ihn beschwor, diesen Gewaltakt nachträglich zu verhindern. Noch im Gerichtssaal hatte ich Niemöller einen vierwöchentlichen Urlaub erteilt und seine Frau war bereit, ihn gleich auf die Bahn mitzunehmen. … Ich hatte durchaus den Eindruck, dass die trüben Konsequenzen dieses persönlichen Eingriffs Hitlers aussenpolitisch gar nicht abzuschätzen seien. Denn hier handelte es sich um einen Eingriff in eine Sphäre, die nicht nur juristisch, sondern auch allgemein menschlich sacrosanct erscheinen musste. Weizsäcker sah sehr bekümmert aus und deutete mir nur mit verhaltener Stimme an, dass der Befehl von höchster Stelle und ganz persönlich von Hitler ausgegangen sei. Eine Aufhebung dieses Befehls an die Gestapo aus aussenpolitischen Gründen sei völlig unmöglich. Die nationalsozialistische Dynamik hielt einen solchen Staatssekretär in seinem Amte schlechthin fest, und es gehört für mich zu den am meisten tragischen Erfahrungen, dass das NS-Regime so viele tüchtige und anständige Menschen in seinen Fängen hielt, für die eigenen Zwecke einsetzte, solange es ihm passte, und sie dann laufen liess oder hinrichtete. Hier war wirklich der Menschenverderber am Werk, und es ist bedauerlich, dass Aussenstehende, die in ihrem eigenen Volk für die Freiheit der politischen Ueberzeugung und damit auch des politischen Irrtums zu kämpfen vorgeben, unter dem Schein des internationalen Rechts, auf Grund vereinzelter Unterschriften unter aufgedrungenen

---

deren sprachen die Brüder Theo und Erich Kordt für ihn. 1938 versuchte er mit allen Möglichkeiten, Frieden zu bewahren. Bei diplomatischen Dokumenten müsse stets zwischen Wortlaut und beabsichtigtem Zweck unterschieden werden. Das Gericht befand Weizsäcker jedoch für schuldig, weil er einen Brief Franz Rademachers vom 20.3.1942 an die SS über die Deportation von 6000 französischen und staatenlosen Juden nach Auschwitz abgezeichnet sowie mit dem Vermerk „polizeilich charakterisierte Juden“ versehen hatte und seiner Pflicht bei der Anfrage der SS, „ob das Auswärtige Amt irgendwelche Bedenken habe“, diese anzumerken, nicht nachgekommen sei, sondern in diesem und „in gleichgelagerten Fällen“ keine Bedenken geäußert habe. Strafmildernd berücksichtigte es die von Weizsäcker angegebene Nähe zum Widerstand, die es als glaubhaft ansah. – Röhm/Thierfelder, Entrechtet (2), S. 198 berichten noch, dass Weizsäcker die Nichtteilnahme Deutschlands an der Konferenz von Évian damit begründet habe: „Es handele sich um ein innerdeutsches Problem … Eine Zusammenarbeit mit den … in Évian tagenden Mächten käme daher für Deutschland nicht mehr in Frage.“ Selbst wenn man, wie Röhm/ Thierfelder, den Einsatz Roosevelts für vorgeschoben hält (a.a.O. S. 197), kann man annehmen, dass auch dieses Statement Weizsäckers ihm von den Richtern in Nürnberg nicht eben als Zeichen einer widerständigen Gesinnung ausgelegt wurde.

‚Befehlen' zu schweren Strafen verurteilten. Dass ein Mann wie Weizsäcker, den so viele ausländische Diplomaten und andere kannten und schätzten, auf die Anklagebank gesetzt wurde, weil im Geschäftsgang des Aussenministeriums büromässig ein Staatssekretär etwas unterschreiben musste, was gar nicht in seinem Kopf oder Herz Beifall fand, ist eine echte Tragik. Was würde man wohl sagen in England, wenn ein öffentlicher Ankläger die Beamten des Foreign Office vor die Schranken ziehen wollte, weil die Instruktionen für die RAF[1099] dort durchliefen, denen bei uns viele tausend von Zivilpersonen, Frauen, Kinder und Greise, ohne Rücksicht auf Menschlichkeit, zum Opfer fielen. Ganz undenkbar. Aber Politik verdirbt den Charakter schon lange, wenn sie von der goldenen Regel abweicht: Alles was ihr wollt, das Euch die Leute tun sollen, das tut ihr ihnen auch. Gerade das Schauspiel einer bis ins höchste gesteigerten formalen Gerichtsbarkeit in Nürnberg hat dazu beigetragen, dass wir in Deutschland allen Respekt vor den Herren Siegern verloren haben. Das einzig Gute war die Lüftung des Schleiers, der über der ganzen Methodik des Nationalsozialismus lag, für das deutsche Volk selber. Aber das ist auch alles. Wenn ich nur an die Greuel denke, die unter der Sanktion der Alliierten geschehen sind nach der Kapitulation, so würde ich mich schämen, eine richterliche Funktion als Ausländer in Deutschland noch zu übernehmen. Wie die Entdeutschung unseres Ostens vollzogen wurde unter den Augen der Besatzungsmächte, spottet aller Menschlichkeit. Und das alles, nachdem die grossen Drei feierlich erklärt hatten, diese grösste Umsiedlung in Europa müsse und werde ‚menschlich' vor sich gehen.

Gerade wenn man keine Anlage zum Revolutionär hatte, aber auch nicht die geringste Neigung, die Unmenschlichkeiten der Nazis und die ganze Verlogenheit des Regimes zu rechtfertigen oder gar die eigenen Fehltritte zu beschönigen, ist es für unsereins eine bedenkliche Gefahr, dem Pharisäismus zu verfallen, den wir in dem uns wohlbekannten Kant so oft wahrgenommen haben. Es ist vielleicht etwas hochmütig gedacht, aber es ist auch notwendig, dass man sich von dem Apostel Paulus trösten lässt, der sich von keinem „menschlichen Tage" richten ließ, nachdem er seinen Pharisäismus an den Nagel gehängt hatte.

1099 RAF = Royal Air Force.

Nun leben Sie wohl, nochmals vielen Dank und einen guten Anfang in Dortmund. Mit herzlichen Grüßen Ihr getreuer Diestel."

Diestel beschäftigte der Prozeß „gegen die Wilhelmstraße" so sehr, dass er an Weizsäcker schrieb, wie eine Antwort Weizsäckers aus der Untersuchungshaft zeigt:[1100]

„Sehr verehrter Herr Generalsuperintendent,
Ihre Zeilen vom 2. ds. Ms. waren fuer mich eine so grosse Freude, dass ich es mir trotz des Papiersturms in diesem Hause nicht versagen kann, Ihnen gleich einen Dank zu senden.
Wie bewegend, dass Sie sich die Mühe gemacht haben. Denken Sie nicht an mich mit Sorgen, wohl aber mit dem Wunsch, dass mir die Kraft nicht fehle, wenn ich demnaechst für die Wahrheit zeugen soll. Oeffentliches Auftreten habe ich immer gemieden, wo ich konnte. Nun muss es zum Schluss-Examen noch einmal sein, und dazu vor einer Publizistik, die unfrei ist.
Wie gönne ich Ihnen das stille Lorch. Zwischen Hohenstaufen und Neuffen ist fuer mich mit dem Gefuehl nach Urschwaben verbunden. Moegen Ihnen dort gute Tage beschieden sein. Ich glaube, dort ist die Heimat guter Geister.
In aufrichtiger Verbundenheit und herzlichem Dank besonders fuer Ihr Schluss-Geleitwort
Bin ich Ihr ganz ergebener Ernst Weizsäcker"

Diestels Ausführungen müssen in die Zeit eingeordnet werden und dürfen nicht als Entschuldigung des nationalsozialistischen Regimes verstanden werden. Was er Weizsäckers Interventionen und Informationen verdankte, könnte nur Diestel sagen, es muss aber mit bedacht werden. Für Diestel steht Weizsäcker auf der „richtigen" Seite und wird haftbar gemacht für Dinge, die er in seinem Amt tun musste. Diestel erzählt so auch von sich: Hätte er sein Amt aufgegeben, könnte man nach seiner Beteiligung oder Verantwortung weder positiv noch negativ fragen. Schuldlos wäre er auch so nicht geblieben, hätte er doch seinen Kirchenkreis vermutlich einem überzeugten Deutschen Christen oder einem willigen Vollstrecker überlassen. Weizsäcker konnte dem Widerstand nur helfen, indem er auf sei-

---

[1100] Brief von Ernst Freiherr von Weizsäcker, Justizpalast – ISD, Nuernberg, 13a Nuernberg, 10. April 1948, Archiv Gudrun Diestel.

nem Posten ausharrte – oder er sah es so. Schuldlosigkeit ist keine menschliche Eigenschaft; man kann wohl nur mit den Bonhoefferschen „Dilemmata" solche Situationen angemessen erfassen.

2. Die beste Staatsform

In einem Brief an Gudrun nach dem Krieg äußert sich Diestel zu ihrer Frage nach der „besten Regierungsform":[1101]

> Nun wolltest Du wissen, welches die beste Regierungsform sei? Man könnte sagen: Die des lieben Gottes. Aber die basileia tou theou oder ton ouranon[1102] ist nur *im Gegensatz* zur basileia eines oder des Menschen zu verstehen. Der Mensch soll nicht so tun, als hätte er das Heft allein in der Hand und würde sich nicht die Hand führen lassen. [Das] … Schlimmste ist offenbar die Ochlokratie, die Herrschaft des Mobs oder der Masse, die blind jedem Diktator, wenn es ein gewinnender Herr ist (wie A.H.) folgt und darum der Willkür Vorschub leistet. Ich glaube, dass es ein Fehler war, in Deutschland die Monarchie zu beseitigen. Wir hatten ja gar keine absoluten Monarchen, wir hatten den Ausgleich der Gewalten: Konservativ gegen liberal (Bürgertum) sozialistisch (Arbeiterschaft), bald das eine, bald das andere Element überwiegend. Jetzt … fehlt … die Erfahrung an abgedankten anderen Gruppen und darum borgen sie sich … die Köpfe mit der Schlagseite nach links oder lassen sich vom Ausland sagen, was sie machen sollen. Die Briten sind politisch viel klüger und balancieren die Kräfte viel besser aus. Hätten wir noch einen klugen u. energischen Kaiser gehabt, so wäre A.H. nicht in politische Verbrechen so weit ausgeartet. Die Volkswillensbildung machte so allein und hatte niemand über sich, der ihn absetzen konnte. Das brachten auch die Generale nicht fertig, daher das nachfolgende Elend. … Die kalokagathoi[1103] waren eben nicht immer schön und gut, jedenfalls nicht die Zustände, die sie erschufen. Sie wurden abgelöst durch die Alleinherrschaft … mitunter durch Gewalt. … Die Tyrannen waren oft prächtige Herrscher, z.B. in Syrakus, haben aber doch einen üblen Ruf ..., weil sie

[1101] Seine politische Haltung – abgesehen von der Gegnerschaft zur NSDAP – erfahren wir eindeutig nur aus einem Brief an seine Verlobte: 1906 wählte er nationalliberal.

[1102] Basileia tou theou oder ton ouranon = Reich Gottes oder der Himmel.

[1103] kalokagathoi = das griechische Ideal der „Guten und Schönen".

Gewaltherrscher aus Willkür waren + und das Gesetz nicht achteten (wie A.H.). Nächste Stufe: der empörte Demos stürzte sie – aber brachte Partei-Zank unter den vom Demos [= Volk] gewählten Vertretern des Volks, der sich nie einig war, höchstens in Zeiten höchster Gefahr. Da wählten sie sich … einen ‚Diktator' wie Fabius Maximus Cunctator. Also: jede Regierungsform ist eine Reaktion auf die Vorhergehende … Weder der einzelne Mensch … ist fähig, auf die Dauer absoluter Herrscher zu sein, noch die Masse des Volkes, weil diese immer von den Instinkten (…) bewegt wird. Es zeigt sich überall, dass gewaltsame Umstürze nie von Dauer sind. Im aufgeregten Meer schwankt das Schiff von einer Seite nach der anderen, namentlich, wenn es keinen rechten Tiefgang hat. Es braucht einen starken Kiel. Das ‚Metazentrum' darf nicht zu hoch liegen, d.h. der Schwerpunkt, um den das Schiff sich im Schwanken dreht. Das ist eine Wahrheit der Mechanik, die in etwa (nicht absolut) auch auf die Bewegung eines Staatsschiffs zutrifft. Aber nicht zu tief, sonst kann es auch kentern. Je größer das Schiff, desto ernster wird die Frage: Wo liegt sein Metazentrum?
So – da hast du meine Staatsweisheit." [1104]

Die Vorstellung einer Abfolge von Regierungsformen zeigt seine humanistische Bildung, die Einschätzung von Wilhelm II. den Menschen des 19. Jahrhunderts und die Orientierung an der Herrschaft Gottes den Theologen. Er lobt ein Regierungsmodell, bei dem ein Mensch fast wie Gott an der Spitze und über allen steht, menschliche Bestrebungen begrenzend und korrigierend. Da aber kein Mensch Gottes Position einnehmen kann und soll und die Herrschaft Gottes nicht auf die Erde übertragbar ist, ergibt sich so etwas wie die konstitutionelle Monarchie Englands, die einen Ausgleich der unterschiedlichen Kräfte und Interessen garantiert, indem weder der Volkswille der demokratischen Mehrheit noch ein Alleinherrscher schrankenlos walten kann. Man mag seine Einschätzung Hitlers für naiv halten – auch andere hofften, Hitler durch Gesetze, Parteien und Gerichte „einhegen" zu können; man mag seine Sicht auf die kaiserliche Gesellschaft nach der Reichsgründung für zu harmlos halten – Sozialisten und Arbeiter konnten eben nicht mitbestimmen – und seine Einschätzung der Demokratie für zu pessimistisch; deutlich ist aber seine Ablehnung des Führerstaates. Wer Diestels „Staatsweisheit" kritisiert, wird zugestehen müssen, dass es auch heute kein Modell gibt,

---

[1104] Max an Gudrun Diestel, 17.11.1946.

das vor Missbrauch gefeit wäre, und muss bedenken, dass Diestel in der Weimarer Republik jedenfalls kein wirklich gelungenes demokratisches Modell erleben konnte.[1105] „Unpolitisch" kann man Diestel kaum nennen, auch wenn er selbst nicht politisch handeln wollte.

Wie Politik bei Menschen ankommt, hat nicht nur mit der Staatsform allgemein zu tun – das muss auch „Chichester", also Bischof Bell, erfahren. Im Brief an Gudrun fährt er lakonisch und humorvoll-resigniert fort:

> „Neulich war Chichester wieder da. Wir haben ihm allerhand Lichter aufgesteckt. Aber die engl. Zone hat immer noch zu wenig zu essen und wir keine Ruhrkohle bzw. Koks für unsere Zentralheizung."[1106]

Max Diestel und die Freikirchen

1. Die Anerkennung der Freikirchen

Die Freikirchen[1107] hatten in Deutschland seit dem Friedensvertrag von Münster 1648 einen Sonderstatus: „Außer den zuvor erwähnten Bekenntnissen [die katholische, die Augsburgische Konfession und „jene, die als Reformierte bezeichnet werden"] soll jedoch im Heiligen Römischen Reich kein anderes angenommen und geduldet werden."[1108] Gruppen, die sich im Gefolge der Reformation oder in Auseinandersetzung mit Luthers Theologie gebildet hatten, fielen unter den Tisch, ebenso die Jüdischen Gemeinden. Auch darum blieben die Freikirchen in Deutschland „kleine Kirchen" und wurden im ökumenischen Gespräch oft übersehen.

„Für die Freikirchen erwies sich das Ende des Kaiserreichs in rechtlicher Hinsicht als ein Quantensprung."[1109] Im Unterschied zu den evangelischen Kirchen, die dieses Ende als Verlust von Stellung und Privilegien erlebten, bot ihnen eine säkulare Verfassung die Chance auf Gleichberechtigung. „Mit den Artikeln 135 bis

---

[1105] Es ist eine Erkenntnis der Regierung Trump, dass wir auch der „Balance of Power" nicht mehr zu trauen wagen.

[1106] Brief an Gudrun, 17.11.1946.

[1107] Der Begriff „Freikirchen" ist nicht unproblematisch, da er sehr unterschiedliche Gruppen und Kirchen zusammenfassen muss, und zudem für „kleinere" Gruppen und Kirchen aus deutscher Sicht verwendet wird. Ich gebrauche ihn als Sammelbegriff mit der Bitte, jede einzelne der damit gemeinten Gruppen eigens anzusehen.

[1108] Artikel 7, nach Voigt S. 13.

[1109] A.a.O., S. 249.

137 [Weimarer Verfassung] wurden Grundrechte beschlossen, die für ‚alle Bewohner des Reichs volle Glaubens- und Gewissensfreiheit' sicherten und eine ‚ungestörte Religionsausübung' gewährleisteten."[1110]
Diese Rechte mussten aber in den Ländern des Deutschen Reiches erst umgesetzt werden, erschwert auch durch nicht mit den Ländergrenzen übereinstimmende Grenzen dieser Kirchen. Viele Kirchen beantragten bei den Länderministerien die Rechte der „Körperschaft des öffentlichen Rechts", zuerst in Baden, wo sie anfangs problemlos, später nach jeweiliger Rückfrage der Behörde beim Evangelischen Oberkirchenrat (wie früher!) gewährt wurden.[1111] In Preußen stießen diese Anträge auf Schwierigkeiten, erst spät, ab 1930, wurden sie bewilligt.
Max Diestel war evangelischen Freikirchen wohl schon in seiner Zeit in England begegnet,[1112] sicher bei Tagungen des Weltbundes. Bei dessen Gründung und in seiner Vorläuferorganisation spielen Quäker, Methodisten und Baptisten eine wichtige Rolle. Diestel stand diesen Kirchen grundsätzlich offen gegenüber. Die Anfrage der Methodistischen Kirche an die BK ging an und über Diestel, weil der methodistische Superintendent Keip Diestel aus dem Weltbund kannte und vertraute. Auch Siegmund-Schultze war als Ansprechpartner dieser Gruppen sehr gefragt.

2. Kirche oder Sekte

Auch Otto Dibelius war Mitglied des Weltbundes, vertrat aber die traditionelle Sicht auf die Freikirchen. In seinem Buch „Das Jahrhundert der Kirche" (1926) unterschied er zwischen „Kirche" und „Sekte" und bestritt diesen das Recht auf den Körperschaftsstatus.[1113] „Kirchen haben die öffentlichen Vorrechte, die sie immer gehabt haben; andere religiösen Gemeinschaften nicht."[1114] Dibelius dachte von der Kirche als Volkskirche[1115] und Institution her und wollte deren Stellung erhalten. Diestel war Theologe und historisch interessiert – Diskussion über Inhalte und Lehren hielt auch er für nötig, und er pflegte sie auch, institutionelles Beharren aber war nicht seine Sache.

1110 Voigt S. 248.

1111 Der Oberkirchenrat meldete in jedem Fall Bedenken an, die sämtlich übergangen wurden.

1112 Middlesbrough in seiner modernen Form ist Gründung von Qäkern (website „Middlesbrough").

1113 Siehe Voigt S. 251ff.

1114 Dibelius, Das Jahrhundert der Kirche S. 102, zitiert nach Voigt S. 252.

1115 Volkskirche im Sinn einer Kirche des (deutschen) Volkes.

An Dibelius' Buch entzündete sich eine heftige Debatte, die als „Sekten" bezeichneten Gruppen wehrten sich. Widerspruch erntete er u.a. von Bernhard Keip, dem Dibelius antwortete:

> „Nach meiner Überzeugung liegt darin, daß die staatlichen Privilegien auf die großen … Kirchen beschränkt bleiben sollen, kein Unrecht gegenüber den Freikirchen. Ich habe es nie verstehen können, daß die Freikirchen überhaupt nach Staatsprivilegien streben. Gerade darin sehe ich ihre geschichtliche Mission, daß sie uns in Deutschland zeigen: man kann unter grundsätzlicher Ablehnung der Staatskrücken das Gottesreich kraftvoll zur Auswirkung bringen!"[1116]

Es fällt schwer, das nicht ironisch zu kommentieren. Den Freikirchen ging es nicht um „Privilegien", sondern nur um einen rechtlichen Status, der ihnen z.B. den Besitz ihrer Immobilien ermöglichte.
Hinzu kamen Schikanen auf kirchlichen Friedhöfen: Die großen Kirchen verweigerten entweder die Bestattung von Nichtmitgliedern oder Amtshandlungen von deren Amtspersonen.

3. Der Staat regelt das Miteinander

„,Aber …, unterstrich Naumann[1117] in der Plenumsdebatte … am 17. Juli 1919, ‚der Staat darf auf diesem Gebiete nicht eng und kleinlich sein, und insbesondere die Gemeinschaften, die schon vorhanden sind, wie die Methodisten, die Baptisten, die Altlutheraner und mögen sie heißen, wie sie wollen, brauchen keine neue Schikane oder Hinschleppung mehr zu erleben! … Die Zeit, wo kleine Religionsgemeinschaften amtlich mißachtet wurden, ist jetzt grundsätzlich vorbei. Da es keine Staatskirche mehr gibt, so sind alle Nebenkirchen gleicher Ehre. Sie wollen in der Republik ihr Recht haben, und das soll man ihnen geben.' (Erneute lebhafte Zustimmung im Zentrum und links.)"[1118]
In liberaler Perspektive sollte eine Körperschaft des öffentlichen Rechts vor allem praktischen Aufgaben dienen. Friedrich Naumann nannte zuallererst die Besteuerung der Mitglieder. Hier seien die Kirchen Partner des Staates. Derlei Fra-

[1116] Dibelius, zitiert nach Voigt S. 252
[1117] Friedrich Naumann in der 59. Sitzung am 17. Juli 1919, in: Verhandlungen der verfassungsgebenden Deutschen Nationalversammlung, Bd. 328. Berlin 1920, 1653.
[1118] Baumann, S. 371f.

gen seien für die kleinen Religionsgemeinschaften zwar nicht relevant; dennoch müsse, um der Gleichheit willen, die Aufnahme in den Rang einer Körperschaft auch allen anderen Religionsgemeinschaften zugestanden werden.

> ‚… diese kleinen Gemeinschaften [...] sind von Staat und Kirche gleichzeitig unfreundlich behandelt worden. Das hat aufzuhören. Es haben aufzuhören diese Kirchhofsquerelen, wo herumgebettelt werden musste, ob irgendein freigemeindlicher Geistlicher einen seiner Brüder oder eine seiner Schwestern bestatten durfte oder nicht. (Zustimmung.) Was ist das für eine Vorzeitigkeit, den Friedhof immer noch als eine Stelle des Unfriedens zu betrachten? (Allseitige Zustimmung.) Es muß auch aufhören, daß die aus der Kirche ausgetretenen Mitglieder der kleinen Gemeinden gezwungen werden, ihre Steuern für eine Kirche weiterzuzahlen, aus der sie ausgetreten sind. Also freie Behandlung des Problems! Religionsgesellschaften sind etwas, was beständig neugeboren wird, im Werden ist; und wer diesen werdenden und fließenden organischen Charakter alles religiösen Lebens nicht begreift, für den ist die ganze Kirche nur eine Form. Der, für den sie Inhalt hat, weiß, daß in ihr ein beständiges Schaffen ist, mit immer neuem Erfassen der jenseitigen und irdischen Dinge.“‘[1119]

Es war bisher nicht festzustellen, wie sich Max Diestel an der Diskussion beteiligt hat – und ob und wo er in die Anerkennungsverfahren im preußischen Staat eingriff. Die in Akten dokumentierte Diskussion in den preußischen Kirchen um die Kirchensteuer und darüber, ob Baptisten aus der Kirche austreten müssten bzw. könnten, zeigt, wie sehr die Meinungen in diesen Fragen von konkreten Begegnungen mit Predigern – in diesem Fall der Baptisten – beeinflusst sind: Wo es kein Miteinander gab oder dieses ohne Probleme war, die kleinen Gruppen weiter nicht auffielen, ist die Zustimmung zu einer pragmatischen Lösung groß. Es scheint, dass Diestel im Einzelfall mithalf, den Freikirchen einen gesicherten Status zu verschaffen; möglicherweise spielten seine Erfahrungen in Hohenzollern, wo die evangelische Kirche in der extremen Minderheit war, eine Rolle; „Kirchhofquerelen“ erlebte Diestel am eigenen Leib.
Wie sehr es eigentlich um die neue Rolle von Kirche allgemein ging (was Dibelius‘ Beharren auf dem Sektenbegriff ein wenig erklärt), zeigt sich am Begriff der

---

[1119] A.a.O. S. 372.

„Volkskirche“: Im Unterschied zu den von Dibelius so genannten „Sekten“ wendet sich die Kirche an das ganze (deutsche) Volk.
Das – aber auch eine Distanz – zeigt die folgende Thesenreihe, die vermutlich von Max Diestel stammt.[1120] Es geht hier wohl um den Status der Bekennenden Kirche, die sich nicht als Freikirche verstehen wollte.

1. „Voraussetzungen einer christlichen Volkskirche sind ‚christliche Obrigkeit‘, ‚christliche Schule‘, ‚christliches Volk.‘
2. Diese Voraussetzungen zu schaffen, liegt nicht in unserer Hand.
3. Ob diese Voraussetzungen je gegeben waren, ob es also je eine Volkskirche gegeben hat, die wirklich Kirche war, ist eine offene Frage.
4. Ob wir heute noch zu rechnen haben mit einer ‚christlichen Obrigkeit‘, einer ‚christlichen Schule‘, einem ‚christlichen Volk‘ ist eine offene Frage.
5. Wenn die Kirche keine Hilfe einer ‚christlichen Obrigkeit‘ mehr hat, wenn sich die Schulerziehung ihrem Einfluss entzieht, werden sich nur noch eine begrenzte Zahl von Anhängern nach persönlichem Entschluß zu ihr halten, wird die Kirche zur ‚Freikirche‘.
6. Ob die bisherigen ... Freikirchen als echte Kirche anzusehen sind, ist eine offene Frage.
7. Eine ‚bekennende Kirche‘ darf nicht ‚Volkskirche‘ zum Programmpunkt haben.
8. Eine ‚bek. Kirche‘ muß echte Kirche sein wollen ohne Rücksicht auf den Gedanken der ‚Volkskirche‘.
9. Eine ‚bek. Kirche‘ wird, wenn sie zur Freikirche wird, etwas anderes sein müssen als die bestehenden Freikirchen.
10. Eine ‚bek Kirche‘ darf das ‚Freikirche-werden‘ weder herbeiführen noch fürchten.
11. Die bek. Kirche darf kein Programm haben außer dem, echte Kirche zu sein, und muß daraus alle Folgerungen ziehen.“

1120 EZA 50/43 Bl. 36 Thesen über Volkskirche und Freikirche 4.9.1938.

4. Zwischen Reichskirche, DC und Bekennender Kirche

Bei seiner Antrittsrede („Proklamation") ging Reichsbischof Müller auch auf die Freikirchen ein – das war bisher keinem landeskirchlichen Bischof eingefallen. Zu den Kirchen im Ausland wolle man, „freundschaftliche Beziehungen."

> „Das gilt auch … von den Evangelischen Freikirchen. Wir wissen, daß auch in ihren Reihen die Erkenntnis der großen gemeinsamen Gegenwartsaufgaben stark im Wachstum ist. Unser Wunsch ist nicht, daß sie Güter drangeben, die ihnen wertvoll sind, sondern wir rechnen mit ihrer Mitarbeit, wo gemeinsame Aufgabengebiete da sind, vor allem in der volksmissionarischen Aufgabe; hier ist ein geschlossener Einsatz aller nötig, die das Evangelium in unser Volk tragen möchten."[1121]

Die Botschaft ist raffiniert doppeldeutig: Einerseits spricht Müller die Evangelisation als Anliegen der Freikirchen an, bestimmt aber den Inhalt der „gemeinsamen Gegenwartsaufgaben" nicht, so dass auch der Inhalt der Evangelisation offen bleibt. Hinter der Idee des „geschlossenen" Einsatzes verbirgt sich das Ziel der Machthaber einer gemeinsamen Kirche in Deutschland – letztlich würden die Freikirchen Freiheit verlieren.[1122]

Je größer die Differenzen zwischen Bekennender Kirche und der Reichskirche wurden, umso deutlicher stellte sich die Frage, wohin die Freikirchen sich orientierten sollten. Die Avancen der Reichskirche weckten in Freikirchen Misstrauen, so dass sie grundsätzlich Distanz zum Staat hielten, andererseits blieb die Propaganda der DC auch bei manchen Mitgliedern der Freikirchen nicht ohne Wirkung. Der Methodistische Superintendent Bernhard Keip wollte die Einstellung der BK zu den Freikirchen erkunden und wandte sich an Max Diestel.[1123] Sollte man sich der auf Gleichschaltung bedachten Reichskirche oder deren Opposition, der BK, zuwenden? In beiden Fällen musste man die Auseinandersetzungen zwischen Freikirchen und Volkskirche bedenken; mit Dibelius' Namen verband sich die alte Einordnung dieser Kirchen als „Sekten". Das erklärt die unterschiedlichen Meinungen auch zwischen den Freikirchen in dieser Frage. Keip formuliert des-

---

1121 Voigt S. 278f, zitiert nach „Der Evangelist", Sonntagsblatt der Methodistenkirche in Deutschland, 1933 S. 664.

1122 Vgl. dazu Voigt S. 279.

1123 Voigt S. 280f., Diestel war Superintendent in „Kölln-Land I" und nicht in „Neukölln", wie Voigt schreibt.

wegen sehr allgemein: „Welche Stellungnahme werden wir Methodisten wohl von den führenden kirchlichen Kreisen [der BK] zu erwarten haben?“[1124] Für Diestel fügte er an:

> „Ich muß aber ehrlicherweise Ihnen gegenüber noch eine andere Sorge zum Ausdruck bringen, obwohl es mir nicht leicht wird, gerade das niederzuschreiben. In der Vergangenheit haben wir Freikirchlichen gar manches Schwere zu leiden gehabt. … Es ist leider Tatsache, dass wir die härteste Gegnerschaft von den kirchlichen Vertretern erfuhren, die da meinten, vom ‚Bekenntnis‘ her gegen uns auftreten zu müssen. Man verweigerte uns die Bruderhand, und als der Staat den Methodisten die öffentlichen Rechte verlieh, fand man es angebracht, in den kirchlichen Organen darauf hinzuweisen, dass dadurch das Verhältnis der Landeskirche zu uns nicht beeinflusst werde.“[1125]

Das „Bekenntnis“ im Namen der BK weckt alte Ängste und tatsächlich definiert sich die BK ja durch Abgrenzung – für die „Freikirchen“ stellt sich die Frage, ob diese auch ihnen gegenüber gilt. Dass Keip so offen an Diestel schrieb, zeigt ihr Vertrauensverhältnis und Keips Vermutung, dass Diestel nicht zu denen gehörte, die auf grundsätzliche Abgrenzung von den Freikirchen Wert legten.
Die Anfrage löste in den Reihen der BK Verwirrung und Ratlosigkeit aus: Hans Asmussen, lutherischer Theologe, witterte „Bekenntnis- und Glaubensmengerei“[1126] und deutete das Bestreben der Reichskirche als „unionistisch“, womit er die alten Ängste lutherischer Kirchen vor einer neuen „Union“ ansprach.

> „Dem vom Vicepräsidenten Christiansen den Deutschen Freikirchen gemachten Vorschlag muß die Deutsche Bekenntnissynode mit größter Zurückhaltung gegenüberstehen, weil sie der Überzeugung ist, daß mit diesem Vorschlage das auch sonst in dem Bestreben der Reichskirchenregierung sichtbar werdende unionistische Wollen nur noch eine Verbreiterung er-

---

1124 Voigt a.a.O.
1125 Zitiert nach Voigt S. 282.
1126 Das zeigt, wie begründet Keips Bedenken waren!

> fährt. [...] Das non liquet in Lehrfragen in weitgehendster Zusammenarbeit ist die Wurzel aller unsauberen Union."[1127]

Er verstand nicht, wie dringlich die Anfrage für Keip war, und beließ es bei einer Warnung vor dem Anschluss an die Reichskirche. Die Bekenntnissynode aber müsse „allen unionistischen Bestrebungen feind sein“: Man spürt das Unbehagen lutherischer Kreise gegenüber der Barmer Theologischen Erklärung, die sie nicht als Bekenntnis verstanden wissen wollten. Gespräche über das Bekenntnis seien möglich, aber der jeweilige Bekenntnisstand dürfe nicht verschleiert werden. Asmussen wandte sich an Karl Barth, der sich uninformiert zeigte:

> „Wollen die Freikirchen der Bekenntnissynode beitreten? Und um was für Freikirchen handelt es sich? Blos (sic) Alt-Lutheraner, Alt-Reformierte, ‚positive‘ Minoritätsgemeinden aus der Zeit des herrschenden Liberalismus? Dann wäre die Frage … einfach die, ob sie […] sich auch mit uns zur Barmer Erklärung stellen können und wollen? Schwieriger wäre es natürlich, wenn es sich auch um Baptisten, Methodisten u. dgl. handeln sollte. Eine Erweiterung unserer Basis auf Bekenntnisse nicht-reformatorischen Ursprungs und also eine Einbeziehung auch solcher Gruppen in den ‚Bund‘ wird ja wohl nicht in Frage kommen. … Ich sage das alles unter dem Vorbehalt meiner ungenügenden Orientierung.“[1128]

Die Stellungnahme Barths zeigt, wie fern Volks- und Freikirchen einander damals waren; dass er ihnen den reformatorischen Ursprung absprach, ist äußeres Zeichen dafür. Ein Gespräch mit solchen gleichsam „von außen“ kommenden Gruppen scheint ihm weder sinnvoll noch aussichtsreich. „Und haben wir jetzt Zeit dazu?“

Man spürt die Sprachlosigkeit zwischen den Gruppen und wie man „Bekenntnis“ nur als Abgrenzung versteht. Zugutehalten muss man der BK, dass sie sich mit solchen Gesprächen als eigene Kirche hätte verstehen müssen. Mit einer eigenen ökumenischen Arbeit hätte sie sich von der Reichskirche absetzen müssen.

Zimmermann deutet die Reaktionen anders: „Eigentlich hatten die Freikirchen erwartet, dass die Bekennende Kirche sich über einen Anschluss an die Freikir-

---

[1127] Assmusen an Diestel, 9.6.1934. Dieses Schreiben wurde aber nicht abgesandt, so Zimmermann S. 38; non liquet = es ist nicht erlaubt.

[1128] Karl Barth an Asmussen, 12.6.1934, zitiert nach Voigt S. 281.

chen Gedanken machen und nichtvolkskirchliche Formen übernehmen würde. Da ihre Erwartungen enttäuscht wurden und es nicht zu einem Dialog kam, nahmen sie nun verstärkt eine neutrale Haltung gegenüber dem Kirchenkampf an. Damit verbauten sich die Freikirchen, so Strübind, die Chance, ihre Haltung im und zum Dritten Reich zu überprüfen."[1129] „Diese freikirchliche *conditio sine qua non* verhinderte eine notwendige Auseinandersetzung mit den theologischen Zielen und Erkenntnissen der BK, die ein grundlegendes Durchdenken der eigenen freikirchlichen Position im ‚Dritten Reich' ermöglicht hätte."[1130]
Die Antwort von Präses Koch an Diestel, geschrieben im Auftrag der BK beendete die Gespräche:

> „Ich spreche im Namen des Bruderrates, wenn ich Ihnen schreibe, daß sich an der bisher vom deutschen Protestantismus im Rahmen der ökumenischen Bewegung eingenommenen Haltung zu den Freikirchen bei uns nichts geändert hat. Wir wünschen nicht, daß die Freikirchen in der DEK aufgehen, und meinen, daß jede Streitfrage, die hier und dort zwischen Angehörigen der Freikirchen und Gliedern der Bekenntnisgemeinschaft entstehen sollte, in würdiger und brüderlicher Weise von den Angehörigen beider Lager eine Schlichtung finden müßte."[1131]

Am Ende schlossen sich die Freikirchen weder der Reichskirche noch der BK an. Einige entwickelten Nähe zum Regime. „Ein Bericht des Sicherheitsdienstes charakterisierte das Verhalten der kleinen Religionsgemeinschaften … als ‚zumeist eine aus Furcht um ihren Bestand erwachsene neutrale oder sogar auffallend loyale Haltung.' Sie seien oft ängstlich bemüht, ‚bei jeder Gelegenheit ihre nationalsozialistische Einstellung unter Beweis zu stellen'"[1132], schreibt Strübind.
Bei der Weltkirchenkonferenz in Oxford 1937 ging die Loyalität der Vertreter der Methodistischen Kirche und der Baptisten so weit, dass sie nicht nur deutlichen Einfluss auf deutschlandkritische Stellungnahmen zu nehmen versuchten, sondern sich auch mit der Deutschen Botschaft in London über das weitere Vor-

[1129] Zimmermann S. 38.
[1130] Strübind, S. 131 – conditio sine qua non = Bedingung, die erfüllt sein muss.
[1131] K. Koch an Diestel, zitiert nach Strübind S. 131.
[1132] Strübind S. 226, die Zipfel, Kirchenkampf S. 206, zitiert.

gehen und Verhalten abstimmten.[1133] Die beiden Vertreter verhielten sich so, wie man es von Diestel erwartet hätte, spätestens bei der Konferenz in Larvik. Werner Haugg, Mitarbeiter von Staatsekretär Muhs im Kirchenministerium, schrieb zufrieden: „Die Vereinigung deutscher Evangelischer Freikirchen ist in weiten Kreisen dadurch bekannt geworden, daß ihr Vertreter auf der Weltkirchenkonferenz in Oxford 1937, der Methodistenbischof Dr. Otto Melle, gegen die Deutschland abträglichen Beschlüsse dieser vornehmlich englisch beeinflussten Konferenz förmlichen Protest einlegte."[1134]
Durch ihre internationalen Beziehungen sahen andere Freikirchen die Entwicklungen in Deutschland mit den Augen ihrer Schwestern und Brüder im Ausland oft kritischer als die jeweiligen Regierungen, denen an Ausgleich gelegen war. Die internationale Vernetzung der Freikirchen war ein Grund, warum diese von der Reichskirche misstrauisch gesehen wurden. Man wollte sich nicht „vom Ausland" sagen lassen, was zu tun oder zu lassen sei.
Diestel bekam diese Einstellung in der ablehnenden Haltung der Regierung gegen den Weltbund zu spüren. Nachdem er sich ein Leben lang zum Weltbund hielt, stand er in diesen Fragen den Freikirchen näher als andere. Andererseits konnte die – auch in Teilen der Freikirchen nicht unkritisch gesehene – Annäherung einiger ihrer Mitglieder an die Reichsregierung nicht dazu beigetragen, dass Diestel sich ihnen wirklich nahe fühlen konnte.
Die ausländischen Kirchen kommunizierten zunehmend nur noch mit der BK. Nachdem diese die Freikirchen nicht in eine nähere Beziehung aufgenommen hatte, schlossen sich manche der Reichskirche an: „Wie alle anderen auch!"[1135], – einige, z.B. Brüdergemeinden der Baptisten, die ehemaligen Russen Heimat boten, auch wegen des Antikommunismus der deutschen Regierung. Viele verstanden sich als „neutral" und konnten, teilweise auch wegen ihrer geringen Bedeutung, relativ unbehelligt vom Regime leben. Allerdings vermutete das Regime, dass Juden und Kommunisten in freikirchlichen Gemeinden Unterschlupf suchten. Das hatte immer wieder Nachforschungen und ein allgemeines Misstrauen gegenüber diesen Gemeinden zur Folge.[1136]

1133 Strübind ab S. 231, die alles unter die Überschrift stellt „Demonstrative Loyalität als Versuch der Existenzsicherung".

1134 Haugg nach Strübind S. 245.

1135 Hans-Joachim Leisten nach Voigt, S. 286.

1136 Voigt S. 287. Hier wäre manches zu forschen, leider sind die Unterlagen dürftig; das Oncken-Archiv des Bundes Evangelisch-Freikirchlicher Gemeinden in Elstal hat keine Unterlagen

Ruhestand und Abschied

Ruhestand

Mit Datum vom 13.8.1948 bittet Diestel um Entlassung aus dem Dienst:

> „... bitte ich nunmehr, meinem Gesuch, innerhalb der nächsten Zeit mich meiner Pflicht in Berlin zu entbinden, stattzugeben. ... Der Anlass zu diesem Schreiben liegt darin, dass meine körperlichen Beschwerden, hervorgerufen durch meine Kopfverletzung, erheblich zugenommen haben und dass von ärztlicher Seite darauf gedrungen wird, meine geplante Übersiedlung nach Schwaben nicht länger aufzuschieben. Meine Kinder bestehen darauf, dass ich mich unter den gegenwärtigen Umständen den Unbilden des Winters in meiner Wohnung in Berlin nicht aussetzen soll. So muss ich meine Übersiedlung nach Stuttgart bzw. Lorch in die Wege leiten und habe heute den Interzonenpass für meine Tochter und mich beantragt. Wir hoffen, die Bewilligung und die Möglichkeit der Ausreise Ende nächsten Monats in den Händen zu haben, und ich bitte um die Entlassung aus meinen Ämtern bzw. um Beurlaubung nach Gutdünken der Kirchenleitung bis gegen Ende September.
>
> Meine Abschiedspredigt in der Alten Dorfkirche in Lichterfelde hoffe ich am 19. September 1948, um 10 Uhr, halten zu können. Für alle bisher bewiesene Geduld mit meinen persönlichen Unzulänglichkeiten bin ich Ihr gehorsamer Diestel.“[1137]

„Gehorsamer“ – ein Adjektiv, das die Regierenden früher als Ironie verstanden hätten. Genau dieser Gehorsam aber ließ ihn aushalten, trotz Alter, Krankheit, Anfeindungen – die Kuraufenthalte nahmen schon in den Dreißiger Jahren zu. Wer es „Pflichtbewusstsein“ nennt, darf nicht vergessen, *wem* Diestel gehorsam sein, *für wen* er seine Pflicht tun wollte. Gegenüber falschen „Herren“ scheute er den Vorwurf des Ungehorsams nicht.

---

zu Diestel (Ines Pieper in einer Mail an den Vf. am 4.8.2020), viele Unterlagen sind dem Krieg, manches ist der Revision der eigenen Geschichte nach dem Krieg zum Opfer gefallen. Einiges darüber liest man bei Andrea Strübind im Blick auf die Baptistengemeinden.

[1137] Personalakte Diestel.

Tod in Stuttgart

Es war ihm nur noch wenig Lebenszeit vergönnt. Neben seiner Verwundung und deren Folgen wirkten sich die Anspannung vieler Jahre und die viele Arbeit aus, vermutlich streifte ihn – bei aller Frömmigkeit – doch manchmal der Gedanke, nach dem Tod seiner Frau „übriggeblieben" zu sein. Nach seinem Wegzug nach Stuttgart – viele Möbel blieben im Tietzenweg zurück und gingen an die Nachbewohner des Hauses – hatte er noch ein halbes Jahr in erträglicher Gesundheit, danach scheint schneller Verfall eingesetzt zu haben, der für alle ihm Nahestehenden überraschend war.

Kurz vor seinem 77. Geburtstag ist er am 2.11.1949 verstorben. Die Todesanzeige für den Vater, Generalsuperintendent i.R. D. Max Diestel, lässt Hoffnung aufklingen:

> „Der Vater hörte so gern aus dem Lied von Paul Gerhard: Er ist voll Lichtes, Trost und Gnaden, ungefärbten, treuen Herzens, wo er steht, tut dir keinen Schaden auch die Pein des größten Schmerzens; Kreuz, Angst und Not kann er bald wenden, ja auch den Tod hat er in Händen. Gib Dich zufrieden!"

In der Danksagung ist zu lesen:

> „Der Abschied von unserem lieben Vater und von meinem Bruder ist uns sehr schwer geworden. Es war aber ganz nach seiner Art, wenn bei der Trauerfeier in Stuttgart ein Osterlied gesungen und das Bibelwort gelesen wurde: Freuet Euch in dem Herrn allewege und abermals sage ich: Freuet euch!"

Beim Abschied von einer Person des öffentlichen Lebens geht die persönliche Sicht auf den Menschen und die Trauer der Angehörigen leicht unter im Hervorheben seiner/ihrer öffentlich bemerkten Verdienste und Leistungen. So war es gut, dass drei Feiern stattfanden, auch wenn die vor allem der Entfernung zwischen Berlin und Stuttgart und den Schwierigkeiten des Reisens geschuldet waren:

- In Stuttgart für die Familie, gehalten vom Schwiegersohn Hans Otto Dibelius[1138],

[1138] Ein Neffe von Otto Dibelius, der Diestels Tochter Else geheiratet hatte.

- in Berlin für die Paulusgemeinde in der Dorfkirche Lichterfelde,[1139]

- und anschließend für die Landeskirche ein Gottesdienst in der Johanneskirche (die Pauluskirche war zerstört), gehalten von Bischof Otto Dibelius.

Über die Feier in Stuttgart ist – einer Familienfeier angemessen – in den Unterlagen nichts zu finden. Die Feiern in Berlin unterschieden sich erwartbar: Die eine konzentriert sich auf den Pfarrer der Paulusgemeinde, die andere ist eine öffentliche Würdigung, die zugleich auch dem Ansehen der Kirche dienen sollte.

Abschied in Berlin

Der „Dankgottesdienst zur Beisetzung von Generalsuperintendent D. Max Diestel" fand am 25.11.1949 in der Dorfkirche statt, anschließend die offizielle Feier in der Johanneskirche.
Den Gemeindepfarrer würdigen die Pfarrer der Paulusgemeinde Baltzer und Gern.[1140] „Was will uns Gott sagen durch das Leben und Sterben unseres verehrten Freundes und Bruders, des Pfarrers an dieser seiner Paulusgemeinde, des Superintendenten dieses seines Kirchenkreises, der nicht mehr besteht, des Generalsuperintendenten eines Teiles unserer Stadt Berlin, des Doktors der Theologie Max Diestel?", fragt der Prediger, „Es gilt in dieser Stunde nur das eine, darauf zu achten und zu hören, was Gott dieser seiner Gemeinde … von Lichterfelde sagen will."

So bekommt diese Feier ihr Gepräge. „Wir wollen … nichts anderes tun, als auf die Botschaft der Bibel lauschen." Das erklärt die für heutige LeserInnen überraschende Kompilation vieler Bibelworte in der Liturgie dieser Feier. Die Ansprache folgt dem Gedanken von Paulus in seinem 2. Brief an die Korinther, Kapitel 4, 6-7: Menschen, die Erleuchtung bringen und Gottes Herrlichkeit predigen sol-

---

1139 Beerdigungsbuch der Paulusgemeinde – Martin Gern, der ehemalige „Synodalvikar", inzwischen Nachfolger Diestels als Gemeindepfarrer in Paulus.
1140 Dankgottesdienst zur Beisetzung … in der Paulusgemeinde, Archiv G. Diestel.

len, sind selbst wie Tongefäße, zerbrechlich und angefochten.[1141] So kann man über den Tod der Ehefrau, die Schwierigkeiten im Dritten Reich, im und nach dem Krieg[1142] reden und zugleich vom Evangelium, das Diestel wichtig war. Diestel hat den Schein umso heller leuchten sehen, je dunkler die Stunden seines Lebens waren. Fröhlichkeit, Humor, Weisheit und die Kraft, über den Dingen zu stehen, werden ihm bescheinigt – die er aber gegen das Dunkle und Schwere in seinem Leben behaupten musste. Daran wird Gottes Kraft deutlich und diese sollen wir loben, nicht einen Menschen.
Ich denke, eine solche Rede hätte Diestel gefallen: Ein Mensch und sein Leben werden nicht unsichtbar, stehen aber auch nicht im Mittelpunkt, sondern Gott, der Leben gibt und erhält.

Ganz anders, natürlich, die zweite Feier, auf die die öffentliche Aufmerksamkeit gerichtet ist.[1143] Die Person Max Diestels wird zum Beispiel eines Pfarrers gemacht. Dibelius geht von dem Lobgesang des Simeon (Lukas 2, 25-32) aus: „Herr, nun lässt Du deinen Diener in Frieden fahren, denn meine Augen haben den Heiland gesehen", sagt der alte Simeon, als er das Jesuskind gesehen hat.
Dibelius entfaltet den Gedanken vom Pfarrer als „[Gottes] Diener". Der Pfarrer muss in der Kirche Jesu Christi „immer einen Mittelpunkt bilden"; vom Pfarramt werde aber fast nie geredet.[1144] Das Individuelle tritt hinter der Sicht des Bischofs auf Kirche zurück.
Da ist vom Elternhaus, v. a. der Mutter als „Vorbereitung und Ausrüstung" zum Amt die Rede, das Bild des Vaters, früh verstorben, „hat ihm doch lebenslang vor

---

[1141] Bibelkenntnis wird hier vorausgesetzt. Der Text aus 2. Korinther 6: „Gott, der da sprach: Licht soll aus der Finsternis hervorleuchten, der hat einen hellen Schein in unsre Herzen gegeben, dass die Erleuchtung entstünde zur Erkenntnis der Herrlichkeit Gottes in dem Angesicht Jesu Christi. Wir haben aber diesen Schatz in irdenen Gefäßen, auf dass die überschwängliche Kraft von Gott sei und nicht von uns." Der nächste Vers hätte auch gepasst: „Wir sind von allen Seiten bedrängt, aber wir ängstigen uns nicht."

[1142] Dabei wird wie nebenbei erwähnt, dass er „nach den Bombennächten des Krieges durch seine Gemeinde diesseits und jenseits des Kanals zu gehen und den betrübten, geschlagenen angefochtenen Menschen Trost und Kraft zuzusprechen pflegte." Diese Art, Menschen zu begleiten, sollte man nie vergessen, wenn man sich fragt, wie es dieser Mann geschafft hat, in seiner Gemeinde bleiben zu können trotz mancher Differenzen in der Einstellung zu den Regierenden.

[1143] Predigt im Gedenkgottesdienst, D. Otto Dibelius.

[1144] Es fällt schwer, bei diesem Schwerpunkt zu vergessen, wie sehr Dibelius den Titel und das Amt des Bischofs angestrebt hat.

Augen gestanden." Dibelius' Charakterisierung von Prof. Diestel im Nachruf könne man ganz auf den Sohn anwenden. Er betont, wie wichtig Diestel die Theologie als „Tür zu der eigentlichen Bildung des Pfarrers" genommen und die Pfarrer in seinem Kirchenkreis wie seine Gemeinde zu theologischer Weiterbildung angehalten, Glauben und Wissen zugleich vereint habe. „Unser Max Diestel hat ein sehr weites Herz gehabt. Er ist aufgeschlossen gewesen für alles, was gross und schön war in der Welt. Es war ihm ein Anliegen, überall da, wo er zu wirken hatte, etwas von dem Schönen ... hineinzutragen." Dibelius spricht von Kirchen und Gemeindehäusern, die in Diestels Zeit erbaut oder renoviert worden sind, in denen man Zeugnisse dafür findet.

„Max Diestel gehörte zu den Menschen ..., die nicht gern Worte machen über das, was innerlich in ihnen vorgeht. Wir alle, die wir ihn gekannt haben, wissen, wie oft er sich mit einem Scherz, der den anderen vielleicht zunächst befremdete, über eine innere Bewegung hinweghelfen wollte." Dibelius berichtet von der Veränderung Diestels nach seiner Verwundung, „wie da von seinem ... Krankenlager ein Hauch des inneren Friedens ausgegangen ist in die Gemeinde hinein." In beiden Beobachtungen finde ich den Max Diestel wieder, dem ich so lange nachzuspüren versucht habe.

Der Pfarrer soll Prediger, Seelsorger und Lehrer sein – aber nur selten sind Menschen in allen drei Bereichen gleich begabt. Max Diestel „hat nicht zu denen gehört, die man die grossen Kanzelredner nennt, aber ein geliebter Prediger seiner Gemeinde ist er gewesen." Dibelius nennt dazu die Seelsorge und hebt die Beziehung zur Jugend hervor, die ihn geliebt habe „um seiner Güte willen."

Schließlich geht es um das Amt der Kirchenleitung – man fragt sich, ob Dibelius klar war, wie sehr er da auch von sich redete. „Wir müssen Beamtennaturen haben", sagt Dibelius und nimmt Diestel und seine ordentliche Verwaltung als Beispiel. „Wir müssen aber auch Menschen haben, denen Gott die Gabe gegeben hat, zu zeigen, dass eine Kirche nicht allein von Beamten geführt werden kann, sondern dass geistlich geleitet werden muss und dass das Geistliche oft das Rechtliche überwinden und ihm eine Seele geben kann."

„Er war schon zu alt, um zu den jungen, stürmischen Geistern gehören zu können, denen das Alles oder Nichts die einzige Losung war. Aber er sass im Bruderrat dieser unserer Stadt als ein von allen respektiertes Mitglied, dessen kluger und überlegener Rat immer gern gehört wurde. Und alle waren ihm dankbar dafür, dass in seinem Kirchenkreis ... unter seiner schützenden Hand vieles möglich war, was in anderen Teilen der Berliner Kirche längst unmöglich geworden war."

Abschließend würdigt Dibelius das ökumenische Engagement und die internationalen Kontakte, die Diestels Leben prägten. „Er hat zu den Pionieren der ökumenischen Bewegung gehört. … Auch in dieser Arbeit ist ihm seine aufgeschlossene, freundliche Art zugutegekommen." „Ich bin oft Zeuge davon gewesen, was für eine herzliche Freundschaft ihn mit Männern anderer Kirchen verbunden hat, die wir alle ehren …"; Dibelius nennt die Bischöfe Bell und Berggrav oder auch Professor Deissmann, der „mit ihm zusammen ein Bahnbrecher der ökumenischen Bewegung gewesen ist."
Manches klingt heute ein wenig steif und formal, das mag der Rolle des Bischofs geschuldet sein wie den veränderten Zeiten. Viele Menschen werden Diestel in diesen Worten wiedererkannt haben – ob es ihm gefallen hätte, zum Exempel der Kirche zu werden?

Ein synodaler Nachruf

Im Protokoll der Berlin-Brandenburgischen Provinzialsynode 1948 findet sich ein Nachruf auf den Ökumeniker Diestel. Der Synodale Dr. Winterhager setzt sich dafür ein, die Ökumene nicht nur in der Präambel, sondern auch bei der Grundordnung der kirchlichen Werke zu erwähnen. „Die ökumenische Arbeit ist bisher bündisch-vereinsmäßig … für die Kirche getan worden. Ich selbst verdanke dieser … Arbeit sehr viel; ich glaube aber auch, es ist für die ganze Synode … die Stunde gekommen, ein Wort des Dankes und der Anerkennung zu finden für das, was der Weltbund … und der Arbeitsausschuss seiner deutschen Vereinigung in Berlin-Brandenburg getan hat. … Es ist an der Zeit, ein gemeinsames Wort des Dankes zu finden für den, der zwei schwere Jahrzehnte hindurch die Seele der kirchlichen Friedens- und Freundschaftsarbeit gewesen ist, unseren bisherigen D. Generalsuperintendenten Diestel …"[1145] Max Diestel würde diese Würdigung gefallen haben – auch, wenn er den „Weg zur Kirche", den der Weltbund ge-

---

[1145] Verhandlungen, S. 91 -- Winterhager, Jürgen Wilhelm, 24.11.1907 Potsdam – 1989: Philosophie- und Theologiestudium in Cambridge und Berlin; 1931 Mitglied des Weltbundes für Freundschaftsarbeit durch die [richtig: der] Kirchen (WFK); zwischen 1931 und 1933 Student bei Bonhoeffer in Berlin; 1932 Promotion (Dr. phil.); 1933/34 mehrere Wochen bei Bonhoeffer in dessen Pfarrhaus in London; Mitarbeiter Bonhoeffers im ökumenischen Jugendsekretariat; kirchengeschichtliche Dissertation in Cambridge; Teilnahme 1934 an der ökumenischen Jugendkonferenz auf Fanø, 1935 an der ökumenischen Konferenz in Chamby; 1936 Ordination durch Otto Dibelius; 1937 Pfarrer in Hohenauen; 1947 Direktor des ökumenischen Seminars an der Kirchlichen Hochschule in Berlin, dort 1961 Professor für Ökumenik. (dietrich-bonhoeffer.net).

funden habe, so dass die Friedens- und Freundschaftsarbeit „verkirchlicht“ werden könne, vermutlich ein wenig anders bewertet hätte. Dass er diese Arbeit mit Leib und Seele gemacht, dass sie ihn gestärkt und belebt hat, das hätte er sicher ähnlich gesehen, wenn auch anders ausgedrückt.

Nachwort

Auf einem Foto[1146] sehe ich ihn stehen mit seinem charakteristischen Bart: Max Diestel, in der ersten Reihe neben einem Teilnehmer aus der Orthodoxen Kirche, zu seiner Rechten Bischof Bell. Alle in der ersten und die meisten in den anderen Reihen in schwarzer oder dunkler Kleidung – Max Diestel, der zweifellos einen schwarzen Anzug besaß, steht da im weißen Jackett und grauer Hose. Er reiht sich nicht ein, steht ein wenig nach rechts gedreht.

Das zeigt mir den Mann, der mehr als ein Jahr unser Tischgenosse war: ungewöhnlich, unangepasst, anders, seinem Stil folgend. Nahezu niemand trägt einen Bart wie er, keiner der Herren helle Kleidung. Die Gabe, er selbst zu sein, und das nicht zu verstecken, ist ein Grund für sein ungewöhnliches Leben. Er war ein Konservativer, fragte aber nicht, was für einen Konservativen angemessen sei, sondern ging seinen eigenen Weg.

„Er war ein Charakter und fürchtete sich nicht vor Menschen," schreibt Max Diestel über einen seiner Vorfahren[1147] – kürzer könnte man kaum sagen, was Max Diestel ausgemacht und ihn bewahrt hat davor, wie andere Konservative der nationalsozialistischen Propaganda zu erliegen. Dazu trugen auch seine lebenslange Wissbegier bei, sein Interesse, Menschen und Welt zu verstehen, die internationalen Beziehungen, die ihn vor manchem Vorurteil über „das Ausland" bewahrt haben, und – vor allem – sein Brennen für seine Kirche und ihre Botschaft wie sein Glaube. Der ist einerseits theologisch fundiert und klingt manchmal trocken – aber dann spürt man doch einen frommen Menschen, den all das trägt: „Was ist … ein fester Lebensweg? Wo der Heiland gegangen ist in Gottes Gehorsam, auch wenn er noch so schwer ist. Ich habe mich … nicht darum zu kümmern, was die Menschen raten und zu sagen haben, sondern allein um das, was der Herr von mir will."[1148] Das sagt er den Konfirmandinnen und Konfirmanden 1929, unter ihnen auch sein Sohn Eberhard.

Max Diestel übersah aber über dem Einsatz für die reine Lehre nie die Menschen, denen er gerecht werden wollte – auch, wenn er deren Ansichten nicht teilte. Das hat ihn bewahrt vor dem Hass gegen Gruppen von Menschen und davor, Wahrheit zur Waffe zu machen.

[1146]Arbeitsausschuss des Weltbundes Genf, 1939, Dam S. 354.

[1147] Diestel, Max, Die Vorfahren, in diesem Fall Johann Jakob Diestel, † 1752.

[1148] Predigt zur Konfirmation 10.3.1929.

Als Echo auf mein Vorhaben, über Max Diestel und die Zeit des Dritten Reiches zu schreiben, wurde ich oft gefragt, ob ich schon „etwas gefunden“ hätte. Gemeint war: etwas Negatives, Problematisches, Schuld, wie sie nicht wenige Menschen bei Mitgliedern der eigenen Familie fanden.[1149]
Am Ende dieser Untersuchung sage ich: Ich habe nichts „gefunden.“ Das heißt nicht, dass dieser Mann schuldlos durchs Leben und die schwierigen Zeiten gekommen sei. Schuldlosigkeit ist keine menschliche Eigenschaft.[1150] Bonhoeffer hat in seiner Ethik von den „Dilemmata“ geschrieben, in denen Menschen sich entscheiden müssen, welches Übel sie um eines Guten willen in Kauf nehmen. Da gibt es keine „gute Gesinnung“, mit der man sich rechtfertigen könnte. Menschen müssen handeln und sich entscheiden für ein mehr oder weniger Gutes und entscheiden sich auch, wenn sie der Entscheidung ausweichen.
Diestel musste handeln und konnte sich nicht mit „richtiger“ Gesinnung zufriedengeben. Taten und Entscheidungen haben Folgen, die oft noch nach Jahren dokumentiert werden können. Die Höhergestellten, die sich auf das „strategische Geschäft“ beschränken, mögen später von ihren guten Absichten und Einstellungen reden, Menschen in Diestels Stellung müssen handeln. In der Umsetzung wird Strategie konkret.
Ein Superintendent muss Strategien umsetzen, zu denen er oft nicht um Zustimmung gebeten oder nach seiner Einschätzung gefragt wurde. Bei Konflikten oder (späteren) kritischen Fragen berufen sich nicht wenige Höhergestellte darauf, falsch verstanden worden zu seien. Man habe nicht gemeint, was „der Bruder“ verstanden und „bedauerlicherweise“ „vorschnell“ umgesetzt habe.[1151]
Diestel hat sich nicht wenigen Anordnungen verweigert oder sie listig unterlaufen: Wie viel Mut das erfordert, kann man später kaum ermessen. 1934 bekommt er es schriftlich: „Superintendenten, die persönliche und amtliche Verantwortung für Anordnungen und ihre Durchführung ablehnen, sind unfähig, ihr behördliches Amt auszuüben. Ich erwarte von Ihnen, daß Sie endlich aus ihrer aufsässigen Haltung gegenüber Ihrer vorgesetzten Behörde die einzig möglichen Folgerungen

---

1149 Ich wüsste heute noch manchmal gerne und will es vielleicht auch nicht wissen, wie mein Vater durch den Krieg gekommen ist – was er tun musste, getan hat oder auch nicht…

1150 Die in Berlin neue Straßennamen suchen, werden erst Ruhe finden, wenn sie sich auf Blumennamen geeinigt haben …

1151 Auf seine Art beschreibt Wolfgang Borchert dieses Phänomen im Dialog mit dem General in „Draußen vor der Tür“.

ziehen."[1152] Solche Schreiben muss ein Mensch „wegstecken" – Diestel hat sich von seiner „aufsässigen Haltung" nicht abbringen lassen und den Dauerkonflikt in Kauf genommen. Er wusste, dass er damit jeglichen Schutz im Fall staatlicher Verfolgung verloren haben würde. Hätte ich solchen Mut gehabt?

Oft genug bedeutet eine Stellung wie die, die Diestel innehatte, auch, dass man loyal erscheinen muss und am äußeren Anschein gemessen wird. Manche Anordnung musste er umsetzen, in anderen Fällen wurde er umgangen oder konnte den Lauf der Dinge nicht verhindern. Ihm sind sein Alter, seine Kenntnis des Rechts und eine seinem Wesen entsprechende Kreativität zustatten gekommen. Hinzu kommt das Netzwerk seiner Beziehungen. Einem eher konservativen Menschen ist es nicht an der Wiege gesungen worden, illoyal zu sein.

Er selbst könnte am besten sagen, was ihm alles nicht gelungen ist, wo er Menschen nicht retten konnte.

Ich finde Mut und Entschlossenheit bei ihm und wage mir kaum auszumalen, was das für seine Angehörigen bedeutet hat: Wenn man nicht weiß, ob er von einem Dienstgang wiederkommen würde oder ob die staatliche Repression endlich doch zuschlagen und die Familie mit in Haft nehmen würde.

Er wird nicht ohne Schuld durch diese Jahre gekommen sein, musste manches geschehen lassen. Wer darüber urteilen will, möge Bert Brechts Gedicht: „An die Nachgeborenen", bedenken. Ich wünschte, an seiner Stelle ebenso viel Mut gehabt zu haben wie er – und fürchte, dass ich in anderer Weise schuldig geworden wäre.

Max Diestel hat mir Fragen gestellt und mich angespornt, Antworten zu suchen. Am Ende ist mir am wichtigsten: dass Leserinnen und Leser dieses Buches über *ihr* Leben nachdenken. Und, dass sie mutig sind oder werden, zu verhindern, dass Menschen wieder unter solchen Gegebenheiten leben und ein Amt ausüben müssen. Um unsere Kinder und Enkel geht es. Und um die Frage, was sie tragen kann im Wandel der Zeiten, welche Haltung, welche Werte. Diestel war vielleicht nicht der große Prediger, aber einer, dem die Worte aus dem Herzen kamen, und das haben Menschen gespürt. Wie schaffen wir es, Menschen einen Halt zu geben in Zeiten, in denen es nötiger ist denn je, Halt und Haltung zu haben?

Berlin im Januar 2022 *Martin Ost*

1152 Schreiben vom 9.7.1934 an Diestel, „In Vertretung gez. Eckert".

„Mit besonderer Wehmut gedenken wir auch eines unserer Diözesanen, der seine Treue zu seinem Herrn mit dem Tode bezahlen musste, eines der meistversprechenden Theologen der jüngeren Generation, meines früheren Vikars Dietrich Bonhoeffer...“

Max Diestel auf der ersten Synode des Kirchenkreises Kölln Land I nach 1933 am 30.6.1946 im Gemeindesaal der Martin-Luther-Kirche (ELAB 10900/2-92)

Anhang

1. Studienverlauf nach dem Studienbuch

Tübingen (WS 1890/91)

Kirchengeschichte I — Dr. Carl Heinrich von v. Weizsäcker

Über grundlegende Fragen der alttestamentlichen Theologie
mit Rücksicht auf den damaligen Stand der Disziplin — Dr. Julius Grill

Geschichte der sozialen Revolutionen der neuesten Zeit,
besonders der französischen Revolutionen von 1848 und 1871
Dr. Bernhard von Kugler

Logik — Dr. Edmund von Pfleiderer

Geschichte des europäischen Kolonialwesens
seit dem 16. Jahrhundert — Schäfer

Religionsphilosophie — Spitta

Geschichte der italienischen Kunst des
15. und 16. Jahrhunderts — Dr. Heinrich Holtzinger

Erklärung der Psalmen — Gym. Prof. Dr. Nestle

SS 1891

Kirchengeschichte II — Dr. von Weizsäcker

Einführung in das theologische besonders biblische Studium — Dr. Kübel

Geschichte der neueren Philosophie — Dr. Chrstoph von Sigwart

Erklärung der Genesis — Gym.Prof Dr. Nestle

WS 1891/92

Kirchengeschichte des 19. Jahrhunderts — Dr. von Weizsäcker

Neutestamentliche Theologie
Erklärung des 1. Korintherbriefes — Prof. Paul von Buder

Erklärung kleiner Propheten
Alttestamentliche Theologie — Dr. Julius Grill

Begründung des Deutschen Reiches
durch Wilhelm I. 1858-1871 — Kugler

Religionsphilosophie — Spitta

Allgemeine Geologie — Wilhelm von Branco (gen. später: Branca)

SS 1892

Einleitung in das NT	Dr. von Weizsäcker
Erklärung der messianischen Verheißungen des AT	Kübel
Versöhnungslehre	Dr. Julius Grill
Christologie des NT	Johannes Gottschick
Metaphysik	Sigwart
Zeitalter Voltaires	v. Kugler

Berlin Friedrich-Wilhelms-Universität (WS 1892/93)

immatrikuliert 24.10.1892

Synoptische Evangelien	Weiss
Symbolik	Harnack
Dogmatik II	Julius Wilhelm Martin Kaftan
Jesaias	Christian Friedrich August Dillmann
Homiletik und Katechetik	Paul Kleinert

Friedrichs-Universität Halle-Wittenberg (SS 1893)

immatrikuliert 5.5.1893

Dogmatik I	Dr. Julius Köstlin
Praktische Theologie I	Hermann Ferdinand Julius Hering
Homiletisches Seminar	Hering
Katechetisches Seminar	Hering
Ethik	Karl Martin August Kähler
Johannesevangelium	Johann Heinrich Christoph Willibald Beyschlag
Galaterbrief	Beyschlag
Leidens- und Auferstehungsgeschichte nach Johannes	Beyschlag
Geschichte des neutestamentlichen Kanons	Hauger

Rheinische Friedrich-Wilhelms Universität Bonn (WS 1893/94)

Immatrikuliert 23.10. 1893

Römerbrief	Anton Emil Friedrich Sieffert

Praktische Theologie II Theil	Eugen Sachsse
Geschichte der katholischen Kirche vom Tridentinum bis zum Vaticanum	Krafft
NT Seminar	Eduard Grafe
Dogmengeschichtliches Seminar	Troeltsch

2. Um was es uns im Kirchenstreit geht.

Versuch einer grundsätzlichen Auseinandersetzung der beiden Gruppen „Deutsche Christen" (A) und „Evangelium und Kirche" (B) in Gesprächsform.
Niemand zu lieb und niemand zu leid.

Eine Handreichung für Gemeindeglieder
von
Max Diestel

Als Handschrift gedruckt.
Berlin 1934

A: Wir haben in der Revolution von 1933 mehr erlebt als nur eine Umbildung des Staates und eine neue Regierung. Es ist auch eine Umschaltung des Denkens im Volke erfolgt; wir haben eine neue Weltanschauung gewonnen; wir suchen nicht in erster Linie unser eigenes Bestes, sondern das unseres Volkes. Wir sind gleichsam andere Menschen geworden. Wir verstehen besser, was Gott von uns will, nämlich, daß wir im Stolz auf unser Volk und seine Geschichte, in Freudigkeit zum Dienst an ihm und in ihm, im bewußten Sieg über feindliche Mächte in uns und um uns ein neues Leben führen. Darum wollen wir davon hören in der Kirche. Darum soll unseren Kindern davon geredet werden. Darum ist Volksdienst uns Gottesdienst und Gottesdienst Volksdienst. Ob wir am Sonntagmorgen im braunen Hemd auf den Straßen sammeln oder wehrhaft einhermarschieren, oder in der Kirche sitzen, das bedeutet für uns im Grunde dasselbe: Dienst am Volk, Gottesdienst. Darum soll unsere Kirche alles zusammenrufen, was diesen Umschwung miterlebt hat und nun zu Gott hinstrebt. Sie soll sich dem Staate gleichschalten. Sie soll dafür sorgen, daß auf den Kanzeln und unter den Kanzeln schießlich nur Leute stehen, die alle eins sind in dem Bekenntnis zu diesem Volk, seiner Gemeinschaft, seiner Lebensnot und seinen Lebenszielen, wie sie ihm von Gott im Dritten Reich gestellt sind.

B: Ja, das haben wir auch alle miterlebt, zum Teil mit der gleichen Begeisterung, zum Teil mit großer Sorge, zum Teil aber auch mit Angst und Not. Auch wir möchten, daß das ganze Volk zu einer Gemeinschaft vor Gott werde, sich vor ihm beuge, aus seinem Wort und Sakrament sich seine Weisungen hole, sich von ihm neu schaffen lasse durch sein Wort und Sakrament. Wir haben unser Volk genauso lieb und wollen genau den gleichen Dienst ihm tun, wollen uns nicht von unseren Brüdern trennen, wollen Brücken schlagen und nicht Gräben ziehen. Wir wollen aber eines ganz bestimmt herauslassen aus dem politischen Kampf, aus dem Kampf der Weltanschauungen und dem Gegensatz der Rassen und Völker, in dem wir zwangsläufig stehen, und der uns mitunter große Not macht. Das ist die Gottesoffenbarung. Sie ist eindeutig und für alle Zeiten in Jesus Christus zu finden, unserem Heiland. Er ist unser Herr, auch wenn wir im politischen Kampf stehen, um Weltanschauungsfragen uns mühen und Rassen- und Volkstumsnöte zu beheben suchen. Sein Urteil in seinem Wort ist für uns entscheidend, nicht unsere Art und unser Blut. Wir wollen Gott im Geist und in der Wahrheit anbeten. Nicht in unserem Geist; **„der Herr ist der Geist“**, sagt der Apostel.

A: Den Herrn und Heiland wollen auch wir nicht verleugnen; wir halten auch zu Bibel und Bekenntnis und wollen nicht, daß daran gerüttelt werde. Ja, jetzt, wo sich ein neues Heidentum auftut, wollen wir uns sogar ausdrücklich zu Bibel und Bekenntnis bekennen. Aber wir müssen doch darauf Rücksicht nehmen, was unser Volk denkt und fühlt; das Volk braucht jetzt nicht Sündenerkenntnis, Buße, Vergebung der Sünden. Es hat so viel Leid und Zurücksetzung und Unrecht erfahren in der Welt. Es braucht Ermutigung, Stärkung des Selbstbewußtseins, inneren Schwung, Begeisterung. Darum braucht es große Versammlungen mit Fahnen und Standarten, mit Musikkapellen und Massengesang. Es braucht ein Emporgerissenwerden aus den Mühseligkeiten des Alltags zu einem frohen Glauben an die deutsche Zukunft und danebenher kann ihm ja immer noch – namentlich dem Einzelnen, wo es nottut – etwas von Sündenvergebung, Buße und Kreuz gesagt werden. Aber doch mehr nebenher und eben in dem Sinne, daß er daraus lerne: Gemeinnutz geht vor Eigennutz.

B: Genau dies „Nebenher“ ist der Fehler. Man kann nicht auf zwei Arten selig werden und es gibt nicht zwei Offenbarungen, die gleichwertig nebeneinander stünden. Euer Ansatzpunkt ist falsch. Man kann ein mutiger Kämpfer für das Dritte Reich und treuer Deutscher sein, ohne daß man sich zur evangelischen Kirche und zum evangelischen Glauben bekennt. Will man aber eine evangelische Kirche neu gestalten, so muß man Form und Inhalt dafür sich nicht vom Staate borgen, sondern aus dem Wesen der Kirche heraus entwickeln. Die Kirche hat aber als Mittelpunkt ihrer Botschaft das Kreuz. Und nun frage ich: Wo ist denn Ermutigung der Mutlosen, Stärkung der Verzagten, innere Erhebung und ein neuer Geist? Seht ihr denn nicht, dass vom Kreuze Christi aus alles Heil erst in die Welt gekommen ist und noch kommt; auch für unser deutsches Volk und für jeden Einzelnen? Eine Errettung aus einer zeitlichen Not oder Gefahr mag wohl einen Menschen dazu führen, daß er an Gott denkt und eine Wendung zu ihm macht. Aber Gott hat es so geordnet in der Welt, daß wir seiner Gnade erst ganz gewiß werden, wenn wir mit zerbrochenem Selbstbewußtsein, ja im Bewußtsein unseres eigenen Unwertes und der eigenen Unfähigkeit, seinem Willen gerecht zu werden, ihn bitten: **„Gott, sei mir Sünder gnädig!“** Dann sind wir ihm recht, weil er mit selbstgerechten Menschen nichts anfangen kann. Die sind ja auch sich selbst genug und kommen nicht weiter. Am Kreuze Christi verstummt alle menschliche Begeisterung, aber redet umso deutlicher die göttliche Barmherzigkeit. Die stärkste Stellung behaupten die Kinder unseres Volkes, die unter dem Kreuze inne werden, daß trotz allem, was durch sie, bei oder in ihnen geschehen ist, Gott zu ihnen hält als zu seinen Kindern. Diese Verheißung und diese Erfüllung verkündigt die ganze heilige Schrift, verkündigt Leben, Sterben und Auferstehen Jesu Christi, verkündigt das Walten des heiligen Geistes innerhalb der christlichen Kirche als des Geistes der Liebe, die wirksam werden will im Einzelnen, in der Gemeinde, wie im Volk.

Darum muß die frohe Botschaft verkündigt werden, die beides ist: Gericht und Gnade Gottes. Die Verkündigung darf nicht vom Menschen ausgehen und seinen Erlebnissen, so groß und so schön sie sein mögen; sondern von Gottes „großer Wundertat“ in Christus muß ausgegangen werden. Von dorther fällt auch erst das erhellende Licht auf das, was wir in Natur und Geschichte erleben. Naturvorgänge und geschichtliche Ereignisse sind immer vielerlei Deutungen ausgesetzt. Was den einen hoch erhebt, drückt den anderen tief darnieder. Was den einen von Gottes Führung überzeugt, macht den anderen an Gott irre. Am Kreuz können sie sich finden, wo Sünde und Schuld der Menschen nur dazu dienen müssen, daß die Liebe bis in den Tod offenbar wird. Deswegen wollen wir Gott gern loben und dafür danken, was er an unserem Volke Gutes getan hat, aber wollen es auch immer ansehen als einen Ruf zu ernstem Gehorsam gegen den Herrn und zu dankbarer Nachfolge auf seinem Wege.

A: Da sieht man wieder die heutigen Theologen. Wie schwierig ist das alles! Wir müssen vielmehr volksverbunden reden und nicht alles so zuspitzen. Natürlich steht das Christuskreuz über dem Hakenkreuz; und wenn manche es daneben stellen, so wartet doch ab; wir werden sie bald dazu bekehrt haben, daß sie das Christuskreuz über das Hakenkreuz stellen, ja auch viele, die das Christuskreuz ganz ausstreichen und nur noch das Hakenkreuz gelten lassen möchten. Aber ihr müßt doch bedenken, daß wir jetzt vom Volke her reden müssen. Was hat es euch genützt, daß ihr immer von der Bibel her geredet habt und das Volk hat euch nicht verstanden? Wenn erst einmal das Volk wieder für die Kirche gewonnen ist, dann werden wir ja weitersehen. Zunächst müssen wir sie alle irgendwie in die Kirche bekommen. Da seht, was der Partei gelungen ist: seht, welche Kräfte da mobil gemacht worden sind für den Staat und für die neue soziale Gestaltung. Gewiß sind noch nicht alle von den neuen Ideen durchdrungen und es werden noch viele Fehler gemacht, aber die Jugend, die in diesem Umbruch der Zeiten heranwächst, wird es euch nicht verzeihen können, wenn ihr den geschichtlichen Augenblick nicht erfaßt und euch mit eurer Kirche nicht restlos in den Dienst des neuen Staates gestellt habt. Wer hier Vorbehalte macht, und mit „ja, aber" kommt, der hat eben die Zeit nicht verstanden und den Ruf Gottes nicht recht gehört.

B: Das verstehen wir recht gut. Aber ihr versteht uns nicht. Ihr versteht nicht, daß es unmöglich ist, die Aufgabe des Staates und die Aufgabe der Kirche gleichzusetzen oder zu vermengen. Die Aufgabe des Staates liegt ganz eindeutig in dieser irdischen Welt und wird ihm von dieser Welt gestellt. Eine Kirche kann in ihrer Tätigkeit und in ihrem eigenen Aufbau nicht an Jesu Wort vorübergehen: **„Mein Reich ist nicht von dieser Welt."** Wenn wir in den vierhundert Jahren seit der Reformation etwas gelernt haben über die Art, wie Kirche, gestaltet und regiert werden sollte, so ist es dies: mit äußerer Gewalt, wie der Staat sie braucht, und mit Recht braucht, läßt sich keine evangelische Kirche richtig aufbauen. Jesus selbst hat den Unterschied gemacht: **„die weltlichen Herren brauchen Gewalt, unter euch soll es nicht so sein."** Die Kirche muß ihre Gestalt ausschließlich aus ihrer Aufgabe, das Evangelium zu predigen, erhalten. Die katholische Kirche mag in erster Linie ein Rechtsorganismus sein und in zweiter Linie erst eine Glaubensgemeinschaft. Die evangelische Kirche ist laut ihren Bekenntnissen in erster Linie Glaubensgemeinschaft auf Grund des Evangeliums, und das

Recht und die äußere Ordnung kann nur in Angleichung an die Aufgabe, das Evangelium zu verkündigen, gestaltet werden.

A: Wir wollen ja gar nicht das Evangelium verkürzen, aber ihr müßt doch zugeben, daß aus dem Evangelium heraus nicht gefolgert werden kann, daß ein Reichsbischof oder eine Generalsynode oder ein Kirchensenat die äußere Ordnung der Dinge in unserer Kirche zu regeln hat. Im Staate herrscht ein Führerprinzip. Warum soll nicht bei uns auch das Führerprinzip eingeführt werden? Sind denn wirklich die großen Versammlungen der Gemeindekörperschaften und Synoden so viel mehr dem Evangelium entsprechend als eine nach dem Muster des Staates aufgezogene Kirchenbehörde mit einem maßgebenden Führer an der Spitze und mit Organen in den Ländern, Provinzen und Gemeinden, die den Willen des Führers durchzuführen haben? Das hat doch alles mit dem Evangelium nichts zu tun und ist eine reine Zweckmäßigkeitsfrage.

B: Da irrt ihr. Das hat mit dem Evangelium und den Bekenntnissen sehr viel zu tun. In der evangelischen Kirche gilt das allgemeine Priestertum, das heißt: Unmittelbar vor Gott steht jedes Gemeindeglied – kein Priester steht dazwischen. Und dazu gehört eine allgemeine Verantwortung: jeder steht für seine Gemeinde und Kirche vor den Menschen – kein Bischof und kein Pfarrer kann ihm die Verantwortung abnehmen. Darum muß auch jeder teilhaben können an der Ausübung dieser Verantwortung. Das soll im Dienst der Liebe und in Freiheit des Glaubenszeugnisses geschehen.
Das Neue Testament redet nie von der Kirchenleitung als einer Obrigkeit, wie die Staatsregierung sie ist.
In der Kirche herrscht auch ein anderes Maß von Freiwilligkeit als im Staate. Aus der Kirche kann man austreten, ohne seinen Wohnsitz zu wechseln; aus dem Staate nicht. Die Staatssteuern muß man unter allen Umständen bezahlen; um die Kirchensteuern kann man sich durch Austritt aus der Landeskirche drücken. Man sieht es ja deutlich genug, die Leute lassen sich nicht in den Glauben hineinkommandieren. Schließlich hängt alles mit der Freiheit der inneren Überzeugung zusammen und diese wieder mit dem Evangelium; darum, wenn Aufbauarbeit in der Kirche getrieben werden soll, dann muß sie aus freier Entschließung der Gemeindeglieder geschehen, ohne staatlichen Druck, ohne Parteibefehl, rein um der Sache Jesu Christi willen. Darum müssen alle, die Führer werden, aus rein kirchlichen Gesichtspunkten heraus berufen werden. Sie

müssen auch bereit sein, offen allem Kirchenvolk Rechenschaft abzulegen für das, was sie tun; nicht vor einer als gefügiges Werkzeug ausgebauten Synode. Was sie in ihrer Verwaltung tun, muß ganz allein darauf gerichtet sein, daß das Evangelium frei und ohne Hindernis an die Gemeinde herangebracht wird. Je klarer dies zu Tage tritt, desto leichter werden alle zugleich gute Staatsbürger, gute Parteigenossen und gute Christen sein können. Der Staat und die Partei haben ganz recht, wenn sie sich dagegen wehren, daß die Kirche mit ihren Angelegenheiten und Interessen in ihre Belange hineinfunkt. Das sollte schon deshalb nicht sein, weil wir doch verschiedene Konfessionen in Deutschland haben und keine den Staat für sich allein in Anspruch nehmen darf. Darum kann es auch kein Führerprinzip geben, das auf die Kirche ausgedehnt werden kann.

A: Aber wir brauchen doch auch kirchliche Führer, die das Vertrauen des ganzen Kirchenvolkes haben.
B: Kirchliche Führer werden von Gott geschenkt, wie Führer immer; man kann sie nicht bestellen. Der Geist weht, wo er will. Wir haben schon sehr bedeutende Kirchenführer gehabt, die keineswegs ein hohes Amt hatten, und die es hatten – die waren Träger ihres Amtes – nicht das Amt trug sie.

A: Aber daß mehr Führung in der Kirche sein mußte, werdet Ihr doch zugeben?
B: Jawohl, aber nur aus dem Geiste des Evangeliums heraus kann sie geschehen, im Sinne der Brüderlichkeit und der Dienstbereitschaft; nicht mit Drohungen und Gewaltmaßregeln gegenüber ernsten, gewissenhaften Menschen. Wer uns führen soll, der muß sich im Dienste der Kirche als Führer ausgewiesen haben. Vertrauen von Amtswegen ist in der evangelischen Kirche auf die Dauer nicht zu halten. Das kann ein Papst für sich beanspruchen, mit dessen Amt die Unfehlbarkeit verbunden ist; im Evangelium heißt es: **„Einer ist euer Meister – Christus, ihr aber seid alle Brüder.“** Nach dieser Gesinnung wird der evangelische Führer bewertet und anerkannt.

A: Ach, das sind nur so allgemeine, fromme Redensarten. Dahinter steckt doch die Frage von alt und jung, von neuen Ideen und neuem Lebensgefühl und den alten, abgestandenen, verkalkten Gedankengängen. Wir wollen eben frisches Blut in die Kirche hineinbringen und insbesondere in ihre Leitung. Wir sind überzeugt, daß Gesetze und Verordnungen Zwirnsfäden sind, über die man

nicht stolpern darf. Jetzt muß einmal mit all dem rückständigen Kram aufgeräumt werden. Wer nicht pariert, der fliegt. Zucht muß sein. Führung muß sein. Die Revolution hat ihr eigenes Recht. Legt doch endlich eure Bedenken zur Seite. Ihr seht doch: Tausende strömen zu unseren großen Kundgebungen und sind begeistert.
B: Sind sie auch am nächsten Sonntag in ihrer Kirche zu finden?

A: Jedenfalls sind viele hunderte in die Kirche zurückgetreten. Außerdem: die Gottesdienste müssen auch anders werden, die Predigten, die Lieder, die Feiern überhaupt.
B: Gewiß muß vieles lebendiger werden. Aber sagt einmal ehrlich: Wo ist die christliche Erneuerung in den Gemeinden? Wo Evangelium und nichts anderes getrieben wird, da ist der Herr. **„Er ist unser Friede“**, steht geschrieben. Wo ist der Friede in den Gemeinden? Selbst in den Bekenntniskämpfen der 90er Jahre standen sich die Fronten nicht so starr gegenüber. **„So ein Mensch etwa von einem Fehl übereilt würde, so helft ihm wieder zurecht mit sanftmütigem Geist, die ihr geistlich seid.“** Gilt das noch oder ist nicht vielmehr Angeberei und Ohrenbläserei hin und her kirchliche Mode geworden? Gilt noch der Mann und seine geistliche Berufung, oder gilt stattdessen sein Abzeichen?

A: Um das durchzusetzen, was wir wollen, brauchen wir Gesinnungsgenossen. Leider haben die meisten Pfarrer sich uns nicht angeschlossen oder gar opponiert. Deshalb geht es auch mit der Propaganda unter den Entfremdeten nicht recht voran.
B: Kennt die evangelische Kirche überhaupt den Begriff „Propaganda“? Warum hat unsere Mission, die innere wie die äußere, stets nur Mission sein wollen und nicht Propaganda? Weil mit dem heiligen Geist nicht Propaganda getrieben werden kann! Dazu braucht man einen anderen Geist, der den Sinnen, dem Sensationsbedürfnis, der Nervenreize suchenden Masse zusagt. Da bleibt der äußere Eindruck, der flüchtige Erfolg, die Menschengefälligkeit – unter Umständen auch bei rednerischen Entgleisungen beim ängstlichen Hörer die Feigheit und Leidensscheu.

A: Aber selbstgewähltes Martyrium ist auch nichts. Ihr glaubt nicht, wie auch unser einer beobachtet wird. Und für jeden Übergriff, den andere machen, wird man von euch verantwortlich gemacht.
B: Wißt ihr wirklich nichts von der Flucht aus der Verantwortung, die ihr mit euren Führergedanken in der Kirche verursacht habt? Keiner will **„des anderen Last"** mehr tragen, Jeder schiebt die Schuld auf einen anderen, wenn etwas nicht stimmt. Befehl von oben – ist das nicht ausschlaggebend? Aber ganz oben regiert der Gott der Gerechtigkeit und Wahrheit, und es ist gefährlich für den Christen, aus Menschengefälligkeit seiner zu vergessen. **„Wenn ich den Menschen noch gefällig wäre, so wäre ich Christi Knecht nicht!"**, sagt Paulus Galater 1,10.

A: Das ist alles Nebenerscheinung, vielleicht nicht immer erfreulich, aber nur vorübergehend. Wir sind eben im Kampf.
B: **„Und es wird niemand gekrönt, er kämpfe denn recht."**

A: Kampf ist Kampf, und da darf man in der Auswahl der Mittel nicht zu pimpelig sein. Das soll auch kein Dauerzustand sein. Wir wollen ja eigentlich das Heidentum bekämpfen und müssen uns nun mit Gegnern im eigenen Lager fortwährend herumschlagen. Wir wollen doch schließlich nur den Frieden und die Einheit des Volkes und die ruhige Aufbauarbeit in den Gemeinden!
B: Und nun seht an, was ihr angerichtet habt, weil euer Ansatzpunkt falsch war: Anpassung des Christentums an eine menschliche „Art", Umformung der Kirche nach dem Muster der Staatsgestaltung. Wir hatten Frieden und waren alle willig zum Umbau und Aufbau der Kirche. Aber wir wollen den Umbau in rein evangelischem Sinne und Geist und den Aufbau dem Wesen der Kirche entsprechend mit den geistigen Mitteln, die das Evangelium darreicht: Wort und Sakrament. Ihr habt eure Kirchenrevolution mit christusfremden und kirchenfremden Mitteln angefangen und kommt nun nicht von ihnen los, auch wenn ihr eure Richtlinien und Programme noch so oft wechselt. So trefft ihr immer wieder auf offenen oder geheimen Widerstand. Die evangelische Kirche erscheint so in den Augen ihres eigenen Volkes als ein Herd der Unruhe, der Zerklüftung und der Verwirrung. Von den Urteilen Draußenstehender über unsere Kirche, wie sie ist, ganz zu schweigen. Dabei wird die Zerklüftung und der Unfriede immer größer, je mehr Pfarrer entfernt und Gemeinden ihre Rechte

entzogen werden. Einstige Freunde und Brüder sind oft schon so weit von einander, daß sie sich nicht hören und verstehen können. Sie können sich nur noch anschreien. Ich fürchte, auch wir haben einander vorbeigeredet, obwohl wir uns beide einander verständlich machen wollten.

A: In der Tat, ich verstehe euch nicht. Es ist alles doch so einfach. Die Kirche im dritten Reich muß doch anders aussehen als die unter dem marxistischen System.
B: **„Jesus Christus, gestern und heute und derselbe auch in Ewigkeit!"** Die sichtbare Kirche ist seine irdische Lebensform, sein „Leib". Muß dieser dann nicht immer anders aussehen als jeder andere menschliche Organismus?

A: Ja, gewiß, aber ...
B: Ich fürchte, es bleibt uns beiden im gegenwärtigen Augenblick nur übrig: Das Wort ehrfürchtig zu hören und zu lesen und in der Stille mit Ihm zu reden. Vielleicht wird dann das gegenwärtige Gericht Gottes über unsere Kirche ihr doch zum Heil gereichen.

Druck: Fritz Herrmann, Berlin-Lichterfelde, Dürerstr. 3

3. Besprechung zwischen Bischof Karow und mir (Max Diestel)

Dienstag, den 13. März 1934

auf dem Konsistorium

Er: Sie haben im Zusammenhang mit dem Erlaß des Reichsbischofs vom 4. Januar 1934 am 15. Januar an mich und am 23. Januar an das Konsistorium geschrieben. In Ihren Schreiben kommt zum Ausdruck, dass Sie mit dem Erlaß des Reichsbischofs vom 4. Januar nicht einverstanden sind und ihn für rechtswidrig halten. Ich nehme an, dass Sie auf diesem Standpunkt noch stehen (ich bejahe). Sie werden sich klar darüber sein, dass Sie Ihr Amt als Superintendent dann eigentlich nicht mehr führen können.

Ich: Ich habe mir gedacht, dass es sich darum handelt. Sie kennen das Rechtsgutachten des Reichsgerichtsrats FLOHR. Ich habe auch mit einer Reihe von Verwaltungsjuristen gesprochen, die auch sämtlich diese Meinung teilen und bin selbst auch schon vorher zu dieser Überzeugung gekommen. Wenn Sie es für unmöglich halten, dass ich mein Amt als Superintendent weiterführe, so steht es Ihnen zur Verfügung. Sie können es mir nehmen. Ich für meinen Teil müßte Ihnen dann allerdings sagen, dass ich die Konsequenzen daraus ziehen und beim Auswärtigen Amt erklären werde, dass ich die ökumenische Arbeit nicht weiterführen kann. Eine Kirche, die mir das Vertrauen versagt, indem sie mir das Amt des Superintendenten entzieht, kann ich selbstverständlich nicht nach aussen hin irgendwie vertreten.

Er: Was ist das?

Ich: Ich erkläre ihm die Lage in POLEN und meine Tätigkeit für die deutsche evangelische Kirche.

Er: Wir wollen uns nun mit den Schriftstücken beschäftigen – Er liest zunächst einen Teil meines Schreibens an ihn vor, worin auf seine Verfügung Bezug genommen wird, in der er von Zerreissung der deutschen Einigkeit redet. Er findet ganz besonders scharf und kränkend den Satz, in dem ich die deutsche Einigkeit nicht in dem Reichsbischof sehen zu können zum Ausdruck brachte. Das sei eine Anmassung und eine lieblose Kritik.

Ich: erkläre, dass es mir leid tue, wenn er sich persönlich verletzte gefühlt habe, aber der Sinn sei doch ganz klar. Ich stelle gegenüber die politische Einigung und lehne es ab, etwas Ähnliches in der Person des Reichsbischofs zu sehen. Ich kann den Ausdruck: Anmassung nicht annehmen und weise ihn zurück. Wenn er darunter etwas anderes verstanden hätte, als ich herauslas, nämlich, dass er selber die Meinung hätte, der Reichsbischof bedeute in seiner Person eine Einigung der deutschen evangelischen Kirche, so könne ich nur erklären, dass seine Meinung falsch sei und mein Kommentar schlüssig.

Er: wendet sich sodann zu meinem Bericht vom 23. Januar an das Konsistorium. Er liest ihn vor, legt ihn auf die Seite und sagt: Das spricht für sich selbst.

Ich: Allerdings, ich war empört über die Zumutung, die in der Verfügung des Konsistoriums den Superintendenten gemacht wurde. Das ist mir noch nicht vorgekommen.

Er: Aber das stand ja gar nicht in der Verfügung drin, dass man Ermittlungen anstellen sollte, man sollte auch keine Selbstbezichtigungen hervorrufen oder nachspüren.

Ich Dann verstehe ich den Sinn des Erlasses nicht. Wenn irgendwo Schwierigkeiten entstehen, die dienstlich an uns herankommen und das Konsistorium beschäftigen müssen, ist der Bericht selbstverständlich. Hier aber wird zu besonderer Berichterstattung aufgefordert.

Er: Dann habe ich die Verfügung nicht richtig gelesen. Verschiedene Amtsbrüder haben mich deshalb antelephoniert. Ich habe sie in dem obigen Sinn erklärt.

Ich: Ich kann nur sagen, wie ich die Verfügung verstanden habe (Ein Versuch, die Verfügung durch Oberkonsistorialrat GRUHL zu erhalten, missglückt. Er hat sie nicht verfasst.)

Er: Auf den Wortlaut kommt es hier an.

Ich: Ich habe ihn aus der Situation so verstanden, wie ich es Ihnen erklärt habe, daher meine Empörung.

Er: Nun wieder zurück zum Ausgangspunkt. Es liegt mir nichts an dem Prinzip, sondern lediglich an dem konkreten Fall. Würden Sie z.B. die Vertretung von LINDENMEYER in Wilmersdorf ordnen?

Ich: Ich habe sie schon geordnet, und zwar aus dem einfachen Grunde, weil eine ordnende Hand dort eingreifen muss, um den Wirrwarr, der durch die unglückselige Emeritierung von LINDENMEYER entstanden ist, zu beseitigen. Ich erkläre dem Bischof die Zustände in Wilmersdorf und in dem dortigen Gemeindekirchenrat, der diesen feinsinnigen und treuen Seelsorger aus der Gemeinde vertreiben wollte, obwohl die Gemeinde des Pfarrers gar keinen Anstoss an den getadelten Vorgängen nahm, sondern der Konfliktstoff von aussen hereingetragen wurde.

Der Bischof fragt weiter nach Lichterfelde und äussert seine Entrüstung über die „Rote Fahne von Lichterfelde" (Evangelium im dritten Reich).

Abschliessend erkläre ich dem Bischof: Ich denke, Sie wissen jetzt, wie Sie mit mir dran sind. Ich halte den Erlass vom 4. Januar d.J. für rechtswidrig. Sofern seine Auswirkung im Bereich meiner amtlichen Funktion als für die Gemeinde als gesetzwidrig schädlich und zerstörend sein würde, behalte ich mir volle Handlungsfreiheit vor. Wo es mir die Pflicht zu gebieten scheint, grösseres Unheil zu verhüten und die Gemeinden nicht zu zerstören, werde ich nach bestem Wissen und Gewissen handeln.

Der Bischof: Jawohl, es ist alles klar. Guten Morgen.

4. Brief an einen Pfarrer

Nachschrift oder Abschrift von Else Diestel (Ehefrau). Text vermutlich von Max Diestel, Adressat unbekannt, im Nachlass MD unter den Briefen an seine Schwester Meta gefunden, (10.11.1999 Gudrun D.)

27.9.1933

Sie sind viel zu wahrhaftig und gerecht, als daß sie sich in diese kirchliche Gewaltherrschaft einfügen könnten. Denn es handelt sich ja nicht um die allgemeinen Sätze, die aufgestellt sind; sie sind nicht mehr als Programmpunkte wie sie früher x Parteien aufstellten. Es handelt sich um das Vorgehen der Führer der Bewegung und ihre Ziele. Die Glaubensbewegung D. Chr. ist eine Angleichung der kirchl. Verhältnisse an den der Kirche nimmer und nie gleichartigen Staat, Aufbau u.s.w. geschieht nach gleichen Gesichtspunkten: a) offizielle Kirchenleitung der Bischöfe pp. b) Parteileitung der Kreisleiter pp. Beides geht nicht in mein Ordinationsgelübde hinein – der Gehorsam gegen die Kirchenleitung und der Gehorsam gegen die Parteileitung. Letztere muß ich jedoch schriftlich attestieren, sonst werde ich nicht in die Glbw. D.Chr. [Glaubensbewegung Deutsche Christen] aufgenommen. Ich kann nicht zwei Herren dienen.

Das andere Moment ist dieses: Träte ich bei, so stärkte ich das System Hossenfelder. Das steht aber im Reich zur Diskussion. Der Süden und Westen ist ebenso wie ein Teil des Ostens gegen Hoss.[enfelder] u. Consorten. Er hat jedoch für sich und seine Vasallen alle Herrschaft in Preußen an sich gebracht. Auf jeden Pfarrer, der beitritt, beruft er sich: er hat ja zu meinem Vorgehen gesagt. Es handelt sich nicht um diesen oder jenen Fehler. Es handelt sich darum, welcher Geist in unserer Kirche herrschen soll. Hier trifft zu: Sie haben einen anderen Geist. Hoss. hat fort + fort seine Zusagen gewechselt – darum Jaeger, Krummacher, Thorn, Werner – das unerhörte Vorgehen in Brandenburg. Provinzialsynode und Generalsynode! Und dazu soll ich ja sagen? Nein, tausendmal nein! So zerstört man die Kirche – fragen Sie die wirklich Kirchentreuen, auch unter den D. Chr. Sie wollen allesamt dafür nie die Mitverantwortung übernehmen, aber verhindert haben sie es nicht – und konnten es auch nicht, da ihre Stimmen einfach nicht gehört wird. In Pfarrerversammlungen wird ihnen einfach das Wort entzogen. Handelte es sich hier nur um Übergangserscheinungen, so wäre es anders – aber es ist doch das System mit den Personen jetzt amtlich verankert und ich wüßte nicht, wer eigentlich die jetzigen kirchlichen Machthaber beseitigen sollte oder könnte. Ludwig Müller sicher nicht. Woher Sie Ihr Vertrauen diesen Personen gegenüber nehmen, weiß ich wirklich nicht, man

kann sie erdulden und versuchen zum Besten zu wenden, was sie verkehrt machen, aber Vertrauen, Hoffnung, Mitverantwortung, wovon Sie schreiben, können Sie doch nur Personen erzeigen, nicht Ideen allgemeiner Natur, die gar nicht bestritten sind.
Ihre Lage in G. ist allerdings nicht leicht gewesen, die Ältesten sind alle D.Chr. geworden, schreiben Sie. Wissen Sie auch warum? Taktik, Selbstschutz, „einzige Möglichkeit", sich zu halten. Alles weltliche Gedanken. Verständlich vom Laienstandpunkt aus, der ja kein Standort sondern ein Floß ist, das im Wasser treibt. Sie wissen es nicht besser. Aber wir wissen mehr – wir wissen von der Kirche und ihrer Wesensart. Wir wissen, daß es künftig, wenn es so weitergeht, für den Staat geben wird a) die römische Kirche, mit der ein Konkordat geschlossen ist b) eine protestantische Kultur(rumpel, sagt Rosenberg)kammer, die durch Reichsgesetz geregelt wird, c) Sekten und Freikirchen, die toleriert werden. Ferner eine große Abwendung von der evang. Kirche im Volk: a) seitens der Kirchentreuen, die die gegenwärtigen Gewaltmethoden des Staates gegenüber der Kirche und in ihr nicht ertragen können, b) der Kirchenfremden, die sich auf die Dauer nicht in die Kirche kommandieren lassen, c) der Kirchensuchenden, die so niemals das Heil der Seele finden werden. Ganz abgesehen davon, daß die Süddeutschen und Westdeutschen das jus circa sacra[1153] dem Staat zuerkennen, aber nicht das ius in sacra, d.h. daß die Kirchensachen, nicht dem Staat (Staatspersonen), sondern die Kirche (Kirchenpersonen) entscheiden lassen wollen. Die D. Chr. sind aber nicht Kirchenpersonen im eigentlichen Sinn und praktisch gewesen und sind es noch nicht. Die ausländischen Kirchen werden aber uns so lange als nicht voll ansehen, als wir Arierparagraphen (gegen den 3. Artikel) vom Staat übernehmen und staatsformähnlich aufbauen usw. Wir waren früher führend in ökumenischen Angelegenheiten, jetzt müssen wir froh sein, wenn sie noch auf uns „Alte" hören. Die „Nazikirche", wie sie sagen, ist für sie keine eigentliche Kirche mehr. Das ist ein politischer Verlust größten Ausmaßes. Er zeigt sich jetzt bei den Verhandlungen in Genf. Also – ich verstehe Sie

[1153] Ius circa sacra – das Recht über das Heilige – beschreibt als ein Grundbegriff des Staatskirchenrechts die Kirchenhoheit, also das Recht über die Kirchen, im Gegensatz zum ius in sacra, das die Hoheitsbefugnisse *innerhalb* der Kirche beschreibt. Traditionell wird das ius circa sacra in drei verschiedene Rechte unterteilt, nämlich – das ius reformandi, das Recht auf Zulassung von Religionsgemeinschaften (heute auch als subjektives Recht auf Verleihung des Status als Körperschaft des öffentlichen Rechts), – das ius advocatiae, das Recht zum Schutz der Kirche, und – das ius inspectionis, das Aufsichtsrecht über die Kirche.

aus Ihrer örtlichen Situation heraus. Ob Sie nicht eher die örtl. D. Chr. hätten bekehren sollen, wie der frühere Lichterfelder Hilfsprediger, jetzt Pfarrer in der Lausitz, APU., ist eine andere Frage. In Lichterfelde liegt ja der Fall anders. Soll nun überall nach lokalen Gesichtspunkten entschieden werden? Aus Opportunitätsgründen unter Anqualung (?) einer Überzeugung einer Notwendigkeit, die vielleicht so gar nicht vorhanden ist? Sehen Sie, ich glaube, daß Ihnen die Zugehörigkeit kein neues Vertrauen in der Gemeinde verschaffen wird. Die Lüge von Ihrer „Staatsfeindlichkeit" glaubt bei Ihnen so wenig einer wie bei mir – ganz einerlei, wo wir stehen. Aber die innerliche Zugehörigkeit zu Hossenfelder, Werner, Jaeger, Krummacher[1154] (der eigentlich Günther heißt) auch nicht. Sie können diesen Leuten aber nicht opponieren, denn Sie können es letztlich nicht + dürfen es nach Ihrer Unterschrift nicht – Führerprinzip! So steht die Sache.
Es handelt sich nicht um „Mißgriffe einzelner", wie Sie sehen. Aber auch Mißgriffe haben eine Grenze. Männer wie Dibelius, Eger, Kalweich lahm zu legen, ist ein Verbrechen an der Kirche, nicht bloß eine Dummheit.

II

Lesen Sie das Echo in den Kirchenblättern des Auslandes – in uns wohl gestimmten Kirchen! Und die stille Freude, die sich kaum ertragen läßt, in Rom! Aber darum kümmern wir Deutschen uns ja kaum. Nur wenn die kritische Stunde kommt, erschrecken wir über das Maß von Mißtrauen oder (in Rom) das Maß der Selbstsicherheit und – des klug erreichten Erfolges! In den katholischen Volkstheilen ist das Problem der Kirche u. S.A. u. S.S. schönstens gelöst – ohne daß oder vielmehr, weil die kath. Kirche nicht nachgab. In Trier besorgten beim Hl. Rock[1155] die S.A. den Ordnungsdienst. In Hohenzollern sind die Vertrauensleute der Pfarrer die Führenden S.A.-Leiter pp (pg). Dort marschiert keine S.A. ins Gelände, ohne vorher die Messe gehört zu haben, keine Hitlerjugend wird dem Gottesdienst entzogen – alles ist in schönster Butter – die alten Zentrumsleute jetzt N.S.D.A.P., sorgen dafür. Und wir?

[1154] Gottfried Adolf Günther Krummacher (* 26. Februar 1892, Weingarten; † 20. Juli 1954, Kassel), Verwaltungsjurist und Politiker (NSDAP). Bereits im Juni 1934 schied er aus allen politischen Funktionen auf Reichsebene aus und wurde im Januar 1935 aus dem letzten politischen Amt als Landrat entfernt.

[1155] Der Heilige Rock ist eine Reliquie, die im Trierer Dom aufbewahrt wird und Fragmente der Tunika Jesu Christi enthalten soll.

… wir gehen schweren Zeiten entgegen. Reventlow und Rosenberg haben mit ihrer Berufung auf Luther nicht so unrecht. Es gibt in der evang. Kirche kein Christentum auf Kommando, das ist des Pudels Kern. Alles andere.

5. Rundschreiben des Landesverbandes des Evangelischen Bundes in der Ev. Kirche Berlin-Brandenburg Nr.1/49 v. 1. Januar 1949:
„Am 1. Oktober 1948 ist Generalsuperintendent D. Diestel-Lichterfelde in den Ruhestand getreten und nach seiner württembergischen Heimat übergesiedelt. Mit D. Diestel verliert der Landesverband einen lieben, aufrichtigen Freund und treuen Mitarbeiter und Förderer. 28 Jahre hat er in führenden Bundesstellungen in Wilmersdorf und Lichterfelde gewirkt. Auf vielen Bundestagungen und Gottesdiensten hat er gesprochen und gepredigt. In den Zeiten, in denen der Bund angegriffen wurde, hat er zu ihm in Treue gestanden und für ihn tapfer die Klinge gekreuzt. Der Landesverband dankt ihm für alle Liebe und Treue zum und im Evangelischen Bund und wünscht ihm für seinen Lebensabend Gottes Gnadensonne.“

Literatur

Diestel, Max, Das moderne Ehe-Ideal und das Christentum, Untersuchungen über Glaubens- und Lebensfragen für die Gebildeten aller Stände, Band 5, Stuttgart 1920.

Diestel, Max, Evangelisch und Katholisch, in: Du und deine Kirche. Eine Handreichung für das evangelische Kirchenvolk, Paul Scheurlen (Hg.), Stuttgart 1925.

Diestel, Max, Die Zweite Generalsuperintendentur Berlin. Als Handschrift gedruckt 1933, in: Jürgen Stenzel (Hg.), Archivbericht Nr. 18/ Feb. 2013, S. 133-143.

Diestel, Max, Um was es uns im Kirchenstreit geht, Versuch einer grundsätzlichen Auseinandersetzung der beiden Gruppen „Deutsche Christen" (A) und „Evangelium und Kirche" (B) in Gesprächsform. Eine Handreichung für Gemeindeglieder. Als Handschrift gedruckt, Berlin 1934.

Diestel, Max, Besprechung von Böhme, Dr. Kurt, Texte zur Geschichte der Ökumenischen Bewegung, 1948 in: Theologische Literaturzeitung 1949 Nr. 5, Sp.195f.

Diestel, Meta, Ein Herz ist unterwegs, Nürnberg 1957[4].

Diestel, Gudrun, Interview mit OKR i.R. Gudrun G. Diestel (*1929), Christine Stradtner und Susanne Langer vom Theologinnenkonvent Bayern für den deutschen Theologinnenkonvent, am 31. August 2018 in München, Verschriftlichung Sabine Ost.

Aus dem Archiv von Gudrun Diestel:

Aubert, Hans, „Ein feste Burg ist unser Gott", Rückblick und Ausblick auf die Arbeit der Evangelischen Kirche im Westen Berlins, Beilage zur Ausgabe Nr. 196 vom 19.7.1931.

Dibelius, Dr. Otto, Brief zum Abschied Diestels als Superintendent, 15.4.1948.

Dibelius, Dr. Otto, Predigt im Gedenkgottesdienst für den am 2.11.1949 heimgegangenen Generalsuperintendenten D. Max Diestel, gehalten in der Johanneskirche zu Berlin-Lichterfelde am 25.11.1949.

Dibelius, Dr. Otto, Generalsuperintendent Diestel 75 Jahre alt, in: Die Kirche, zum 7.11.1947.

Diestel, Max, Aus meiner Kindheit o. J., verm. 1949.

Diestel, Max, Bericht über die Vorgänge im Pfarrhaus Tietzenweg 130 in BERLIN-LICHTERFELDE am Donnerstag, den 26. April 1945.
Diestel, Max, Bericht von der Vorstandssitzung des Weltbundes, 23.8.1935.
Diestel, Max, Besprechung zwischen Bischof Karow und mir am Dienstag 13.3.1934 auf dem Konsistorium.
Diestel, Max, Brief an Dietrich Bonhoeffer nach Barcelona, 12.7.1928, GS VI 135/136 Nr. 32.
Diestel, Max, Brief an Frau Oldach, Degerloch, November 1948.
Diestel, Max, Brief an Freunde, Ostern 1939.
Diestel, Max, Brief an Herbert Cram, 16.1.1947.
Diestel, Max, Die Vorfahren, aufgeschrieben etwa 1945.
Diestel, Max, Die weltweite und die Deutsche Evangelische Kirche, Pommersche Tagespost Nr. 113, Stettin 17. Mai 1934.
Diestel, Max, Gemeindebrief Badgastein, Mai 1940.
Diestel, Max, Gemeindebrief vom 25.1.1946 und vom 12.4.1946.
Diestel, Max, Gemeinderundbrief aus dem Kuraufenthalt, 23.8.1935.
Diestel, Max, Predigt zur Beerdigung von Emmy Diestel, geb. Delius, 5.10.1923.
Diestel, Max, Schulzeit 1870-1890, ca. 1945.
Diestel, Max, Weihnachten feiern ist eine Kunst, Beilage zu Nr. 300.
Petersen, Grusswort der 4. Bekenntnissynode und Aufruf zum Gottesdienst am 10.1. und Bekenntnisversammlung am 26.1.
Schuppan, Erich, Briefwechsel mit Gudrun Diestel über die Abfassung einer Biographie Diestels, 1999.
Dankgottesdienst zur Beisetzung von Generalsuperintendent D. Max Diestel, 25.11.1949 (ohne Verfasser, Pfr. Martin Gern?).

Landeskirchliches Archiv/Evangelisches Zentralarchiv

ELAB 105/399 *Personalakte Diestel.*
ELAB 14/802 Acta betr. die Baptisten 27.4.1870 bis 4.4.1938.
ELAB 10907/2-80 Markus Kirchengemeinde Kriegs- und Notzeiten 1933-1945.
ELAB 10907/2 – 275 Markus-Kirchengemeinde Kirchenkampf 1934-36, 1984.
ELAB 10907/2 – 391 Markus-Kirchengemeinde Kirchenkampf 1934, 1984.
ELAB 10907/2 – 399 Markus-Kirchengemeinde Sammelmappe zum Kirchenkampf I 1918,1934-1939.

ELAB 10907/2 – 400 Markus-Kirchengemeinde Sammelmappe zum Kirchenkampf II 1918, 1933-1939, 1943-1948.
EZA 7/3544 Acta betreffend die Sekte der Baptisten vom Mai 1907 bis Juni 1956.
EZA 7/1016 Pfarrernotbund 1933-1934, EOK Akten betreffend den Pfarrernotbund November 1933 bis März 1934.
EZA 50/7 Akte 7 Bl. 1-45 Abgabe Sup. Diestel, Bln.-Lichterfelde – BK 1933 Einfügung der DC in die kirchliche Ordnung.
EZA 50/43 Superintendentur Kölln-Land I in der Auseinandersetzung mit den DC und der Reichskirchenleitung, sporadische Stücke von Nov. 1933 bis (vermutlich) nach 1940.
EZA 50/232 Pastor Klapproths Schriftverkehr mit kirchlichen und staatlichen Stellen (interessante Einzelheiten), 1935-1940.
EZA 626/393 Ökumene-Korrespondenz.
EZA 626/396 dto.
EZA 626/1504 Henriod, Henri-Louis.
EZA 626/1183 Diestel, Max, 1932-1965 (ca.).
EZA 686/1932 Brief Diestel an Helmut Gollwitzer, 16.1.1940.
EZA 686/1931 Anfrage von Röhm an Diestel wg. Hermann Stöhr und Anfrage von Gudrun Diestel an Gollwitzer zur Einstellung ihres Vaters Max Diestel, 1985.

Bundesarchiv

R 5106/22196 Auswanderung und Aufnahme diesseitiger Geistlicher (Schullehrer) und Kandidaten des Predigtamts in auswärtige Staaten Vol. VI vom Juni 1935/1942.
R 5101/24086 Reichsministerium für kirchliche Angelegenheiten, Ev. Kirche Straf- und Disziplinarangelegenheiten.
R 5101/23867 Kirchen und Glocken Juni 36 bis April 1940.
R/3001/175967 Reichsjustizministerium Diestel und Moldaenke.
R/5101/23133 Der Weltbund für Freundschaftsarbeit der Kirchen vom August 1922 bis 1941.
R/5101/23397 Die Sekte der Baptisten Vol. XII vom Januar 1920 bis Juni 1938.
R 58/9606 Überwachungskartei des RSHA.

Weitere Literatur

Aubert, Hans, „Ein feste Burg ist unser Gott!" Rückblick und Ausblick auf die Arbeit der Evangelischen Kirche im Westen Berlins, Beilage zu Nr. 192, 13.7.1931.

Baumann, Immanuel, Baptisten 1918/19. Zum Verhältnis von Freikirche und Staat in der Gründungsphase der Weimarer Republik, Historische Zeitschrift Band 306, Heft 2, S 354-395, eIssn 2196-680X, 2018, Walter de Gruyter.

Behrendt, Martin, und *Schuppan*, Erich, Hrsg., Stunde des Gerichts: Der Kampf um kirchliche Autonomie in Berlin-Brandenburg zwischen 1933 und 1945. Zur Geschichte des Kirchenkampfes 3/2. Berlin: Wichern, 2005.

Benedict, Hans-Jürgen, „Mit dem letzten Juden verschwindet auch das Christentum aus Deutschland", Elisabeth Schmitz und die Shoah als Infragestellung der Versöhnungsbotschaft, in: Deutsches Pfarrerinnen- und Pfarrerblatt Nr. 1/2021 S. 33ff.

Bethge, Eberhard, Dietrich Bonhoeffer. Eine Biographie: Theologe – Christ – Zeitgenosse, München 1970[3].

Beutel, Albrecht, *Klapproth*, Erich, Kämpfer an den Fronten: Das kurze Leben eines Hoffnungsträgers der Bekennenden Kirche, Tübingen 2019.

Bindemann, Walther, Brückendienst an Tyne und Tees: Geschichte der deutschsprachigen evangelischen Gemeinden in Middlesbrough und Newcastle upon Tyne. Edinburgh: Alpha, 2002.

Biermann-Rau, Sibylle, *Schmitz*, Elisabeth, Wie sich die Protestantin für Juden einsetzte, als ihre Kirche schwieg, Hamburg 2017.

Bonhoeffer, Dietrich, Brief zum 70. Geburtstag Max Diestels, München, GS VI 578f., 5.11.1942.

Brandt, Dr. Peter, Berlin im Jahr 1929, in: Gailus, Kreuzkirche S. 13-37.

Buss, Hansjörg, Couragierter Einsatz für die Christen jüdischer Herkunft: Margarete Meusel, in: Manfred Gailus/Clemens Vollnhals (Hg.), Mit Herz und Verstand – Protestantische Frauen im Widerstand gegen die NS-Rassepolitik, Göttingen 2013.

Conway, John S., Die nationalsozialistische Kirchenpolitik 1933-1945. Ihre Ziele, Widersprüche und Fehlschläge, übs. Carsten Nicolaisen, Nürnberg 1969.

Dam, Harmjan, Der Weltbund für Freundschaftsarbeit der Kirchen 1914-1948: Eine ökumenische Friedensorganisation, Frankfurt am Main 2001.

Dibelius, Otto D. Dr., Friede auf Erden? Frage, Erwägungen, Antwort, Berlin 1930.

Diestel, Meta, Ein Herz ist unterwegs. Aus Leben und Arbeit – Mit einem Geleitwort von D. Otto Dibelius, Nürnberg 1952[3].

Droege, Dr. Michael, Die „erlittene Freiheit“ – Evangelische Kirchen und ihr Recht in der Weimarer Republik, in: Korrespondenzblatt, herausgegeben vom Pfarrer- und Pfarrerinnenverein der Evangelisch-Lutherischen Kirche in Bayern, Nr. 4/2020, S. 73-80.

Frisius, *Kälberer*, *Krogel*, *Lachenicht*, *Lemmel* (Hg.), Evangelisch getauft – als Juden verfolgt, Spurensuche in Berliner Kirchengemeinden, Berlin 2008.

Gall, Barbara, 150 Jahre Evangelische Stadtkirche Sigmaringen, Kirchengemeinderat der Ev. Kirchengemeinde Sigmaringen (Hg.), 2013.

Gailus, Manfred, Mir aber zerriss es das Herz. Der stille Widerstand der Elisabeth Schmitz, Göttingen 2011.

Gailus, Manfred, *Vollnhals*, Clemens (Hg.), Mit Herz und Verstand – Protestantische Frauen im Widerstand gegen die NS-Rassepolitik, Göttingen 2013[1].

Gailus, Manfred, Kreuzkirche, Kirchenkampf & Kriegsjahre, Berlin 2020.

Grüber, Heinrich, Erinnerungen aus sieben Jahrzehnten, Köln 1968.

Hauschild, Wolf-Dieter, Artikel Bekennende Kirche, in: RGG[4] Bd. 1, Dieter Betz, Tübingen 1998, Sp. 1241-1246.

Heinsen, Elke, Bekenntnisgebundenes Wort, Amt und Funktionen: der Berliner Superintendent Max Diestel in den kirchenpolitischen Auseinandersetzungen der Jahre 1933/34, Berlin 2005.

Homrichhausen, Christian, Pflüget ein Neues und säet nicht unter den Hecken: Die evangelische Kirche Berlin-Brandenburg 1945 bis 1949, in: Schuppan, Erich (Hg.), Bekenntnis in Not. Die Evangelische Kirche Berlin-Brandenburg im Konflikt mit dem totalen Staat, Berlin 2000, S. 351-430.

Hossenfelder, Joachim, Die Richtlinien der Deutschen Christen, 26.5. 1932 (z.B. nach http://ApU.geschichte-bk-sh.de/fileadmin/user_upload/Quellen/Richtlinien_der_DC_1932.pdf).

Huber, Wolfgang, Dietrich Bonhoeffer. Auf dem Weg zur Freiheit, München 2019.

Immer, Karl (Hg.) Im Auftrage des Bruderrates. Dritte Bekenntnissynode der Evangelischen Kirche der Altpreußischen Union in Berlin-Steglitz vom 23.-26. September 1935, Barmen 1935 (Titelname: Dritte Preußensynode Berlin-Steglitz 23.-26.September 1935).

Jordan, Dirk, Die mutigen Protestantinnen von Zehlendorf, in: Tagesspiegel vom 31.3.2014.

Lexikon früher evangelischer Theologinnen: biographische Skizzen. Neukirchen-Vluyn: Neukirchener Verlagshaus, 2005, Artikel „Maria Behrendts, geb. Vetter".

Longerich, Peter, Hinterbühnen des Gedenktheaters, in: FAZ Nr. 106, 8. Mai 2021, S. 11.

Ludwig, Hartmut, *Röhm*, Eberhard (Hg.) in Verbindung mit Jörg Thierfelder, Evangelisch getauft – als „Juden" verfolgt. Theologen jüdischer Herkunft in der Zeit des Nationalsozialismus, Stuttgart 2014.

Lütcke, Karl-Heinrich, Neuanfänge? Die Übergangszeiten in der Evangelischen Kirche in Berlin-Brandenburg nach 1918 und 1945, Sonderdruck aus Jahrbuch für Berlin-Brandenburgische Kirchengeschichte, 67. Jg., 2009, S. 239-257.

Niemöller, Wilhelm (Hg.), Die Preussensynode zu Dahlem: Die zweite Bekenntnissynode der Evangelischen Kirche der Altpreußischen Union: Geschichte – Dokumente – Berichte. Arbeiten zur Geschichte des Kirchenkampfes, Bd. 29., Göttingen 1975.

Oehm, Heidemarie Dr., *Kirchenkampf* in Steglitz 1933-1945, o.J.

Oehm, Heidemarie, Dr., Bekenntnis unter Kleinbürgern, in: Erich Schuppan (Hg.), Stunde des Gerichts, Berlin 2005, S. 7-96.

Röhm, Eberhard. Sterben für den Frieden: Spurensicherung, Hermann Stöhr (1898-1940) und die ökumenische Friedensbewegung. Stuttgart 1985.

Röhm, Eberhard, *Thierfelder*, Jörg, Evangelische Kirche zwischen Kreuz und Hakenkreuz Bilder und Texte einer Ausstellung, Stuttgart 1990[4].

Röhm, Eberhard, *Thierfelder*, Jörg, Juden – Christen – Deutsche, Band I: 1933-1935 *Ausgegrenzt*, Stuttgart 1990, 2004[2].

Röhm, Eberhard, *Thierfelder*, Jörg, Juden – Christen – Deutsche, Band 2/I: 1935-1938 *Entrechtet*, Stuttgart 1992.

Röhm, Eberhard, *Thierfelder*, Jörg, Juden – Christen – Deutsche, Band 2/II: 1935-1938 *Entrechtet (2)*, Stuttgart 1992.

Röhm, Eberhard, *Thierfelder*, Jörg, Juden – Christen – Deutsche, Band 3/I: 1938-1941 *Ausgestoßen*, Stuttgart 1995.

Röhm, Eberhard, *Thierfelder*, Jörg, Juden – Christen – Deutsche, Band 3/II: 1938-1941 *Ausgestoßen (2)*, Stuttgart 1995.

Röhm, Eberhard, *Thierfelder*, Jörg, Juden – Christen – Deutsche, Band IV,1: 1941-1945 *Vernichtet*, Stuttgart 2004.

Röhm, Eberhard, *Thierfelder*, Jörg, Juden – Christen – Deutsche, Band IV,1: 1941-1945 *Vernichtet (2)*, Stuttgart 2007.

Sandgruber, Dr. Roman, Hitler. Wie ein Sohn zum Diktator wurde, in: FAZ Nr 44, 22. Februar 2021, S. 44.

Sandvoß, Hans-Rainer. „Es wird gebeten, die Gottesdienste zu überwachen ...“: Religionsgemeinschaften in Berlin zwischen Anpassung, Selbstbehauptung und Widerstand von 1933 bis 1945. Erstausgabe, 1. Auflage. Berlin: Lukas Verlag, 2014.

Sandvoß, Hans-Rainer, Widerstand in Steglitz und Zehlendorf, = Heft 2 der Schriftenreihe über den Widerstand in Berlin von 1933 bis 1945, GDW 1986.

Schlingensiepen, Ferdinand, Dietrich Bonhoeffer, München 2010.

Scholder, Klaus, Die Kirchen und das Dritte Reich, Band I Vorgeschichte und Zeit der Illusionen, 1918-1934, Frankfurt/M. 1977.

Schuppan, Erich, (Hg.) Wider jede *Verfälschung* des Evangeliums: Gemeinden in Berlin-Brandenburg 1933 bis 1945: zur Geschichte des Kirchenkampfes. Berlin: Wichern-Verlag 1998.

Schuppan, Erich, Bekennen – Sich Anpassen – Widerstehen: Die schwierigen Jahre 1935 bis 1939, in: ders. (Hg.), Bekenntnis in Not: Die Evangelische Kirche Berlin-Brandenburg im Konflikt mit dem totalen Staat, Berlin 2000, S. 213-290.

Seeliger, Hans, Denkschrift 100 Jahre Evangelische Kirche in Hohenzollern, Haigerloch 1950.

Sickler, Karl-Josef, Die Anfänge der evangelischen Kirchengemeinde in Dettingen, Manuskript, Dettingen 2019.

Stenzel, Jürgen, Gemeinde – Stadt auf dem Berge? In: Schuppan, Verfälschung S. 302-360.

Strübind, Andrea. Die unfreie Freikirche: der Bund der Baptistengemeinden im „Dritten Reich“. Historisch-theologische Studien zum 19. und 20. Jahrhundert, Bd. 1, Neukirchen-Vluyn 1991.

Tenberg, Daniel, Mehr Demokratie wagen!, in: Korrespondenzblatt, herausgegeben vom Pfarrer- und Pfarrerinnenverein der Evangelisch-Lutherischen Kirche in Bayern, Nr. 11/2020, S. 205-210.

Tübinger Projektgruppe „Frauen im Kirchenkampf", Hrsg. Im Dunstkreis der rauchenden Brüder: Frauen im württembergischen Kirchenkampf. 2. Aufl. Prophezey Schriften 5, Beate Schröder (Hg.), Tübingen, 1997.

Voigt, Karl Heinz, Kirchliche Minderheiten im Schatten der lutherischen Reformation vor 1517 bis nach 2017, 1648: „Kein anderes Bekenntnis soll angenommen oder geduldet werden". Kirche – Konfession – Religion, Band 73. Göttingen: V & R unipress, 2018.

Wagner, Ernst, Geschichte der Evangelischen Kirche in Sigmaringen 1862-1962, Im Auftrag des Kirchengemeinderates, 1962.

Wallmann, Johannes, Das „Büro Grüber", Besprechung von Ludwig, Hartmut: An der Seite der Entrechteten und Schwachen, Berlin 2009, in: Theol. Literaturzeitung 1/2015, Sp. 148-154.

Winter, Friedrich, Bekenner in zwei Diktaturen, Propst Friedrich Ringhandt 1906-1991, Berlin 2007.

Wolf, Ernst, Artikel „Bekennende Kirche", in: Kurt Galling (Hg.), Die Religion in Geschichte und Gegenwart RGG[3], Tübingen 1957 Sp. 984-988.

Zimmermann, Sandra, Zwischen Selbsterhaltung und Anpassung Die Haltung der Baptisten- und Brüdergemeinden im Nationalsozialismus, Sandra Zimmermann, Wölmersen 2001, 2004, publ. ApU.bruederbewegung.de/pdf/zimmermann.pdf.

Bildnachweis

Der Steinmann Verlag dankt allen Rechteinhaberinnen und Rechteinhabern für die freundliche Genehmigung zur Verwendung und zum Druck der Bilder.

Abbildung „Stolperstein für Friedrich Justus Perels", Seite 104, Martin Ost
Abbildung „Pauluskirche Lichterfelde", Seite 105, Klaus Böse, Paulusgemeinde
Abbildung „Tietzenweg 130", Seite 105, Martin Ost
Abbildung „Max und Else Diestel", Seite 106, Archiv Gudrun Diestel
Abbildung „Else und Max Diestel", Seite 106, Archiv Gudrun Diestel
Abbildung „Pfarrer der Paulusgemeinde", Seite 107, Archiv Paulusgemeinde
Abbildung „Konfirmation", Seite 108, Archiv Gudrun Diestel
Abbildung „Max Diestel/75. Geburtstag 1947", Seite 108, Wichern Verlag
Abbildung „Meta Diestel", Seite 109, Martin Ost
Abbildung „Fenster in der Pauluskirche", Seite 110, Martin Ost
Abbildung „Vor der Dorfkirche, 1947", Seite 110, Archiv Paulusgemeinde
Abbildung „Grab von Else und Max Diestel", Seite 111, Martin Ost
Abbildung „Dietrich Bonhoeffer", Seite 439, Clipdealer GmbH

Personenregister